职业教育教学改革融合创新型教材 · 会计类

2023年职业教育国家在线精品课程配套教材

会计信息系统应用（用友U8 V15.0）

（第二版）

Kuaiji Xinxi Xitong Yingyong

安红梅 牛艳 主编 李志芳 雷灵变 副主编

东北财经大学出版社 Dongbei University of Finance & Economics Press 大连

图书在版编目（CIP）数据

会计信息系统应用 / 安红梅，牛艳主编．—2版．—大连：东北财经大学出版社，2025.2．—（职业教育教学改革融合创新型教材·会计类）．

ISBN 978-7-5654-5589-6

Ⅰ.F232

中国国家版本馆CIP数据核字第2025XF0169号

东北财经大学出版社出版

（大连市黑石礁尖山街217号　邮政编码　116025）

网　　址：http://www.dufep.cn

读者信箱：dufep@dufe.edu.cn

大连图腾彩色印刷有限公司印刷　　东北财经大学出版社发行

幅面尺寸：185mm×260mm　字数：596千字　印张：26.25　插页：1

2025年2月第2版　　2025年2月第1次印刷

责任编辑：张旭凤　周　晗　　责任校对：刘贤恩

赵宏洋　石建华

封面设计：原　皓　　版式设计：原　皓

定价：59.80元

富媒体智能型教材出版说明

“财经高等职业教育富媒体智能型教材开发系统工程”是“国家文化产业资金支持媒体融合重大项目”。项目以“融通”“融合”“共建”“共享”为特色，是东北财经大学出版社数字化转型融合发展的重要举措之一。

“财济书院”智能教学互动平台是该工程项目的建设成果之一。该平台通过系统、合理的架构设计，将教学资源与教学应用集成于一体，具有教学内容多元呈现、课堂教学实时交互、测试考评个性设置、用户学情高效分析等核心功能，是高校开展信息化教学的有力支撑和应用保障。

富媒体智能型教材是该工程项目的建设成果之二。该类型教材是我社供给侧结构性改革向纵深发展策划的创新型产品，是新形态立体化教材。富媒体智能型教材秉持严谨的教学设计思想和先进的教材设计理念，为财经职业教育教与学、课程与教材的融通奠定了基础，较好地避免了传统教学模式和单一纸质教材容易出现的“两层皮”现象，有助于教学质量的提高和教学效果的提升。

从教材资源的呈现形式来说，富媒体智能型教材实现了传统纸质教材与数字技术的融合，通过二维码建立链接，将VR、微课、视频、动画、音频、图文和试题库等富媒体资源丰富呈现给用户；从教材内容的选取整合来说，其实现了职业教育与产业发展的融合，不仅注重专业教学内容与职业能力培养的有效对接，而且很好地解决了部分专业课程学与训、训与评的难题；从教材的教学使用过程来说，其实现了线下自主与线上互动的融合，学生可以在有网络支持的任何地方自主完成预习、巩固、复习等，教师可以在教学中灵活使用随堂点名、作业布置及批改、自测及组卷考试、成绩统计分析等平台辅助教学工具。

富媒体智能型教材设计新颖，使用便捷。使用富媒体智能型教材的师生，首先下载“财济书院”App或者进入“财济书院”（www.idufep.com）平台完成注册，然后登录“财济书院”建立或找到和教材对应的课程，最后愉快开启个性化教与学之旅。

“重塑教学空间，回归教学本源！”“财济书院”平台和富媒体智能型教材都是适合自主探究的教与学空间载体，广大院校师生既是这个空间的消费者和使用者，也是这个空间的创造者和建设者，在这里，出版社、作者、院校师生共建资源，共享回报，共创未来。

东北财经大学出版社

第二版前言

随着中国式现代化的不断推进，我们已经迈入了一个全面拓展数字化素养教育和技能教育的新时代。新会计法的发布实施，为全面推进会计信息化建设及会计工作数字化转型提供了重要契机。

本书紧扣会计工作数字化转型对人才培养的需求，贯彻党的二十大精神，围绕新发展理念，产教融合，服务经济社会发展大局，全面落实立德树人根本任务。以会计信息化职业能力培养为核心，以用友新道ERP-U8 V15.0财务软件为实践平台，将理论知识与实践技能相结合，通过岗位引导和任务驱动，助力学生提高专业技能与会计信息化水平，以更好地服务数字经济高质量发展，为中国式现代化贡献更多会计力量。本书的主要特色和亮点如下：

1.价值引领，铸魂强技

坚守“以德为先，以技为本”的核心理念，结合学习任务，将专业精神、职业精神和工匠精神有机融入任务目标，并以“智慧财务·德润人心”专栏进行提炼总结，实现知行合一、德技并修。

2.岗位导向，任务驱动

以会计信息化职业岗位为载体，对接新准则、资格证书、技能竞赛等内容，重构模块化、任务化教学体系。教师可根据学情灵活构建教学方案，实现不同层次教学阶段的内容衔接与岗位轮换。

3.产教融合，理实一体

本书依托校企合作成果，体现产业促进专业、供需对接就业、专技融合应用，紧扣会计信息化实际业务，将理论知识与典型工作任务相结合，岗位明确，任务清晰，流程具体，构建线上线下人机交互教学形态。

4.资源多元，赋能教学

本书是职业教育国家在线精品课程“会计信息系统应用”的配套教材，微课视频覆盖全部知识点，通过任务目标、任务情境、任务准备、任务实施等使教学内容立体化，线下线上书课一体，可有效提升教与学的自主空间。

本书由山西财贸职业技术学院安红梅、牛艳担任主编，山西财贸职业技术学院李志芳、山西经贸职业学院雷灵变担任副主编，山西财贸职业技术学院乔君、赵丽荟参与编写。本书具体分工如下：项目一、七由安红梅编写，项目五、十由牛艳编写，项目二、三由李志芳编写，项目九由雷灵变编写，项目四、六由乔君编写，项目八由赵丽荟编写。全书由安红梅、牛艳负责总纂和审核。本次修订，用友新道科技有限公司、中审亚太会计师事务所给予了一如既往的支持和帮助，在此深表感谢。

由于编者水平和经验有限，书中难免出现疏漏和不足之处，恳请广大读者批评指正。

编　者

2025年1月

目录

01

02

03

04

微课资源一览表

模块	序号	微课资源名称	页码
项目一 会计信息系统认知	1	1-1　知识导学：会计信息系统的含义及特点	004
	2	1-2　知识导学：会计信息系统的发展历程	006
	3	1-3　知识导学：会计信息系统的构成与功能	010
项目二 系统管理员岗位	4	2-1　知识导学：系统管理认知	022
	5	2-2　知识导学：账套管理	026
	6	2-3　技能实践：建立账套	028
	7	2-4　技能实践：输出账套	032
	8	2-5　技能实践：引入账套	034
	9	2-6　技能实践：修改账套	035
	10	2-7　知识导学：用户管理	038
	11	2-8　技能实践：增加用户	041
	12	2-9　技能实践：分配权限	043
项目三 信息主管岗位	13	3-1　知识导学：设置机构人员信息	064
	14	3-2　知识导学：设置客商信息	065
	15	3-3　知识导学：设置财务信息 1	066
	16	3-4　知识导学：设置财务信息 2	067
	17	3-5　技能实践：设置部门档案	070
	18	3-6　技能实践：设置人员档案	071
	19	3-7　技能实践：设置客商信息	073
	20	3-8　技能实践：设置存货信息	076
	21	3-9　技能实践：外币设置	080
	22	3-10　技能实践：新增会计科目	081
	23	3-11　技能实践：凭证类别设置	086
	24	3-12　技能实践：项目目录设置	087
项目四 总账会计岗位	25	4-1　知识导学：总账管理系统认知	094
	26	4-2　知识导学：总账系统参数设置	100
	27	4-3　知识导学：总账期初余额录入	103
	28	4-4　技能实践：设置总账系统参数	103
	29	4-5　技能实践：录入总账期初余额	104
	30	4-6　知识导学：填制凭证	111

项目一　会计信息系统认知

项目目标

素质目标

养成良好的信息习惯，提高信息素养水平，具有会计信息化数据思维，塑造正确的信息社会价值观，培养责任感。

知识目标

了解会计信息系统的含义及特点，熟悉会计信息系统的发展历程，关注未来发展趋势，理解会计信息系统的构成及功能。

能力目标

始终保持对新技术和新趋势的敏锐洞察力，构建系统完整的理论知识框架，深刻理解会计信息系统在企业管理中的核心作用。

项目导图

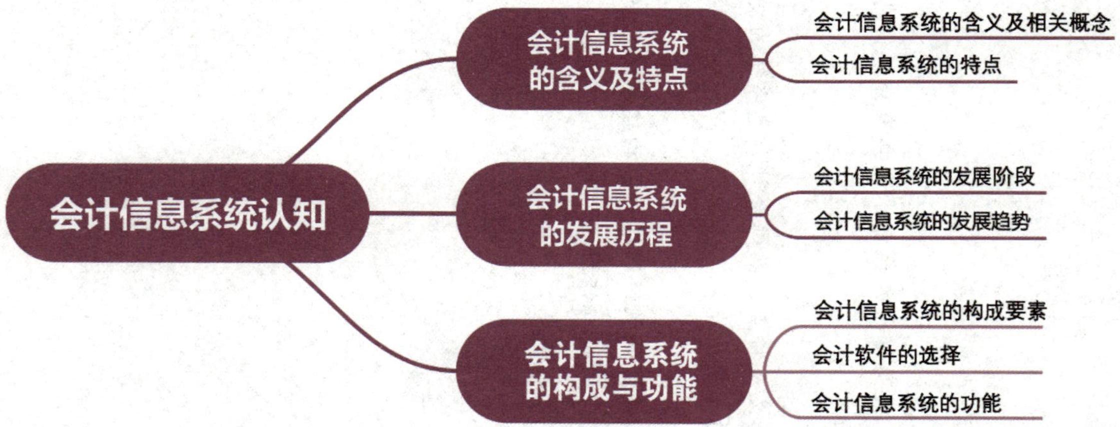

会计信息系统认知
会计信息系统的含义及特点
会计信息系统的含义及相关概念
会计信息系统的特点
会计信息系统的发展历程
会计信息系统的发展阶段
会计信息系统的发展趋势
会计信息系统的构成与功能
会计信息系统的构成要素
会计软件的选择
会计信息系统的功能

任务一　会计信息系统的含义及特点

任务情境

一、任务场景

在繁忙的财务办公室里，会计岗位的工作远不止数字和报表那么简单。作为财务人员，不仅需要具备扎实的专业知识，更需要有敏锐的洞察力和细致的工作态度。在日常工作中，需要处理大量的财务数据，每一项数据都需要认真核对，确保准确无误。除了数据的处理，还需要与各个部门进行密切的沟通，销售部门提供销售数据，采购部门提供采购数据，生产部门会提供生产成本信息……你需要从这些信息中筛选出与会计相关的数据，进行整理和分析。会计岗位离不开会计信息系统，它是工作的得力助手。利用系统既可以实时获取各部门的财务数据，也可以进行自动化的数据处理和分析，提高工作效率。

数字经济时代的加速到来，使企业财务工作也踏入一个新世界，会计数据处理和管理技术已经发生从手工到电算化、信息化乃至智能化的转变。财务的未来是信息化、自动化、数字化和智能化的融合，会计的未来是业务、财务、税务、资金的高度融合。未来已来，将至已至，财务数智化，我们启航了！

二、任务要求

1.通过会计信息系统的相关概念加强对会计信息系统的认知，理解会计数据也是生产要素之一。

2.尊重信息价值，理解会计信息系统的特点及其在促进国家经济发展中的重要作用。

3.关注会计信息系统领域的最新技术动态，例如云计算、大数据、人工智能等在会计信息系统中的运用，以增强民族自信和爱国情怀。

任务准备

随着电子计算机在会计工作中的应用和发展，会计工作逐渐从手工操作向电子化、信息化转变。特别是近年来，大数据、人工智能、移动互联网、云计算、物联网、区块链等现代信息技术呈迅猛发展态势，并与会计领域深度融合，为会计工作带来了前所未有的变革。会计信息系统与业务的融合日益紧密，助推会计数据的共享与互联互通，为经济决策提供有力支持。

一、会计信息系统的含义及相关概念

（一）数据与信息

随着信息技术的飞速发展，数据已经成为现代社会最重要的资产之一。数据资产新质生产力，作为一种新型的生产力形式，正在改变着我们的生产方式和生活方式，成为驱动未来发展的强大引擎。

数据是反映客观事物的性质、形态、结构和特征的符号，并能对客观事物的属性进

行描述，如文字、数字、图表、声音、动画等。

信息是数据加工的结果，它可以用文字、数字、图形等形式，对客观事物的性质、形式、结构和特征等方面进行反映，帮助人们了解客观事物的本质。

数据是信息的载体和表现形式，是信息的最基本的组成单位。数据是信息的原始状态，是未经加工和处理的信息，是信息的潜在价值。

数据和信息的区别在于信息是数据，但数据未必是信息。

（二）会计与会计信息

会计是以货币作为主要计量单位，采用专门的算法，对企业和行政事业单位，乃至整个国家的经济活动进行连续、完整、系统的反映和监督的一种管理活动。

会计信息是指按照一定的要求或需要进行加工、计算、分类、汇总而形成的有用的会计数据。

会计信息主要包括资产负债表、利润表、现金流量表、所有者权益表以及相关附注和财务比率分析等内容，是企业管理层进行决策、投资者进行投资判断、债权人评估信用风险以及政府监管等的重要依据。

（三）系统与信息系统

系统是由一些相互联系、相互作用的若干要素，为实现某一目标而组成的具有一定功能的有机整体。系统有人工系统和自动系统两种。

信息系统是以收集、处理和提供信息为目标的系统，该系统可以：收集、输入、存储信息；处理数据，管理、控制信息；向信息的使用者报告信息，使其达到预定目标。

（四）会计信息系统

《会计信息化工作规范》所称的会计信息系统，是指会计软件及其软硬件运行环境。狭义的会计信息系统（Accounting Information System，AIS）是一个利用计算机技术对会计数据进行采集、存储、加工、传输和输出的系统。

它是会计与现代信息技术相结合的产物，旨在为企业管理者和决策者提供及时、准确、可靠的财务信息、定向信息和决策信息。其实质是将会计数据转化为会计信息系统，是企业管理信息系统的一个重要子系统。

会计信息系统在企业管理、财务会计、预算管理、税务管理和项目管理等领域都有广泛应用。它可以帮助企业监控和管理财务状况、优化财务决策、降低成本、提高效率和规避风险等。

1-1

知识导学：会计信息系统的含义及特点

二、会计信息系统的特点

会计信息系统是现代企业管理中不可或缺的一部分，它通过信息化、集成化、自动化、智能化等特点，为企业的财务管理和决策提供强有力的支持。

（一）信息化

利用计算机技术进行信息的采集、存储、处理和传递，提高信息的准确性、及时性和效率。在信息化浪潮下，依托网络技术，会计信息系统能实时跟踪业务动态。以电商企业为例，顾客下单付款瞬间，订单信息、收款金额等数据立即传输至财务系统，触发库存更新、收入确认等一系列账务处理，财务数据时刻与业务流程同步，管理者可随时获取最新财务指标，及时调整经营策略，把握商机。

（二）集成化

将各个业务环节的信息整合起来，形成一个完整的系统，方便信息共享和协同工作。现代会计信息系统高度集成，它不再局限于孤立的财务模块操作，而是将财务会计、管理会计、成本会计等多领域功能整合。企业在生产制造环节，原材料领用、工时耗费等成本数据实时传输至成本核算子系统，经分析处理后又反馈至财务报表模块，实现数据一次采集、多方共享，各子系统协同运作，避免信息孤岛，大大提高了财务工作效率与数据准确性。

（三）自动化

将传统的会计手工操作转化为计算机自动处理，降低人工成本，减少出错率。凭借智能化软件功能，系统大量减少人工干预。如每月例行的固定资产折旧计提，系统依据预设折旧方法与资产参数，自动计算并生成记账凭证，批量完成账务处理；还有增值税、所得税等税金计算与申报，也能根据税法规则、企业经营数据自动完成，不仅减轻会计人员的计算负担，还降低人为错误风险。

（四）智能化

利用人工智能技术，对数据进行分析和挖掘，提供更深层次的决策支持。会计信息系统不仅提供基础的财务信息，还能够通过数据挖掘、分析等技术，为管理人员提供更具深度的决策支持。例如，通过预测分析、成本控制分析等手段，帮助企业优化资源配置、提高经济效益。

引导问题1：会计数据是原始的财务记录，会计信息是经过加工处理的数据，而会计信息系统是一个综合性的数据处理系统。　□是 □不是

引导问题2：会计信息的生成离不开会计数据，但会计信息的价值远超会计数据。　□是 □不是

智慧财务·德润人心

数据与技术，工具与效率

未来的世界是属于数据和新技术的。会计信息系统作为数据处理和分析的重要工具，对于提升企业的运营效率、降低管理成本、增强决策的科学性等方面都发挥着不可替代的作用。我们只有真正掌握会计信息系统的操作技能和应用方法，才能够更加深刻理解数据资产的价值，掌握新质生产力的核心要义，为未来的职业发展奠定坚实的基础。

任务二　会计信息系统的发展历程

任务情境

一、任务场景

随着数字化转型的加速，会计信息系统在企业财务管理中的重要性日益凸显。从最

初的手工记账，到电子数据处理系统的引入，再到今天的云计算、大数据和人工智能驱动的智能化会计信息系统，这一路走来，技术革新不断推动着会计行业的变革。为了更好地助力企业在信息化道路上稳步前行，财务人员需要深入理解会计信息系统的发展历程，以洞察会计行业的过去、现在和未来。

二、任务要求

1.借助会计信息系统的发展与变革，激发学生追求知识、探索未知、不断进取的拼搏精神。

2.结合时代的演进，深入了解会计信息系统的发展历程，以增强民族自信和社会责任感。

3.深刻理解会计信息化不仅仅是技术的革新，更是财务管理理念的转变。

任务准备

一、会计信息系统的发展阶段

1-2

知识导学：会计信息系统的发展历程

会计信息系统的发展历程是一个不断适应技术进步和市场需求的过程，从手工操作到自动化、智能化不断演进，各个阶段都呈现出不同的特点。以下是我国会计信息系统发展的一些关键阶段。

（一）手工会计信息系统阶段（15世纪至20世纪70年代末）

起源与发展：可追溯到13、14世纪威尼斯商人的借贷记账法，当时的商人们为了记录交易和财产状况，采用了简单的簿记方法。1494年，意大利数学家、近代会计之父卢卡·帕乔利出版了《数学大全》一书，对借贷记账法进行了系统的整理和阐述，标志着现代复式簿记的形成，奠定了现代会计的基础。

特点：该模式以会计恒等式、会计循环、会计科目表、分录和账簿为核心，一直沿用至计算机技术应用于会计领域之前。这个时期使用传统的纸质记录和手工计算来进行会计处理。效率低下，容易出错，难以进行大规模的数据处理。

（二）理论研究与开发阶段（1979年至1988年）

背景：20世纪70年代，计算机技术开始在我国出现，但整体应用范围较窄，硬件设备昂贵，软件技术也不够成熟，会计领域的专业人才对计算机技术的掌握有限。只有少数大型企事业单位开始尝试将计算机技术应用于会计工作中，主要应用于工作量大、简单重复的单项会计业务，如工资核算管理等。

标志事件：1979年，财政部在长春第一汽车制造厂进行了会计电算化的试点项目。1981年，在“财务、会计、成本应用电子计算机专题研讨会”上正式提出“会计电算化”一词，标志着我国会计电算化已经起步。

特点：此阶段主要是进行理论研究和实验准备，会计信息系统主要处于单项业务处理的萌芽阶段，如工资核算、材料核算等，还没有商品化会计软件专业开发商，各单位多自行开发软件，开发过程盲目，周期长，会计业务处理仍以手工为主，计算机处理仅起辅助作用。

（三）商品化会计软件阶段（1989年至1995年）

背景：随着计算机技术的进一步发展和普及，以及市场经济体制的确立，会计软件开始商品化。

标志事件：财政部陆续颁布了会计软件商品化的管理制度，推动了会计软件的标准化和规范化发展。

特点：此阶段的会计信息系统逐渐从单项业务处理向综合业务处理发展，形成了包括总账、应收账款、应付账款、工资计算和财务报表等在内的完整会计核算系统。同时，市场上出现了多种会计软件供企业选择，如用友、金蝶等，会计软件开始走向商品化、通用化和标准化。这一时期的软件主要侧重于会计核算，各系统间缺乏结构关联性，未能实现物流和资金流的统一。

（四）ERP集成化发展阶段（20世纪90年代末至21世纪初）

背景：随着企业信息化建设的推进和互联网技术的兴起，会计信息系统开始与企业其他管理系统进行集成，形成了企业级的信息系统。

标志事件：1997年，“向ERP进军”发布会的举办，拉开了我国会计核算软件向管理软件转型的序幕。ERP系统的引入和普及，推动了会计信息系统的集成化和网络化发展。

特点：此阶段的会计信息系统不仅支持会计核算，还扩展到支持企业战略管理、业务分析、供应链管理、集团财务管理等多方面。同时，随着互联网的普及，会计信息系统开始支持远程访问和在线操作，提高了工作的灵活性和便捷性。

（五）现代会计信息系统阶段（21世纪初至今）

背景：随着我国加入WTO和全球经济一体化的加速推进，会计信息系统开始遵循国际标准和规范进行开发和实施。

标志事件：2008年，我国会计信息化进入了标准化和国际化发展阶段。财政部陆续发布了《会计改革与发展“十二五”规划纲要》和《会计信息化发展规划（2021—2025年）》等文件，为会计信息化的发展提供了政策指导和规划引导。

特点：此阶段的会计信息系统不仅注重功能的完善和性能的提升，还开始关注数据的标准化和治理能力建设。同时，随着大数据、云计算、人工智能等先进技术的应用，会计信息系统开始提供更为精准的财务预测和决策支持。此外，我国会计准则与国际财务报告准则的持续趋同，推动了会计信息系统的国际化发展。

综上所述，我国会计信息系统的发展历史经历了从手工、理论研究的萌芽与初步发展、商品化与标准化发展、集成化与网络化发展以及现代化与国际化发展等多个阶段。每个阶段都有其特定的背景、标志事件和特点，反映了我国会计信息系统不断适应技术进步和市场需求的过程。未来，随着技术的不断发展和创新，我国会计信息系统将继续向着更加智能化、自动化和集成化的方向发展。

二、会计信息系统的发展趋势

会计信息系统的发展趋势体现了技术进步对财务管理方式的深刻影响。

（一）智能化与自动化

随着人工智能（AI）、机器学习等技术的不断发展，会计信息系统将更加智能化和自动化。

1.智能审核与校验。系统将能够自动识别并纠正录入错误，提高数据的准确性。

2.自动化报表生成。根据预设规则自动生成各类财务报表，减少人工干预，提高工作效率。

3.智能预测与分析。结合大数据和机器学习技术，对财务数据进行深入分析，提供未来趋势预测和决策支持。

（二）云端化与集成化

云计算技术的普及将推动会计信息系统向云端迁移，实现资源的共享和灵活配置。同时，系统间的集成化也将成为重要趋势。

1.云端部署。会计信息系统将部署在云端平台上，用户可以通过互联网随时随地访问系统，提高系统的可用性和灵活性。

2.系统集成。会计信息系统将与其他企业管理系统（如ERP、CRM等）实现深度集成，打破信息孤岛，实现数据的共享和流程的协同。

（三）大数据与数据挖掘

大数据时代的到来为会计信息系统提供了丰富的数据源。通过数据挖掘技术，可以从海量数据中提取有价值的信息。

1.数据挖掘与分析。利用数据挖掘技术发现财务数据中的规律和趋势，为企业的战略决策提供支持。

2.个性化服务。根据用户的历史数据和行为模式，提供个性化的财务服务建议。

（四）安全性与合规性

随着网络威胁的不断增加，会计信息系统的安全性将受到更多关注。同时，随着法律法规的不断完善，系统的合规性也将成为重要考量因素。

1.数据加密与防护。采用先进的数据加密技术和安全防护措施，确保财务数据的安全性和隐私性。

2.合规性管理。确保系统符合国内外相关法律法规的要求，避免法律风险和合规性问题。

（五）用户体验与交互性

提升用户体验和增强系统的交互性也是会计信息系统发展的重要方向。

1.界面友好化。优化系统界面设计，提高用户操作的便捷性和舒适度。

2.移动化支持。支持移动设备访问和操作，满足用户随时随地处理财务工作的需求。

综上所述，会计信息系统的发展趋势将围绕智能化与自动化、云端化与集成化、大数据与数据挖掘、安全性与合规性、用户体验与交互性等多个方面展开。这些趋势将推动会计信息系统不断升级和完善，为企业财务管理提供更加高效、智能、便捷的支持。

引导问题：上海国家会计学院每年都会举办“数智化助推会计行业高质量发展”主题论坛暨影响中国会计行业的十大信息技术评选活动，请写出今年或上一年影响中国会计行业的十大信息技术。分别是：____

____。

任务实施

分组查找相关资料，了解会计信息系统发展各阶段的区别与联系，并进行归纳总结（见表1-1），各组进行分享汇报。

表1-1　会计信息系统发展各阶段的区别与联系

<table>
<tr><td>班级</td><td></td><td>组号</td><td></td><td>指导老师</td><td></td></tr>
<tr><td>组长</td><td></td><td>学号</td><td></td><td></td><td></td></tr>
<tr><td>组员</td><td colspan="5"><table>
<tr><td>姓名</td><td>学号</td><td>姓名</td><td>学号</td></tr>
<tr><td></td><td></td><td></td><td></td></tr>
<tr><td></td><td></td><td></td><td></td></tr>
<tr><td></td><td></td><td></td><td></td></tr>
<tr><td></td><td></td><td></td><td></td></tr>
</table></td></tr>
<tr><td>任务分工</td><td colspan="5"></td></tr>
<tr><td>任务成果</td><td colspan="5"></td></tr>
</table>

智慧财务·德润人心

数字中国，中国式现代化

会计信息系统的发展历程不仅是一部技术进步的历史，也体现了我国自主创新能力的不断提升。当前我国会计行业正在向智能化、数字化方向转型。在未来的职业生涯中我们必须紧跟时代步伐，不断学习和掌握新技术、新方法，注重保护数据安全和隐私，保障数据资产的安全和合法使用，以会计信息化助推数字中国建设，助推国家治理体系和治理能力现代化，助推中国式现代化。

任务三　会计信息系统的构成与功能

任务情境

一、任务场景

假设你是一家中型制造企业“晶辉照明有限公司”的财务实习生，该企业专注各种灯具的研发与生产，业务遍布国内外，年营业额超过亿元。随着企业规模的扩大和业务的复杂化，管理层意识到他们面临着大量的数据处理、报表生成、预算制定和分析等任务。为了改善财务管理状况，公司决定引入先进的会计信息系统。如果领导将这项工作交给你来执行，你通过什么方式为公司选择适合其需求的会计信息系统，并确保系统能够贴合企业的财务管理流程。

1-3

知识导学：会计信息系统的构成与功能

二、任务要求

1.通过学习理解局部与整体的关系，形成系统思维与数据安全意识。

2.了解会计信息系统的构成和企业配置会计软件的方式，并说明理由。

3.结合时代特征理解会计人员的岗位变化及信息化会计岗位的主要职责。

任务准备

一、会计信息系统的构成要素

会计信息系统是一个人机结合的系统，其运行要素由硬件、软件、人员、数据和规程构成，如图1-3-1所示。

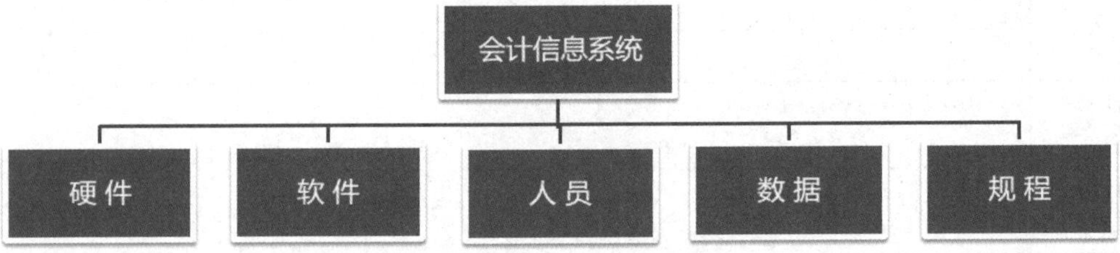

图1-3-1　会计信息系统的构成要素

（一）硬件

硬件是会计信息系统运行的基础，指计算机进行会计数据输入、处理、存储及输出的各种电子设备。其主要包括：

1.计算机系统，用于处理数据、运行会计软件、存储数据和执行各种计算。

2.网络设备，如路由器、交换机等，用于连接计算机系统，实现数据共享和远程访问。

3.存储设备，如硬盘、固态硬盘、云存储等，用于存储会计数据、应用程序和备份信息。

4.输入设备，如键盘、鼠标、扫描仪、面部识别仪等，用于输入数据、将纸质凭证数字化和身份验证。

5.输出设备，如打印机、显示器等，用于显示和打印会计报告。

引导问题1：会计信息系统的硬件是指会计数据________、________、________、及________的各种电子设备。

（二）软件

软件是会计信息系统的灵魂，指计算机系统软件和应用软件两类。拥有会计软件是会计信息系统区别于其他信息系统的主要因素。其主要包括：

1.操作系统，管理硬件资源，为硬件提供运行环境，如Windows、Linux等。

2.数据库管理系统（DBMS），用于存储和管理会计数据，确保数据的完整性、一致性和安全性，如Oracle、MySQL等。

3.会计软件，用于记账、制表、分析和报告财务数据，如SAP、用友、金蝶等。

4.应用软件，如客户关系管理系统（CRM）、企业资源计划系统（ERP）等，若与AIS集成，可实现数据共享和业务流程协同。

引导问题2：会计信息系统的计算机软件主要包括________和________两类。操作系统软件和数据库软件属于________，其他会计软件属于________。

（三）人员

人员是会计信息系统运行的关键，指会计信息系统的使用人员和管理人员。其主要包括：

1.系统管理员，负责系统维护、安全管理和日常运行监控。

2.会计人员，负责数据输入、账务处理、报表编制等工作。

3.财务分析师，利用会计数据进行财务分析，提供决策支持。

4.IT专业人员，如软件开发工程师、数据库管理员等，负责系统开发、维护和升级。

5.用户，包括内部用户（如管理层、财务部门、运营部门）和外部用户（如投资者、债权人）。

信息化环境下的会计岗位可分为基本会计岗位和信息化会计岗位。基本会计岗位常见的有会计主管、出纳、会计核算、稽核、档案管理等。信息化会计岗位有信息主管、软件操作、审核记账、电算维护、电算审查、数据分析、档案保管和软件开发等。

上述岗位中，软件操作岗位与审核记账、电算维护、电算审查为不相容岗位。基本会计岗位和信息化会计岗位的设置因企业规模大小而略有不同，通常是二者相互结合，在保证会计数据安全的前提下交叉设置，各岗位人员要保持相对的稳定。

引导问题3：数智时代，会计工作岗位正经历着巨大的变革和扩展。请通过调研列出当前及未来可能出现的会计工作岗位（至少写3个）：____。

目前，我国的企业绝大多数是中小型企业，这些企业会计部门的人数常常不足10人，会计业务也比较简单。会计岗位应根据实际需要进行设置，有时一人可以兼任多个工作岗位。这样不仅能够加强对会计信息化工作的管理，而且能够提高工作效率。不过，设置的会计岗位应该注意满足内部牵制制度的要求，如出纳和审核记账不应是同一人，软件开发人员不能操作软件处理会计业务等。较小单位信息化会计岗位的设立，可由会计主管兼信息主管和审核记账岗位。

（四）数据

数据是会计信息系统处理的对象，指企业各类财务及业务数据。数据管理已成为打造数据智能经济的基础，有效的数据管理与企业业绩之间有着密不可分的关系。

1.原始数据，来自各种业务活动的原始记录，如发票、收据、银行对账单等。

2.加工数据，通过会计软件进行处理后生成的数据，如会计凭证、账簿、报表等。

3.分析数据，通过数据分析工具生成的用于决策支持的数据，如财务比率、趋势分析等。

数据是数字经济的核心要素，数据资产已成为企业、政府和社会组织的核心资源，是发展数字经济的动力之源。数据作为一种新型生产要素，与土地、劳动力、资本和技术并列，对经济社会发展具有重要的支撑作用。

数据资产是指特定主体合法拥有或控制的，能够为主体带来未来经济利益的，以物理或电子的方式记录的数据资源，是生产和经营活动中的重要要素。

（五）规程

规程确保会计信息系统的高效、准确运行，包括两部分：一部分是法律法规；另一部分是保证系统运转的各项规定。

1.财务业务规程，如采购流程、销售流程、现金收支流程等，涉及AIS的数据收集、处理和记录。

2.数据处理规程，描述AIS如何收集、存储、加工和输出财务数据。

3.内部控制规程，确保AIS数据的准确性、完整性和安全性，如企业会计信息化工作规范、会计内部控制制度、硬件管理制度、数据管理制度、会计人员岗位责任制度等。

以上五个构成部分相互关联，共同构成了一个完整的AIS系统。硬件提供基础设施，软件提供数据处理工具，人员负责操作和维护，数据是AIS的核心内容，规程规范数据处理。只有五个部分协同工作，才能实现AIS的目标，即提供准确、及时、可靠的财务信息，支持企业决策和管理。

二、会计软件的选择

企业配置会计软件的方式主要取决于企业的规模、业务复杂度、预算和对软件功能的需求。以下是几种常见的配置方式：

（一）直接购买通用会计软件

通用会计软件是指由软件公司为完成会计工作而专门设计开发，并以产品形式投入市场的应用软件。企业作为用户，付款购买即可获得软件的使用、维护、升级以及人员培训等服务。

优点：企业投入少，见效快，实现信息化的过程简单；软件性能稳定，质量可靠，运行效率高，能够满足企业的大部分需求；软件安全保密性强，用户只能执行软件功能，不能访问和修改源程序；软件的维护和升级由软件公司负责，企业在使用过程中遇到问题可以向软件公司求助，能够大大减轻维护软件的负担。

缺点：软件的针对性不强，通常针对一般用户设计，难以适应企业特殊的业务或流程；为保证通用性，软件功能设置往往过于复杂，业务流程简单的企业可能感到不易操作。

（二）定制开发

定制开发包括企业自行开发、委托外部单位开发、企业与外部单位联合开发三种具体开发方式。

1.企业自行开发

企业自行组织人员进行会计软件开发，根据项目预算，自行组织开发队伍，完成系统的分析和设计方案，组织实施，进行运行管理。

优点：企业能够在充分考虑自身生产经营特点和管理要求的基础上，设计最有针对性和适用性的会计软件；由于企业内部员工对系统充分了解，当会计软件出现问题或需要改进时，企业能够及时高效地纠错和调整，保证系统使用的流畅性。

缺点：系统开发要求高、周期长、成本高，系统开发完成后，还需要较长时间的试运行；自行开发软件系统需要大量的计算机专业人才，普通企业难以维持一支稳定的高素质软件人才队伍。

2.委托外部单位开发

企业委托外部单位（如科研院所、软件公司等）进行会计软件的开发。

优点：软件的针对性较强，降低了用户的使用难度；对企业自身技术力量的要求不高。

缺点：委托开发费用较高；开发人员需要花大量的时间了解业务流程和客户需求，会延长开发时间；外部单位的服务与维护承诺不易做好。

3.企业与外部单位联合开发

企业联合外部的科研院所或软件公司进行开发，由本单位财务部门和网络信息部门进行系统分析，外单位负责系统设计和程序开发工作。开发完成后，对系统的重大修改由网络信息部门负责，日常维护工作由财务部门负责。

特点：结合了企业自身和外部单位的优势，能够更好地满足企业的特定需求，同时确保系统的专业性和稳定性。

（三）购买与开发相结合

这种方式结合了直接购买和定制开发的优点，企业可以根据自身需求，在购买通用会计软件的基础上，针对特定需求进行定制开发，以更好地满足企业的业务和管理需求。

（四）云服务模式

企业通过互联网订阅云会计服务，如用友云、金蝶云等。这种方式无须企业自行安装软件，只需按月或按年支付服务费，即可使用最新的软件版本。

优点：成本较低，易于快速启动和扩展，同时也易于维护和更新。

缺点：数据安全性可能成为关注点，因为数据存储在云端。

综上所述，企业配置会计软件的方式多种多样，每种方式都有其独特的优点和缺点。企业应根据自身的实际情况和需求，选择最适合自己的配置方式。

引导问题4：从事会计工作的小伙伴每天都会为大量的工作所劳累，不断重复着这些琐碎的事情，大家可以到会计信息系统应用排行榜中看一看，整理并列出几款不错的记账之类软件，如______________________________。

引导问题5：请结合自身实际选择1～2种日常记账软件，并说明选择理由，完成表1-2。

表1-2 **会计软件选择及理由**

序号	软件名称	会计软件配备方式	选择的理由	
			优点	缺点
1				
2				

三、会计信息系统的功能

一个实用的会计信息系统，通常由若干个子系统组成。每个子系统处理特定部分的信息，各个子系统之间通过信息传递相互支持、相互依存形成一个完整的系统，可以根据需要灵活地选择需要的子系统，并可以方便地分期分批组建和扩展自己的会计信息系统。

会计信息系统根据功能可以分为会计核算系统、购销存系统和管理决策系统三部分。会计核算系统主要进行会计的事后核算，记录、反映经济业务的发生及其结果，监督企业的经营活动；购销存系统用于会计工作中的事中控制，主要是对购销存等环节发生的业务进行追踪管理；管理决策系统用于事中控制和事前决策，主要是对会计核算产生的数据加以分析，从而进行相应的财务预测、管理和控制活动。会计信息系统功能结构如图1-3-2所示。

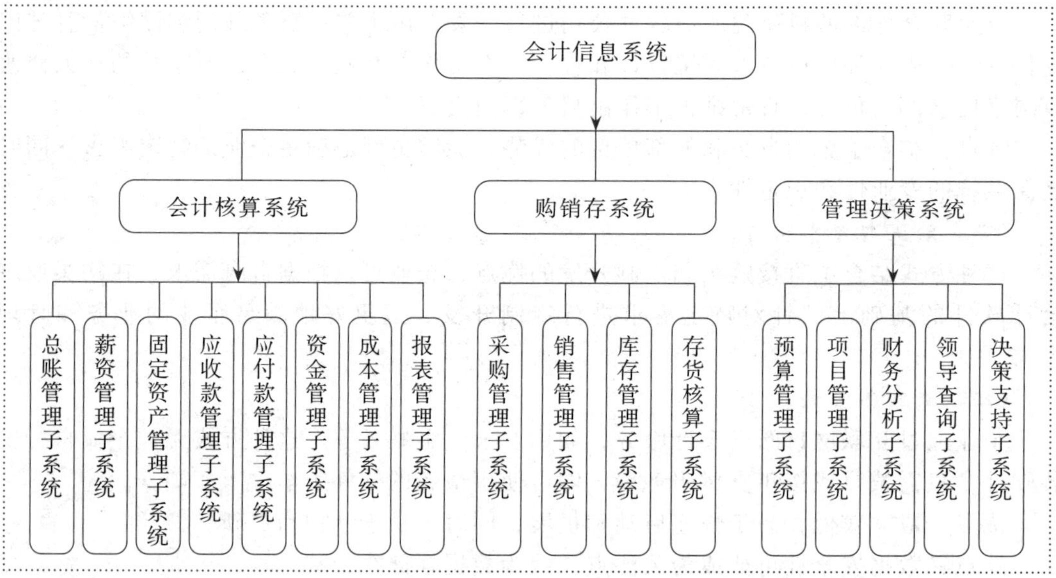

图1-3-2　会计信息系统功能结构

（一）会计核算系统

会计核算是会计信息系统最基本的功能，通过运用会计软件来完成会计人员的核算工作，提供会计核算资料。其主要工作是填制各种单据、完成各种业务处理、编制会计报表，从而实现会计软件的记账、算账和报账等任务。

1.总账管理子系统

总账管理子系统是以凭证为原始数据，通过凭证输入和处理，完成凭证的审核、记账、银行对账、账簿查询打印以及系统服务和数据管理等工作。总账管理子系统还包括不同种类的往来辅助核算、部门辅助核算及项目辅助核算等功能，它是整个财务系统的核心。

2.薪资管理子系统

薪资管理子系统是以职工个人的原始工资数据为基础，完成每月职工工资的计算，工资费用的汇总和分配，个人所得税的计算，各种工资数据的查询、打印等工作。同时，在该子系统中还可以通过工资费用分配功能自动生成工资费用分配凭证，从而传输到总账管理子系统中，实现薪资管理子系统和总账管理子系统的连接。此外，该系统中还设有银行代发工资、票面分解一览表等功能。

3.固定资产管理子系统

固定资产管理子系统主要是对单位的固定资产进行管理，即存储和管理固定资产卡片，灵活地进行固定资产的增加、删除、修改以及进行固定资产相关项目的变动管理；自动计提折旧和减值准备；进行折旧的分配并产生折旧提取及分配明细表；通过基础设置还可自动生成与固定资产相关的增加、减少、折旧费用分配等凭证，并自动转入总账管理子系统，实现二者的连接。

4.应收款管理子系统

应收款管理子系统主要完成各种应收账款的登记、冲销工作；动态反映每一客户的资料及欠款信息；进行账龄分析和坏账管理；自动生成计提坏账、冲销等相关的凭证，实现与总账管理子系统的连接。应用该子系统能帮助企业财会人员有效地管理应收款。

5.应付款管理子系统

应付款管理子系统主要完成对各种应付账款的登记、冲销及分析预测工作；及时分析各种流动负债的数额及偿还所需要的资金，为企业有效利用商业信用提供良好的保障。

6.资金管理子系统

资金管理子系统实现工业企业或商业企业、事业单位等对资金管理的需求；以银行提供的单据、企业内部单据及凭证等为依据，记录资金业务以及其他涉及资金管理方面的业务处理；处理对内、对外的收款、付款、转账等业务；提供逐笔计息管理等功能。

7.成本管理子系统

成本管理子系统是根据成本核算的要求，通过用户对成本核算对象的定义，对成本核算方法的选择，以及对各种费用分配方法的选择，自动对从其他系统传入的数据或用户手工输入的数据进行汇总计算，提供成本核算结果和其他统计资料。

8.报表管理子系统

报表管理子系统主要是根据会计核算数据完成企业内部报表及外部报表的编制与汇总工作。在该子系统中，财务人员可以套用该子系统提供的报表模板自动生成对外报送的报表；可以自行定义报表样式、报表公式，实现内部报表的编制；利用报表数据还可以生成各种分析图等。由于各企业内部报表的特殊性，该子系统有时还提供报表系统二次开发的功能，用户可以根据自身需求定义本单位的报表管理子系统。

（二）购销存系统

1.采购管理子系统

采购管理子系统是根据企业采购业务管理和采购成本核算的实际需要，制订采购计划，对采购订单、采购到货以及入库状况进行全程管理，为采购部门和财务部门提供准确及时的信息，有利于辅助管理决策。

2.销售管理子系统

销售管理子系统是以销售业务为主线，兼顾辅助业务管理，实现销售业务管理与核算一体化。通常，销售管理子系统和存货中的产成品核算相联系，实现对销售收入、销售费用、销售税金、销售利润的核算；并自动生成相关凭证，实现与总账管理子系统的连接。

3.库存管理子系统

库存管理子系统能够满足采购入库、销售出库、产成品入库、材料出库、盘点管理等业务的需要，提供仓库货位管理、批次管理、保质期管理、出库跟踪、入库管理、可用量管理等全面的业务应用。库存管理子系统可单独使用，也可与采购管理、销售管理、存货核算子系统集成使用，以发挥更加强大的应用功能。

4.存货核算子系统

存货核算子系统主要针对企业存货的收、发、存业务进行核算，掌握存货的耗用情况，及时、准确地把各类存货成本归集到各成本项目和成本对象上，为企业的成本核算提供基础数据；动态反映存货资金的增减变动，提供存货资金的周转和占用的分析，为降低库存、减少资金积压和加速资金周转提供决策依据。

（三）管理决策系统

在会计核算的基础上，管理决策系统利用计算机所提供的会计核算资料信息进行加工处理，借助于计算机和相应的软件，采用会计学、统计学、运筹学等方法，通过定量分析方式，进行会计管理，监督企业经营活动。

1.预算管理子系统

预算管理子系统是ERP系统的重要组成部分，旨在帮助企业建立、完善、优化预算管理体制，在企业管理的基础上引入全面预算、责任中心、责任控制等管理理念、机制和方法，搭建企业管理控制、计划实施和业绩考核的平台，全面提升企业管理水平。预算管理子系统可以针对各类单个企业和集团企业运用预算管理方法，进行企业内部管理与控制。不同类型、不同管理形式的企业应根据其实际情况和自身需求来确定预算管理子系统的解决方案。

2.项目管理子系统

项目管理子系统主要是对企业的项目进行核算、控制与管理。项目管理子系统主要具有项目立项计划、跟踪与控制、终止的业务处理以及项目自身的成本核算等功能。该系统可以及时、准确地提供有关项目的各种资料，包括项目文档、项目合同、项目的执行情况外，通过对项目中的各项任务进行资源的预算分配，实时掌握项目的进度，及时反映项目执行情况及财务状况，并且与应收款管理、应付款管理、固定资产管理、采购管理、库存管理等子系统集成，对项目收支进行综合管理，对项目的物流、信息流、资金流进行综合控制。

3.财务分析子系统

财务分析子系统是从会计数据库中提取相关数据，运用各种专门的分析方法对财务数据做进一步的加工处理，为企业管理人员提供各种分析和评价企业财务状况及经营成果的信息。

4.领导查询子系统

领导查询子系统是企业管理人员科学、实用、有效地进行企业管理和决策的一个重要帮手。它可以从各子系统中提取数据，并对数据进一步进行加工、整理、分析和研究，按照领导的要求提取有用信息，并以最直观的表格和图形显示。

5.决策支持子系统

决策支持子系统是利用现代计算机、通信技术和分析方法，通过建立数据库和决策模型，利用模型向企业的决策者提供及时、可靠的财务、业务等信息，帮助决策者对未来经营方向和目标进行量化分析，从而对企业的生产经营活动做出科学的决策。

会计信息系统各子系统之间既保持一定的独立性，同时也相互联系、相互参照，共同构成一个完整的整体。尤其是随着财务业务一体化的普遍应用，各子系统之间的联系程度逐渐提高，系统的集成性日益加强。

不同的单位由于其所处的行业不同，会计核算和管理需求不同，因此，其会计信息系统的总体结构和应用方案也不尽相同。在建立会计信息系统时应该根据行业的特点和企业的规模，具体考虑其会计信息系统结构和应用方案。

引导问题6：根据你的调查，企业离开会计信息系统，是否能够正常经营？

□能 □不能

引导问题7：如果企业离开会计信息系统不能正常经营，请通过调研了解企业哪些业务无法正常开展。

任务实施

1.请上网查找资料或调查企业财务部门的硬件情况，完成表1-3。

表1-3　会计信息系统硬件配置

序号	设备名称	品牌规格或主要配置	主要作用
1	服务器		
2	计算机主机		
3	移动硬盘、U盘		
4	扫描仪		
5	鼠标、键盘		
6	显示器		
7	打印机		

2.请上网查找资料或调查企业财务部门的软件情况，完成表1-4。

表1-4　会计信息系统软件配置

序号	软件名称	品牌规格或主要配置	主要作用
1	操作系统软件		
2	数据库软件		
3	会计软件1		
4	会计软件2		
5	会计软件3		
6	会计软件4		

3.请调查一个企业财务部门人员的配备情况，并完成表1–5。

表1–5　企业财务部门人员的配备情况

企业名称				
序号	岗位名称	人数	兼职情况	岗位职责
1				
2				
3				
4				
5				

智慧财务·德润人心

数说价值：信息系统与社会责任

在数字化浪潮席卷全球的今天，数据已经成为新型资产，其价值和影响力日益凸显，数据资产化的重要性不容忽视。它不仅是数字经济的核心驱动力，也是国家和企业提升竞争力的关键。面对未来，数据资产与新质生产力的结合将是不可逆转的趋势。

会计信息系统在当今社会扮演着至关重要的角色，它涵盖了技术、流程和管理，不仅仅是一个数据处理工具，更是企业和社会责任的桥梁，其操作和处理结果直接影响到企业的决策和利益相关者的权益。作为会计人员必须积极履行自己的社会责任，坚守会计职业道德，依法行事，确保会计信息的真实性和合法性，增强企业的社会信任度，促进企业与社会、环境的和谐共生，以自己的一份力量助推会计行业持续健康发展。

项目测试

项目考核评价

本项目学习效果反馈与评价表见表1–6。

表1-6　　**项目一学习成果反馈与评价表**

<table>
<tr><td colspan="2">项目一</td><td colspan="2">会计信息系统认知</td><td colspan="4">任务一、二、三</td></tr>
<tr><td>班级</td><td></td><td>组号</td><td></td><td colspan="2">日期</td><td colspan="2"></td></tr>
<tr><td>姓名</td><td></td><td>学号</td><td></td><td colspan="2">教师</td><td colspan="2"></td></tr>
<tr><td>项目</td><td colspan="2">评价标准</td><td>分值（分）</td><td>个人自评30%</td><td>小组互评20%</td><td>教师评价50%</td><td>小计（分）</td></tr>
<tr><td rowspan="2">职业素养（20）</td><td colspan="2">具有良好的会计职业道德和社会责任感，始终坚守道德底线</td><td>10</td><td></td><td></td><td></td><td></td></tr>
<tr><td colspan="2">具有较强的系统思维和信息素养，注重守正创新、数据安全</td><td>10</td><td></td><td></td><td></td><td></td></tr>
<tr><td rowspan="3">专业知识（30）</td><td colspan="2">了解会计信息系统的含义及主要特点</td><td>10</td><td></td><td></td><td></td><td></td></tr>
<tr><td colspan="2">熟悉会计信息系统的发展历程</td><td>10</td><td></td><td></td><td></td><td></td></tr>
<tr><td colspan="2">明确会计信息系统的构成及功能</td><td>10</td><td></td><td></td><td></td><td></td></tr>
<tr><td rowspan="3">职业能力（30）</td><td colspan="2">能理解时代变迁对会计信息系统发展的影响，提升创新思维能力</td><td>10</td><td></td><td></td><td></td><td></td></tr>
<tr><td colspan="2">能结合数字经济理解会计信息系统相关概念</td><td>10</td><td></td><td></td><td></td><td></td></tr>
<tr><td colspan="2">能自主完成引导问题，提高分析问题、解决问题的能力</td><td>10</td><td></td><td></td><td></td><td></td></tr>
<tr><td rowspan="2">成果展示（20）</td><td colspan="2">问题回答质量</td><td>10</td><td></td><td></td><td></td><td></td></tr>
<tr><td colspan="2">高质量完成课堂任务单</td><td>10</td><td></td><td></td><td></td><td></td></tr>
<tr><td colspan="3">合计</td><td>100</td><td></td><td></td><td></td><td></td></tr>
<tr><td>教师评语</td><td colspan="7"></td></tr>
</table>

项目二　系统管理员岗位

岗位认知

系统管理员全面负责公司会计信息系统的整体运行管理，其核心职责聚焦于系统管理的技术层面，确保系统稳定运行和数据精确无误。具体工作包括定期维护与更新系统、检验和审核数据输入输出的准确性、处理系统异常并提供技术支持。此外，还需负责系统安全维护，制订数据备份计划，管理用户权限，参与系统规划与选型，并协助制定内控制度及支持审计工作，以保障会计信息的准确性和系统整体效能。

项目目标

素质目标

坚持系统观念，精心做好一体化设计，积极培养学生参与管理的意识，强化其责任担当精神；树立底线思维，严格遵循准则，确保会计信息的真实性与准确性，筑牢会计信息安全的坚固防线。

知识目标

了解财务软件系统管理功能；掌握账套管理、财务分工和安全管理的基本设置方法；熟练进行账套的创建、输出和引入等操作；掌握基本的系统维护功能。

能力目标

能够模拟企业任务场景，熟练完成企业核算账套的建立、修改、备份和恢复；能结合企业内控要求增加操作员并为其赋权；能对系统进行简单的维护，保障系统的安全运行。

项目导图

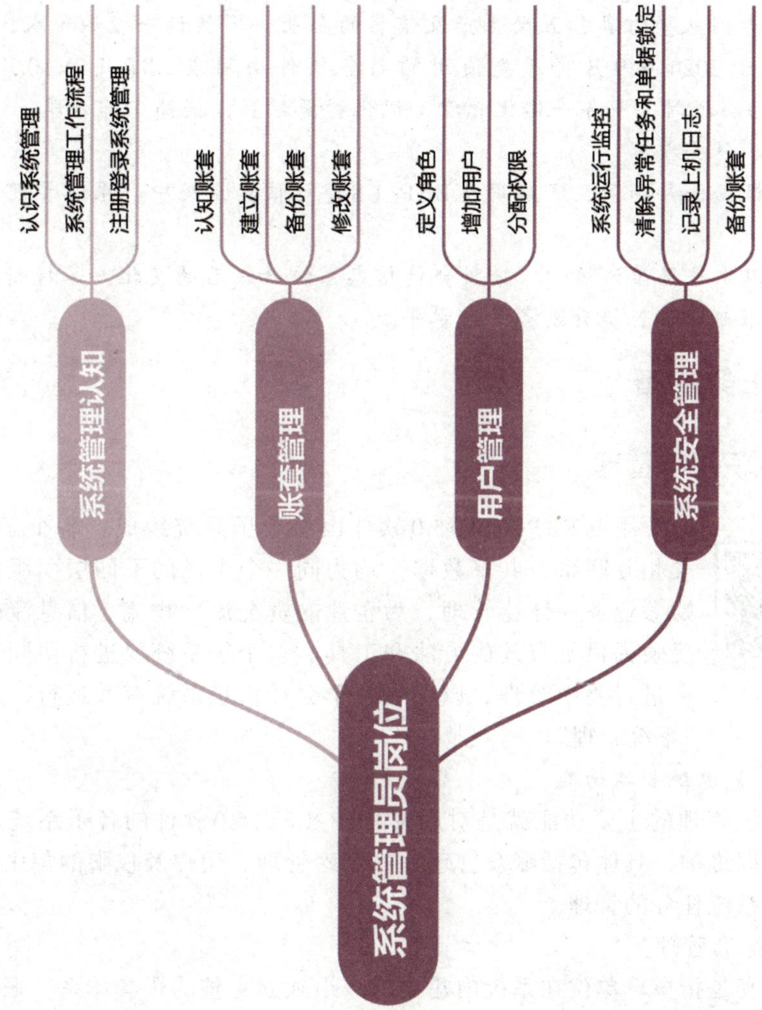
系统管理员岗位
系统管理认知
认识系统管理
系统管理工作流程
注册登录系统管理
账套管理
认知账套
建立账套
备份账套
修改账套
用户管理
定义角色
增加用户
分配权限
系统安全管理
系统运行监控
清除异常任务和单据锁定
记录上机日志
备份账套

任务一 系统管理认知

任务情境

一、任务场景

晶辉照明有限公司（简称“晶辉照明”），位于山西省太原市小店区经济开发区12号，是专门从事灯具、五金生产及销售的企业，增值税一般纳税人，法定代表人赵辉。该公司于2024年9月将原先使用的财务软件由用友ERP-U8V10.1升级为用友ERP-U8V15.0实现财务业务一体化管理，优化资源配置，提高工作效率。

二、任务要求

1.根据任务场景，了解用友ERP-U8会计信息系统中“系统管理”模块的功能和工作流程。

2.以系统思维为核心，分析会计信息系统升级后的变化，掌握新系统操作要点，确保数据准确无误，提升财务管理水平。

任务准备

一、认识系统管理

2-1

知识导学：系统管理认知

用友ERP-U8V15.0软件由多个子系统组成，各个子系统既相互独立，又相互联系，共享数据，均为同一个主体的不同层面服务，完整地实现了财务业务一体化管理，为企业的资金流、物流、信息流的统一管理和实时反映提供了有效的方法和工具。多个子系统要进行协同运作，需要一个平台进行集中管理，以保障整个会计信息系统有效运行，这个操作平台就是“系统管理”。

（一）系统管理功能

系统管理的主要功能就是对用友ERP-U8V15.0软件的各子系统进行统一的操作管理和数据维护，具体包括账套管理、账套库管理、用户及权限的集中管理、数据备份与管理及系统任务的管理。

1.账套管理

账套是指核算单位在系统内建立的一组独立完整的账套体系。账套管理包括账套的建立、修改、引入和输出等。

2.账套库管理

账套库管理包括账套库的建立、引入、输出、备份，重新初始化，清空账套库数据。

3.用户及权限的集中管理

为了保证系统及数据的安全，系统管理提供了操作员及操作权限的集中管理功能。用户及权限的集中管理包括用户、角色和权限设置。

4.数据备份与管理

允许设置自动备份计划，系统根据这些设置定期进行自动备份处理，实现账套的自动备份。

5.系统任务的管理

在系统管理中，可以查看当前运行任务、清除指定任务、清退站点、查询上机日志等。

（二）系统管理用户

系统允许以两种身份注册进入系统管理模块：一是以系统管理员（admin）的身份；二是以账套主管的身份。

1.系统管理员

系统管理员负责整个系统的安全运行和数据维护。以系统管理员身份注册进入，可以进行账套的建立、引入和输出，设置所有账套操作员和权限，监控系统运行过程，清除异常任务等。

2.账套主管

账套主管负责所管辖账套的操作，主要包括修改所管辖的账套、账套库管理以及设置该账套的操作员权限。对所管辖的账套来说，账套主管是级别最高的，拥有所有子系统的操作权限。

特别提示：

◆一个账套中只能有一个系统管理员，但账套主管可以有多个。系统管理员可以管辖多个账套。

◆系统管理员有建立、引入和输出账套的权限，而修改账套只能由账套主管操作。

引导问题1：系统管理员、账套主管都可以进入“系统管理”模块操作，下面要建立账套，是以________的身份进入系统。

二、系统管理工作流程

系统管理工作流程如图2-1-1所示。

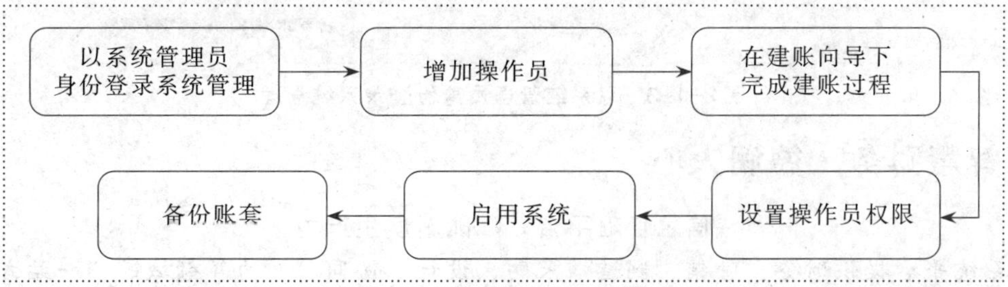

图2-1-1　系统管理工作流程

三、注册登录系统管理

（一）打开系统管理

双击电脑桌面上的“系统管理”图标或执行“开始”/“程序”/“新道U8+”/“系统管理”命令，打开“系统管理”界面，如图2-1-2所示。

图2-1-2 “系统管理”图标

（二）登录系统管理

执行“系统”/“注册”命令，打开“登录”窗口，服务器可选择默认登录地址，也可录入服务器地址“127.0.0.1”，操作员为“admin”（系统不区分大小写），默认系统管理员密码为空，选择账套默认“（default）”，单击“登录”按钮，进入“系统管理”模块，即默认的本机数据库服务器，如图2-1-3所示。

图2-1-3 以系统管理员身份登录系统管理

智慧财务·德润人心

信息管理平台，赋能新质生产力

系统平台提供财务、营销、制造、采购、设计、协同、人力等领域的“一站式”服务，为成长型企业提供了“企业流程全在线”业财税一体化数字办公平台，赋能企业个性化定制、网络化协同、智能化生产、服务化转型、精细化成本、责任考核等一体化应用，支撑和运行企业管理变革和业务创新，为会计信息管理数字化、智能化、全球化提供综合信息管理平台，实现产业链的补链、强链、延链，赋能新质生产力。

任务二　账套管理

任务情境

一、任务场景

晶辉照明有限公司为了有效地组织和利用财务信息，提高财务数据准确性与处理效率，财务人员根据企业核算和管理的要求，整理建账相关资料，建立了账套，通过账套管理，加强内部控制，提升企业财务透明度与信誉度，保障公司日常工作需要和数据资料安全。

二、任务资料

晶辉照明有限公司2024年9月账套建立基本信息见表2-1。

表2-1　晶辉照明有限公司2024年9月账套信息

账套项目	账套内容
账套信息	账套号：学号后三位，本例中为999 账套名称：山西晶辉照明有限公司 账套路径：默认 启用日期：2024年9月1日
单位信息	山西晶辉照明有限公司；单位简称：晶辉照明 单位地址：山西省太原市小店区经济开发区12号 法定代表人：赵辉；电话和传真：0351-8842466 电子邮箱：fcgmgs@126.com 公司开户银行：中国工商银行太原市经济开发区支行 公司纳税登记号：91149900MA0L01234K
核算类型	本币代码：RMB 本币名称：人民币 企业类型：工业 性质：2007年新会计准则科目 账套主管：DEMO 要求：按行业性质预置会计科目
基础信息	存货是否分类：是 客户是否分类：是 供应商是否分类：是 有无外币核算：无
分类编码方案	科目编码级次：4-2-2-2 其他编码级次设置采用系统默认值
数据精度	采用系统默认值
系统启用	启用总账子系统，启用日期为2024年9月1日

2024年9月5日，因晶辉照明业务拓展，增加了海外业务，需要增设外币核算。

三、任务要求

1.根据任务场景结合晶辉照明实际，整理企业基础信息。理解账套的含义及其在企业财务管理中的重要性。

2.系统管理员admin根据企业实际情况和整理完成的企业基本信息，为晶辉照明建立账套，进行账套的修改、输出、恢复等操作。

3.账套主管了解与账套管理相关的法律法规，进行账套参数的修改，确保账套管理的合规性。

任务准备

一、认知账套

一个企业所有会计数据在计算机中组成一个账套，账套是会计软件中存放会计数据的文件，建立账套实质就是在会计软件中为企业建立一套符合核算要求的账簿文件。

根据单位的具体情况，在会计软件中为企业建立一套符合核算要求的账套体系。会计软件具有多账套管理功能，在同一会计软件可以建立一个或多个账套。

二、建立账套

2-2

知识导学：账套管理

首次使用系统时，必须建立新的企业账套。企业需要根据核算需要确定并设置账套信息、单位信息、核算类型、基础信息、编码方案及数据精度。具体业务处理流程如图2-2-1所示。

1.账套信息

账套信息包括账套号、账套名称、账套路径、启用会计期等。这些参数是根据企业实际情况进行设置的。

2.单位信息

单位信息用于输入新建账套的单位信息，单位简称是核算单位的简称，最好输入。

3.核算类型

核算类型用于记录新建账套的基本核算信息。记账本位币是企业按照会计法律法规要求采用的记账本位币名称，通常系统默认的记账本位币为人民币。企业类型是区分不同企业业务类型的必要信息，用于明确企业特定经济业务的类型。一般系统提供工业和商业两种类型；如果选择工业模式，系统则不能处理受托代销业务。行业性质是系统用来明确新建账套采用何种会计制度的重要信息，选择不同的行业性质，企业将执行不同的会计核算，选择不同的会计科目。账套主管是系统指定的本账套负责人。

4.基础信息

基础信息也是用于记录新建账套的基础核算信息的，主要包括存货、客户、供应商是否分类以及有无外币核算。如果企业存货、客户、供应商相对较多，可以对其进行分类管理。如果选择存货、客户、供应商进行分类，在进行基础设置时必须先设置分类，然后才能设置存货、客户、供应商档案。

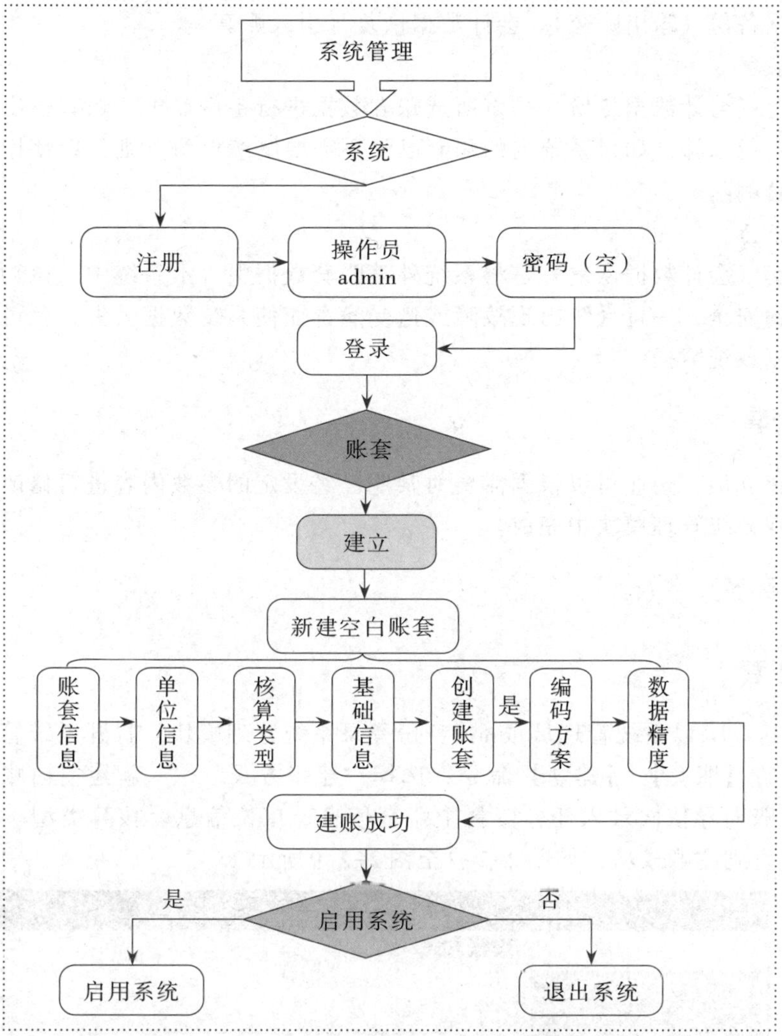

图2-2-1　建立账套并启用系统操作流程

5.编码方案

编码方案是指设置编码的级次方案。编码级次的设置和各级编码长度的设置，将决定使用单位如何对经济业务数据进行分级核算、统计和管理。例如，科目编码级次中编码方案为4222，以“应交税费——应交增值税（进项税额）”的三级明细科目为例，代码一般设置为22210101，总账科目“2221应交税费”为4位，二级明细科目代码“01应交增值税”为2位，三级科目代码“01进项税额”为2位。

6.数据精度

数据精度是指定义数据的小数位数。进行数据精度的定义，有助于系统在数据处理过程中对数据的小数位数进行取舍，从而保证数据处理的一致性。

三、备份账套

为防止数据丢失，企业系统管理员定时将企业数据备份存储到不同介质上，其应用包括会计数据备份（输出账套）、会计数据恢复（引入账套）。

1.输出账套

输出账套（会计数据备份）是将所选账套数据进行备份输出。账套输出功能除了可以进行数据备份以外，如果系统内的账套已经不需要继续保留，则可以使用账套的输出功能进行账套删除。

2.引入账套

引入账套（会计数据恢复）是将系统外某账套数据引入本系统中。该功能有利于保证系统数据的安全，一旦系统出现故障或遭受病毒而使系统数据丢失，就可以利用账套引入功能恢复系统数据。

四、修改账套

当账套建立后，企业可以根据需要对某些已经设定的参数内容进行修改，修改账套由账套主管在系统管理模块中完成。

任务实施

一、建立账套

2-3

技能实践：建立账套

1.以系统管理员admin身份登录系统管理模块，打开系统管理界面，执行【账套】|【建立】命令，选择“建账方式”——新建空白账套，按照建账向导依次录入任务资料中账套信息、单位信息、核算类型、基础信息等直到建账成功，如图2-2-2至图2-2-9所示。

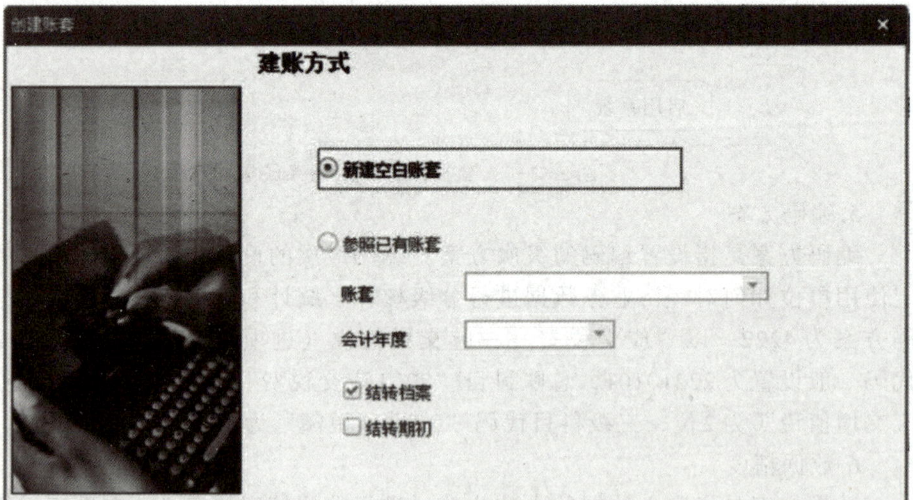

图2-2-2　建账方式设置

特别提示：

◆系统提供“新建空白账套”和“参照已有账套”两种建账方式，企业第一次使用选择“新建空白账套”。

◆账套号是企业账套的唯一标识，必须输入，且不得与系统内已经存在的账套号重复，可以输入001～999之间的一个整数。

◆启用日期必须输入，系统缺省为计算机的系统日期。

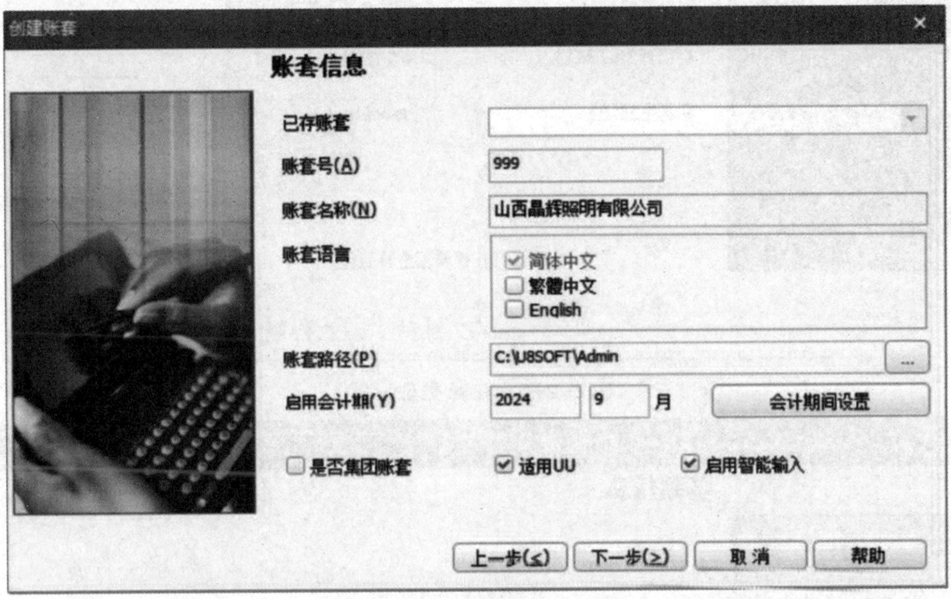

图2-2-3　账套信息设置

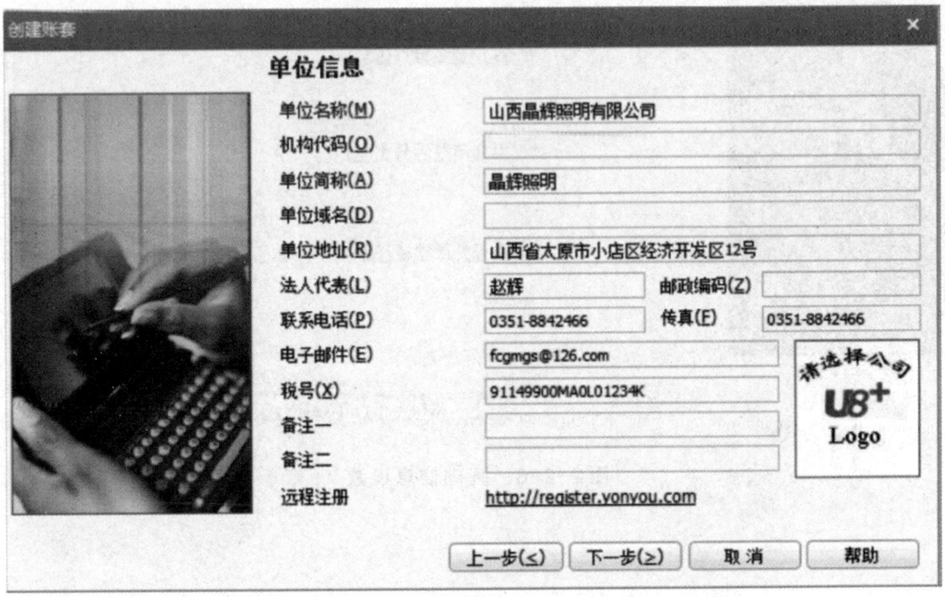

图2-2-4　单位信息设置

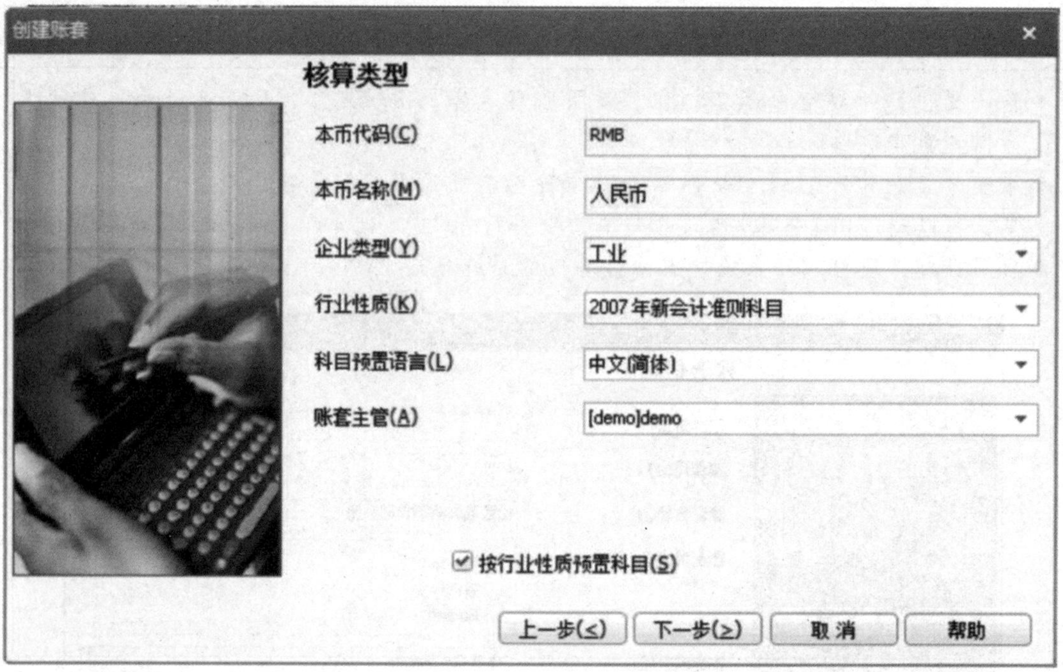

图2-2-5 核算类型设置

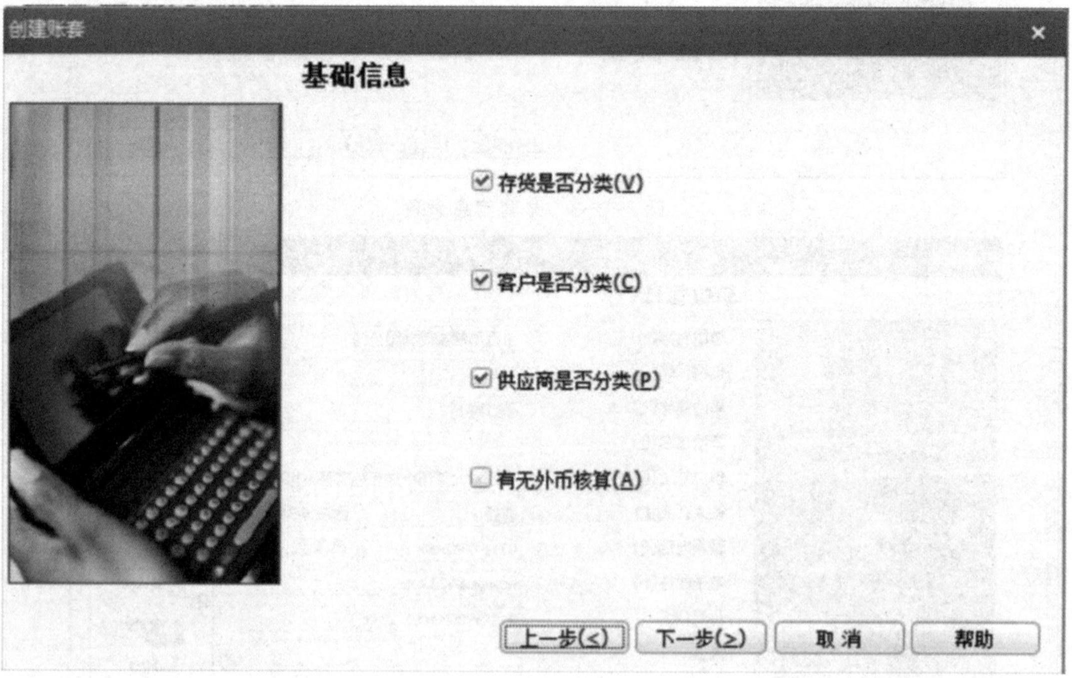

图2-2-6 基础信息设置

图 2-2-7　编码方案设置

特别提示：

◆科目编码级次中第1级科目编码长度根据建账时所选行业性质自动确定，此处显示灰色，不能修改，只能设定第1级之后的科目编码长度。

◆删除编码级次时要从末级开始删除。

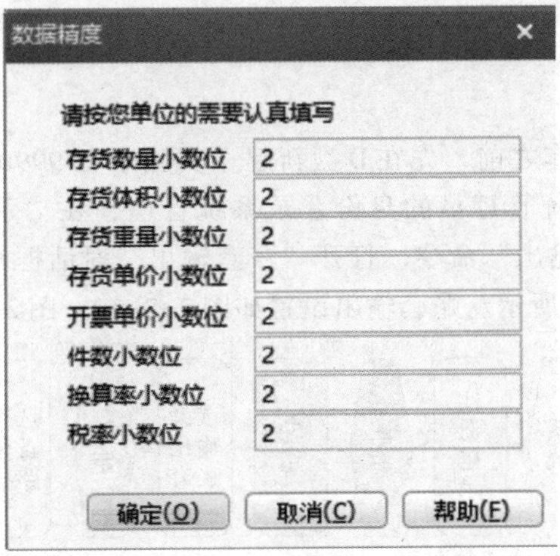

图 2-2-8　数据精度设置

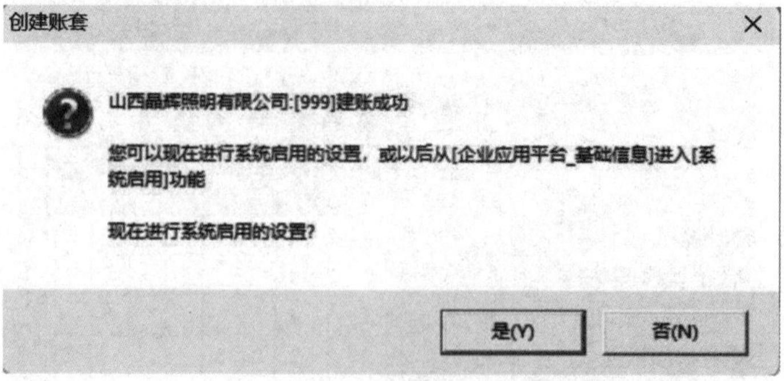

图 2-2-9 建账成功提示

2. 创建账套成功后，系统提示现在是否启用系统。单击“是”进行系统启用（如图 2-2-9 所示），进行系统启用的设置，如图 2-2-10 所示，勾选总账系统，启用日期 2024 年 9 月 1 日，然后点击【确定】按钮。建账完成，退出建账向导。

系统编码	系统名称	启用会计期间	启用自然日期	启用人
☑GL	总账	2024-09	2024-09-01	admin
☐AR	应收款管理			
☐TI	发票管理			
☐AP	应付款管理			
☐FA	固定资产			
☐NE	网上报销			
☐NB	网上银行			
☐SC	出纳管理			
☐CA	成本管理			
☐PE	利润考核			
☐PM	项目成本			
☐FM	资金管理			
☐BM	预算管理			
☐FB	费用预算			
☐CC	系统配置			
☐MK	营销管理			
☐CS	服务管理			

图 2-2-10 系统启用

二、备份账套

（一）输出账套

2-4

技能实践：输出账套

1. 在操作之前，先在 D 盘新建“实验账套/99901 建立账套”文件夹。

2. 以系统管理员的身份登录系统管理，在“系统管理”界面中，执行“账套”/“输出”命令，打开“账套输出”对话框输出账套，具体操作流程如图 2-2-11 所示。账套输出设置如图 2-2-12、图 2-2-13、图 2-2-14 所示。

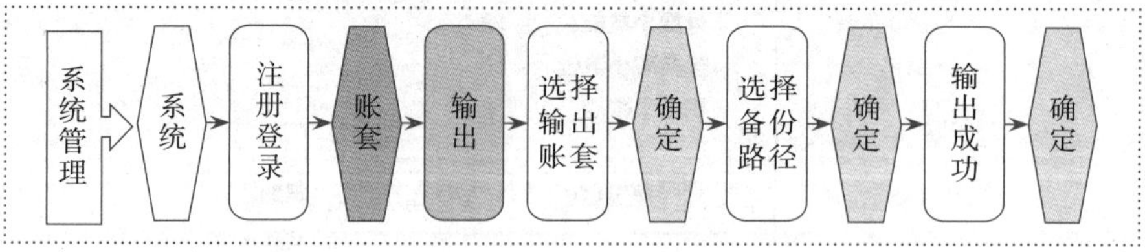

图 2-2-11 账套输出操作流程

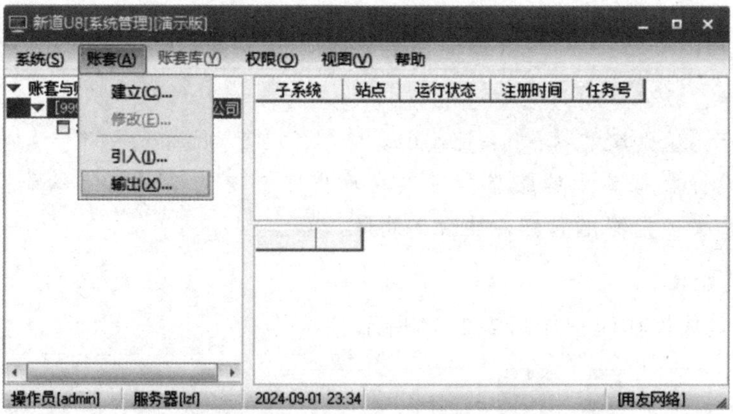

图 2-2-12　账套输出

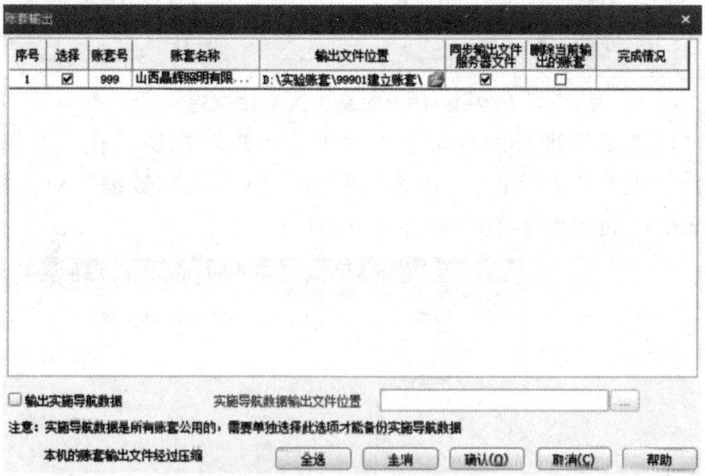

图 2-2-13　账套输出设置

图 2-2-14　账套输出成功

备份完成后，在指定路径下形成两个文件，分别是 UFDATA.BAK 和 UfErpAct.Lst。这两个文件不能直接打开，只能通过系统管理中的账套引入功能才能打开。

操作提示：

- ◆ 输出账套时，最好退出企业应用平台。
- ◆ 备份账套时，应先建立一个备份账套的文件夹，以便将备份的文件存放在目标文件中。
- ◆ 如果想要删除数据库中的账套，可以在输出账套时选择【删除当前输出账套】复选框，即系统会先输出账套，然后再删除该账套。

（二）引入账套

引入账套具体操作流程如图 2-2-15 所示。

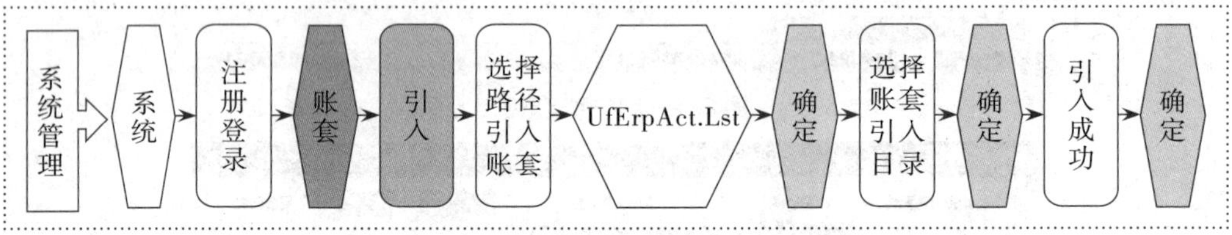

图 2-2-15 账套引入操作流程

2-5

技能实践：引入账套

以系统管理员的身份登录“系统管理”模块，在“系统管理”界面中，执行“账套”/“引入”命令，打开“引入账套数据”对话框，选择账套备份文件，如图 2-2-16、图 2-2-17 所示。

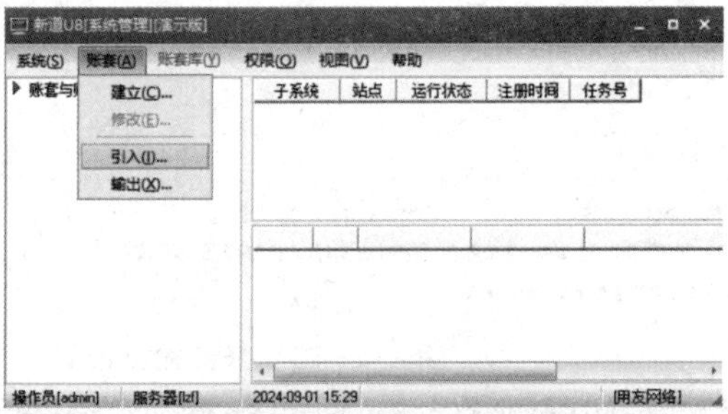

图 2-2-16 账套引入-1

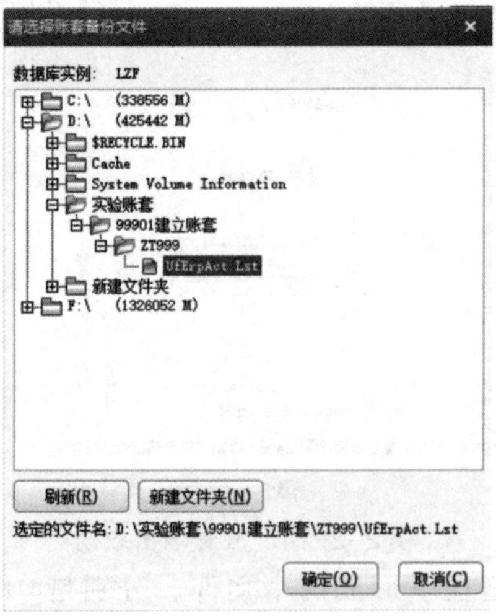

图 2-2-17 账套引入-2

三、修改账套

2-6

技能实践：修改账套

2024年9月5日，因晶辉照明业务拓展，增加了海外业务，需要增设外币核算。

以账套主管“201王启”的身份登录系统管理，对晶辉照明账套信息进行修改。具体操作流程如图2-2-18所示。

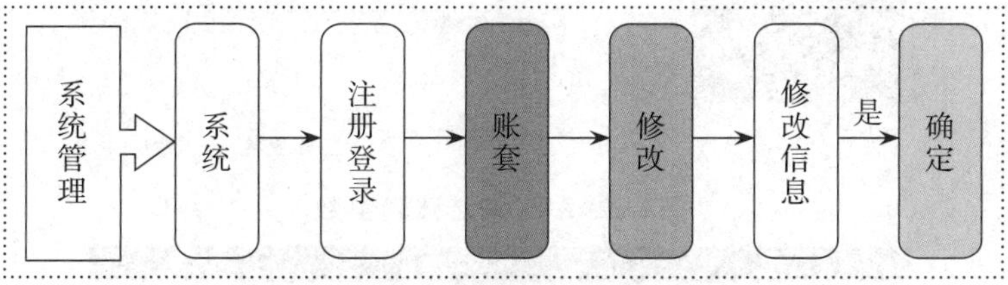

图2-2-18　修改账套操作流程

以账套主管“201王启”的身份登录“系统管理”模块，在“系统管理”界面中，执行“账套”/“修改”命令，打开“修改账套”界面，根据向导，单击“下一步”按钮，打开“基础信息”窗口，勾选“有无外币核算”复选框，完成账套信息修改，如图2-2-19至图2-2-23所示。

图2-2-19　修改账套登录

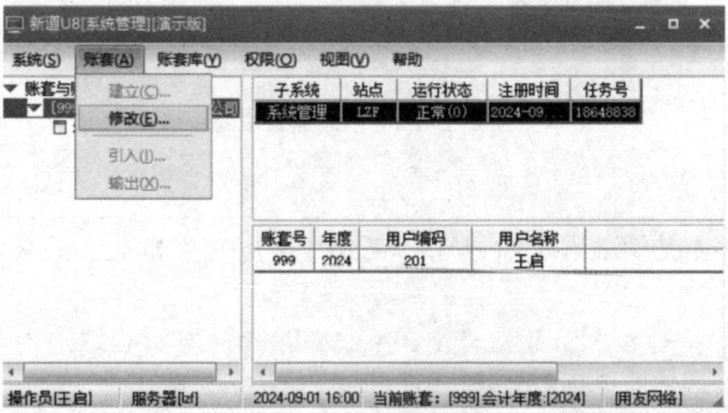

图2-2-20　执行修改账套

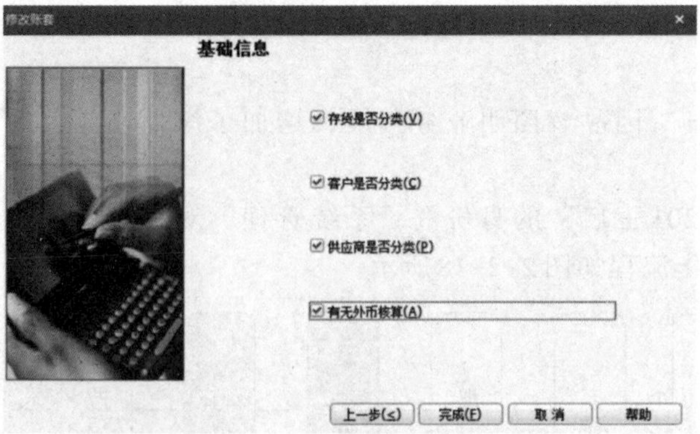

图 2-2-21　勾选账套参数

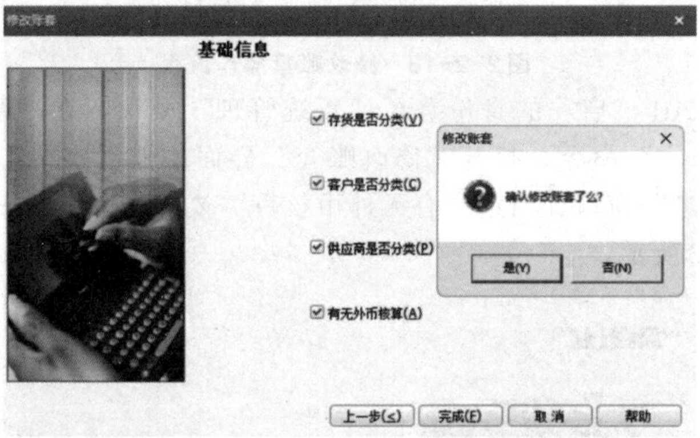

图 2-2-22　确认修改账套

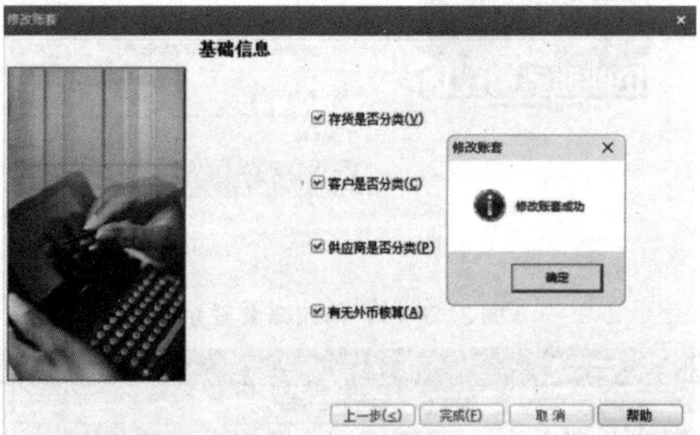

图 2-2-23　修改账套成功

特别提示：

◆ 账套中部分参数为灰色不能修改，如果这些参数设置错误，则只能删除账套，再重新建立。

◆ 建账完成后，编码方案、数据精度、系统启用项目可以由账套主管在“企业应用平台——基本信息”中进行修改。

智慧财务·德润人心

“择一事，终一生”和“干一行，爱一行”

经济越发展，会计越重要。任何一个应用系统功能拓展和完善都是无止境的。随着信息技术的进步，应用系统的开发不断融入新的技术和更为先进的管理思想。作为会计职业人员，我们要了解中国会计发展史，树立文化自信，在学习和工作中不断锤炼健全、高尚的人格。同时，要立足本职岗位，强化工作责任担当，在学习和工作实践中，以“择一事，终一生”和“干一行，爱一行”的执着，不断增强职业认同感和归属感，努力掌握一技之长，成就出彩人生。

任务三　用户管理

任务情境

一、任务场景

晶辉照明有限公司使用用友ERP-U8软件后，公司经研究决定，设置总经理、财务部长、总账会计、往来会计、薪资会计等岗位进行业务处理，系统管理员需要增加用户并进行角色分配、权限设置。

二、任务资料

角色、用户及权限分配见表2-2。

表2-2　　角色、用户及权限分配表

编码	姓名	口令	隶属部门	角色	权限
101	赵辉	101	综合办	总经理	账套主管
201	王启	201	财务部	财务部长	账套主管
202	周彤	202	财务部	总账会计	公用目录设置、总账管理的所有权限
203	丁楠	203	财务部	往来会计	公用目录设置、应收应付管理的所有权限、采购管理、销售管理
204	乔娜	204	财务部	薪资会计	公用目录设置、薪资管理的所有权限
205	杨帆	205	财务部	资产会计	公用目录设置，固定资产、存货核算管理的所有权限
206	张妍	206	财务部	出纳	总账中的“出纳签字”和出纳的所有权限
301	李卓	301	采购部	业务主管	采购管理、公共单据的所有权限
401	刘悦	401	销售部	业务主管	销售管理、公共单据的所有权限
501	陈哲	501	仓储部	业务主管	库存管理、公共单据的所有权限

三、任务要求

1.根据任务场景，本工作任务主要是为晶辉照明搭建会计核算体系，增加用户，设置角色并进行财务分工。

2.系统管理员admin：坚持系统观念，根据企业“业财一体化”理念和岗位内控要求，做好晶辉照明角色信息、用户信息的整理和录入。

3.账套主管：保持会计人员严谨细致的工作作风，坚持会计准则，确保会计信息真实、准确、安全，根据会计核算需要修改完善账套信息和为本账套操作员分配权限。

任务准备

一、定义角色

角色是指在企业管理中拥有某一类职能的组织，这个角色可以是实际的部门，也可以是由拥有同一类职能的人构成的虚拟组织。例如，实际工作中最常见的会计、出纳等。在设置角色后就可以定义角色的权限；如果为用户定义某一角色，则该用户拥有此角色的所有权限。

二、增加用户

2-7

知识导学：用户管理

用户即为操作员，是指有权登录系统并进行相应操作的人员。只有在“系统管理”模块中设置了具体的操作员以后，才能在各子系统中进行相应的操作。其作用类似于Windows的用户账号。每次登录系统时，都要进行操作员身份的合法性检查。因此，只有设置了具体的操作员之后，才能进行相关操作。

操作员管理主要完成操作员的增加、删除、修改等维护工作。因此，进行操作员管理时，需要设置的主要项目见表2-3。

表2-3 操作员设置的主要项目

主要项目	说　明
编号	操作员的编号必须输入且唯一
姓名	也称为注册名，是指有权进入系统的人员名称，如系统管理员、账套主管、系统操作员等。它可以是真实姓名，也可以是代号，如有重名，必须加上区别标记
密码	即口令，是指设置操作员进行系统登录时的口令。为了保证系统的安全、保密以及明确责任，最好设置口令，并加以牢记。在第一次进入系统前，可由系统管理员代为设置密码，并通知操作员本人；进入系统后，再由操作员自行修改。输入时以隐含符号“×”代替输入信息
确认口令	必须与前面输入的口令完全一致
所属部门	可以为空，但不能输入非法字符

特别提示：

- ◆角色可以设置，也可以不设置。定义角色主要是可以方便控制用户的权限。
- ◆可以在设置角色后设置用户，也可以设置用户后设置角色。在设置用户时可以直接指定角色。

三、分配权限

权限是指用户所具有的对软件各个子系统的使用权限。分配权限，即财务权限设置或操作员权限管理，是指对允许使用系统的操作员规定操作权限。指定权限后，该用户只能在规定的权限范围内操作。

设置用户权限的工作是由系统管理员或该账套的账套主管执行“系统管理”模块中的“权限”功能完成的。在权限功能中既可以对角色赋权，也可以对用户赋权。对角色赋权，如果在设置用户时已经指定了该用户的所属角色，则角色的权限就自动传递给了用户。未对角色赋权或未给予用户任何角色，则在权限功能中直接对用户赋权。

系统管理员和账套主管通过对系统操作的分工和权限的管理，一方面可避免与业务无关人员对系统的操作，另一方面可以对系统所含的各个子系统的操作进行协调，使得不同部门、不同岗位的人员只能完成自己的工作，以保证系统的安全与保密。

特别提示：

◆随着经济的发展，用户对管理要求不断变化、提高，越来越多的信息都表明权限管理必须向更细、更深的方向发展。用友ERP-U8提供集中权限管理，除了提供用户对各模块操作的权限之外，还相应地提供了金额的权限管理和对数据的字段级及记录级的控制，不同的组合方式将为企业的控制提供有效的方法。用友ERP-U8可以实现以下3个层次的权限管理：

第一，功能级权限管理，该权限将提供划分更为细致的功能级权限管理功能，包括各功能模块相关业务的查看和分配权限。

第二，数据级权限管理，该权限可以通过两个方面进行权限控制，一个是字段级的权限控制，另一个是记录级的权限控制。

第三，金额级权限管理，该权限主要用于完善内部金额控制，实现对具体金额数量级别的划分，对不同岗位和职位的操作员进行金额级别控制，限制他们制单时可以使用的金额数量，不涉及内部系统控制的不在管理范围内。

功能级权限的分配在“系统管理”模块中的权限分配进行设置，数据级权限和金额级权限在“企业应用平台”->“系统服务”->“权限”中进行分配。对于数据级权限和金额级权限的设置，必须是在系统管理的功能权限分配之后才能进行。

任务实施

一、了解操作流程

增加角色、增加用户和分配权限操作，具体操作流程如图2-3-1所示。

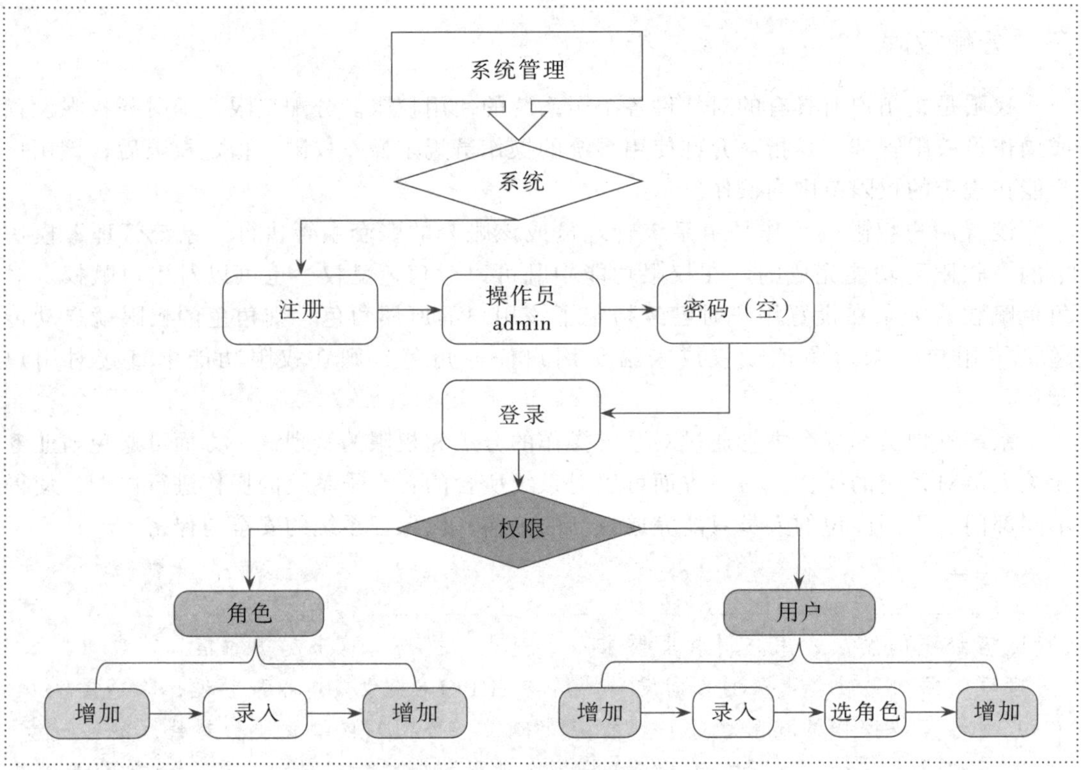

图2-3-1　增加角色与用户操作流程

二、增加角色

以系统管理员的身份登录“系统管理”模块，在“系统管理”界面中，执行“权限”/“角色”命令，打开“角色管理”窗口，窗口中已有角色是系统预设的，如图2-3-2所示。点击“增加”按钮，打开“角色详细情况”窗口，输入“角色编码”和“角色名称”，然后点击“增加”按钮保存，分别增加“总经理”、“出纳”、“总账会计”、“往来会计”、“资产会计”、“薪资会计”及“业务主管”等，角色编码按角色首字母命名，如图2-3-3所示。例如，“总经理”角色编码为“ZJL”、“出纳”角色编码为“CN”。

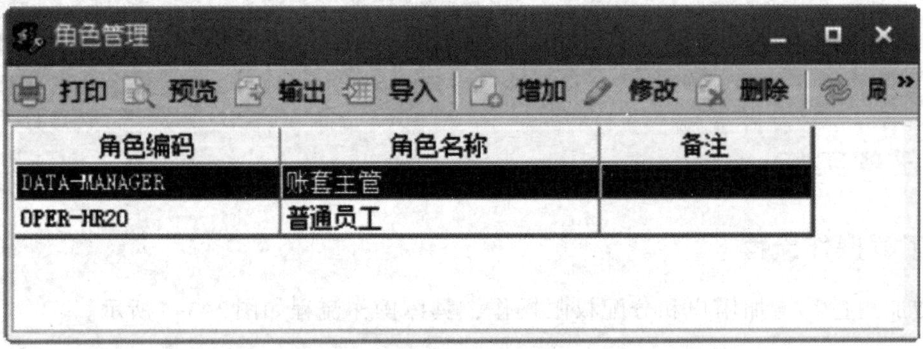

图2-3-2　系统预设角色管理界面

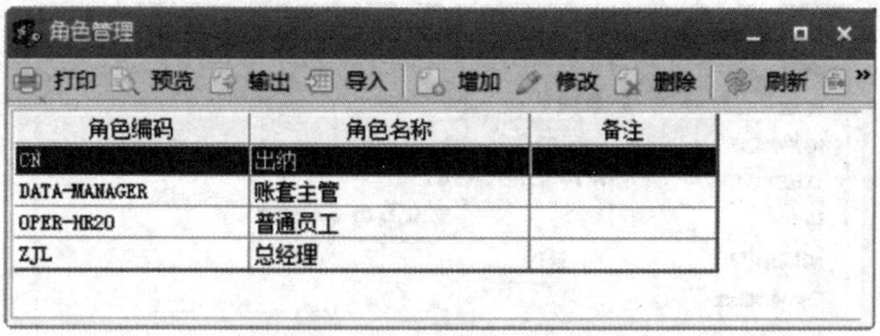

图2-3-3 新增角色管理界面

特别提示：

◆用户和角色设置不分先后顺序，但对于自动传递权限来说，应该首先设定角色，然后对角色赋予权限，最后进行用户设置。角色可以设置也可以不设置，如果未设置角色，可在权限分配中赋权。

三、增加用户

2-8

技能实践：增加用户

以系统管理员“admin”的身份登录“系统管理”模块，在“系统管理”界面中，执行“权限”下的“用户”命令，打开“用户管理”窗口，如图2-3-4所示，单击“增加”按钮，打开“操作员详细情况”窗口，分别输入“编号”和“姓名”等案例中给定的详细信息，并勾选相应的角色，最后点击“增加”按钮保存设置。重复此操作录入全部操作员的信息，如图2-3-5所示。

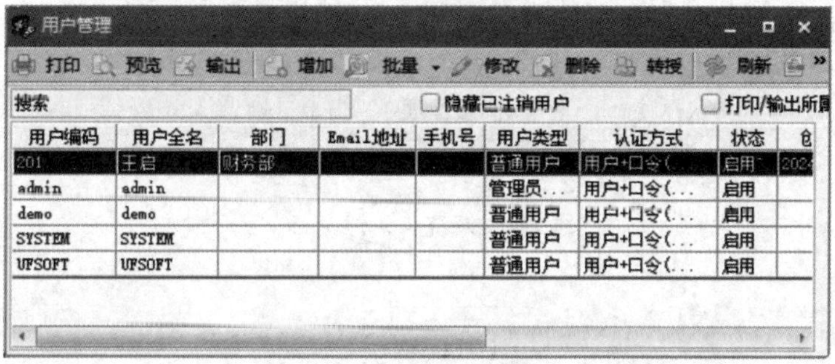

图2-3-4 用户管理界面

操作提示：

◆只有系统管理员才有权限增加操作员。

◆如果已经录入的操作员信息有误，可以在“用户管理”界面先选中该用户，然后点击“修改”按钮修改相关信息，但是注意操作员编号在系统中是唯一的，一旦增加是不能修改的。

◆需要修改用户编号时，先要删除该用户。但是，一旦所设置的操作员被引用，则不能删除。如果已经定义了角色的用户在删除时需要先取消角色。

◆如果该用户离开企业，可以通过【修改】功能的【注销当前用户】完成注销。

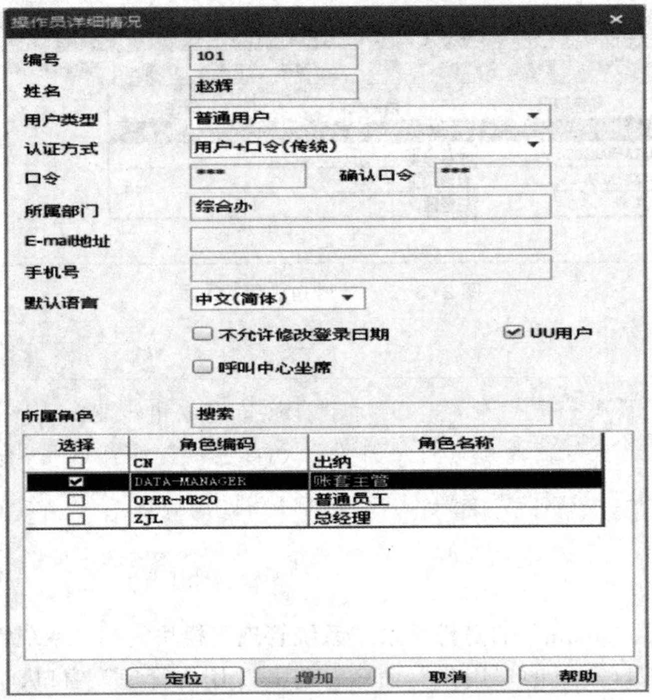

图 2-3-5 增加操作员

四、分配权限

设置操作员权限的具体操作流程如图 2-3-6 所示。

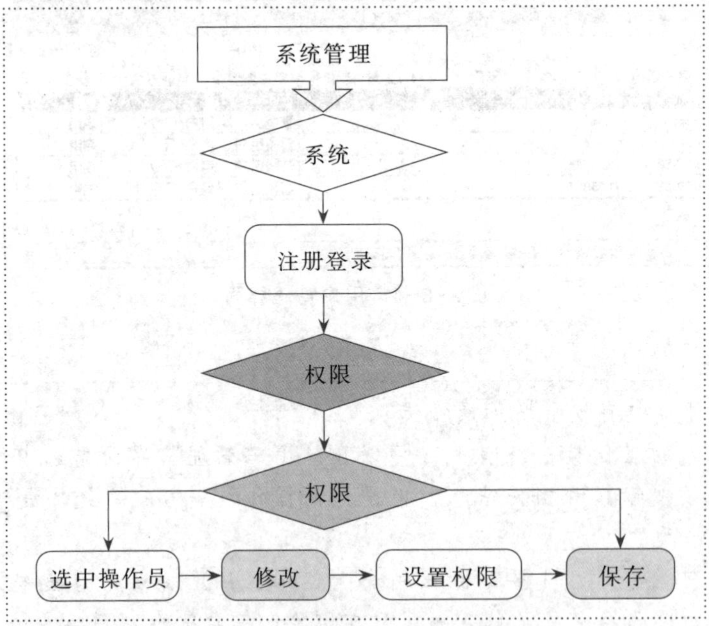

图 2-3-6 设置操作员权限操作流程

2-9

技能实践：分配权限

（一）设置账套主管

1.以系统管理员“admin”的身份登录“系统管理”模块，在“系统管理”界面中，执行“权限”/“权限”命令，打开“操作员权限”窗口。

2.在“操作员权限”窗口，从账套下拉列表中选择“［999］山西晶辉照明有限公司”，同时选择操作员“201王启”，勾选“账套主管”，并按窗口提示进行操作，如图2-3-7、图2-3-8所示。

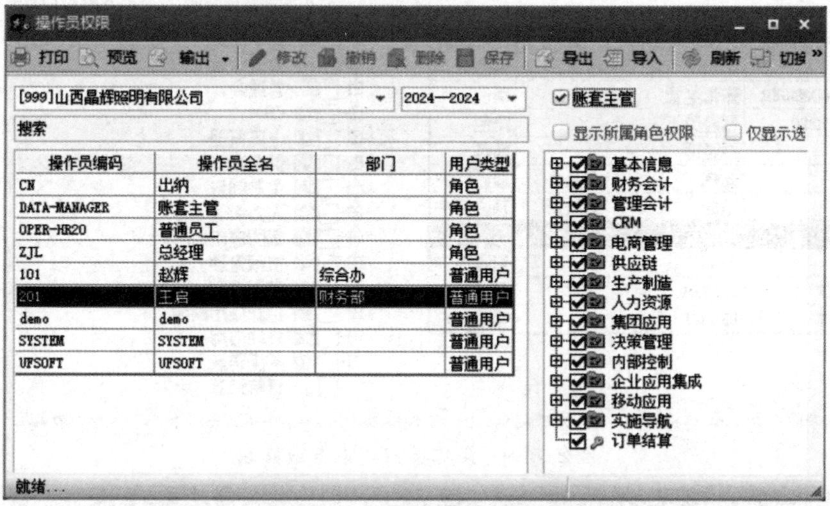

图2-3-7　账套主管权限设置

图2-3-8　账套主管权限确认

特别提示：

指定、取消账套主管可以在3个环节中进行操作：

◆ 在增加用户环节，指定用户的所属角色为“账套主管”。

◆ 在建立账套环节，指定用户为该账套主管。

◆ 在权限设置环节，赋予用户账套主管权限。

（二）设置普通操作员权限

1.以系统管理员“admin”的身份登录“系统管理”模块，在“系统管理”界面中，执行“权限”/“权限”命令，打开“操作员权限”窗口。

2.在“操作员权限”窗口，从账套下拉列表中选择“［999］山西晶辉照明有限公司”，同时选择操作员“202周彤”，单击“修改”按钮，在右侧对话框中进行权限设置并保存，如图2-3-9、图2-3-10所示。

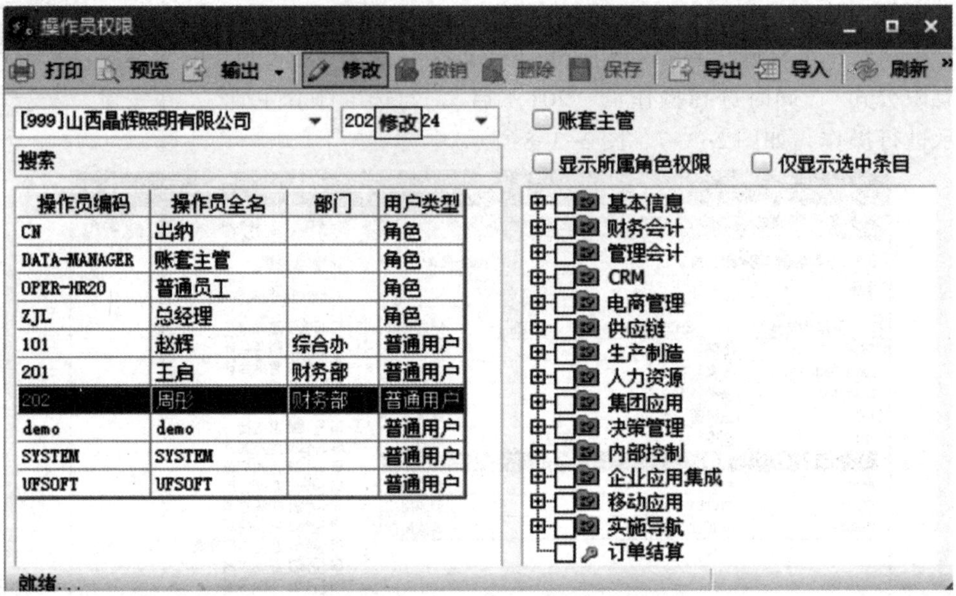

图2-3-9 操作员权限设置或修改

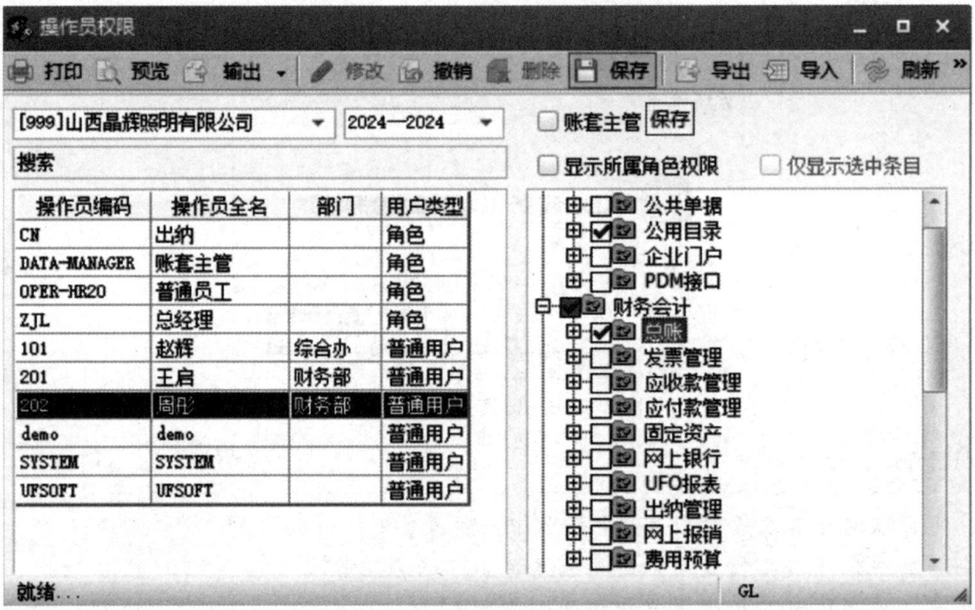

图2-3-10 普通操作员权限窗口

特别提示：

- 系统管理员可以指定账套主管，对系统内所有账套的操作员赋权。
- 账套主管默认拥有该账套全部权限，只能对其所管辖账套的操作员进行授权。

任务四　系统安全管理

任务情境

一、任务场景

在信息化日益发展的今天，企业越来越重视信息安全。为确保系统数据的安全性、完整性、真实性和可靠性，企业需制定一套完整的系统运行安全策略，包括用户身份和密码管理、数据和功能权限管理、登录控制、上机日志、账套备份等，以确保系统安全、高效运行。

二、任务资料

晶辉照明自动备份计划设置如下：

计划编号：2024-09

计划名称：999山西晶辉照明有限公司

备份类型：账套备份

发生频率：每天

开始时间：20：00

有效触发：2

保留份数：15

三、任务要求

1.每个用户只能访问其职责范围内的数据和功能，防止未经授权的用户访问系统，确保权限分配合理，避免权限滥用。

2.启用系统日志功能，实时监控系统操作，及时发现并采取相应措施。

3.系统管理员：根据企业实际需求设置备份计划，定期备份关键数据，制订并测试数据恢复计划。

任务准备

为保护数据安全，用友ERP-U8系统提供了一些保护机制。由系统管理员在“系统管理”模块中执行这些保护措施。

一、系统运行监控

在系统管理界面，可以监控整个系统的运行情况，包括各个功能模块、操作时间、系统状态等内容，以保证整个会计信息系统正常运行。

二、清除异常任务和单据锁定

系统运行过程中，由于死机、网络阻断等原因很可能造成系统异常及一些单据锁定，系统管理中提供了清除单据锁定和清除异常任务两项功能。

由于在企业应用平台中一些操作不当等原因，造成单据锁定，则该项功能就不能正常运行。执行清除单据锁定功能，将恢复正常功能的使用。

清除异常任务包括手动清除异常任务和自动处理异常任务。如果用户服务端超过异常限制时间未工作或由于不可预见的原因非法退出某子系统，则视为异常任务，在系统管理中会显示“运行状态异常”，系统在达到服务端结束时间时，自动清除异常任务。在使用时间内，用户也可手工清除异常。

三、记录上机日志

为了对系统进行更好的监督，系统随时对各个子系统的每个操作员的上下机时间、操作事项等情况进行自动登记，形成上机日志。用户可对上机日志的内容进行删除、排序和刷新。

四、备份账套

系统管理中提供了自动备份和人工输出账套备份两种方式对数据进行保存。

自动备份通过设置自动备份计划来实现，使用该功能可以定时、自动输出多个账套，可以有效减轻系统管理员的工作量。

人工输出账套备份是指系统管理员应定期将企业账套数据输出存储到不同的介质上，这对数据的安全性是非常重要的。如果需要对数据进行恢复，则可使用账套的引入功能完成。

任务实施

1.以系统管理员“admin”的身份登录“系统管理”模块，在“系统管理”界面中，执行“系统”/“设置备份计划”命令，打开“备份计划设置”窗口。

2.单击“增加”按钮，在“备份计划详细情况”窗口，录入计划编号“2024-09”，计划名称“999山西晶辉照明有限公司”等案例相关信息，单击“增加”按钮，选择备份路径“D/实验备份账套”（这个文件夹事先应建立），保存备份计划，如图2-4-1至图2-4-4所示。

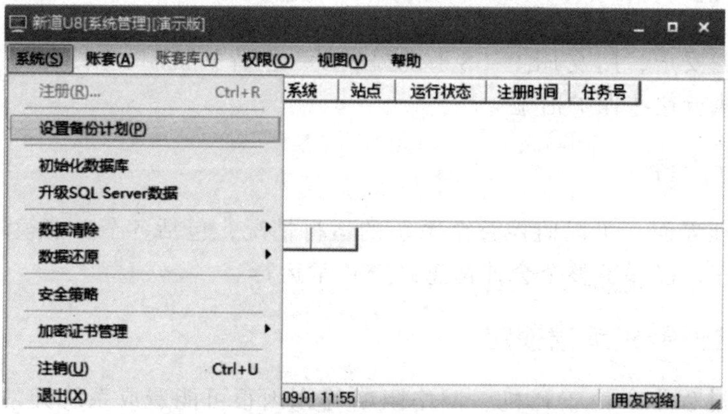

图2-4-1 备份计划-1

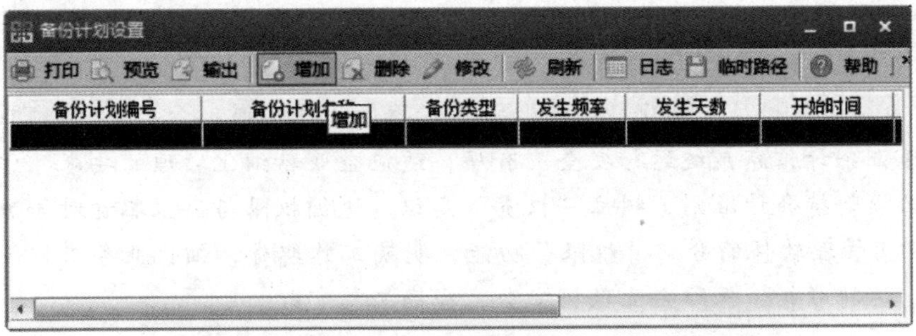

图 2-4-2　备份计划-2

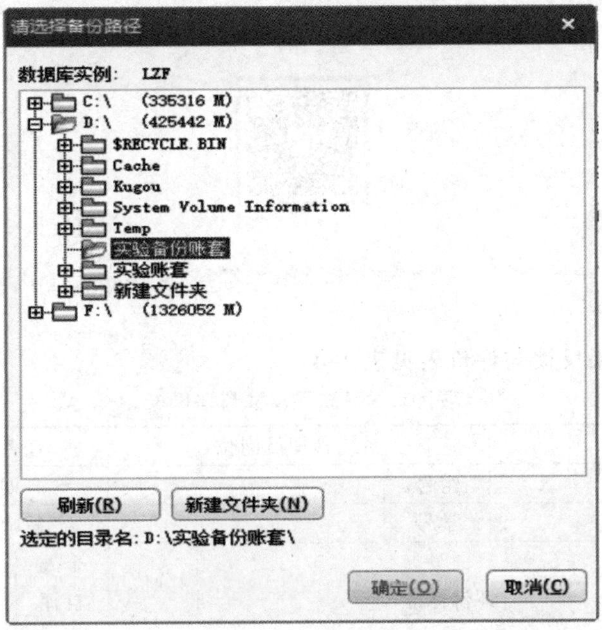

图 2-4-3　备份计划-3

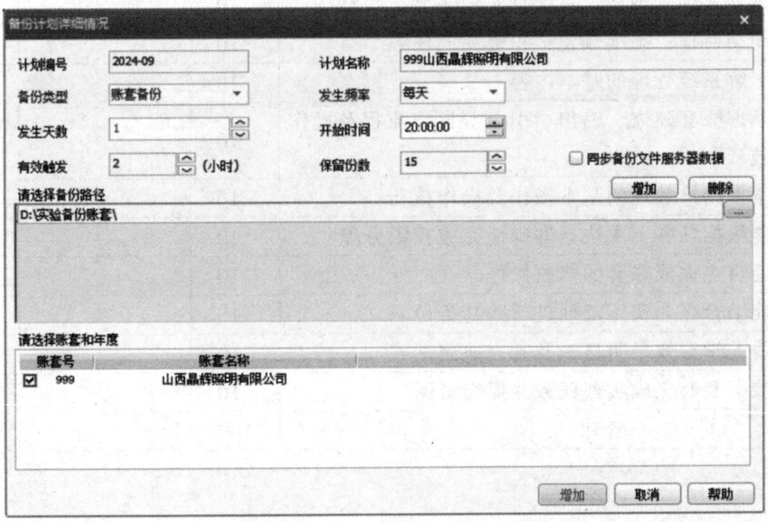

图 2-4-4　备份计划-4

智慧财务·德润人心

强化“权责”意识　确保工作实效

为了保证会计信息系统运行安全、有序，适应企业精细化管理的要求，作为会计职业人员，必须坚持会计准则，树立“权责”意识，遵循权限与岗位职责对等原则，通过用友ERP-U8管理软件的分配“权限”功能，明确工作职责，细化业务工作范围，确保权责清晰，运转顺畅，保障企业数据安全，提高工作实效。

项目测试

项目考核评价

本项目学习成果反馈与评价表见表2-4。

表2-4　项目二学习成果反馈与评价表

<table>
<tr><td colspan="2">项目二</td><td colspan="2">系统管理员岗位</td><td colspan="4">任务一、二、三、四</td></tr>
<tr><td>班级</td><td></td><td>组号</td><td></td><td colspan="2">日期</td><td colspan="2"></td></tr>
<tr><td>姓名</td><td></td><td>学号</td><td></td><td colspan="2">教师</td><td colspan="2"></td></tr>
<tr><td>项目</td><td colspan="2">评价标准</td><td>分值（分）</td><td>个人自评30%</td><td>小组互评20%</td><td>教师评价50%</td><td>小计（分）</td></tr>
<tr><td rowspan="2">职业素养（20）</td><td colspan="2">遵守实训管理规定，保持实训环境干净整洁</td><td>10</td><td></td><td></td><td></td><td></td></tr>
<tr><td colspan="2">团结协作，态度端正，积极完成任务</td><td>10</td><td></td><td></td><td></td><td></td></tr>
<tr><td rowspan="3">专业知识（30）</td><td colspan="2">了解系统管理的基本内容</td><td>10</td><td></td><td></td><td></td><td></td></tr>
<tr><td colspan="2">掌握账套建立、输出、引入等操作流程及操作技巧</td><td>10</td><td></td><td></td><td></td><td></td></tr>
<tr><td colspan="2">掌握用户管理的基本操作及操作技巧</td><td>10</td><td></td><td></td><td></td><td></td></tr>
<tr><td rowspan="3">职业能力（30）</td><td colspan="2">能根据任务要求快速准确地完成权限分配</td><td>10</td><td></td><td></td><td></td><td></td></tr>
<tr><td colspan="2">能自主完成账套的修改操作</td><td>10</td><td></td><td></td><td></td><td></td></tr>
<tr><td colspan="2">能结合企业实际定期进行账套备份</td><td>10</td><td></td><td></td><td></td><td></td></tr>
<tr><td rowspan="2">成果展示（20）</td><td colspan="2">线上学习效果明显，及时完成测试</td><td>10</td><td></td><td></td><td></td><td></td></tr>
<tr><td colspan="2">线下及时完成实训任务并提交截图</td><td>10</td><td></td><td></td><td></td><td></td></tr>
<tr><td colspan="3">合计</td><td>100</td><td></td><td></td><td></td><td></td></tr>
<tr><td>教师评语</td><td colspan="7"></td></tr>
</table>

项目三　信息主管岗位

岗位认知

信息主管全面统筹组织与协调会计信息化工作，建立并维护会计核算体系，保障会计信息的准确性与完整性；严格审核账套数据，确保每一笔财务数据的准确无误，对异常数据及时进行追溯与调整。根据业务需求，提出系统优化升级建议，并协调各部门与会计信息化相关的沟通协作，为企业财务管理提供高效、精准的信息化支持。鉴于本书以小型企业数据为案例背景，信息主管即为账套主管，主要负责在用友ERP-U8会计信息系统中的企业应用平台进行基础数据维护及整个账套的管理审核工作。

项目目标

素质目标

树立规范意识和规范化管理意识，深刻领会数据标准化处理的意义，掌握信息标准化处理技术，确保账套基础信息规范、完整、准确。

知识目标

了解财务软件基础设置的主要内容，熟练掌握系统启用及会计期间、编码方案、数据精度的修改；掌握基础档案设置的方法，熟练设置会计科目及会计科目辅助核算。

能力目标

能够模拟企业实际运用会计信息系统进行初始资料设置，先手工整理一套基础资料，再将其按照财务核算要求录入财务软件；结合企业实际，正确设置机构人员信息、客商信息、存货基础信息、财务基础信息及收付结算信息等。

▲ 项目导图

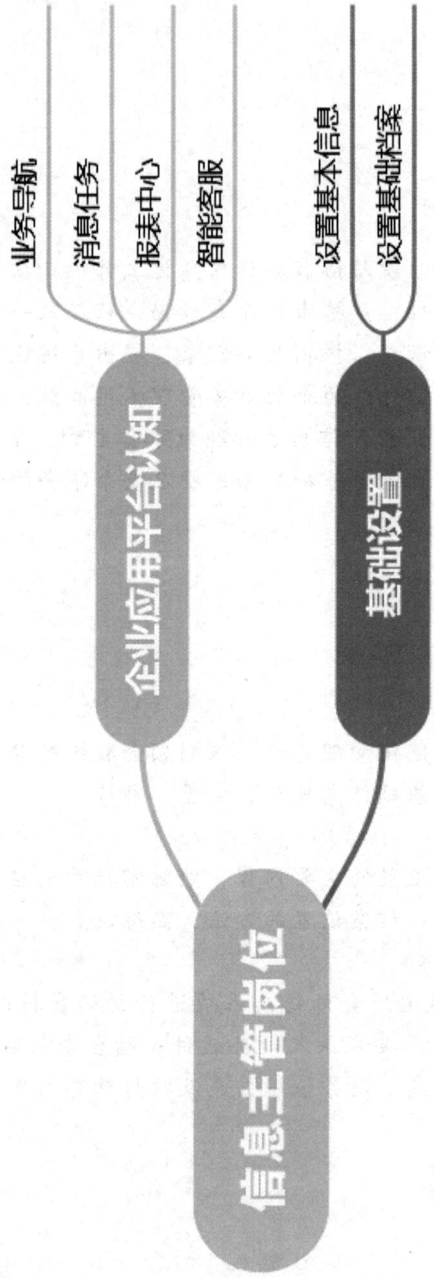

任务一 企业应用平台认知

任务情境

一、任务场景

晶辉照明有限公司选购了用友ERP-U8会计信息系统，准备使用会计信息系统中的总账、应收款管理、应付款管理、薪资管理、固定资产管理及UFO报表管理等子系统，但是由于新系统的学习和熟练需要一段时间，因此，公司决定先由信息主管带领财务团队进行系统基础设置培训，逐步熟悉企业应用平台中的各模块功能，确保初始数据准确无误地导入系统，为后续高效运作奠定基础。

二、任务要求

1.根据任务场景，熟悉用友ERP-U8会计信息系统中企业应用平台的操作界面及各模块功能。

2.坚持系统观念，根据企业"业财一体化"理念和岗位内控要求，筹划构建晶辉照明有限公司会计核算体系。

任务准备

"企业应用平台"是会计信息系的一个重要组成部分，是用户访问系统的唯一入口，用来设置系统公共的基础信息和基础档案，定义企业的业务工作，并设计符合企业本身的工作流程。

用友ERP-U8V15.0企业应用平台包括业务导航、消息任务、报表中心及智能客服核心功能组件，如图3-1-1所示。

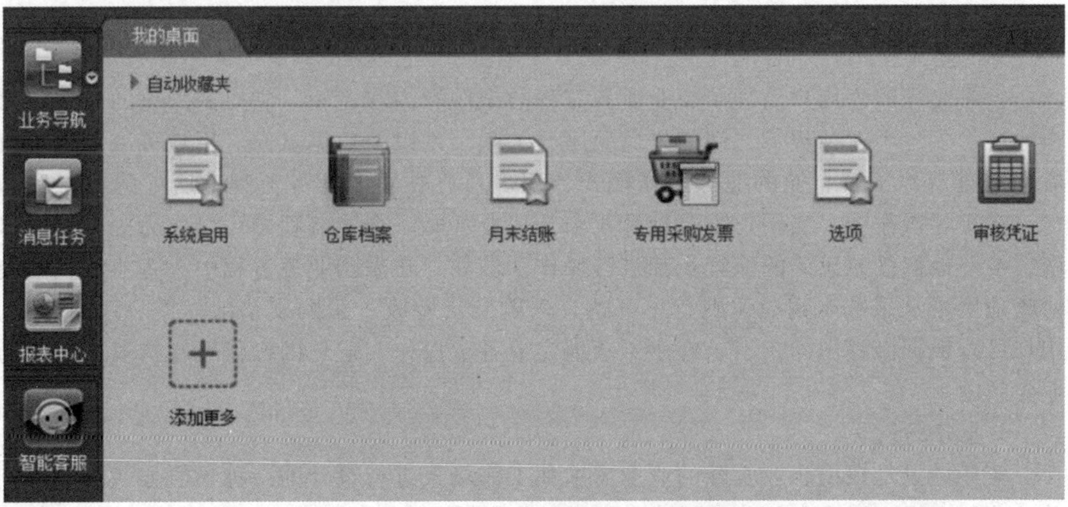

图3-1-1 "企业应用平台"功能模块

一、业务导航

业务导航为用户提供了清晰的操作指引，是进入各个业务功能模块的入口，方便用户快速定位所需功能。

（一）导航模式

用友 ERP-U8 V15.0企业应用平台提供了经典树形导航、全景式菜单、企业流程图、业务场景等多种极具特色的导航与操作方式，全方位满足了企业不同用户在不同业务阶段的多样化需求，助力企业高效开展信息化管理工作。

1.经典树形导航

经典树形导航以层级结构展示系统的各个功能模块，类似于文件夹的层级关系，用户可以按照模块的分类逐步展开找到自己需要的功能。这种导航方式逻辑严谨，对于有一定系统使用经验、对功能模块分类有清晰认知的用户来说，能够快速定位操作入口，提高工作效率。例如，财务部门的资深会计在进行月末结账操作时，通过经典树形导航可以迅速找到总账模块下的结账功能，无须在众多选项中盲目查找。企业工作台则以一种更为直观、个性化的界面展示常用功能和关键业务数据，用户可以根据自己的使用习惯和工作重点定制工作台的布局和显示内容，提高操作效率。

2.全景式菜单

全景式菜单以一种全面、直观的展示形式，让用户对系统的所有功能一目了然。它打破了传统导航的层级限制，将各类功能平铺在一个界面上。这种导航模式适合新用户快速熟悉系统全貌，让他们对系统所具备的功能有一个整体的认知。同时，对于需要在多个不同功能模块之间频繁切换操作的用户来说，全景式菜单能够提供更便捷的操作体验。比如，企业的综合管理人员在进行业务数据分析时，可能需要同时查看财务、销售、采购等多个模块的数据，全景式菜单可以让他们直接在一个界面上找到并切换到相应功能，避免了在树形导航中反复返回上级菜单再重新选择的烦琐过程。

3.企业流程图

企业流程图为用户呈现了企业业务流程的全貌和内在逻辑。它以图形化的方式，清晰地展示了各个业务环节之间的先后顺序、关联关系以及数据流向。用户可以通过企业流程图直观地了解企业的业务运作模式，明确自己在整个业务流程中所处的位置和职责。在实际操作中，当用户需要处理某个具体业务时，企业流程图可以作为一个导航指南，帮助他们按照正确的流程步骤进行操作。例如，在采购业务流程中，企业流程图会清晰地展示从采购申请、采购订单下达、采购到货验收、采购发票结算等一系列环节，用户可以根据流程图的指引，有条不紊地完成各项操作，避免因操作顺序错误而导致的业务问题。

4.业务场景

业务场景是根据企业实际的业务需求和工作场景进行设计的一种导航方式。它将相关的功能和操作组合在一起，形成一个个特定的业务场景，让用户能够在一个场景化的环境中完成一系列相关的业务操作。例如，对于销售部门的用户来说，系统提供了“销售订单处理”这样一个业务场景，在这个场景中，用户可以完成从销售订单的创建、审核、发货、收款等一系列操作，无须在不同的功能模块之间频繁切换。

企业应用平台中还提供了快速访问方式，支持将常用的功能设置为快捷方式，放置在导航栏的显著位置，方便用户快速点击进入，减少查找功能的时间。例如，财务人员可以将“总账凭证录入”“报表查询”等常用功能设置为快捷方式。

（二）功能模块

无论是经典树形导航还是全景式菜单模式，其包含的内容都是按照企业的业务流程和功能模块进行分类，如财务会计、供应链、生产制造等。每个大类下又细分具体的功能子模块，如财务会计下包括总账、应收款管理、应付款管理等。这种分类方式符合企业的业务逻辑，便于用户理解和使用。

下面以经典树形导航为例来介绍企业应用平台包含的功能模块。

在经典树形导航模式下，企业应用平台主要有业务工作、基础设置及系统服务三个极为重要的板块。这三个功能主要包括的内容如图3-1-2所示。

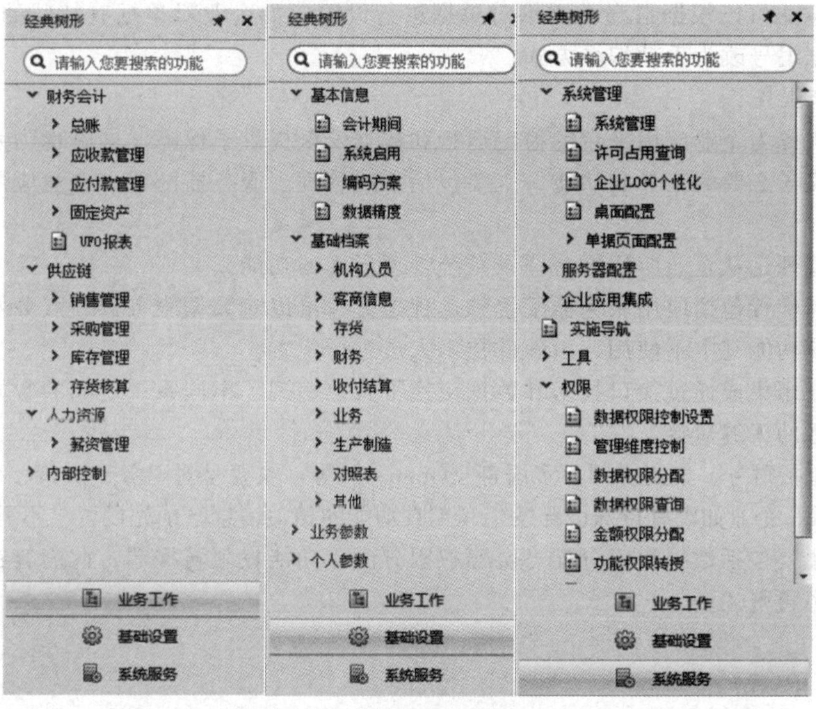

图3-1-2　企业应用平台功能模块

1.业务工作

业务工作模块是企业日常运营操作的核心区域，它涵盖了企业各项业务流程的处理功能，为企业的生产、销售、财务等核心业务提供了全面的支持。

2.基础设置

基础设置是整个系统正常运行的基础，它为业务工作模块提供了必要的基础数据和参数设置，确保企业各项业务的规范和统一。基础设置主要是设置用友ERP-U8各子系统公用的基本信息、基础档案、业务参数设置、业务流程设置、单据设置等。

基本信息主要包含系统启用以及可以对企业建账过程中设定的会计期间、编码方案和数据精度进行修改。

基础档案是用友ERP-U8系统运行的基石，用友ERP-U8会计信息系统中的各子系统共享基础档案信息。

业务参数包括每个子系统的参数设置，该功能还可以通过每个子系统中的“选项”功能实现。

业务流程设置包括采购流程、销售流程、库存管理流程等的设置。通过对业务流程的自定义设置，企业可以根据自身的业务特点和管理要求，优化业务操作流程，提高业务处理的效率和准确性。例如，企业可以设置采购业务的审批流程，确保采购活动的合规性和合理性。

单据设置包括单据格式设置、单据编号设置和单据打印控制。单据是企业经济业务发生的证明，如代表销售业务发生的销售发票、代表货物发出的销售发货单等。不同企业各项业务处理中使用的单据可能存在差异，用友ERP-U8会计信息系统中预置了单据模板，但企业可以根据自身的需求对单据进行设置。如企业对单据有特殊的编号规则，可以将单据编号改为手动编号方式。

3.系统服务

系统服务为企业应用平台的稳定运行和数据安全提供了保障，同时也为系统的维护和管理提供了必要的工具和功能，主要包括系统管理、服务器配置、企业应用集成、工具和权限。

系统管理是从企业应用平台登录系统管理界面的功能。

服务器配置包括应用服务器配置和远程配置，可以对数据服务器、服务器参数等进行设置，该功能基本不使用，由软件技术人员进行配置。

企业应用集成通过接口技术和数据交换平台，实现了不同系统之间的数据实时同步和业务流程的无缝对接。

工具包括财务、集团应用、多语言、Open API等，主要是对财务、决策、数据传输等内容的设置，企业如没有特殊情况发生，工具功能的相关信息已预先设置，不需要修改。

权限主要包括数据权限分配、金额权限分配、功能权限转授等，此内容在项目二已做讲解，不再赘述。

二、消息任务

消息任务是系统内部的信息交互和任务管理平台，用于及时传递重要信息和分配工作任务，确保企业内部信息的畅通和工作的高效执行。

（一）消息提醒

系统会自动发送各种业务消息提醒，如审批消息、到期提醒、异常数据提醒等。例如，当采购订单需要审批时，相关审批人员会收到消息提醒；当应收账款到期时，财务人员会收到催款提醒。消息提醒可以通过弹出窗口、声音等方式通知用户，确保用户及时关注重要信息。

（二）任务分配与跟踪

管理者可以通过消息任务功能分配工作任务给相关人员，并设置任务的截止日期、优先级等信息。任务接收人员可以在系统中查看自己的任务列表，了解任务详情和进度要求，并反馈任务的完成情况。管理者可以实时跟踪任务的执行进度，对未按时完成的任务进行督促和协调。

（三）消息分类管理

系统支持对消息进行分类管理，用户可以根据消息的类型、重要程度等设置不同的消息分类规则，并对不同分类的消息采取不同的处理方式。例如，将重要的审批消息设置为优先处理，将一般性的通知消息设置为定期查看。

三、报表中心

报表中心是企业数据展示和分析的重要工具，提供了丰富的报表模板和灵活的报表定制功能，帮助企业管理者及时了解企业的财务状况、经营成果和业务运营情况。

（一）预制报表模板

系统内置了多种常用的报表模板，如资产负债表、利润表、现金流量表、采购明细表、销售统计表等。这些报表模板按照会计准则和企业管理要求进行设计，格式规范、数据准确，用户可以直接生成和查看报表，无须手动编制。

（二）自定义报表

支持用户根据自己的业务需求和分析角度自定义报表。用户可以选择报表的数据源、字段、筛选条件、统计方式等，设计出符合自己要求的个性化报表。例如，用户可以自定义一份按部门和时间维度统计的费用分析报表，以便深入了解各部门的费用支出情况。

（三）报表分析功能

除了简单的报表展示，报表中心还提供了一些基本的数据分析功能，如数据排序、筛选、汇总、图表展示等。用户可以通过这些功能对报表数据进行深入分析，发现数据背后的规律和问题，为企业决策提供支持。例如，用户可以将销售数据以柱状图的形式展示，直观地比较不同产品或不同地区的销售情况。

四、智能客服

智能客服为用户提供了便捷的技术支持和问题解决方案，帮助用户快速解决在使用系统过程中遇到的问题。

（一）智能问答

利用人工智能技术，智能客服可以理解用户提出的问题，并快速给出准确的答案。用户可以通过文字输入的方式向智能客服咨询系统操作方法、功能使用、常见故障处理等方面的问题，智能客服会根据预设的知识库和算法进行解答。例如，用户询问“如何进行采购订单的审批”，智能客服会详细告知审批的流程和操作步骤。

（二）问题反馈与跟踪

如果智能客服无法直接解决用户的问题，用户可以通过智能客服系统提交问题反馈。系统会记录问题的详细信息，并分配给相应的技术支持人员进行处理。用户可以实时跟踪问题的处理进度，了解问题的解决情况。

（三）知识库共享

智能客服系统拥有丰富的知识库，包含了系统的操作手册、常见问题解答、技术文档等内容。用户可以自行搜索知识库，获取相关的知识和信息，提高自己解决问题的能力。同时，系统会不断更新和完善知识库，以适应系统功能的升级和用户需求的变化。

智慧财务·德润人心

推动创新发展，提升财务管理效能

随着信息技术的飞速发展和企业业务的不断变化，会计信息系统也需要不断创新和升级。会计人员必须具备敏锐的市场洞察力和创新意识，密切关注行业动态和技术发展趋势，积极探索会计信息系统的新功能和新应用。通过创新发展，不仅可以提升企业的财务管理水平，还可以使企业在激烈的市场竞争中占据优势。

任务二　基础设置

任务情境

一、任务场景

晶辉照明有限公司财务部门根据公司实际情况和业务需要手工整理出一份企业的基本信息及基础档案，现需在用友集团山西分公司陈老师的指导下，由该公司的信息主管王启启用相关系统并将上述核算资料输入到用友ERP-U8会计信息系统中。在输入信息前，陈老师强调基础档案设置是系统初始化的关键步骤，涉及多个模块的基础数据配置，其准确性、规范性、完整性对后续财务核算、业务处理影响很大，建议在基础档案设置的过程中，充分考虑公司的管理要求，以便更好发挥会计信息系统的优势，方便企业有效使用。

二、任务资料

晶辉照明有限公司2024年9月初基础设置资料如下：

（一）基本信息

晶辉照明有限公司总账系统已经在建立账套时启用，会计期间、编码方案和数据精度在建立账套时也已设定。请核对前述设置是否正确，如有错误请及时进行修改。

（二）基础档案

1.机构人员

（1）部门档案（见表3-1）

表3-1　部门档案

部门编码	部门名称	部门编码	部门名称
1	综合办	6	生产部
2	财务部	601	生产一部
3	采购部	602	生产二部
4	销售部	7	人力资源部
5	仓储部		

（2）人员类别（见表3–2）

表3–2　　人员类别

分类编码	分类名称	分类编码	分类名称
10101	企业管理人员	10104	销售人员
10102	车间管理人员	10105	采购人员
10103	生产人员		

（3）人员档案（见表3–3）

表3–3　　人员档案

人员编号	职员名称	性别	人员类别	所属部门	是否业务员	是否操作员
101	赵辉	男	企业管理人员	综合办	是	是
201	王启	男	企业管理人员	财务部	是	是
202	周彤	女	企业管理人员	财务部	是	是
203	丁楠	女	企业管理人员	财务部	是	是
204	乔娜	女	企业管理人员	财务部	是	是
205	杨帆	男	企业管理人员	财务部	是	是
206	张妍	女	企业管理人员	财务部	是	是
301	李卓	男	采购人员	采购部	是	是
302	吴宇	男	采购人员	采购部	是	否
401	刘悦	女	销售人员	销售部	是	是
402	李浩明	男	销售人员	销售部	是	否
501	陈哲	女	企业管理人员	仓储部	是	是
601	王大伟	男	车间管理人员	生产一部	是	否
602	范文艳	女	生产人员	生产一部	否	否
603	沈国华	男	车间管理人员	生产二部	是	否
604	段辉	男	生产人员	生产二部	否	否
701	张红	女	企业管理人员	人力资源部	是	否

注：以上人员雇佣状态均为“在职”。

2.客商信息

（1）客户分类（见表3–4）

表3–4　　客户分类

编码	名称	编码	名称
01	批发客户	02	零售客户

（2）客户档案（见表3–5）

表3–5　　客户档案

客户编码	客户名称	客户简称	所属分类	税号	地址电话	开户银行	账号	分管业务员
0001	山西和平装饰有限公司	和平装饰	02	356164656111	太原市万柏林区和平南路26号 0351-6754121	中国工商银行和平路支行	6225200200202455648	刘悦

续表

客户编码	客户名称	客户简称	所属分类	税号	地址电话	开户银行	账号	分管业务员
0002	山西万家灯饰有限公司	万家灯饰	01	685455874512	太原市迎泽区建设路53号 0351-56231478	中国工商银行建设路支行	6225200200202455668	李浩明
0003	山西日新灯饰有限公司	日新灯饰	01	568445684125	太原市小店区并州路68号 0351-5565488	中国工商银行并州路支行	6225874574202455669	李浩明
0004	山西华丽灯饰有限公司	华丽灯饰	01	456894549174	太原市小店区平阳路92号 0351-9857888	中国工商银行平阳路支行	6225456123202455678	刘悦

（3）供应商分类（见表3-6）

表3-6　　供应商分类

编码	名称	编码	名称
01	批发商	02	生产商

（4）供应商档案（见表3-7）

表3-7　　供应商档案

供应商编码	供应商名称	供应商简称	所属分类	税号	地址电话	开户银行	账号	分管业务员
0001	河南利泉光电科技有限公司	利泉光电	01	568445684125	郑州市郑汴路68号 0371-3565487	中国工商银行郑汴路支行	6225874574202455669	李卓
0002	河南科达铝业制品有限公司	科达铝业	02	795455874565	郑州市中州大道198号0371-7665487	中国工商银行中州大道支行	6225655842024557854	吴宇
0003	河北华诺光能科技有限公司	华诺光能	01	456865484658	石家庄市汇通路165号0311-6565496	中国工商银行汇通路支行	6226854755202455932	李卓

3.存货信息

（1）存货分类（见表3-8）

表3-8　　存货分类

存货分类编码	存货分类名称	存货分类编码	存货分类名称
01	原材料	03	库存商品
02	周转材料	04	应税劳务

（2）计量单位（见表3-9）

表3-9　　计量单位

计量单位组编号	计量单位组名称	计量单位组类别	计量单位编码	计量单位名称
01	基本计量单位	无换算率	01	千克
			02	个
			03	吨
			04	米
			05	千米

续表

计量单位组编号	计量单位组名称	计量单位组类别	计量单位编码	计量单位名称
01	基本计量单位	无换算率	06	件
			07	套
			08	台
			09	只

（3）存货档案（见表3-10）

表3-10　存货档案

存货编码	存货名称	存货分类	计量单位	税率	存货属性
1001	塑料	01	千克	13%	采购、生产耗用
1002	合金	01	千克	13%	采购、生产耗用
1003	开关	01	个	13%	采购、生产耗用
1004	电线	01	米	13%	采购、生产耗用
2001	包装箱	02	个	13%	采购、生产耗用
2002	润滑油	02	吨	13%	采购、生产耗用
3001	吸顶灯	03	只	13%	自制、内销、外销
3002	落地灯	03	个	13%	自制、内销、外销
3003	台灯	03	台	13%	自制、采购、内销、外销
3004	吊灯	03	件	13%	自制、采购、内销、外销
3005	壁灯	03	件	13%	自制、采购、内销、外销
3006	筒灯	03	套	13%	自制、采购、内销、外销
4001	运费	04	千米	9%	采购、应税劳务

4.财务信息

（1）外币设置

晶辉照明采用固定汇率核算外币，美元币符$，币名USD，汇率小数位为4位，2024年9月初的汇率为1美元=7.1000元人民币。

（2）会计科目（见表3-11）

表3-11　会计科目

科目编码及名称	币别/计量	辅助核算	余额方向	备注
（1001）库存现金		日记账	借	修改
（1002）银行存款		日记账、银行账	借	修改
（100201）工行存款		日记账、银行账	借	增加
（100202）中行存款	美元	日记账、银行账	借	增加
（1121）应收票据		客户往来 （受控应收系统）	借	修改
（112101）银行承兑汇票		客户往来 （受控应收系统）	借	增加
（112102）商业承兑汇票		客户往来 （受控应收系统）	借	增加

续表

科目编码及名称	币别/计量	辅助核算	余额方向	备注
(1122) 应收账款		客户往来 (受控应收系统)	借	修改
(1123) 预付账款		供应商往来 (受控应付系统)	借	修改
(1221) 其他应收款		个人往来	借	修改
(1403) 原材料			借	
(140301) 塑料	千克	数量核算	借	增加
(140302) 合金	千克	数量核算	借	增加
(140303) 开关	个	数量核算	借	增加
(140304) 电线	米	数量核算	借	增加
(1405) 库存商品				
(140501) 吸顶灯	只	数量核算	借	增加
(140502) 落地灯	个	数量核算	借	增加
(140503) 台灯	台	数量核算	借	增加
(140504) 吊灯	件	数量核算	借	增加
(140505) 壁灯	件	数量核算	借	增加
(140506) 筒灯	套	数量核算	借	增加
(1411) 周转材料			借	
(141101) 包装箱	个	数量核算	借	增加
(141102) 润滑油	吨	数量核算	借	增加
(2201) 应付票据		供应商往来 (受控应付系统)	贷	修改
(220101) 银行承兑汇票		供应商往来 (受控应付系统)	贷	增加
(220102) 商业承兑汇票		供应商往来 (受控应付系统)	贷	增加
(2202) 应付账款			贷	
(220201) 一般应付款		供应商往来 (受控应付系统)	贷	增加
(220202) 暂估应付款			贷	增加
(2203) 预收账款		客户往来 (受控应收系统)	贷	修改
(2211) 应付职工薪酬			贷	
(221101) 工资			贷	增加
(221102) 职工福利			贷	增加
(221103) 社会保险			贷	增加
(221104) 设定提存计划			贷	增加
(221105) 住房公积金			贷	增加

续表

科目编码及名称	币别/计量	辅助核算	余额方向	备注
(221106) 工会经费			贷	增加
(221107) 职工教育经费			贷	增加
(2221) 应交税费			贷	
(222101) 应交增值税			贷	增加
(22210101) 进项税额			借	增加
(22210102) 销项税额			贷	增加
(22210103) 进项税额转出			贷	增加
(22210104) 转出未交增值税			贷	增加
(222102) 未交增值税			贷	增加
(222103) 应交企业所得税			贷	增加
(222104) 应交个人所得税			贷	增加
(222105) 应交教育费附加			贷	增加
(222106) 应交地方教育附加			贷	增加
(222107) 应交城市维护建设税			贷	增加
(4104) 利润分配			贷	
(410401) 提取盈余公积金			贷	增加
(410402) 向投资者分配利润			贷	增加
(410403) 未分配利润			贷	增加
(5001) 生产成本		项目核算	借	修改
(500101) 直接材料		项目核算	借	增加
(500102) 直接人工		项目核算	借	增加
(500103) 制造费用			借	增加
(5101) 制造费用			借	
(510101) 工资			借	增加
(510102) 折旧费			借	增加
(510103) 其他			借	增加
(6001) 主营业务收入			贷	
(600101) 吸顶灯	只	数量核算	贷	增加
(600102) 落地灯	个	数量核算	贷	增加
(600103) 台灯	台	数量核算	贷	增加
(600104) 吊灯	件	数量核算	贷	增加
(600105) 壁灯	件	数量核算	贷	增加
(600106) 筒灯	套	数量核算	贷	增加
(6401) 主营业务成本			借	
(600101) 吸顶灯	只	数量核算	借	增加
(600102) 落地灯	个	数量核算	借	增加
(600103) 台灯	台	数量核算	借	增加
(600104) 吊灯	件	数量核算	借	增加

续表

科目编码及名称	币别/计量	辅助核算	余额方向	备注
(600105) 壁灯	件	数量核算	借	增加
(600106) 筒灯	套	数量核算	借	增加
(6403) 税金及附加			借	修改
(6601) 销售费用			借	
(660101) 职工薪酬			借	增加
(660102) 折旧费			借	增加
(660103) 广告费			借	增加
(660109) 其他			借	增加
(6602) 管理费用			借	
(660201) 职工薪酬		部门核算	借	增加
(660202) 办公费		部门核算	借	增加
(660203) 业务招待费		部门核算	借	增加
(660204) 差旅费		部门核算	借	增加
(660205) 折旧费		部门核算	借	增加
(660209) 其他		部门核算	借	增加
(6603) 财务费用			借	
(660301) 现金折扣			借	增加
(660302) 利息收入			借	增加
(660303) 利息支出			借	增加
(660309) 其他			借	增加
(6702) 信用减值损失			借	增加

注：科目设置完成后，指定“1001库存现金”为现金科目；指定“1002银行存款”为银行科目；指定“1001库存现金、100201工行存款、100202中行存款”为现金流量科目。

(3) 凭证类别（见表3-12）

表3-12 **凭证类别**

凭证分类	限制类型	限制科目
收款凭证	借方必有	1001，1002
付款凭证	贷方必有	1001，1002
转账凭证	凭证必无	1001，1002

(4) 项目设置（见表3-13）

表3-13 **项目大类、分类、目录**

项目	设置
项目大类	商品管理 核算科目：5001，500101，500102
项目分类——商品管理	1固定式灯 2移动式灯
项目目录——商品管理	项目档案： 101吸顶灯 102吊灯 103壁灯 104筒灯 201台灯 202落地灯

5.收付结算（见表3-14）

表3-14　收付结算

编号	名称	是否票据管理
1	现金结算	否
2	支票结算	是
201	现金支票	是
202	转账支票	是
3	商业汇票	否
301	银行承兑汇票	否
302	商业承兑汇票	否
4	委托收款	否
5	托收承付	否
6	网银转账	否

三、任务要求

1.在账套的基础设置中，深刻理解基础数据标准化设置的意义，树立规范意识和规范化管理意识。

2.账套主管王启：以账套主管的身份查看总账系统启用情况及该公司的会计期间、编码方案和数据精度信息。

3.账套主管王启：根据财务软件的特点和本单位财务要求，结合企业实际，完成机构人员信息、客商信息、财务信息、收付结算信息和存货信息等基础档案设置，为后续的业务处理、财务核算、报表生成等提供可靠的数据基础，同时确保系统运行规范、高效。

任务准备

一、设置基本信息

设置基本信息主要包括系统启用、会计期间、编码方案和数据精度。

（一）系统启用

系统启用是指在用友ERP-U8会计信息系统中设定各个子系统开始使用的日期。系统只有启用后才可以登录进行相关处理，而且只有账套主管才能在“企业应用平台”中启用系统。在建立账套过程中已经启用的子系统，在没有使用该子系统之前可以修改启用日期。

（二）会计期间

会计期间的设置明确了企业财务核算的时间范围，是按照自然年度划分，还是根据企业自身业务特点自定义期间，都需要谨慎考量。合理的会计期间设置有助于企业准确地进行财务数据统计和分析，为各期财务报告的编制提供统一的时间标准，使得不同期间的财务数据具有可比性，从而更好地反映企业的经营状况和财务成果。

（三）编码方案

编码方案是对企业各类业务数据进行分类和标识的规则。科学合理的编码方案能够提高数据的处理效率和准确性，方便数据的查询、统计和分析。例如，在设置会计科目编码时，要充分考虑企业的业务规模、核算要求和未来发展，确保编码具有足够的扩展性和灵活性，以便适应企业不断变化的业务需求。同时，统一的编码方案也有助于企业内部各部门之间的信息交流和共享，提高工作协同效率。

（四）数据精度

数据精度的设置直接影响到财务数据的准确性和可靠性。不同的业务场景可能对数据精度有不同的要求，如在货币核算中，通常需要保留小数点后两位，以确保金额的精确性；而在一些涉及数量计量的业务中，可能需要根据实际情况设置合适的小数位数。合理的数据精度设置能够避免因数据舍入误差而导致的财务数据偏差，保证财务报表的真实性和准确性，为企业的决策提供可靠的数据支持。

会计期间、编码方案和数据精度在建立账套过程中已经设定，但如果设置错误或者企业相关信息改变时，可以在基本信息中进行修改，但必须保证该编码方案未使用。例如，原设置的部门编码为“2-2”，因工作需要，现需修改为“2-1”，如果未使用原编码保存过相关部门档案，则可以直接修改；如果已经存在部门档案，此时无法修改编码方案，除非删除旧编码体系下所有档案。

二、设置基础档案

系统中的基础档案内容可概括为三部分：一是与总账有关的基础档案信息，如设置会计科目、设置凭证类型等；二是与供应链管理业务有关的信息，如设置仓库档案、收发类型等；三是总账、供应链管理系统及其他系统共用的基础信息，如部门职员的设置、存货的设置。在本项目中主要介绍与总账有关的基础档案信息以及总账、供应链管理系统及其他系统共用的基础信息。与供应链管理业务有关的基础信息在供应链管理系统部分讲述。

本项目中基础档案的设置主要包括设置机构人员信息、设置客商信息、设置存货信息、设置财务信息及收付结算信息。

基础档案是整个会计信息系统运行的基础，各个子系统需要共享基础档案。企业在使用各个子系统功能时，应根据本企业的实际情况进行基础档案的录入。由于企业数据之间存在着前后承接关系，因此，基础档案的录入应遵循一定的顺序，如图3-2-1。

（一）设置机构人员信息

机构人员信息包括部门档案、人员类别和人员档案等。

1.部门档案

3-1

知识导学：设置机构人员信息

部门档案主要用于设置企业各个职能部门的信息，既可以是实际中的部门机构，也可以是虚拟的管辖单元。

2.人员类别

人员类别是人员档案中必选项目，需要在人员档案建立前设置。人员类别设置的目的是便于按不同人员类别进行工资等项目的汇总计算。系统默认设置了“正式工”、“合同工”和“实习生”三个一级人员类别。

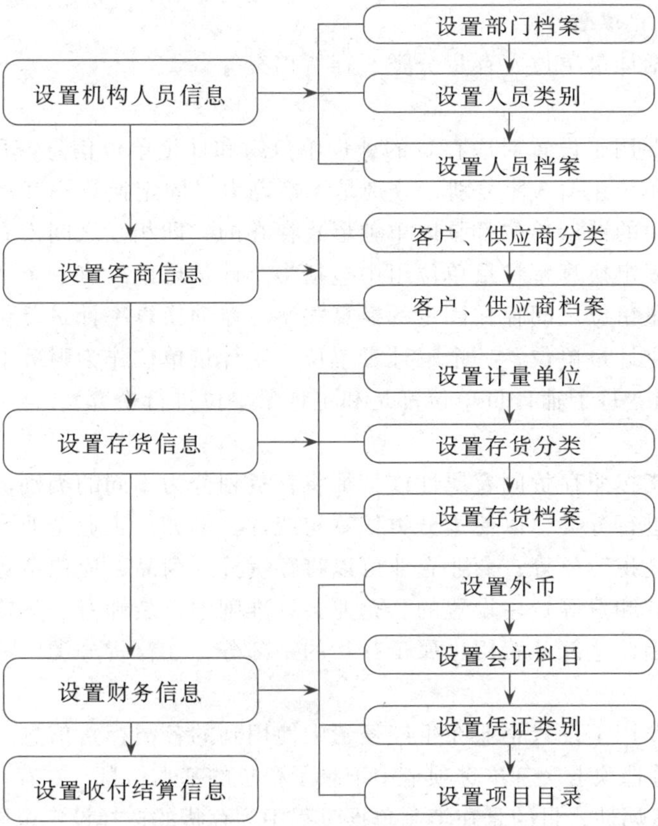

图3-2-1　基础档案录入顺序图

3.人员档案

人员档案主要用于记录本企业职员的个人信息资料，方便进行个人职员管理和往来核算等。人员档案包括人员编码、人员姓名、行政部门、雇佣状态、人员类别、是否业务员、是否操作员等信息。人员编码必须录入且唯一。人员姓名必须录入，可以接受两个职工姓名相同的情况。行政部门参照部门档案选择末级部门。是否业务员是指若该员工需要在其他档案或有误单据的“业务员”项目中被参照，就属于业务员，要被选中。是否操作员是指是否可操作用友ERP-U8会计信息系统。

特别提示：

◆人员类别是人员档案中的必选项目，需要在人员档案建立之前设置。

◆人员类别名称可以修改、删除，但已使用的人员类别名称不能删除。

（二）设置客商信息

3-2

知识导学：设置客商信息

设置客商信息包括地区分类、客户分类、客户档案、供应商分类、供应商档案等。地区分类是企业从自身管理要求出发，对客户、供应商的所属地区进行相应的分类，以便对业务数据进行统计与分析。如果企业的往来客户和供应商较多时，可以对客户和供应商进行分类管理。

（三）设置存货信息

存货信息包括计量单位、存货分类、存货档案等。

1.计量单位

计量单位主要用于设置对应存货的计量单位组和计量单位信息。用友ERP-U8会计信息系统中计量单位组有3种类别，分别是无换算率、固定换算率和浮动换算率。无换算率计量单位组中的计量单位都是以单独形式存在的，即相互之间没有换算关系，全部为主计量单位。固定换算率计量单位组中包括多个计量单位，有一个主计量单位，主计量单位与其他计量单位之间存在固定的换算关系。浮动换算率计量单位组中只包括两个计量单位，一个主计量单位，一个辅计量单位。主计量单位作为财务上的计量单位，换算率自动设置为1，每个辅计量单位都是和主计量单位进行换算。

2.存货分类

存货分类是指按照存货固有属性或特征将存货划分为不同的类别。当企业存货较多时，可以对存货进行分类，以便于分类核算与统计。例如，工业企业可以将存货分为原材料、产成品、应税劳务等；商业企业可以将存货分为商品、应税劳务等。应税劳务主要是为运输费、装卸费等费用设置的。企业会计准则中，装卸费、运输费等是要计入企业存货成本的，因此这部分费用也属于存货的一部分，在存货分类中需要单独设置。

3.存货档案

存货档案主要用于设置企业在生产经营中使用到的各类存货信息。存货档案包括基本、成本、控制等选项卡。基本选项卡中记录了存货的基本信息。在存货基本信息中为存货设置了多种存货属性，目的是在填制单据过程中为存货的选择设定范围。成本选项卡主要是为存货成本核算提供价格计算的基本依据。控制选项卡设置与存货管理相关的控制。

3-3

知识导学：
设置财务信息1

（四）设置财务信息

财务信息包括外币设置、会计科目设置、凭证类别设置、项目目录设置等。

1.外币设置

当企业存在外币业务时，现金、银行存款、应收应付等债权债务类科目可能需要进行外币核算，此时需要进行外币设置。

2.会计科目设置

会计科目设置的完整性影响着会计工作的顺利实施，同时会计科目设置的层次深度也直接影响着会计核算的详细、准确程度。完成对会计科目的设立和管理后，用户可以根据业务需要增加、修改、查询、打印会计科目。若建立账套过程中选择了“按行业性质预设科目”，则所有的标准一级科目已经由系统自动初始化，用户只需添加明细科目即可。会计科目设置中需注意科目编码、科目名称、辅助核算等信息。

（1）科目编码：从一级科目至本级科目的各级科目编码组合。科目编码必须具有唯一性，即每一个会计科目有且只有一个编码来代表。

（2）科目名称：一级科目是系统预设的，在增加明细科目名称时需要与企业的经济业务类型相一致。

（3）科目类型：指会计制度中规定的科目类型，分为资产、负债、共同、所有者权益、成本、损益。

（4）账页格式：系统提供了金额式、外币金额式、数量金额式、外币数量式四种账页格式供选择。一般情况下，有外币核算的科目设为外币金额式，有数量核算的科目设为数量金额式，既有外币核算又有数量核算的科目设为外币数量式，既无外币核算又无数量核算的科目设为金额式。此处指定的账页格式只是为了用户输入信息的方便，一般来说应该选择较为详细的账页格式，便于数据采集的完整性，具体查询账簿时可以选择输出格式，不一定必须是指定的账页格式。

（5）助记码：用于帮助记忆科目，提高录入和查询速度。通常情况下科目助记码不必唯一，可以重复。

（6）币种核算：用于设定科目是否有外币核算，以及核算的外币名称。

（7）数量核算：用于设定科目是否需要数量核算以及数量计量单位。对于一些选定的科目，除了按照金额核算外，还可能需要按照数量进行核算。

（8）科目性质：用来定义科目的余额方向，增加登记在借方的科目，科目性质为借方；增加登记在贷方的科目，科目性质为贷方。

（9）辅助核算：对于往来业务较多或者需要进行项目核算的企业，应该采用软件提供的辅助核算功能进行管理。科目设置为辅助核算后，系统将发生的业务同时登记在总分类账和辅助核算账簿上。

◆ 部门核算：需要进行分部门核算的科目要选择部门核算，如管理费用、制造费用等。

◆ 个人往来：主要用于其“他应收款”科目，该科目可能需要进行个人往来设置，这时该科目下的二级科目取消，通过“个人往来”辅助核算具体指定应收何人款项。

◆ 客户往来：主要用于“应收账款”“应收票据”“预收账款”科目。这些科目可能需要设置客户往来，具体指定某一笔款项的应收客户信息。

◆ 供应商往来：主要用于“应付账款”“应付票据”“预付账款”科目。这些科目可能需要设置供应商信息。

◆ 项目核算：对于一些项目需要明确核算的内容，在核算过程中需要涉及的科目应该选择项目核算，如对在建工程、库存商品的核算。

（10）日记账、银行账：一般情况下，“库存现金”“银行存款”科目需要选择日记账选项，系统将按照指定的科目进行日记账登记工作。“银行存款”科目需要选择银行账选项，便于编制银行存款余额调节表。

另外，指定会计科目也是会计业务中很重要的一项工作。指定会计科目是指定出纳的专管科目，包括现金科目、银行科目和现金流量科目。指定科目后，出纳才能执行出纳签字，才能登记现金流量，从而实现现金、银行管理的保密性，才能查看现金、银行存款日记账。

3-4

知识导学：
设置财务信息2

3.凭证类别设置

凭证类别设置是为了便于会计核算、管理、记账和汇总，不同的凭证分类方式会有不同的约束条件，但不会影响记账结果。某些类别的凭证在制单时对科目有一定的约束性限制，通常系统有五种限制类型供选择：①借方必有，制单时，此类凭证借方至少有一个限制科目有发生额；②贷方必有，制单时，此类凭证贷方至少有一个限制科目有发生额；③凭证必有，制单时，此类凭证无论借方还是贷方至少有一个限制科目有发生额；④凭证必无，制单时，此类凭证无论借方还是贷方都不可有一个限制科目有发生额；⑤无限制，制单时，此类凭证可使用所有合法的科目。

4.项目目录设置

用友ERP-U8会计信息系统对于项目的管理可以以项目目录设置流程进行。项目大类是具有相同特性的一类项目的组合，一个项目大类可以核算多个项目。项目分类是对同一项目大类下项目的进一步划分，属于明细级别的项目类别设立。项目目录是对具体项目信息与内容的定义。

（五）设置收付结算方式

收付结算信息包括结算方式、付款条件和开户银行等。结算方式的设置是用来建立和管理用户在经营活动中所涉及的财务结算方式。付款条件也称现金折扣条件，是企业对经营过程中与往来单位约定的收付款折扣优惠方法的有效管理。开户银行的设置是对企业在收付计算中对应的开户银行有关信息进行设置。

任务实施

一、设置基本信息

（一）登录企业应用平台

以账套主管“201王启”的身份登录双击电脑桌面上“企业应用平台”图标（如图3-2-2所示），或执行“开始”/“程序”/“新道U8+”/“企业应用平台”命令，打开“企业应用平台”界面。

图3-2-2 企业应用平台图标

（二）系统启用

系统启用的操作流程如图3-2-3所示。

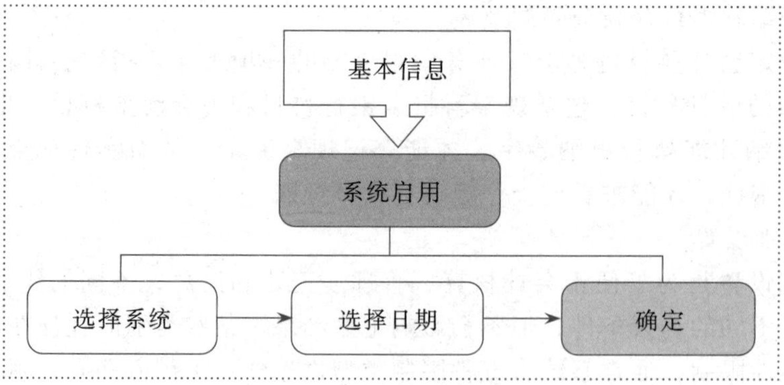

图3-2-3 系统启用操作流程

1.执行“基础设置”/“基本信息”/“系统启用”命令，如图3-2-4所示。

图3-2-4　执行“系统启用”命令

2.参照图3-2-3系统启用操作流程，设置或查看总账系统的启用，如图3-2-5、图3-2-6所示。

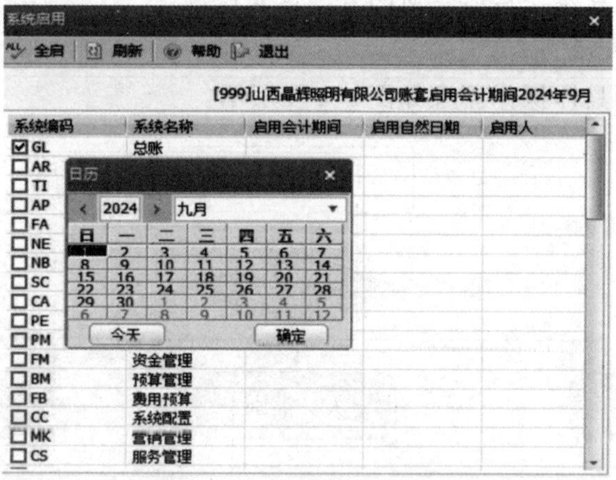

图3-2-5　系统启用设置

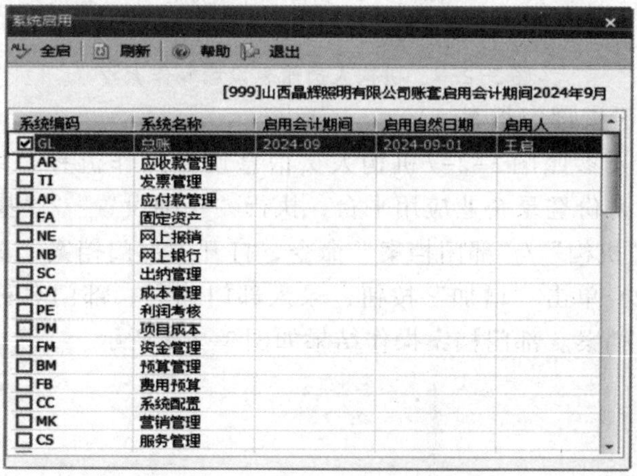

图3-2-6　系统启用完成

3.执行“基础设置”/“基本信息”/“会计期间”命令，查看企业目前所处的会计期间；执行“基础设置”/“基本信息”/“编码方案”命令，查看该公司的编码方案信息；执行“基础设置”/“基本信息”/“数据精度”命令，查看存货数量、存货单价、开票单价、换算率等小数位。

特别提示：

◆ 如果在建立账套时没有启用总账系统，需要由账套主管在“企业应用平台”中启用。如果已经启用总账系统，可不进行此操作。

◆ 各子系统的启用日期必须大于账套启用日期，小于或等于系统日期。账套启用日期在“系统启用”界面显示；系统日期是计算机系统日期，在桌面任务栏右下角可以看到。

二、设置基础档案

以账套主管“201 王启”的身份登录企业应用平台，执行“基础设置”/“基础档案”命令，来设置各系统运行所需要的基础档案信息。

（一）设置机构人员

设置机构人员的具体操作流程如图 3-2-7 所示。

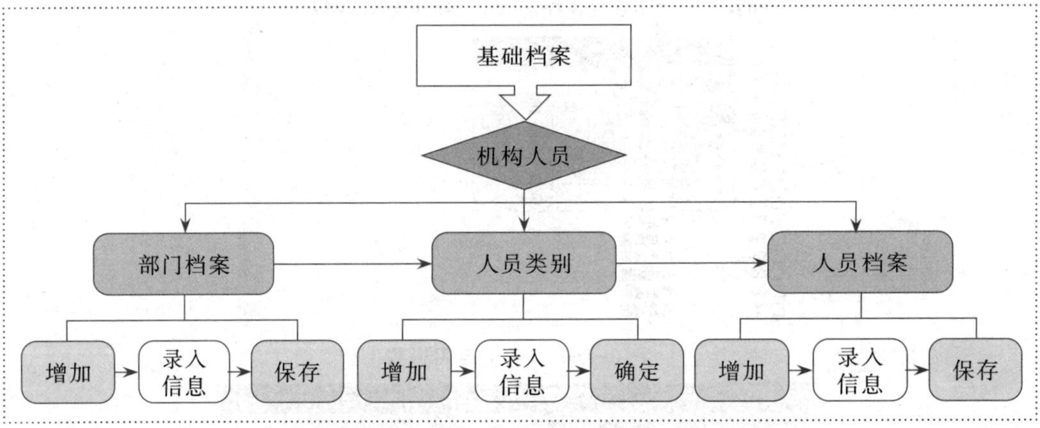

图 3-2-7　机构人员信息设置操作流程

3-5

技能实践：设置部门档案

1.设置部门档案

（1）参照图 3-2-7 机构人员信息设置操作流程，以账套主管“201 王启”的身份登录企业应用平台，执行“基础设置”/“基础档案”/“机构人员”/“机构”/“部门档案”命令，打开“部门档案”窗口。

（2）单击“增加”按钮，录入部门编码、部门名称等信息，增加所有的部门档案。部门档案操作结果如图 3-2-8 所示。

图 3-2-8　部门档案窗口

特别提示：

◆ 录入部门档案时，还未录入人员档案，所以部门档案中的“负责人”信息暂时无法录入，需在建立完成人员档案后，再返回部门档案中，通过“修改”功能输入部门负责人信息。

◆ 部门中有在职人员和未注销的业务员，该部门不能撤销。部门撤销时，系统提供了批量设置“默认替换部门”功能，操作人员也可以在人员档案中手工调整行政部门或业务部门。

2.设置人员类别

（1）参照图3-2-7机构人员信息设置操作流程，以账套主管“201王启”的身份登录企业应用平台，执行“基础设置”/“基础档案”/“机构人员”/“人员”/“人员类别”命令，打开“人员类别”窗口。

（2）选中“正式工”，单击“增加”按钮，录入档案编码、档案名称等信息，增加任务资料中所有的人员类别。人员类别操作结果如图3-2-9所示。

3.设置人员档案

（1）参照图3-2-7机构人员信息设置操作流程，以账套主管“201王启”的身份登录企业应用平台，执行“基础设置”/“基础档案”/“机构人员”/“人员”/“人员档案”命令，打开“人员档案”窗口。

3-6

技能实践：
设置人员档案

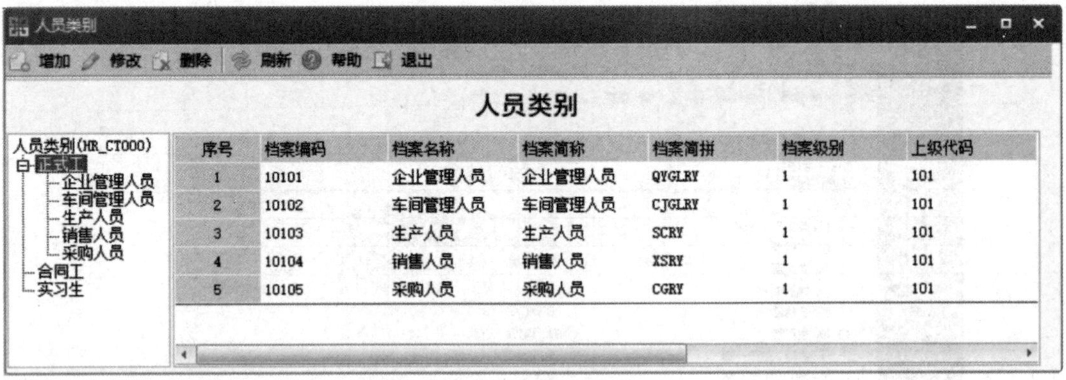

图 3-2-9　人员类别窗口

（2）单击“增加”按钮，在“人员档案”窗口中录入人员编码、姓名、性别、雇佣状态、人员类别、行政部门等信息，根据此方法录入任务资料中其他人员档案。人员档案设置如图 3-2-10 所示。

图 3-2-10　人员档案录入窗口

操作提示：

◆ 如果原来是操作员的员工，录入信息时，对应操作员与系统管理中的操作员编码不一致，且是灰色的无法修改，怎么解决？

出现不一致时，要单击“对应操作员名称”按钮，选择对应操作员，对应操作员编码就与系统管理中的操作员编码一致了。保存信息时，会提示“人员信息已改，是否同步修改操作员的相关信息？”，单击“是”按钮。

（二）设置客商信息

3-7

技能实践：设置客商信息

设置客户信息的具体操作流程如图3-2-11所示。

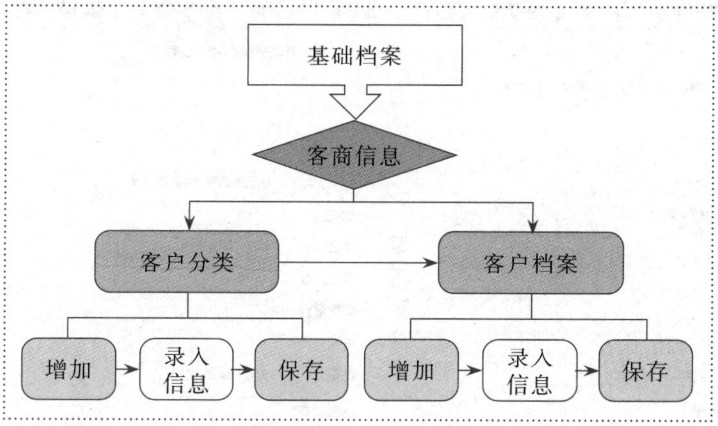

图3-2-11　客户信息设置操作流程

1.设置客户分类

（1）参照图3-2-11客户信息设置操作流程，以账套主管“201王启”的身份登录企业应用平台，执行“基础设置”/“基础档案”/“客商信息”/“客户分类”命令，打开“客户分类”窗口。

（2）单击“增加”按钮，录入分类编码、分类名称等信息，增加任务资料中所有的客户分类信息。客户分类设置如图3-2-12所示。

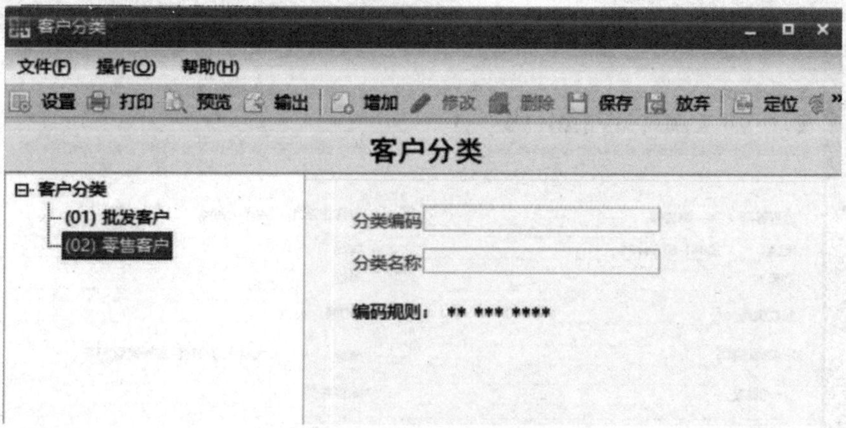

图3-2-12　客户分类设置窗口

2.设置客户档案

（1）参照图3-2-11客户信息设置操作流程，以账套主管“201王启”的身份登录企业应用平台，执行“基础设置”/“基础档案”/“客商信息”/“客户档案”命令，打开“客户档案”窗口。

（2）单击“增加”按钮，打开“增加客户档案”窗口，在窗口的“基本”“联系”“信用”“其他”“附件”“照片”选项卡中，按任务资料录入客户档案信息。客户档案设置界面如图3-2-13、图3-2-14所示。

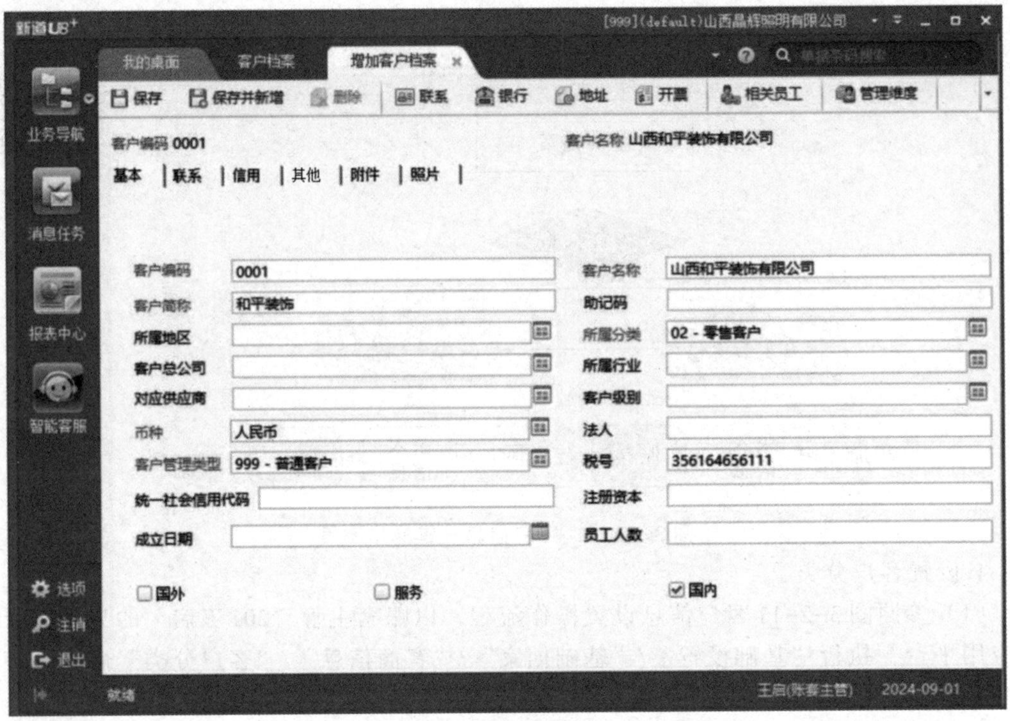

图 3-2-13　客户档案设置窗口-基本选项卡

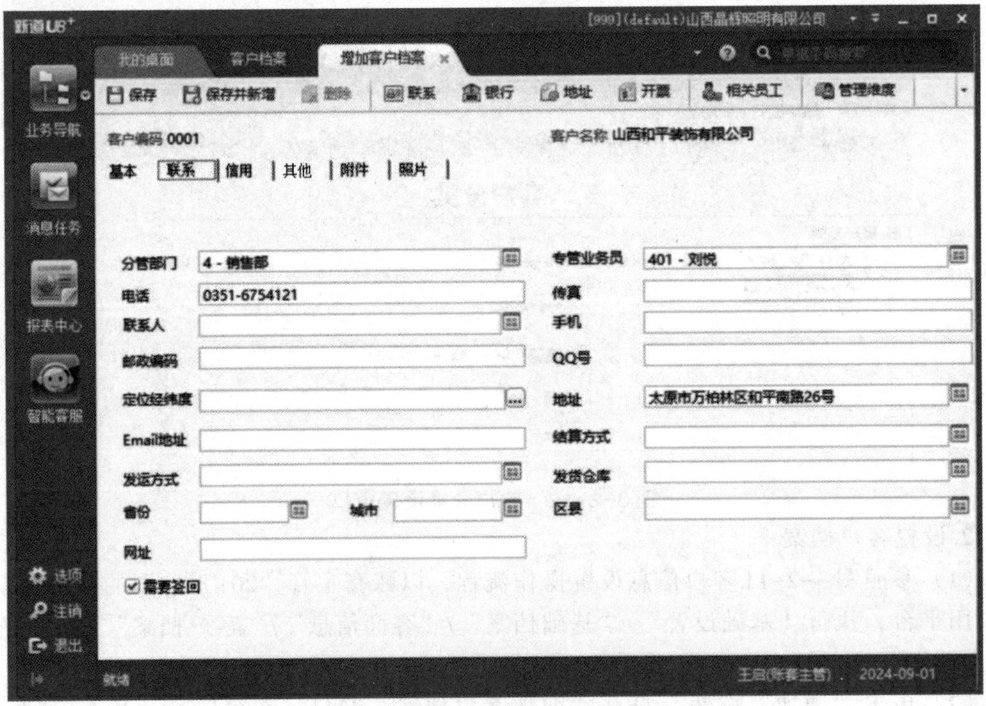

图 3-2-14　客户档案设置窗口-联系选项卡

（3）单击“银行”按钮，录入银行档案信息，银行档案设置界面如图 3-2-15 所示。

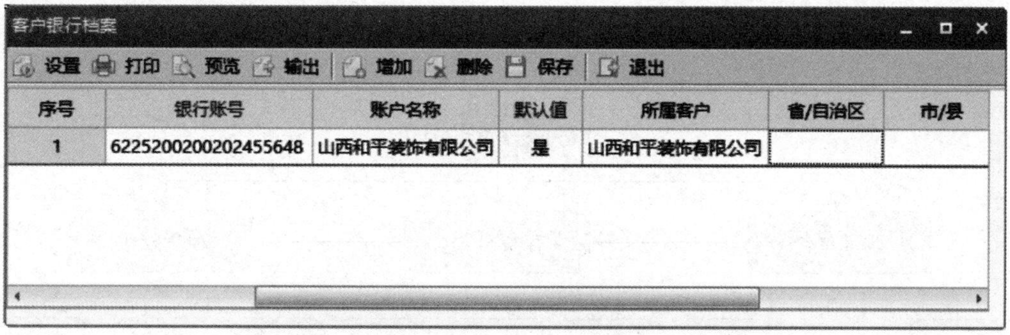

图3-2-15　客户银行档案

（4）按照此方法录入其他客户档案。

特别提示：

◆客户档案设置中，“税号”和“银行”信息必须录入，否则在业务中是无法向客户开具增值税专用发票的。同时，“银行”信息中是否默认值必须选“是”，因为每一个客户至少有一个银行账号是默认的。

◆“联系”里的内容可以不录入，但是如果录入了，在业务中填制的发票等原始单据中会自动带出相关的分管部门和专管人员。

3.设置供应商信息

设置供应商分类和供应商档案的操作与设置客户分类和客户档案的操作同理。具体操作流程如图3-2-16所示。

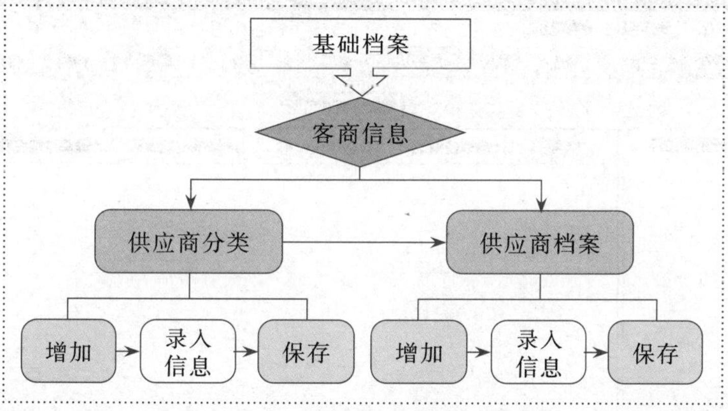

图3-2-16　供应商信息设置操作流程

特别提示：

◆客户分类、供应商分类是否需要设置，取决于在建立账套时是否选择。如果在建立账套时未选择分类，在这里就不需要设置。

（三）设置存货信息

设置存货信息的具体操作流程如图3-2-17所示。

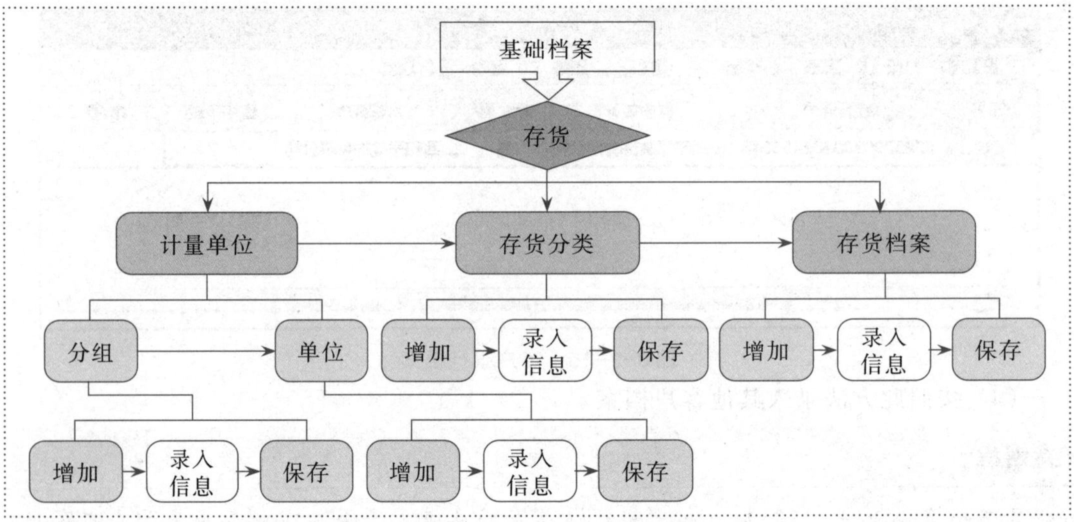

图3-2-17 存货信息设置操作流程

3-8

技能实践：设置存货信息

1.计量单位设置

（1）参照图3-2-17存货信息设置操作流程，以账套主管“201王启”的身份登录企业应用平台，执行“基础设置”/“基础档案”/“存货”/“计量单位”命令，打开“计量单位”窗口。

（2）单击“分组”按钮，打开“计量单位组”窗口，如图3-2-18所示。

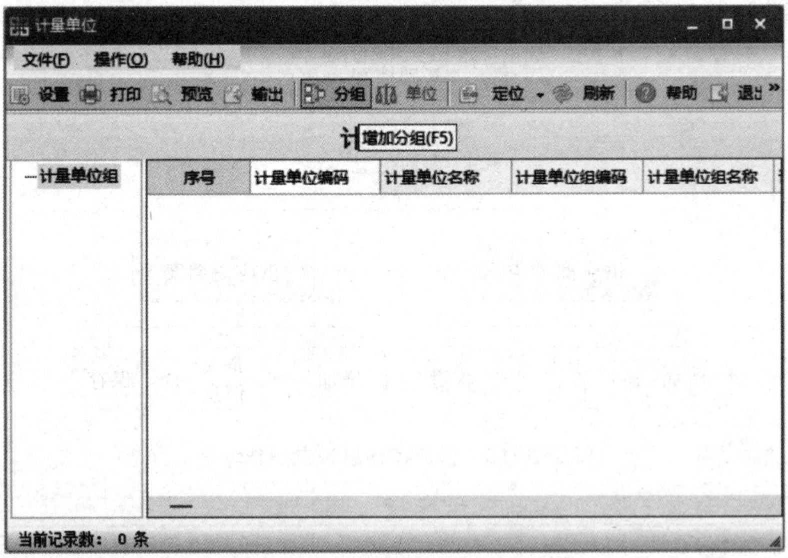

图3-2-18 增加计量单位组-1

（3）单击“增加”按钮，录入计量单位组编码、计量单位组名称，选择计量单位组类别，单击“保存”按钮，如图3-2-19所示。

（4）选中“01基本计量单位”组，单击“单位”按钮，输入计量单位编码、计量单位名称，单击“保存”按钮，如图3-2-20所示。

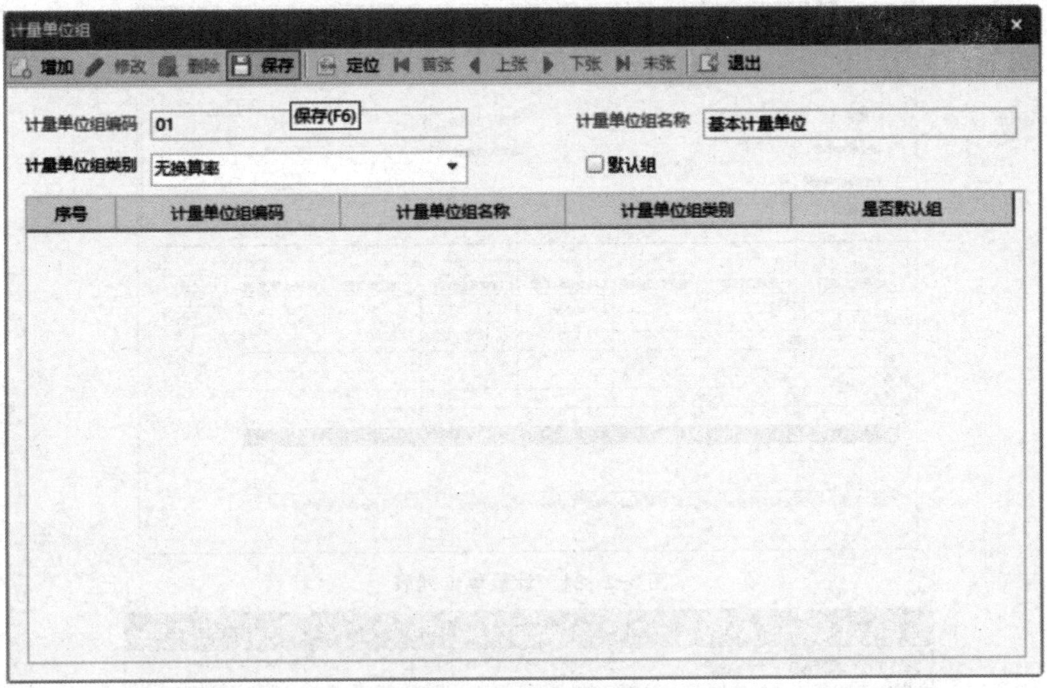

图 3-2-19　增加计量单位组-2

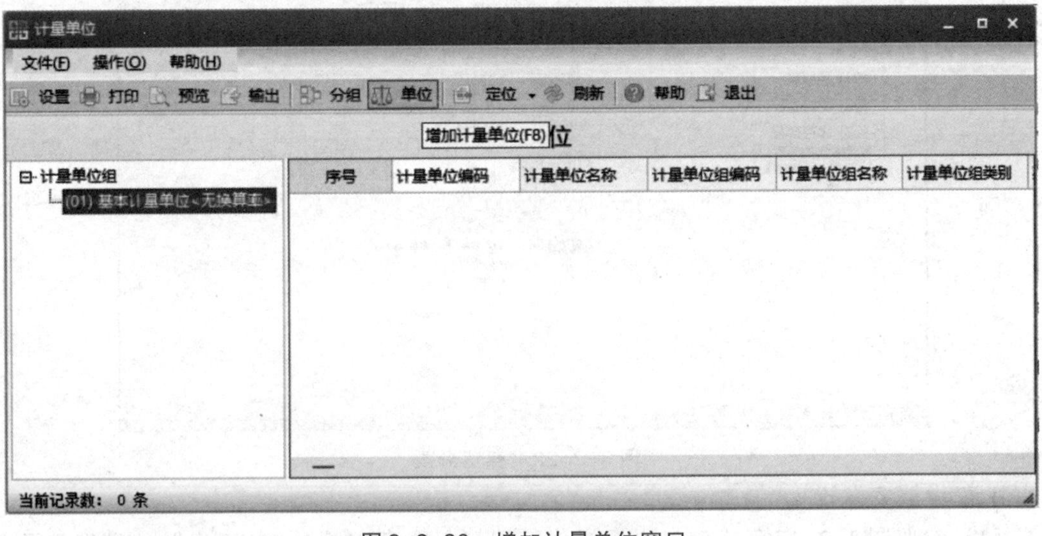

图 3-2-20　增加计量单位窗口

（5）设置完成的计量单位列表如图 3-2-21 所示。

2.存货分类设置

（1）参照图 3-2-17 存货信息设置操作流程，以账套主管“201 王启”的身份登录企业应用平台，执行“基础设置”/“基础档案”/“存货”/“存货分类”命令，打开“存货分类”窗口。

（2）单击“增加”按钮，录入分类编码、分类名称，根据此方法完成其他存货分类设置，如图 3-2-22 所示。

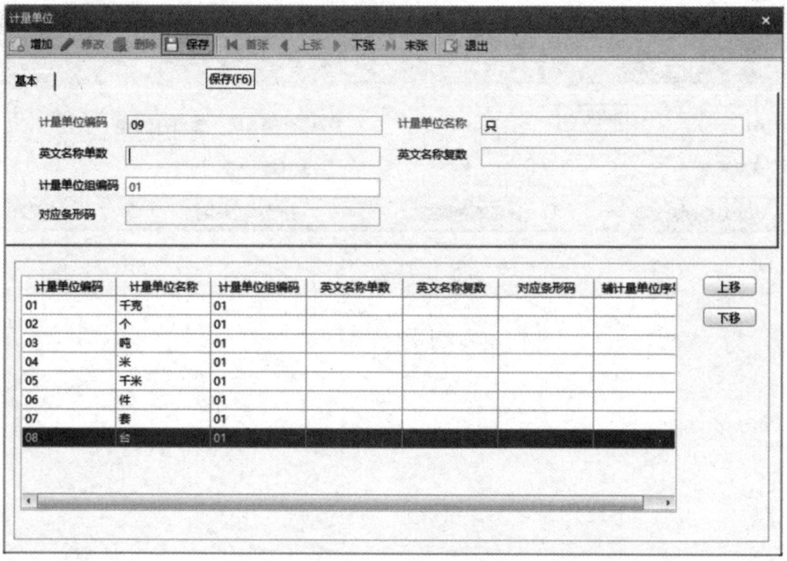

图 3-2-21　计量单位列表

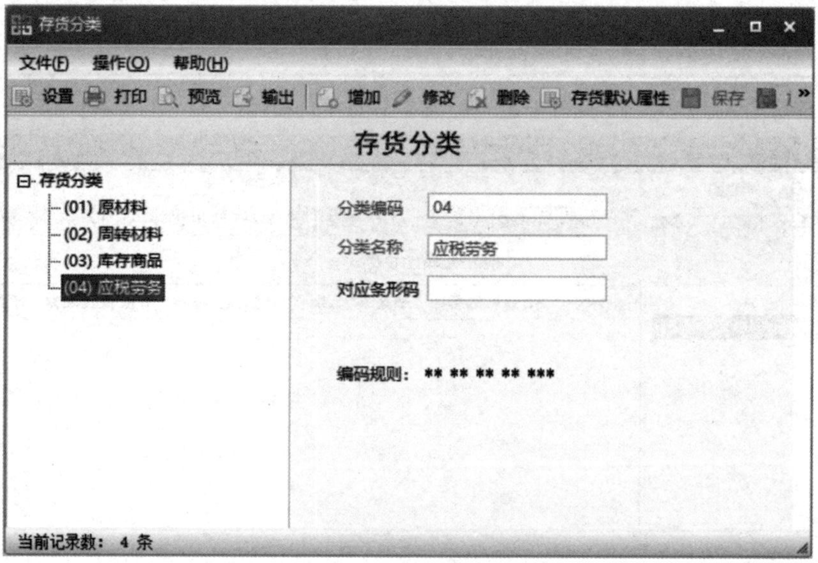

图 3-2-22　存货分类

3.存货档案设置

（1）参照图3-2-17存货信息设置操作流程，以账套主管“201王启”的身份登录企业应用平台，执行“基础设置”/“基础档案”/“存货”/“存货档案”命令，打开“存货档案”窗口。

（2）从左边列表选择存货分类，单击“增加”按钮，录入存货编码、存货名称，选择存货分类、计量单位组、主计量单位、存货属性等信息，单击“保存”或“保存并新增”按钮，如图3-2-23所示。

（3）根据此方法完成其他存货档案设置。若在录入过程中有录入错误，可以单击“修改”按钮对录入的信息进行修改，但存货编码录入错误是无法进行修改的。

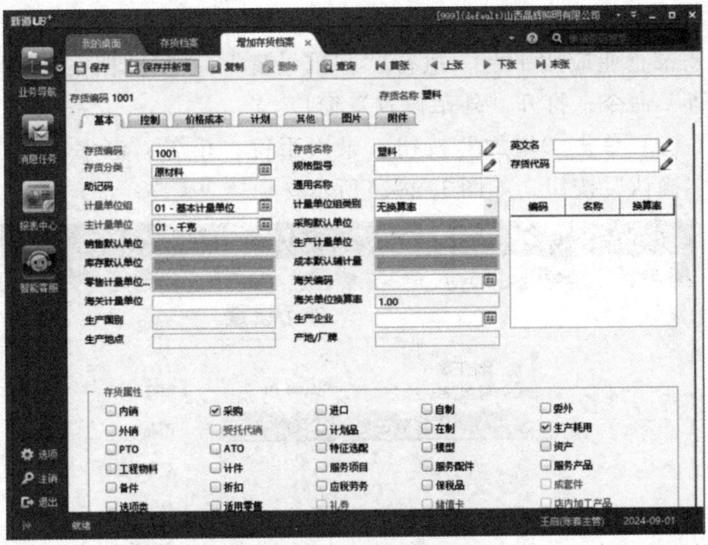

图 3-2-23　存货档案设置窗口

特别提示:

- ◆ 在设置存货档案之前先设置计量单位，否则存货信息中的计量单位无法录入，存货档案也无法保存。
- ◆ 设置存货档案时，注意“存货属性”必须勾选，存货属性是对存货的一种分类。如果没有标记，则在相应的操作时是无法引用该项存货的。例如，标记了“采购”属性的存货才能在购入时被参照。

（四）设置财务信息

1. 外币设置

设置外币信息的具体操作流程如图 3-2-24 所示。

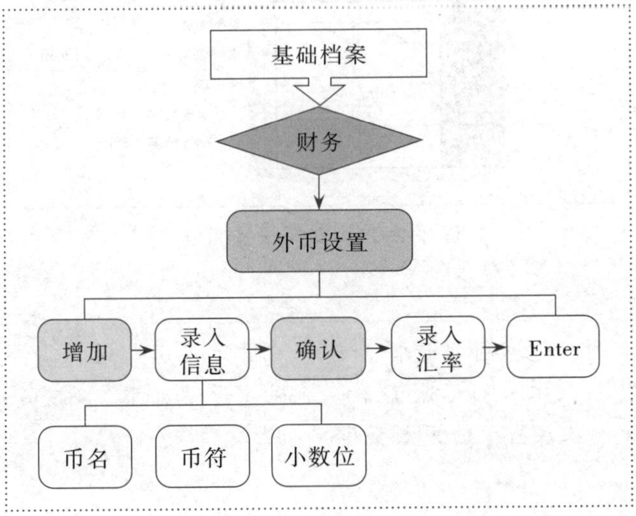

图 3-2-24　外币设置操作流程

3-9

技能实践：外币设置

（1）参照图3-2-24外币设置操作流程，以账套主管“201王启”的身份登录企业应用平台，执行“基础设置”/“基础档案”/“财务”/“外币设置”命令，打开“外币设置”窗口。

（2）单击“增加”按钮，录入币符、币名，汇率小数位改为4位，单击“确认”按钮，如图3-2-25所示。

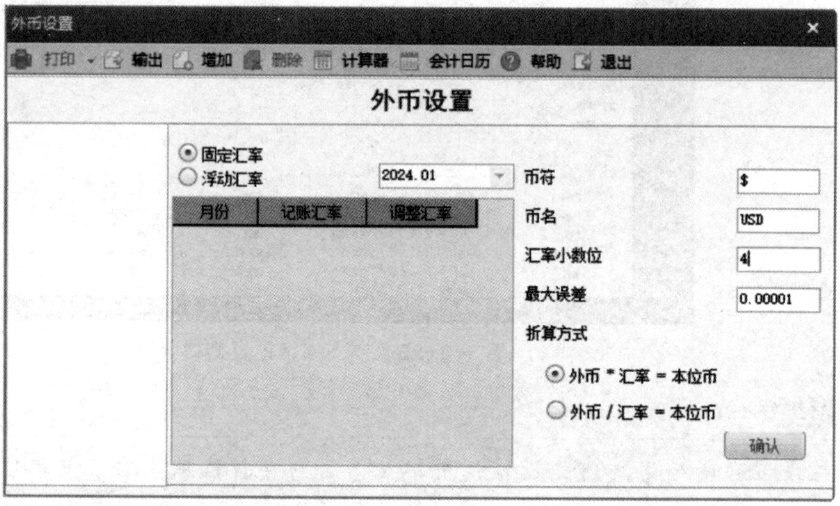

图3-2-25　外币设置窗口

（3）从左边列表选择币种，双击2024年9月记账汇率位置，输入汇率，按回车键确认，设置完成后的界面如图3-2-26所示。

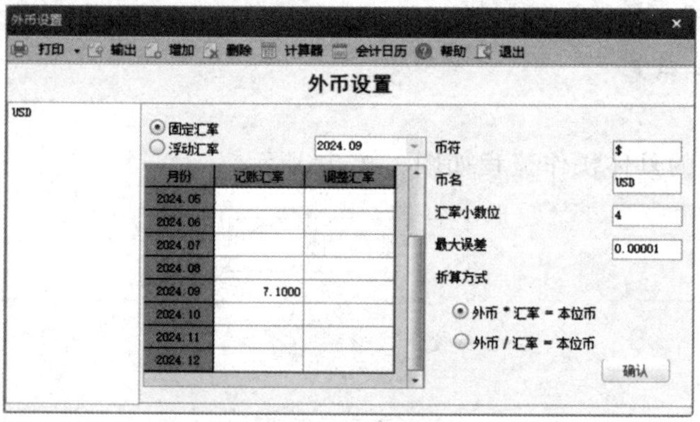

图3-2-26　外币设置完成

特别提示：

◆ 外币设置中，有两种汇率可供选择，选择“固定汇率”时，需要在填制每月的凭证前，先在此处录入本月的记账汇率；选择“浮动汇率”时，需要在填制该天的凭证前，先在此处录入当天的记账汇率。

2. 会计科目设置

设置会计科目操作流程如图3-2-27所示。

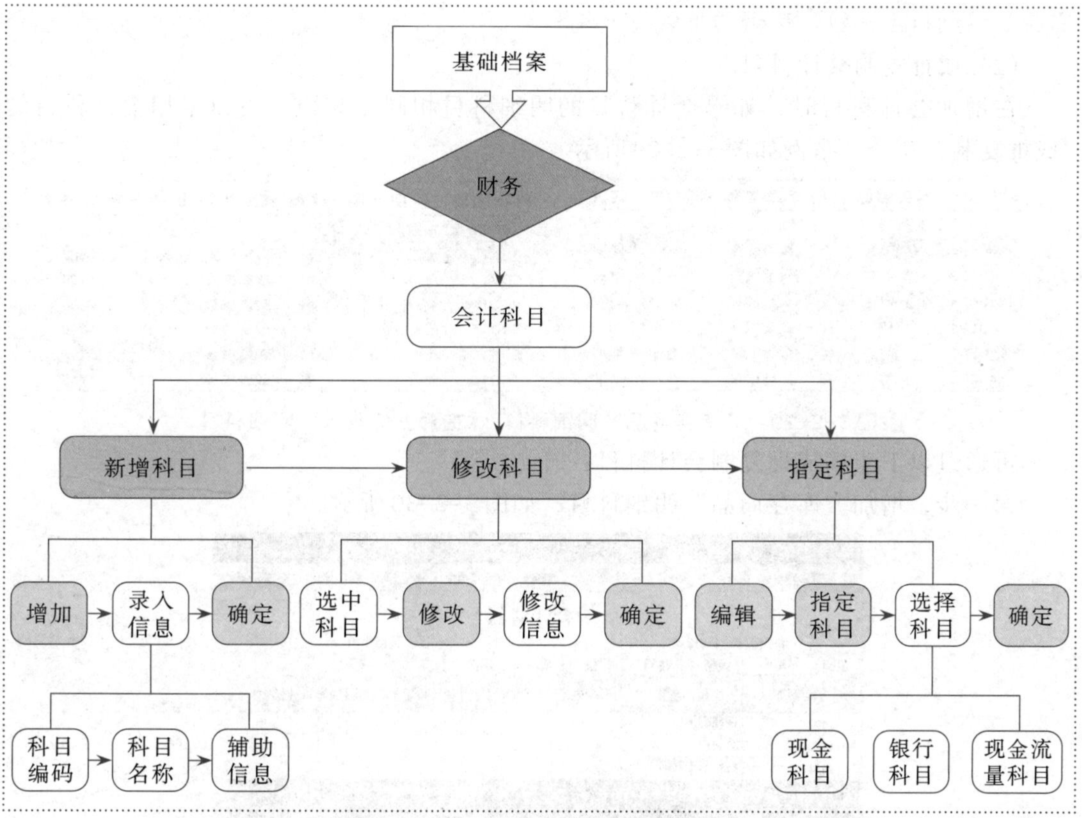

图 3-2-27　设置会计科目操作流程

（1）增加会计科目

3-10

技能实践：
新增会计科目

参照图 3-2-27 设置会计科目操作流程，以账套主管“201 王启”的身份登录企业应用平台，执行“基础设置”/“基础档案”/“财务”/“会计科目”命令，打开“会计科目”窗口，出现预置的会计科目列表。

单击“增加”按钮，在“新增会计科目”窗口，增加所有需要“新增”的会计科目，以新增任务资料中“银行存款——中行存款”为例，新增科目如图 3-2-28 所示。

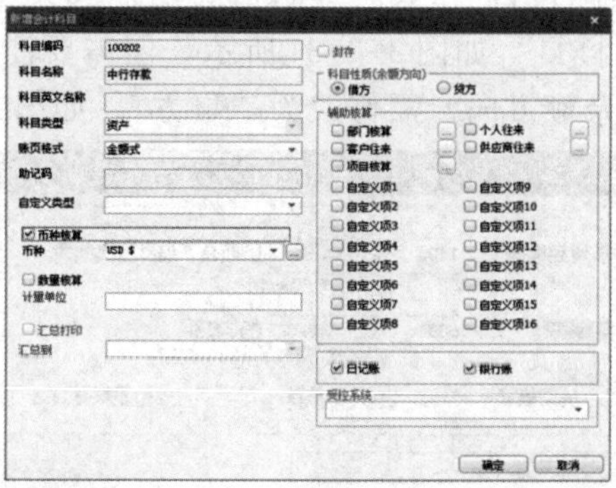

图 3-2-28　新增“银行存款”明细科目

引导问题：增加“主营业务收入”和“主营业务成本”明细科目时，发现与“库存

商品”明细科目一致，可否成批复制明细科目。 □是 □否

（2）成批复制会计科目

在增加会计科目时，如果会计科目的明细科目相同或相似，可以采用会计科目的“成批复制”命令。举例如图3-2-29所示。

科目编码	科目名称	计量	辅助核算	余额方向	备注
1405	库存商品				
140501	吸顶灯	只	数量核算	借	增加
140502	落地灯	个	数量核算	借	增加
140503	台灯	台	数量核算	借	增加
140504	吊灯	件	数量核算	借	增加
140505	壁灯	件	数量核算	借	增加
140506	筒灯	套	数量核算	借	增加

科目编码	科目名称	计量	辅助核算	余额方向	备注
6001	主营业务收入			贷	
600101	吸顶灯	只	数量核算	贷	增加
600102	落地灯	个	数量核算	贷	增加
600103	台灯	台	数量核算	贷	增加
600104	吊灯	件	数量核算	贷	增加
600105	壁灯	件	数量核算	贷	增加
600106	筒灯	套	数量核算	贷	增加

图3-2-29 “库存商品”明细科目、“主营业务收入”明细科目

可通过以下步骤成批复制会计科目：

第一步，增加“库存商品”明细科目，如图3-2-30所示。

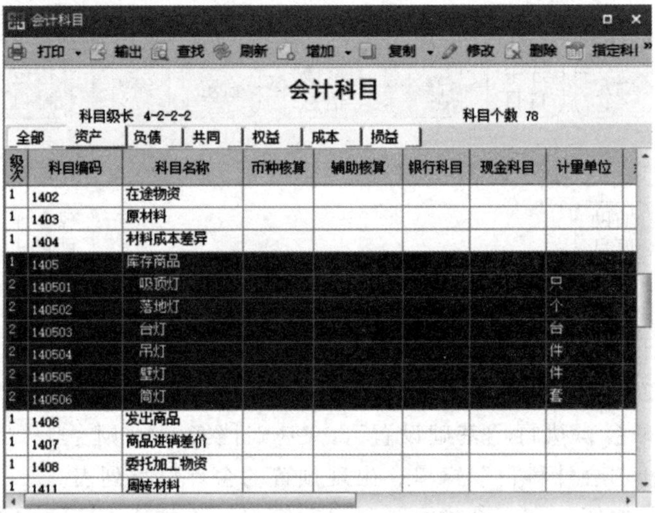

图3-2-30 “库存商品”明细科目

第二步，选中会计科目“6001主营业务收入”，执行“成批复制”命令，打开“成批复制”窗口，输入复制源科目“1405”和目标科目“6001”，选“数量核算”选项，即可增加所有的下级明细科目，如图3-2-31所示。但需要注意，批量复制后“主营业务收入”明细科目性质（余额方向）需修改为“贷方”，如图3-2-32所示。

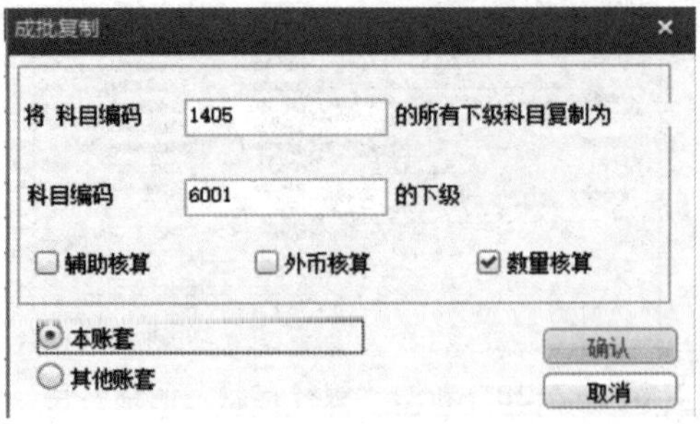

图3-2-31 “成批复制”窗口

第三步，同样方法，完成会计科目“6401主营业务成本”明细科目的增加，如图3-2-33所示。

级次	科目编码	科目名称	币种核算	辅助核算	银行科目	现金科目	计量单位	余额方向
1	6001	主营业务收入						贷
2	600101	吸顶灯					只	贷
2	600102	落地灯					个	贷
2	600103	台灯					台	贷
2	600104	吊灯					件	贷
2	600105	壁灯					件	贷
2	600106	筒灯					套	贷
1	6011	利息收入						贷
1	6021	手续费及佣金						贷
1	6031	保费收入						贷
1	6041	租赁收入						贷
1	6051	其他业务收入						贷
1	6061	汇兑损益						贷
1	6101	公允价值变动						贷

图3-2-32　“主营业务收入”明细科目

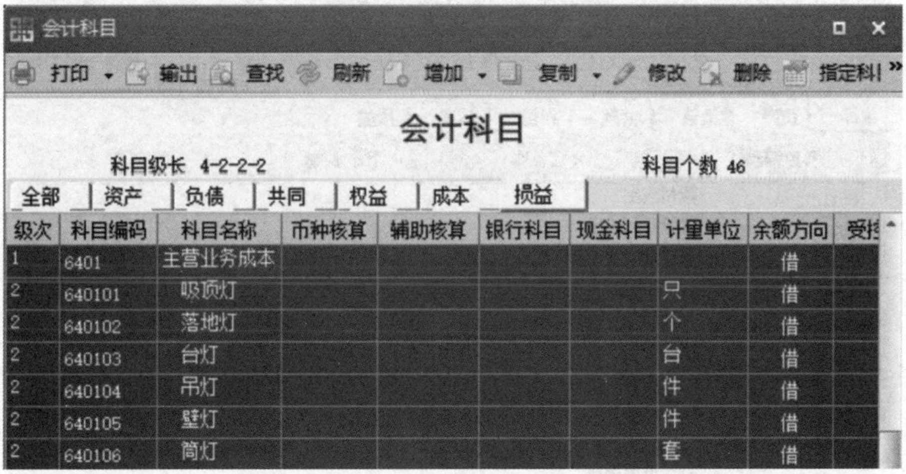

级次	科目编码	科目名称	币种核算	辅助核算	银行科目	现金科目	计量单位	余额方向	受
1	6401	主营业务成本						借	
2	640101	吸顶灯					只	借	
2	640102	落地灯					个	借	
2	640103	台灯					台	借	
2	640104	吊灯					件	借	
2	640105	壁灯					件	借	
2	640106	筒灯					套	借	

图3-2-33　“主营业务成本”明细科目

（3）修改会计科目

单击“修改”按钮，打开“会计科目-修改”窗口，修改会计科目属性。以修改任务资料中“预付账款”科目为例，修改科目如图3-2-34所示。

（4）删除会计科目

如果会计科目未经使用，可单击“删除”按钮进行删除，如图3-2-35所示。

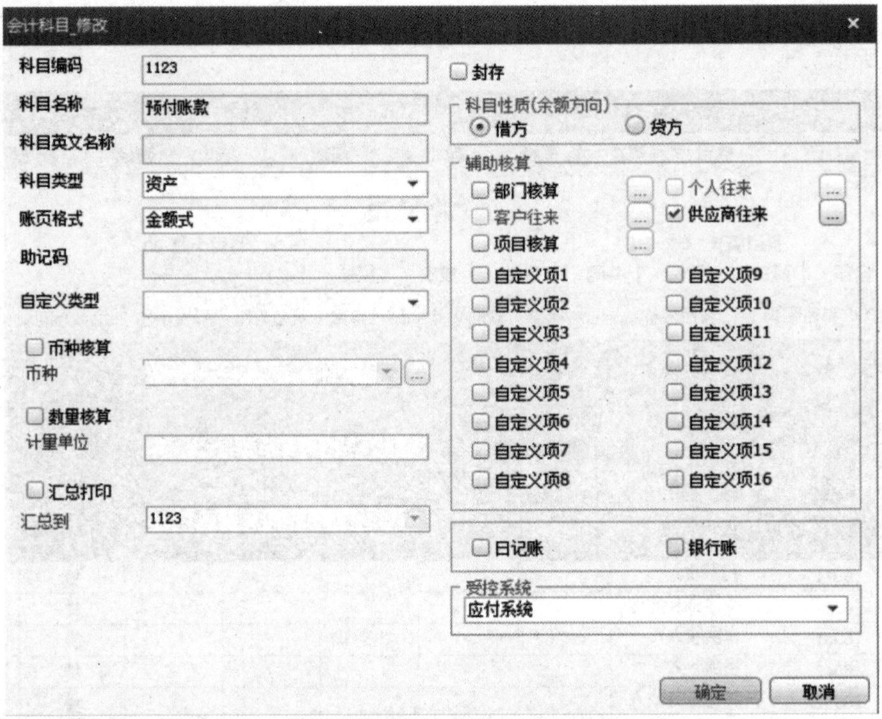

图 3-2-34　修改“预付账款”科目

图 3-2-35　删除会计科目

根据任务资料，重复上述步骤，完成会计科目的增加、修改、删除操作。

特别提示：

◆增加科目时，需要先增加上级科目，再增加下级科目。

◆在增加“银行存款——中行存款”科目时，勾选“外币核算”时发现为灰色，如何解决？

出现这种情况说明在建立账套时未选择“有无外币核算”，此时需以“账套主管”身份进入系统管理修改账套。

◆涉及“客户往来”“供应商往来”科目的修改或增加时，会有对相应的受控系统的选择。“客户往来”应选择“受控应收系统”，供应商往来选择“受控应付系统”，选择后，这些科目只能在相应的系统使用，在总账系统中如果想使用这些科目必须在总账“选项”设置时勾选“可以使用应收应付受控系统”。

◆删除会计科目时应遵循自下而上的原则。

（5）指定会计科目

参照图3-2-27设置会计科目操作流程，在“会计科目”窗口，执行“指定科目”命令，打开“指定科目”窗口，将科目由“待选科目”选为“已选科目”，单击“确定”按钮。以现金科目指定为例，如图3-2-36、图3-2-37所示。

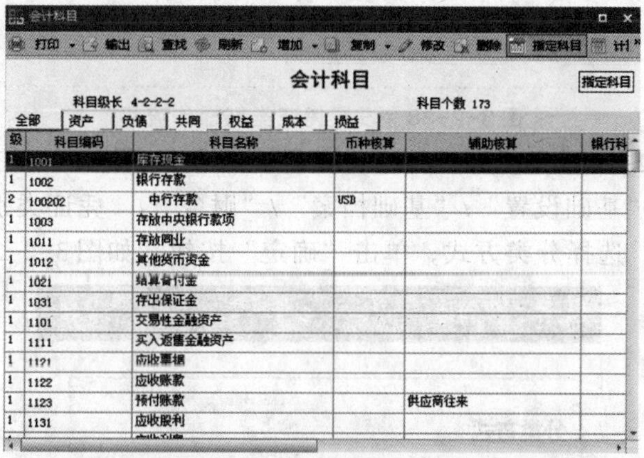

图3-2-36　指定科目设置

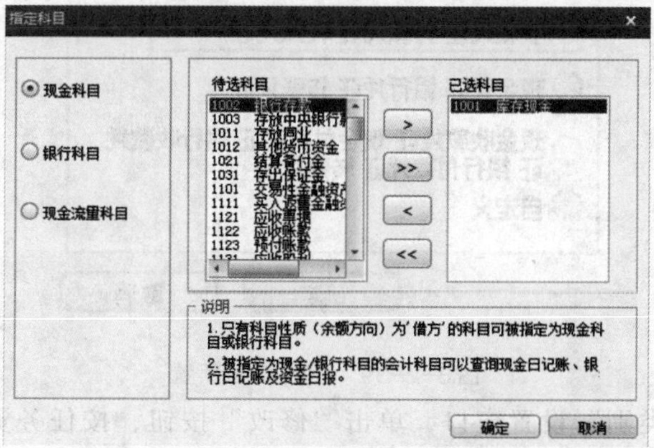

图3-2-37　指定现金科目界面

3-11

技能实践：
凭证类别设置

3. 凭证类别设置

凭证类别设置的具体操作流程如图3-2-38所示。

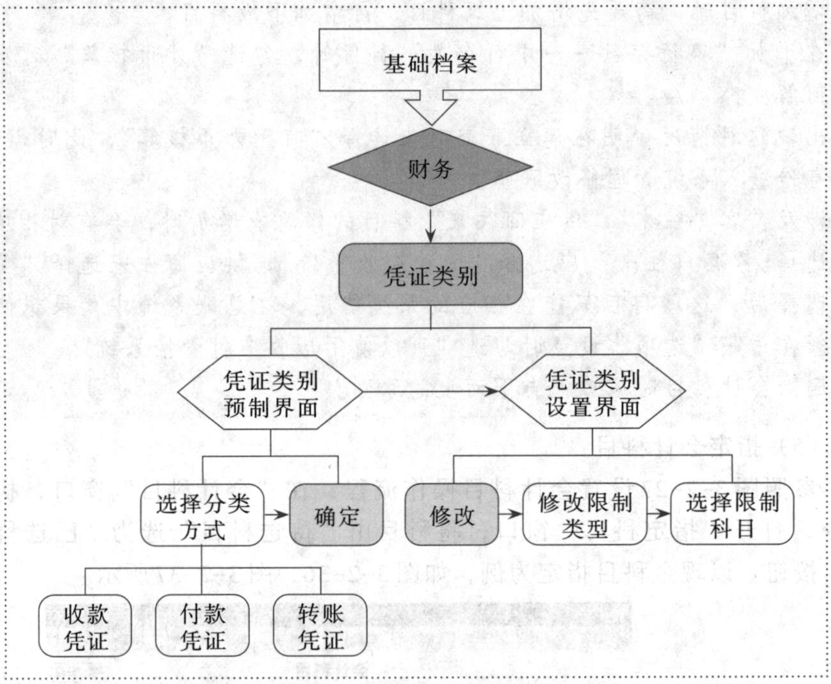

图3-2-38　设置凭证类别操作流程

（1）参照图3-2-38设置凭证类别操作流程，以账套主管“201王启”的身份登录企业应用平台，执行“基础设置”/“基础档案”/“财务”/“凭证类别”命令，打开“凭证类别预置”窗口，选择分类方式，单击“确定”按钮，如图3-2-29所示。

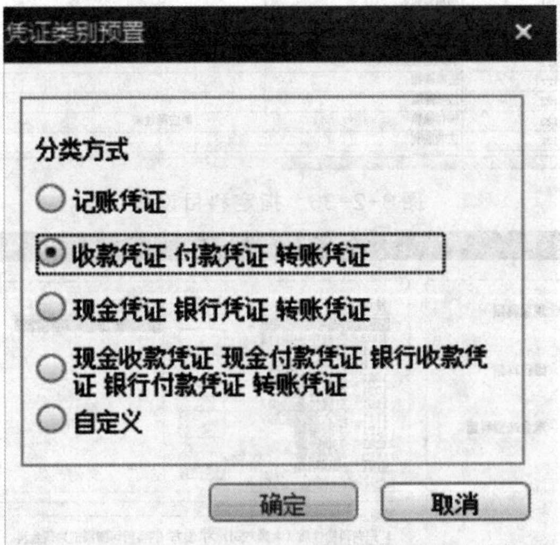

图3-2-39　凭证类别预置

（2）在“凭证类别”设置窗口，单击“修改”按钮，按任务资料设置完成凭证类别，如图3-2-40所示。

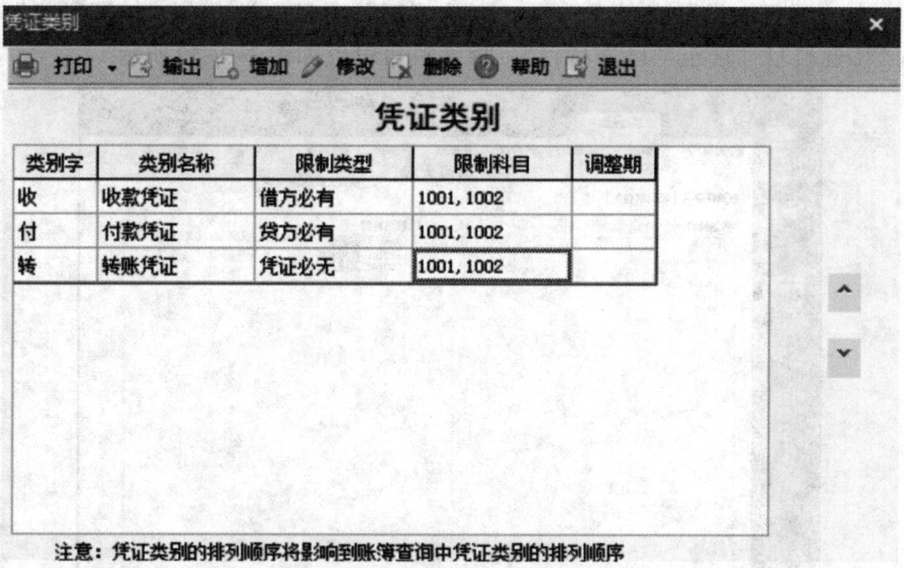

图 3-2-40　凭证类别设置

特别提示：

◆ 在选择凭证类别时，应慎重，因为已使用的凭证类别不能删除也不能修改类别。

◆ 在限制科目一列中，如果直接录入科目编码，编码间的标点符号应为英文状态下的标点符号，否则系统会提示科目编码有错误。

4.项目目录设置

3-12

技能实践：
项目目录设置

（1）以账套主管“201 王启”的身份登录企业应用平台，执行“基础设置”/“基础档案”/“财务”/“项目大类”命令，打开“项目大类”窗口，单击“增加”按钮，按任务资料，录入新项目大类名称“商品管理”，按向导完成项目大类定义。项目大类定义如图 3-2-41 所示。

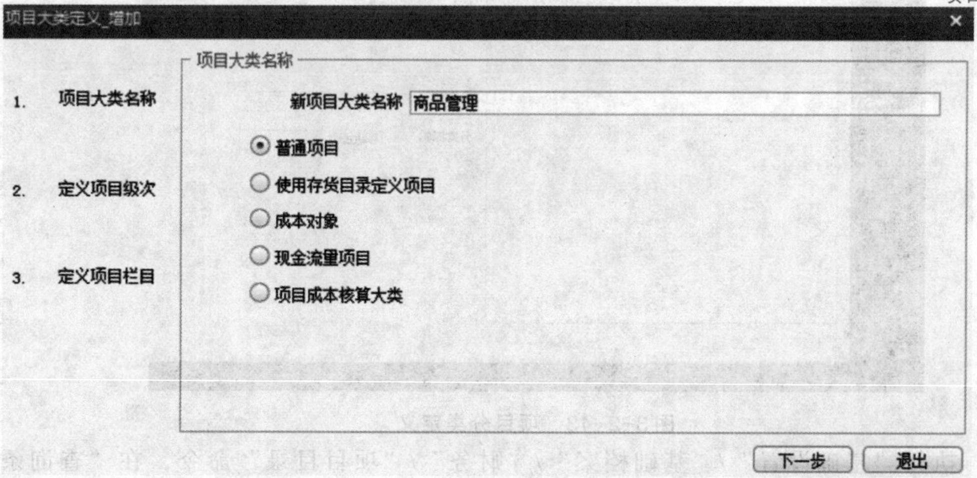

图 3-2-41　项目大类定义

（2）在“项目大类”窗口，选择“商品管理”项目大类，在“核算科目”选项卡下，将“待选科目”选至“已选科目”，核算科目设置如图3-2-42所示。

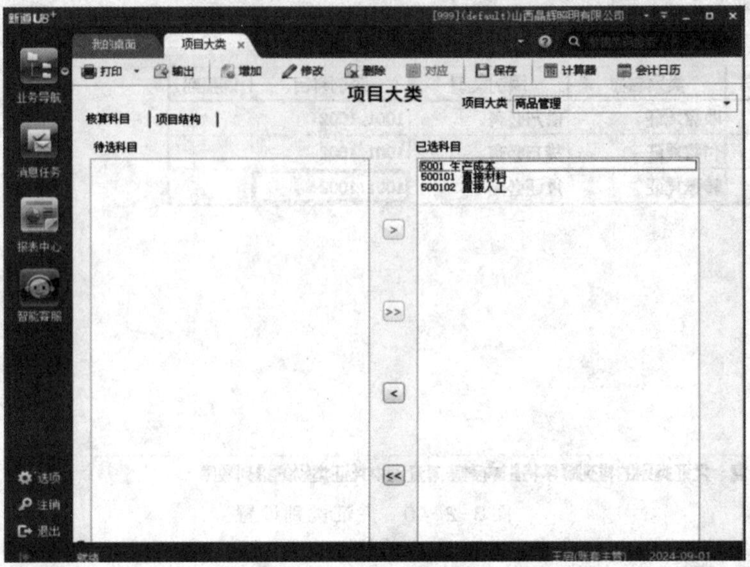

图3-2-42　项目大类核算科目

（3）执行“基础设置”/“基础档案”/“财务”/“项目分类”命令，打开“项目分类”窗口，选择“商品管理”项目大类，单击“增加”按钮，按任务资料，录入分类编码、分类名称，单击“保存”按钮。项目分类定义如图3-2-43所示。

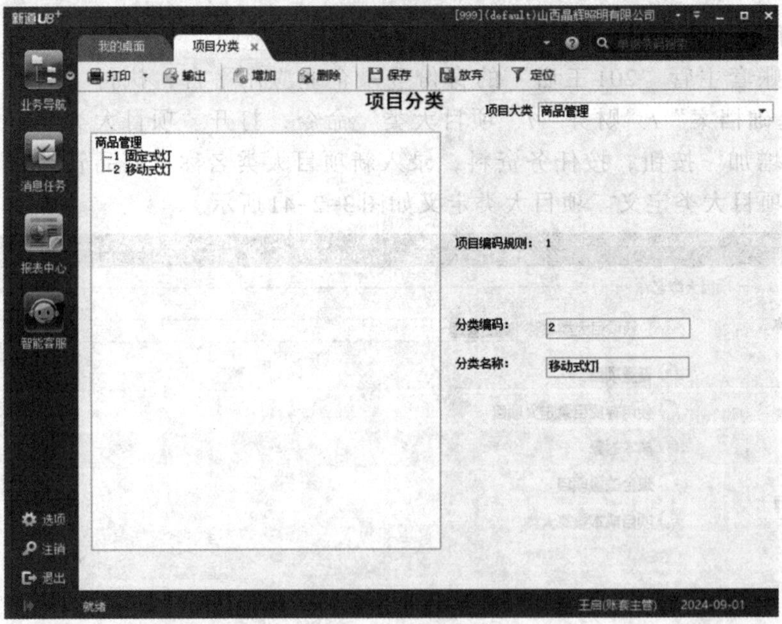

图3-2-43　项目分类定义

（4）执行“基础设置”/“基础档案”/“财务”/“项目目录”命令，在“查询条件-项目目录”窗口，选择“商品管理”项目大类，单击“确定”按钮，打开“项目目录”窗口，按任务资料，录入项目编号、项目名称，选择所属分类码。项目档案如图3-2-44所示。

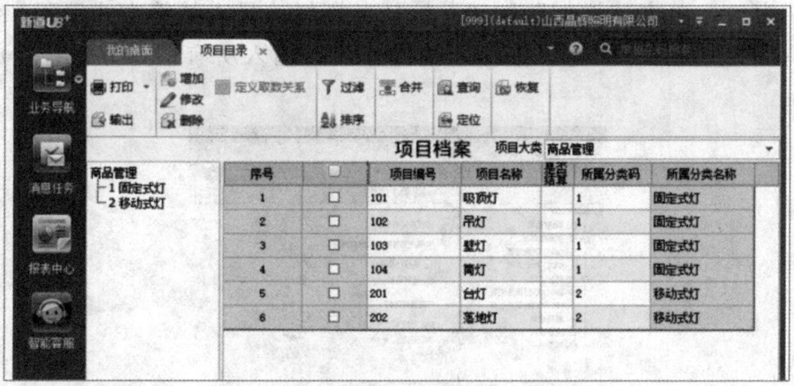

图3-2-44　项目档案

特别提示：

◆在设置项目档案核算科目时，在左方的待选科目中却没有出现需要设置的科目，如何解决？

出现这种情况说明有两个原因：第一个原因就是在设置科目时，未将这些科目设置为“项目核算”，此时需要进入会计科目中修改会计科目的辅助核算。第二个原因就是科目已经设置为“项目核算”，但是却把这些科目设置给了其他大类，因此在需要设置的大类中没有这些待选科目。因为一个项目大类可以指定多个核算科目，但一个科目只能属于一个项目大类。此时，选择相应项目大类，把科目从“已选科目”放到“待选科目”，然后再选择“商品管理”项目大类就可以找到这些设置为“项目核算”的科目了。

（五）设置收付结算方式

设置收付结算方式具体操作流程如图3-2-45所示。

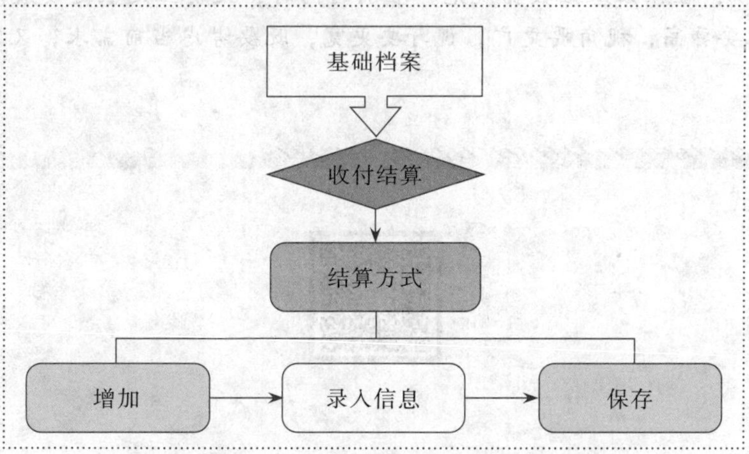

图3-2-45　设置收付结算方式操作流程

参照图3-2-45设置收付结算方式操作流程，以账套主管“201王启”的身份登录企业应用平台，执行“基础设置”/“基础档案”/“收付结算”/“结算方式”命令，打开“结算方式”窗口，单击“增加”按钮，按任务资料，录入结算方式编码、结算方式名称，选择“是否票据管理”等。参照上述操作流程输入所有结算方式，完成后如图3-2-46所示。

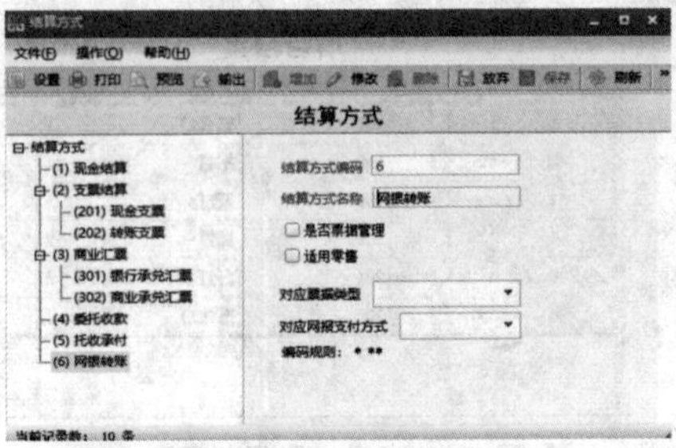

图3-2-46 结算方式

特别提示：

◆收付结算下包括本单位开户银行、付款条件、结算方式等多种基础信息，但目前未启用应收款和应付款管理系统，因此只能进行结算方式的设置。

◆设置了“票据管理”标记的结算方式，需要进行支票登记，在填制凭证时系统会对未进行支票登记的票据提示进行登记。

智慧财务·德润人心

站位高 视角广 视野宽

实施ERP并不是简单地购买和安装一个软件，如何将企业基础数据录入会计软件中，是非常重要的一项工作。如果没有基础数据的支撑，ERP就没有根基；如果基础数据是不完整的或错误的，那么系统运行只能得到不完整或错误的信息。因此，我们必须把好“输入关”，在保证基础数据规范、准确的同时，又要立足长远发展。作为会计管理人员，站位要更高，视角要更广，视野要更宽，既要考虑当前需求，又需具有一定的扩展性。

项目测试

项目考核评价

本项目学习成果反馈与评价表见表3-15。

表3-15　项目三学习成果反馈与评价表

项目三		信息主管岗位		任务一、二			
班级		组号		日期			
姓名		学号		教师			
项目	评价标准	分值（分）	个人自评30%	小组互评20%	教师评价50%	小计（分）	
职业素养（20）	遵守实训管理规定，保持实训环境干净整洁	10					
	团结协作，态度端正，积极完成任务	10					
专业知识（30）	了解基础信息设置的主要内容	10					
	掌握基本信息设置等操作流程及操作技巧	10					
	掌握基础档案的基本操作及操作技巧	10					
职业能力（30）	能根据任务要求快速准确整理基础档案信息	10					
	能自主完成基础档案的设置工作	10					
	能结合企业实际进行基础档案的修改操作	10					
成果展示（20）	线上学习效果明显，及时完成测试	10					
	线下及时完成实训任务并提交截图	10					
合计		100					
教师评语							

项目四　总账会计岗位

岗位认知

总账会计肩负着核心且全面的职责，在日常工作中，须严格审核并准确录入各类原始凭证，生成记账凭证，认真复核账务以确保账账相符；期末依规进行费用计提、摊销及损益结转，并完成结账工作。此外，总账会计负责总账与明细账数据的核对，定期开展财务分析，协助完善企业内部控制制度，监督关键财务环节，并参与内部审计。同时，总账会计须熟悉税收法规，确保准确计税。在会计信息系统应用的背景下，总账会计需通过总账管理系统实现其职能，熟练掌握系统操作，保障数据安全与信息流畅，提升数据处理效率，为管理层提供实时、精准的财务信息支持，助力企业战略决策。

项目目标

素质目标

树立维护企业和国家利益的岗位责任意识，大局意识，使学生能够综合考虑企业各部门间的财务关系，促进财务与业务的深度融合；关注行业动态，了解新技术、新方法在总账管理中的应用，不断提升专业素养。

知识目标

了解总账管理系统在财务业务处理中的基本功能和作用；掌握凭证录入、修改、删除、查询等操作，确保凭证信息的准确性和完整性；掌握对账、结账、试算平衡等期末处理流程，确保会计信息的准确性和完整性。

能力目标

能够根据企业实际情况设置总账管理系统参数；熟练运用总账系统处理企业日常业务和期末业务；能够利用总账管理系统查询企业相关账簿信息。

项目导图

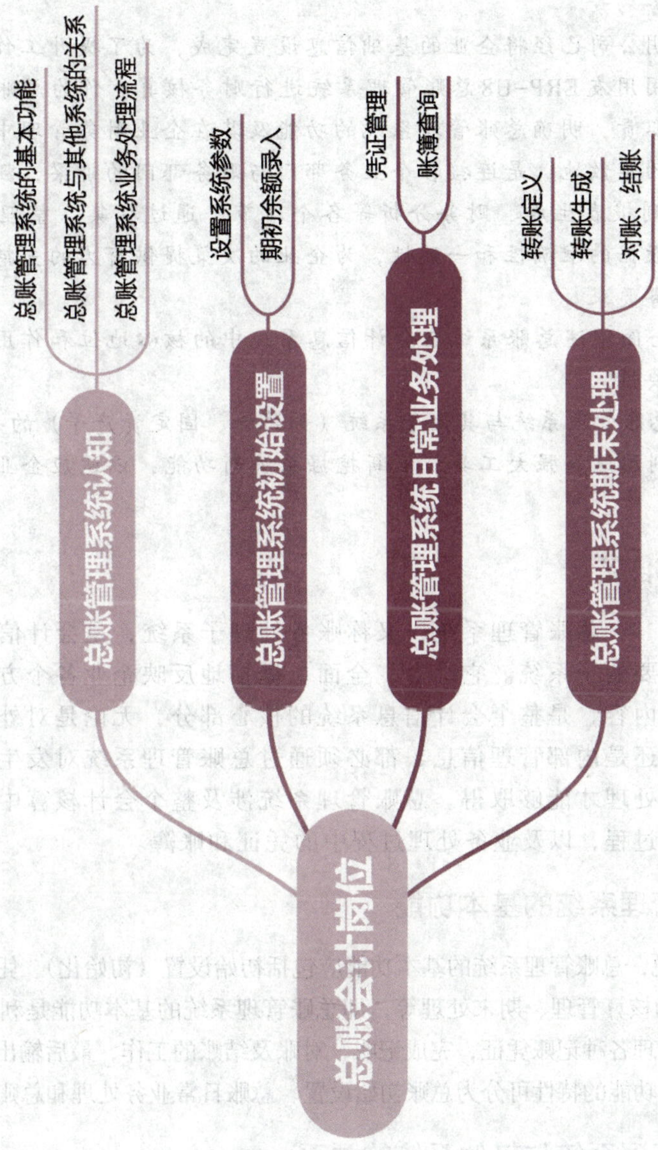
总账会计岗位
总账管理系统认知
总账管理系统的基本功能
总账管理系统与其他系统的关系
总账管理系统业务处理流程
总账管理系统初始设置
设置系统参数
期初余额录入
总账管理系统日常业务处理
凭证管理
账簿查询
总账管理系统期末处理
转账定义
转账生成
对账、结账

任务一　总账管理系统认知

任务情境

一、任务场景

晶辉照明公司已经将企业的基础信息设置完成，为了提升工作效率和准确性，企业决定继续启用用友ERP-U8总账管理系统进行财务核算。作为总账会计的周形必须清楚自己的岗位职责，明确总账管理系统的功能及其在企业财务管理中的核心地位。它是企业财务数据的集散地，是连接各个业务部门与财务部门的桥梁，涵盖了从凭证录入、审核、记账，到报表生成、财务分析等各个环节，通过收集、整理、分析企业的财务数据，提高了数据的准确性和一致性，为企业的决策提供有力的支持。

二、任务要求

1.能够全面阐述总账系统在会计信息系统中的核心地位和作用，深刻理解数据安全对企业的重要性。

2.理解总账管理系统与其他子系统（如薪资、固定资产等）的关联及数据交互原理。

3.充分利用这一强大工具，不断挖掘系统新功能，以适应企业不断发展变化的财务管理需求。

任务准备

4-1

知识导学：总账管理系统认知

总账管理系统，又称账务处理子系统，是会计信息系统中一个非常重要的子系统。它综合、全面、概括地反映企业各个方面的财务数据和工作内容，是整个会计信息系统的核心部分，无论是对外报送的基础会计信息还是内部管理信息，都必须通过总账管理系统对发生的经济活动数据进行处理才能够取得。总账管理系统涉及整个会计核算中的记账、算账、报账过程，以及业务处理过程中的凭证和账簿。

一、总账管理系统的基本功能

一般来说，总账管理系统的基本功能应包括初始设置（初始化）、凭证管理、出纳管理、账簿管理、辅助核算管理、期末处理等，即总账管理系统的基本功能是利用已设置的基础会计信息，输入和处理各种记账凭证，完成记账、对账及结账的工作，最后输出各种账簿。总账系统内容较多，按其功能的特性可分为总账初始设置、总账日常业务处理和总账期末处理三部分。

二、总账管理系统与其他系统的关系

总账管理系统可以独立运行，也可以同其他系统协同运转。同其他系统协同运转时，在其他管理系统生成的凭证全部会传递给总账管理系统，然后需要在总账管理系统中继续进行凭证审核和记账处理。

总账管理系统为UFO报表系统、现金流量表提供财务数据，生成财务报表。

总账管理系统为数据分析、专家财务评估等决策支持系统提供分析数据。

总账管理系统与其他系统的关系如图 4-1-1 所示。

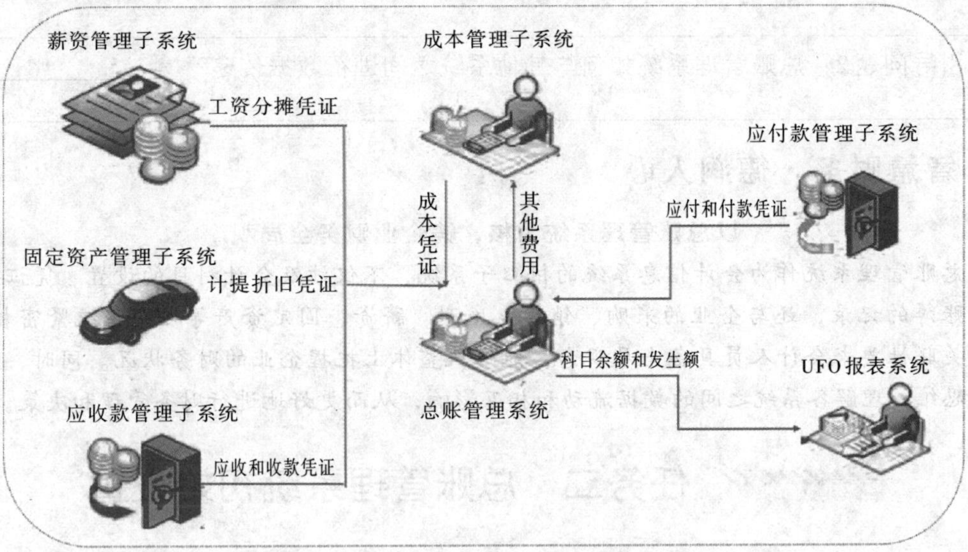

图 4-1-1　总账管理系统与其他系统的关系

三、总账管理系统业务处理流程

总账管理系统业务处理流程指明了正确使用总账管理系统的操作顺序，有助于企业快速应用。

总账管理系统业务处理流程见图 4-1-2。

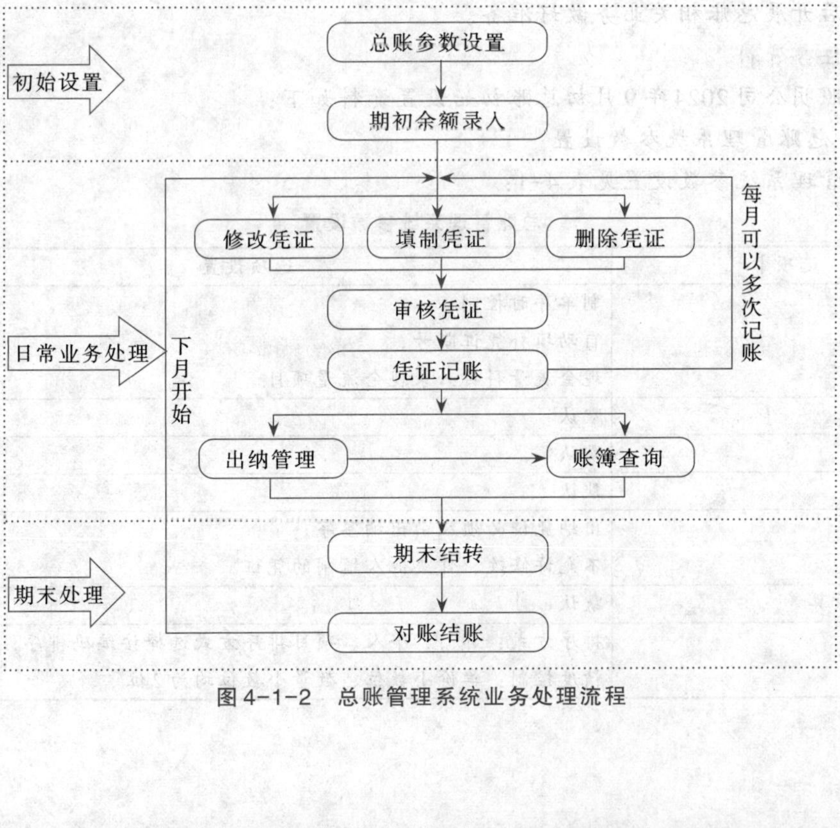

图 4-1-2　总账管理系统业务处理流程

引导问题1：调研企业中有没有单独的总账报表岗位？如果没有，是哪个岗位负责做账，报送报表业务？____。

引导问题2：总账管理系统如何与其他系统之间进行数据传递？____。

智慧财务·德润人心

以总账管理系统为核，铸企业财务全局观

总账管理系统作为会计信息系统的核心子系统，不仅涉及会计科目的设置、凭证的管理、账簿的记录，还与企业的采购、销售、库存、薪资、固定资产等多个系统紧密相关。这种关联性要求会计人员具备全局观念，能够从整体上把握企业的财务状况。同时，通过系统思维，理解各系统之间的数据流动和相互影响，从而更好地进行财务管理和决策。

任务二　总账管理系统初始设置

任务情境

一、任务场景

总账会计周彤负责该企业的总账管理工作。系统启用日期定于2024年9月1日，在系统实施过程中，首先对企业的总账进行了全面的清查和梳理，并进行了初始化参数设置、基础信息设置，将所有总账信息录入系统，包括会计科目、期初余额、凭证类型等，为日后开展总账相关业务做好准备。

二、任务资料

晶辉照明公司2024年9月初总账初始设置资料如下：

（一）总账管理系统参数设置

总账管理系统参数设置见表4-1：

表4-1　　总账管理系统参数设置

选项卡	选项设置
凭证	制单序时控制； 自动填补凭证断号； 现金流量科目必录现金流量项目
账簿	默认
凭证打印	默认
预算控制	默认
权限	出纳凭证必须经由出纳签字； 不允许修改、作废他人填制的凭证
自定义项核算	默认
其他	排序方式：部门、个人、项目排序方式选择按编码排序； 精度控制：单价小数位、数量小数位均为2位

（二）总账期初余额及明细

期初余额见表4-2：

表4-2　总账期初余额

科目编码	科目名称	方向	金额（元）
1001	库存现金	借	6 000.00
1002	银行存款	借	643 532.86
100201	工行存款	借	572 532.86
100202	中行存款	借	（$10 000×7.1）71 000.00
1121	应收票据	借	97 745.00
112101	银行承兑汇票	借	24 860.00
112102	商业承兑汇票	借	72 885.00
1122	应收账款	借	42 940.00
1123	预付账款	借	3 000.00
1231	坏账准备	贷	216.45
1402	在途物资	借	14 040.00
1405	库存商品	借	295 000.00
1601	固定资产	借	1 409 000.00
1602	累计折旧	贷	231 175.19
资产合计			2 279 866.22
2001	短期借款	贷	100 000.00
2202	应付账款	贷	25 990.00
220201	一般应付款	贷	25 990.00
2201	应付票据	贷	32 770.00
2203	预收账款	贷	5 000.00
2211	应付职工薪酬	贷	145 411.22
221101	工资	贷	127 967.22
221102	社会保险	贷	3 600.00
221103	住房公积金	贷	4 280.00
221104	设定提存计划	贷	7 880.00
221105	工会经费	贷	748.00
221106	教育经费	贷	936.00
2221	应交税费	贷	111 755.00
22210101	进项税额	借	87 361.00
22210102	销项税额	贷	155 251.00
22210104	转出未交增值税	借	67 890.00
222102	未交增值税	贷	67 890.00
222103	应交企业所得税	贷	32 639.08
222104	应交个人所得税	贷	2 379.12
222105	应交教育费附加	贷	2 736.70
222106	应交地方教育附加	贷	1 357.80

续表

科目编码	科目名称	方向	金额（元）
222107	应交城建税	贷	4 752.30
负债合计			420 926.22
4001	实收资本	贷	1 000 000.00
4002	资本公积	贷	220 000.00
4101	盈余公积	贷	236 775.18
4104	利润分配	贷	402 164.82
410401	未分配利润	贷	402 164.82
所有者权益合计			1 858 940.00
权益合计			2 279 866.22

应收账款明细见表4-3：

表4-3 应收账款明细

日期	客户名称	摘要	方向	余额（元）
2024-08-18	和平装饰	销售吸顶灯100只，不含税单价380元，发票号3256648	借	42 940.00

应收票据明细见表4-4：

表4-4 应收票据明细

日期	客户名称	摘要	方向	余额（元）	票据类型
2024-08-25	万家灯饰	销售筒灯100套，不含税单价220元，收到万家灯饰签发的银行承兑汇票	借	24 860.00	银行承兑汇票
2024-07-29	华丽灯饰	销售150件吊灯，不含税单价430元，收到万家灯饰签发的银行承兑汇票。	借	72 885.00	商业承兑汇票

预付账款明细见表4-5：

表4-5 预付账款明细

日期	供应商名称	摘要	方向	金额（元）	结算方式
2024-08-15	利泉光电	预付利泉光电吊灯货款，票据号36254174	借	3 000.00	网银转账

库存商品明细见表4-6：

表4-6 库存商品明细

存货名称	数量	单价（元）	金额（元）
吸顶灯	300	280	84 000.00
落地灯	800	60	48 000.00
台灯	900	40	36 000.00
吊灯	150	300	45 000.00
壁灯	500	100	50 000.00
筒灯	200	160	32 000.00
合计			295 000.00

应付票据明细见表4-7：

表 4-7　　应付票据明细

日期	供应商名称	摘要	方向	余额（元）	票据类型
2024-07-19	华诺光能	购入华诺光能吊灯 100 件，不含税单价 290 元。	贷	32 770.00	银行承兑汇票

应付账款明细见表 4-8：

表 4-8　　应付账款明细

日期	供应商名称	摘要	方向	金额（元）
2024-08-20	华诺光能	购入壁灯 230 件，不含税单价 100 元，票号 5551646	贷	25 990.00

预收账款明细见表 4-9：

表 4-9　　预收账款明细

日期	客户	摘要	方向	金额（元）	结算方式
2024-08-25	华丽灯饰	收到预付的货款，票号 3525152	贷	5 000.00	转账支票

【要求】以总账会计周彤的身份完成该公司总账管理系统的参数设置及期初余额录入。

三、任务要求

1. 总账会计周彤：完成该公司总账管理系统的参数设置及期初余额录入，保障系统后续运行符合企业财务流程和内部控制要求。

2. 掌握期初余额的录入与试算平衡技巧，能够快速排查并解决试算不平衡的问题，确保期初数据的准确性和完整性，为后续账务处理奠定坚实基础。

任务准备

总账管理系统初始设置是根据企业的自身特点和管理需求，一般由财务主管或财务主管指定的专人进行，将通用的总账管理系统设置为适合于企业自身特点系统的过程，通常也称为总账初始化。初始设置工作在系统投入使用时进行，以后一般不再重新设置或修改，如需要修改，应在年末结账后进行。总账管理系统初始化工作包括：选项设置、数据金额权限设置、期初余额录入三项。

总账初始化的工作流程如图 4-2-1 所示。

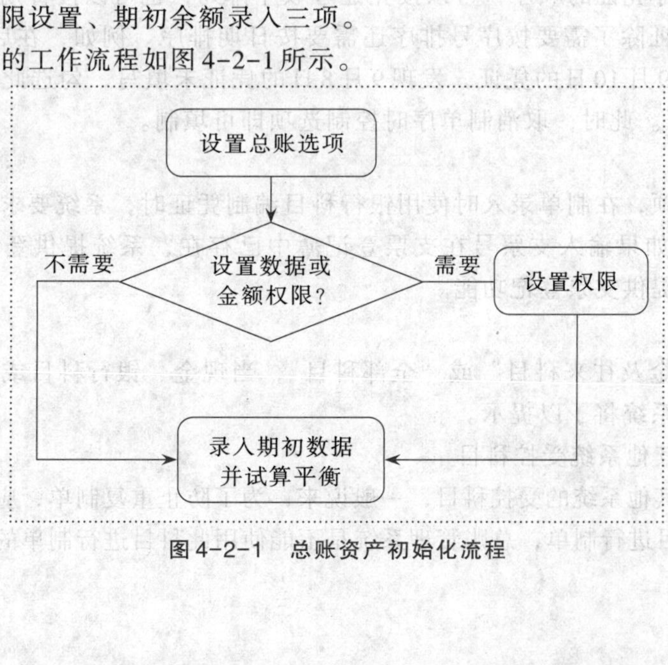

图 4-2-1　总账资产初始化流程

一、设置系统参数

4-2

知识导学：总账系统参数设置

系统在建立新的账套后由于具体情况需要，或业务变更，需要对凭证与账簿属性进行调整，可以通过设置总账选项功能进行。系统参数设置如图4-2-2所示。

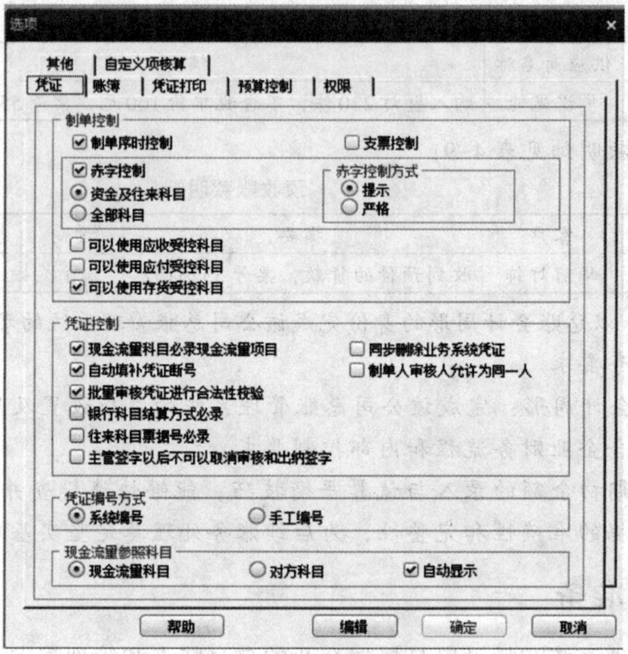

图4-2-2　总账系统参数

（一）凭证参数设置

1.制单序时控制

控制系统保存凭证的顺序，可以按凭证号顺序排列，也可以按日期顺序排列。如果勾选此选项，凭证除了需要按序号排序还需要按日期排序。例如，在后面填制凭证时，如果已经填制完9月10日的凭证，发现9月8日的凭证未填写，勾选此选项时，无法填制9月8日的凭证。此时，取消制单序时控制选项即可填制。

2.支票控制

若选择了此项，在制单录入时使用银行科目编制凭证时，系统要求输入相应的结算方式和结算号，如果输入支票号在支票登记簿中已存在，系统提供登记支票报销的功能；否则，系统提供支票登记功能。

3.赤字控制

若选择“资金及往来科目”或“全部科目”，当现金、银行科目或其他科目的最新余额出现负数，系统将予以提示。

4.可以使用其他系统受控科目

若某科目为其他系统的受控科目，一般说来，为了防止重复制单，应当只允许其受控系统来使用该科目进行制单，总账管理系统是不能使用此科目进行制单的。若用户有在总账管理系统中使用这些科目填制凭证的要求，则应选择此项。选项设置中提到三种受控科目：应收受控科目、应付受控科目和存货受控科目。以应收受控科目为例解释是否勾选该受控科目。涉及应收系统受控的科目包括应收票据、应收账款和预收账款科目，如果不勾选可以使用应收受控科目，这些科目仅能在应收管理系统制单使用。在总账系统与应收管理系统集成使用的前提下，企业与客户之间的往来业务均在应收管理系统处理，业务处理的结果在应收管理系统生成凭证后传递到总账系统。涉及应收受控科目的业务凭证在应收管理系统生成，那么总账管理系统就不能填制与这些科目有关的凭证。所以不勾选此选项时，在总账管理系统填制凭证要使用这些科目时就会提示不能使用受控科目。当总账管理系统单独使用时，就需要勾选此选项，否则就不能使用这些科目。

凭证控制涉及的内容主要包含三项，分别是现金流量科目必录现金流量科目、自动填补凭证断号和银行科目结算方式必录。如果企业选择利用现金流量项目核算作为编制现金流量的方法，就涉及“现金流量科目必录现金流量科目”选项的选择，选择该项，在录入凭证时如果使用了现金流量科目则必须输入现金流量项目及金额；自动填补凭证断号是指当选择凭证编号方式为系统编号时，则在新增凭证时，系统按凭证类别查询本月的第一个断号作为本次新增凭证的凭证号；如果选择了“银行科目结算方式必录”这项，在填制凭证时使用银行科目，则必须录入结算方式。

5.系统编号

系统编号是指在填制凭证时，按照凭证类别按月自动编制凭证编号；而手工编号是在制单时，系统允许手工输入凭证编号，系统虽提供了“系统编号”与“手工编号”两种方式，一般应该选择“系统编号”，便于凭证被删除后系统自动填补整理断号。

（二）账簿参数设置

账簿参数主要用来调整各种账簿的输出方式及打印要求等。

（三）凭证打印设置

凭证打印用来设置凭证的输出方式和打印要求等，主要包括“合并凭证打印显示、打印”和“打印凭证页脚姓名”两项。

（四）预算控制设置

根据预算管理系统或财务分析系统设置预算数对业务发生进行控制。

（五）权限设置

1.制单权限控制到科目

要选择此项，首先要在“数据权限设置”中设置科目权限，权限设置有效。若选择此项，则在制单时，操作员只能使用具有相应制单权限的科目制单。

2.制单权限控制到凭证类别

如果需要明确操作员只能填制某些特定类别的凭证，则首先在数据权限控制设置中选择对“凭证类别”进行控制，再选中该项，最后在数据权限中为操作员指定制单时可以使用凭证类别，设置完成后，在操作员制单时，凭证类别参照中只显示操作员有权限的凭证类别。

3.操作员进行金额权限控制

系统可以对不同级别的人员进行制单金额大小的控制。例如，财务主管可以对10

万元以上的经济业务制单，一般财务人员只能对5万元以下的经济业务制单，这样可以减少由于不必要的责任事故带来的经济损失。但是为外部凭证或常用凭证调用生成或自定义结转凭证不受金额权限控制。

4.凭证审核控制到操作员

如果需要指定某个具有凭证审核权限的操作员只能审核某些制单人填制的凭证，则应该选择该选项。

5.出纳凭证必须经由出纳签字

出纳人员可通过“出纳签字”功能对涉及库存现金、银行存款科目的凭证进行检查核对。如果选择此项，则收付款凭证就需要出纳签字，再检查核对一次。

6.凭证必须经由主管会计签字

如果企业中规定所有凭证都必须由主管会计签字才能作为记账依据，则应选择该项。

7.允许修改、作废他人填制的凭证

若选择此项，在制单时可修改或作废别人填制的凭证，否则不能修改。“控制到操作员”属于数据权限控制内容，利用该项可以指定允许修改、作废哪些操作员填制的凭证。

8.可查询他人凭证

设置是否可以查询他人填制好的凭证。“控制到操作员”能指定可以查询哪些操作员填制的凭证。

9.明细账查询权限控制到科目

若用户需要对查询或打印权限作进一步细化，只允许某操作员查询或打印指定的科目明细账，则应选择此项。

（六）其他参数设置

在其他参数设置页面，可以设置“外币核算方式”、“排序方式”和“精度控制”。

(1) 外币核算方式。有外币业务时，企业可以选择“固定汇率”或“浮动汇率”处理方式。

(2) 排序方式。在参照部门目录、查询部门辅助账时，可以指定查询列表的内容是按编码顺序显示还是按名称顺序显示。对个人往来辅助核算和项目辅助核算也可以进行设置。

(3) 精度控制。设置数量小数位、单价小数位和本位币精度。

引导问题1：总账系统初始化设置完成后，参数能不能修改。

□全部可以 □部分可以□不可以

引导问题2：不可修改的参数有错，该如何处理：____。

二、期初余额录入

为了保证会计数据连续完整，并与会计手工账簿数据相衔接，总账系统第一次投入使用前，还需要将各种基础数据输入系统。这些基础数据主要是各明细科目的年初余额和系统启用准备前各月的累计发生额。其上级科目的余额和发生额由系统自动进行汇总。但是，企业建账时间不同，所需输入的期初数据就不同。若企业在年初启用总账管理系统，则可直接录入期初余额，此时期初余额与年初余额相等；若企业在年中启用总账管理系统，除了需要录入启用月份的期初余额外，还需要录入年初至期初累计借方发生额与累计贷方发生额。

在一般情况下，资产和费用类科目余额在借方；负债、所有者权益、收入和利润类科目余额在贷方。如果是数量金额类科目，应输入相应的数量和单价。如果是外币科目，还应输入相应的外币金额。

4-3

知识导学：总账期初余额录入

需要强调的是，在输入期初数据时，如果某一科目设置了辅助核算类别，那么应输入辅助核算类别的有关初始余额。数据输入完毕后，为了保证数据的准确性，满足数据间的平衡关系，系统将自动对数据进行校验。

期初数据输入完毕后应进行试算平衡。如果期初余额试算不平衡，可以填制、审核凭证，但不能进行记账处理。因为企业信息化时，初始设置工作量很大，占用时间较长，为了不影响日常业务的正常进行，允许在初始化工作未完成的情况下进行凭证的填制。凭证一经记账，期初数据不能再修改。

引导问题3：用友ERP-U8总账系统中，期初余额录入的目的是什么？____。

引导问题4：如果在期初余额录入后发现试算不平衡，应该如何处理？____。

任务实施

一、设置总账系统参数

4-4

技能实践：设置总账系统参数

以总账会计“202周彤”的身份登录企业应用平台，在“业务工作”选项卡中，执行“财务会计”命令，打开“财务会计”菜单栏，完成系统参数设置及期初余额的录入。

总账管理系统初始化参数设置的具体操作流程如图4-2-3所示。

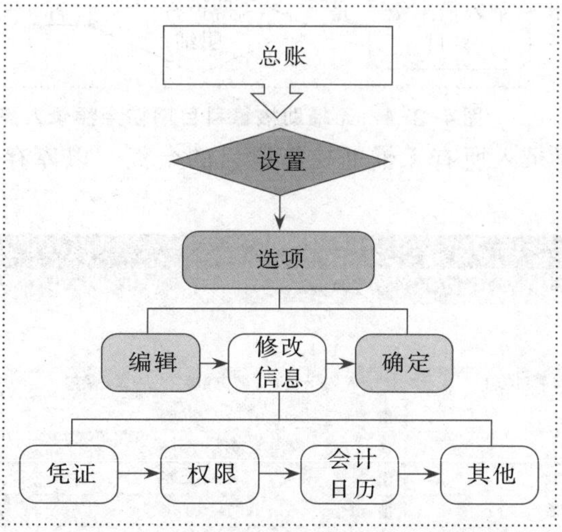

图4-2-3　总账系统参数设置操作流程

其他选项卡均为默认，不需要修改。

特别提示：

- 在本任务中，虽然只启用了总账管理系统，但是后面我们会用到应收管理系统，且任务资料是连续的，所以不需要勾选受控科目选项。
- 如果勾选了"出纳凭证必须由出纳签字"选项，账务处理流程在记账前会增加"出纳签字"环节，出纳签字可以在审核凭证之前也可以在审核凭证之后，但是必须在记账之前完成。

二、录入期初余额并试算

4-5

技能实践：录入总账期初余额

期初余额录入具体操作区分以下几种情况。

（一）无辅助核算科目期初余额录入

无辅助核算科目期初余额录入的具体操作流程如图4-2-4所示。

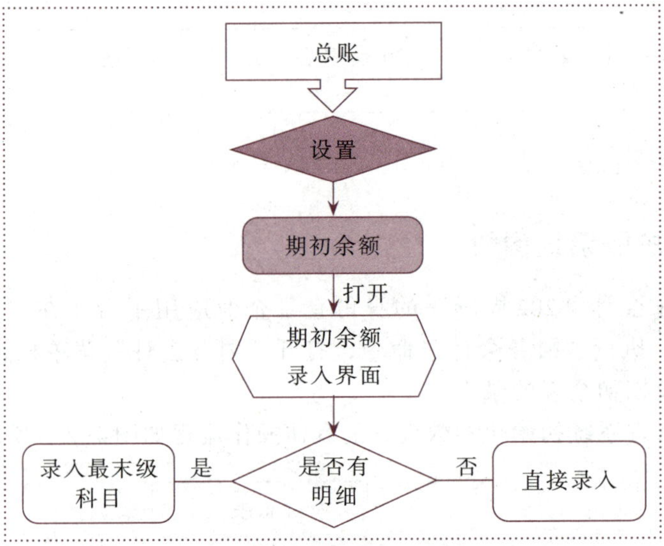

图4-2-4　无辅助核算科目期初余额录入操作流程

参照上述操作流程录入所有无辅助核算科目的余额，以库存现金和银行存款为例，如图4-2-5所示。

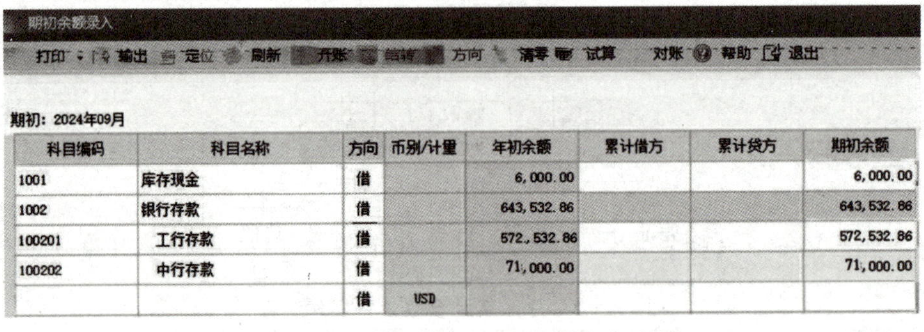

期初：2024年09月

科目编码	科目名称	方向	币别/计量	年初余额	累计借方	累计贷方	期初余额
1001	库存现金	借		6,000.00			6,000.00
1002	银行存款	借		643,532.86			643,532.86
100201	工行存款	借		572,532.86			572,532.86
100202	中行存款	借		71,000.00			71,000.00
		借	USD				

图4-2-5　库存现金和银行存款期初余额

操作提示：

◆ 在录入期初余额时，发现科目方向设置错误如何处理？

未录入余额的情况下，发现科目方向错误是可以修改的，选中该科目行，单击“方向”按钮改变余额的方向，但是只能修改总账科目的方向，不能修改明细科目方向。总账科目方向修改，下级明细科目方向一并修改。

◆ 总账科目余额与下级科目余额方向不一致时如何录入？

总账科目一般与其下级科目的方向是一致的。但是在增加科目时，对下级科目的方向是可以选择与总账科目不一致的。但一旦增加完成，下级科目的借贷方向就得随着总账科目的方向做改变，无法单独修改。当总账科目与其下级科目的方向一致，但是下级科目的余额方向与总账科目的余额方向相反时，则用“-”号表示。例如，“应交税费/应交增值税/进项税额”科目的余额为87 361.00元，该科目的方向是借方时，直接录入87 361.00；该科目的方向是贷方时，与总账“应交税费”科目方向不一致，此时，须录入-87 361.00。“应交税费/应交增值税/转出未交增值税”余额的录入同上。

◆ 有下级明细的科目未设置明细科目已经录入总账科目余额怎么修改？

例如“应付职工薪酬”下设“工资”等明细科目，但是在没有设置明细科目时就直接录入了应付职工薪酬总账科目余额，此时不要着急去增加明细科目，一定要先把录入的总账科目余额删除后再去增加下级明细科目。否则录入的总账金额进行汇总后是不正确的。

（二）往来辅助核算期初余额录入

往来辅助核算科目期初余额录入的具体操作流程如图4-2-6所示。

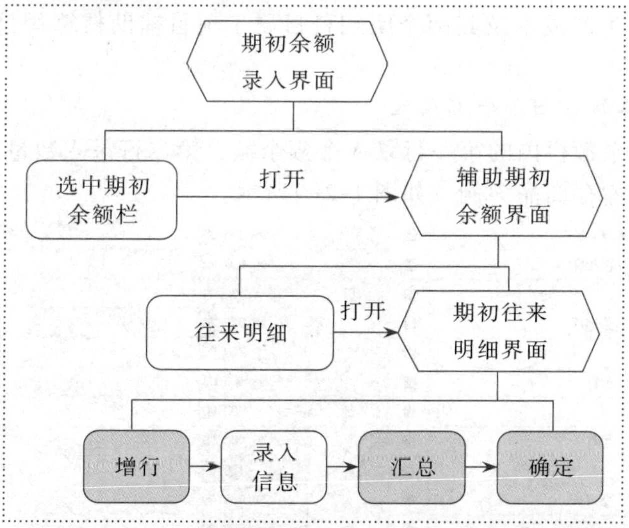

图4-2-6　往来辅助核算科目期初余额录入操作流程

参照上述操作流程录入所有往来辅助核算科目的余额，以应收账款为例，如图4-2-7所示。

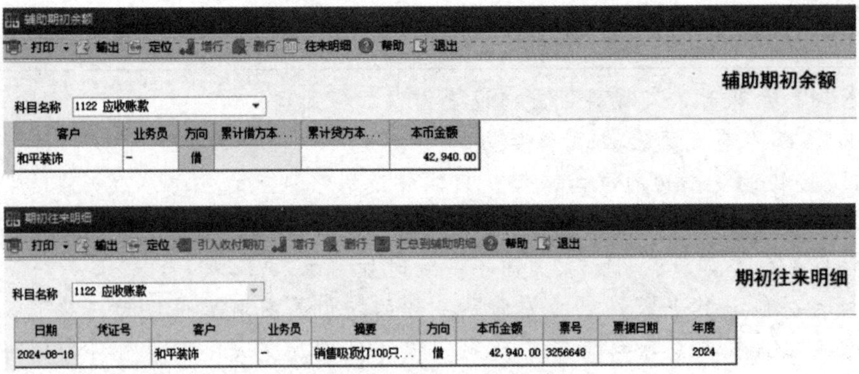
辅助期初余额

打印 输出 定位 增行 删行 往来明细 帮助 退出

辅助期初余额

科目名称 1122 应收账款

客户	业务员	方向	累计借方本...	累计贷方本...	本币金额
和平装饰	-	借			42,940.00

期初往来明细

打印 输出 定位 引入收付期初 增行 删行 汇总到辅助明细 帮助 退出

期初往来明细

科目名称 1122 应收账款

日期	凭证号	客户	业务员	摘要	方向	本币金额	票号	票据日期	年度
2024-08-18		和平装饰	-	销售吸顶灯100只...	借	42,940.00	3256648		2024

图 4-2-7 应收账款辅助科目明细录入

（三）项目核算科目期初余额录入

项目辅助核算科目期初余额录入的具体操作流程如图 4-2-8 所示。

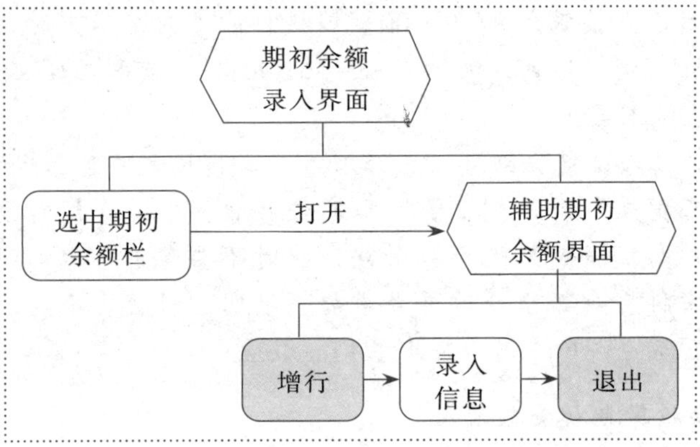

图 4-2-8 项目辅助核算科目期初余额录入操作流程

在本任务中，生产成本及其两个明细科目属于项目辅助核算科目，但是没有余额，因此不需要录入。

（四）数量核算科目期初余额录入

在该科目期初余额栏内的第一行录入金额余额，第二行录入数量余额，且必须先录金额再录数量。以库存商品为例，如图 4-2-9 所示。

1405	库存商品	借		295,000.00			295,000.00
140501	吸顶灯	借		84,000.00			84,000.00
		借	只	300.00			300.00
140502	落地灯	借		48,000.00			48,000.00
		借	个	800.00			800.00
140503	台灯	借		36,000.00			36,000.00
		借	台	900.00			900.00
140504	吊灯	借		45,000.00			45,000.00
		借	件	150.00			150.00
140505	壁灯	借		50,000.00			50,000.00
		借	件	500.00			500.00
140506	筒灯	借		32,000.00			32,000.00
		借	套	200.00			200.00

图 4-2-9 库存商品期初余额录入

所有科目的期初余额录入完成后，需要进行试算平衡，试算平衡操作流程如图4-2-10所示。

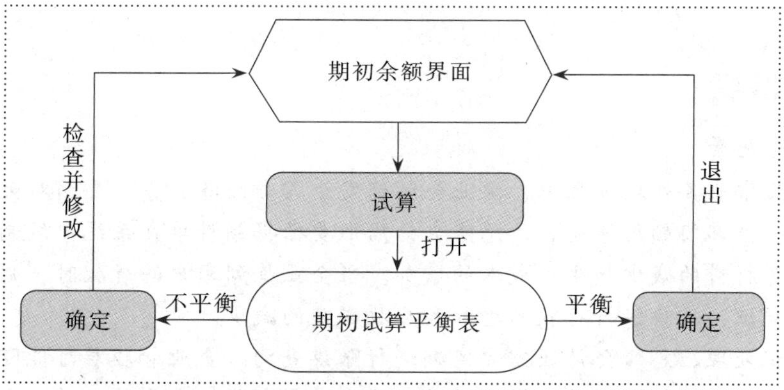

图4-2-10　期初余额试算平衡操作流程

根据以上操作流程进行试算，试算结果如图4-2-11所示。

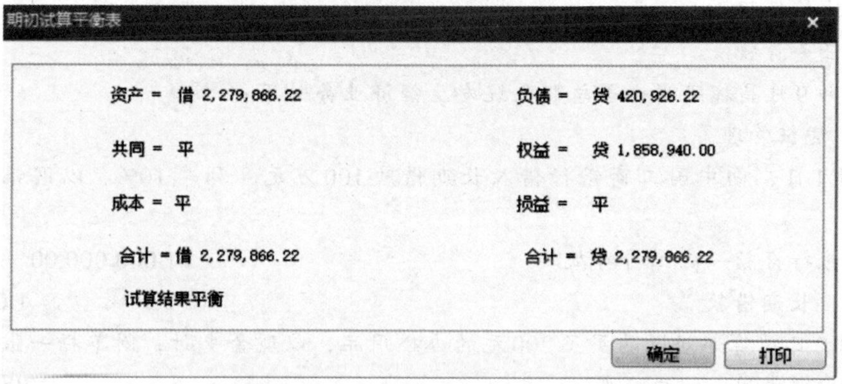

图4-2-11　期初余额试算平衡结果

特别提示：

◆系统只能对期初余额的平衡关系进行试算，而不能对年初余额进行试算。

◆如果期初余额试算不平衡，可以填制凭证、审核凭证但是不允许记账。凭证记账后，期初余额变为“只读、浏览”状态，不能再修改。

智慧财务·德润人心

知行合一　精进技能

总账参数的正确设置是确保会计信息准确无误的基础。通过合理配置这些参数，企业能够根据自身的管理需求和业务流程，定制出最适宜的总账系统环境。这不仅能提升会计工作的效率，还能保障会计信息的准确性和可靠性。应通过不断练习和实际操作，践行知行合一的原则，逐步熟悉并掌握这些参数的配置方法和技巧，为未来的会计工作奠定坚实的基础。

任务三　总账管理系统日常业务处理

任务情境

一、任务场景

在总账日常业务处理过程中，企业会频繁发生各类经济业务，要面对大量的原始凭证。比如，生产部门领用原材料，总账会计周彤要根据领料单在系统中编制相应的转账凭证，记录原材料的减少和生产成本的增加。当企业收到客户的货款时，则需要在系统中填制收款凭证，反映银行存款的增加和应收账款的减少。

除了凭证处理，总账会计还需要定期进行账簿查询。企业管理层可能随时需要了解某一时期的财务状况，如查看某个月的销售收入、成本费用支出等。总账会计要熟练运用总账管理系统的查询功能，快速准确地生成总账、明细账、日记账等各类账簿，为管理层提供决策依据。

二、任务资料

2024年9月晶辉照明公司总账系统发生经济业务如下：

（一）凭证管理

1.9月1日，向中国工商银行借入长期借款100万元，利率10%。以网银转账方式收取。

借：银行存款——工行存款　　1 000 000.00
　贷：长期借款　　1 000 000.00

2.9月2日销售部刘悦购买了200元的办公用品，以现金支付，附单据一张。

借：管理费用——办公费　　200.00
　贷：库存现金　　200.00

3.9月5日，收到荣达集团投资资金20万美元，转账支票号ZZW001。

借：银行存款——工行存款　　1 420 000.00
　贷：实收资本　　1 420 000.00

4.9月7日，综合办报销业务招待费800元，以现金支付。

借：管理费用——业务招待费　　800.00
　贷：库存现金　　800.00

5.9月9日，人力资源部张红出差借支2 000元。以网银转账方式支付。

借：其他应收款——张红　　2 000.00
　贷：银行存款——工行存款　　2 000.00

6.9月12日，以网银转账方式支付上月工资，金额117 301.86元，并代扣个人所得税2 698.14元。

借：应付职工薪酬——工资　　117 301.86
　贷：应交税费——应交个人所得税　　2 698.14
　　　银行存款——工行存款　　114 603.72

7.9月13日，缴纳上月代扣个人所得税2 379.12元、企业所得税32 639.08元、增值税67 890元、城市维护建设税4 752.30元、教育费附加2 736.70元、地方教育费附加1 357.80元。以网银方式支付。

借：应交税费——应交企业所得税　　32 639.08
　　　　　　——应交个人所得税　　2 379.12
　　　　　　——未交增值税　　67 890.00
　　　　　　——应交城市维护建设税　　4 752.30
　　　　　　——应交教育费附加　　2 736.70
　　　　　　——应交地方教育费附加　　1 357.80
　贷：银行存款——工行存款　　111 755.00

8.9月14日，以网银方式缴纳上月五险一金。支付住房公积金单位负担4 280元，个人负担4 280元。社会保险专用收款单见表4-10：

表4-10　　社会保险专用收款单　　单位：元

收费项目	单位缴纳	个人缴纳	合计金额
养老保险	7 504.76	3 002.00	10 506.76
医疗保险	3 050.00	610.17	3 660.17
工伤保险	375.24	75.05	450.29
失业保险	305.00		305.00
生育保险	245.00		245.00
合计	11 480.00	3687.22	15 167.22

借：应付职工薪酬——社会保险　　11 480.00
　　　　　　　　——住房公积金　　4 280.00
　　　　　　　　——工资　　7 967.22
　贷：银行存款——工行存款　　23 727.22

9.9月16日，人力资源部张红出差归来，报销9月9日预支的费用，差旅费1 800元，交回现金200元。

借：管理费用——差旅费　　1 800.00
　　库存现金　　200.00
　贷：其他应收款——张红　　2 000.00

10.9月18日，采购部李卓向利泉光电签订采购合同，订购壁灯300件，无税单价100元，税率13%，当日以转账支票方式支付，金额33900元，票号ZZF901，货物已经验收入库。

借：库存商品——壁灯　　30 000.00
　　应交税费——应交增值税（进项税额）　　3 900.00
　贷：银行存款——工行存款　　33 900.00

11.9月21日，销售部刘悦与华丽灯饰签订销售合同，销售台灯600台，无税单价110元；销售壁灯250件，无税单价180元；销售吸顶灯100只，无税单价460元；销售吊灯150件，无税单价430元，税率13%，当日以转账支票方式收到全部款项，票号ZZS901。

借：银行存款——工行存款　250 295.00

　贷：主营业务收入——台灯　66 000.00

　　　　　　　　　——壁灯　45 000.00

　　　　　　　　　——吸顶灯　46 000.00

　　　　　　　　　——吊灯　64 500.00

　　　应交税费——应交增值税（销项税额）　28 795.00

12.9月22日，采购部向科达铝业采购塑料1 000千克，单价30元；采购开关500个，单价10元，当日收到货物，款项未付。

借：原材料——塑料　30 000.00

　　　　　——开关　5 000.00

　贷：应付账款——暂估应付款　35 000.00

13.9月22日，会计主管发现9月16日差旅费报销有误，1 800元中有300元为个人消费，应由个人承担。追回300元的现金。需要对9月16日凭证进行修改。

借：管理费用——差旅费　1 500.00

　　库存现金　500.00

　贷：其他应收款——张红　2 000.00

14.9月23日，会计主管发现9月7日综合办报销业务招待费800元属于个人消费行为，不允许报销，已向该部门相关负责人追回现金。删除9月7日所做的凭证。

（二）账簿查询

晶辉照明公司每月都要通过总账系统获取以下信息：

1.所有的现金支出凭证。

2.库存商品的数量金额式明细账。

3.应交税费明细账。

4.管理费用部门辅助账。

5.余额表。

三、任务要求

1.总账会计周彤：熟练运用总账管理系统，高效准确地审核原始凭证，依据审核无误的原始凭证，在总账管理系统中精准录入记账凭证。

2.总账会计周彤：掌握无痕修改和有痕修改凭证的方法，根据实际情况，作废、删除凭证。

3.出纳张妍：严格核对并签字确认收付款凭证，确保资金流动准确无误。

4.账套主管王启：精准完成凭证审核，确保账务合规，监督各部门财务操作，及时纠正错误，保障公司财务数据真实可靠。

任务准备

总账日常处理包括凭证管理、出纳管理及账簿管理。由于出纳管理是由出纳岗位完成的，因此单独作为一个项目讲述。

一、凭证管理

凭证管理包括记账凭证的填制、修改、删除、冲销、审核、记账及查询等工作。记账凭证是总账管理系统中手工业务处理与计算机业务处理的连接点，也是该系统最基本、最主要的数据源。因此，凭证管理是总账管理系统的关键环节，如何快速准确地输入凭证成为关键问题。

4-6

知识导学：
填制凭证

（一）填制凭证

完整的空白凭证由两部分构成：凭证头部分和凭证正文部分。凭证头部分包括凭证类别、凭证编号、凭证日期与附单据数等内容，其中凭证类别在初始化阶段已经进行了定义，一般定义为收、付、转三个类别，填制凭证时选择对应的凭证类别即可。凭证编号一般由系统根据凭证所属类别自动编号，并在凭证删除之后自动填补断号。凭证日期是经济业务的制单日期，同类凭证内部应该按照凭证编号向后依次排列日期。凭证正文部分包括摘要、会计科目、借方金额、贷方金额等内容，凭证正文是凭证内容的重要组成部分。

凭证录入有两种方式：直接根据原始凭证录入记账凭证和手工填制好记账凭证后集中输入。业务处理能力较强、业务不多或者对财务软件比较熟悉的企业可以采用第一种方法，而初次使用财务软件或者制单人员与录入人员分离的企业适宜采用第二种方法。

1.凭证类别

凭证类别在初始化环节设定，此处可以输入类别或直接输入类别编号，当在不同类别之间切换时凭证名称随之发生变化。

2.凭证编号

若账套参数为“系统编号”，则系统自动编号，编号方法为：当前制单日期所在的会计期及所选凭证类别下的最后一张凭证的凭证号加一。若账套参数为“手工编号”，则凭证号为空，需要用户自己录入编号。网络版用户，若多人同时制单，系统会在左上角提示参考凭证号，真正的编号在凭证保存时才会给出。系统同时也自动管理凭证页号，每页凭证有五笔分录，当某号凭证超过一页，系统自动在凭证号后标上几分之一。

3.制单日期

系统自动提取该账套内已经保存的相同类别的最后一张凭证的制单日期，用户可以进行修改。但若初始化过程中选择过“制单序时控制”，则日期只可以往后修改，并且该凭证日期不能大于系统日期。

4.摘要

摘要是对本笔业务的说明，要求简洁明了，可以直接录入也可以从凭证摘要库中选择录入，常用摘要的选入不会清除原来输入的内容。

5.科目名称

科目必须输入末级科目。科目可以输入科目编码、中文科目名称、英文科目名称或助记码。如果输入的科目名称有重名现象，系统会自动提示重名科目供选择。当凭证中出现未定义过的科目名称时，可以直接点开右边的放大镜添加，不必退回到科目初始化设置的窗口。

6.金额

金额即该笔分录的借方或贷方本币发生额，金额不能为零，但可以是红字，红字金额以负数形式输入。如果方向不符，可按空格键调整金额方向，最后一笔分录按等号键由系统自动计算。

7.附单据数

附单据数是指记账凭证所附的原始单据数，如果填的话，必须与实际张数相符。

8.辅助核算

当分录中出现带有辅助核算性质的科目时，系统自动弹出辅助项输入对话框，用户需要根据科目属性输入相应的辅助信息，如部门、个人、项目、客户、供应商、数量、自定义项等。在这里录入的辅助信息将在凭证下方的备注中显示，当需要对所录入的辅助项进行修改时，可用鼠标双击所要修改的项，系统显示辅助信息录入窗口，可进行修改。

4-7

知识导学：修改和删除凭证

（二）修改凭证

在信息化方式下，凭证的修改分为无痕迹修改和有痕迹修改。

1.无痕迹修改

无痕迹修改是指系统内不保存任何修改线索和痕迹。对于尚未审核和签字的凭证可以直接进行修改；对于已经审核或签字的凭证应该先取消审核或签字，然后才能修改。显然，这两种情况下，都没有保留任何审计线索。

2.有痕迹修改

有痕迹修改是指系统通过保存错误凭证和更正凭证的方式而保留修改痕迹，因此可以留下审计线索。对于已经记账的错误凭证，一般应采用有痕迹修改。具体方法是采用红字更正法或补充更正法。

能否修改他人填制的凭证，取决于系统参数的设置。其他系统生成的凭证，只能在账务系统中进行查询、审核、记账，不能修改和作废，只能在生成该凭证的原子系统中进行修改和删除，以保证记账凭证和原子系统中的原始单据相一致。

（三）删除凭证

凭证删除工作需要经过“作废凭证”和“整理凭证”两个步骤。

1.作废凭证

对于尚未审核签字的凭证，如果不需要的话，可以将其作废。作废凭证仍保留原有凭证内容和编号，仅显示“作废”字样。作废凭证不能修改、不能审核，但应参与记账，否则月末无法结账。记账时不对作废凭证进行数据处理，相当于将其视为一张空凭证。账簿查询时，查不到作废凭证的数据。

2.整理凭证

如果作废凭证没有保留的必要，可以通过“整理凭证”功能彻底将其删除。系统将这些凭证从数据库中删除掉，并对剩下凭证重新排号。

（四）复核凭证

复核凭证的重点是审核记账凭证是否与原始凭证相符、会计分录是否正确等，审查认为错误或有异议的凭证，应当交由填制人员修改后，再重新审核。凭证审核包括出纳签字、主管签字和审核凭证。

1.出纳签字

由于出纳凭证涉及企业资金的收支，所以应加强对出纳凭证的管理。出纳签字的功能使得出纳可以对涉及现金、银行存款的凭证进行核对，以检查凭证是否有误。

2.主管签字

为了加强对会计人员制单的管理，有的企业所有凭证都需要由主管签字，为了满足这一应用需求，总账系统提供主管签字功能，但凭证是否需要主管会计签字才能记账，取决于系统参数的设置。

3.审核凭证

一般情况下，审核凭证在凭证复核操作中是必须进行的。审核凭证是审核员按照相关规定，对制单员填制的所有记账凭证进行检查核对，如是否与原始凭证相符，会计分录是否正确等。凭证审核无误后，审核人方可签字，否则必须交由制单人进行修改后再重新审核。

4-8

知识导学：审核凭证

（五）冲销凭证

凭证记账后才发现错误，需要采用红字冲销法进行修改，即制作红字凭证进行冲销后重新输入正确凭证。红字凭证可以由系统自动添加，不需要手工输入。

4-9

知识导学：记账与反记账

（六）凭证记账

记账凭证经审核签字后，即可用来登记总账和明细账、日记账、部门账、往来账、项目账以及备查账等。记账这一工作由计算机自动完成，但也需要一个过程。

1.选择记账凭证

开始记账时，系统首先要求用户选择要记账的凭证范围。凭证范围由月份、凭证类别、凭证编号决定，系统一般给出凭证编号的最大范围作为默认值，一般月份不能为空，凭证类别如果为空，系统自动将各类已审核的记账凭证全部进行记账。

2.系统自动检验记账凭证

虽然记账凭证在输入和审核时已经经过多次检验，但为了确保会计数据的正确，系统在登记账簿时仍将对记账凭证进行一次平衡校验和会计科目等有关内容的检验。如果发现不平衡凭证或错误凭证，系统会将不平衡凭证或错误凭证的类别和凭证号显示给用户，同时停止记账。

3.数据保护

记账工作涉及系统内的多个数据库，记账过程一旦发生意外，会使记账涉及的数据库受到影响，因此系统设计了系统保护功能。记账前系统首先将有关的数据库在硬盘上进行备份，一旦记账过程出现意外，系统将停止记账并自动利用备份文件恢复系统数据。

4.正式记账

以上工作完成后，系统自动将选定的记账凭证登记到机内账簿中，并进行汇总工作，计算出各个科目最新的本月发生额、累计发生额和最新的当前余额，完成记账工作并将已记账的凭证张数显示给用户。

以上记账步骤中，用户只需要执行第一个步骤即可，其余步骤由系统自动执行。

如果在系统记账过程中，发生记账过程被强行中断的情况，系统将自动运行“取消记账”的功能，恢复记账前状态。另外由于某种原因，事后发现本月记账有误，利用“取消记账”的功能可将本月已记账的凭证恢复为未记账凭证。用友软件的“恢复记账前状态”功能是隐藏的，用户必须在“对账”功能界面，按下快捷键“Ctrl+H”才能激活。

（七）查询凭证

通过设置查询条件，可以按科目、摘要、金额、外币、数量、结算方式等内容进行查询，快捷方便。

（八）汇总凭证

凭证录入完毕并经过审核签字后，可以汇总并生成“科目汇总表”，进行汇总的可以是已记账、未记账或者全部凭证。财务人员可以随时查看企业当前的财务状况与相关信息。

（九）设置常用凭证

企业发生的经济业务都有其规律性，有些业务在一个月内会重复发生若干次，因而在填制凭证的过程中，经常会有许多凭证完全相同或部分相同，所以可以将这些经常出现的凭证进行预先设置，以便将来填制凭证时随时调用，简化凭证的填制过程。

引导问题1：请问在用友ERP-U8中，凭证管理主要包括哪些工作内容？____。

引导问题2：在总账系统中，记账凭证的来源有哪几种？____。

二、账簿查询

企业发生的经济业务，经过制单、复核、记账后，就可以查询打印各种账簿了。信息系统的账簿查询具有以下鲜明特点：首先，在查询各种账簿时，可以包括未记账凭证；其次，与手工环境不同，在信息化方式下，各种账簿都可以针对各级科目进行查询；最后，可以进行账表法联查，例如查询总账时可以联查明细账，而查询明细账时可以联查凭证等。

（一）总账和明细账

在进行账表法联查时，可以先查总账、再联查到明细账、最后联查到凭证，也可以从凭证联查到明细账，再联查到总账。但指定科目时指定的现金和银行存款科目不能进行联查。

（二）发生额及余额表

在检查期间费用转账凭证时，可利用发生额余额表进行核对。发生额余额表还可以用于生成报表时的核对。

（三）多栏账

金额分析：只显示与该科目默认余额方向一致的发生额的情况。

余额分析：借、贷方发生额均显示，一般建议采用此种方式。

引导问题3：请问总账和明细账的查询流程是怎样的？____。

任务实施

一、凭证管理

以总账会计“202周彤”的身份登录企业应用平台，在“业务工作”选项卡中，执行“财务会计”命令，打开“财务会计”菜单栏，按任务资料完成填制凭证任务。具体操作流程如图4-3-1所示。

4-10

技能实践：填制凭证

（一）填制凭证

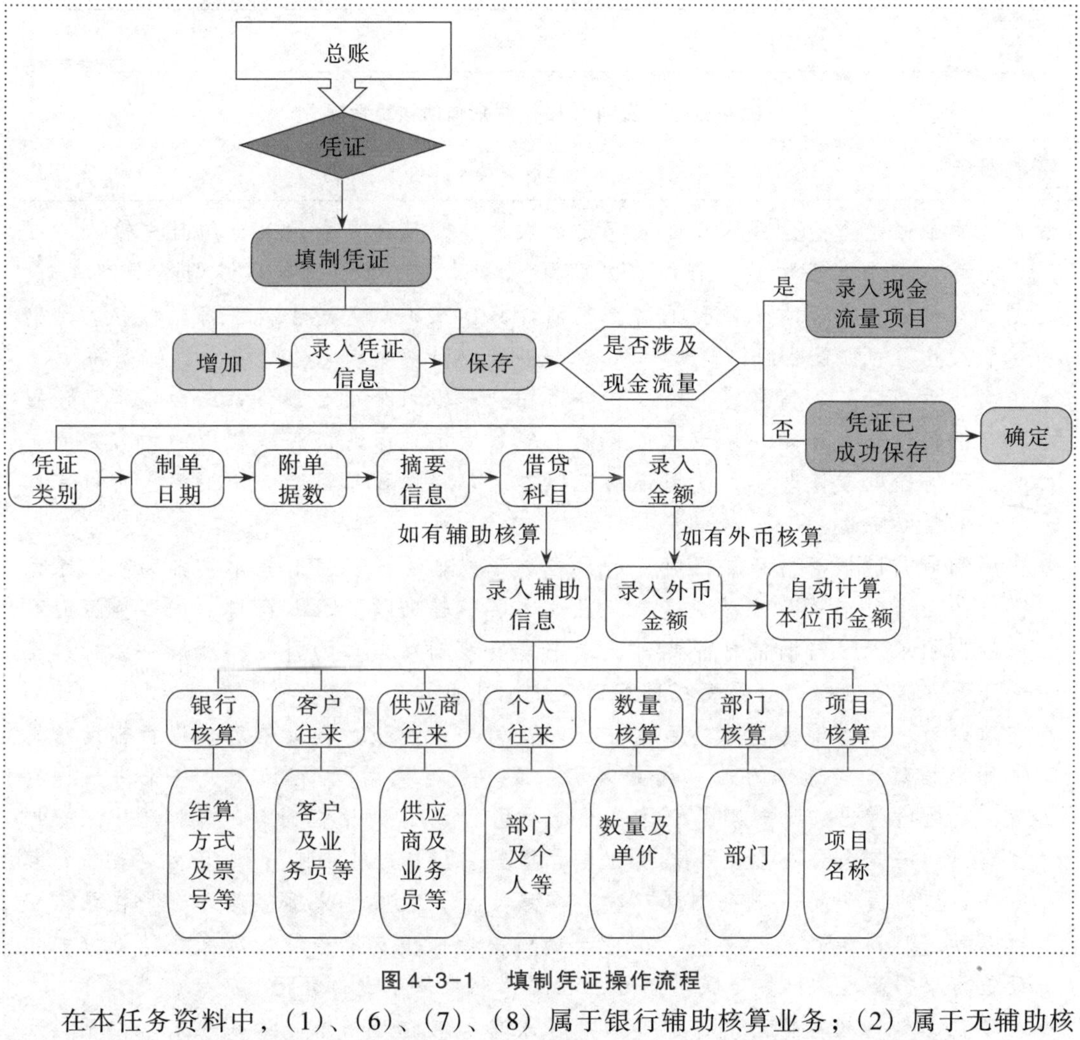

图4-3-1　填制凭证操作流程

在本任务资料中，(1)、(6)、(7)、(8) 属于银行辅助核算业务；(2) 属于无辅助核算业务；(3) 属于外币辅助核算业务；(4) 属于部门核算业务；(5)、(9) 属于个人往来核算业务；(10)、(11) 属于数量辅助核算业务；(12) 属于供应商往来辅助核算，填制完成的凭证如图4-3-2所示。(1) ~ (11) 都涉及现金流量，都需要录入现金流量项目。

客户往来辅助核算在应收管理系统中会涉及；供应商往来辅助核算在应付款管理系统中会涉及；项目辅助核算在供应链管理系统中会涉及。

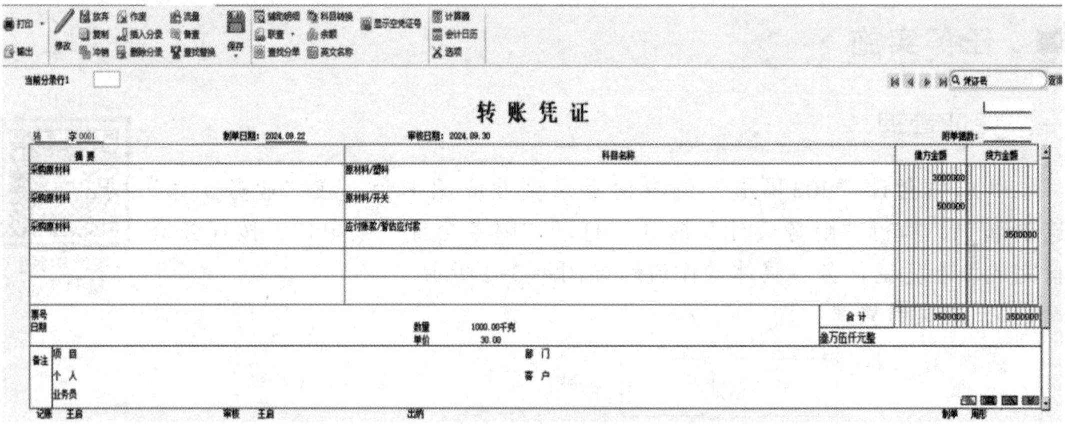

图4-3-2 资料（12）往来辅助核算凭证

特别提示：

◆ 凭证的金额是不能为零的。如果想要录入红字，只需要在录入金额时先输入“-”号即可。在录入金额时，若借贷方向录入错误，可以使用空格键调整金额方向。在录入借贷方金额的差额时不需要我们计算出来再录入进去，可将光标移动到需要录入差额的位置然后按“=”键，系统将自动计算并录入借贷方金额的差额。

◆ 在填外币辅助核算信息时，需要在外币一列先输入外币金额，系统会根据已设置的汇率信息自动计算并显示本币金额。使用固定汇率时，汇率栏中的内容是固定的，不能输入或修改。如使用浮动汇率，汇率栏中显示最近一次汇率，可以直接在汇率栏中修改。

◆ 在填制有辅助核算科目凭证时，如果在选择或输入该科目时弹出“辅助项”录入窗口，但当时未录入该辅助信息，且关闭了“辅助项”录入窗口，保存凭证时会提示必须录入该辅助信息。此时，选中需要填辅助信息的科目，然后将光标移至凭证下方的备注栏，直至变成图标时双击，即可弹出“辅助项”录入窗口。

◆ 在填制设有银行辅助核算科目的凭证时，需要填制银行辅助信息。银行辅助信息中如果结算方式选择的是“现金支票”或“转账支票”，在填制完凭证进行保存时，有时会弹出“此支票尚未登记，是否登记？”的对话框，有时却弹不出来。原因有三：一是需要查看在总账选项中是否选择了“支票控制”；二是需要查看结算方式设置中是否将“现金支票”和“转账支票”设置为票据管理；三是在录入银行辅助信息时是否录入票号。在总账选项中选择了支票控制，那么在结算方式中设置为票据管理的结算方式其票号应在支票登记簿中进行登记。

◆ 在填往来辅助核算信息时，需要填制往来单位名称等信息。如果往来单位不属于已定义的往来单位，则需要正确输入新往来单位的辅助信息，系统会自动追加到往来单位目录中。在输入个人往来信息时，若不输“部门”，只输“个人”，系统将根据所输入个人名称自动输入其所属的部门。

操作提示：

◆在填制凭证时提示制单不序时如何解决？

例如9月20日需要增加一张9月8日的转账凭证时会遇到“制单不序时，转账凭证已制单到9月20日”的提示，此时，只需要进入“总账/设置/选项”中取消“制单序时控制”就可以增加凭证了。

◆在填制凭证时提示制单日期大于系统日期如何解决？

在填制凭证时还会遇到“制单日期大于系统日期”的提示导致无法填制凭证，此时，可将计算机系统时间修改至制单日期以后的日期重新填制凭证或者调整凭证上的业务日期。

（二）修改凭证

4-11

技能实践：修改凭证

修改凭证在信息化方式下分为无痕迹修改和有痕迹修改。无痕迹修改凭证是最常用的修改方式，具体操作流程如图4-3-3所示。

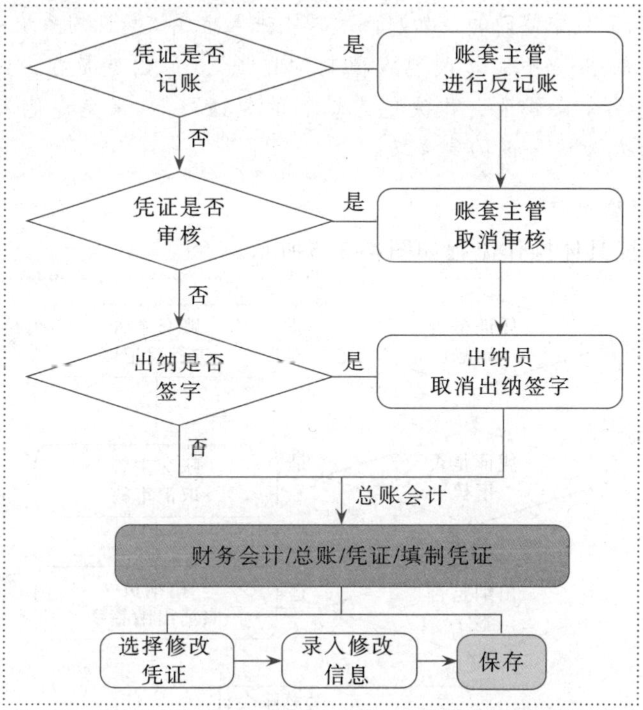

图4-3-3　无痕迹修改凭证操作流程

凭证如果已经记账，还可以通过红字更正法和补充更正法进行修改，这两种方法都属于有痕迹修改。红字更正法具体操作流程如图4-3-4所示，补充更正法就是填一张“差额”凭证，具体操作流程同填制凭证。

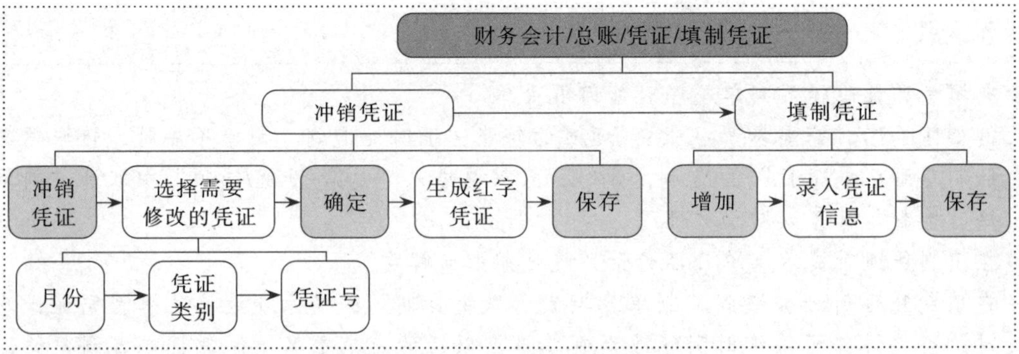

图4-3-4　红字更正法操作流程

特别提示：

◆ 凭证类别和凭证编号是不能修改的，如有错误，只能删除后重新填制。

◆ 在修改凭证时有时会弹出“外部凭证在总账系统中不能修改”。原因就是外部系统传过来的凭证是不能在总账系统中修改的，如想修改只能进入生成该凭证的系统中修改。

◆ 在修改凭证时有时会弹出“不能修改他人填制的凭证”。原因就是在“总账/选项”权限控制中，未勾选“允许修改、作废他人填制的凭证”。如果允许他人修改，最后一个修改该凭证的人为该凭证的制单人。

4-12

技能实践：作废删除凭证

（三）删除凭证

删除凭证具体操作流程如图4-3-5所示。

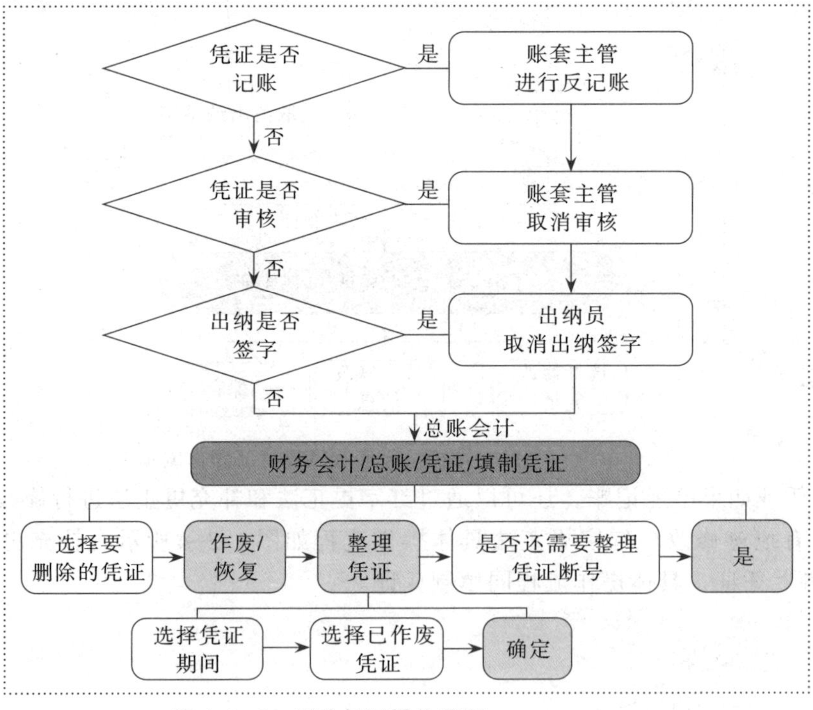

图4-3-5　删除凭证操作流程

根据以上操作删除凭证，整理凭证期间选择界面如图4-3-6所示。

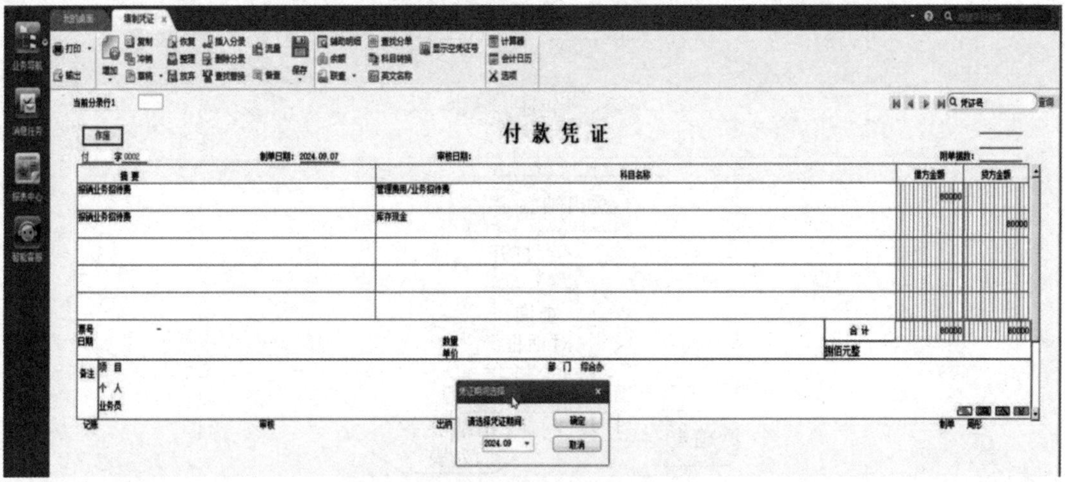

图4-3-6　整理凭证期间选择

特别提示：

◆ 删除凭证需要作废和整理两个过程。

◆ 作废凭证不能修改也不能审核。在记账时，已作废凭证应参与记账，否则月末无法结账，但不对作废凭证做数据处理，相当于一张空凭证。账簿查询时，也查不到作废凭证的数据。

◆ 如果作废凭证不想保留，则可以通过“整理凭证”功能彻底删除，并且对未记账凭证进行重新编号。但是要进行凭证整理，只能对未记账凭证进行。如果作废凭证已经记账，则无法彻底删除，需要将凭证恢复到记账前状态，再做“整理凭证”彻底删除该张凭证。

（四）出纳签字

4-13

技能实践：出纳签字

任务资料（1）—（11），以及修改的凭证（13）都涉及库存现金或银行存款，且总账选项中已经勾选“出纳凭证必须由出纳签字”选项，因此，在记账之前需要对此类凭证进行出纳签字。

以出纳“206张妍”的身份登录企业应用平台，在“业务工作”选项卡中，执行“财务会计”命令，打开“财务会计”菜单栏，进行出纳签字。出纳签字的具体操作流程如图4-3-7所示。

按照上述步骤对所有收付款凭证进行出纳签字。对签字后的凭证进行修改或删除等操作时，需要取消出纳签字，取消出纳签字的操作步骤和出纳签字的操作步骤基本一致，不同的就是进入“出纳签字”窗口时需要单击“取消”或“成批取消出纳签字”按钮。

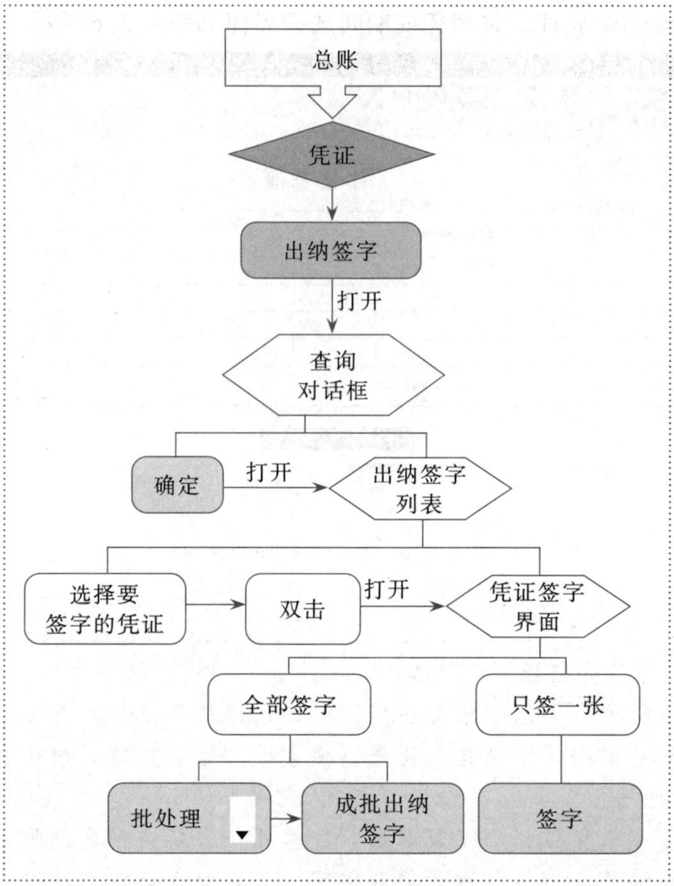

图4-3-7 出纳签字操作流程

操作提示：

◆以出纳身份登录总账系统后，找不到“出纳签字”功能，如何解决？
原因很可能是在设置操作员权限时未给出纳赋予“出纳签字”功能。此时，需要由系统管理员登录系统管理，在“权限”中为出纳员赋予“出纳签字”的功能权限。

◆在进行出纳签字选择凭证时，提示“没有符合条件的凭证”，如何解决？
出现这种情况可能的原因是在会计科目设置时没有指定现金科目和银行科目，只有指定为现金科目和银行科目的凭证才需要出纳签字。执行“基础设置”/“基础档案”/“财务”/“会计科目”命令指定现金科目。

4-14

技能实践：审核凭证

（五）审核凭证

以账套主管“201王启”的身份201登录企业应用平台，在“业务工作”选项卡中，执行“财务会计”命令，打开“财务会计”菜单栏对凭证进行审核。审核凭证的具体操作流程如图4-3-8所示。

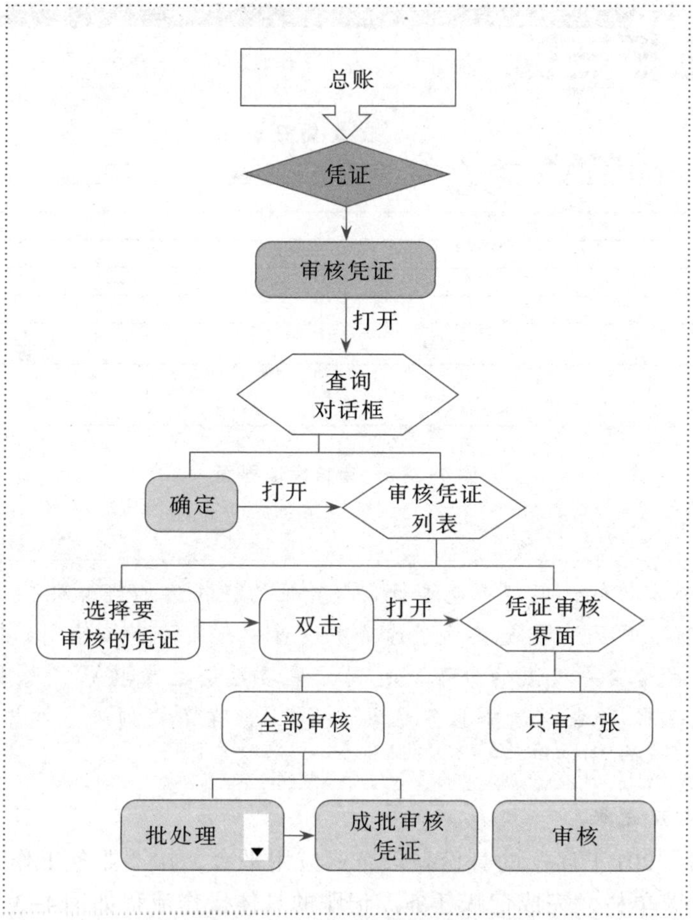

图 4-3-8　审核凭证操作流程

特别提示：

◆ 在审核凭证时，审核日期必须大于制单日期。审核中发现凭证错误可以进行"标错"处理，以方便制单人准确找到错误凭证进行修改。

◆ 审核人和制单人不能是同一人。凭证一经审核，不能被修改、删除，只有取消审核签字后才可修改或删除。已标记作废的凭证不能被审核，如需审核，先取消作废标记后才能审核。

按照以上操作对所有凭证进行审核，审核凭证界面如图 4-3-9 所示。

对审核后的凭证进行修改或删除等操作时，需要取消审核，取消审核的操作步骤和审核的操作步骤基本一致，不同的就是进入"凭证审核"窗口时需要单击"取消"或"成批取消审核"按钮。

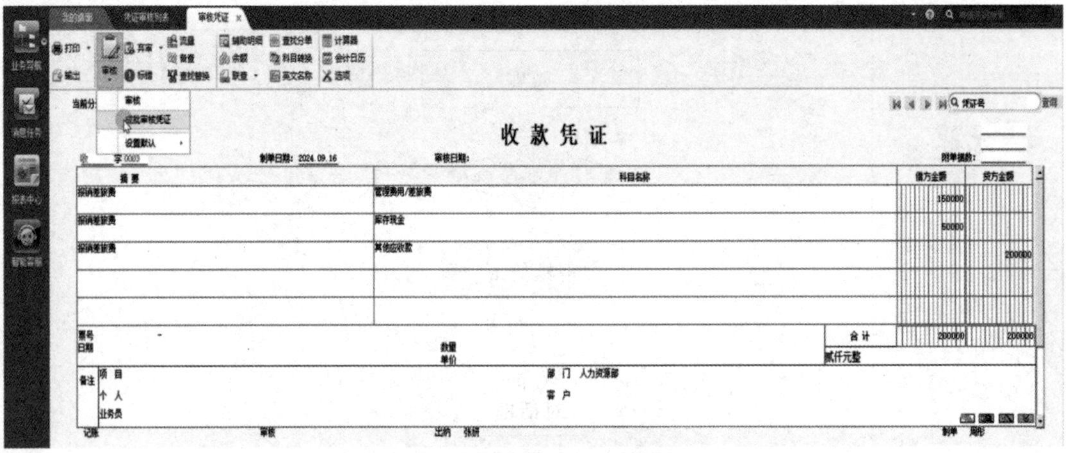

图 4-3-9　审核凭证界面

操作提示：

◆ 某一操作员有审核权，但却不能进行审核凭证的操作，如何解决？

出现这种情况，原因可能是在总账选项中设置了“凭证审核控制到操作员”，而之后没有进行后续相关权限的分配。此时，需要账套主管执行“总账”/“设置”/“数据权限分配”命令，选择业务对象“用户”，在用户列表中选择想要赋予权限的审核人，对其进行授权。

（六）记账与反记账

以账套主管“201王启”的身份登录企业应用平台，在“业务工作”选项卡中，打开“财务会计”菜单栏，完成记账任务。记账的具体操作流程如图4-3-10所示。

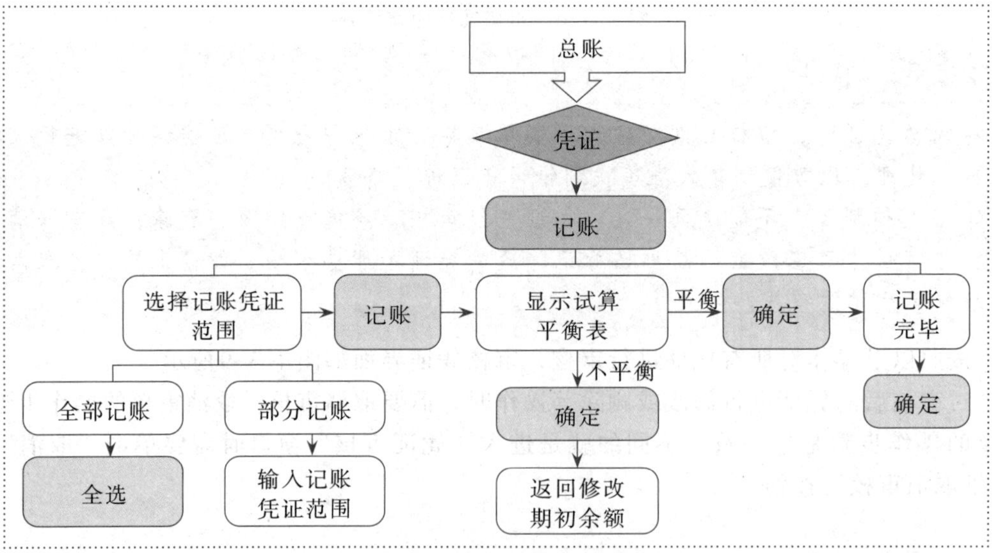

图 4-3-10　凭证记账操作流程

按照上述步骤完成凭证记账任务，记账窗口如图4-3-11所示。

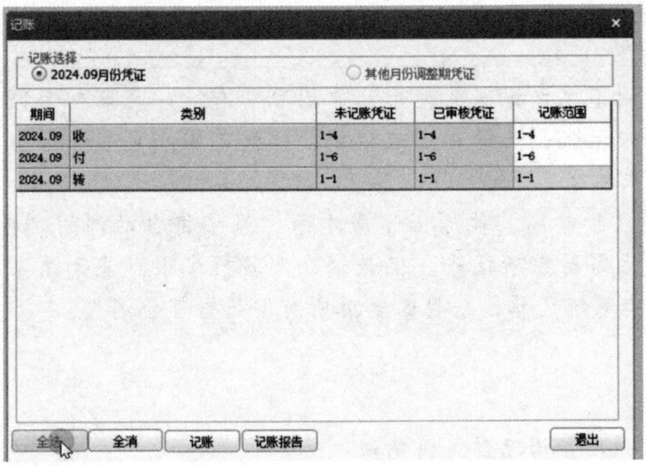

图 4-3-11　凭证记账窗口

4-15

技能实践：
记账与反记账

凭证记账完毕后，如果发现有些凭证是错误的，想要修改或者删除凭证时，需要将凭证恢复到未记账状态，也就是进行反记账。

以账套主管“201王启”的身份登录企业应用平台，在“业务工作”选项卡中，执行“财务会计”/“总账”/“期末”/“对账”命令，打开“对账”窗口。按“Ctrl+H”组合键，弹出“恢复记账前状态功能已被激活”对话框，单击“确定”按钮。此时执行“财务会计”/“总账”/“凭证”/“恢复记账前状态”命令，进入“恢复记账前状态”窗口，如图4-3-12所示。根据操作需求，可以选择恢复到月初的状态，也可以选择恢复的范围或者恢复到最近一次记账的状态。然后点击“确定”按钮，输入主管口令，单击“确定”即可恢复至记账前的状态。

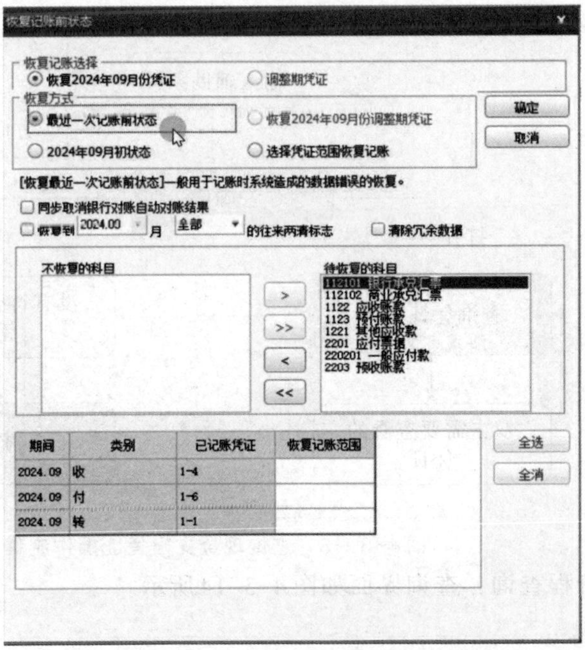

图 4-3-12　恢复记账前状态窗口

特别提示：

- 在记账时会遇到不允许记账的情形。原因可能有：一是期初余额试算不平衡；二是上月的凭证未记账；三是凭证未审核，记账范围小于等于已审核范围；四是收付款凭证出纳未签字等。
- 记账过程中一旦断电或其他原因造成中断，系统将自动调用“恢复记账前状态”恢复数据，然后需要重新记账。但是这在实验机房很可能无法实现，因为实验机房的计算机都有系统还原，一旦断电后所有的数据都会消失。

二、账簿管理

4-16
技能实践：账簿管理

（一）查询现金支出凭证

以总账会计“202周彤”/账套主管“201王启”的身份登录企业应用平台，在“业务工作”选项卡中，打开“财务会计”菜单栏。查询现金支出凭证的具体操作流程如图4-3-13所示。

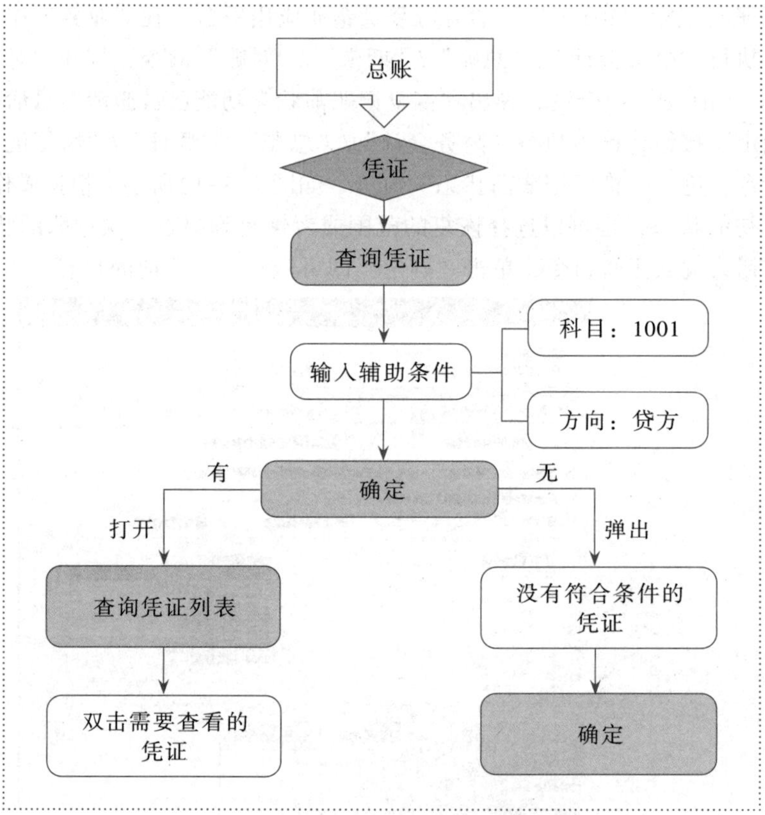

图4-3-13　查询现金支出凭证操作流程

参照上述操作流程查询，查询界面如图4-3-14所示。

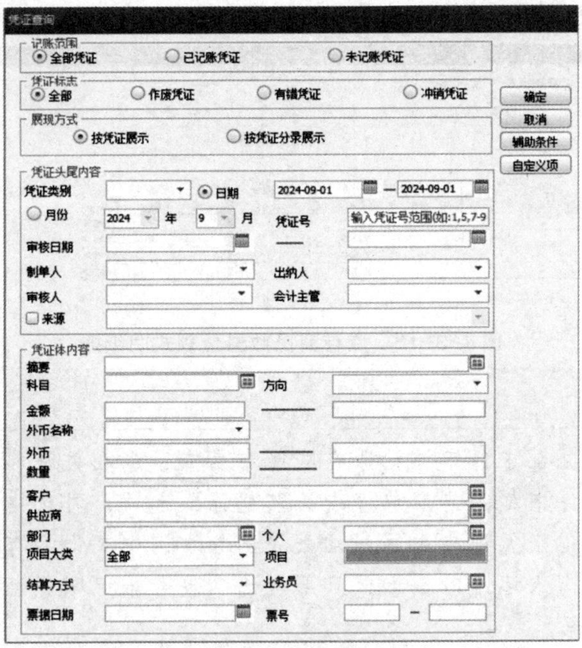

图 4-3-14　凭证查询界面

（二）查询库存商品明细账

以总账会计“202 周彤”/账套主管“201 王启”的身份登录企业应用平台，在“业务工作”选项卡中，打开“财务会计”菜单栏。查询库存商品数量金额式明细账具体操作流程如图 4-3-15 所示。

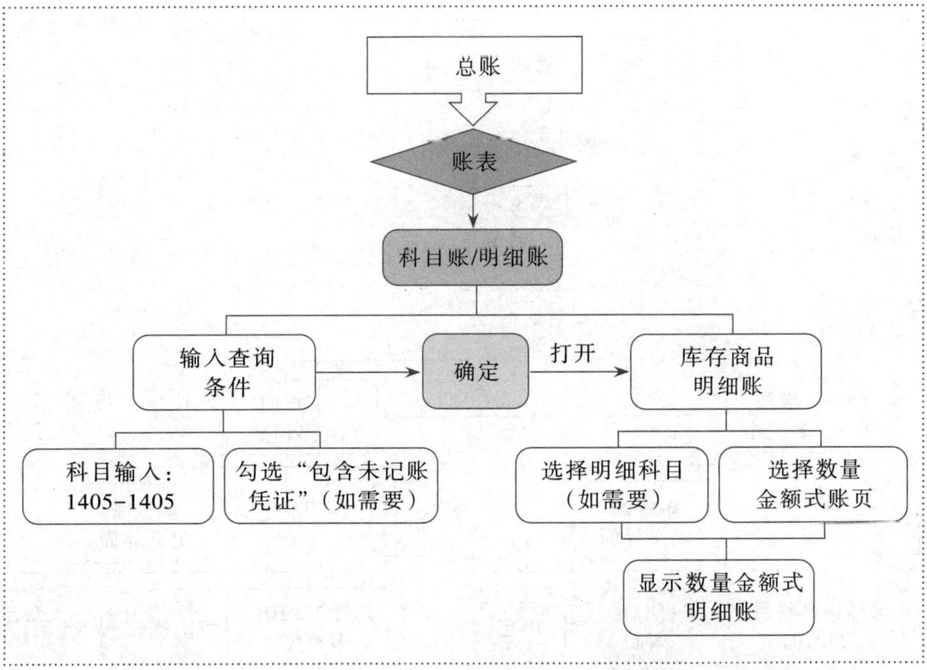

图 4-3-15　查询库存商品数量金额式明细账操作流程

参照上述操作流程进行查询，查询结果如图4-3-16所示。

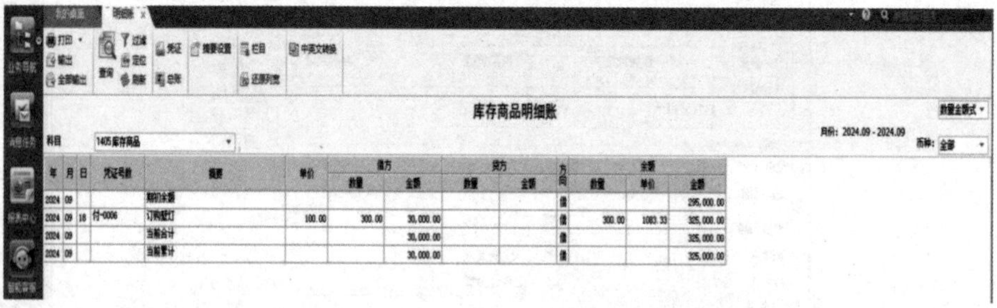

图4-3-16　库存商品数量金额式明细账

特别提示：

◆在手工状态下，凭证未经审核记账在账簿中是查不到相关资料的，但在会计信息系统中，查询条件中如果有“包含未记账凭证”选项，且选中该复选框，那么就可以查询包含未记账凭证在内的明细账。例如本例中查询库存商品数量金额式明细账时，如果在尚未记账时查询，只要勾选“包含未记账凭证”复选框也可以查出本月发生的数据。

（三）定义并查询多栏式明细账

以总账会计“202周彤”/账套主管“201王启”的身份登录企业应用平台，在“业务工作”选项卡中，执行“财务会计”/“总账”/“账表”/“科目账”/“多栏账”命令，打开“多栏账”对话框。定义并查询应交税费/应交增值税多栏式明细账具体操作流程如图4-3-17所示。

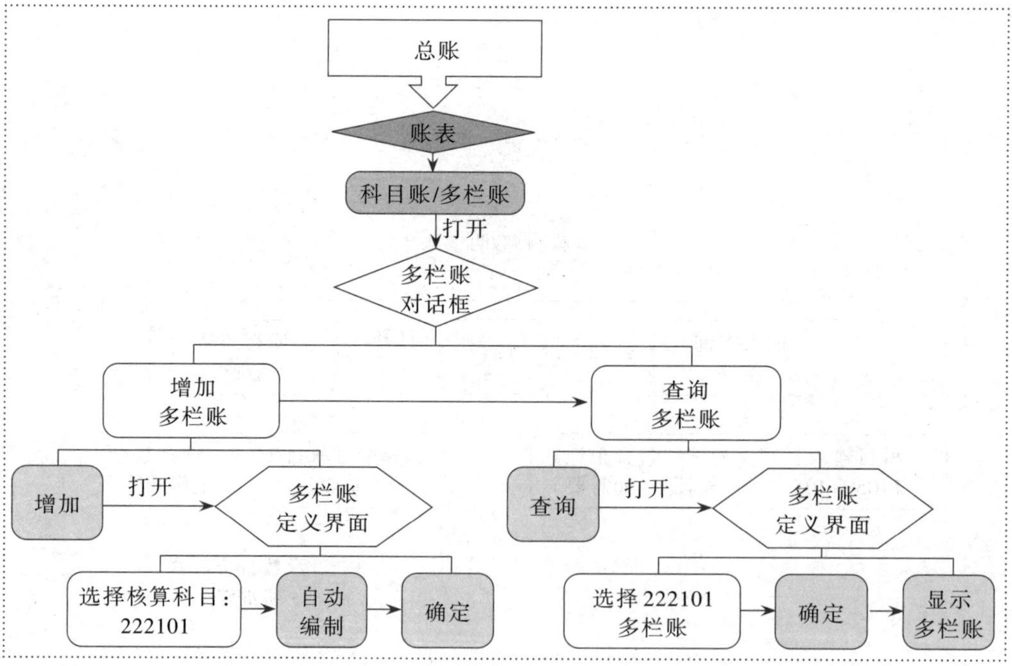

图4-3-17　应交增值税多栏式明细账查询操作流程

参照上述操作流程进行查询，多栏账定义界面如图4-3-18所示

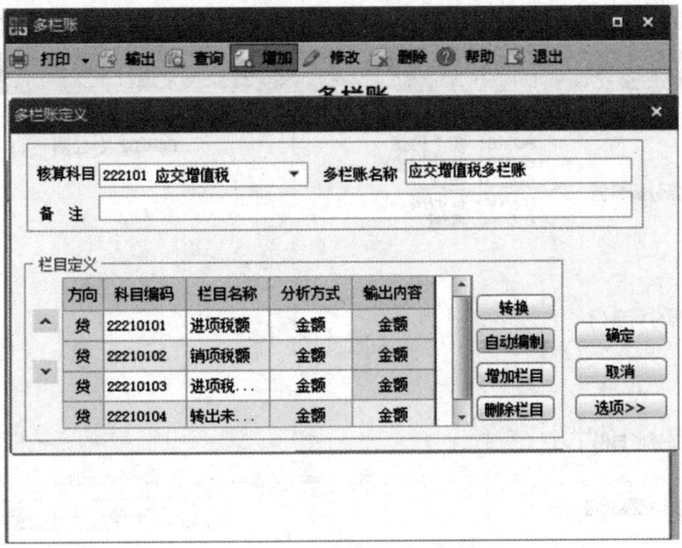

图4-3-18　多栏账定义界面

特别提示：

◆ 多栏账需要先定义再查询，定义是一次性的。自定义多栏账可以根据企业管理需要将不同科目或不同级次的科目形成多栏账，栏目名称、分析方向等均可以定义。

（四）查询管理费用部门收支分析表

以总账会计“202周彤”/账套主管“201王启”的身份登录企业应用平台，在“业务工作”选项卡中，打开“财务会计”菜单栏。查询管理费用部门收支分析表具体操作流程如图4-3-19所示。

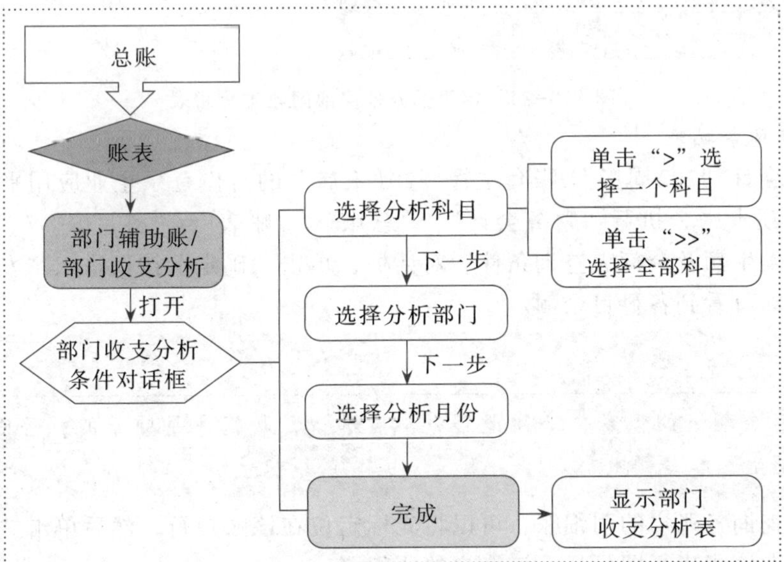

图4-3-19　查询管理费用部门收支分析表操作流程

参照上述操作流程完成管理费用部门收支分析表的查询任务，部门收支分析表查询界面如图4-3-20所示，以查询销售部办公费为例，查询结果如图4-3-21所示。

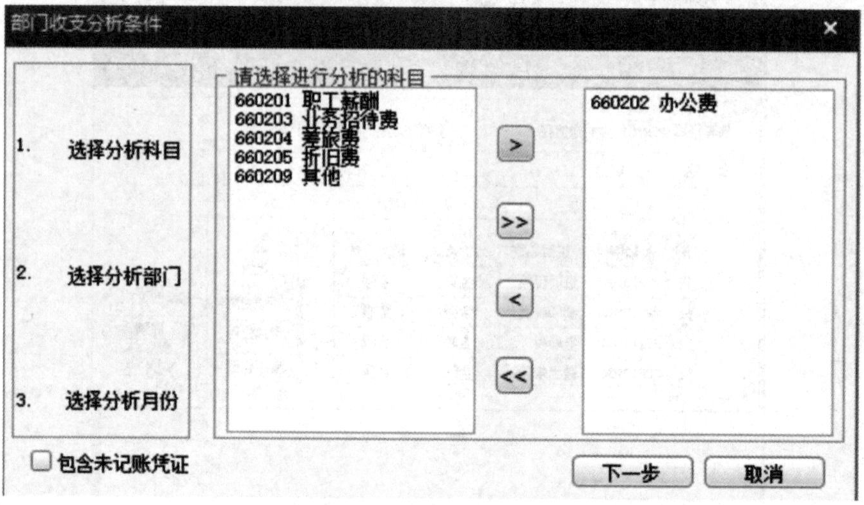

图4-3-20 部门收支分析条件

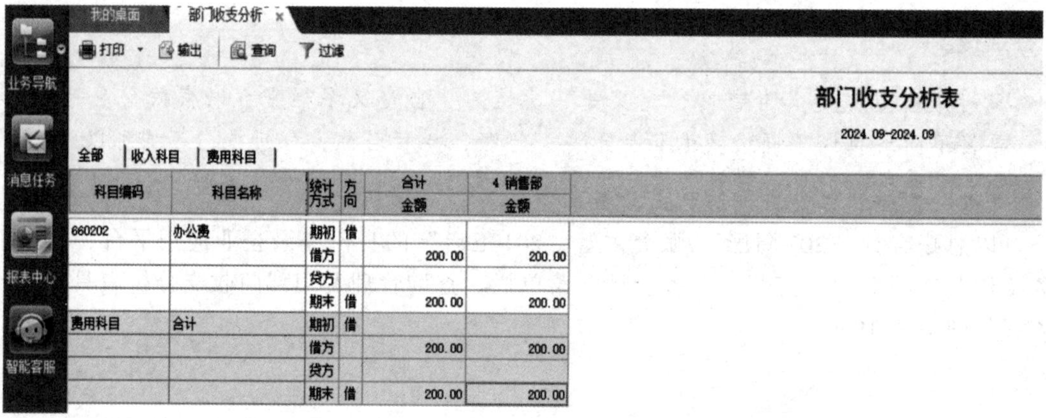

图4-3-21 销售部办公费部门收支分析表

（五）查询余额表

以总账会计“202周彤”/账套主管“201王启”的身份登录企业应用平台，在“业务工作”选项卡中，执行“财务会计”/“总账”/“账表”/“科目账”/“余额表”命令，打开“发生额及余额表查询条件”对话框，单击“确定”按钮进入“发生额及余额表”窗口，即可看到各科目余额。

特别提示：

◆ 查询科目余额表的信息，必须记账完毕后进行，数据才是完整的，否则无法取得科目的发生额和余额数据。

如果想查询各账户的明细账，可以将光标定位在该账户行，然后单击“专项”按钮或者直接双击该账户行即可显示该账户的明细账。

智慧财务·德润人心

坚守诚信底线，写好会计凭证每一笔

凭证是财务信息的原始载体，每一个数字、每一笔记录都必须真实可靠。就如同做人要诚实守信一样，在填制凭证时，大家要坚守诚信底线，如实填制凭证是财务人员最基本的道德操守，是维护企业乃至整个商业生态健康发展的基石。

任务四　总账管理系统期末处理

任务情境

一、任务场景

晶辉照明公司在每个月的月末，都必须在总账系统中执行一系列重要的财务操作，这些操作包括期末结转、对账以及结账等关键业务流程。为了确保财务数据的准确性和完整性，这些步骤必须严格按照公司的财务流程和规定来执行。在完成这些基础的财务处理工作之后，晶辉照明公司的财务团队还需要在UFO报表管理系统中，根据企业实际的财务状况和需求，编制出一系列详尽的财务报表。这些报表不仅包括传统的资产负债表、利润表和现金流量表，还可能包括各种管理报表和分析报表，以供公司管理层进行决策和分析。

二、任务资料

晶辉照明公司9月份期末相关业务资料如下：

（一）转账定义

1.自定义结转

（1）按短期借款期末余额的6%计提短期借款利息

借：财务费用/利息（660301）　　　　QM（2001，月）×0.06/12

　贷：应付利息（2231）　　　　JG（）

（2）期末增值税的结转

借：应交税费——应交增值税（转出未交增值税）

　　　　FS（22210102，月，贷）-FS（22210101，月，借）

　贷：应交税费——未交增值税　　　　JG（）

（3）计提税金及附加

借：税金及附加　　　　JG（）

　贷：应交税费——应交城市维护建设税（7%）　FS（222102，月，贷）×0.07

　　　　　　——应交教育费附加（3%）　FS（222102，月，贷）×0.03

　　　　　　——应交地方教育费附加（2%）　FS（222102，月，贷）×0.02

2.对应结转

将“制造费用”各明细金额全部结转到“生产成本/制造费用”中，结转系数为1。

3.销售成本结转

期末将销售商品的成本进行结转。

4.期间损益结转

设置本年利润科目为4103；凭证类别为“转账凭证”。

（二）转账生成

1.自定义结转

（1）生成计提短期利息凭证，审核并记账。

（2）生成增值税结转凭证，审核并记账。

（3）生成计提税金及附加凭证，审核并记账。

2.对应结转

生成制造费结转至生产成本凭证，审核并记账。

3.销售成本结转

生成期末结转销售成本凭证，审核并记账。

4.期间损益结转

生成结转收入和结转成本费用凭证，审核并记账。

（三）对账、结账

企业总账管理系统所有业务结束后需要完成对账、结账事项。

三、任务要求

1.能够系统阐述总账期末业务处理流程，包括期末结账的顺序、原理及各环节的关键控制点，明晰其与日常账务处理的衔接关系。

2.总账会计周彤：理解转账定义的原理，根据任务场景及任务资料完成晶辉公司期末转账定义，并进行转账生成。

3.账套主管王启：熟练运用总账管理系统审核完成所有的凭证，严格按照结账流程依次完成各项期末处理任务。

任务准备

总账管理系统中，期末业务处理的主要工作是：期末摊、提、结转业务的处理以及对账、结账等工作；期末处理是会计部门在每个会计期末都需要完成的特定业务。由于期末业务处理的主要数据来源于账簿记录，多数期末业务处理具有很强的规律性，比较适合计算机自动处理。

一、转账定义

4-17

知识导学：转账定义

转账分为外部转账和内部转账。外部转账指将其他专项核算子系统生成的凭证转入总账管理系统中；内部转账指在总账管理系统内部，通过预先定义好的分录信息由系统自动取数生成凭证的过程。这里所讲的转账就是指内部转账，也称为自动转账。

一般来说，期末转账具有一些鲜明的特点，如期末转账业务大多都在各个会计期的期末进行；期末转账业务是会计部门自己填制的凭证，又不同于日常核算，不必附有反映该业务的原始凭证，且凭证的摘要、借贷方科目固定不变，金额的来源或计算方法也基本不变。因而可以利用自动转账功能将处理这些相同固定经济业务的凭证模板定义下来，期末时即可通过调用这些模板来生成相关的凭证。

在进行期末转账业务时，需要注意期末转账业务的数据大多来源于账簿，这就要求在处理期末转账业务前必须先将其他具体业务登记入账。而且有些期末转账业务必须依据另一些期末转账业务产生的数据，这就要求期末转账需要根据业务的特点分批按步骤进行。

要想利用自动转账功能生成记账凭证，首先应该定义凭证模板。凭证模板只需定义一次，各月不必重复定义。

（一）自定义结转

自定义转账功能可以完成的转账业务很多，主要有“费用分配”的结转、“费用分摊”的结转、“税金计算”等的结转。但在设置过程中，关键是金额公式的设置，需要使用财务函数才能取出相关数据。

（二）对应结转

可以对科目进行一对一或者一对多的结转，要求转出科目只能是一方，转入科目可以是一方或者多方。对应结转的科目可以是上级科目，但其下级科目的科目结构必须一致（具有相同的明细科目），如有辅助核算，则两个科目的辅助账类也必须一一对应。

需要注意的是：同一转账凭证内部，转入科目结转系数之和为1；该功能只结转期末余额，若需要结转发生额，需要在自定义结转中设置；转出科目与转入科目必须有相同的科目结构，但转出辅助项与转入辅助项可以不相同；同一编号的凭证类别必须相同。

（三）销售成本结转

销售成本结转是指将月末商品销售数量乘以库存商品的平均单价计算各类商品销售成本并进行结转。在总账管理系统中，可输入总账科目或明细科目，但要求这三个科目具有相同结构的明细科目，即要求库存商品科目和商品销售收入科目下的所有明细科目必须都有数量核算，且这三个科目（库存商品、主营业务收入、主营业务成本）的明细必须一一对应。有辅助核算时，这三个科目的辅助核算也必须一致。输入完成后，系统自动计算出所有商品的销售成本。

（四）汇兑损益结转

汇兑损益结转设置用于期末自动计算外币账户的汇兑损益，并在转账生成中自动生成汇兑损益转账凭证。汇兑损益只处理以下外币账户：外币存款户、外币现金、外币结算的各项债权、债务，不包括所有者权益类账户、成本类账户和损益类账户。

注意：为了保证汇兑损益计算正确，填制某月的汇兑损益凭证时必须先将本月的所有未记账凭证先记账。

（五）期间损益结转

期间损益结转设置用于在一个会计期间终了时，将损益类科目的余额结转到“本年利润”科目中，从而及时反映企业利润的盈亏情况，主要是对于管理费用、销售费用、财务费用、销售收入、营业外收支等科目的结转。

损益科目结转表将列出所有的损益科目。如果您希望某损益科目参与期间损益的结转，则应在该科目所在行的本年利润科目栏填写相应的本年利润科目，若不填本年利润科目，则将不结转此损益科目的余额。损益科目结转表的每一行中的损益科目的期末余额都将转到该行的本年利润科目中去。若损益科目结转表的每一行中的损益科目与本年利润科目都有辅助核算，则辅助账类必须相同，否则无法结转。但是可以只有一方有辅助核算而另一方无辅助核算。损益科目结转表中的本年利润科目必须为末级科目，且为本年利润入账科目的下级科目。由于转账是按照已记账凭证的数据进行计算的，所以在进行月末转账工作之前，请先将所有未记账凭证记账，否则，生成的转账凭证数据可能有误。

二、转账生成

转账定义完成后，每月月末只需要执行转账生成功能，即可快速生成转账凭证，在此生成的转账凭证将自动追加到未记账凭证中。

相关自动转账分录只能在某些相关的经济业务入账后使用，否则计算金额时就会发生差错。因此，在生成转账凭证之前，必须将以前的经济业务全部登记入账，方可采用已定义的转账分录格式生成机制凭证。

同一张转账凭证，年度内可根据需要多次生成，但每月一般只需要结转一次。

（一）自定义转账生成

自定义转账凭证是企业根据自身业务需要所采用的转账方式，因此，在生成凭证时必须注意业务发生的先后次序，否则计算金额时就会发生差错，特别是相关自动转账分录。

（二）对应结转生成

对应结转设置完成后，执行该功能，系统自动生成如下凭证模板。

转出科目为借方余额时：

借：转入科目　　　　转出科目余额×结转比例

　贷：转出科目　　　　转出科目余额×结转比例

转出科目为贷方余额时：

借：转出科目　　　　转出科目余额×结转比例

　贷：转入科目　　　　转出科目余额×结转比例

（三）销售成本结转生成

销售成本结转设置完成后，执行该功能，系统自动生成如下凭证模板：

借：主营业务成本　　（库存商品余额/库存商品数量）×销量

　贷：库存商品　　（库存商品余额/库存商品数量）×销量

（四）期间损益结转生成

期间损益结转既可以按科目分别结转，也可以按损益类型结转，还可以全部结转，结转方式视情况而定。

生成期间损益结转之前，应先将所有未记账凭证审核记账，否则生成的凭证数据可能有误。

4-18

知识导学：对账、结账

三、对账、结账

（一）对账

对账是对账簿数据进行核对，检查记账是否正确，账簿是否平衡。这主要是通过核对总账与明细账、总账与辅助账数据来完成账账核对。

一般来说，实行计算机记账后，只要记账凭证录入正确，计算机自动记账后各种账簿都应是正确、平衡的，但由于非法操作或计算机病毒或其他原因有时可能会造成某些数据被破坏，因而引起账账不符。为了保证账证相符、账账相符，应经常进行对账，至少一个月一次，一般可在月末结账前进行。

（二）结账

会计业务的处理要求日清月结，因此通用总账管理系统都设有结账功能。根据有关会计制度的规定，结账主要是计算和结转各个会计科目的本期发生额和期末余额，同时结束本期的账务处理工作，计算机的结账工作也应按此办理。结账工作应由具有结账权的人员进行，由于结账工作比较重要，应该确定专人进行结账工作。结账只能每月进行一次。

如果启用了其他子系统，总账系统应最后一个结账，所以若与其他系统集成使用，需要其他系统先结账，否则会出现“没有通过工作性检查”，导致总账管理系统不能结账。

如果结账后发现有需要修改的，可以在“月末结账”向导中，用鼠标选择要取消结账的月份，按“Ctrl+Shift+F6”键即可进行反结账。上月未结账，则本月不能结账。但可以填制、复核凭证。本月还有未记账凭证时，本月不能结账。已结账月份不能再填制凭证。

任务实施

4-19

以总账会计“202周彤”的身份登录企业应用平台，在“业务工作”选项卡中，打开“财务会计”菜单栏，完成转账定义。

技能实践：
转账定义

一、转账定义

（一）自定义结转设置

自定义结转设置具体操作流程如图4-4-1所示。

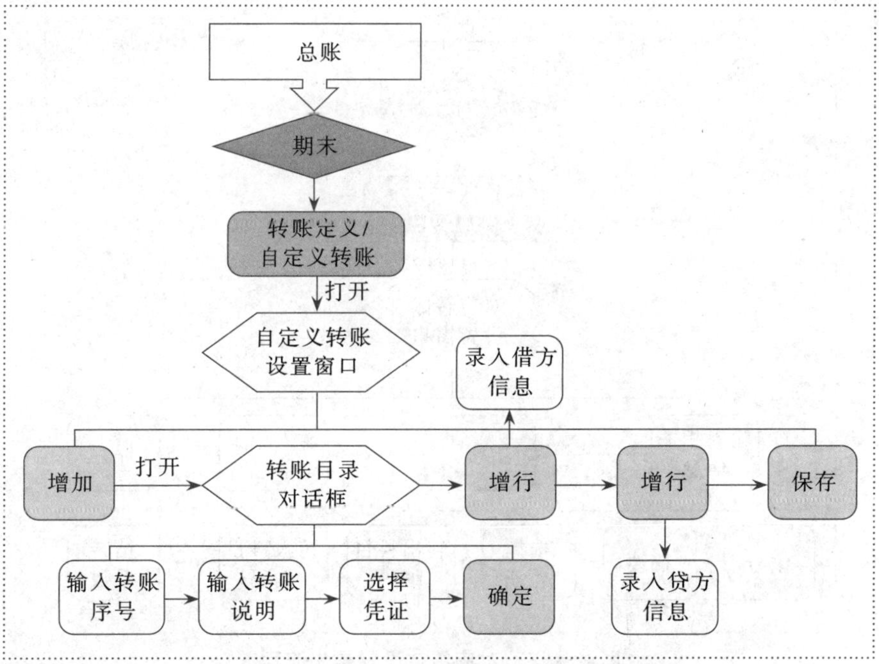

图4-4-1　自定义转账设置操作流程

参照上述操作流程自定义设置计提利息、结转增值税、计提税金及附加。计提利息自定义转账设置界面如图4-4-2所示。

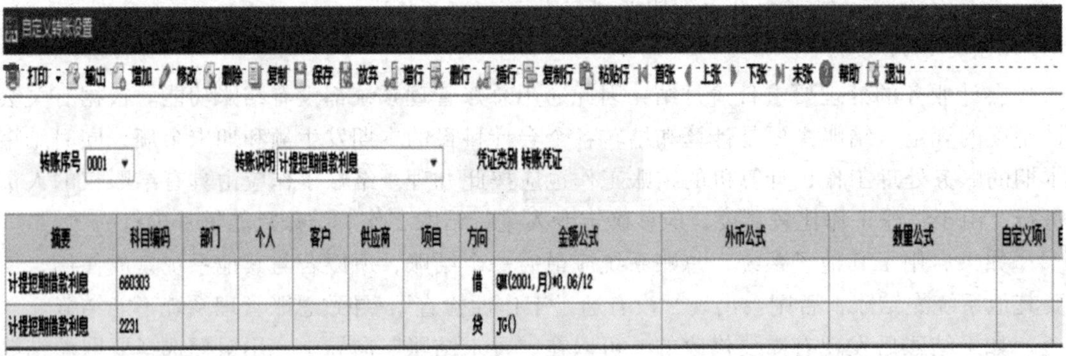

图4-4-2 计提利息自定义转账设置

特别提示：

◆ 自定义转账设置计算公式有两种方法：一是直接输入公式；二是以引导方式录入公式。直接输入公式需要注意是在英文状态下输入，有些内容在中文状态下输入会提示“金额公式不合法”。例如：JG()含义为取对方计算结果，其中的“()”必须为英文符号。

（二）对应结转设置

对应结转设置具体操作流程如图4-4-3所示。

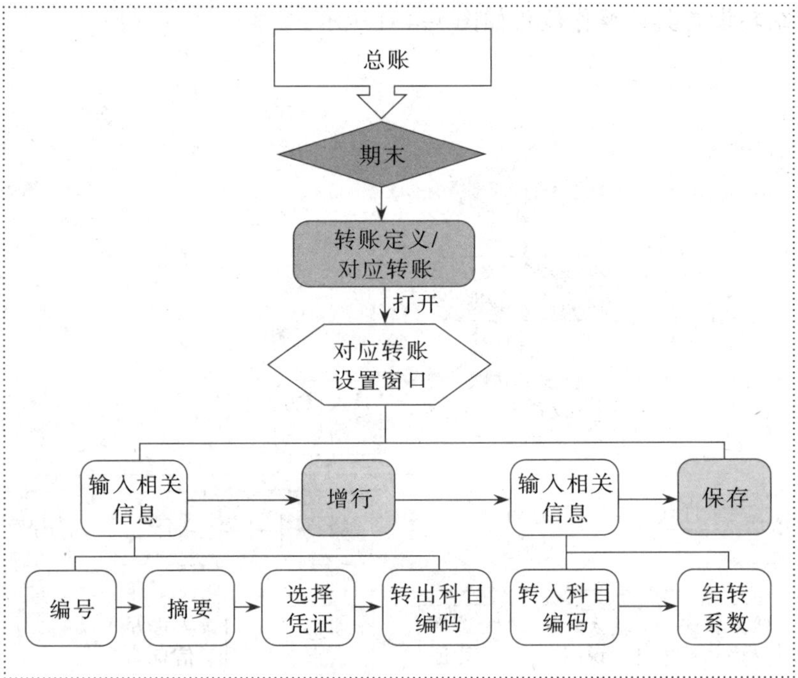

图4-4-3 对应结转设置操作流程

参照上述操作流程设置制造费用结转。“制造费用——工资”对应结转设置如图4-4-4所示。

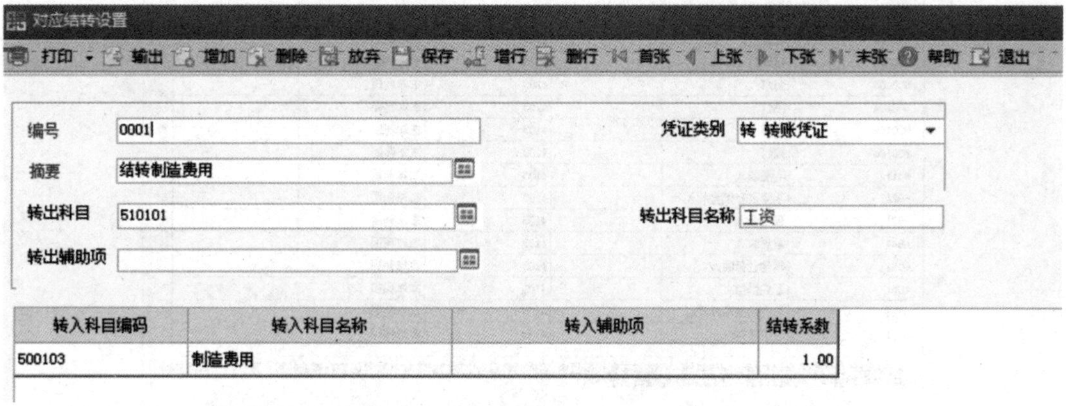

图4-4-4　制造费用对应结转设置

（三）销售成本结转设置

执行“总账”/“期末”/“转账定义”/“销售成本结转”命令，进入“销售成本结转设置”窗口，如图4-4-5所示。选择凭证类别、输入库存商品科目等信息，选择“按商品销售（贷方）数量结转（结转金额=商品销售贷方数量合计*库存单价）”，然后单击“确定”按钮。

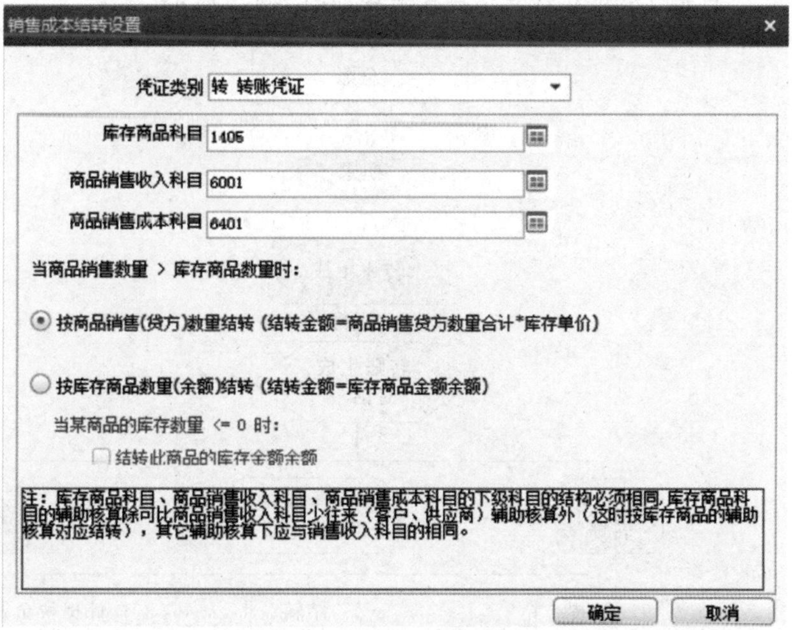

图4-4-5　销售成本结转设置

（四）期间损益结转设置

执行“总账”/“期末”/“转账定义”/“期间损益”命令，进入“期间损益结转设置”窗口，如图4-4-6所示。选择凭证类别、输入或选择本年利润科目，单击“确定”按钮。

损益科目编号	损益科目名称	损益科目账类	本年利润科目编码	本年利润科目名称	本年利润科目账类
600101	吸顶灯		4103	本年利润	
600102	落地灯		4103	本年利润	
600103	台灯		4103	本年利润	
600104	吊灯		4103	本年利润	
600105	壁灯		4103	本年利润	
600106	筒灯		4103	本年利润	
6011	利息收入		4103	本年利润	
6021	手续费及佣金收入		4103	本年利润	
6031	保费收入		4103	本年利润	
6041	租赁收入		4103	本年利润	
6051	其他业务收入		4103	本年利润	
6061	汇兑损益		4103	本年利润	
6101	公允价值变动损益		4103	本年利润	
6111	投资收益		4103	本年利润	

图 4-4-6　期间损益结转设置

二、转账生成

4-20

技能实践：转账生成

（一）自定义结转

自定义转账生成具体操作流程如图 4-4-7 所示。

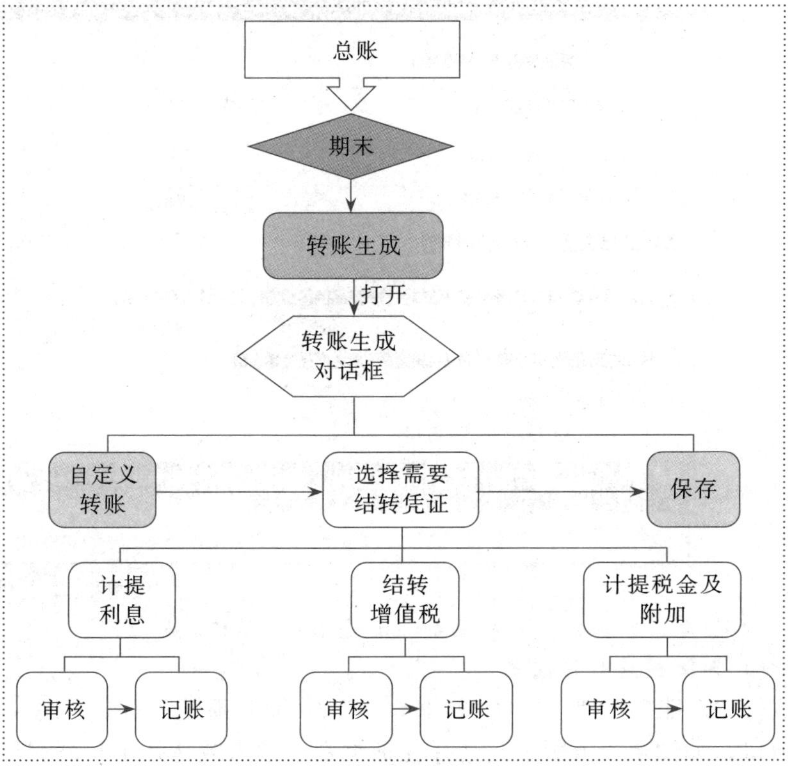

图 4-4-7　自定义转账生成操作流程

参照上述操作流程生成计提利息、结转增值税、计提税金及附加的凭证。“转账生成”窗口如图4-4-8所示。

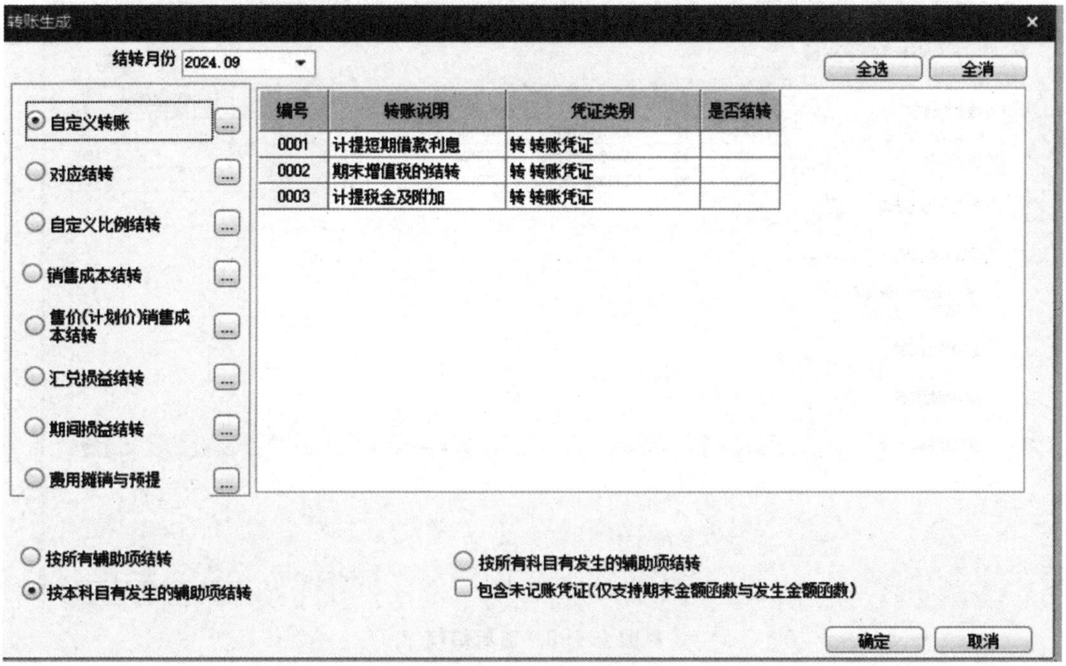

图4-4-8　转账生成

操作提示：

◆ 在执行转账生成时，会出现“所选科目余额为零，没有生成转账凭证”提示，如何解决？

如果是自定义转账，首先检查公式设置是否正确，在公式错误的情况下是无法取数的，系统就会出现这样的提示。如果在公式正确的情况下仍然有这样的提示，很可能就是账务函数需要调用的数据没有记账。只有在凭证记账后，账务函数才能取出相关数据。例如，定义了计提税金及附加的凭证，是需要用到增值税数据的，那么要生成该凭证必须保证结转增值税的凭证已经记账，否则，要么不能取出相应数据而导致金额为零而不能生成凭证，要么取出的数据不完整而导致税金及附加计提错误。对应结转、销售成本结转及期间损益结转在生成凭证时如果出现这样的提示，可能的原因就是账务函数所取得数据未发生或者未记账。

◆ 生成的凭证不完整如何解决？

在执行自定义转账生成时，生成的凭证要么只有借方要么只有贷方，是不完整的，原因很可能就是在进行自定义结转定义时的“方向”一列都选择的是借方或者都选择的是贷方。

（二）对应转账生成

执行“总账”/“期末”/“转账生成”命令，进入“转账生成”窗口。选择“对应结转”，进入如图4-4-9所示界面，点击“全选”，然后单击“确定”按钮，生成制造费用结转凭证。

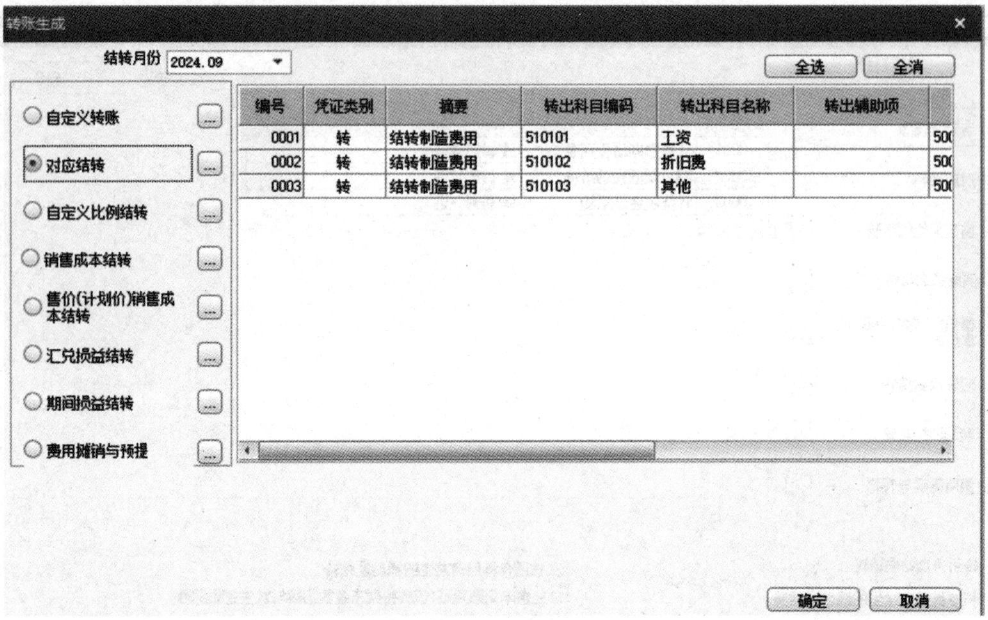

图4-4-9　对应结转

以账套主管“201王启”的身份登录企业应用平台对生成的凭证进行审核、记账。

（三）销售成本转账生成

执行“总账”/“期末”/“转账生成”命令，进入“转账生成”窗口。选择“销售成本结转”，进入如图4-4-10所示界面，单击“确定”按钮，生成销售成本结转凭证。

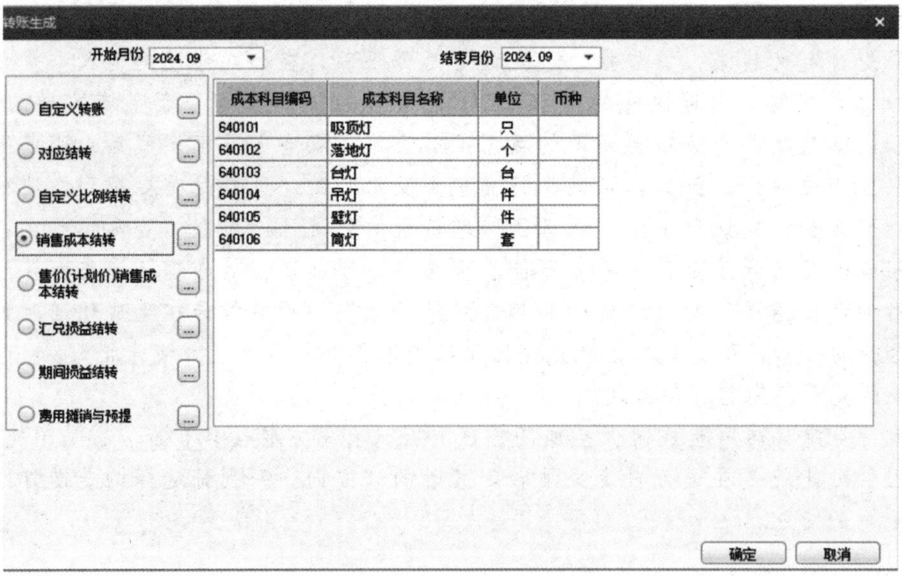

图4-4-10　销售成本结转

以账套主管“201王启”的身份登录企业应用平台对该凭证进行审核、记账。

（四）期间损益转账生成

执行“总账”/“期末”/“转账生成”命令，进入“转账生成”窗口。选择“期间损益结转”，进入如图4-4-11所示界面，“类型”选择“收入”，点击“全选”，然后单击“确定”按钮，生成收入结转凭证。“类型”选择“支出”生成成本费用结转凭证。

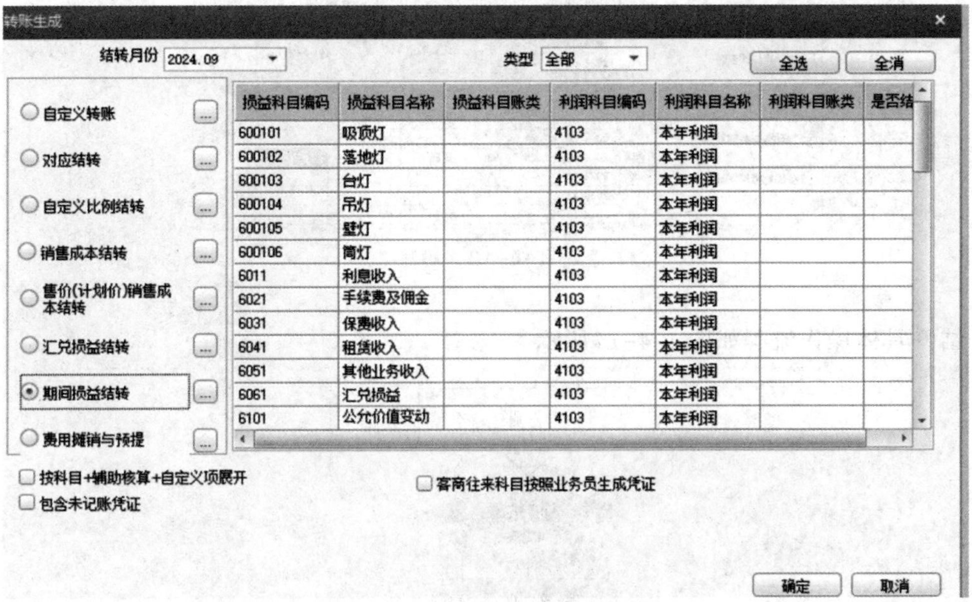

损益科目编码	损益科目名称	损益科目账类	利润科目编码	利润科目名称	利润科目账类	是否结
600101	吸顶灯		4103	本年利润		
600102	落地灯		4103	本年利润		
600103	台灯		4103	本年利润		
600104	吊灯		4103	本年利润		
600105	壁灯		4103	本年利润		
600106	筒灯		4103	本年利润		
6011	利息收入		4103	本年利润		
6021	手续费及佣金		4103	本年利润		
6031	保费收入		4103	本年利润		
6041	租赁收入		4103	本年利润		
6051	其他业务收入		4103	本年利润		
6061	汇兑损益		4103	本年利润		
6101	公允价值变动		4103	本年利润		

图4-4-11　期间损益结转

以账套主管“201王启”的身份登录企业应用平台对生成的两张凭证进行审核、记账。

引导问题：期末各个结转分录的顺序是什么？____。

三、对账、结账

（一）对账

4-21

技能实践：对账、结账

对账具体操作流程如图4-4-12所示。

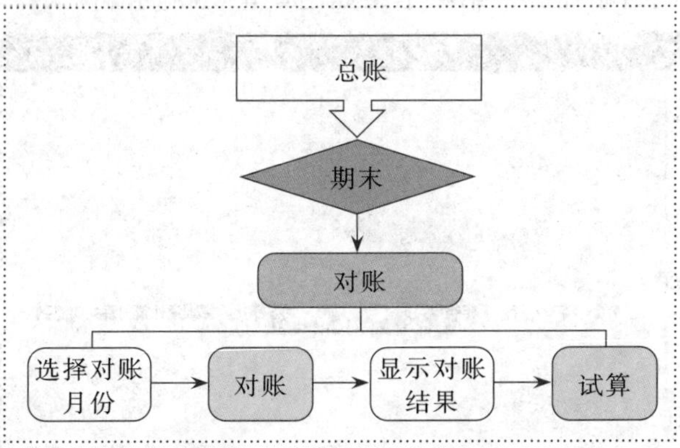

图4-4-12　对账操作流程

参照上述操作流程完成对账任务，对账结果如图4-4-13所示。

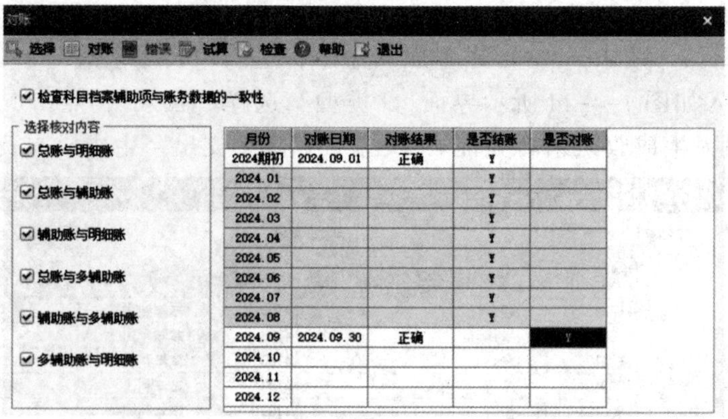

图 4-4-13 对账

（二）结账

结账具体操作流程如图 4-4-14 所示。

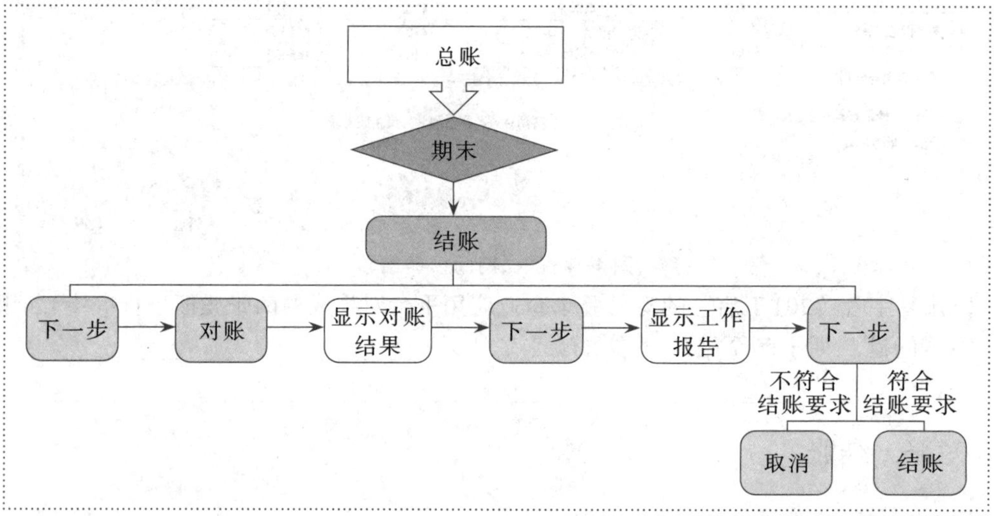

图 4-4-14 结账操作流程

参照上述操作流程完成结账任务，结账结果如图 4-4-15 所示。

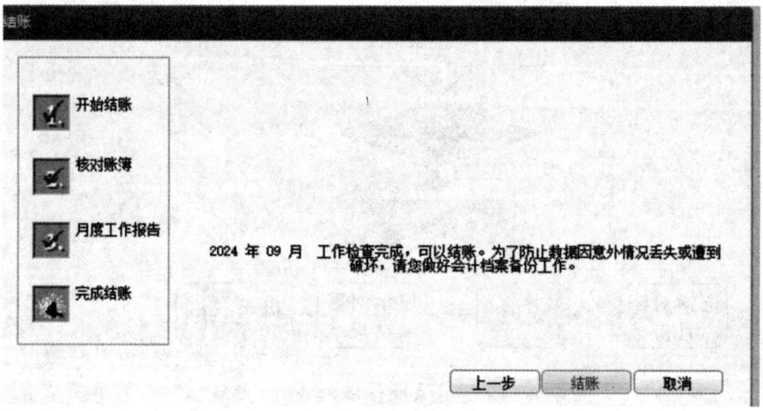

图 4-4-15 结账

特别提示：

◆在进行结账时，会遇到“2020年9月未通过工作检查，无法结账”的提示。正确的做法：一是检查上月是否结账，如果上月未结账，本月无法结账；二是检查是否有未记账的凭证，如果还有未记账的凭证，本月无法结账；三是检查总账与明细账是否相符，如果不符，无法结账。四是检查其他系统是否结账，如果与其他系统联合使用，其他子系统未全部结账，总账系统是无法结账的。

智慧财务·德润人心

严守流程勤核对，筑牢企业财务根基

期末，我们在进行对账、结账操作时，不仅要严格按照规定的流程进行，还要时刻保持警惕，对每一个环节都进行仔细核对和审查。只有这样，我们才能确保对账、结账的准确性和高效性，为企业的稳健发展提供有力的财务保障。同时，我们也应该不断加强自身的专业知识和技能，提高自己的业务水平和综合素质，以更好地适应企业财务工作的需要。

项目测试

项目考核评价

本项目学习成果反馈与评价表见表4-11。

表4-11　项目四学习成果反馈与评价表

项目四	总账会计岗位		任务一、二、三、四			
班级	组号		日期			
姓名	学号		教师			
项目	评价标准	分值（分）	个人自评30%	小组互评20%	教师评价50%	小计（分）
职业素养（20）	遵守实训管理规定，保持实训环境干净整洁	10				
	团结协作，态度端正，积极完成任务	10				

续表

项目	评价标准	分值（分）	个人自评30%	小组互评20%	教师评价50%	小计（分）
专业知识（30）	了解总账管理系统与其他系统的关系	10				
	掌握总账管理系统的初始化设置	10				
	掌握总账的日常业务与期末业务的操作流程与方法	10				
职业能力（30）	能自主完成总账初始化设置	10				
	能自主完成总账日常业务处理	10				
	能自主完成总账期末业务处理	10				
成果展示（20）	线上学习效果明显，及时完成测试	10				
	线下及时完成实训任务并提交截图	10				
合计		100				
教师评语						

项目五　出纳管理岗位

岗位认知

出纳管理岗位负责资金收支和安全管理，依据审核过的凭证处理款项的收付，并在总账管理系统中对审核无误的收付款凭证签字并记录各项交易，确保每一笔资金的流动都有据可查、有账可依；定期与银行对账，编制调节表，核查账项，防止资金风险；管理现金、证券和票据，遵循程序进行票据管理；每日盘点现金，确保账实相符，维护资金安全；协助其他会计岗位，提供资金数据，支持财务报表编制，提高企业财务管理效率。

项目目标

素质目标

坚守职业道德底线，知法、懂法、守法，不参与任何形式的贪污、挪用公款等违法行为；树立高度的责任感和诚信意识，确保出纳工作的准确性和合法性；具有严谨务实精神，确保资金收付的准确与安全。

知识目标

熟悉与公司业务相关的法律法规，确保出纳工作的合法性和合规性；熟悉日记账和资金日报表的查询，掌握出纳签字和支票登记的方法；掌握银行对账的流程和方法。

能力目标

能熟练地进行出纳签字、日记账及资金日报表查询；能熟练完成银行对账的各项操作，高效生成余额调节表；能识别出纳工作中的潜在风险，如资金安全、税务合规等，确保公司资金的安全和合规运营。

项目导图

出纳管理岗位
出纳日常业务处理
出纳签字
日记账
资金日报表
支票登记簿
出纳期末业务处理
银行对账期初录入
银行对账单录入
银行对账
余额调节表查询

任务一　出纳日常业务处理

任务情境

一、任务场景

在当下竞争激烈的商业环境中，企业财务管理的精度与效率至关重要，而出纳岗位作为资金流转的关键枢纽，更是承载着保障企业资金安全、流畅运转的重任。2024年9月，晶辉照明公司总经理赵辉要求出纳张妍汇报公司本月的资金收付情况，张妍要快速地调出公司的现金和银行存款收付情况，同时，赵总还让她做一份资金日报表，我们看张妍如何利用信息系统的功能准确快速地完成这项任务。

二、任务资料

2024年9月晶辉照明公司需要出纳处理的业务及资料如下：

（一）查询资金日报表

9月10日，出纳需要查询［999］账套的资金日报表。

（二）查询日记账

9月30日，出纳需要查询［999］账套的现金日记账、银行存款日记账。

（三）支票登记簿登记

9月29日，晶辉照明公司采购部李卓借转账支票一张采购原材料，票号ZZF006，预计金额10 000元。

三、任务要求

1.始终保持高度的责任心、严谨的工作态度，及时、准确地处理资金收付事务，与其他部门紧密合作，确保资金收付的及时性和准确性。

2.出纳员李妍：严格遵循企业的财务审批流程，完成出纳签字、日记账、资金日报表的查询等工作。

3.出纳员李妍：仔细核对票号、金额及用途，完成支票登记簿的登记，及时更新支票使用状态，防止重复使用或遗漏。

任务准备

出纳管理是总账管理系统为出纳人员提供的全套管理工具，包括出纳签字、现金和银行存款日记账输出、支票登记簿的管理，以及银行对账功能，并可对银行长期未达账项提供审计报告。

5-1

知识导学：出纳日常业务处理

一、出纳签字

在总账会计岗位中介绍凭证管理功能时，已对出纳签字进行过介绍，在此不再赘述。

在用友ERP-U8系统中，出纳签字是出纳人员日常业务处理中的重要环节。以下是关于用友ERP-U8出纳业务出纳签字的详细步骤和注意事项。

（一）出纳签字步骤

1.登录系统：出纳人员首先需要用自己的用户名和密码登录用友ERP-U8系统，进入出纳管理模块。

2.进入出纳签字界面：在系统中选择“财务会计”/“总账系统”，然后找到并点击“出纳签字”功能，如图5-1-1所示。

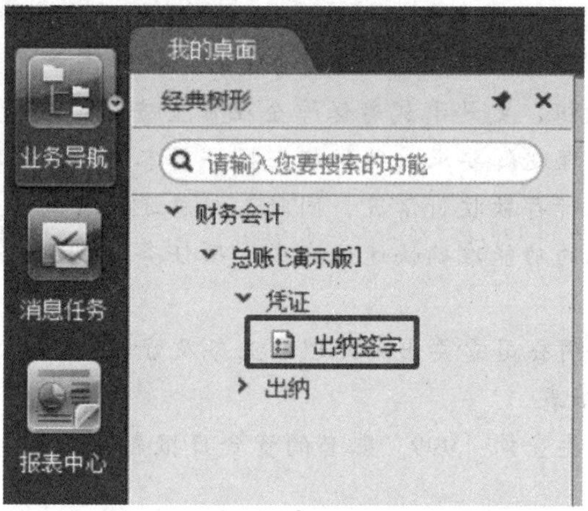

图5-1-1　出纳签字功能

3.选择账套和凭证：在出纳签字界面，首先选择需要签字的账套，然后筛选出需要签字的凭证。可以通过输入查询条件（如时间范围、凭证号、操作员等）来缩小查询范围，提高查询效率，如图5-1-2所示。

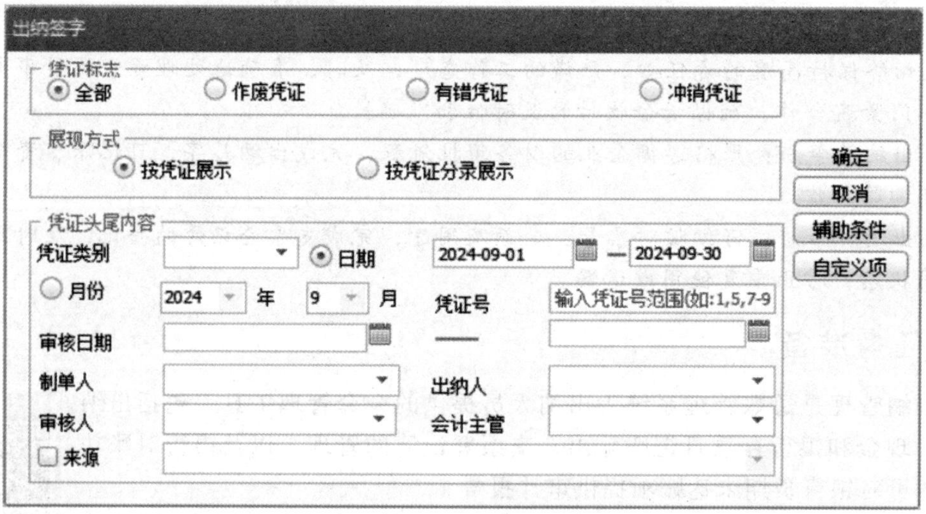

图5-1-2　出纳签字

4.选择签字人和输入签字日期：在筛选出需要签字的凭证后，选择签字人（通常是出纳人员自己），并输入签字日期。

5.输入签字意见：出纳人员可以在签字界面输入签字意见，以便对凭证的合法性、合规性和准确性进行说明或备注。

6.点击“确定”进行签字：确认无误后，点击“确定”按钮进行签字操作。系统会在凭证上自动签上出纳人员的姓名和签字日期。

7.保存签字结果：签字完成后，需要保存签字结果。系统会提示是否保存成功，并可以在系统中查询到已签字的凭证，如图5-1-3所示。

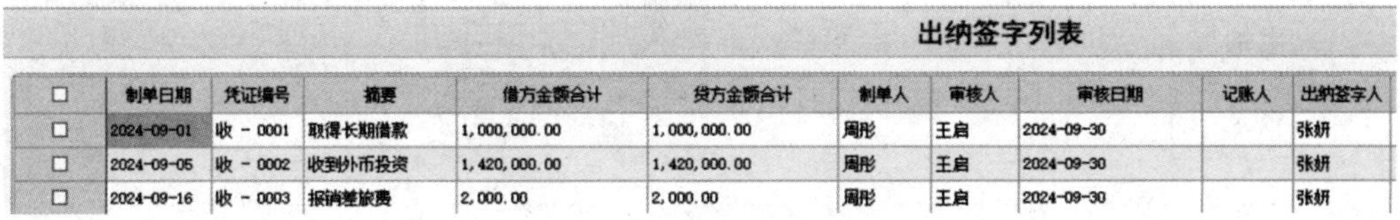

出纳签字列表

☐	制单日期	凭证编号	摘要	借方金额合计	贷方金额合计	制单人	审核人	审核日期	记账人	出纳签字人
☐	2024-09-01	收 - 0001	取得长期借款	1,000,000.00	1,000,000.00	周彤	王启	2024-09-30		张妍
☐	2024-09-05	收 - 0002	收到外币投资	1,420,000.00	1,420,000.00	周彤	王启	2024-09-30		张妍
☐	2024-09-16	收 - 0003	报销差旅费	2,000.00	2,000.00	周彤	王启	2024-09-30		张妍

图5-1-3　出纳签字列表

（二）注意事项

1.设置凭证选项：在进行出纳签字前，需要在系统中设置凭证选项。在“总账-设置-选项-凭证”中，勾选“出纳凭证必经由出纳签字”选项，以确保所有涉及库存现金和银行存款科目的凭证都必须经过出纳签字。

2.指定现金、银行科目：在“基础设置-基础档案-财务-会计科目”界面中，需要指定现金、银行科目。只有科目被指定为现金、银行科目后，该科目的凭证才可以进行出纳签字。

3.签字人与制单人不能相同：签字人不能与制单人相同。出纳人员不能对自己填制的凭证进行签字操作。

4.取消签字：如果需要取消签字，出纳人员要在系统中找到已签字的凭证，并点击“取消签字”按钮进行操作。但请注意，取消签字只能由出纳人员自己进行，且已签字的凭证在取消签字后才能进行修改或删除。

5.签字后凭证的保护：凭证一经签字，就不能被修改或删除。这有助于保护企业的财务安全，确保财务管埋的顺利进行。

二、日记账

（一）日记账功能

“日记账”功能主要用于查询、输出现金日记账和银行存款日记账。日记账的登记，是在相应凭证记账的时候，由系统同时自动完成的；当然，前提条件是在设置“库存现金”“银行存款”科目的时候勾选了“日记账”复选项。要使用“日记账”功能，必须预先指定“库存现金”“银行存款”科目。具体方法已经在项目三中介绍过，这里不再重复。

（二）日记账查询

现金日记账查询操作流程如图5-1-4所示，查询条件设置如图5-1-5所示。

现金日记账查询条件具体项目说明：

1.科目：供用户选择查询科目，默认为“1001库存现金”。

2.按月查和按日查：系统提供“按月查”和“按日查”两种查询方式。如果要按月查，可以在点选“按月查”单选按钮以后，在右侧下拉列表框里选择查询的起始月份和终止月份；如果要按日查，可以在点选“按日查”单选按钮以后，再单击右侧日期框右端的日历按钮，打开日历窗选择查询的起止日期。

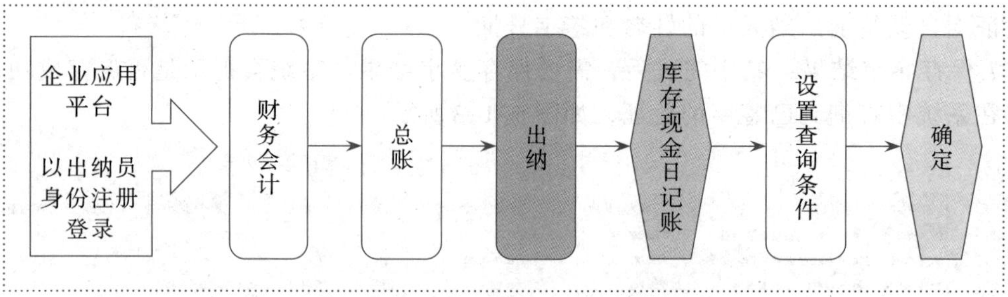

图 5-1-4 现金日记账查询操作流程

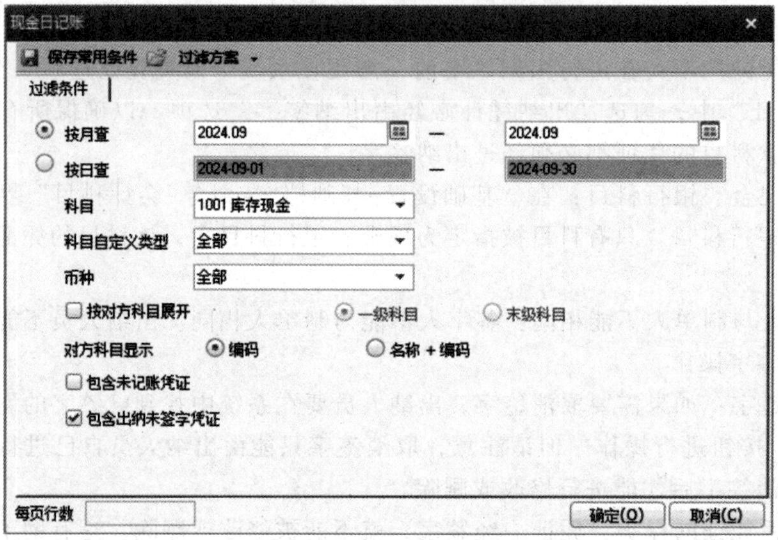

图 5-1-5 现金日记账查询条件界面

3. 对方科目显示：对方科目的显示形式有“编码”和“名称+编码”两种。当没有勾选“是否按对方科目展开”项的时候，可以在两种显示形式中选择。选择“编码”项时，在查询结果的“对方科目”栏中只显示对方科目的编码，不显示对方科目的名称；选择“名称+编码”项时，会在查询结果的“对方科目”栏中显示的对方科目名称的后面加括号显示科目编码。当选择“名称+编码”以后，会在“名称+编码”项的下方增补“一级”“末级”两个单选项供用户选择。“一级”是指一级科目；“末级”是指末级科目。勾选了“按对方科目展开”以后，系统自动选中“名称+编码”项，“编码”项转灰。在查询结果中除了显示“库存现金”科目的日记账，还会显示对方科目的摘要，科目名称带编码、金额等数据。

4. 是否按对方科目展开：如果要按对方科目展开查询，可以勾选“按对方科目展开”复选框。

5. 如果要查看包含未记账凭证在内的日记账，可以勾选“包含未记账凭证”复选项。

（三）日记账打印

在查询现金日记账的时候打印出来的资料，只能作为脱机查询使用，不能作为正式的账簿档案保存。要打印正式的现金记账账簿档案，必须使用这里所介绍的现金记账的账簿打印功能。打印现金日记账的操作方法如下。

按“财务会计-总账-出纳-账簿打印”路径展开，双击“现金日记账”，弹出“现金日记账打印”对话框，在对话框中设置好各项打印条件，单击“打印”按钮就可以开始打印，如图5-1-6所示。

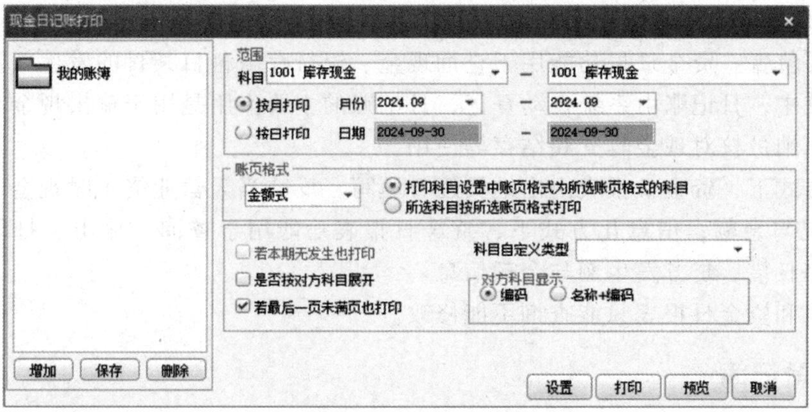

图5-1-6　现金日记账打印设置

选择“按月打印”的时候，按照选定的起止月份，以月为单位进行打印，就是把所选月份整月的日记账全部打完；选择“按日打印”的时候，打印选定起止日期中各天的日记账。

账页格式是指用于选择账簿的打印格式。系统提供金额式、数量金额式、外币金额式和数量外币式四种打印格式供用户选择。无论选择哪一种账页格式，都有两个辅助选项：一个是“打印科目设置中账页格式为所选账页格式的科目”，如果选择了这一项，就只打印在初始化科目设置的时候，设置的账页格式和这里所选的账页格式相同的科目；另一个是“所选科目按所选账页格式打印”，如果选择了这一项，那么就不管初始化科目设置的时候设置的账页格式，把所选科目范围内的全部科目都按照这里所选的账页格式进行打印。

如果不选“若最后一页未满页也打印”，那么当最后一页不能打满一页纸的时候，就不打最后一页；如果这个科目的日记账只有一页而且不满页，那就不打印这个科目的日记账。可见应该勾选此项。

如果“选项”中“账簿”页签中的“明细账（日记账，多栏账）打印方式”设为“按月排页”，在打印的时候，会从所选月份范围中的起始月份开始，把日记账顺序排页，并且从第一页开始打印输出，打印的起始页号为“1页”。这样，如果所选月份范围中的起始月不是本会计年度的第一个月，打印结果的页号必然是从“1页”开始排。如果“明细账（日记账，多栏账）输出方式”设为“按年排页”，那么打印的时候，会从本会计年度的第一个会计月开始，把日记账顺序排页，并且把打印月份范围中的账页打印输出，打印的起始页号是所打印月份在全年总排页中的页号。这样，如果所选月份范围中的起始月份不是第一个月，那么打印结果的页号有可能不是从“1页”开始排。

如果不使用“套打”功能，系统默认摘要的长度是20个汉字；金额、数量、外币的打印宽度为16位数字；汇率、单价显示宽度为12位数字（包括小数点和小数位）。如果不想按这个宽度打印，也可以在“总账一设置—选项”中进行修改。

银行存款日记账的查询打印参照现金日记账操作流程。

三、资金日报表

资金日报表是反映现金、银行存款每日发生额及余额情况的报表，在企业财务管理中占据重要位置。资金日报功能用于查询现金、银行存款科目某日的发生额及余额。总账管理系统中，日记账由系统自动登记，日记账的主要作用是用于输出现金与银行存款日记账供出纳员核对现金收支和结存等使用。

手工方式下，资金日报表由出纳员逐日填写，反映当天营业终了时现金、银行存款的收支情况与余额；信息化方式下，资金日报表功能用于查询、输出、打印资金日报表，提供当日借、贷方发生额与余额信息。

日记账和资金日报表只能查询不能修改。

四、支票登记簿

为了加强企业的银行支票管理，出纳人员通常需要建立支票登记簿，以便详细登记支票的领用人、领用日期、支票用途和报销情况等。只有在初始设置的“选项”中已选择“支票控制”，并在结算方式设置中已设置“票据结算”标志，在“会计科目”中已指定为银行账的科目才能使用支票登记簿。

使用支票登记簿时，需注意以下问题：

（1）要使用支票登记簿，必须为各银行存款科目设置银行账属性。

（2）必须为支票结算方式设置票据管理属性。

（3）领用支票时，银行出纳必须据实填写领用日期、领用部门、领用人、支票号、用途、预计金额、备注等信息。

（4）支票支出后，经办人持原始单据报销，会计人员据此填制记账凭证。在录入该凭证时系统要求录入结算方式和支票号，填制完凭证后，在采取支票控制的方式下，系统自动在支票登记簿中将该支票填上报销日期，表示该支票已报销。否则，出纳员需要自己填写报销日期。

引导问题1：填制凭证时生成的支票登记簿的内容能否修改？ □能 □不能

引导问题2：支票登记簿中报销日期为空时，表示该支票________________。

任务实施

以出纳员“206张妍”的身份注册登录“企业应用平台”，按“财务会计—总账—出纳”路径打开，完成相关业务。

一、资金日报表查询

查询资金日报表具体操作流程如图5-1-7所示，查询结果如图5-1-8所示。

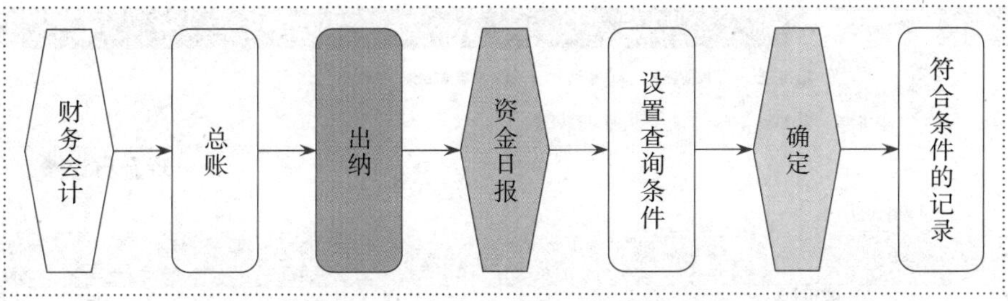

图 5-1-7　查询资金日报表操作流程

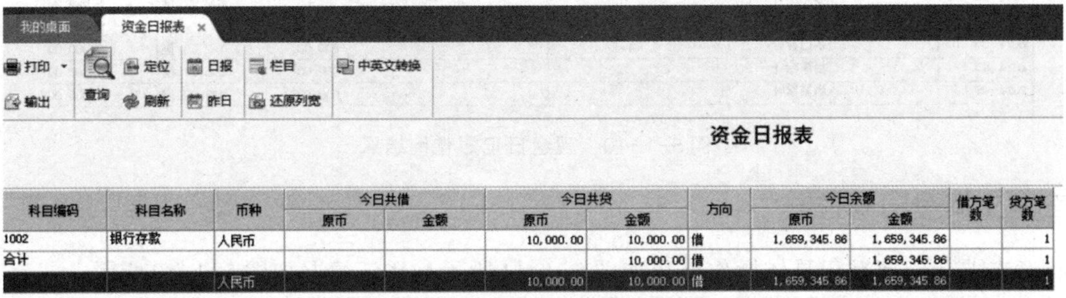

科目编码	科目名称	币种	今日共借		今日共贷		方向	今日余额		借方笔数	贷方笔数
			原币	金额	原币	金额		原币	金额		
1002	银行存款	人民币			10,000.00	10,000.00	借	1,659,345.86	1,659,345.86		1
合计						10,000.00	借		1,659,345.86		1
		人民币			10,000.00	10,000.00	借	1,659,345.86	1,659,345.86		1

图 5-1-8　资金日报表查询结果

二、日记账查询

打开“出纳”菜单，双击“现金日记账”，弹出“现金日记账查询条件”对话框，按公司要求设置好各项查询条件，单击“确定”命令按钮，打开查询的现金日记账。具体操作流程如图 5-1-9 所示，查询结果如图 5-1-10 所示。

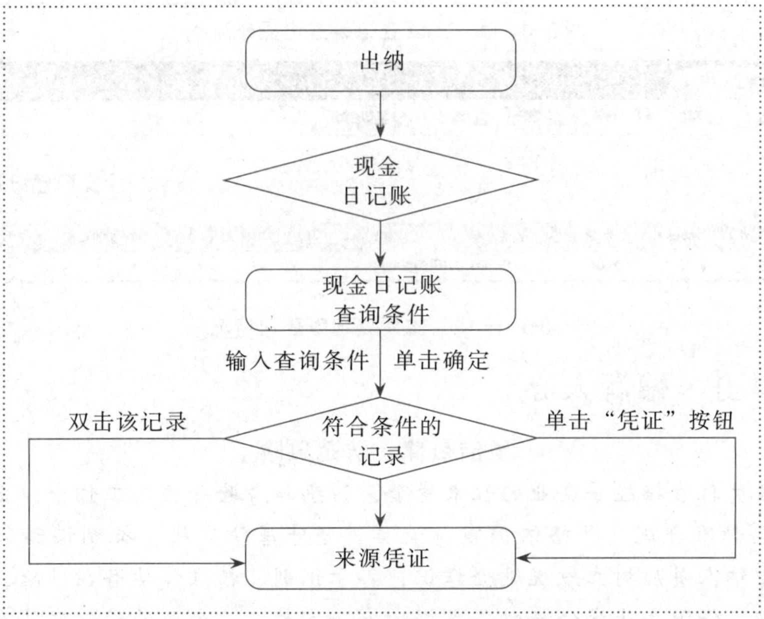

图 5-1-9　查询现金日记账操作流程

银行存款日记账查询参照现金日记账操作。

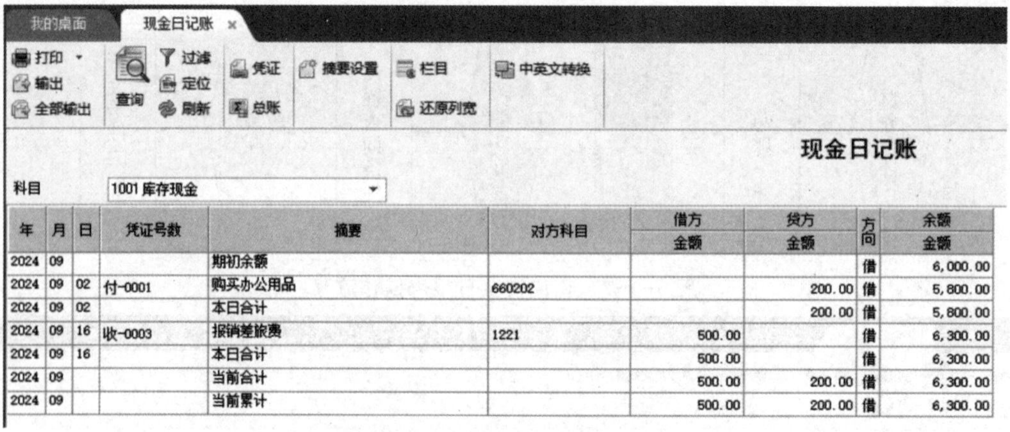

年	月	日	凭证号数	摘要	对方科目	借方金额	贷方金额	方向	余额金额
2024	09			期初余额				借	6,000.00
2024	09	02	付-0001	购买办公用品	660202		200.00	借	5,800.00
2024	09	02		本日合计			200.00	借	5,800.00
2024	09	16	收-0003	报销差旅费	1221	500.00		借	6,300.00
2024	09	16		本日合计		500.00		借	6,300.00
2024	09			当前合计		500.00	200.00	借	6,300.00
2024	09			当前累计		500.00	200.00	借	6,300.00

图 5-1-10　现金日记账查询结果

三、支票登记簿登记

支票登记簿登记具体操作流程如图 5-1-11 所示，登记情况如图 5-1-12 所示。

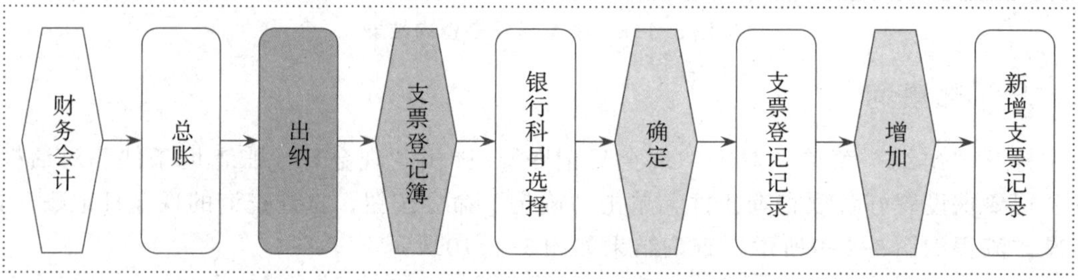

图 5-1-11　支票登记簿登记操作流程

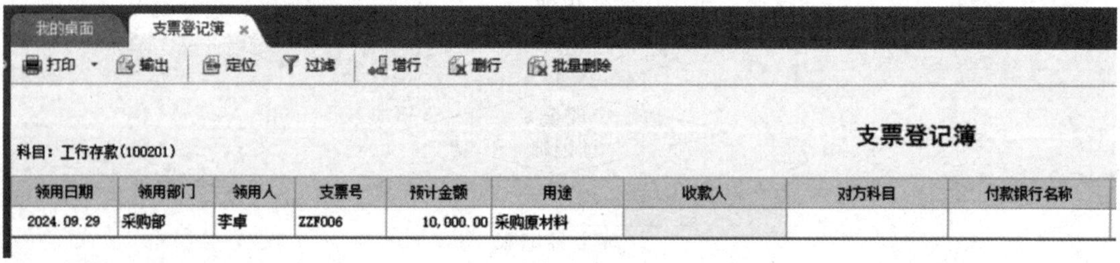

领用日期	领用部门	领用人	支票号	预计金额	用途	收款人	对方科目	付款银行名称
2024.09.29	采购部	李卓	ZZF006	10,000.00	采购原材料			

图 5-1-12　支票登记簿登记情况

智慧财务·德润人心

廉洁自律，防范风险

出纳管理岗位直接经手企业的往来资金，诱惑与考验并存。工作中，出纳人员要确保资金流向要精准合规，严格依循审批流程，坚守廉洁底线，抵制谋私行为，秉持操守。同时，出纳人员应树立敏锐风险意识，善于识别、精准评估潜在风险，能迅速采取有效防范措施，保障企业资金与财务数据的安全完整，为企业的稳健发展筑牢坚实的财务防线。

任务二　出纳期末业务处理

任务情境

一、任务场景

出纳担负着一个企业货币资金的收付业务，这些业务的完成置身于整个社会经济活动的大环境中，与企业的经济运转密切相关，是财务工作中关键的一环。期末与银行对账是财务管理中的一个重要环节，它对于确保企业财务数据的准确性和完整性具有至关重要的作用。

2024年9月末，晶辉照明公司出纳张妍通过银行对账，核实银行账户的实际余额，以确保企业财务数据的准确性和完整性，避免潜在的风险和损失。

二、任务资料

晶辉照明公司2024年9月银行对账有关资料如下：

（一）银行对账期初

晶辉照明公司银行账的启用日期为2024年9月1日，工行人民币户企业日记账调整前余额为643 532.86元，银行对账单调整前余额为618 214.86元，有未达账项一笔，系银行已付企业未付款25 318.00元。

（二）银行对账单

银行对账单见表5-1：

表5-1　晶辉照明公司2024年9月份银行对账单　单位：元

日　期	结算方式	票　号	借方金额	贷方金额
2024-09-01	6		1 000 000.00	
2024-09-08	6			2 000.00
2024-09-09	202	ZZS903	104 000.00	
2024-09-09	6		6 000.00	
2024-09-10	6			10 000.00
2024-09-11	202	ZZF903		11 187.00
2024-09-12	6			117 301.86
2024-09-13	6			111 755.00
2024-09-14	6			23 727.22
2024-09-15	202	ZZS904	97 100.00	
2024-09-20	202	ZZF901		33 900.00
2024-09-22	202	ZZS901	250 295.00	

要求：以206出纳张妍的身份进行银行对账工作，并查询银行存款余额调节表。

三、任务要求

1.根据相关财务法规和会计准则，定期进行银行对账，预防欺诈行为，提升财务透明度。

2.出纳张妍：根据任务场景及任务资料，严谨认真完成该公司的对账工作，确保每笔款项的收支都能准确无误地反映在公司的财务记录中。

任务准备

5-2

知识导学：出纳期末业务处理

银行对账是指银行记载的银行存款收付记录和单位自己登记的银行日记账相互核对，银行对账的目的就是要核对出未达账项，找出未达账项的根源，防止有意无意的错误。对于长期未对上账的未达账项，更应引起警惕。使用该功能的前提条件是：必须在初始化的时候在“基础设置”中设置了结算方式，并且事先指定了银行科目。

一、银行对账期初录入

为了保证银行对账的正确性，在使用“银行对账”功能进行对账之前，必须先把单位日记账和银行对账单上的未达账项输入到系统中，这项工作叫作“银行对账期初录入”。

银行对账及科目选择界面如图5-2-1、图5-2-2所示，银行对账期初录入界面如图5-2-3所示。

单位日记账和银行对账单的“调整前余额”，分别是启用日企业银行日记账上银行科目的余额和银行账户上的余额；“期初未达项”分别是上一次手工对账截止日期，也就是启用日以前的未达账项；“调整后余额”分别是上次手工对账截止日期银行科目的科目余额和银行存款余额。如果录入正确，企业银行日记账和银行对账单的调整后余额应该平衡。

图5-2-1 银行对账界面

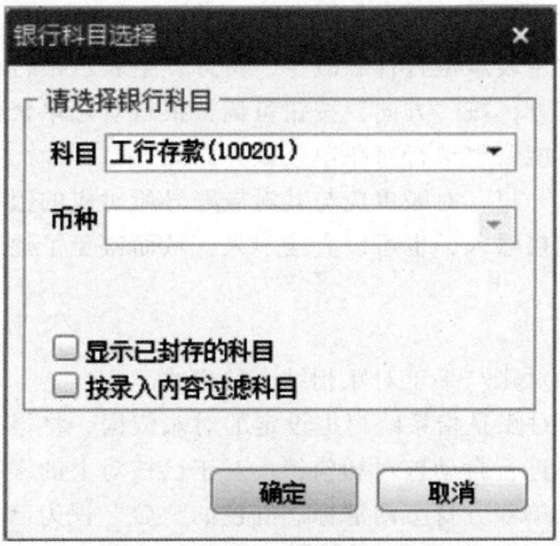

图 5-2-2　银行对账科目选择界面

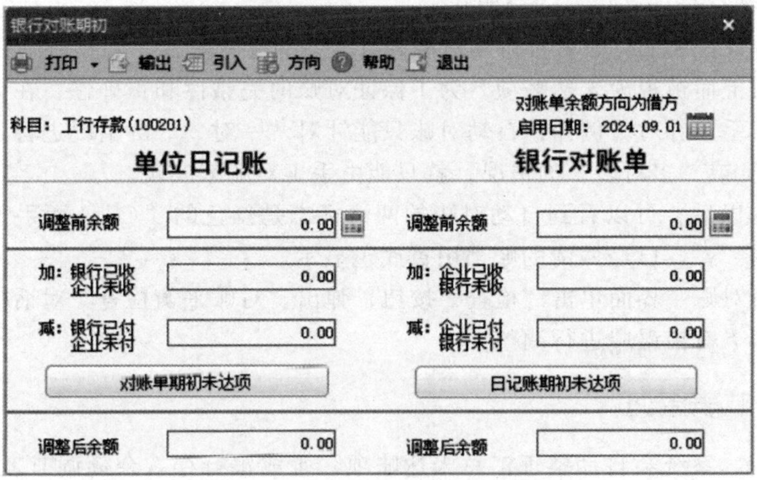

图 5-2-3　银行对账期初录入界面

引导问题 1：输入银行对账单期初未达账项和企业银行日记账期初未达账项的发生日期能否大于等于银行科目的启用日期？　　□能 □不能

引导问题 2：“银行对账期初录入”功能主要是录入什么内容？____。

二、银行对账单录入

“银行对账单”功能用于输入企业开户银行提供的对账单。银行对账单是银行和企业核对账务的联系单，也是证实企业业务往来的记录，也可以作为企业资金流动的依据，最重要的是可以认定企业某一时段的资金规模，如验资、投资等情况。

要实现计算机自动进行银行对账，在每月月末对账前：必须将银行开出的银行对账单输入计算机，存入“对账单文件”。银行对账单功能用于平时输入、查询和引入银行对账单。

银行对账单余额方向为借方时，借方发生表示银行存款增加，贷方发生表示银行存款减少；反之，借方发生表示银行存款减少，贷方发生表示银行存款增加。系统默认银行对账单余额方向为借方，按“方向”按钮可调整银行对账单余额方向。已进行过银行对账核对的银行科目不能调整银行对账单余额方向。

若企业在多家银行开户，对账单应与其对应账号所对应的银行存款下的末级科目一致。银行对账单可以直接输入，也可以直接引入，从而避免了烦琐的手工输入过程。

三、银行对账

银行对账采用自动对账与手工对账相结合的方式。

1. 自动对账。自动对账是指系统根据设定的对账依据，将银行日记账（银行未达账项文件）与银行对账单进行自动核对和勾销。对于已核对上的银行业务，系统将自动在银行日记账和银行对账单双方打上两清标志红色的“○”视为已达账项，否则视为未达账项。对账依据可由自己设置，但“方向”+“金额”是必要条件，通常可设置为“结算方式”+“结算号+方向”+“金额”。

2. 手工对账。手工对账是对自动对账的补充。自动对账后，可能还有一些特殊的已达账项没有对上而被视为未达账项。为了保证对账的完整性和正确性，在自动对账的基础上还要进行手工补对。例如，自动对账只能针对“一对一”的情况进行，对于“一对多”“多对一”或“多对多”的情况，就只能由手工对账来实现。

完成对账以后，可以看到自动对账的两清标志是红色的“○”，而手工对账的两清标志是红色的“√”。已经两清的账都用黄底色显示。

在“银行对账”界面单击“检查”按钮，弹出“对账平衡检查”对话框，检查对账是否有误，如果有错误应进行调整。

四、余额调节表查询

对完账后，系统会自动整理汇总未达账项，生成银行存款余额调节表。“余额调节表查询”功能就是供用户查询以及打印银行存款余额调节表用的。

出纳签字是对涉及库存现金、银行存款科目的凭证进行签字确认。该部分内容在凭证管理中已经介绍。

任务实施

5-3

技能实践：出纳期末业务处理

以出纳206张妍的身份，注册登录“企业应用平台”，按“财务会计—总账—出纳”路径打开，进行银行对账的相关工作。

一、录入银行对账期初

银行对账期初录入具体操作流程如图5-2-4所示，出纳张妍根据资料录入晶辉照明公司单位日记账和银行对账单调整前余额，然后录入对账单期初未达项，单位日记账和银行对账单调整后余额相等，操作结果如图5-2-5所示。

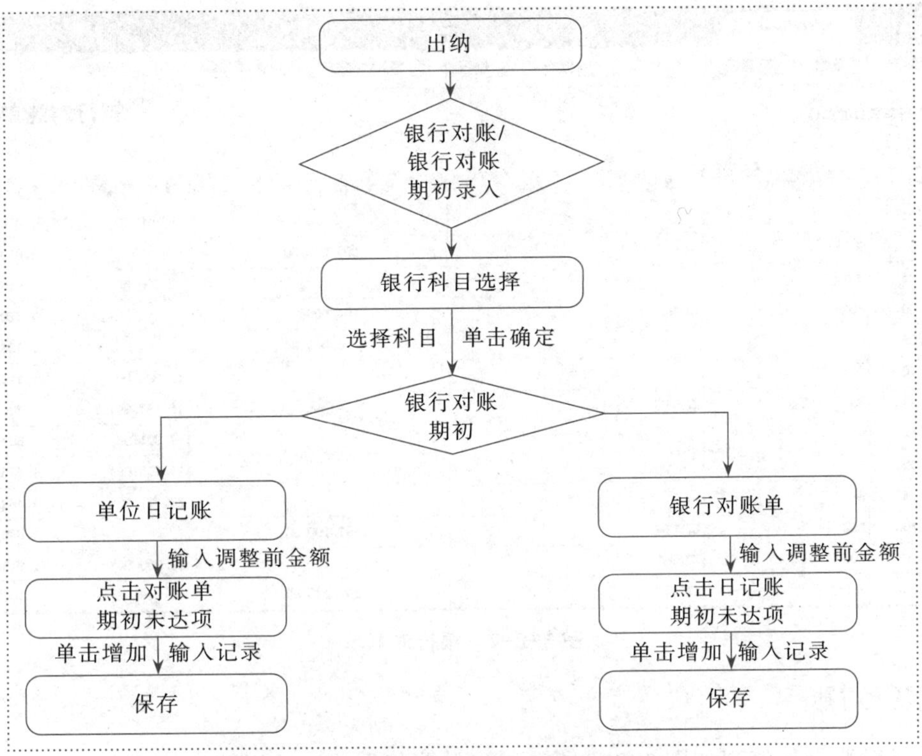

图 5-2-4　银行对账期初录入操作流程

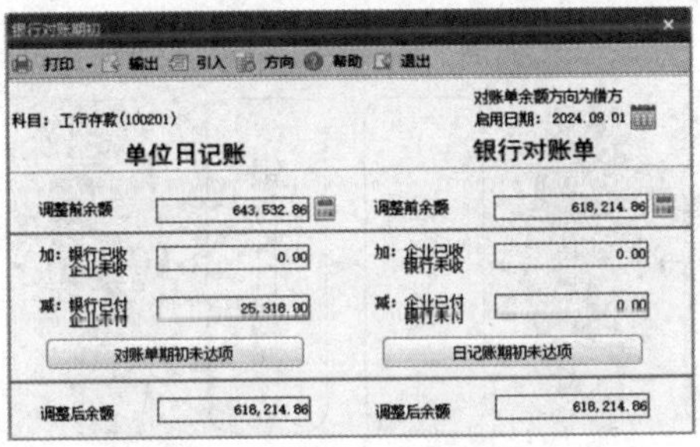

图 5-2-5　录入银行对账期初数据

二、录入银行对账单

银行对账单录入具体操作流程如图 5-2-6 所示，出纳张妍根据资料录入晶辉照明公司银行对账单数据，操作结果如图 5-2-7 所示。

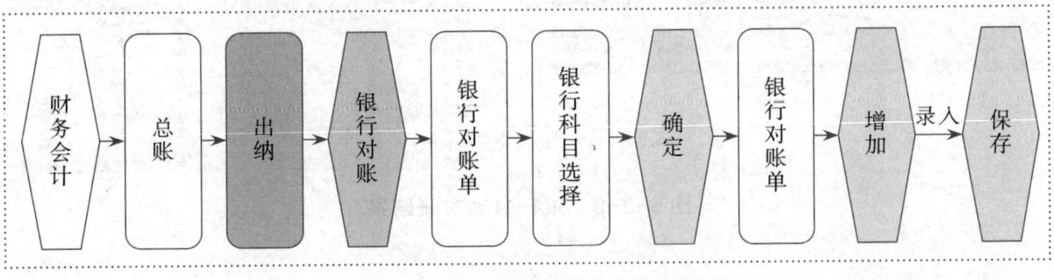

图 5-2-6　录入银行对账单操作流程

科目：工行存款(100201)

银行对账单

日期	结算方式	票号	备注	借方金额	贷方金额	余额
2024.08.31					25,318.00	618,214.86
2024.09.01	6			1,000,000.00		1,618,214.86
2024.09.08	6				2,000.00	1,616,214.86
2024.09.09	202	ZZS903		104,000.00		1,720,214.86
2024.09.09	6			6,000.00		1,726,214.86
2024.09.10	6				10,000.00	1,716,214.86
2024.09.11	202	ZZF903			11,187.00	1,705,027.86
2024.09.12	6				117,301.86	1,587,726.00
2024.09.13	6				111,755.00	1,475,971.00
2024.09.14	6				23,727.22	1,452,243.78
2024.09.15	202	ZZS904		97,100.00		1,549,343.78
2024.09.20	202	ZZF901			33,900.00	1,515,443.78
2024.09.22	202	ZZS901		250,295.00		1,765,738.78

图 5-2-7　银行对账单

三、银行对账

银行对账操作流程如图 5-2-8 所示，出纳张妍采用自动对账方法进行对账，对账结果如图 5-2-9 所示。

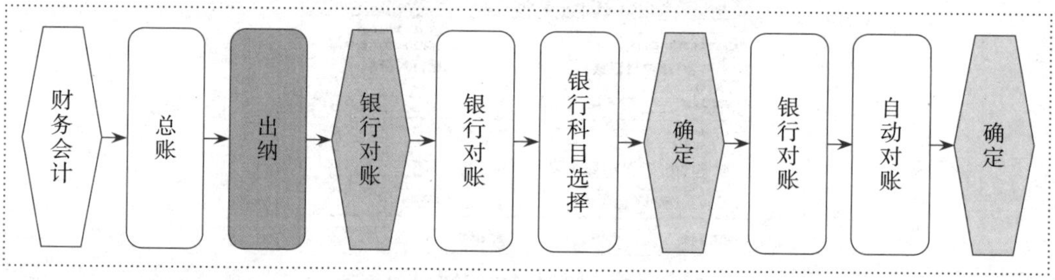

图 5-2-8　银行对账操作流程

科目：100201(工行存款)

单位日记账

票据日期	结算方式	票号	方向	金额	两清	凭证号数	摘要	对账序号
2024.09.01	6		借	1,000,000.00	○	收-0001	借入长期借款	2024093000001
2024.09.21	202	ZZS901	借	250,295.00	○	收-0004	销售商品	2024093000006
2024.09.09	6		贷	2,000.00	○	付-0002	预借差旅费	2024093000002
2024.09.12	6		贷	114,603.72		付-0003	支付上月工资	
2024.09.13	6		贷	111,755.00	○	付-0004	支付税费	2024093000004
2024.09.14	6		贷	23,727.22	○	付-0005	缴纳上月五险一金	2024093000003
2024.09.18	202	ZZF901	贷	33,900.00	○	付-0006	订购壁灯	2024093000005

银行对账单

日期	结算方式	票号	备注	方向	金额	两清	对账序号
2024.08.31				贷	25,318.00		
2024.09.01	6			借	1,000,000.00	○	2024093000001
2024.09.08	6			贷	2,000.00	○	2024093000002
2024.09.09	202	ZZS903		借	104,000.00		
2024.09.09	6			借	6,000.00		
2024.09.10	6			贷	10,000.00		
2024.09.11	202	ZZF903		贷	11,187.00		
2024.09.12	6			贷	117,301.86		
2024.09.13	6			贷	111,755.00	○	2024093000004
2024.09.14	6			贷	23,727.22	○	2024093000003
2024.09.15	202	ZZS904		借	97,100.00		
2024.09.20	202	ZZF901		贷	33,900.00	○	2024093000005
2024.09.22	202	ZZS901		借	250,295.00	○	2024093000006

图 5-2-9　银行自动对账结果

四、银行存款余额调节表

出纳查询银行存款余额调节表，调整后余额平衡，如图 5-2-10 所示。

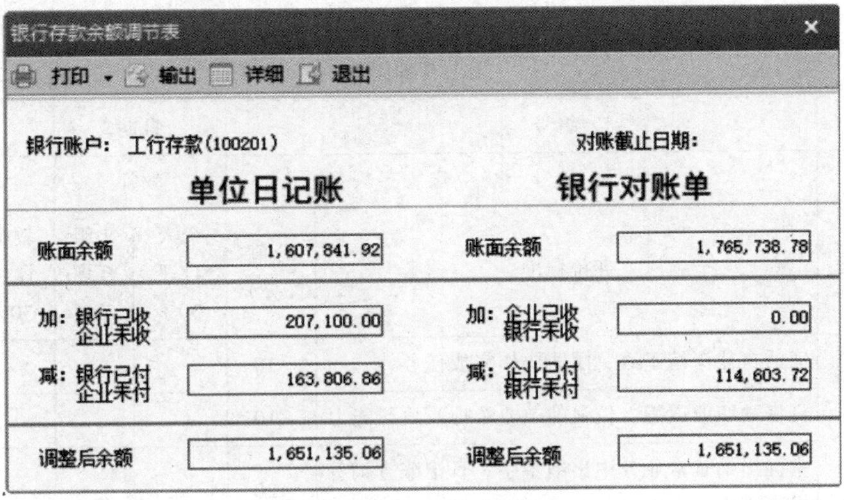

图 5-2-10　银行存款余额调节表

操作提示：

◆系统在“银行对账”中提供了“核销银行账”的功能，用于将核对正确无误的已达账项删除，对于一般用户来说，在银行对账正确后，如果只想保留未达账项，可使用本功能将已达账项删除。

◆如果银行对账不平衡，则不能使用本功能，否则会造成对账错误。按“Alt+U”键可以进行反核销。

智慧财务·德润人心

敬业务实，团结协作

出纳工作虽有重复性，但重要性不减，对准确性和严谨性要求极高，各环节关乎企业资金与财务信息安全。银行对账时，出纳要高度重视，确保账目精准核对匹配。团队协作至关重要，成员间须紧密配合、共享信息、相互监督，形成合力保障对账工作顺利进行，筑牢企业资金安全防线，维护财务信息真实权威，助力企业稳健发展。

项目测试

项目考核评价

本项目学习成果反馈与评价表见表5-2。

表5-2 项目五学习成果反馈与评价表

项目五		出纳管理岗位		任务一、二			
班级		组号		日期			
姓名		学号		教师			
项目	评价标准	分值（分）	个人自评30%	小组互评20%	教师评价50%	小计（分）	
职业素养（20）	廉洁自律深植于心，团队协作完成任务	10					
	良好的职业道德、较强的敬业精神及执行能力	10					
专业知识（30）	掌握出纳日常业务中出纳签字、日记账查询等操作流程与方法	20					
	掌握出纳期末银行对账的操作流程与方法	10					
职业能力（30）	能独立登记支票登记簿	10					
	能完成银行对账业务处理	10					
	能完成资金日报表等账表的查询	10					
成果展示（20）	线上学习效果明显，及时完成测试	10					
	线下及时完成实训任务并提交截图	10					
合计		100					
教师评语							

项目六 薪资会计岗位

岗位认知

薪资会计岗以企业员工薪资的精准核算与高效管理为核心工作内容，力求提升薪资计算的精确程度和处理效率，规范薪资发放流程，并提供相关的数据分析和报表支持。通过用友ERP-U8会计信息系统中薪资管理系统完成工资账套建立、基础信息设置、薪资计算与核算、发放与分摊、个人所得税计算与申报、统计分析等多方面的任务，帮助企业实现薪资管理的规范化、自动化和信息化，提高工作效率，降低人工成本，为企业人力资源管理提供有力支持。

项目目标

素质目标

严格遵守职业道德规范，强化保密意识，深刻理解薪资信息属于企业高度敏感数据；坚持底线思维，依法纳税，树立高度的社会责任感和使命感；不断提升自己的数据思维，树立自觉维护国家、社会和集体利益的大局意识。

知识目标

了解薪资管理系统的主要功能和操作流程；理解薪资管理系统与其他系统之间的关系；掌握薪资管理系统的初始设置，工资数据计算、工资分摊的方法及操作流程。

能力目标

能够根据企业实际情况，合理设置薪资管理系统参数，制订薪资核算方案，进行社保和个税业务处理；能够处理系统运行过程中出现的常见问题，保障薪资管理系统的稳定运行。

项目导图

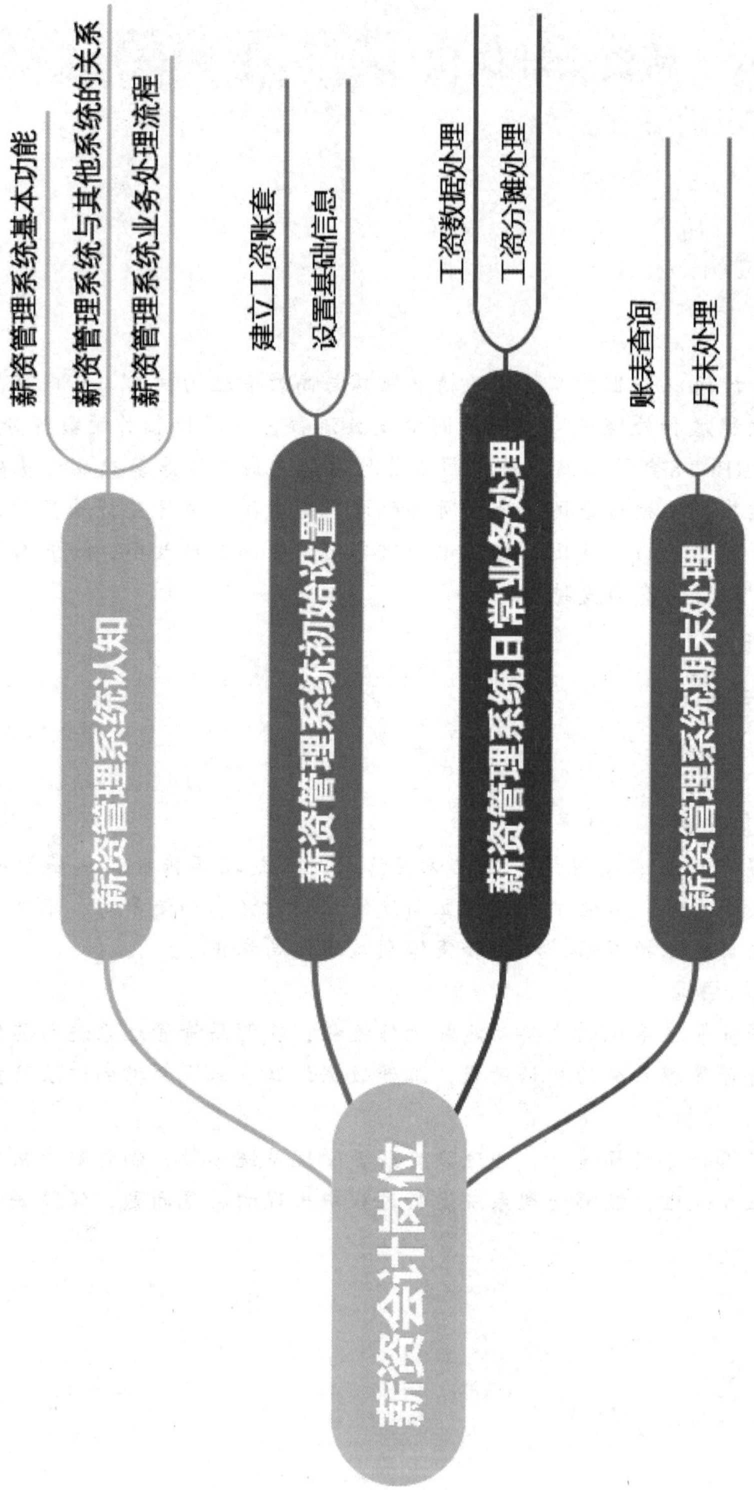
薪资会计岗位
薪资管理系统认知
薪资管理系统基本功能
薪资管理系统与其他系统的关系
薪资管理系统业务处理流程
薪资管理系统初始设置
建立工资账套
设置基础信息
薪资管理系统日常业务处理
工资数据处理
工资分摊处理
薪资管理系统期末处理
账表查询
月末处理

任务一　薪资管理系统认知

任务情境

一、任务场景

在任何一个企业组织当中，薪资管理都是人力资源运营乃至整个企业运营的关键环节，它与每一位员工的切身利益紧密相关，直接关乎员工的工作积极性与企业的稳定发展。随着晶辉照明公司规模发展壮大，工作人员不断增加，薪资会计乔娜坐在电脑前，眼前的屏幕显示着密密麻麻的数据和表格，她正在处理着公司每月的薪资核算工作，眼神专注而认真。为了提高工作效率，公司决定启用薪资管理系统，运用数据分析工具对薪资数据进行处理和分析，为企业的薪酬决策提供精准的数据支持。

二、任务要求

1. 了解薪资管理系统的主要功能，坚守职业道德，确保薪资管理工作的合法合规；

2. 了解信息技术在薪资管理中的应用和发展趋势，理解薪资管理系统与其他子系统的关系；

3. 掌握薪资管理系统的业务处理流程，不断探索新的薪资管理理念和方法，根据企业实际情况进行创新和优化，提升薪资管理工作的效率和效果。

任务准备

6-1

知识导学：薪资管理系统认知

薪资管理系统是用友ERP-U8软件中用于企业薪资核算和管理的重要组成部分，广泛应用于企业日常薪资管理之中。薪资管理的准确性不仅关系到员工的切身利益，而且也影响企业的财务状况和人力资源管理的效率。用友ERP-U8软件中的薪资管理系统，适用于各类企业和行政事业单位，可以根据输入的员工工资数据自动生成工资单和相关报表，确保薪资发放的准确性和及时性。在保证员工薪资完整无误的前提下，充分发挥薪资管理的效能，达到合理分配资源，提高员工满意度，降低人力成本，提高管理效率的目的，同时大大减轻了人力资源部门的工作量，提高了薪资管理的工作效率。薪资管理系统旨在协助企业实现薪资数据的动态管理，为企业的决策提供有力支持。

一、薪资管理系统基本功能

薪资管理系统的基本功能包括初始设置、业务处理、统计分析等。

薪资管理系统的初始设置即薪资管理系统初始化，主要是设置薪资管理系统工作必不可少的各种编码信息和初始数据，将通用的工资系统变成适合企业自身环境的信息系统，包括建立工资账套和基础信息设置。

业务处理是以企业职工的薪资原始数据为基础，按部门和人员类别进行工资汇总，计算应发工资、代扣个人所得税、扣款合计和实发工资等；编制工资结算表，进行工资费用分配与计提，并实现自动转账处理。

薪资管理系统提供多层次、多角度的工资数据查询功能。薪资管理系统数据核算工作结束后，可以生成内容丰富的报表。提供的报表主要包括反映工资数据基本情况的工资表，以及从部门、项目、月份等方面进行统计分析的工资分析表，以便企业随时掌握各部门、各项目工资费用情况。

二、薪资管理系统与其他系统的关系

薪资管理系统与其他系统集成使用，薪资管理系统将工资费用的分配以及各种经费计提的结果自动生成转账凭证，传递到总账系统进行进一步的处理。同时，薪资管理系统也可以通过相关的函数和公式从总账管理系统获取工资、福利费等相关数据。

薪资管理系统向成本管理系统传送工资和福利费等相关费用的合计数据。若薪资管理系统未与总账系统建立连接，则不存在上述传递关系。

薪资管理系统将计算结果和各种统计分析数据传递给UFO报表系统，以便其编制相关报表。

薪资管理系统与其他系统的关系如图6-1-1所示。

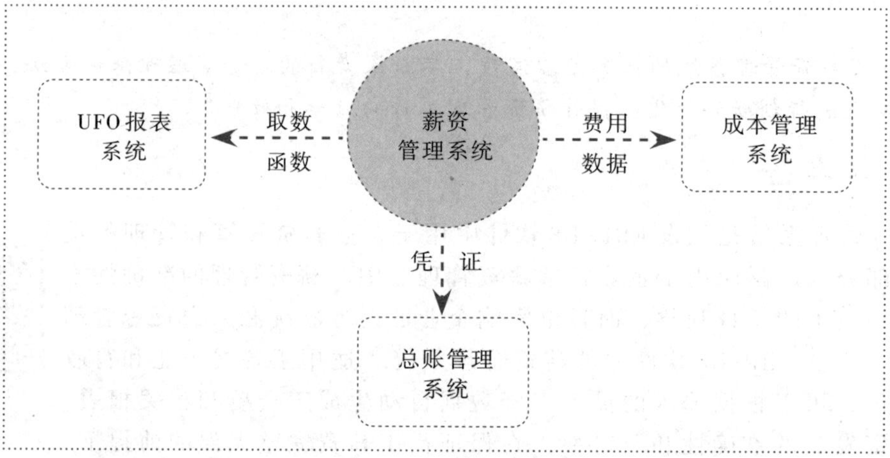

图6-1-1 薪资管理系统与其他系统的关系

三、薪资管理系统业务处理流程

薪资管理系统与其他子系统一样，业务处理分为初始设置、日常处理和期末处理三部分。具体业务处理流程如图6-1-2所示。

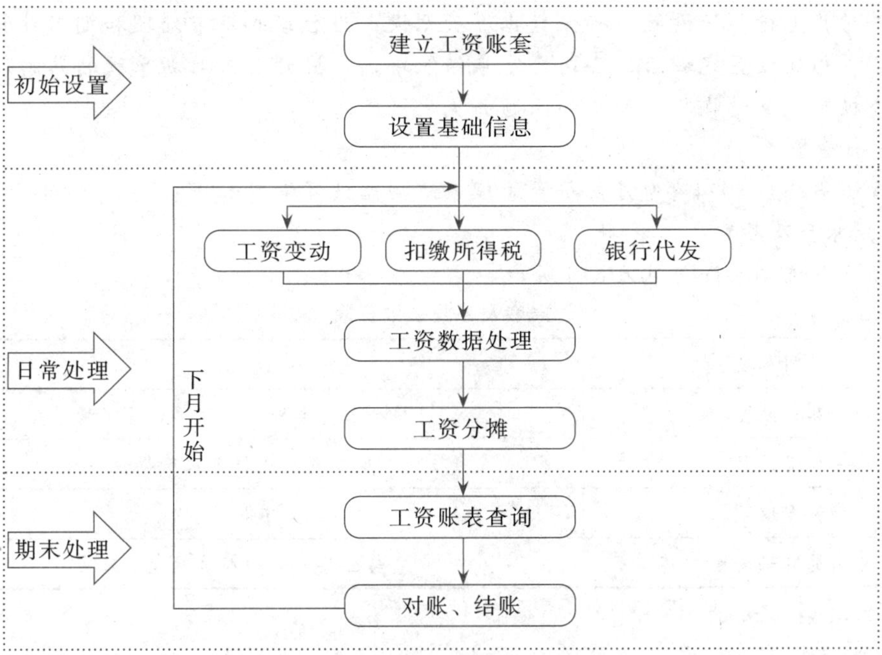

图 6-1-2　薪资管理系统业务处理流程

引导问题1：调研不同企业的工资项目有何差异？不同企业的工资计算标准有何差异？________________

____

引导问题2：根据你的调查，企业中有没有专门负责工资核算的会计岗位？

□有 □没有

智慧财务·德润人心

善用系统，同频发展

薪资管理系统作为企业人力资源管理的中流砥柱，正以其超凡的精准度、便捷性与合规性，为企业精心编织和谐稳定的劳动关系，全力激发员工的蓬勃活力，矢志推动企业持续稳健发展。要想利用薪资管理系统真正做好薪资管理工作，我们还需要不断学习、不断进步，努力提升自己的专业素养和综合能力，具备扎实的专业知识和丰富的实践经验，深刻洞察并善加利用这一强大系统，使薪资管理系统始终与企业发展的脉搏同频共振、携手共进。

任务二　薪资管理系统初始设置

任务情境

一、任务场景

2024年9月1日，晶辉照明公司启用了薪资管理系统。薪资会计乔娜需要建立薪资账套，并对其进行初始设置，确保数据准确无误，为后续的日常处理和期末结算奠定坚实基础。在初始设置完成后，公司会定期组织培训，提升员工对新系统的熟悉度，同时建立反馈机制，及时收集使用中的问题并优化调整。

二、任务资料

晶辉照明公司2024年9月初薪资管理系统初始设置资料如下：

（一）账套及参数

账套及系统参数设置见表6-1所示。

表6-1 账套及系统参数设置

控制参数	参数
参数设置	单个工资类别，不核算计件工资
扣税设置	从工资中代扣个人所得税
扣零设置	不扣零
人员编码设置	与公共平台的人员编码一致

（二）基础信息

1. 工资项目

工资项目见表6-2。

表6-2 工资项目

工资项目名称	类型	长度	小数	增减项
基本工资	数字	8	2	增项
岗位工资	数字	8	2	增项
交通补贴	数字	8	2	增项
事假天数	数字	4	0	其他
缺勤扣款	数字	8	2	减项
病假天数	数字	4	0	其他
缺勤天数	数字	4	0	其他
社会保险	数字	8	2	减项
设定提存计划	数字	8	2	减项
住房公积金	数字	8	2	减项
计税基数	数字	8	2	其他
五险一金计提基数	数字	8	2	其他
工资计提数	数字	8	2	其他

注：结合系统自带的工资项目按工资计算的先后顺序调整工资项目。如基本工资、岗位工资和交通补贴后面应为应发合计，几个扣款项目后面为扣款合计，扣款合计后为实发合计，其他项目依次排列在后面。

2.银行档案

公司开设的银行档案见表6-3。

表6-3　银行档案

银行编码	银行名称
0101	中国工商银行经济开发区支行
账号长度11，录入时自动带出的账号长度8	

3.人员档案

人员档案见表6-4。

表6-4　人员档案

人员编码	人员名称	所属部门	人员类别	银行名称	银行账号
101	赵辉	综合办	企业管理人员	中国工商银行经济开发区支行	87654301101
201	王启	财务部	企业管理人员	中国工商银行经济开发区支行	87654301201
202	周彤	财务部	企业管理人员	中国工商银行经济开发区支行	87654301202
203	丁楠	财务部	企业管理人员	中国工商银行经济开发区支行	87654301203
204	乔娜	财务部	企业管理人员	中国工商银行经济开发区支行	87654301204
205	杨帆	财务部	企业管理人员	中国工商银行经济开发区支行	87654301205
203	张妍	财务部	企业管理人员	中国工商银行经济开发区支行	87654301206
301	李卓	采购部	采购人员	中国工商银行经济开发区支行	87654302301
302	吴宇	采购部	采购人员	中国工商银行经济开发区支行	87654302302
401	刘悦	销售部	销售人员	中国工商银行经济开发区支行	87654302401
402	李浩明	销售部	销售人员	中国工商银行经济开发区支行	87654303402
501	陈哲	仓储部	企业管理人员	中国工商银行经济开发区支行	87654303501
601	王大伟	生产一部	车间管理人员	中国工商银行经济开发区支行	87654303601
602	范文艳	生产一部	生产人员	中国工商银行经济开发区支行	87654303602
603	沈国华	生产二部	车间管理人员	中国工商银行经济开发区支行	87654303603
604	段辉	生产二部	生产人员	中国工商银行经济开发区支行	87654303604
701	张红	人力资源部	企业管理人员	中国工商银行经济开发区支行	87654303701

注：以上人员均为中方人员，均需要计税。

4.工资计算公式

企业所涉及的工资计算公式见表6-5。

表6-5 工资计算公式

工资项目	计算公式
交通补贴	管理人员、生产人员1 000元，采购人员1 200元，销售人员1 300元
缺勤天数	事假天数+病假天数×0.5
缺勤扣款	缺勤天数低于2天（包括2天），基本工资/22×缺勤天数×50%；大于2天，基本工资/22×缺勤天数
五险一金计提基数	基本工资+岗位工资
工资计提数	基本工资+岗位工资+交通补贴-缺勤扣款
计税基数	基本工资+岗位工资+交通补贴-设定提存计划-社会保险-住房公积金-缺勤扣款
设定提存计划	五险一金计提基数×8.2%
社会保险费	五险一金计提基数×2%
住房公积金	五险一金计提基数×12%

5.个人所得税预扣率（综合所得）

个人所得税预扣率（综合所得）详见表6-6。

表6-6 个人所得税预扣率（综合所得）

级数	累计预扣预缴应纳所得额	预扣率	速算扣除数（元）
1	不超过36 000元的	3%	0
2	超过36 000元至144 000元的部分	10%	2 520
3	超过144 000元至300 000元的部分	20%	16 920
4	超过300 000元至420 000元的部分	25%	31 920
5	超过420 000元至660 000元的部分	30%	52 920
6	超过660 000元至960 000元的部分	35%	85 920
7	超过960 000元的部分	45%	181 920

注：工资项目选择“计税基数”，扣税设置中基数为5 000元，附加不需要设置，因为新个人所得税法中外籍人员不再享受1 300元/月的附加减除费用。

三、任务要求

1.账套主管王启：严格按照公司规章制度执行，启用薪资管理系统。

2.薪资会计乔娜：建立薪资管理子账套，并完成系统初始化参数设置及基础信息设置，确保数据的安全性和完整性；

任务准备

工资账套与系统管理中的账套是不同的概念，系统管理中的账套是针对整个核算系统的核算账套，而工资账套只针对薪资管理系统。工资账套是在核算账套中建立的。

一、建立工资账套

6-2

知识导学：
建立工资账套

建立工资账套是整个薪资管理系统正确运行的基础，是系统正常运行的根本保证。可通过系统提供的建账向导，逐步完成整套工资的建账工作。如所选择账套为首次使用，系统将自动进入建账向导，建立工资账套分为四步：参数设置、扣税设置、扣零设置、人员编码设置。

（一）参数设置

1.选择工资类别个数

工资类别是指一套工资账中，根据每月发放工资的次数、人员的工资项目以及工资公式等情况不同而设置的工资数据管理类别。

薪资管理系统提供了单类别工资核算和多类别工资核算两种应用方案。如果企业中所有员工的工资发放项目相同，工资计算方法也相同，那么可以对全部员工进行统一的工资核算，应选用单类别工资核算方案，可提高系统的运行效率。如果企业存在下列情况之一，则需要选用系统提供的多类别工资核算方案：一是企业存在不同类别的人员，不同类别的人员工资发放项目、计算公式也不相同，但需要进行统一工资核算管理。例如，企业需要分别对在职人员、退休人员、离休人员进行工资核算；或者企业需要将临时工与正式工分别进行核算等。二是企业每月进行多次工资发放，月末需要进行统一核算。例如，企业采用周薪制，或奖金和工资分次发放。三是企业在不同地区设有分支机构，而工资核算由总部统一管理。四是工资发放使用多种货币，如人民币、美元等。

在建立工资账套时，企业需要根据自身的实际情况分析选择单类别工资核算还是多类别工资核算。

2.选择币别名称

系统提供币别参照供用户选择，若选择账套本位币以外其他币别，则还须在工资类别参数维护中设置汇率。

3.选择是否核算计件工资

如选择“核算计件工资”，则核算计件工资。选择核算计件工资时，还需要启用“计件工资”管理子系统。

（二）扣税设置

选择“在工资中代扣个人所得税”，系统自动在工资项目中生成“代扣税”，并自动进行代扣税金的计算。如要从工资中代扣个人所得税，则选此项。

（三）扣零设置

扣零设置是在每次发放工资时将零头扣下，等到积累成整时再补上。用户选择“扣零”后，还需选择扣零至元、扣零至角或扣零至分。

扣零至元即工资发放时不发10元以下的元、角、分，包括5元，2元，1元；扣零至角即工资发放时不发1元以下的角、分，包括5角，2角，1角；扣零至分即工资发放时不发1角以下的分，包括5分，2分，1分。

一旦选择了“扣零处理”，系统自动在固定工资项目中增加“本月扣零”和“上月扣零”两个项目，不必在计算公式中设置有关扣零处理的计算公式，“应发合计”中也不用包括“上月扣零”，“扣款合计”中不用包括“本月扣零”。

（四）人员编码

人员编码设置即设定薪资管理系统中单位人员编码长度。系统要求此人员编码和公共平台中的人员编码保持一致。

引导问题1：企业账套和工资账套有什么区别？____。

引导问题2：初始化设置完成后，参数能不能修改？

□全部可以 □部分可以□不可以

二、设置基础信息

建立工资账套后，要对薪资管理系统运行所需的一些基础信息进行设置。基础信息设置的流程如图6-2-1所示。

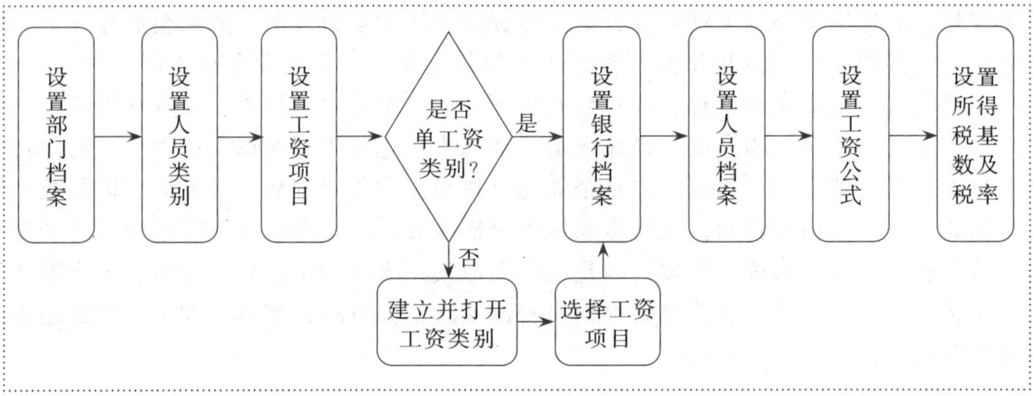

图6-2-1 薪资管理系统基础信息设置流程

（一）设置部门档案

6-3

知识导学：设置基础信息

通常，企业工资的汇总、统计、发放等都是以部门为基本单位进行的。设置企业部门信息可以方便按部门统计，查询各项工资信息，也可以实现按部门进行工资费用分配的目的。

部门档案与其他子系统是共享的，设置时可以在薪资管理系统进行设置，也可以在企业门户的基础设置中完成。在本任务中部门档案设置在基础设置中已经完成。

（二）设置人员类别

6-4

知识导学：设置工资项目

从财务处理角度出发进行分析，不同性质人员其工资费用应记入不同的会计账户。因此，人员类别是进行工资费用分配的基础。使用薪资管理系统核算工资，就需要正确设置人员类别，以便于企业按人员类别进行工资的汇总。

人员类别设置在基础设置中已经完成，不需要重复设置。

（三）设置工资项目

工资项目是职工工资条上对应的项目，它是薪资管理系统很重要的部分，也是工资计算和判断的数据信息。设置工资项目就是定义工资项目的名称、类型、宽度、小数、增减项。

薪资管理系统提供了一些固定的工资项目，是工资账中不可缺少的，如“应发合计”“扣款合计”“实发合计”“代扣税”等，这几项不能删除、修改和重命名，其他工资项目用户可根据需要自定义项目名称、数据类型和数据长度，如“基本工资”“交通补助”“请假扣款”等。

工资项目设置的基本作用就是定义存放工资数据的数据库文件的数据结构，因此工资项目定义的先后顺序将决定该项目在数据库中和工资表中的位置，定义时应考虑各工资项目的先后顺序。

工资项目的设置是针对所有工资类别的，在此设置的工资项目是针对所有工资类别的全部工资项目。单工资类别下，只需要完成工资项目设置即可。而多工资类别下，工资项目设置完成后，当打开某一工资类别时，可从已设置好的工资项目中选择适合本工资类别的工资项目。

（四）设置工资类别

如单位按周或一月多次发放工资，或者是单位中有多种不同类别（部门）的人员，工资发放项目不尽相同，计算公式亦不相同，但需进行统一工资核算管理。在建立薪资账套时选择了“多个”，这时就需要建立不同的工资类别，进行多工资类别的核算。例如，企业一般对在职人员和离退休人员分别进行核算，就需要建立在职人员和离退休人员两个工资类别。

工资类别设置主要包括新建类别、删除类别、打开类别和关闭类别等内容。

（五）设置银行名称

当企业发放工资采用银行代发形式时，必须设置代发银行名称。代发银行可设置多个，这是由企业的实际情况决定的，例如同一工资类别的人员在不同地点工作，需要在不同的银行发放工资。

在设置银行代发名称时还需要设置银行账号长度。账号长度不超过11位，且设置后不能修改。

（六）设置人员档案

人员档案的设置用于登记工资发放对象的姓名、职工编号、所在部门、人员类别、人员的银行账号等信息，员工的增减变动都必须先在本功能中处理。此外，还有许多企业会利用薪资管理系统代理基本的人事信息管理，这种情况下还需要增加职员的地址、电话、身份证号、职称等管理信息。

人员档案的设置需要在薪资管理系统中完成，但是在设置时可以参照基础档案中的职员档案生成，通常需要补充工资的银行名称及银行账号等与薪资管理系统有关的信息。

6-5

知识导学：设置工资计算公式

（七）设置工资公式

设置工资公式就是定义某些工资项目的计算公式及工资项目之间的运算关系。例如，请假扣款=请假天数×基本工资/22。运用公式可使系统自动地算出所需要的数据，也可直观地表达工资项目的实际运算过程，灵活地进行工资计算处理。

系统固定的工资项目如“应发合计”，“扣款合计”“实发合计”等的计算公式，系统根据工资项目设置的“增减项”自动给出，如需修改公式，只能修改工资项目中的“增减项”。但是用户可以增加、修改、删除其他工资项目的计算公式。

定义工资项目计算公式可以使用函数公式向导参照输入。在定义时要符合逻辑，系统将对公式进行合法性检查，不符合逻辑的，系统将给出错误提示。定义公式时要注意先后顺序，先得到的数据应先设置公式。如果已经设置，可以在工资项目设置界面中通过上下箭头调整工资项目的顺序。

（八）设置所得税基数及税率

6-6

知识导学：设置所得税基数及税率

个人所得税起征点、税率等会随着经济的发展发生一定的变化。2018年8月31日，关于修改个人所得税法的决定经十三届全国人大常委会第五次会议表决通过。新个税法将工资、薪金所得基本减除费用从原来每月3 500调整为每月5 000元，并适用新的综合所得税率，还增加了专项附加扣除项目。新个税的变化使得U8系统中预置的计算代扣税的公式无法适应目前企业的实际情况，因此需要根据目前新个税的扣除费用及税率对系统预置的公式进行调整。

在系统中一般把实发工资作为系统的纳税基数对应的工资项目。但是系统自动计算实发工资项目的金额时扣除了代扣税，不符合计税依据；同时新个税法中增加了专项附加扣除，需要根据新个税法的规定对系统的计税基数进行修改。

引导问题1：在企业中常见的工资项目的增项有哪些？减项有哪些？____。

引导问题2：在什么情况下，企业要选择“多个”工资类别？____。

任务实施

一、建立工资账套

由系统管理员在系统管理中引入项目四（总账日常业务处理完成后）账套，然后由账套主管王启在企业应用平台中启用“薪资管理”系统，启用日期为2024年9月1日。

以薪资会计“204乔娜”的身份登录企业应用平台，在“业务工作”选项卡中，打开“人力资源”菜单栏，建立工资账套并设置基础信息。

6-7

技能实践：建立工资账套

薪资管理系统账套建立的具体操作流程如图6-2-2所示。

如果是第一次进入薪资管理系统，单击“薪资管理”菜单，则系统自动打开“建立工资套”设置界面，如图6-2-3所示，按上述流程建立工资账套。

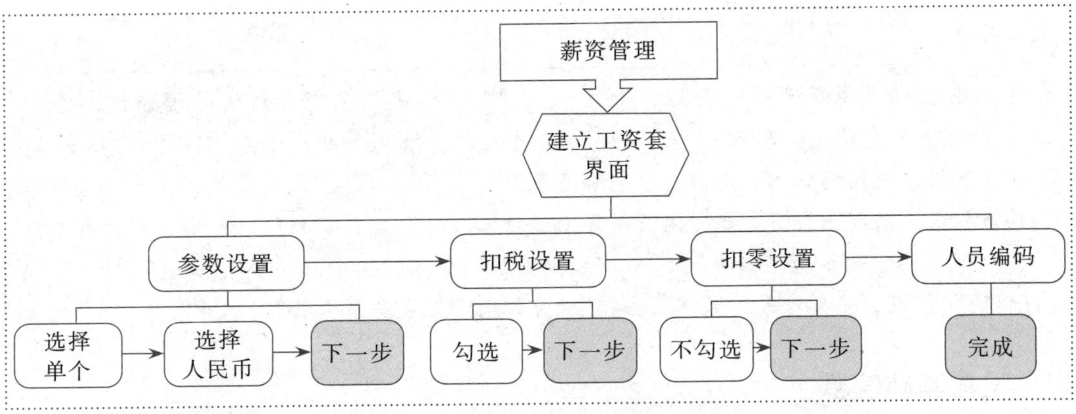

图6-2-2　建立工资账套操作流程

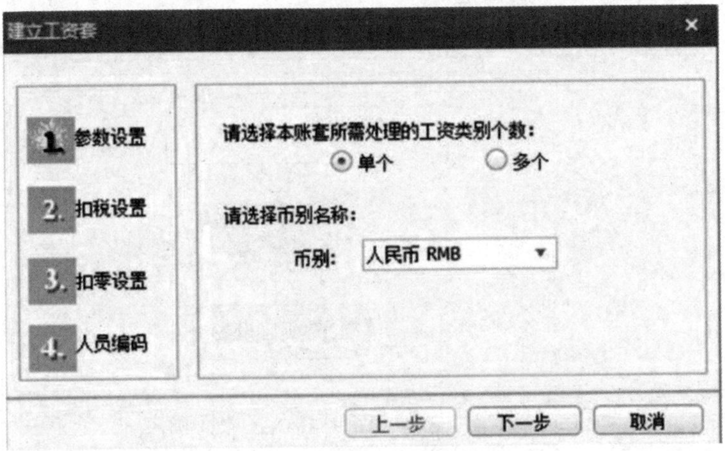

图6-2-3　建立工资套界面

工资账套建立完成后，在薪资管理系统窗口中，选择"设置"菜单下的"选项"，系统弹出"选项"对话框，单击"编辑"按钮可修改有关参数，如图6-2-4所示。

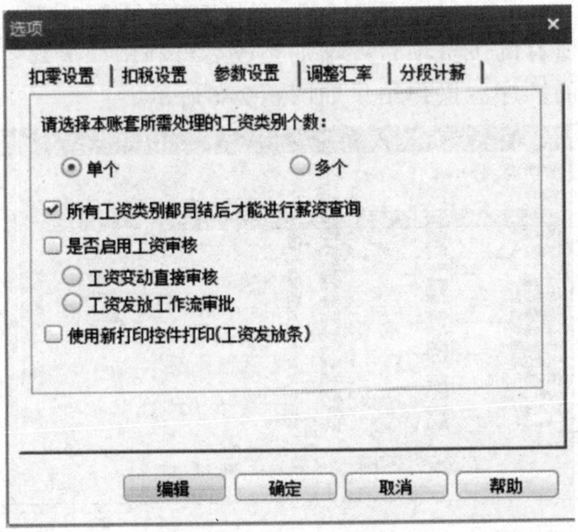

图6-2-4　选项设置

操作提示：

◆账套主管启用薪资管理系统后，薪资会计“204乔娜”在打开薪资管理系统时会弹出“此操作员没有任何部门权限”，无法进入薪资管理系统，如何解决？

在系统管理中已经赋予了该操作员薪资管理系统的所有权限，这只是给该操作员分配了功能权限。遇到此问题主要原因就是没有给该操作员分配数据权限。此时，可由账套主管执行“系统服务”/“权限”/“数据权限分配”命令，选中“乔娜”，单击“授权”或“修改”按钮，业务对象选择“工资权限”，勾选“工资类别主管”，然后保存。

二、设置基础信息

6-8

技能实践：设置工资项目

（一）设置工资项目

设置工资项目具体操作流程如图6-2-5所示。

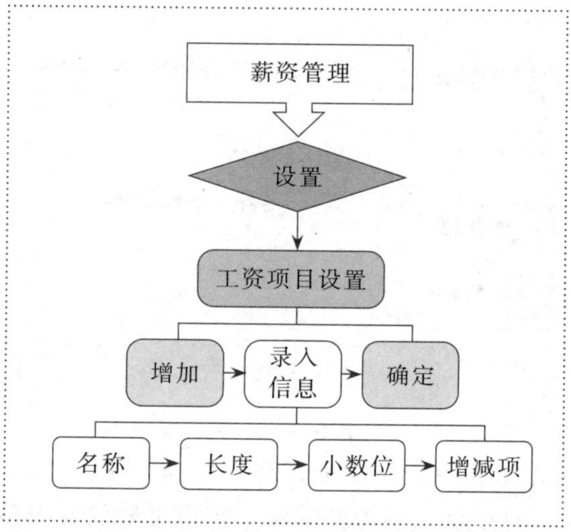

图6-2-5 设置工资项目操作流程

按上述流程增加所有的工资项目。增加完成后可利用“上移”和“下移”等按钮把工资项目调整到合理的顺序。操作结果如图6-2-6所示。

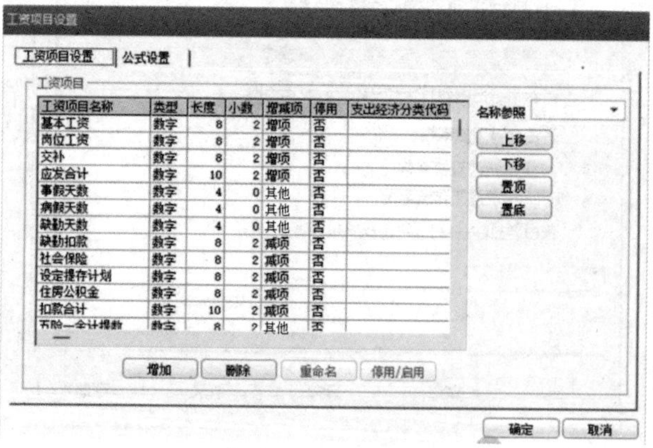

图6-2-6 工资项目设置

特别提示：

◆工资项目已输入数据或已经设置的计算公式是不能删除的。

◆部分工资项目如应发工资、实发工资、代扣税等数据是由系统的其他项目数据经过计算得出的，因此凡是参与计算的工资项目的数据必须设置成数字型。

◆设置工资项目一定要注意其“增减项”属性。若为“增项”，则系统自动将其列为“应发合计”项目的组成部分;若为“减项”，则系统自动将其列为“扣款合计”项目的组成部分;若为“其他”，则既不构成应发合计项目，也不构成扣款合计项目，仅为某个工资项目的计算使用。

（二）设置银行档案

以薪资会计“204乔娜”的身份登录企业应用平台，在“基础设置”选项卡中，完成设置银行档案的任务。具体操作流程如图6-2-7所示。

6-9

技能实践：设置基础信息

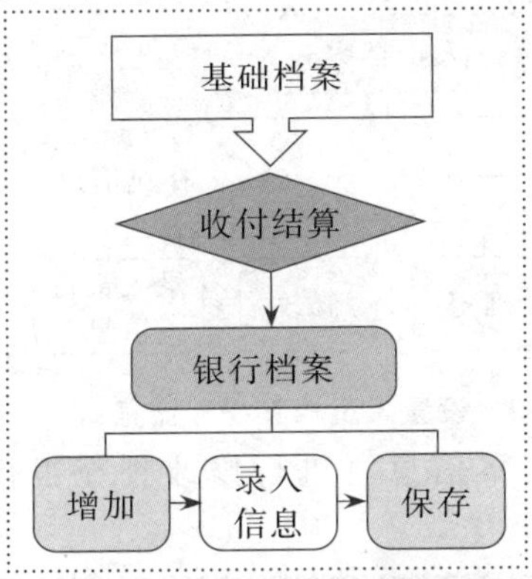

图6-2-7　设置银行档案实施步骤

按上述流程增加所有的工资项目。银行档案设置完成如图6-2-8所示。

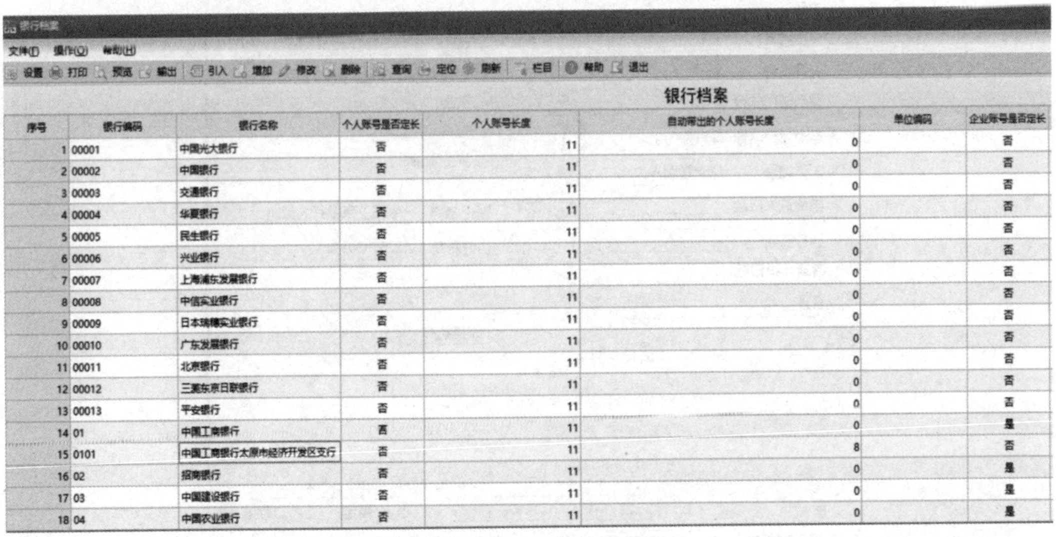

银行档案

序号	银行编码	银行名称	个人账号是否定长	个人账号长度	自动带出的个人账号长度	单位编码	企业账号是否定长
1	00001	中国光大银行	否	11	0		否
2	00002	中国银行	否	11	0		否
3	00003	交通银行	否	11	0		否
4	00004	华夏银行	否	11	0		否
5	00005	民生银行	否	11	0		否
6	00006	兴业银行	否	11	0		否
7	00007	上海浦东发展银行	否	11	0		否
8	00008	中信实业银行	否	11	0		否
9	00009	日本瑞穗实业银行	否	11	0		否
10	00010	广东发展银行	否	11	0		否
11	00011	北京银行	否	11	0		否
12	00012	三菱东京日联银行	否	11	0		否
13	00013	平安银行	否	11	0		否
14	01	中国工商银行	否	11	0		是
15	0101	中国工商银行太原市经济开发区支行	否	11	8		否
16	02	招商银行	否	11	0		是
17	03	中国建设银行	否	11	0		是
18	04	中国农业银行	否	11	0		是

图6-2-8　银行档案设置

特别提示：

◆银行档案可设置多个代发工资的银行以满足不同人员在不同地点代发工资的需要。

◆U8系统预置了16个银行名称，如果不能满足需要可以在此基础上删除或增加新的银行名称。如果修改账号长度，则必须按键盘上的“Enter”键确认。

（三）设置人员档案

设置人员档案的具体操作流程如图6-2-9所示。

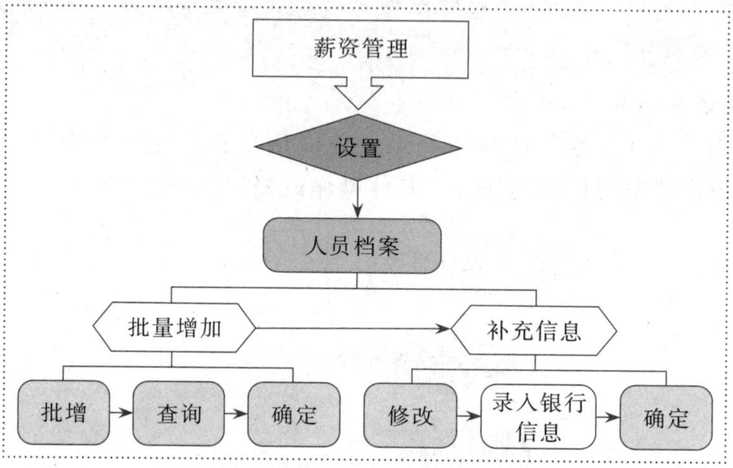

图6-2-9　设置人员档案操作流程

按上述流程增加所有的人员档案信息。进行修改补充银行信息弹出的界面如图6-2-10所示。

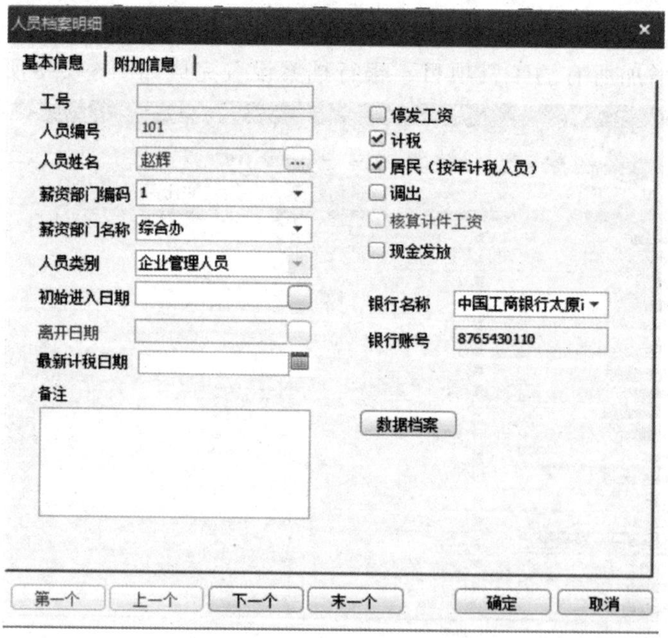

图6-2-10　人员档案明细

特别提示：

◆如果在基础设置中没有增加人员档案，在薪资管理系统中可以通过“增加”按钮单个增加。在本任务中，人员档案信息已在基础设置中增加，因此在薪资管理系统中使用“批增”功能生成。

◆人员编号、人员姓名、人员类别来源于公共平台的人员档案信息，薪资管理系统不能修改，要在公共平台中修改，系统会自动将修改信息同步到薪资管理系统。

◆使用“批增”功能，单击“查询”按钮后，系统显示所有在基础设置中已经增加的人员档案，且默认为选中状态，不需要进行选择。

◆如果在银行名称设置中设置了“银行账号定长”，则在输入人员档案的银行账号时，当输完第一个人员档案的银行账号后，后面人员的银行账号。

（四）设置工资计算公式

6-10

技能实践：设置工资计算公式

设置工资计算公式的具体操作流程如图6-2-11所示。

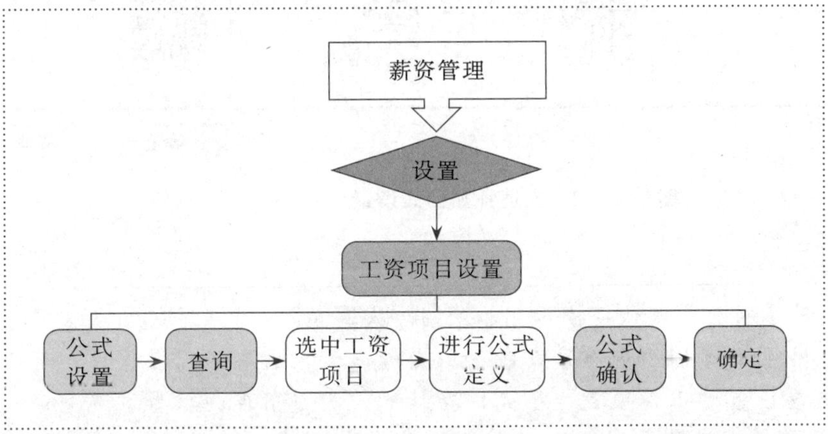

图6-2-11　设置工资计算公式操作流程

特别提示：

◆对于简单的公式，比如住房公积金和计税基数，可以直接录入公式；对于较复杂的公式，比如交通补贴和缺勤扣款，既可以使用函数公式向导录入，也可以直接录入。

◆定义公式时要注意公式的先后顺序，先得到的数据应先设置公式。如计税工资公式应在养老保险金和请假扣款公式之后。系统中自带了“应发合计”、“扣款合计”和“实发合计”三个公式，这三项系统预置公式应排在最后，实发合计公式是应发合计与扣款合计的差额，因此实发合计的公式要在应发合计和扣款合计公式之后。

按上述流程设置资料中所列的所有计算公式。以设置交通补贴公式为例，如图6-2-12所示。

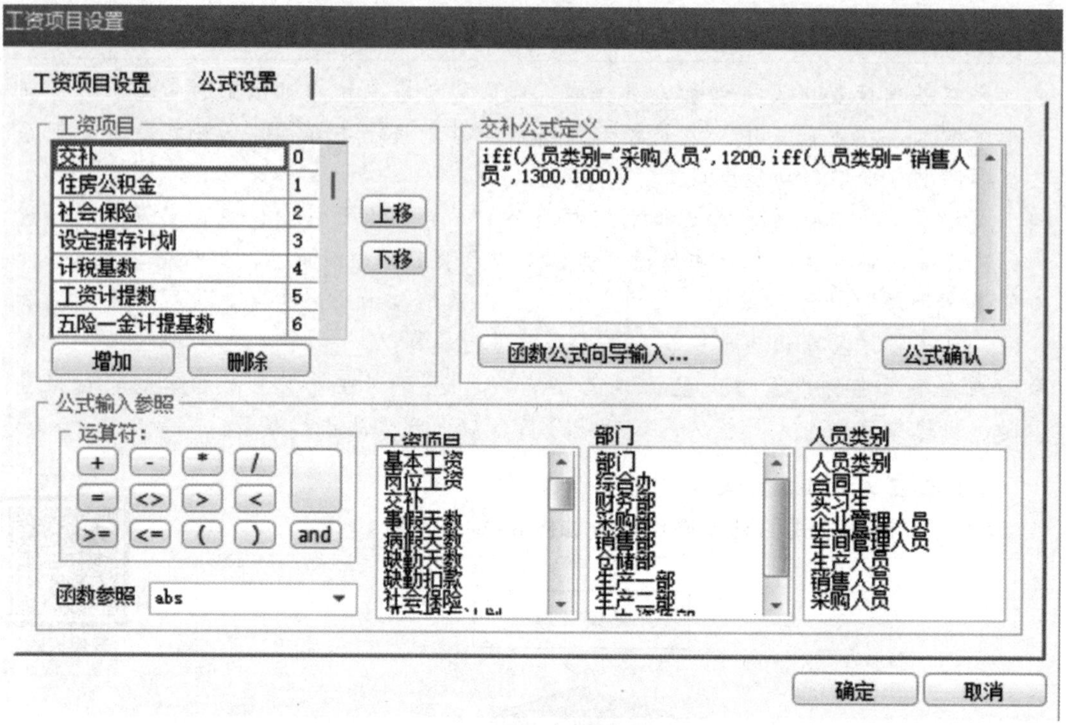

图6-2-12　交通补贴公式设置界面

操作提示：

◆ 在录入公式时，进行公式确认会提示“非法的公式定义”，如何解决？

出现这种提示主要的原因可能有这几种：一是输入了未设置的工资项目、部门或工资类别，没有设置的工资项目是不允许在计算公式中出现的。为了避免这种情况发生，在设置公式时尽量不要输入项目，而在使用参照生成，参照工资项目、参照部门及参照人员类别。二是输入了中文状态下的符号。录入公式时，应使用英文半角状态下的标点符号。三是在输入公式时函数录入错误，在设置比较复杂的公式时尽量参照函数生成，不要直接录入。例如在使用“or”或“and”函数设置时前后应有空格，否则就属于非法的公式定义。但如果使用参照公式生成，直接就会带有空格，不会出现这样的提示。

6-11

技能实践：代扣税设置

（五）设置代扣税基数及税率

代扣税设置具体操作流程如图6-2-13所示。

按上述流程设置计税基数和税率信息，设置完成如图6-2-14、图6-2-15所示。

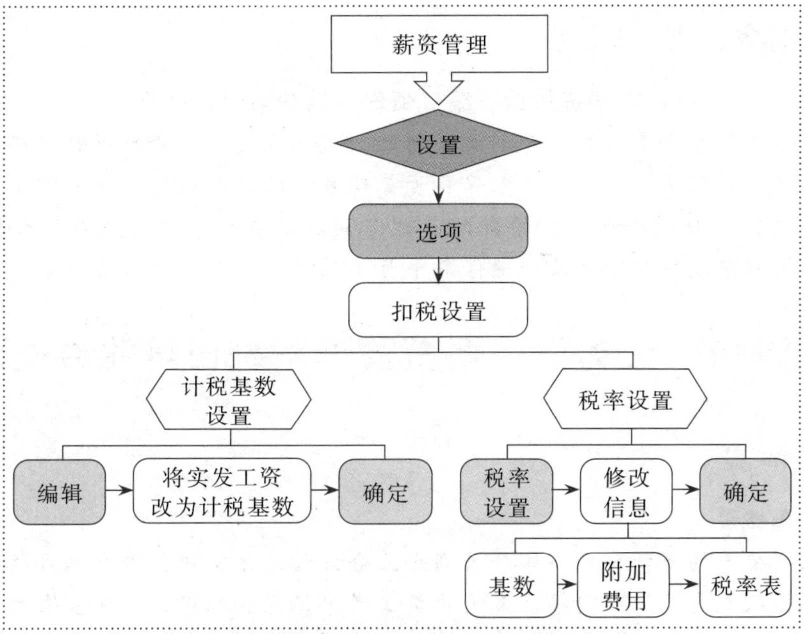

图 6-2-13　代扣税设置操作流程

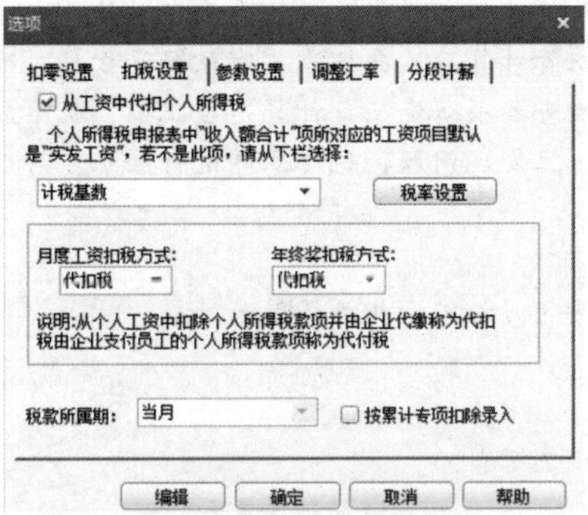

图 6-2-14　计税基数设置

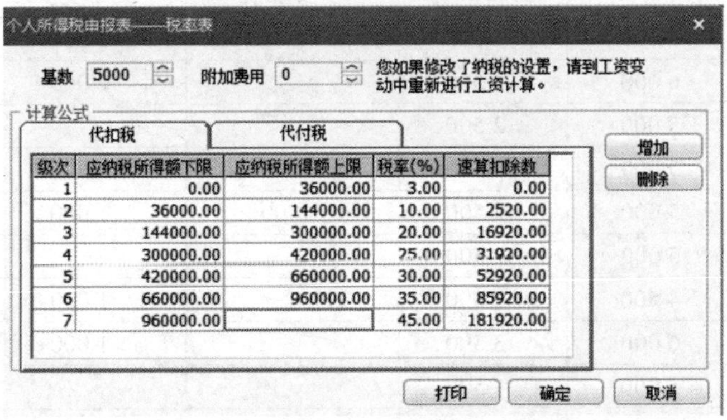

级次	应纳税所得额下限	应纳税所得额上限	税率(%)	速算扣除数
1	0.00	36000.00	3.00	0.00
2	36000.00	144000.00	10.00	2520.00
3	144000.00	300000.00	20.00	16920.00
4	300000.00	420000.00	25.00	31920.00
5	420000.00	660000.00	30.00	52920.00
6	660000.00	960000.00	35.00	85920.00
7	960000.00		45.00	181920.00

图 6-2-15　税率设置

智慧财务·德润人心

筑牢薪资数据防线：责任、维护与保密并行

薪资数据涉及每个员工的切身利益，因此，我们在处理薪资数据时，要对每一个数字负责，这是一种职业责任。为了确保薪资管理系统的有效运行，我们需要定期对其进行维护和更新，以反映企业实际情况的变化。同时，我们也要加强薪资数据的保密工作，防止数据泄露或被非法篡改，确保每个员工的薪资信息得到妥善保护。

任务三　薪资管理系统日常业务处理

任务情境

一、任务场景

晶辉照明公司的薪资会计乔娜登录到企业会计信息系统中，进行本月的薪资发放工作。首先，她从人力资源部门接收最新的员工考勤记录和社保、公积金缴纳数据，这些数据通过系统接口自动导入薪资管理模块。接着，根据公司的薪资政策和标准，在系统中设置或调整各员工的薪资项目和税率参数。系统自动计算出每位员工的应发工资、扣除项及实发工资。完成薪资计算后，乔娜需要审核薪资数据，确保数据的准确性和完整性。审核过程中，她会检查各项薪资项目计算是否正确，税率应用是否恰当，以及是否存在异常数据或错误。一旦发现问题，她会立即进行修正，为后续的工资发放做好充分的准备。

二、任务资料

晶辉照明公司2024年9月份工资相关资料如下：

（一）工资数据

1.工资基本情况

工资基本情况见表6-7所示。

表6-7　工资基本情况　单位：元

人员名称	基本工资	岗位工资	子女教育	赡养老人	住房贷款利息
赵辉	7 000	4 000		2 000	
王启	6 000	3 500		2 000	
周彤	5 000	2 500			
丁楠	5 000	2 500	1 000		
乔娜	5 000	2 500	500	1 000	
杨帆	5 000	2 500			1 000
张妍	4 500	2 000		1 000	
李卓	6 000	3 500		1 000	500
吴宇	5 000	2 500			
刘悦	6 000	3 500			

续表

人员名称	基本工资	岗位工资	子女教育	赡养老人	住房贷款利息
李浩明	5 000	2 500	1 000		
陈哲	4 000	2 000			
王大伟	6 000	3 500	1 000		500
范文艳	5 000	2 500			
沈国华	6 000	3 500		1 000	1 000
段辉	5 000	2 500			
张红	4 000	2 000	1 000	1 000	
合计	89 500	47 500	4 500	9 000	3 000

注：专项附加扣除项目中的扣除标准适用于2023年以前的数据。在进行数据变动时只填入当月数据，不要勾选期初数据。

2.扣缴所得税

公司工资薪金所得预缴申报表设置资料如下：

（1）公司所属地区：山西。

（2）报表名称：工资薪金所得预缴申报表（使用系统预制模板进行设置）。

3.银行代发

该公司需要银行代发工资数据且以Excel的形式保存，文件名为“2024年9月银行代发工资明细表”。

（二）工资分摊

工资分摊及费用计提科目见表6-8。

表6-8　工资分摊及费用计提科目表

工资分摊 / 部门	人员类别	应付工资（工资项目：工资计提数）		工会经费（工资项目：应发合计）2%		职工教育经费（工资项目：应发合计）8%	
综合办、财务部、仓储部、人力资源部	企业管理人员	660201	221101	660201	221106	660201	221107
采购部	采购人员	660201	221101	660201	221106	660201	221107
销售部	销售人员	660101	221101	660101	221106	660101	221107
生产一部、生产二部	车间管理人员	510101	221101	510101	221106	510101	221107
生产一部	生产人员	500102	221101	500102	221106	500102	221107
生产二部	生产人员	500102	221101	500102	221106	500102	221107

注：生产一部的项目为吸顶灯，生产二部的项目为落地灯。

三、任务要求

1.熟知各类薪资项目，如基本工资、岗位工资、津贴补贴以及社保、公积金扣除项等的计算逻辑，深度理解相关政策法规条文，确保薪资核算合规。

2.薪资会计乔娜：根据任务场景及任务资料，结合企业薪酬制度，高效完成工资变动、扣缴所得税、银行代发及工资分摊事项，并生成相应凭证。

3.账套主管王启：完成乔娜提交的薪资核算凭证审核，确保数据准确无误。

任务准备

一、工资数据处理

薪资管理系统的日常业务处理是对个人工资数据及某些工资项目的调整，按账务处理要求进行汇总以便生成工资转账数据，主要包括工资数据处理和工资费用分摊。

（一）工资变动

6-12

知识导学：工资变动

工资变动用于处理日常工资数据的调整、变动以及工资项目增减等，而人员的增减和部门的变更需要在人员基本信息中进行。本任务主要包括数据录入和计算汇总。

1.数据录入

工资数据可以分为固定数据和变动数据。固定数据一般比较稳定，数值很少变动，在日常工作中只有在其发生变化的时候才重新进行调整，平时不需要反复输入，例如基本工资、岗位工资等；而变动数据则需要在每次发放工资时根据实际情况进行调整，例如奖金、缺勤扣款等。每月固定不变的数据在系统开始使用时一次性录入，长期使用，只在升职、提薪时才进行修改。而每月变动的数据，需要在没有处理工资数据前进行编辑修改。这部分变动数据有些必须手工逐项录入，例如请假天数；有些变动数据则可以成批录入，例如奖金；还有些变动数据是由系统根据设置好的公式自动计算完成的。

初次使用系统时，应先将所有人员的工资基本数据录入系统。工资变动界面显示所有人员的所有工资项目，用户可以在此直接录入数据，也可对变动工资项目的工资数据进行修改。在以后的使用过程中，对个别有变动的工资项目进行调整，生成当月的工资数据。

无论首次使用系统录入数据，还是在今后的日常工作中对变动工资部分进行编辑、修改，都可以通过以下方法提高录入数据效率：一是使用过滤功能过滤工资项目。如果只对某些工资项目或某一部分职工的工资数据进行录入或修改，使用过滤功能可以将需要输入的工资项目或人员过滤出来，使界面中只显示用户需要的数据，方便用户输入数据。二是使用成批替换功能。用户可以使用成批替换功能通过设置公式按照某一特定条件将某些工资项目数据统一替换。例如，本月由于销售部业绩突出，向销售部所有人员发放固定数额的奖金，就可以使用该功能。

2.计算汇总

在工资变动界面录入数据后要进行计算和汇总，系统才能按照在初始设置中定义好的工资项目及计算公式计算职工的应发工资、各项扣款合计及实发工资项目，并根据所属部门、人员类别等条件自动汇总生成新的工资数据表。

如果进行了工资数据修改、计算公式重新设置、数据替换或自动扣税等操作，为保证工资数据计算的准确性，必须调用计算和汇总功能，重新计算个人工资数据。否则退出工资变动界面时，系统会提示重新计算工资。

（二）扣缴所得税

鉴于许多企事业单位计算职工工资薪金所得税工作量较大，一般系统提供个人所得税自动计算功能，用户只需要自定义所得税税率，系统自动计算个人所得税，既减轻了用户工作负担，又提高了工作效率。

系统提供所得税申报表的标准栏目、所得项目、对应工资项目。系统默认“所得项目”初始为“工资”。个人所得税申报表中“收入额合计”项对应的工资项目默认为“实发合计”，可进行调整。如果个人所得税税率发生变动，可以进行修改。修改确认后系统自动重新计算。

（三）银行代发

银行代发工资是指企业为职工在代发工资的开户银行设置工资储蓄账户，每月企业直接将职工工资划入开户银行相应账户中。这样做既减轻了财务部门发放工资工作的负担，又有效地避免了财务去银行提取大笔款项所承担的风险，同时还提高了对员工个人工资的保密程度。

银行代发工资需要进行以下操作：一是设置代发文件格式。企业需要根据代发银行的要求设置代发文件的格式，包含数据项目、各数据项的类型、长度等。二是选择代发文件的输出格式。企业根据代发银行的要求设置向银行提供的工资数据文件的存放格式。三是向银行报送工资数据文件。企业按照预先规定好的格式和文件名将工资数据文件报送代发银行，以便银行在规定日期将员工应得薪金转到职工个人账户。

引导问题1：薪资管理系统日常业务处理之前，必须做好哪些设置？____。

引导问题2：在修改了某些数据，重新设置了计算公式，或者进行了数据替换等操作后，必须调用工资变动中的哪些功能对个人工资数据重新计算汇总以保证工资数据的正确？____。

二、工资分摊处理

6-13

知识导学：工资分摊

工资分摊是指对当月发生的工资费用进行工资总额的计算、分配及各种经费的计提，系统根据用户预先定义的工资分摊模板生成自动转账凭证，传递到总账系统进一步处理，实现与总账系统的数据传递。

为了实现上述功能，工资分摊处理需要预先设置工资总额、计提基数及凭证模板，系统才能根据工资总额和计提基数自动计算各部门每项费用的提取数，然后根据计算的结果自动生成凭证。

引导问题1：薪资管理系统传递到总账中的凭证，不可以在总账系统中进行哪些操作？____。

引导问题2：在工资分摊构成设置中，需要设置哪些内容？____。

任务实施

一、工资数据处理

以薪资会计“204乔娜”的身份登录企业应用平台，在“业务工作”中打开“人力资源”菜单栏，完成工资数据处理和工资分摊业务。

6-14

技能实践：
工资变动

（一）工资变动

工资数据录入及计算汇总的具体操作流程如图6-3-1所示。

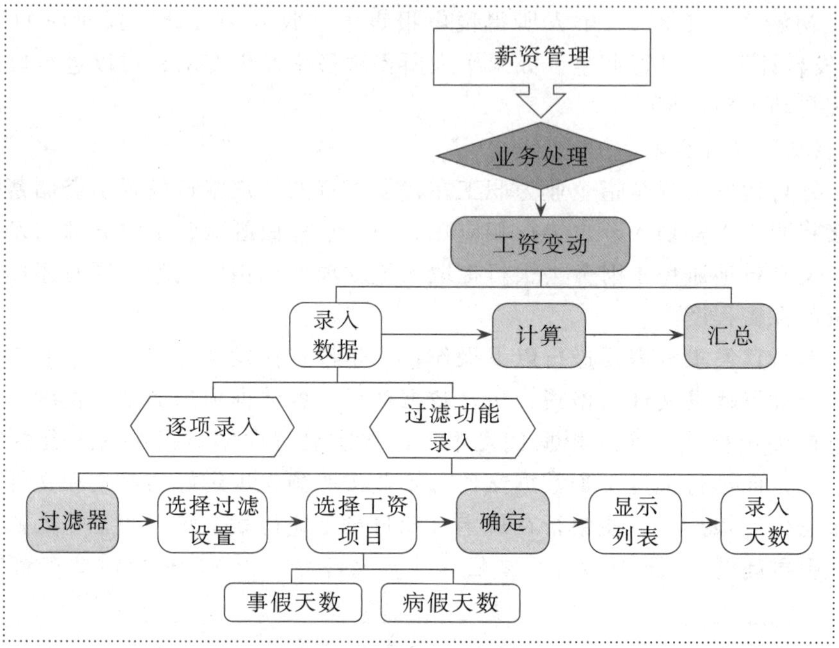

图6-3-1 工资变动操作流程

基本工资、岗位工资、子女教育、赡养老人、住房贷款利息按上述操作流程逐项录入方式将数据录入系统，也可选择使用过滤设置功能录入。事假天数和病假天数使用过滤设置功能录入，也可逐项录入。数据录入完成并计算汇总后使用过滤设置选择显示工资项目如图6-3-2所示。

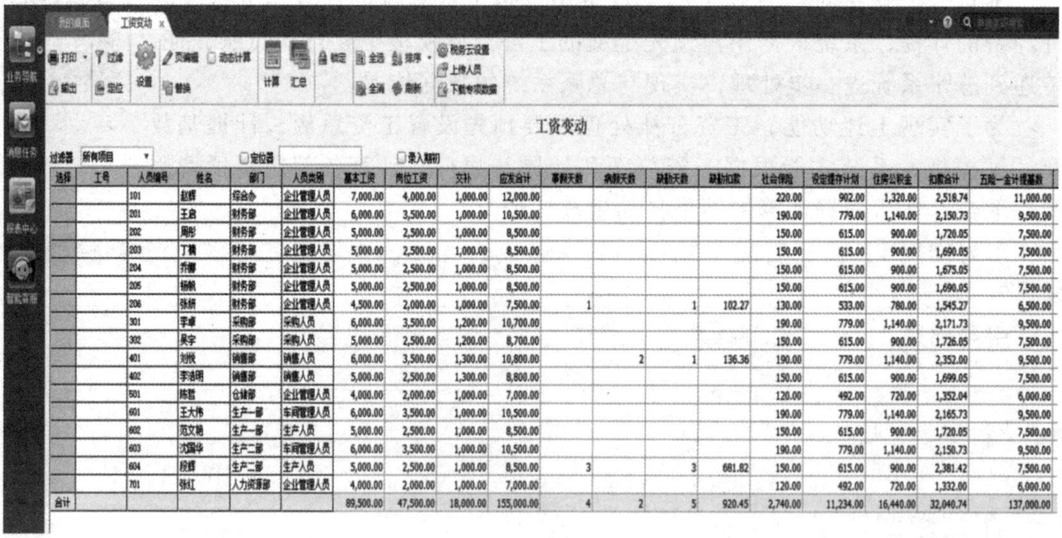

工资变动

过滤器 所有项目 定位器 录入期初

选择	工号	人员编号	姓名	部门	人员类别	基本工资	岗位工资	交补	应发合计	事假天数	病假天数	缺勤天数	缺勤扣款	社会保险	设定提存计划	住房公积金	扣款合计	五险一金计提基数
		101	赵辉	综合办	企业管理人员	7,000.00	4,000.00	1,000.00	12,000.00					220.00	902.00	1,320.00	2,518.74	11,000.00
		201	王启	财务部	企业管理人员	6,000.00	3,500.00	1,000.00	10,500.00					190.00	779.00	1,140.00	2,150.73	9,500.00
		202	周彤	财务部	企业管理人员	5,000.00	2,500.00	1,000.00	8,500.00					150.00	615.00	900.00	1,720.05	7,500.00
		203	丁楠	财务部	企业管理人员	5,000.00	2,500.00	1,000.00	8,500.00					150.00	615.00	900.00	1,690.05	7,500.00
		204	乔娜	财务部	企业管理人员	5,000.00	2,500.00	1,000.00	8,500.00					150.00	615.00	900.00	1,675.05	7,500.00
		205	杨帆	财务部	企业管理人员	5,000.00	2,500.00	1,000.00	8,500.00					150.00	615.00	900.00	1,690.05	7,500.00
		206	张娟	财务部	企业管理人员	4,500.00	2,000.00	1,000.00	7,500.00	1		1	102.27	130.00	533.00	780.00	1,545.27	6,500.00
		301	李卓	采购部	采购人员	6,000.00	3,500.00	1,200.00	10,700.00					190.00	779.00	1,140.00	2,171.73	9,500.00
		302	吴宇	采购部	采购人员	5,000.00	2,500.00	1,200.00	8,700.00					150.00	615.00	900.00	1,726.05	7,500.00
		401	刘悦	销售部	销售人员	6,000.00	3,500.00	1,300.00	10,800.00		2	1	136.36	190.00	779.00	1,140.00	2,352.00	9,500.00
		402	李浩明	销售部	销售人员	5,000.00	2,500.00	1,300.00	8,800.00					150.00	615.00	900.00	1,699.05	7,500.00
		501	陈哲	仓储部	企业管理人员	4,000.00	2,000.00	1,000.00	7,000.00					120.00	492.00	720.00	1,352.04	6,000.00
		601	王大伟	生产一部	车间管理人员	6,000.00	3,500.00	1,000.00	10,500.00					190.00	779.00	1,140.00	2,165.73	9,500.00
		602	范文艳	生产一部	生产人员	5,000.00	2,500.00	1,000.00	8,500.00					150.00	615.00	900.00	1,720.05	7,500.00
		603	沈国华	生产二部	车间管理人员	6,000.00	3,500.00	1,000.00	10,500.00					190.00	779.00	1,140.00	2,150.73	9,500.00
		604	段辉	生产二部	生产人员	5,000.00	2,500.00	1,000.00	8,500.00	3		3	681.82	150.00	615.00	900.00	2,381.42	7,500.00
		701	张红	人力资源部	企业管理人员	4,000.00	2,000.00	1,000.00	7,000.00					120.00	492.00	720.00	1,332.00	6,000.00
合计						89,500.00	47,500.00	18,000.00	155,000.00	4	2	5	920.45	2,740.00	11,234.00	16,440.00	32,040.74	137,000.00

图6-3-2 工资变动数据

特别提示：

◆本任务中只输入没有进行公式设定的项目的数据，其余各项数据由系统根据计算公式自动计算生成。

◆如果只对某一部门的某个项目进行录入，如录入财务部所有人员年终奖1 000时，可使用“替换”功能。单击“替换”按钮，“工资项目”选择年终奖，内容输入1 000，然后输入替换条件“部门=财务部”，单击“确定”按钮即可。但在本任务中没有符合“替换”功能输入的内容，所以不需要使用该功能。

（二）扣缴所得税

设置及查看个人所得税纳税申报表的具体操作流程如图6-3-3所示。

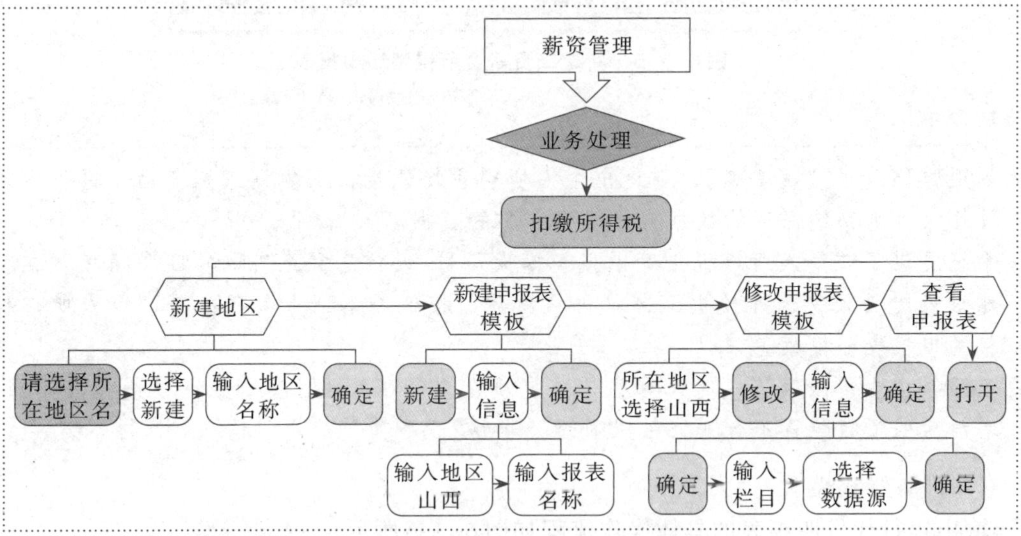

图6-3-3　设置及查看个人所得税申报表操作流程

按上述操作流程设置申报表模板，新增地区界面如图6-3-4所示，新建申报表模板界面如图6-3-5所示。

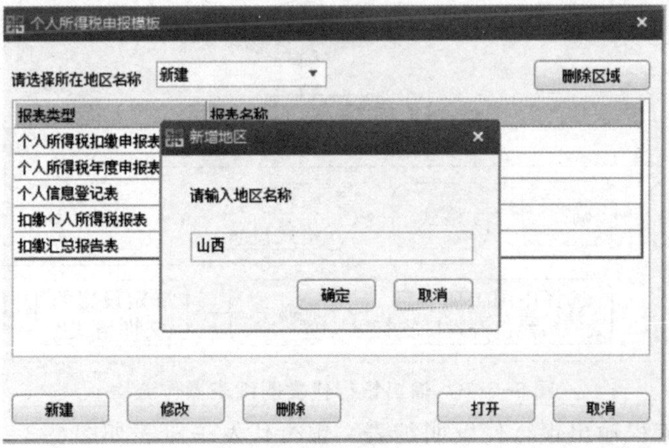

图6-3-4　新增地区

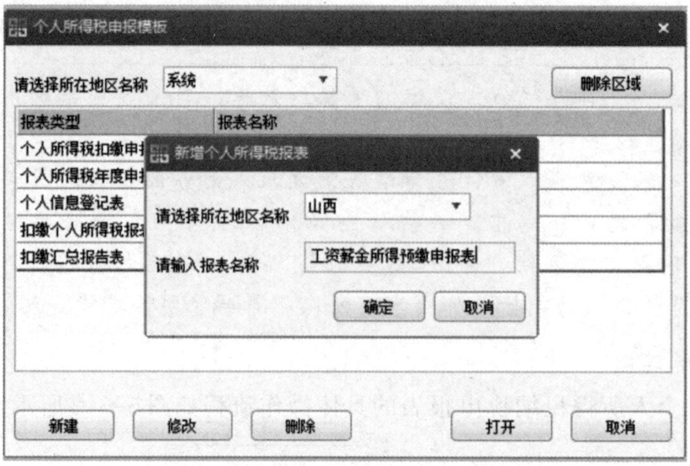

图6-3-5 新建工资薪金所得预缴申报表

特别提示：

◆如用户修改了“税率表”，则退出个人所得税功能后，必须到工资变动中进行重新计算，否则系统保留的数据为修改税率前的数据。

◆系统提供了“个人所得税年度申报表模板”“个人信息登记表”等四类模板，在新建报表时必须先选择模板，再单击“新建”按钮。本任务参照的是“个人所得税年度申报表”模板。

◆参照模板生成报表格式时，有些是系统预置的，可以通过“删除”功能将其删除。增加后的项目位置不合适，可以通过“上移”“下移”功能调整。

（三）银行代发

输出银行代发明细表的具体操作流程如图6-3-6所示。

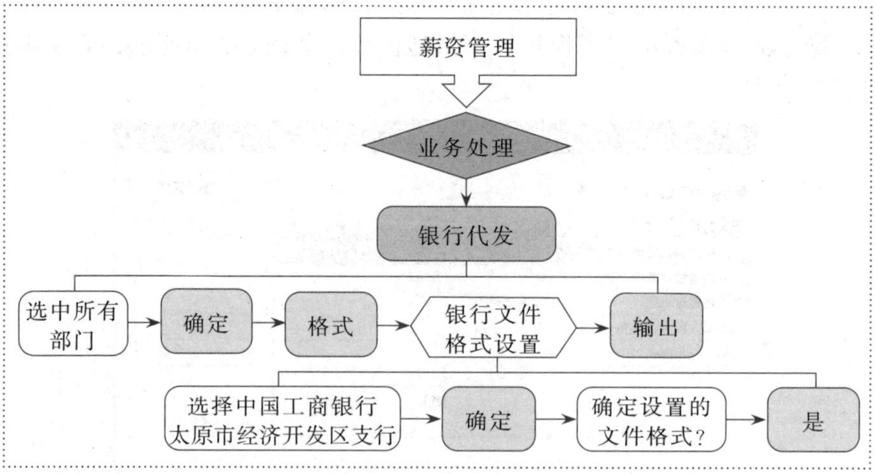

图6-3-6 输出银行代发明细表操作流程

按上述操作流程输出银行代发明细表，银行代发一览表如图6-3-7所示。

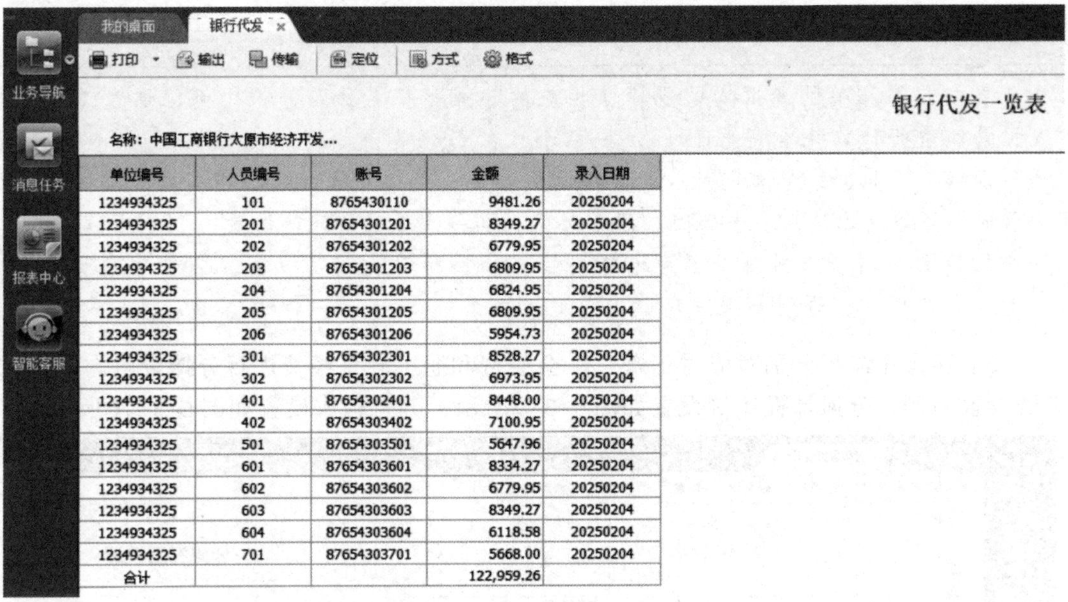

单位编号	人员编号	账号	金额	录入日期
1234934325	101	8765430110	9481.26	20250204
1234934325	201	87654301201	8349.27	20250204
1234934325	202	87654301202	6779.95	20250204
1234934325	203	87654301203	6809.95	20250204
1234934325	204	87654301204	6824.95	20250204
1234934325	205	87654301205	6809.95	20250204
1234934325	206	87654301206	5954.73	20250204
1234934325	301	87654302301	8528.27	20250204
1234934325	302	87654302302	6973.95	20250204
1234934325	401	87654302401	8448.00	20250204
1234934325	402	87654303402	7100.95	20250204
1234934325	501	87654303501	5647.96	20250204
1234934325	601	87654303601	8334.27	20250204
1234934325	602	87654303602	6779.95	20250204
1234934325	603	87654303603	8349.27	20250204
1234934325	604	87654303604	6118.58	20250204
1234934325	701	87654303701	5668.00	20250204
合计			122,959.26	

图 6-3-7　银行代发一览表

二、工资分摊

（一）工资分摊设置

6-15

技能实践：工资分摊设置

工资分摊设置的具体操作流程如图 6-3-8 所示。

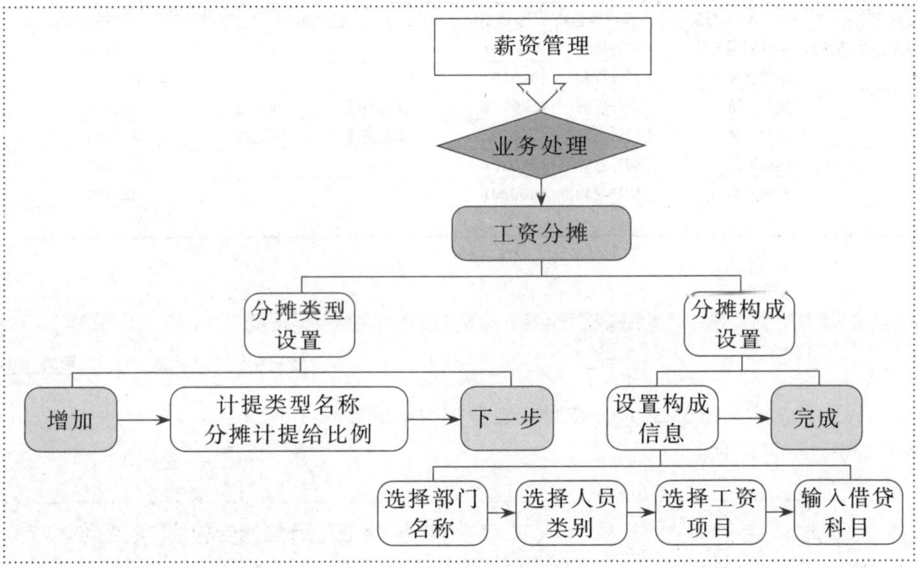

图 6-3-8　工资分摊设置操作流程

特别提示：

◆所有与工资相关的费用均需要建立相应的分摊类型名称及分摊比例，通过工资分摊功能进行计算并生成凭证。

◆不同部门、相同人员类别可以设置不同的分摊科目，不同部门、相同人员类别在设置时，可以一次选择多个部门。同一部门、同一人员类别只能设置一个分摊科目。

◆分摊设置的借贷方科目必须为末级科目。如果科目有项目核算，必须录入项目大类和具体项目，否则无法保存。

按上述操作流程分别对应付工资、工会经费和职工教育经费进行分摊设置。以应付工资设置为例，分摊计提比例设置如图6-3-9所示，分摊构成设置如图6-3-10所示。

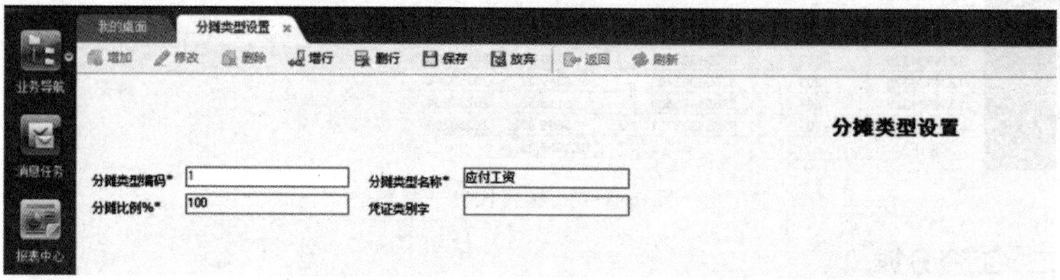

图6-3-9 应付工资分摊计提比例设置

分摊构成设置

部门名称	人员类别	工资项目	借方科目	借方项目大类	借方项目	贷方科目
综合办,财务部,仓储部,人力资源部	企业管理人员	工资计提数	660201			221101
生产一部,生产二部	车间管理人员	工资计提数	510101			221101
生产一部	生产人员	工资计提数	500102	商品管理	吸顶灯	221101
生产二部	生产人员	工资计提数	500102	商品管理	落地灯	221101
销售部	销售人员	工资计提数	660101			221101
采购部	采购人员	工资计提数	660201			221101

上一步 完成 取消

图6-3-10 应付工资分摊构成设置

操作提示：

◆在进行分摊设置时，生产成本需要输入项目大类和项目名称，在输入项目名称时提示项目已经结算，无法输入，如何解决？

遇到此问题的原因是，在录入项目档案时，将该项目"是否结算"一列选择了"Y"，也就是录入时就把该项目设置成了已经结算项目。执行"基础设置"/"基础档案"/"财务"/"项目目录"命令，修改该项目档案，取消"是否结算"一列的"Y"即可。

（二）生成自动转账凭证

生成自动转账凭证的具体操作流程如图6-3-11所示。

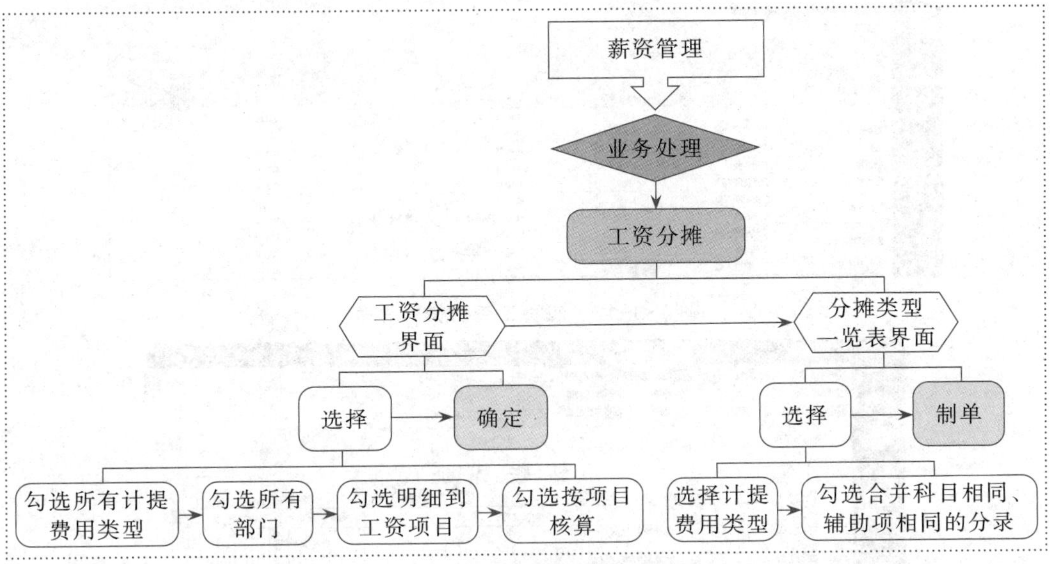

图6-3-11　生成自动转账凭证操作流程

特别提示：

◆如果不选择"合并科目相同、辅助账相同的分录"，则在生成凭证时将每一条分录都对应一个贷方科目，凭证看起来比较凌乱，所以在制单时最好勾选此项。

◆分摊类型一览表中金额和借贷科目所在列均为绿色，表示已经制单完成。生成的凭证传递到总账管理系统需要在总账管理系统中进行审核、记账，但是不能在总账管理系统中修改、删除。

◆薪资管理系统生成的凭证只能在薪资管理系统中进行查询、删除、冲销等操作。如需删除，可在薪资管理系统中执行"统计分析"/"凭证查询"命令，在"凭证查询"对话框中删除。删除后凭证在总账管理系统仍然存在，只是"作废"的状态，想彻底删除，需要在总账管理系统中执行"整理凭证"命令。

◆薪资管理系统传递到总账管理系统的凭证一经审核、记账，在薪资管理系统不能进行修改、删除操作，必须先在总账管理系统取消记账、取消审核。

按上述操作流程生成应付工资、工会经费和职工教育经费计提的自动转账凭证。在工资分摊明细界面可以选择"批制"按钮，直接生成所有计提费用类型的凭证。以应付工资为例，分摊类型一览表界面如图6-3-12所示。生成的应付工资计提凭证、工会经费计提凭证及职工教育经费计提凭证分别如图6-3-13、图6-3-14和图6-3-15所示。

图 6-3-12　应付工资分摊一览表

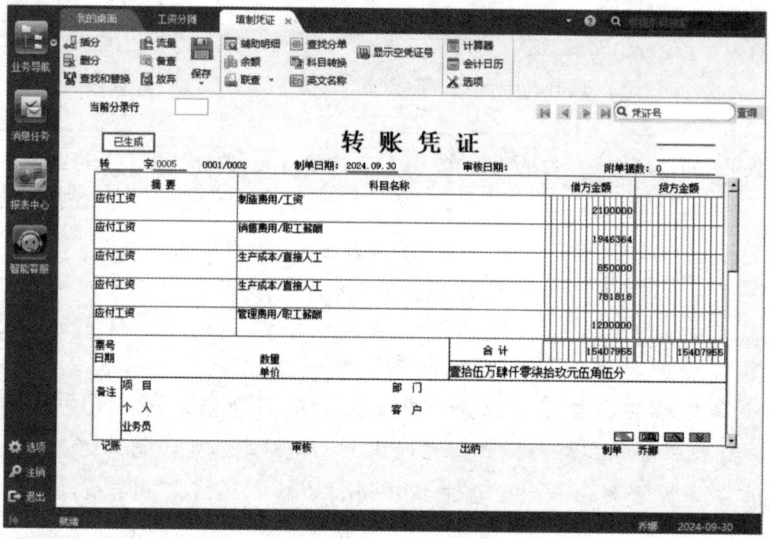

图 6-3-13　应付工资计提凭证

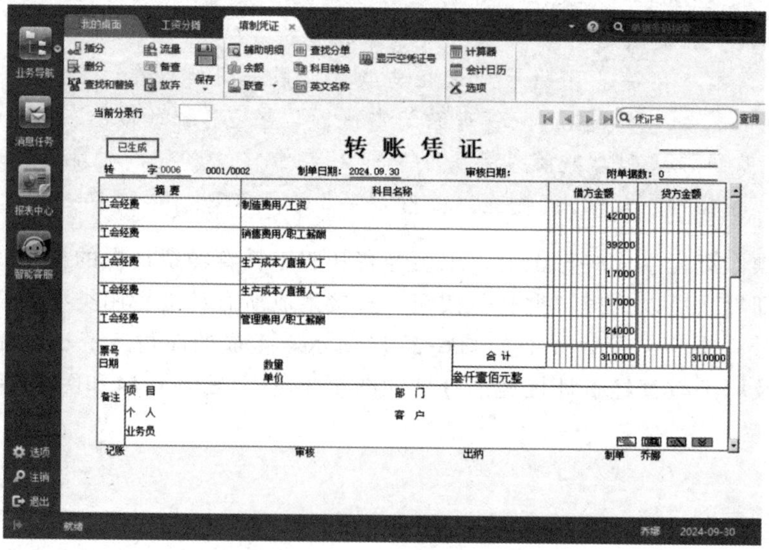

图 6-3-14　工会经费计提凭证

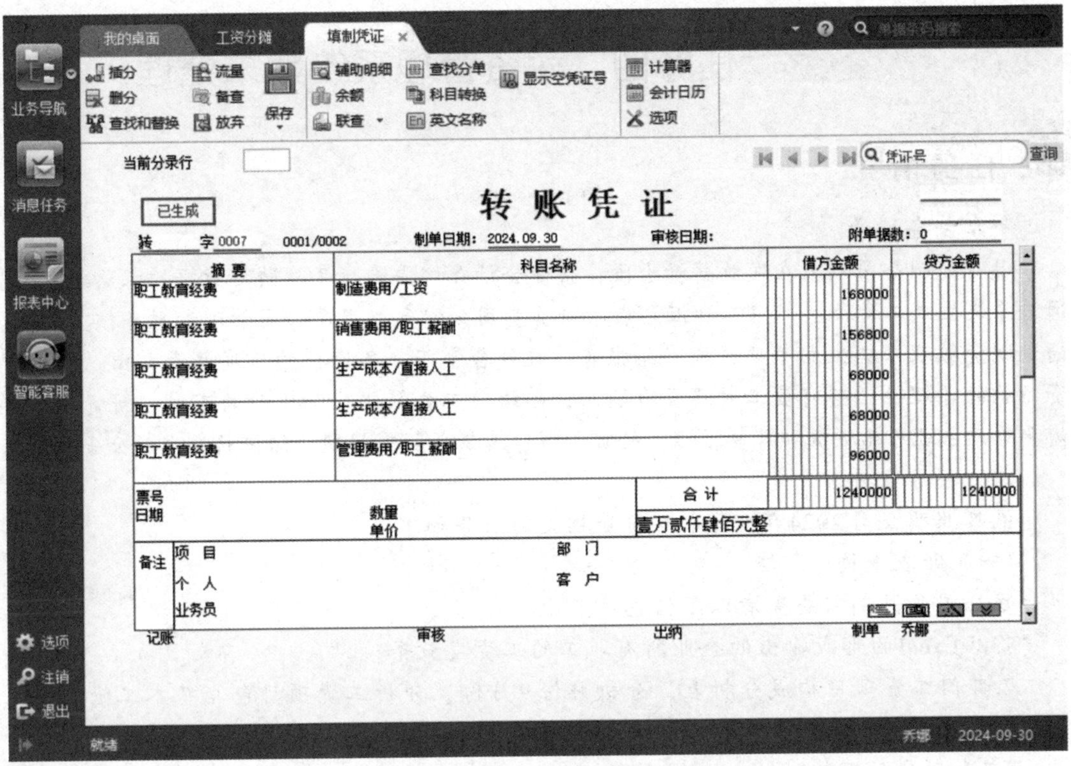

图 6-3-15　职工教育经费计提凭证

操作提示：

◆工资分摊设置完成后进入分摊类型一览表借贷方科目均为空，如何解决？

遇到此问题的原因是，在工资分摊界面未勾选“明细到工资项目”，只有选择“明细到工资项目”，才能把分摊类型设置中借贷方科目带入分摊一览表，否则分摊表中借贷方科目均为空。

◆在分摊设置中生产成本科目已经设置项目大类和项目名称，而制单后生成的凭证中“生成成本/直接人工”在一行显示，还需要再输入项目名称，如何解决？

遇到此问题的原因是在工资分摊界面未勾选“按项目核算”，只有选择“按项目核算”，在生成凭证时才能将项目名称带入科目中，不需要再次输入项目名称，而且“生产成本/直接人工”分两行显示。

智慧财务·德润人心

紧跟政策动态，借持续学习应工资万变

工资政策和相关法律法规会随着社会经济发展不断调整，企业内部的薪酬体系也可能因战略调整、市场竞争等因素发生变化。因此我们要关注国家政策法规的更新以及企业薪酬管理的动态，树立持续学习的观念。积极主动地学习新的工资计算方法，了解新政策，提高适应变化的能力，以应对未来工作中可能出现的各种工资变动情况。

任务四　薪资管理系统期末处理

任务情境

一、任务场景

晶辉照明公司期末在发放薪资阶段，薪资会计乔娜要进行年度薪资数据的汇总与分析。通过系统生成工资条、部门工资汇总表、薪资费用分配表，满足公司管理和财务核算需求。通过薪资管理系统生成年度薪资汇总报表，统计各部门、各岗位的年度薪资支出，分析薪资结构的合理性，若有员工对薪资有疑问，如绩效工资算错、加班时长不对，薪资会计乔娜要查询系统原始数据和计算过程，给员工解释清楚，解决问题，保证薪资发放公平顺利。

二、任务资料

晶辉照明公司2024年9月末与薪资相关的业务如下：

（一）账表查询

该公司每月都需要查看以下信息：

1.以Excel的形式输出的企业所有职工的工资发放条；

2.部门工资项目构成分析表，分析月份9月份，分析工资项目包括基本工资、岗位工资、交通补贴、应发合计、扣款合计和实发合计。

（二）月末处理

该公司9月份业务完成后需要对薪资管理系统进行结账。

三、任务要求

1.薪资会计乔娜：根据业务需求，定制并生成各类薪资报表，如工资发放条、部门工资项目构成分析表等，可以查询且能进行初步的数据分析。

2.薪资会计乔娜：严格按照流程对薪资管理系统进行月末对账、结账。

任务准备

一、账表查询

6-16

知识导学：薪资管理系统期末处理

薪资管理系统的期末处理主要包括月末处理。账表查询业务可在日常业务处理时完成也可以在期末完成，根据企业实际需要进行。本项目中将账表查询业务包含在期末处理中讲述。

薪资管理系统提供了工资表和工资统计分析表两大类信息的查询。

工资表一般提供薪金管理所需要的基本信息，主要包括工资发放签名表、工资发放条、工资卡、部门工资汇总表、人员类别工资汇总表等由系统提供的原始表。

工资统计分析表是以工资数据为基础，对部门、人员类别的工资数据进行分析和比较，提供各种分析结果，供企业管理人员决策使用的报表。工资统计分析表主要包括工资项目分析表、分部门各月工资构成分析表、员工工资项目统计表、工资增长情况表等。

引导问题1：薪资管理系统提供了哪些可供查询的账表类型？____。

二、月末处理

月末处理即进行月末结转。月末结转是将当月数据经过处理后结转至下月。每月工资数据处理完毕后均可进行月末结转。

由于在工资项目中，有的项目是变动的，即每月的数据均不相同，在每月工资处理时，均须将其数据清零，而后输入当月的数据，此类项目即为清零项目。而其他固定不变的项目则继承以前月份的数据，下月不需要重新输入。月末结转，不需要进行清零处理。

月末处理功能只有主管人员才能执行，即工资类别主管和账套主管均可进行月末处理。如果系统中存在多个工资类别则应分别打开工资类别逐个进行月末结转。如果本期的工资数据未汇总，系统将不允许进行期末结转工作。月末结转后，当月数据不再允许变动，所以，进行月末结转前须做好数据备份。

恢复月末结账前状态，又称“反结账”，是系统提供的一个纠错功能。如果由于某种原因，在结账后发现结账前的操作有误，而结账后不能修改结账前的数据，可使用此功能恢复到结账前状态去修改错误。

引导问题2：如果结账后，发现有未处理的业务或者需要修改的事项，应该怎么处理呢？____。

任务实施

一、账表查询

以薪资会计“204乔娜”的身份登录企业应用平台，在“业务工作”中打开“人力资源”菜单栏，完成账表查询及月末处理。

6-17

技能实践：薪资管理系统期末处理

（一）工资发放条

查询并输出工资发放条的具体操作流程如图6-4-1所示。

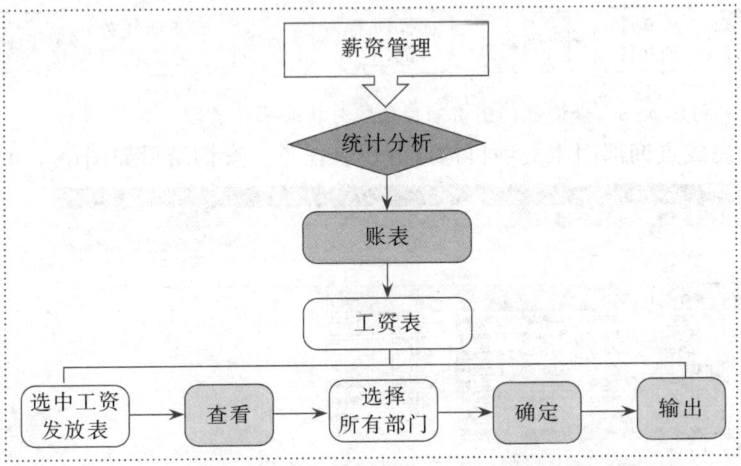

图6-4-1　查询并输出工资发放条操作流程

按上述操作流程完成查询并输出工资发放条的任务。输出界面如图6-4-2所示。

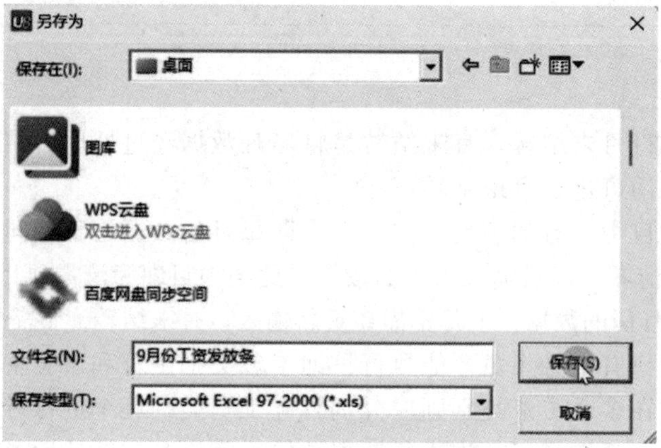

图6-4-2 输出工资发放条

（二）部门工资项目构成分析表

查询部门工资项目构成分析表的具体操作流程如图6-4-3所示。

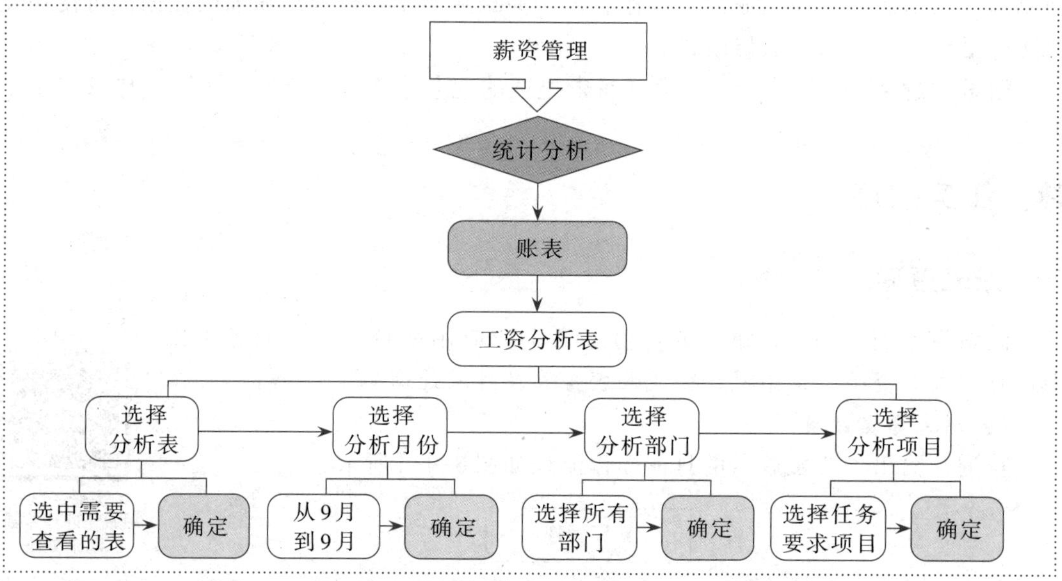

图6-4-3 查询部门工资项目构成分析表操作流程

按上述操作流程完成查询部门工资项目构成分析表任务。查询结果如图6-4-4所示。

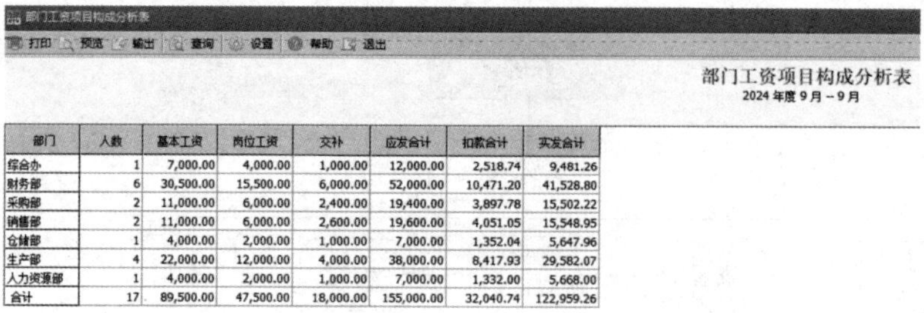

部门	人数	基本工资	岗位工资	交补	应发合计	扣款合计	实发合计
综合办	1	7,000.00	4,000.00	1,000.00	12,000.00	2,518.74	9,481.26
财务部	6	30,500.00	15,500.00	6,000.00	52,000.00	10,471.20	41,528.80
采购部	2	11,000.00	6,000.00	2,400.00	19,400.00	3,897.78	15,502.22
销售部	2	11,000.00	6,000.00	2,600.00	19,600.00	4,051.05	15,548.95
仓储部	1	4,000.00	2,000.00	1,000.00	7,000.00	1,352.04	5,647.96
生产部	4	22,000.00	12,000.00	4,000.00	38,000.00	8,417.93	29,582.07
人力资源部	1	4,000.00	2,000.00	1,000.00	7,000.00	1,332.00	5,668.00
合计	17	89,500.00	47,500.00	18,000.00	155,000.00	32,040.74	122,959.26

图6-4-4 部门工资项目构成分析表

二、月末处理

月末处理的具体操作流程如图6-4-5所示。

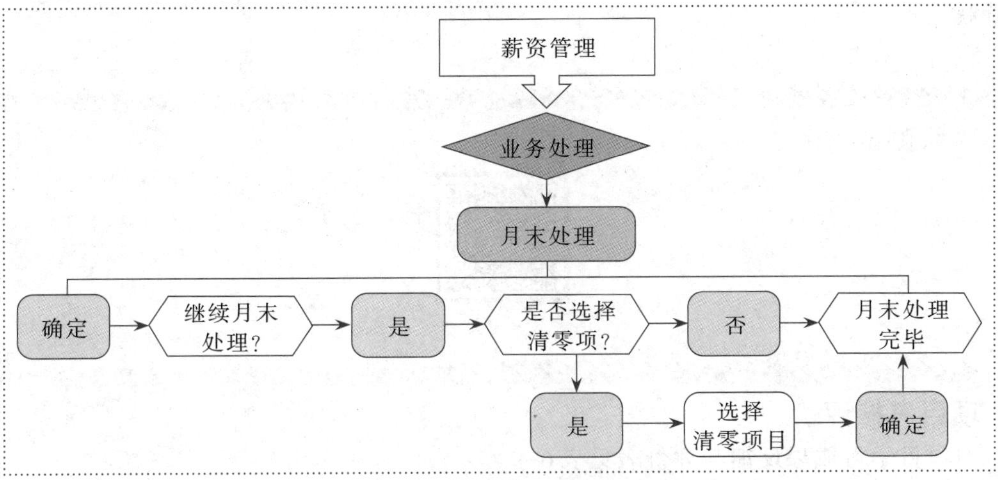

图6-4-5　月末处理操作流程

按上述操作流程完成月末处理任务。月末处理界面如图6-4-6所示。

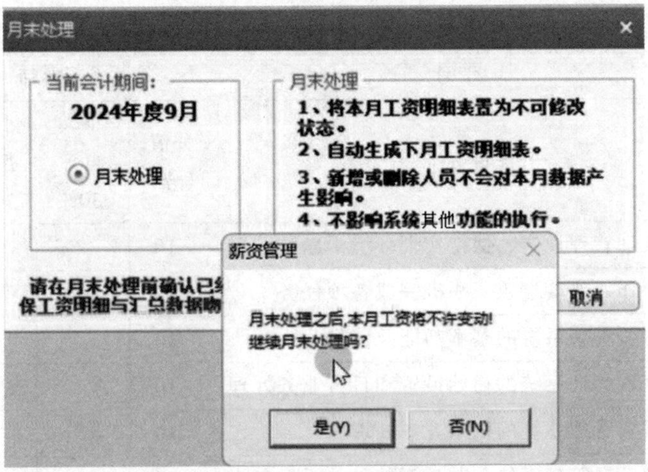

图6-4-6　月末处理

月末处理完成后，发现数据处理有问题，可以使用“反结账”功能。在业务工作选项卡中执行“薪资管理”/“业务处理”/“反结账”命令即可。总账系统已结账，薪资管理系统不允许反结账。

智慧财务·德润人心

精准分摊，赋能发展

企业运营涉及众多环节，每个部门、每个岗位的员工都在为企业创造价值，而他们的薪酬就是企业成本的重要组成部分。在用友ERP-U8系统里进行工资分摊时，我们把生产部门员工的工资准确分摊到生产成本中，将管理部门员工的工资合理计入管理费用，销售部门员工的工资归入销售费用等。合理的工资分摊有助于企业准确核算成本，制定科学的经营决策，提高企业的竞争力。我们在使用用友ERP-U8系统进行工资分摊时，要从企业整体利益出发，树立大局观和使命感，认真履行自己的职责，为企业的发展贡献力量。

项目测试

项目考核评价

本项目学习成果反馈与评价表见表6-9。

表6-9　项目六学习成果反馈与评价表

项目六		薪资会计岗位		任务一、二、三、四		
班级		组号		日期		
姓名		学号		教师		
项目	评价标准	分值（分）	个人自评30%	小组互评20%	教师评价50%	小计（分）
职业素养（20）	遵守实训管理规定，保持实训环境干净整洁	10				
	团结协作，态度端正，积极完成各项任务	10				
专业知识（30）	熟悉薪资管理系统的基本功能及流程	10				
	掌握薪资管理系统的初始设置和日常业务处理	10				
	掌握薪资管理系统的期末业务处理	10				
职业能力（30）	能理解薪资管理系统与其他系统的关系及其在财务管理中的关键作用	10				
	能独立完成系统初始化设置和日常业务处理	10				
	能熟练完成薪资管理系统的期末业务处理	10				
成果展示（20）	线上学习效果明显，及时完成测试	10				
	线下及时完成实训任务并提交截图	10				
合计		100				
教师评语						

项目七　资产会计岗位

岗位认知

资产会计必须依照制度要求，结合企业固定资产的配置状况，协同相关部门，利用固定资产管理系统，建立和完善固定资产及其他资产的管理与核算流程；制定固定资产目录，并录入固定资产卡片信息；对于固定资产的日常增减变动等经济活动，通过系统进行精确的核算与处理；在期末对固定资产进行价值审核，按照规定计提固定资产减值准备和累计折旧，实时监控固定资产使用状况，分析固定资产的使用效率，优化固定资产的管理流程，并向财务主管提供具有价值的会计信息或建议。

项目目标

素质目标

从战略角度审视固定资产管理，立足当前、着眼长远，树立保护企业和国家利益的岗位责任意识和大局意识；保持对固定资产数据的敏感性，关注行业动态，不断提高自己的专业素养和管理能力。

知识目标

熟悉固定资产管理系统的基本操作流程；掌握建立账套、基础设置、固定资产增加、减少、变动、计提折旧等相关业务处理；熟练查询固定资产管理的各项数据、账簿等。

能力目标

能够模拟企业固定资产管理任务场景建立账套、设置基础信息、进行固定资产增减变动日常及期末计提折旧等实际操作；运用数据分析工具和方法对固定资产进行分析，为企业的决策提供有力支持。

项目导图

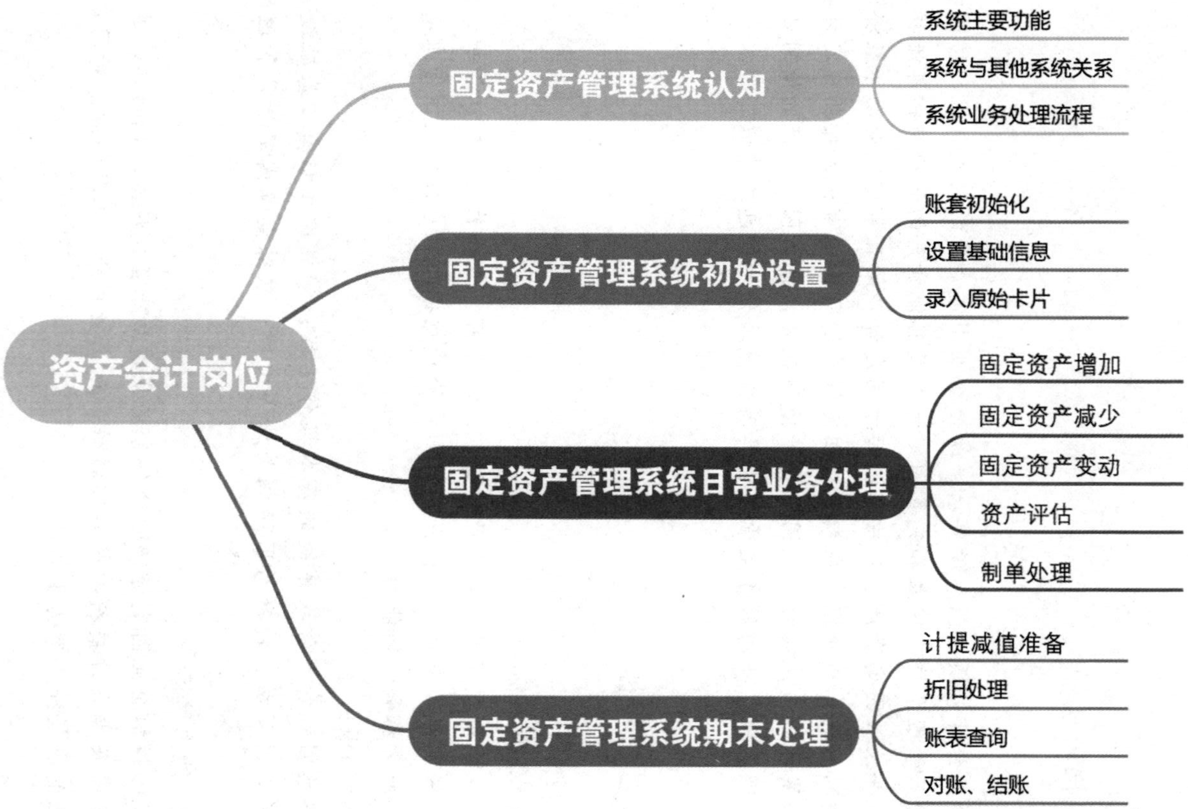
资产会计岗位
固定资产管理系统认知
系统主要功能
系统与其他系统关系
系统业务处理流程
固定资产管理系统初始设置
账套初始化
设置基础信息
录入原始卡片
固定资产管理系统日常业务处理
固定资产增加
固定资产减少
固定资产变动
资产评估
制单处理
固定资产管理系统期末处理
计提减值准备
折旧处理
账表查询
对账、结账

任务一　固定资产管理系统认知

任务情境

一、任务场景

固定资产作为企业资产的基石，其管理水平直接关乎企业运营的效率与稳健。固定资产管理系统是实现资产全生命周期管理的重要工具。晶辉照明公司为提高资产利用率、降低成本并优化财务管理流程，正在升级其现有的固定资产管理系统，作为资产会计的杨帆将负责设计和实施，以解决实际问题，使固定资产管理工作变得井然有序且高效。

二、任务要求

1.理解固定资产管理系统对企业的重要性，在资产管理中保持诚信、公平和透明度。通过技术手段支持企业履行社会责任，如节能减排、资源优化等。

2.熟悉固定资产管理子系统的基本功能，理解该系统与其他子系统的关系。

3.能够利用现代技术（如AI、大数据分析）来提高资产利用率，支持企业的可持续发展策略。

任务准备

固定资产管理系统，是指对企业固定资产进行全面、系统管理的信息化平台，是一款针对各类企业和行政事业单位进行固定资产核算和管理的软件，其核心功能强大，广泛应用于固定资产的日常管理之中。

7-1

知识导学：固定资产管理系统认知

一、固定资产管理系统的主要功能

用友ERP-U8的固定资产管理系统集成先进的信息技术和管理理念，以“全生命周期管理”为核心理念，从资产的购置、验收、使用、折旧、调拨、维修、处置等各个环节进行全方位管理。其主要功能如图7-1-1所示。

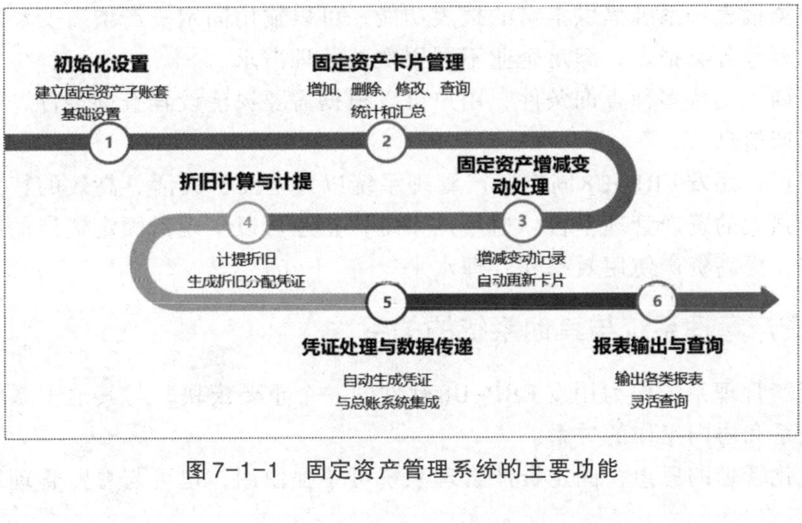

图7-1-1　固定资产管理系统的主要功能

（一）初始化设置

建立固定资产子账套：在会计核算账套的基础上建立固定资产子账套，设置相关参数（如启用月份、折旧信息、编码方式等）。

基础设置：包括固定资产项目、分类、部门分类、计算公式等的设置，作为后续业务处理的基础。

（二）固定资产卡片管理

增加、删除、修改、查询：允许用户对固定资产卡片进行灵活的操作，包括新增资产卡片、删除不再需要的卡片、修改卡片中的信息以及查询特定资产或类别的卡片信息。

统计和汇总：系统能够自动或手动地对固定资产进行统计和汇总，生成各类报表，如按部门、分类别的固定资产汇总表等。

（三）固定资产增减变动处理

增减变动记录：能够处理固定资产的增加（如购置、捐赠等）和减少（如报废、出售等）业务，记录每一次变动的详细信息。

自动更新卡片：根据增减变动记录自动更新固定资产卡片，确保卡片信息的准确性和时效性。

（四）折旧计算与计提

计提折旧：系统支持多种折旧方法（如平均年限法、年数总和法、双倍余额递减法等），能够根据用户设定的折旧方法和参数自动计算固定资产的折旧额。

生成折旧分配凭证：计算完成后，系统会自动生成折旧分配凭证，并传递到总账系统，实现财务数据的自动化处理。

（五）凭证处理与数据传递

自动生成凭证：将固定资产的增加、减少以及折旧计提等业务自动生成转账凭证，减少人工操作，提高工作效率。

与总账系统集成：与总账系统无缝集成，确保固定资产数据在多个子系统之间的一致性和准确性。

（六）报表输出与查询

输出各类报表：系统提供丰富的报表功能，可以输出固定资产增减变动表、折旧分配表、汇总表等各类报表，满足企业不同层次的管理需求。

灵活查询：支持多种查询条件，用户可以根据需要灵活设置查询条件，快速找到所需的固定资产信息。

总的来说，用友ERP-U8固定资产管理系统以其全面、灵活、高效的特点，为企业提供了一个强大的资产管理平台。通过该系统，企业可以实现对固定资产的精细化管理和实时监控，提高资产使用效率和管理水平。

二、固定资产管理系统与其他系统的关系

固定资产管理系统作为用友ERP-U8软件的一个重要模块，与其他子系统之间存在着紧密的联系和协同工作的关系。

按模块化管理的思想，固定资产管理系统可单独使用，也可与总账管理系统、采购

管理系统、成本核算系统等配合使用。主要体现在以下几个方面：

1.固定资产管理系统与企业门户共享数据。这意味着，在企业门户中维护的基础数据，如部门信息、员工信息等，可以直接被固定资产管理系统使用，从而确保数据的一致性和准确性。

2.固定资产管理系统与总账管理系统之间存在密切的数据交互。具体来说，当固定资产发生增加、减少、原值调整或折旧计提等变动时，这些变动信息会自动生成相应的转账凭证，并传递到总账管理系统中。总账管理系统则负责保存这些未记账凭证，并在后续的财务处理过程中进行审核和记账。这种数据交互不仅提高了财务处理的效率，还确保了固定资产核算的准确性和及时性。

3.固定资产管理系统还与成本核算系统相关联。在成本核算过程中，需要考虑到固定资产折旧等费用对成本的影响。因此，固定资产管理系统会向成本核算系统传递折旧有关费用的合计数据，以便成本核算系统能够准确地计算产品成本或项目成本。

4.固定资产管理系统与采购管理系统相关联。当企业购置新的固定资产时，采购管理系统会记录采购订单、入库单等信息。一旦固定资产完成验收并确认为企业资产，采购管理系统会将相关信息传递给固定资产管理系统，以便进行资产的登记、编码、分类和折旧计算。这样，企业可以确保采购的固定资产能够及时、准确地纳入资产管理范围。

5.UFO报表系统也可通过相应的取数函数从固定资产管理系统中提取分析数据。

固定资产管理系统与其他系统之间通过数据共享、凭证传递、业务协同等方式实现了紧密的集成和协同工作。这种集成关系不仅提高了企业信息化管理的效率和准确性，也为企业的决策提供了更加全面和准确的数据支持。在实际应用中，用户可以根据企业的实际需求和业务流程进行定制化的配置和优化，以实现最佳的管理效果。

固定资产管理系统与其他系统的关系如图7-1-2所示。

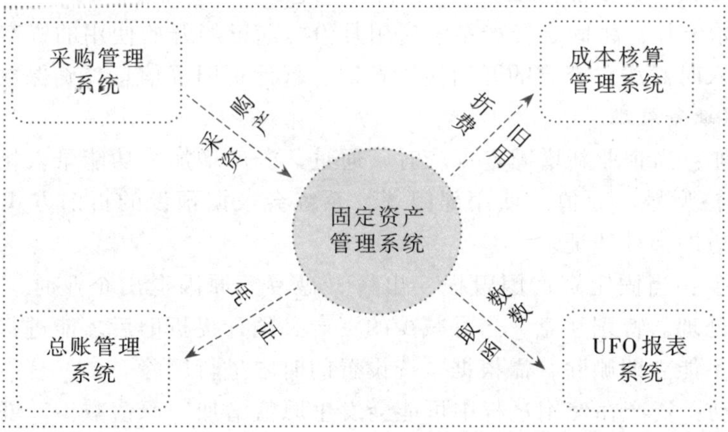

图7-1-2　固定资产管理系统与其他系统的关系

三、固定资产管理系统业务处理流程

固定资产管理系统与其他系统一样，业务处理主要为初始设置、日常处理和期末处理三部分，主要包括以下关键步骤。具体业务处理流程如图7-1-3所示。

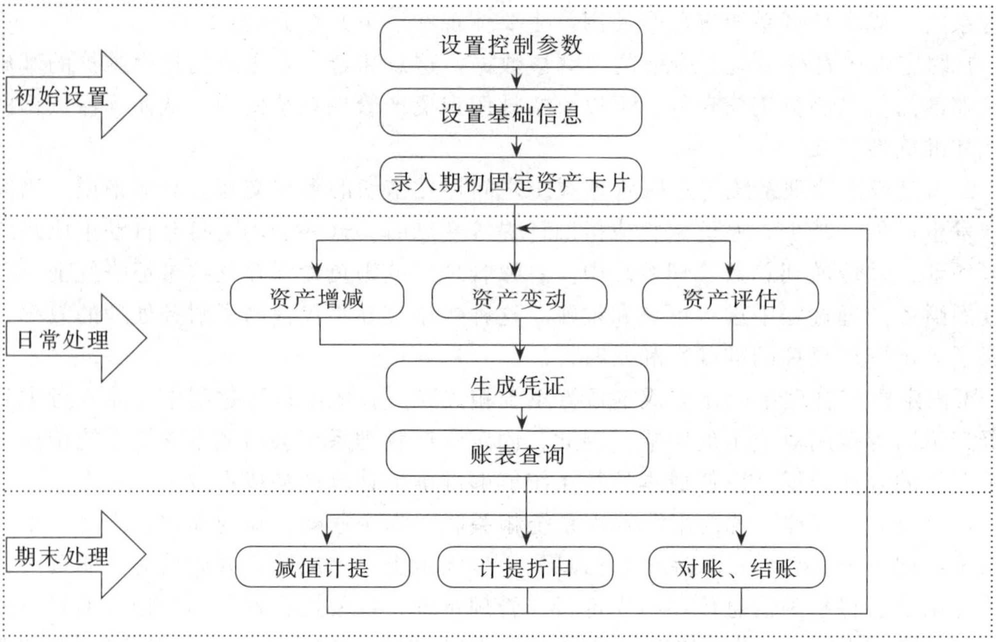

图 7-1-3 固定资产管理系统业务处理流程

（一）初始化设置

1.账套初始化：首次使用固定资产系统时，系统会自动提示是否进行账套初始化。选择“是”后，打开“初始化建账向导”界面。

2.设置参数：根据企业实际情况进行相应的参数设置，包括固定资产账套的基本信息、启用月份、折旧信息、编码方式等。特别注意，一旦初始化完成，某些设置（如折旧方式、编码方式）将不能修改。

3.录入原始卡片：将固定资产系统启用月份之前已经开始使用的资产全部录入到原始卡片中。录入时需注意资产的开始使用日期、累计折旧等信息，确保数据的准确性。

（二）日常业务处理

1.资产增加：当企业新增固定资产时，通过“资产增加”功能录入相关信息，包括资产名称、规格型号、原值、使用部门等。系统会根据预设的折旧方式自动计算折旧额，并生成相应的会计凭证。

2.资产减少：当固定资产因毁损、出售、盘亏等原因退出企业时，通过“资产减少”功能进行处理。特别注意，当月减少的资产必须计提折旧后才能进行减少操作，且已减少的资产不能立即删除，需根据系统设置的时限进行删除。

3.资产变动：资产在使用过程中可能会发生原值增加、原值减少、部门转移、使用年限调整等变动情况。通过“资产变动”功能录入变动单，系统会根据变动单调整资产的相关信息，并生成相应的会计凭证。

（三）折旧处理

1.计提折旧：系统支持自动计提折旧功能，每月根据预设的折旧方式和资产信息自动计算折旧额。用户需定期执行“计提本月折旧”操作，系统将自动计算并生成折旧分配表，然后制作记账凭证将折旧费用自动登账。

2.折旧分配：折旧费用可根据需要分配到不同的成本中心或部门。用户需设置相应的折旧分配规则，并在计提折旧时执行分配操作。

（四）期末处理

1.业务制单：将当期资产增加、资产减少、资产变动以及折旧计提等信息生成凭证并传递到总账系统。用户需定期执行“批量制单”操作，选择需要制单的卡片并设置制单科目后生成凭证。

2.月末结账：在固定资产系统单独使用一个账套时，需在月末结账前进行数据备份工作。执行“月末结账”操作后，系统将完成本月固定资产的结账工作并自动进入下一会计期间。

（五）数据查询与报表分析

1.账表查询：系统提供丰富的账表查询功能，包括固定资产总账、明细账、折旧表等。用户可根据需要查询固定资产的详细信息及其变动情况。

2.报表分析：系统支持生成固定资产相关报表，如折旧费用分析表、资产使用情况分析等。用户可通过报表分析了解固定资产的整体状况及存在的问题，为决策提供支持。

综上所述，用友ERP-U8固定资产管理子系统的业务处理流程涵盖了初始化设置、日常业务处理、折旧处理、期末处理以及数据查询与报表分析等多个方面。通过这一流程，企业可以实现对固定资产的全面管理和有效控制。

引导问题1：请通过各种方式调查3个不同类型的企业，并对每个企业所拥有的固定资产进行对比，找出其不同之处：____。

引导问题2：根据你的调查，企业总资产中固定资产的比重是不是越高越好？

□是 □不是

智慧财务·德润人心

技术之基，管理之重，技术赋能，责任并行

作为未来的企业管理决策者之一，要认识到固定资产管理在企业中的重要性，学会如何有效地管理和利用这些宝贵的资源，为企业的发展贡献自己的力量。同时，要保持对新知识、新技术的热爱和追求，不断提升自己在固定资产管理方面的专业素养和综合能力；应有在追求速度与规模的同时，不忘稳固根基，让固定资产成为推动企业不断攀登高峰的强大助力的意识和理念。

任务二　固定资产管理系统初始设置

任务情境

一、任务场景

晶辉照明公司账套主管王启启用固定资产管理系统后，资产会计杨帆首先对公司的固定资产进行了全面的清查和梳理，建立固定资产账套，进行初始化参数设置、基础信息设置，将所有固定资产的信息录入系统，包括资产名称、型号、购买时间、使用状态等，为日后能够全面、准确地管理固定资产做好准备。

二、任务资料

晶辉照明公司2024年9月初固定资产初始化参数设置及基础信息资料如下：

（一）账套及系统参数信息

账套及系统参数设置具体信息见表7-1。

表7-1 账套及系统参数设置

序号	项目	内容
1	约定与说明	我同意
2	启用时间	2024年9月
3	折旧信息	计提折旧：本账套计提折旧 主要折旧方法：平均年限法（一） 折旧汇总分配周期：1个月 当（月初已计提月份=可使用月份-1）时将剩余折旧全部提足
4	编码方式	资产类别编码规则：2-1-1-2； 固定资产编码方式：自动编码，部门编码+类别编码+序号； 序号长度：3
5	财务接口	与账务系统进行对账 对账科目：固定资产对账科目：1601 累计折旧对账科目：1602 在对账不平情况下允许固定资产月末结账
6	补充参数	业务发生后立即制单 固定资产缺省入账科目：1601 累计折旧缺省入账科目：1602 减值准备缺省入账科目：1603 增值税进项税额缺省入账科目：22210101 固定资产清理缺省入账科目：1606

（二）基础信息设置

1.部门对应折旧科目（见表7-2）

表7-2 部门对应折旧科目

部门编码	部门名称	折旧科目
01	综合办	管理费用——折旧费
02	财务部	管理费用——折旧费
03	采购部	管理费用——折旧费
04	销售部	销售费用——折旧费
05	仓储部	管理费用——折旧费
06	生产部	制造费用——折旧费
07	人力资源部	管理费用——折旧费

2.固定资产类别（见表7-3）

表7-3 固定资产类别

类别编码	类别名称	使用年限	净残值率	计提属性	方法	卡片样式
01	房屋	30	5%	总提折旧	平均年限法（一）	含税卡片样式
02	运输设备	8	5%	正常计提	平均年限法（一）	含税卡片样式
03	办公设备	5	5%	正常计提	平均年限法（一）	含税卡片样式

3.增减方式及对应入账科目（见表7-4）

表7-4 增减方式及对应入账科目

增加方式		减少方式	
方式	对应科目	方式	对应科目
直接购入	银行存款（100201）	出售	固定资产清理（1606）
投资者投入	实收资本（4001）	毁损	固定资产清理（1606）
在建工程转入	在建工程（1604）	盘亏	待处理财产损溢（1901）

（三）固定资产原始卡片信息

固定资产原始卡片录入资料见表7-5

表7-5 固定资产原始卡片 单位：元

编号	名称	类别编码	所在部门	增加方式	使用年限	开始使用日期	原值	累计折旧
00001	办公楼	01	人力资源部10%，综合办10%、销售部、财务部、仓管部、采购部各占20%	在建工程转入	30	2021-08-28	1 000 000.00	100 000.00
00002	大货车	02	销售部	直接购入	8	2022-05-26	230 000.00	61 453.12
00003	小轿车	02	综合办	直接购入	8	2021-06-08	150 000.00	56 406.25
00004	联想电脑	03	采购部	直接购入	5	2022-02-19	5 000.00	2 295.83
00005	联想电脑	03	销售部	直接购入	5	2022-02-19	5 000.00	2 295.83
00006	联想电脑	03	综合办	直接购入	5	2022-02-19	5 000.00	2 295.83
00007	联想电脑	03	仓管部	直接购入	5	2022-02-19	5 000.00	2 295.83
00008	联想电脑	03	财务部	直接购入	5	2022-02-19	5 000.00	2 295.83
00009	惠普打印机	03	财务部	直接购入	5	2022-02-19	4 000.00	1 836.67
合计							1 409 000.00	231 175.19

注：系统中使用年限为月，将表中的年限换算成月份录入；使用状况均为在用，净残值率均为5%。

三、任务要求

根据任务场景，可知工作任务主要是对晶辉照明公司的固定资产管理系统进行初始化参数设置及基础信息设置。

1.账套主管王启：按照系统思维建立固定资产管理子账套，并完成系统初始化参数设置。

2.资产会计杨帆：以精益求精的工匠精神和敏锐的洞察力完成基础信息设置，包括部门对应折旧科目、增减方式、资产类别的设置。

3.资产会计杨帆：以严谨细致的工作作风录入固定资产原始卡片，并进行卡片查询管理操作，核对所有固定资产的原值与累计折旧。

任务准备

一、固定资产账套初始化

根据单位的具体情况，建立一个符合企业财务工作要求的固定资产账套的过程，即固定资产初始化。固定资产系统在初次使用时，必须经过初始化，才能用于固定资产的日常管理。固定资产的初始设置包括：账套参数设置、基础信息设置和录入原始卡片三部分内容。固定资产初始化流程如图7-2-1所示。

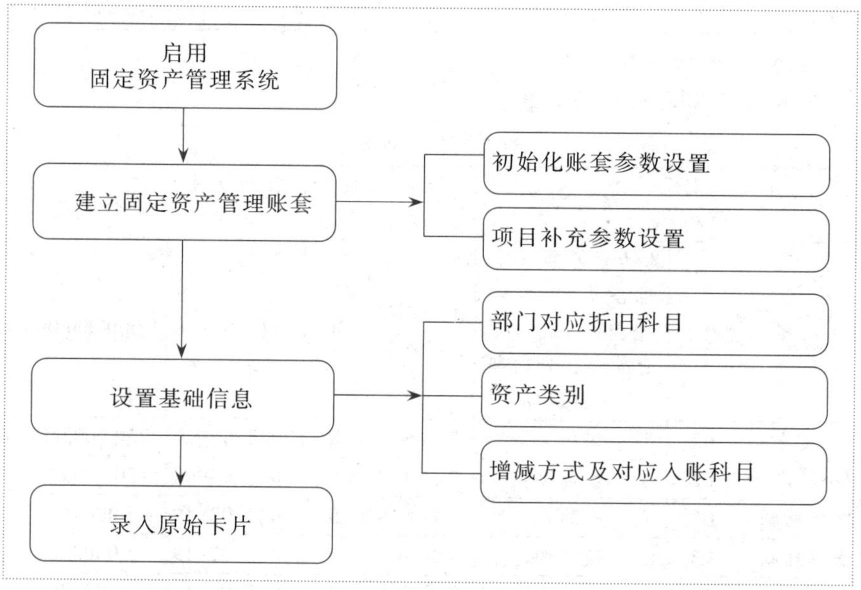

7-2-1 固定资产初始化流程

（一）建立固定资产管理账套

7-2

知识导学：设置固定资产账套参数

在系统初始化时建立核算账套，设定账套编号、名称、启用时间、使用单位、本位币种等，并设定固定资产是否计提折旧、计提折旧的周期等信息。

（二）初始化参数设置

因不同企业的个性化需求，为方便实际业务的处理，系统设置了一些补充参数，通过“固定资产—设置—选项”进行设置，选项包括基本信息、折旧信息、与账务系统接口、编码方式和其他五项参数，点击“编辑”按钮进行修改。

基本信息页签中所有内容在系统初始化设置后则不能修改，企业要补充的内容集中在与账务系统接口的部分：一是“业务发生后立即制单”，如有的企业日常固定资产的增减变动发生后立即制单生成凭证，则必须勾选此项，还有一些企业所有的凭证均在月末通过批量制单集中处理，平时不生成凭证，则不选此项；二是“缺省入账科目的设置”，所谓缺省，即系统默认状态，意思与“默认”相同。缺省是一种计算机术语，指在无决策者干预的情况下，对决策或应用软件、计算机程序的系统参数的自动选择。我们设置固定资产的缺省入账科目为“固定资产”，后续业务中若出现这个科目系统会自动带出，不必再重新输入，从而提高工作效率。

引导问题1：初始化设置完成后，参数能不能修改。

□全部可以 □部分可以 □不可以

引导问题2：不可修改的参数有错，该如何处理：____。

引导问题3：结合系统设置内容回答，什么是缺省？____。

二、设置基础信息

（一）部门对应折旧科目设置

部门对应折旧科目设置是指其折旧费用的入账科目。资产计提折旧后，需将折旧费用分配到相应的成本或费用中去，根据固定资产的使用情况，可以按照部门或类别进行归集。固定资产折旧费用的分配去向和其所属部门密切相关，因此需要给每个部门设定对应折旧科目，属于该部门的固定资产在计提折旧时，折旧费用将固定分配到其对应的折旧科目中去。

7-3

知识导学：
设置固定资产
基础信息

（二）资产类别设置

企业的固定资产种类繁多，规格不一，要强化固定资产管理，及时准确地进行固定资产核算，必须建立科学的资产分类核算体系，为固定资产的核算和管理提供依据。企业可以根据自身的特点和要求，设定较为合理的资产分类方法。

（三）增减方式设置

增减方式包括增加方式和减少方式两大类。资产增加或减少方式用以确定固定资产计价和处理的原则。系统内置的增加方式主要包括直接购买、投资者投入、捐赠、盘盈、在建工程转入、融资租入6种；减少方式主要包括出售、盘亏、投资转出、捐赠转出、报废、毁损、融资租出、拆分减少8种。增减方式可根据用户的需要自行增加。

企业可根据实际情况按不同增减方式设置对应入账科目，当发生相应的固定资产增减变动时可以自动生成记账凭证，减少手工输入数据的业务量。

（四）使用状况设置

为加强固定资产的核算与管理，企业需要明确固定资产的使用状况，一方面可以正确计提折旧，另一方面能够及时掌握固定资产使用情况，以提高资产的利用效率。系统内置的使用状况主要有：使用中、未使用和不需用三大类。选定使用状况大项，单击“增加”、“修改”和“删除”按钮可重新进行相关设置。具体内容如图7-2-2所示。

（五）折旧方法设置

折旧方法设置是系统自动计算折旧的基础。系统内置了7种折旧方法：不提折旧、平均年限法（一）、平均年限法（二）、工作量法、年数总和法、双倍余额递减法（一）、双倍余额递减法（二），并列出每一种方法的计算公式。这几种方法是系统默认的，企业可根据国家规定和自身条件选择采用其中的一种，但不能删除和修改。如果系统中预置的折旧方法不能满足企业管理与核算的需要，用户也可以定义新的折旧方法与相应的计算公式。具体内容如图7-2-3所示。

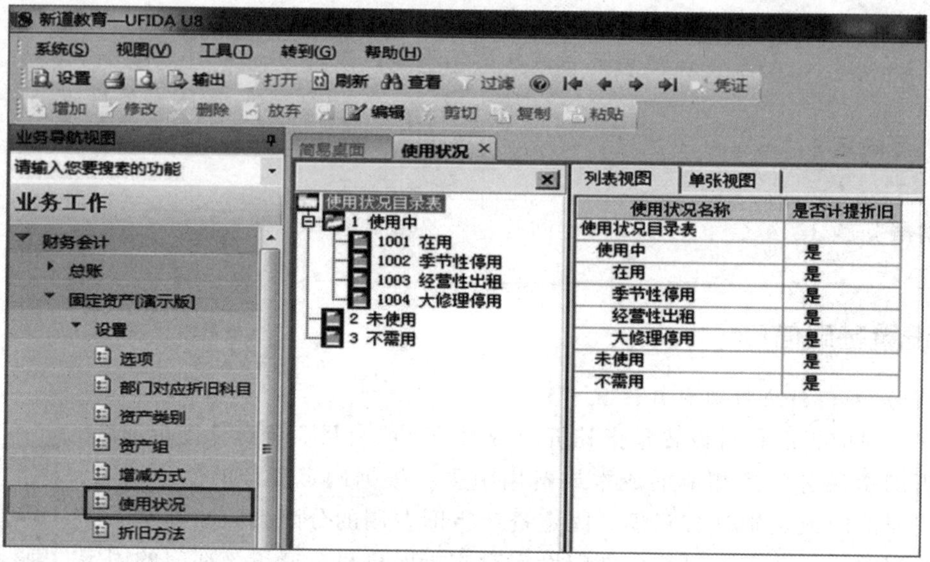

图7-2-2 使用状况设置

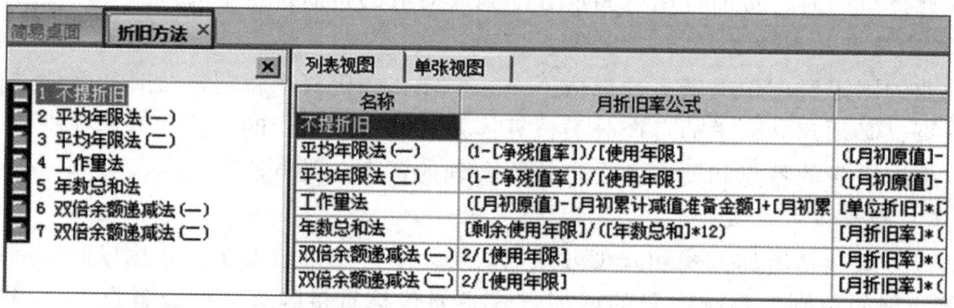

图7-2-3 折旧方法设置

（六）卡片项目和卡片样式设置

卡片项目也是固定资产卡片上用来记录固定资产信息的栏目，如原值、资产名称、所属部门、使用年限、折旧方法等是卡片上最基本的项目。固定资产系统提供的卡片上常用的项目称为系统项目，由于不同的行业或单位，固定资产卡片的项目不尽相同，因此系统项目不一定能满足所有单位的需求。系统为用户留下足够的增减卡片项目的余地，可以通过自定义项目的增加、减少、删除功能来定义所需要的项目。系统项目和自定义项目一起构成固定资产卡片的全部内容。

卡片样式指卡片的外观，即卡片的格式和卡片上包含的项目及项目的位置。由于不同企业或不同资产核算管理的内容与重点各不相同，卡片样式也可能不同。系统提供了通用样式（如图7-2-4所示）、标签样式（如图7-2-5所示）、通用样式（二）和含税卡片四种样式，企业可以在此基础上略作调整，形成新卡片模板，也可以自由定义新卡片式样。

固定资产卡片

卡片编号　　　　日期

固定资产编号		固定资产名称			
类别编号		类别名称			
规格型号		使用部门			
增加方式		存放地点			
使用状况		使用年限（月）		折旧方法	
工作总量		累计工作量		工作量单位	
开始使用日期		已计提月份		币种	
外币原值		汇率		币种单位	
原值		净残值率		净残值	
累计折旧		月折旧率		本月计提折旧额	
净值		对应折旧科目		项目	

录入人　　　　录入日期

图 7-2-4　固定资产卡片通用样式

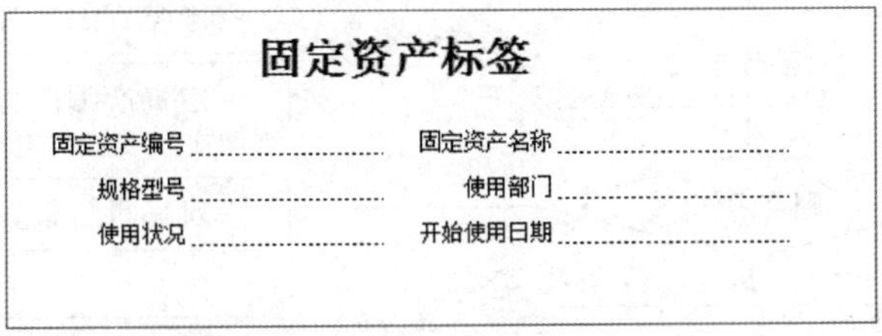
固定资产标签

固定资产编号		固定资产名称	
规格型号		使用部门	
使用状况		开始使用日期	

图 7-2-5　固定资产卡片标签样式

引导问题 4：固定资产折旧方法有哪些？____。

引导问题 5：企业所有的固定资产均须计提折旧吗？____。

三、录入原始卡片

固定资产卡片是固定资产核算和管理的基础依据，为保持历史资料的连续性，在使用固定资产管理系统进行核算前，必须将建账日期之前的数据录入系统。原始卡片的录入在第一个期间结账前任何时候都可以，若原始卡片未能全部于启用固定资产管理系统的第一个期间录入，会导致固定资产管理系统与总账系统对账不相等。

7-4

技能实践：设置固定资产账套参数

任务实施

一、系统参数设置

以账套主管王启的身份启用固定资产管理系统，然后以账套主管“201 王启”或资产会计“205 杨帆”的身份登录企业应用平台，在“业务导航”选项卡中，执行“财务会计”/“固定资产”命令，进入固定资产管理系统。

（一）初始化参数设置

固定资产管理系统初始化参数设置操作流程如图 7-2-6 所示。

第一次进入固定资产管理系统时，系统将提示是否进行初始化，如图 7-2-7 所示。单击“是”按钮，系统进入“初始化账套向导”，如图 7-2-8 所示，初始化账套设置完成如图 7-2-9 所示。

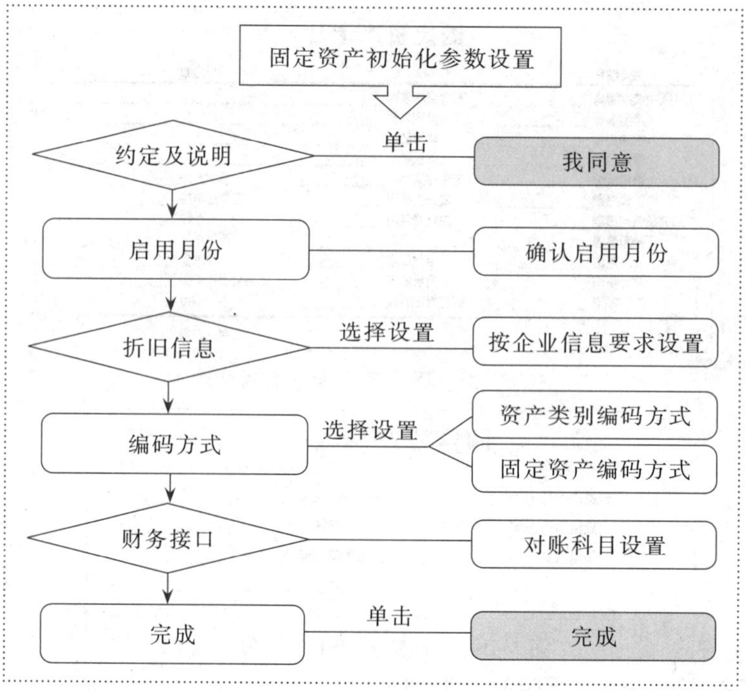

图 7-2-6　固定资产初始化参数设置流程

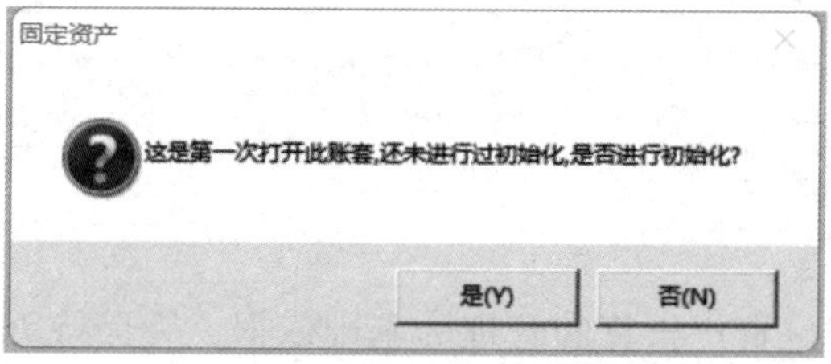

图 7-2-7　固定资产初始化提示

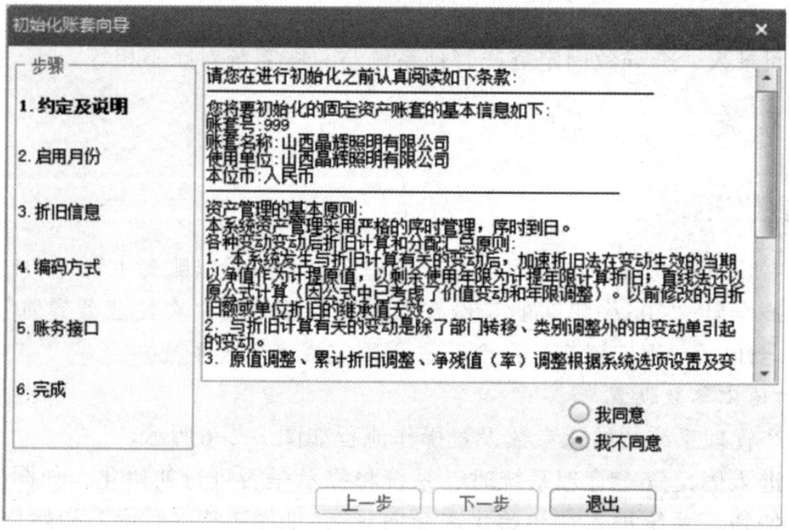

图 7-2-8　固定资产初始化账套向导

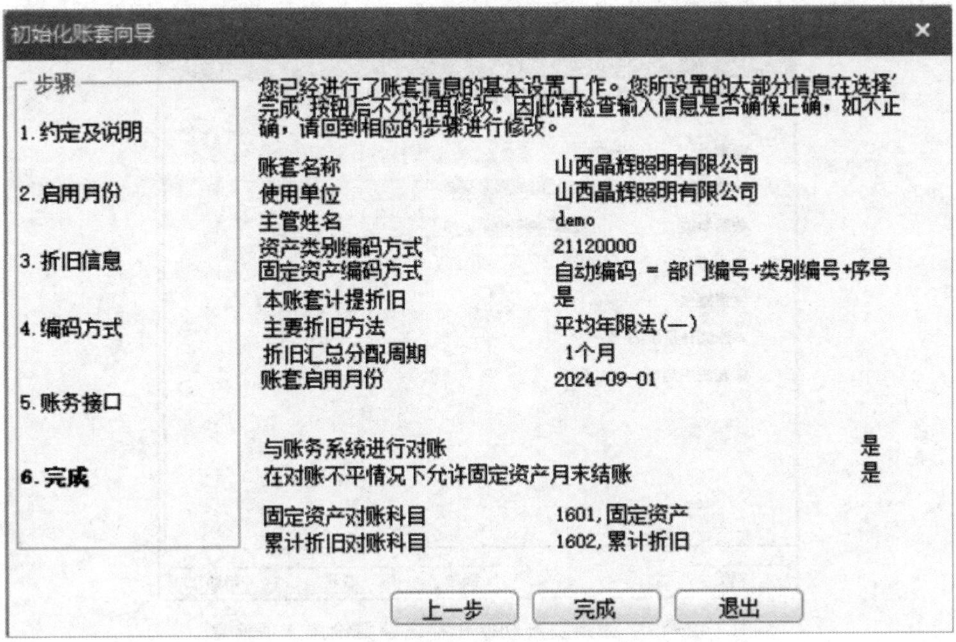

图7-2-9　初始化账套设置完成

（二）初始化补充参数设置

设置完成初始化参数后，进行补充参数设置。初始化补充参数设置操作流程如图7-2-10所示。

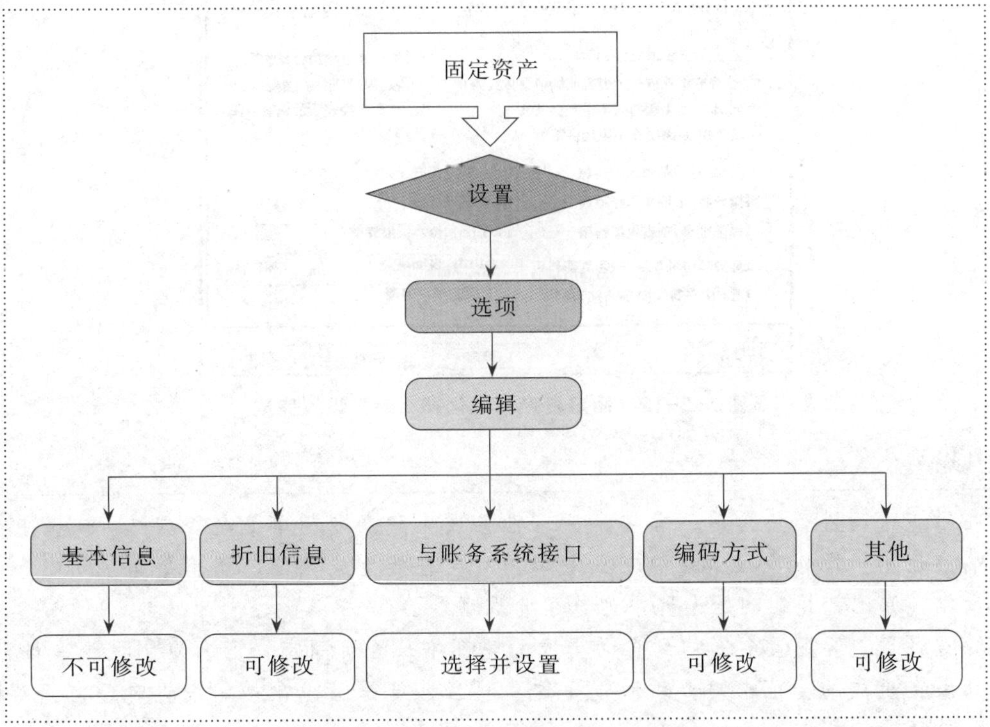

图7-2-10　初始化补充参数设置操作流程

初始化补充参数设置选项信息如图7-2-11所示，信息设置完成如图7-2-12所示。

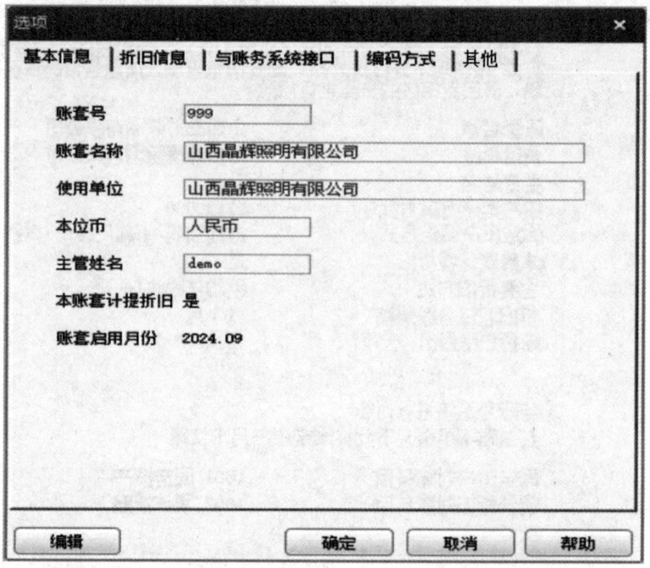

图7-2-11　固定资产初始化补充参数设置选项信息

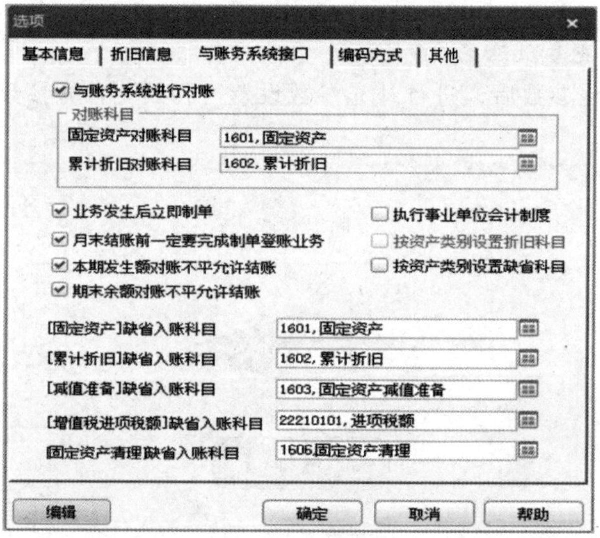

图7-2-12　固定资产初始化补充参数设置完成

特别提示：

◆ 在对该选项进行设置时，需要注意"业务发生后立即制单"是否勾选，其直接影响后期制单操作步骤。在做完业务单据后会直接生成凭证，不需要单独进行制单操作，原因就是在初始设置中勾选了此选项。

◆ 缺省科目是否设置会影响到自动生成的凭证中是否有固定资产、应交税费等科目。如果在生成的凭证中需要手动选择这些科目，就是因为在初始设置时没有设置缺省科目。

二、设置基础信息

7-5

技能实践：部门对应折旧科目设置

（一）部门对应折旧科目设置

1.设置部门对应折旧科目操作流程如图7-2-13所示。

2.参照图7-2-13的操作流程，部门对应折旧科目设置结果如图7-2-14所示。

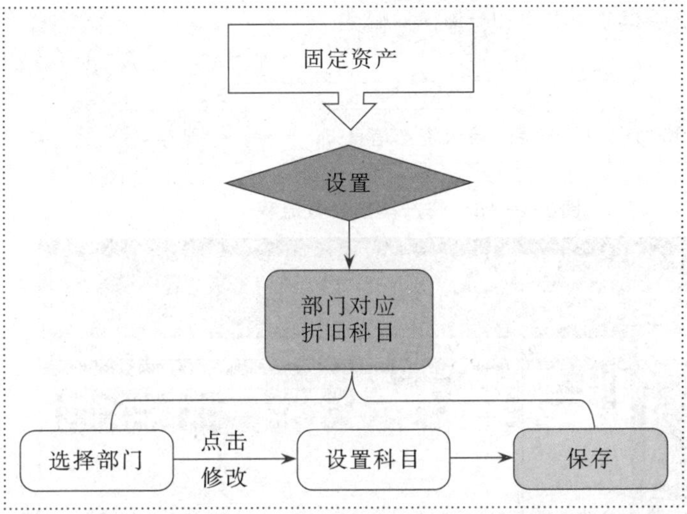

图7-2-13 部门对应折旧科目设置流程

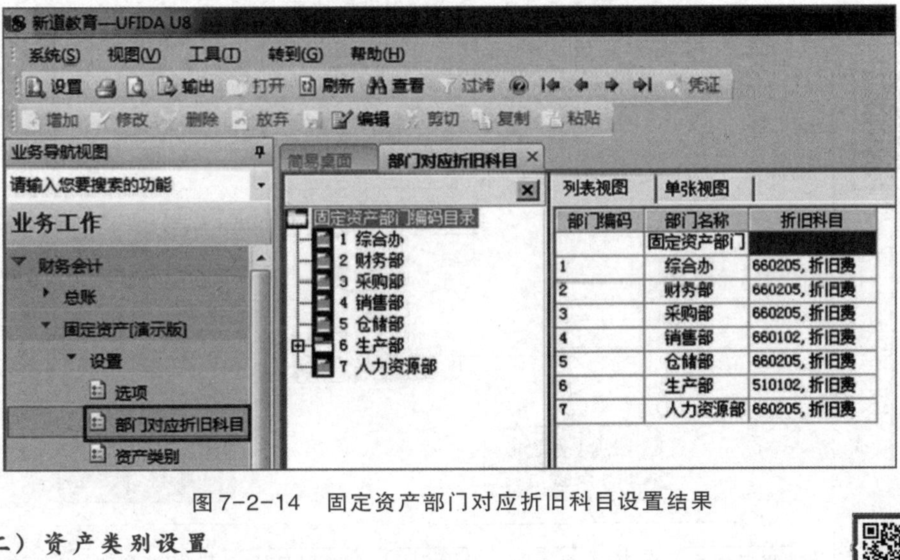

图7-2-14 固定资产部门对应折旧科目设置结果

7-6

技能实践：固定资产类别设置

（二）资产类别设置

1.设置资产类别操作流程如图7-2-15所示。

2.参照图7-2-15的操作流程，资产类别设置结果如图7-2-16所示。

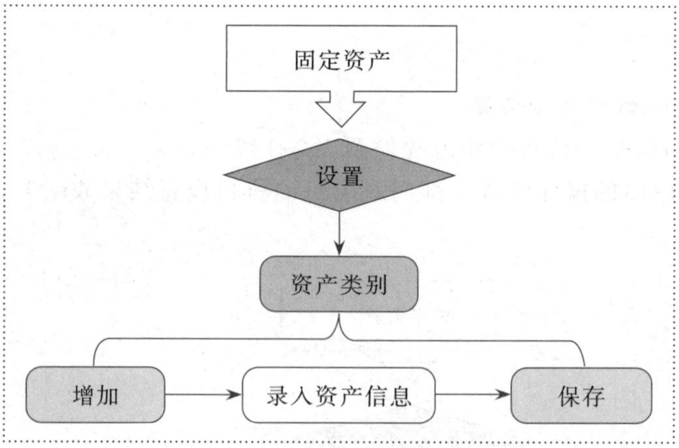

图 7-2-15　资产类别设置流程

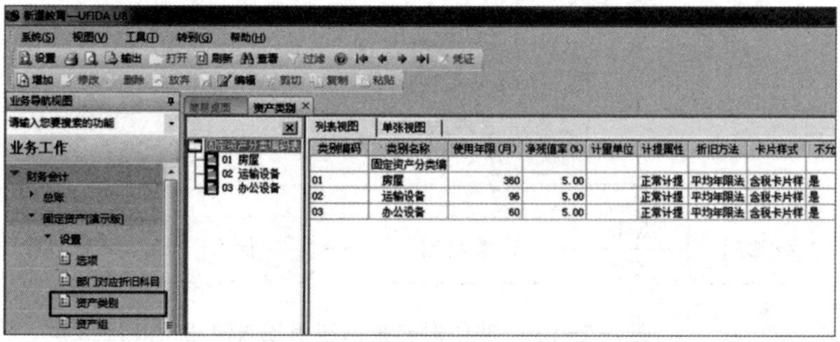

图 7-2-16　资产类别设置结果

7-7

技能实践：
增减方式及
对应入账科目
设置

（三）增减方式及对应入账科目

1. 设置增减方式及对应入账科目操作流程如图 7-2-17 所示。

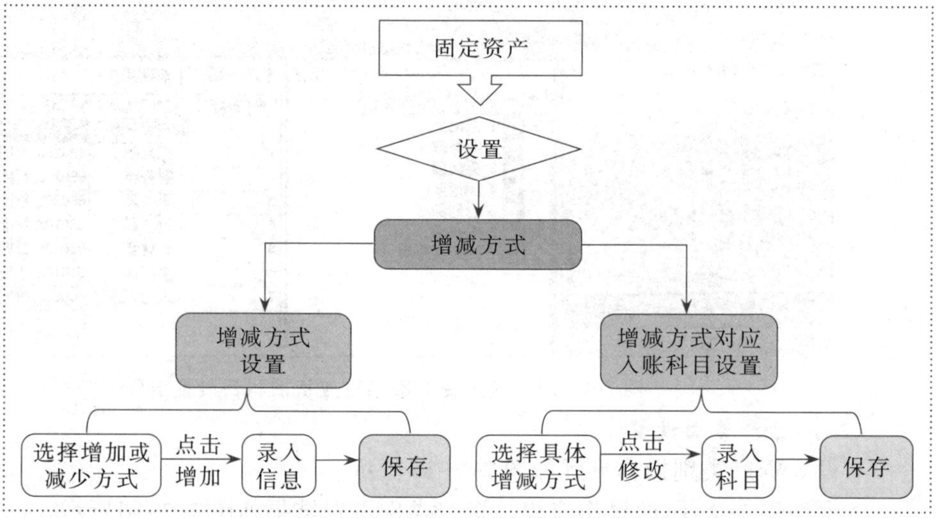

图 7-2-17　增减方式及对应入账科目设置流程

2. 参照图 7-2-17 的操作流程，增减方式及对应入账科目设置结果如图 7-2-18 所示。

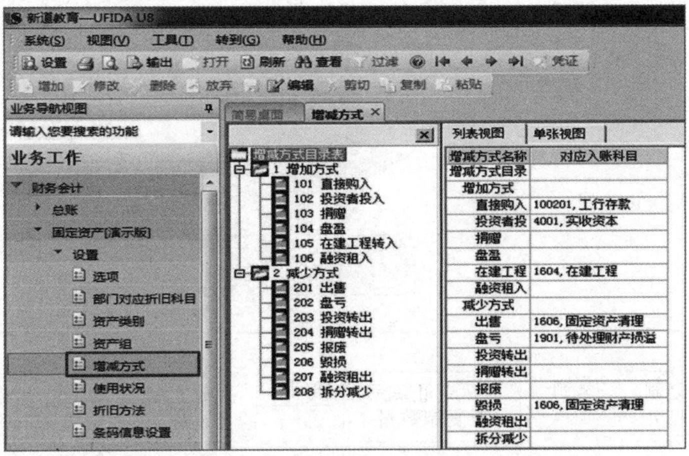

图 7-2-18　增减方式及对应入账科目设置结果

三、录入固定资产原始卡片

7-8

技能实践：
录入固定资产
原始卡片

1. 录入固定资产原始卡片操作流程如图 7-2-19 所示。

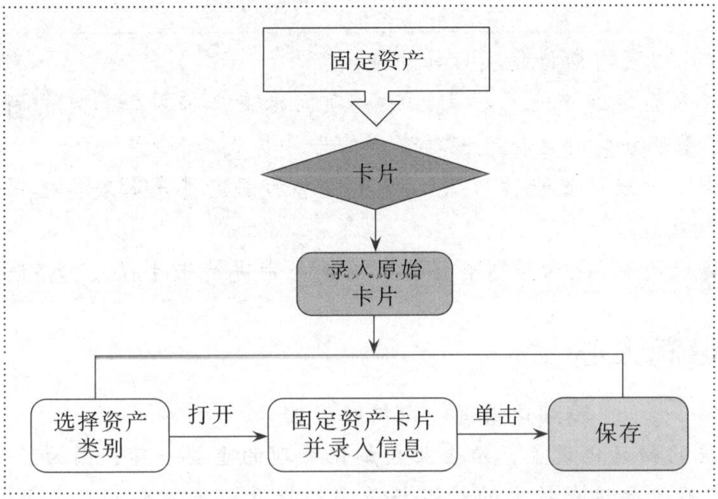

图 7-2-19　录入固定资产原始卡片操作流程

2. 参照图 7-2-19 的操作流程，固定资产原始卡片录入结果如图 7-2-20 所示，复制固定资产原始卡片操作流程如图 7-2-21 所示。

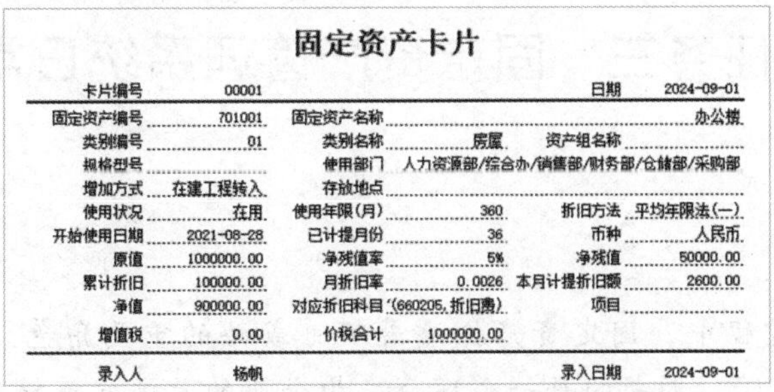

固定资产卡片

卡片编号	00001			日期	2024-09-01
固定资产编号	701001	固定资产名称			办公楼
类别编号	01	类别名称	房屋	资产组名称	
规格型号		使用部门	人力资源部/综合办/销售部/财务部/仓储部/采购部		
增加方式	在建工程转入	存放地点			
使用状况	在用	使用年限(月)	360	折旧方法	平均年限法(一)
开始使用日期	2021-08-28	已计提月份	36	币种	人民币
原值	1000000.00	净残值率	5%	净残值	50000.00
累计折旧	100000.00	月折旧率	0.0026	本月计提折旧额	2600.00
净值	900000.00	对应折旧科目	'(660205, 折旧费)	项目	
增值税	0.00	价税合计	1000000.00		
录入人	杨帆			录入日期	2024-09-01

图 7-2-20　固定资产原始卡片录入结果

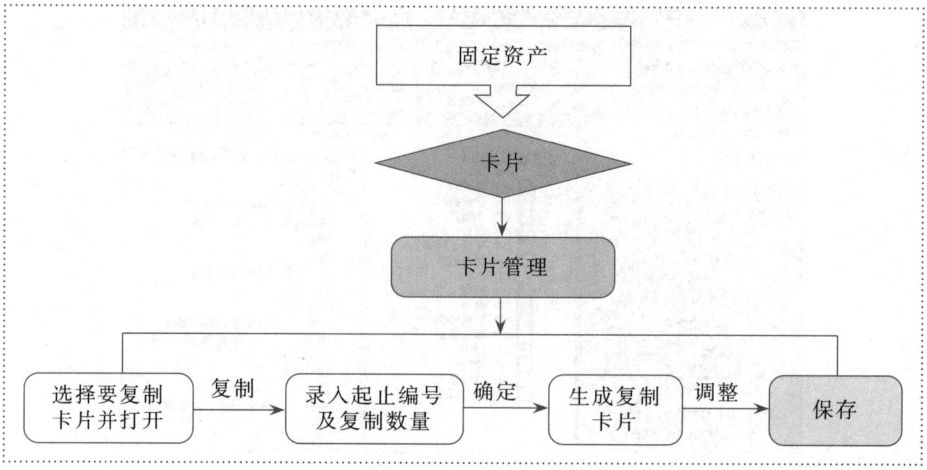

图7-2-21 复制固定资产原始卡片操作流程

引导问题6：固定资产原始卡片录入后，晶辉照明公司的固定资产原值总额是________元，累计折旧总额是________元。

操作提示：

录入原始卡片时卡片中没有增值税项目如何解决？

◆新增资产时需要录入固定资产卡片样式，每一项固定资产都属于特定的固定资产分类，在建立固定资产分类时已指定该类资产的卡片样式。

◆如果在设置资产类别时未设置卡片样式，那么在增加固定资产时就会出错，因此需要及时修改卡片样式。

◆执行“设置”/“资产类别”，选择需要修改的资产类别进行卡片样式的修改。

智慧财务·德润人心

精细化管理，可持续发展

固定资产管理系统的初始化设置，是企业精细化管理的重要一环，因为“好的开始是成功的一半”。我们不仅要追求技术的精湛与效率的提升，更需要以正式且严谨的态度去对待固定资产管理系统的初始化设置，在探索与实践中不断成长，让每一份资产的管理，都成为推动企业可持续发展的动力源泉，为企业的发展贡献自己的力量！

任务三 固定资产管理系统日常业务处理

任务情境

一、任务场景

在企业的发展进程中，固定资产扮演着不可或缺的重要角色。它们如同企业的血脉，贯穿于生产、经营、创新的每一个环节，为企业的长远发展提供了坚实的保障。晶辉照明公司资产会计杨帆的工作内容涉及对固定资产的规划、购买、验收、登记、申领、使用、维护、报废等全过程的管理。2024年9月，公司的固定资产发生了一些增减变动，杨帆和他的伙伴们通过信息化手段，将复杂的固定资产管理过程规范化、流程化，自动记录它们的每一次变迁，精准无误地报告它们的现状与价值，让管理者能够轻松驾驭，实现资产的精准控制和高效利用。

二、任务资料

晶辉照明公司2024年9月发生如下固定资产增减变动业务。

（一）资产增加

9月26日，财务部购入3台东芝打印机。取得增值税专用发票，发票数量3，单价5 000.00元，税率13%（固定资产卡片信息：办公设备，东芝打印机，财务部，使用年限5年），以网银转账方式支付。（提示：使用复制固定资产卡片方式增加）

（二）资产减少

9月27日，将仓储部门的联想电脑进行出售，准备购置新电脑。开出增值税专用发票，金额2 000元，税额260元。款项以转账支票方式收取，票号ZZS902。

（三）资产变动

1.9月29日，因综合办的联想电脑需要提高配置，现对其硬件设备作升级处理，购买电脑内部配件。取得普通发票，金额1 300元，以现金方式支付。

2.9月30日，将销售部大货车的净残值率调整为4%。变动原因为公司统一调整。

三、任务要求

根据任务场景和任务资料，对晶辉照明公司的固定资产增加、减少、变动等情况进行业务处理。

1.在企业管理中通过精细化管理，确保每项资产都能得到充分的利用和维护，减少浪费，延长使用寿命，践行“绿色发展，可持续发展”的理念。

2.资产会计杨帆：以系统思维和信息化意识完成固定资产增加、减少及变动的相关业务处理。

3.出纳张妍：以诚信、客观、公正的基本职业素养对凭证进行审核后签字。

4.账套主管王启：以良好的专业素养和认真细致的工作作风对生成的凭证进行审核记账。

任务准备

固定资产日常业务处理主要完成固定资产的核算和管理工作，包括固定资产增减、资产变动、资产评估、凭证处理和卡片管理等业务。

企业由于各种原因增加或减少其固定资产时，需要根据资产增减变动记录更新固定资产卡片文件，以保证折旧计算的正确性。

7-9

知识导学：固定资产增加

一、固定资产增加

企业通过购买或其他方式取得固定资产时要进行固定资产增加的处理，填制新的固定资产卡片。一方面要求对新增固定资产按经济用途或其他标准进行分类，并确定其原始价值；另一方面要办理交接手续，填制和审核有关凭证，作为固定资产核算的依据。

新增固定资产卡片的录入方法有两种：一是直接在固定资产模块中增加固定资产卡片，操作方法与增加原始卡片的方法相同；二是按普通采购业务流程操作，将新增的固定资产设为存货档案，单独增加一个资产仓库，然后通过采购管理系统进行采购，录入资产仓库，收到供应商的发票后进行结算，在固定资产管理系统中转为资产，自动增加一张卡片。本项目介绍直接在固定资产系统增加资产的情况。

引导问题1：企业固定资产的增加方式主要有（至少列出4种）：____。

引导问题2：企业固定资产增加会多交税吗？ □一定会 □不一定 □不会

特别提示：

◆ 购入需要安装的固定资产或自建固定资产，首先要通过“在建工程”科目归集相关成本，该业务可以在总账系统中进行操作，也可以与采购管理系统和应付款管理系统集成使用，进行操作。

二、固定资产减少

7-10

知识导学：固定资产减少

固定资产在使用过程中，由于出售、报废、毁损、盘亏等原因而退出企业，这时需要作固定资产减少处理。输入固定资产减少记录，说明减少的固定资产、减少方式和原因等，反映固定资产的减少情况。

三、固定资产变动

7-11

知识导学：固定资产变动

固定资产变动是指固定资产在使用过程中所发生的原值变动、部门转移、使用状况变动、使用年限调整、折旧方法调整、净残值（率）调整、工作总量调整、累计折旧调整、资产类别调整、计提减值准备等情况。

固定资产变动后应修改固定资产卡片上对应的项目，这一操作留下的原始凭证称为“变动单”。卡片上的资产名称、编号、自定义项目等资产信息的修改，可以在卡片上直接进行，其他的变动调整就需要通过变动单管理操作。

（一）原值变动

原值变动包括原值增加和原值减少两种情况。资产在使用过程中，发生下列情况时，应该做原值变动处理：根据国家的规定对固定资产重新估价；增加补充设备或改良设备；把固定资产的一部分拆除；根据实际价值调整原来的暂估价值；发现原来所记的固定资产价值有误。

（二）部门转移

资产在使用过程中，因内部调配而发生的资产使用部门的变动，称作部门转移。应通过填制部门转移变动单及时进行处理，否则将无法对各部门的折旧进行正确计提。

（三）使用状况调整

资产使用状况分为在用、未使用、不需用等。资产在使用过程中，可能会因为某种原因，使得资产的使用状况发生变化，这种变化会影响到设备折旧的计算，因此应及时调整。

（四）使用年限调整

资产在使用过程中，可能会由于资产的重估、大修等原因调整资产的使用年限。调整时应通过“使用年限调整”变动单进行处理，调整当月就按变动后的使用年限计提折旧。

（五）资产折旧方法的调整

固定资产折旧方法一经确定，一般在当年内不作调整。如有特殊情况必须调整，需要通过“折旧方法调整”变动单进行处理。调整后，当月就应按变动后的折旧方法计提折旧。

（六）变动单管理

变动单管理可以对系统填制的变动单进行查询、修改、制单、删除等处理。

特别提示：

- 在用友ERP-U8软件的固定资产管理系统中，本月录入的卡片和本月增加的资产不允许进行变动处理，只能在下月进行。
- 一项固定资产一个月内最多只能变动一次，并且只能变动一项内容，如果需要变动多项内容，就必须先通过资产减少，之后再通过资产增加来进行处理，并且变动只能在计提折旧之前进行。

四、资产评估

企业在经营中，可能会根据业务需要或国家要求对部分资产或全部资产进行评估或重估，固定资产评估是资产评估的重要组成部分，系统提供对固定资产评估的功能，包括对原值、累计折旧、使用年限、净残值率、折旧方法等进行评估。主要包括以下步骤：

1.将评估机构的评估数据手工录入或定义公式录入系统中。

2.根据国家要求手工录入评估结果，或根据定义的评估公式生成评估结果。

3.对评估单进行管理。

五、制单处理

固定资产管理系统的凭证处理功能主要是根据固定资产各项业务数据自动生成转账凭证，传递到账务系统进行后续处理。

（一）批量制单

若系统初始化时没有勾选“业务发生后立即制单”，或者在业务操作中没有及时保存凭证，系统提供了批量制单的功能，可以在月末结账前，批量完成制单登账业务。

特别提示：

◆ 如果在选项中设置了“业务发生后立即制单”，则在发生相关业务后，自动生成记账凭证。

◆ 如果没有设置，可到“批量制单”中制单，或单击对应业务工具栏上的“凭证”按钮制单。批量制单的业务类型有：计提折旧、新增资产、减少资产、原值增加、原值减少、累计折旧调整、类别调整、计提减值准备、增值税调整和评估资产。

（二）查询、修改、删除凭证

固定资产系统所填制的凭证传递到总账系统，在总账系统中无权进行修改或删除，可通过系统“凭证查询”完成凭证查询、修改和删除的业务处理。已经生成凭证的业务类型不允许删除或恢复。若想删除或恢复，必须先删除对应的记账凭证。

任务实施

以资产会计杨帆的身份完成该公司固定资产系统的日常业务处理。以资产会计“205杨帆”的身份，登录企业应用平台，在“业务导航”选项卡中，执行“财务会计”命令，打开“固定资产”系统，完成固定资产增加、变动及减少的业务处理。

一、资产增加

7-12

技能实践：固定资产增加业务处理

1. 直接增加资产操作流程如图7-3-1所示，复制卡片增加资产操作流程如图7-3-2所示。

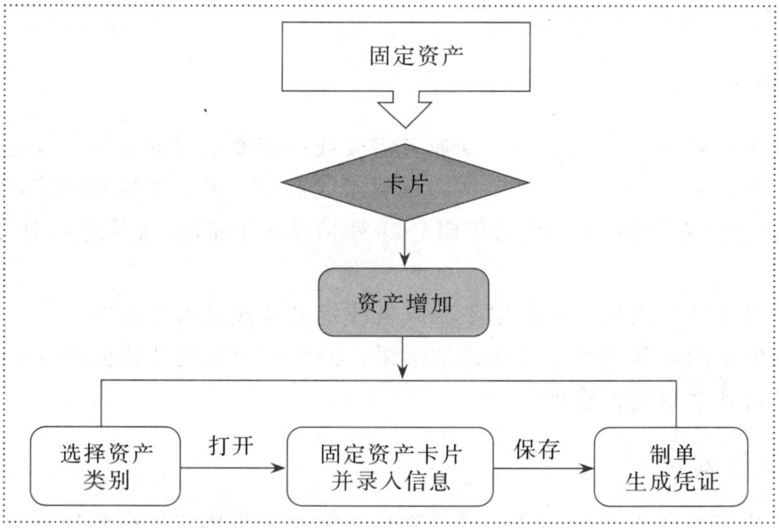

图7-3-1 直接增加资产操作流程

2. 参照图7-3-1的操作流程，增加东芝打印机固定资产卡片一张，如图7-3-3所示，资产增加生成的记账凭证如图7-3-4所示。复制新增固定资产卡片操作参照录入原始卡片复制操作。

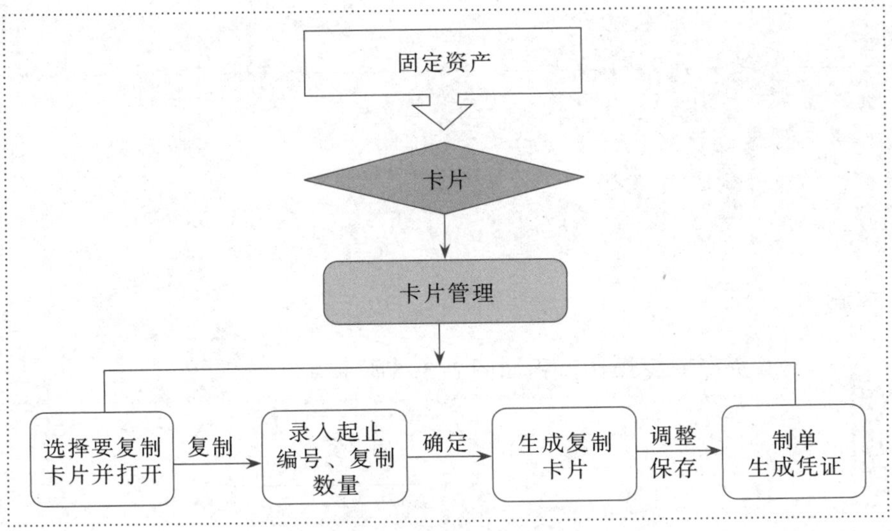

图 7-3-2　复制卡片增加资产操作流程

固定资产卡片

卡片编号	00010			日期	2024-09-26
固定资产编号	203003	固定资产名称	东芝打印机		
类别编号	03	类别名称	办公设备	资产组名称	
规格型号		使用部门	财务部		
增加方式	直接购入	存放地点			
使用状况	在用	使用年限(月)	60	折旧方法	平均年限法(一)
开始使用日期	2024-09-26	已计提月份	0	币种	人民币
原值	5000.00	净残值率	5%	净残值	250.00
累计折旧	0.00	月折旧率	0	本月计提折旧额	0.00
净值	5000.00	对应折旧科目	660205,折旧费	项目	
增值税	650.00	价税合计	5650.00		
录入人	杨帆			录入日期	2024-09-26

图 7-3-3　增加固定资产卡片

付 款 凭 证

已生成

付　字 0008　　制单日期：2024.09.26　　审核日期：　　附单据数：0

摘要	科目名称	借方金额	贷方金额
直接购入资产.	固定资产	1000000	
直接购入资产.	应交税费/应交增值税/进项税额	130000	
直接购入资产.	银行存款/工行存款		1130000
票号 日期	数量 单价	合计 1130000	1130000
		壹万壹仟叁佰元整	

备注　项　目　　部　门
　　　个　人　　客　户
　　　业务员

记账　　审核　　出纳　　制单　杨帆

图 7-3-4　增加固定资产生成记账凭证

特别提示：

◆固定资产增加的卡片，录入当月可以无痕修改。

◆但是如果已经做过记账凭证、变动单、评估单，则只有先删除记账凭证、变动单、评估单，才能做到无痕修改。

◆卡片做过一次月末结账后将不能删除。

二、资产减少

7-13

技能实践：固定资产减少业务处理

1.资产减少操作流程如图7-3-5所示。

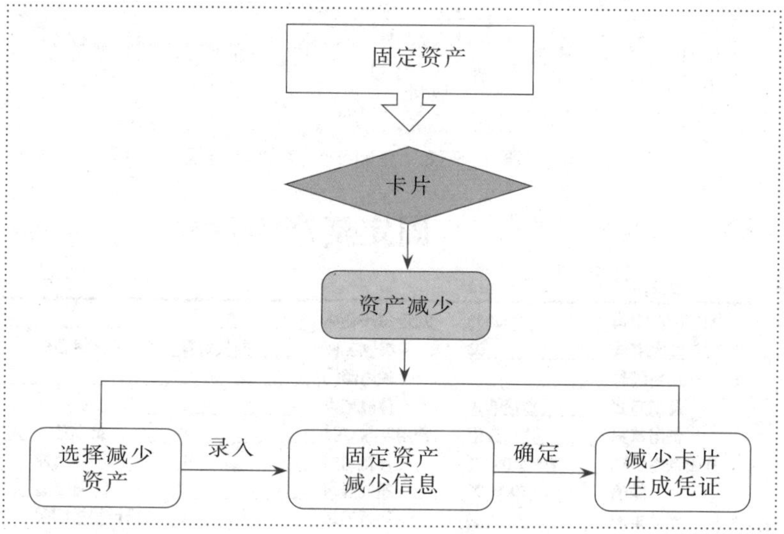

图7-3-5　资产减少操作流程

2.参照图7-3-5的操作流程，在资产减少界面录入相关信息，如图7-3-6所示。

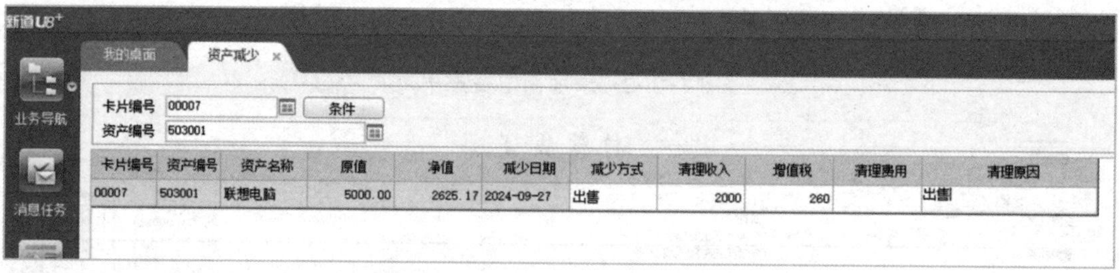

图7-3-6　资产减少信息录入

3.根据初始参数设置“立即制单”或“批量制单”生成记账凭证，如图7-3-7所示。

4.以总账会计“202周彤”或资产会计“205杨帆”的身份，在总账系统填制一张结转处置固定资产净损益的记账凭证，如图7-3-8所示，资产减少业务才可完成。

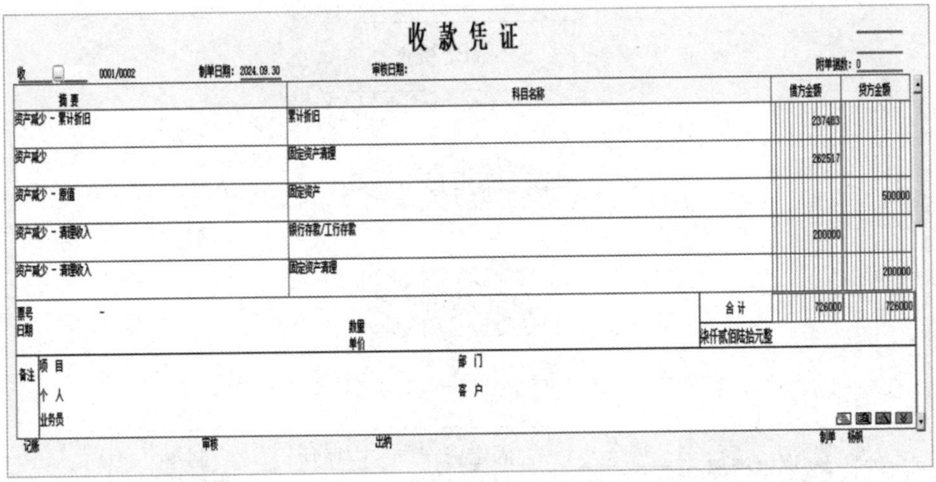

收款凭证

收 字 0001/0002　制单日期：2024.09.30　审核日期：　附单据数：0

摘要	科目名称	借方金额	贷方金额
资产减少－累计折旧	累计折旧	237483	
资产减少	固定资产清理	262517	
资产减少－原值	固定资产		500000
资产减少－清理收入	银行存款/工行存款	200000	
资产减少－清理收入	固定资产清理		200000
票号 日期	数量 单价	合计 726000	726000
		柒仟贰佰陆拾元整	

备注　项目　个人　业务员　部门　客户

记账　审核　出纳　制单 杨帆

图 7-3-7　资产减少记账凭证（固定资产管理系统）

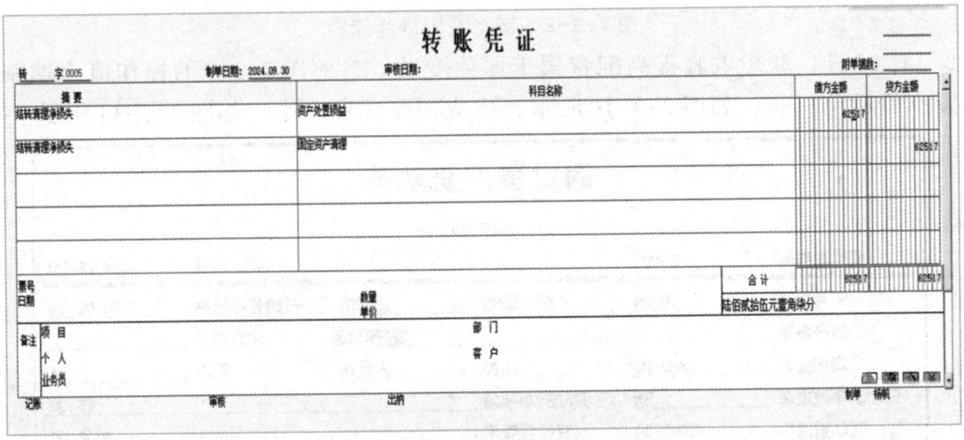

转账凭证

转 字 0005　制单日期：2024.09.30　审核日期：　附单据数：

摘要	科目名称	借方金额	贷方金额
结转清理净损失	资产处置损益	62517	
结转清理净损失	固定资产清理		62517
票号 日期	数量 单价	合计 62517	62517
		陆佰贰拾伍元壹角柒分	

备注　项目　个人　业务员　部门　客户

记账　审核　出纳　制单 杨帆

图 7-3-8　资产减少记账凭证（总账系统）

特别提示：

◆ 计提折旧：在减少固定资产前，需要确保已经计提了本月的折旧，但先不需要生成凭证。

◆ 撤销减少：可在“卡片管理”/“已减少资产”中进行操作。如已生成凭证，要先删凭证才能撤销。跨月无法撤销减少。

◆ 税务处理：在处理固定资产减少时，还需要考虑税务影响，如增值税的销项税处理等。

三、资产变动

7-14

技能实践：固定资产变动业务处理

1. 资产变动具体操作流程如图 7-3-9 所示。

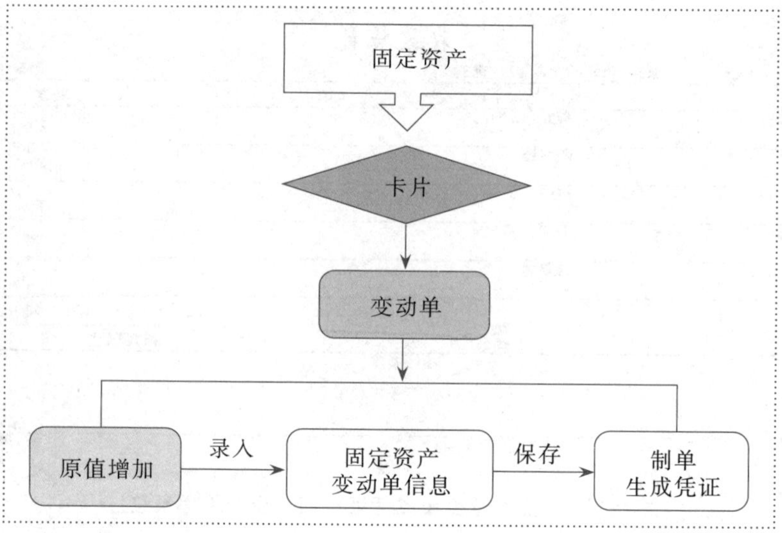

图 7-3-9　资产变动操作流程

2. 9月29日，联想电脑提高配置属于原值变动。参照图 7-3-9 的操作流程填制原值增加资产变动单一张，如图 7-3-10 所示，生成记账凭证一张，如图 7-3-11 所示。

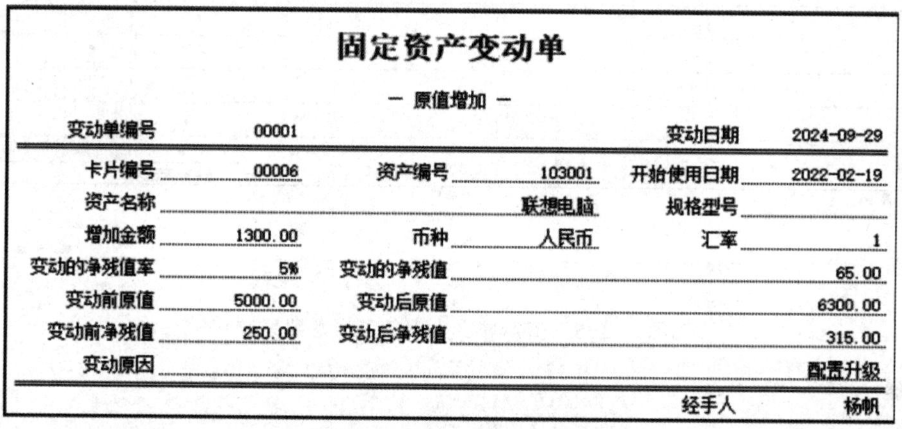

固定资产变动单

— 原值增加 —

变动单编号	00001			变动日期	2024-09-29
卡片编号	00006	资产编号	103001	开始使用日期	2022-02-19
资产名称			联想电脑	规格型号	
增加金额	1300.00	币种	人民币	汇率	1
变动的净残值率	5%	变动的净残值			65.00
变动前原值	5000.00	变动后原值			6300.00
变动前净残值	250.00	变动后净残值			315.00
变动原因					配置升级
				经手人	杨帆

图 7-3-10　原值增加资产变动单

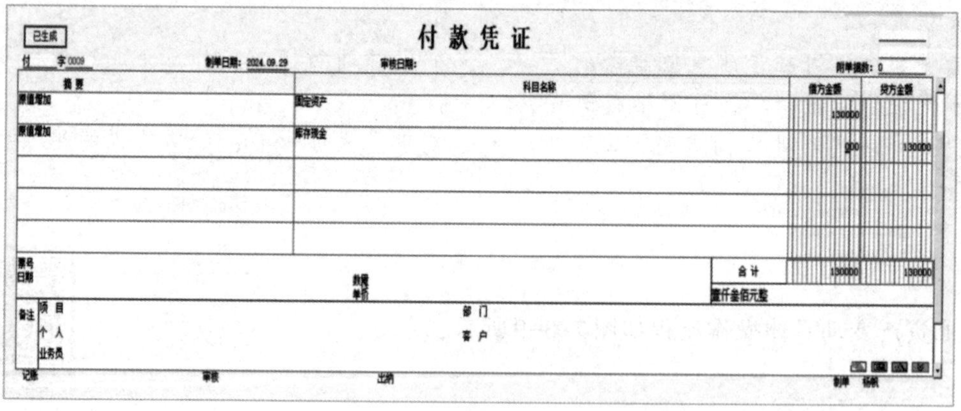

已生成

付 款 凭 证

付 字 0009　　制单日期：2024.09.29　　审核日期：　　附单据数：0

摘要	科目名称	借方金额	贷方金额
原值增加	固定资产	130000	
原值增加	库存现金		130000
票号 日期	数量 单价	合计 130000	130000

壹仟叁佰元整

备注　项 目　　部 门

个 人　　客 户

业务员

记账　　审核　　出纳　　制单 杨帆

图 7-3-11　原值增加生成记账凭证

3. 9月30日，销售部大货车的净残值率调整为4%。参照图7-3-9的操作流程只需填制一张净残值（率）变动单即可，如图7-3-12所示，不生成凭证。

固定资产变动单

— 净残值（率）调整 —

变动单编号	00002			变动日期	2024-09-30
卡片编号	00002	资产编号	402001	开始使用日期	2022-05-26
资产名称			大货车	规格型号	
变动前净残值率	5%	变动后净残值率			4%
变动前净残值	11500.00	变动后净残值			9200.00
变动原因					公司统一调整
				经手人	杨帆

图7-3-12　固定资产净残值（率）变动单

特别提示：

◆变动次数：一项固定资产一个月内最多只能变动一次，并且只能变动一项内容，变动单一旦保存，通常不能修改，只能删除。

◆折旧影响：某些变动会影响固定资产的折旧额。因此，在变动后需要重新计提折旧以反映新的折旧费用。

◆凭证生成：固定资产变动后，需要及时生成相应的会计凭证以记录账务变化。

◆生效时间：不同类型的变动单有不同的生效时间规则。如原值增加/减少等可以设置为当月生效或次月生效；而部门转移、折旧方法调整等则通常当月生效。

智慧财务·德润人心

科学决策，优化配置，高效执行

面对固定资产的增加、减少和变动的复杂业务，我们必须始终保持清晰的认识和坚定的立场。时刻关注新技术、新方法在固定资产管理中的应用，以专业的眼光去审视，以智慧的头脑去思考，通过精准的判断、科学的规划、高效的执行，在变化中寻求平衡，在挑战中把握机遇，确保企业的固定资产始终保持在最佳状态。这不仅仅是数字游戏，更是企业资源的重新配置与优化，为企业的长远发展提供坚实保障，为国家的经济建设贡献力量。

任务四　固定资产管理系统期末处理

任务情境

一、任务场景

在完成了固定资产管理系统日常业务处理的各个环节后，就进入了期末处理阶段。固定资产期末业务处理，主要包括折旧计算、资产盘点、减值测试、对账结账、报表生成等一系列关键操作，这不仅仅是一项技术操作，更是企业财务管理的关键环节，是企业稳健运营的重要保障。资产会计杨帆为了确保固定资产数据的准确性和合规性，首先，要进行折旧计提工作，并生成相关凭证；其次，对一些因市场环境变化、技术进步等原因导致账面价值可能会高于其可回收金额的固定资产进行减值测试，并根据测试结果进行相应的会计处理；最后，对固定资产进行盘点和清查，以确保账实相符，在确认无误后，进行月末结账操作。

二、任务资料

晶辉照明公司2024年9月末发生如下业务：

（一）计提减值准备

9月30日，综合办对小轿车进行减值测试，小轿车发生减值，减值金额为12 000元。

（二）计提折旧

9月30日，计提本月折旧。

（三）账表查询

查询固定资产使用账表。

（四）对账、结账

期末固定资产系统进行对账、结账。

三、任务要求

根据任务场景，对晶辉照明公司的固定资产计提折旧、减值核算、对账、结账、查询等情况进行业务处理。

1.在业务处理中确保数据的准确性与质量，以严谨的态度、科学的方法去处理每一项业务，为企业的稳健发展保驾护航。

2.资产会计杨帆：以严谨的态度、创新的思维计提折旧、减值核算、盘点资产，并进行账表查询和对账、结账，实现智慧管理资产。

3.出纳张妍：以诚信、客观、公正的基本职业素养对生成的收付款凭证进行出纳签字。

4.主管王启：以良好的专业素养和认真细致的工作作风对生成的凭证进行审核、记账。

任务准备

7-15

知识导学：固定资产期末处理

固定资产管理系统的期末处理工作主要包括计提减值准备、折旧处理、账表查询、对账和结账等内容。

一、计提减值准备

企业应当在期末或至少每年年度终了，对固定资产逐项进行检查，如果由于市场价格持续下跌，或技术陈旧等原因导致其可收回金额低于账面价值，应当将可收回金额低于账面价值的差额作为固定资产减值准备。固定资产减值准备必须按单项资产计提。如已计提减值的固定资产价值又得以恢复，企业会计准则明确规定，“固定资产减值准备一经确认，在以后会计期间不得转回”。

如果想取消“计提减值准备”，到“变动单”菜单下的“变动单管理”中删除该变动单即可。如果已经制单，应先删除凭证再删除变动单。

二、折旧处理

折旧处理是固定资产管理系统的主要功能之一，主要包括折旧的计提与分配。根据相应的固定资产卡片资料，在每个会计期间，对各项固定资产计提折旧，并自动生成记账凭证，自动完成记账，自动登记固定资产卡片中的累计折旧。固定资产计提折旧的主要依据是固定资产卡片。

（一）计提折旧

根据录入固定资产管理系统中的资料，系统自动计算折旧并生成折旧分配表，根据折旧分配表编制转账凭证，将本期折旧费用登记入账。

（二）折旧分配

计提工作完成后进行折旧分配形成折旧费用，生成折旧清单（如图7-4-5所示）。固定资产的使用部门不同，其折旧费用分配的去向也不同，折旧费用与资产使用部门之间的对应关系主要是通过部门对应折旧科目来实现的。系统根据折旧清单及部门对应的折旧科目生成折旧分配表。

折旧分配表是将累计折旧分配到成本与费用中，并编制转账凭证将折旧数据传递到账务系统的重要依据。折旧分配表有部门折旧分配表（如图7-4-6所示）和类别折旧分配表两种类型。部门折旧分配表中的部门可以不等同于使用部门（使用部门必须是明细部门），而是指汇总使用的部门，因此要在计提折旧后分配折旧费用时做出选择。

当企业中有固定资产按工作量法计提折旧时，在计提折旧之前，需要输入该固定资产当期的工作量，为系统提供计算累计折旧所需要的信息。

在进行折旧处理时需注意以下问题：

在一个期间内多次计提折旧，只是将计提的折旧累加到月初的累计折旧中，不会重复累计。

计提折旧后又对账套进行了影响折旧计算分配的操作，必须重新计提折旧，以保证折旧计算的正确性，否则系统不允许结账。

如果上一次计提的折旧已经制单但尚未记账，必须删除该凭证；如果已经记账，必须冲销该凭证重新计提折旧。如果自定义的折旧方法月折旧率或月折旧额出现负数，系统会自动中止计提。

三、账表查询

固定资产管理过程中，需要及时掌握资产的统计、汇总和其他各方面的信息，用友ERP系统根据日常操作，自动提供这些信息，以账和表的形式提供给财务人员和资产管理人员。例如：固定资产使用状况分析表是对企业内所有资产的使用状况所做的分析汇总，能够使管理者了解资产的总体使用情况，尽快将未使用的资产投入使用，及时处理不需用的资产，提高资产的利用率和发挥应有的效能。

系统提供的账表主要分为四类：账簿、折旧表、统计表、分析表，用户可以根据使用需要，查询具体的每类账表。具体操作时，点击账表，打开“我的账表”，查看具体信息。

四、对账、结账

（一）对账

固定资产系统和总账系统之间存在着数据自动传输关系，这种传输是通过记账凭证来完成的。对账是将固定资产管理系统中记录的固定资产和累计折旧数额与总账管理系统中固定资产和累计折旧科目数值进行核对，验证是否一致，寻找产生差异的可能原因。对账任何时候进行都可以，固定资产系统在执行月末结账时自动进行，自动给出对账结果。

（二）结账

月末结账是把当月数据结算后转到下月。当固定资产管理系统完成了本月全部制单业务后，可以进行月末结账，月末结账每月进行一次，结账后，当期数据不能修改。

如结账后发现当月数据有错误，必须加以修改，可以通过“恢复结账前状态”功能进行反结账，把账套数据恢复到月末结账前状态，然后对数据进行修改，修改完毕后，重新进行月末结账。

由于成本系统每月从本系统提取折旧费数据，因此一旦成本系统提取了某期的数据，则该期不能反结账。

本期不结账将不能处理下期的数据，结账前一定要进行数据备份，否则数据一旦丢失，将造成无法挽回的后果。

任务实施

7-16

技能实践：固定资产减值准备与折旧计提

以资产会计“205杨帆”的身份，登录企业应用平台，在“业务导航”选项卡中，执行“财务会计”命令，打开“固定资产”系统，完成固定资产期末业务处理。

一、计提减值准备

1.计提减值准备操作流程如图7-4-1所示。

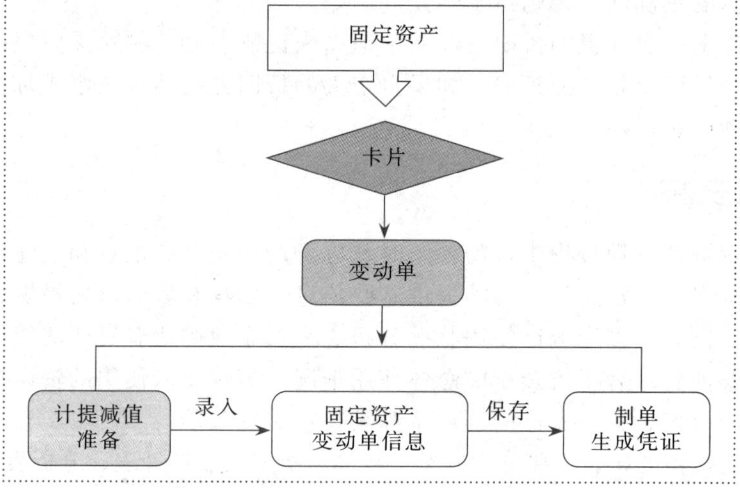

图7-4-1　计提减值准备操作流程

2.参照图7-4-1的操作流程，填制一张计提减值准备的固定资产变动单，如图7-4-2所示，计提减值准备生成的记账凭证如图7-4-3所示。

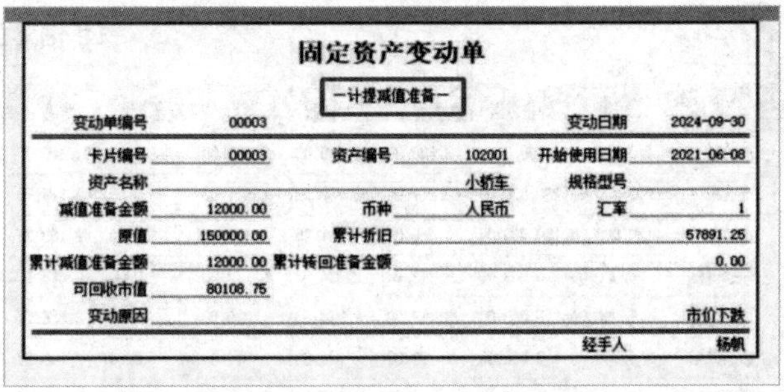
固定资产变动单

—计提减值准备—

变动单编号	00003			变动日期	2024-09-30
卡片编号	00003	资产编号	102001	开始使用日期	2021-06-08
资产名称			小轿车	规格型号	
减值准备金额	12000.00	币种	人民币	汇率	1
原值	150000.00	累计折旧			57891.25
累计减值准备金额	12000.00	累计转回准备金额			0.00
可回收市值	80108.75				
变动原因					市价下跌
				经手人	杨帆

图7-4-2　固定资产变动单

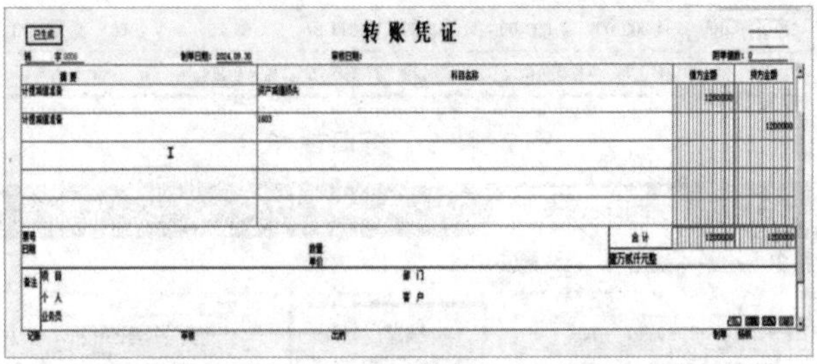

图7-4-3　固定资产计提减值准备记账凭证

二、折旧处理

1.固定资产系统计提折旧的操作流程如图7-4-4所示。

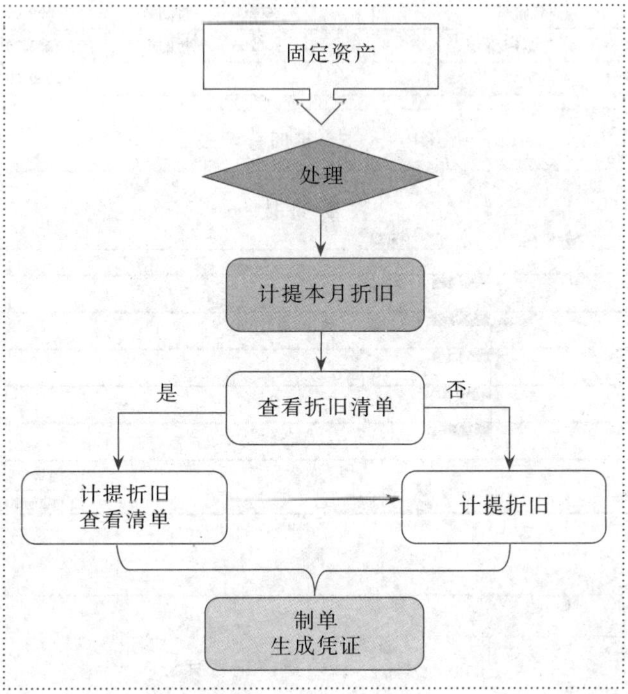

图7-4-4　计提本月折旧操作流程

2.计提折旧。系统自动计提折旧，直接查看固定资产折旧清单（如图7-4-5所示）、折旧分配表（如图7-4-6所示），计提折旧生成的记账凭证如图7-4-7所示。

折旧清单

卡片编号	资产编号	资产名称	原值	计提原值	本月计...	累计折旧	本年计...	减值准备	净值	净残值	折旧率
00001	101001	办公楼	1,000,0...	1,000,0...	2,600.00	102,600.00	2,600.00	0.00	897,400.00	50,000.00	0.0026
00002	402001	大货车	230,000.00	230,000.00	2,277.00	63,730.12	2,277.00	0.00	166,269.88	9,200.00	0.0099
00003	102001	小轿车	150,000.00	150,000.00	1,485.00	57,891.25	1,485.00	0.00	92,108.75	7,500.00	0.0099
00004	303001	联想电脑	5,000.00	5,000.00	79.00	2,374.83	79.00	0.00	2,625.17	250.00	0.0158
00005	403001	联想电脑	5,000.00	5,000.00	79.00	2,374.83	79.00	0.00	2,625.17	250.00	0.0158
00006	103001	联想电脑	6,300.00	5,000.00	79.00	2,374.83	79.00	0.00	3,925.17	315.00	0.0158
00007	503001	联想电脑	5,000.00	5,000.00	79.00	2,374.83	79.00	0.00	2,625.17	250.00	0.0158
00008	203001	联想电脑	5,000.00	5,000.00	79.00	2,374.83	79.00	0.00	2,625.17	250.00	0.0158
00009	203002	惠普打印机	4,000.00	4,000.00	63.20	1,899.87	63.20	0.00	2,100.13	200.00	0.0158
合计			1,410,3...	1,409,0...	6,820.20	237,995.39	6,820.20		1,172,3...	68,215.00	

图7-4-5 折旧清单

我的桌面 折旧分配表 ×

打印 输出 凭证

01(2024.09—>2024.09) 按部门分配 部门分配条件...

部门编号	部门名称	项目编号	项目名称	科目编号	科目名称	折旧额
1	综合办			660205	折旧费	1,824.00
2	财务部			660205	折旧费	662.20
3	采购部			660205	折旧费	599.00
4	销售部			660102	折旧费	2,876.00
5	仓储部			660205	折旧费	599.00
7	人力资源部			660205	折旧费	260.00
合计						6,820.20

图7-4-6 折旧分配表

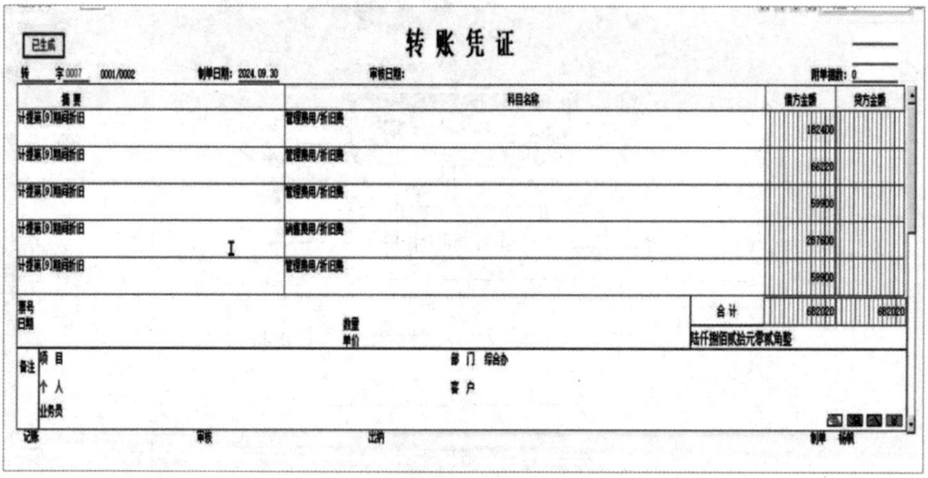

已生成

转账凭证

转 字0007 0001/0002 制单日期：2024.09.30 审核日期： 附单据数：0

摘要	科目名称	借方金额	贷方金额
计提第[9]期间折旧	管理费用/折旧费	182400	
计提第[9]期间折旧	管理费用/折旧费	66220	
计提第[9]期间折旧	管理费用/折旧费	59900	
计提第[9]期间折旧	销售费用/折旧费	287600	
计提第[9]期间折旧	管理费用/折旧费	59900	
票号 日期 数量 单价	合计	682020	682020
	陆仟捌佰贰拾元零贰角整		

备注 项目 部门 综合办

个人 客户

业务员

记账 审核 出纳 制单 杨帆

图7-4-7 计提折旧记账凭证

三、账表查询

1.账表查询操作流程如图7-4-8所示。

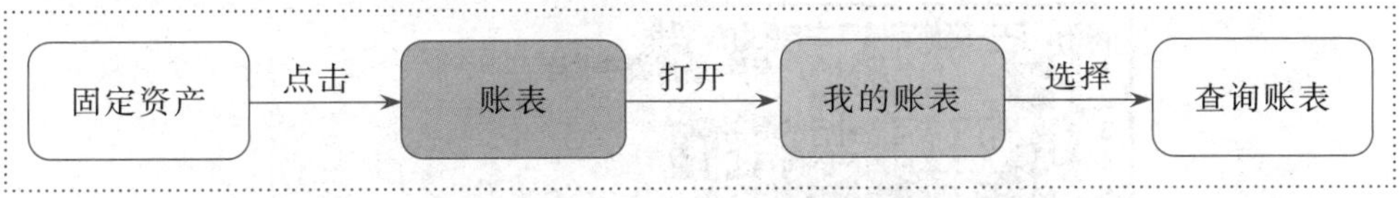

图7-4-8　账表查询操作流程

2.参照图7-4-8的操作流程，固定资产使用状况分析表查询如图7-4-9所示。

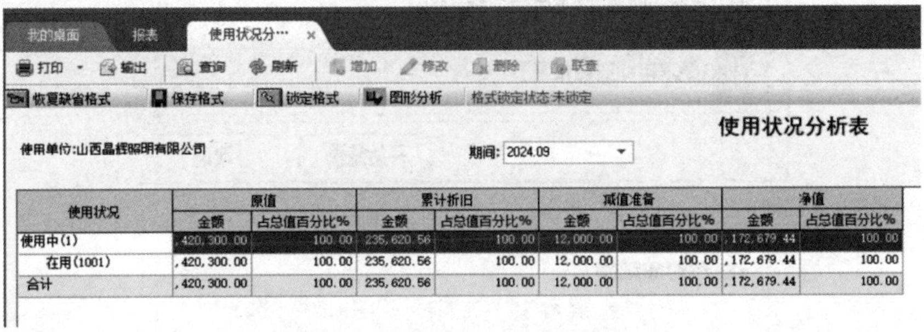

使用状况分析表

使用单位:山西晶辉照明有限公司　　期间: 2024.09

使用状况	原值		累计折旧		减值准备		净值	
	金额	占总值百分比%	金额	占总值百分比%	金额	占总值百分比%	金额	占总值百分比%
使用中(1)	,420,300.00	100.00	235,620.56	100.00	12,000.00	100.00	,172,679.44	100.00
在用(1001)	,420,300.00	100.00	235,620.56	100.00	12,000.00	100.00	,172,679.44	100.00
合计	,420,300.00	100.00	235,620.56	100.00	12,000.00	100.00	,172,679.44	100.00

图7-4-9　固定资产使用状况分析表查询

引导问题：通过账表查询写出晶辉公司2024年9月30日固定资产的原值：________元，办公设备占总资产的比率是：________。

7-17

技能实践：固定资产账表查询、对账、结账

四、对账、结账

1.固定资产对账、结账操作流程如图7-4-10所示。

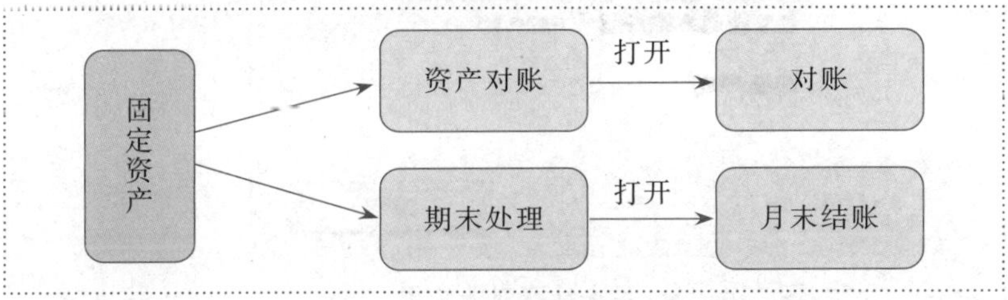

图7-4-10　对账、结账操作流程

2.固定资产系统与总账系统对账情况如图7-4-11所示，月末结账情况如图7-4-12、图7-4-13所示。

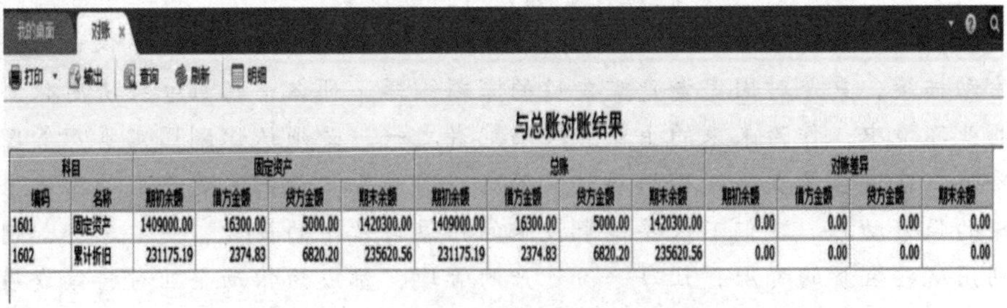

与总账对账结果

科目		固定资产				总账				对账差异			
编码	名称	期初余额	借方金额	贷方金额	期末余额	期初余额	借方金额	贷方金额	期末余额	期初余额	借方金额	贷方金额	期末余额
1601	固定资产	1409000.00	16300.00	5000.00	1420300.00	1409000.00	16300.00	5000.00	1420300.00	0.00	0.00	0.00	0.00
1602	累计折旧	231175.19	2374.83	6820.20	235620.56	231175.19	2374.83	6820.20	235620.56	0.00	0.00	0.00	0.00

图7-4-11　固定资产系统与总账系统对账

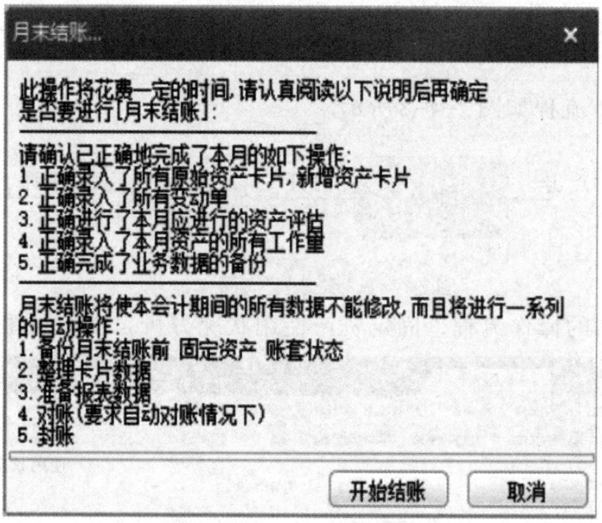

图 7-4-12　月末结账

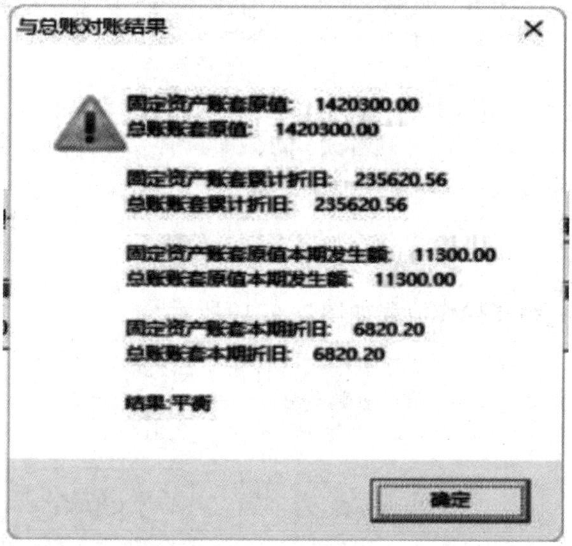

图 7-4-13　月末结账对账结果

智慧财务 · 德润人心

精细化管理，可持续发展

“财富之树，根深则叶茂；企业之舟，基础固则远航。”这句话，不仅是对企业稳健发展的生动描绘，更是对固定资产重要性的深刻诠释。那么，在数字经济时代，在瞬息万变的商业环境中，作为未来的企业管理决策者之一，必须认识到固定资产管理在企业中的重要性，在追求速度与规模的同时，不忘稳固根基，让固定资产成为推动企业不断攀登高峰的强大助力。我们不仅要追求技术的精湛与效率的提升，更要学会如何有效地管理和利用这些宝贵的资源，让每一份资产的管理，都成为推动企业可持续发展的动力源泉，为企业的发展贡献自己的力量！

项目测试

项目考核评价

本项目学习成果反馈与评价表见表7-6。

表7-6　项目七学习成果反馈与评价表

项目七	资产会计岗位		任务一、二、三、四			
班级		组号		日期		
姓名		学号		教师		
项目	评价标准	分值（分）	个人自评30%	小组互评20%	教师评价50%	小计（分）
职业素养（20）	遵守实训管理规定，保持实训环境干净整洁	10				
	团结协作，态度端正，积极完成任务	10				
专业知识（30）	了解固定资产管理系统与其他系统的关系	10				
	理解固定资产管理对企业的重要性	10				
	掌握固定资产管理系统的操作流程与方法	10				
职业能力（30）	能自主完成固定资产初始化设置	10				
	能自主完成固定资产增减变动日常业务处理	10				
	能自主完成固定资产期末业务处理	10				
成果展示（20）	线上学习效果明显，及时完成测试	10				
	线下及时完成实训任务并提交截图	10				
合计		100				
教师评语						

项目八　往来会计岗位

岗位认知

往来会计岗位主要负责企业与客户、供应商等外部单位之间的往来款项核算和管理工作，通过用友ERP-U8应收应付款管理系统，对企业的应收款项和应付款项进行全面管理，包括销售、采购等相关单据的录入、审核、收款/付款处理、票据管理、核销处理、转账处理、坏账处理以及报表生成与查询等多个方面。这些任务的有效完成有助于企业实现对应收应付款项的精准管理，降低坏账风险，提高资金周转率，确保往来账目清晰准确，资金流动安全可控。

项目目标

素质目标

增强法纪观念，强化责任意识，严格遵守财经纪律，确保各项财务收支真实、合法，及时清理往来资金，减少企业的风险和隐患，不断提高自己的专业素养，为管理层决策贡献财务力量。

知识目标

熟悉应收款管理系统和应付款管理系统的基本操作流程；掌握系统初始化设置、销售和采购业务处理和期末处理等。

能力目标

模拟企业往来业务管理任务场景，熟练进行日常往来业务的实际操作；运用数据分析工具和方法，对往来款项进行深入分析，为企业的信用决策提供有力支持。

项目导图

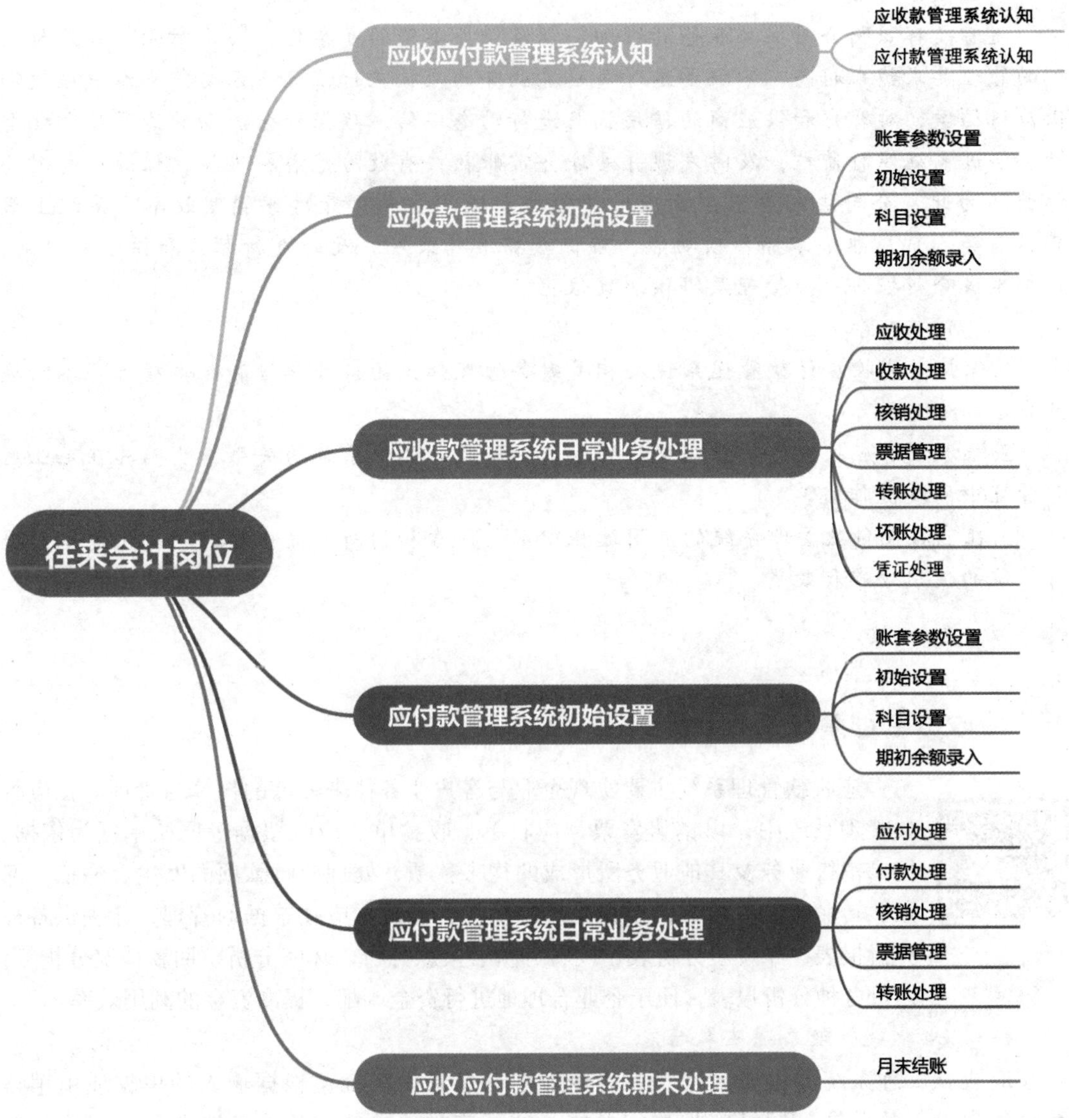
往来会计岗位
应收应付款管理系统认知
应收款管理系统认知
应付款管理系统认知
应收款管理系统初始设置
账套参数设置
初始设置
科目设置
期初余额录入
应收款管理系统日常业务处理
应收处理
收款处理
核销处理
票据管理
转账处理
坏账处理
凭证处理
应付款管理系统初始设置
账套参数设置
初始设置
科目设置
期初余额录入
应付款管理系统日常业务处理
应付处理
付款处理
核销处理
票据管理
转账处理
应收应付款管理系统期末处理
月末结账

任务一　应收应付款管理系统认知

任务情境

一、任务场景

随着晶辉照明公司往来业务的增加，以及业务类型的复杂化，公司对于应收应付款项的管理要求越来越高，不仅要追踪每一笔业务的应收应付情况，还要建立客户档案和供应商档案，对客户和供应商的信用状况进行动态评估，确保资金流动的透明度和安全性。通过系统实时监控，及时发现并处理异常账款，有效防范潜在风险，保障公司财务稳健。为此，公司决定启用应收应付款管理系统，全面提升财务管理效率。系统上线后，财务人员应熟练掌握各项功能，确保数据准确录入，及时更新客户和供应商信息，定期生成分析报告，为管理层提供决策依据。

二、任务要求

1. 保持对应收应付款管理系统及相关财务管理知识的持续学习和探索精神，不断提升自己的专业素养。

2. 深入理解应收应付款管理系统的基本功能及与其他系统的关系，明确其在企业财务管理中的关键作用。

3. 在应收应付款管理系统的应用过程中不断探索和创新，提出改进和优化建议，提升系统的使用效率和效果。

任务准备

一、应收款管理系统认知

8-1

知识导学：应收款管理系统认知

应收款管理系统主要实现企业与客户业务往来账款的核算与管理。在应收款管理系统中，以销售发票、应收单、收款单、应收票据等原始单据为依据，记录销售业务及其他业务所形成的往来款项，处理应收款项的发生、冲抵、坏账、转账等业务；提供票据处理的功能，实现对应收票据的管理；还提供各种分析报表，如账龄分析表，周转分析、欠款分析、坏账分析、回款情况分析等，通过各种分析报表，便于企业合理地进行资金调配，提高资金的利用效率。

（一）应收款管理系统基本功能

应收款管理系统的主要工作是：将企业的信息录入系统；根据输入的单据或由销售系统传递过来的单据，记录应收款的形成；处理应收项目的收款及转账业务；对应收票据进行记录和管理；在应收项目的处理过程中生成凭证，并向总账管理系统进行传递；提供各种查询及分析。概括而言，应收款管理系统的功能主要包括初始设置、日常业务处理、信息查询和期末处理。

（二）应收款管理系统与其他子系统的关系

应收款管理系统可以单独使用，也可以与其他的购销存系统一并使用。应收款管理系统与其他管理系统的关系如图8-1-1所示。

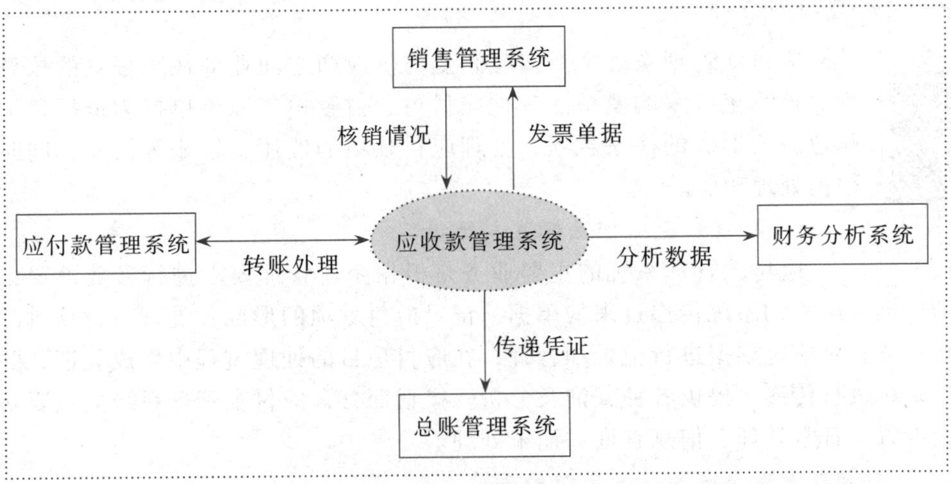

图8-1-1　应收款管理系统与其他管理系统的关系

销售管理系统向应收款管理系统提供已复核的销售发票、销售调拨单以及代垫费用单，在应收款管理系统中对发票单据进行审核并作收款结算处理，生成凭证；应收款管理系统和应付款管理系统之间可以进行转账处理；应收款管理系统向总账管理系统传递凭证；应收款管理系统向财务分析系统提供各种分析数据。

（三）应收款管理系统应用流程

应收款管理系统应用流程如图8-1-2所示。

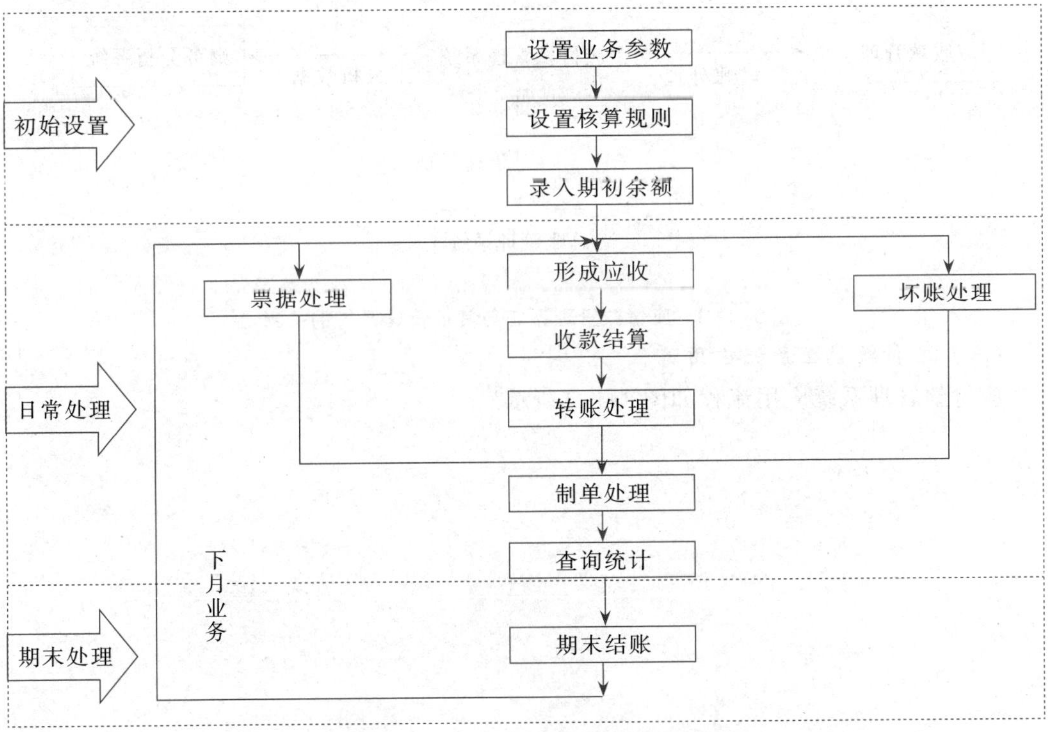

图8-1-2　应收款管理系统应用流程

二、应付款管理系统认知

8-2

知识导学：应付款管理系统认知

应付款管理系统主要实现企业与供应商之间业务往来账款的核算与管理。该系统以采购发票、其他应付单、付款单等原始单据为依据，记录采购业务所形成的往来款项，处理应付款项的偿还、转账等情况，同时提供票据处理功能。

（一）应付款管理系统基本功能

应付款管理系统的主要业务是根据企业管理要求进行参数设置；根据输入的单据或由采购系统传递过来的单据，记录应付款项的形成；处理应付项目的收款及转账业务；对应付票据进行记录和管理；在应付项目的处理过程中生成凭证，并向总账管理系统进行传递；提供各种查询及分析。概括而言，应付款管理系统的主要功能包括初始设置、日常处理、信息查询和期末处理。

（二）应付款管理系统与其他系统的关系

应付款管理系统可以单独使用，也可以与其他的购销存系统一并使用。应付款管理系统与其他管理系统的关系如图8-1-3所示。

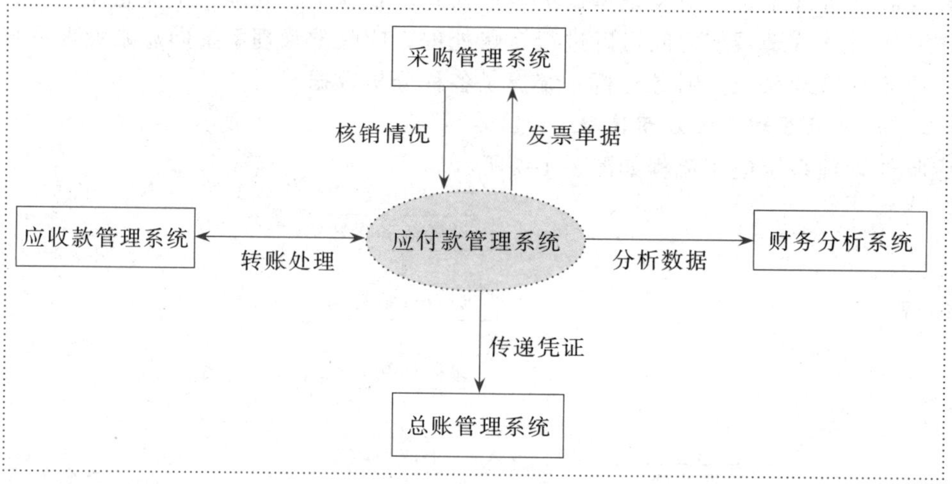

图8-1-3 应付款管理系统与其他管理系统的关系

（三）应付款管理系统应用流程

应付款管理系统应用流程如图8-1-4所示。

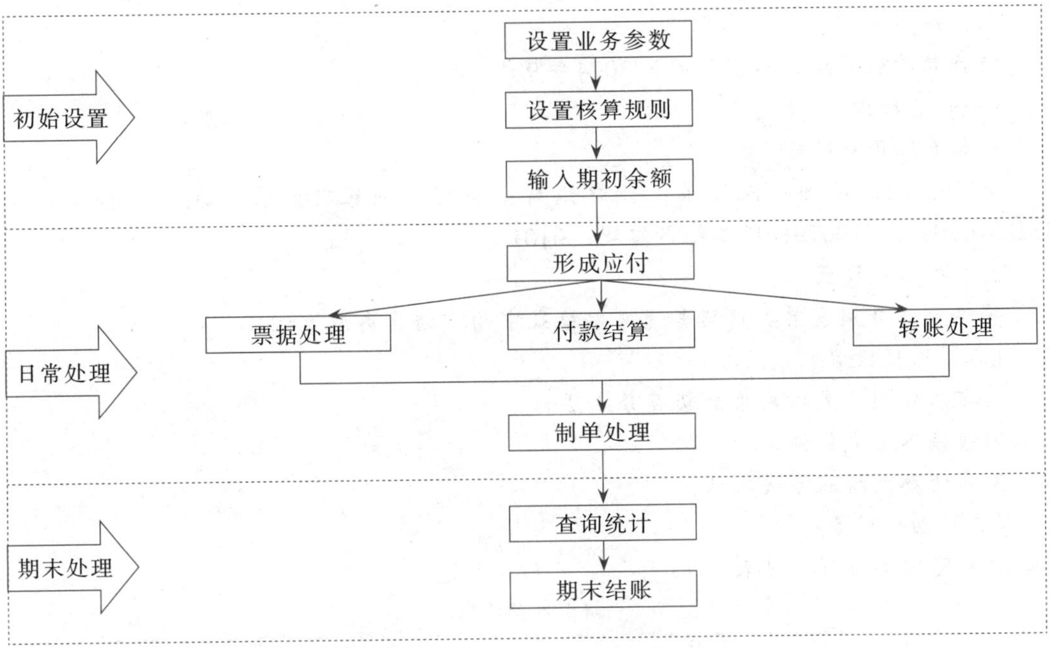

图 8-1-4　应付款管理系统应用流程

智慧财务·德润人心

筑牢收款防线，助力企业前行

在企业的运营链条中，资金回笼犹如血液循环之于人体，至关重要。而应收款管理系统，就是保障企业资金顺畅回流的关键“阀门”，专注于企业应收账款管理的智能化系统，为企业在销售收款环节筑起一道坚实的防线，确保企业收入能够及时、足额到账。应收款管理系统作为企业资金管理的得力“护航员”，正以其智能化、精细化的管理模式，助力企业在复杂多变的市场浪潮中稳健前行，牢牢把控资金命脉。希望大家都能重视并善用这一系统，为企业的繁荣发展添砖加瓦。

任务二　应收款管理系统初始设置

任务情境

一、任务场景

对于任何一家注重财务管理效率和稳健经营的企业来说，应收款管理系统都是值得投入和重视的。往来会计丁楠负责公司的应收款项管理工作，系统启用时间为2024年9月1日。在系统的实施过程中，首先对公司的销售业务进行了全面的清查和梳理，并建立了应收款管理账套，进行初始化设置，包括录入应收款管理中所需的本单位开户银行、会计科目、坏账计提方式和坏账准备相关信息、期初余额等，为日后应收款的管理做好准备。

二、任务资料

应收款管理系统，启用时间为2024年9月1日。

（一）基础设置

1.本单位开户银行

编码：02；币种：人民币；开户银行：中国工商银行经济开发区支行；账号：6222010209111410079；所属银行编码：0101。

2.单据格式设置

删除销售专用发票和销售普通发票格式中的“销售类型”栏目。

（二）选项设置

1.坏账处理方式：应收余额百分比法。

2.核销不生成凭证。

3.其他参数按照系统默认。

（三）初始设置

1.坏账准备设置（见表8-1）

表8-1　坏账准备信息

项　目	内　容
提取比例	0.5%
坏账准备期初余额	216.45元
坏账准备科目	1231
对方科目	6702

2.账期内账龄区间设置（见表8-2）

表8-2　账期内账龄区间信息

序　号	起止天数（天）	总天数（天）
01	0～30	30
02	31～60	60
03	61～90	90
04	91及以上	

3.逾期账龄区间设置（见表8-3）

表8-3　逾期账龄区间信息

序　号	起止天数（天）	总天数（天）
01	0～30	30
02	31～60	60
03	61～90	90
04	91及以上	

（四）科目设置

需要设置的科目见表8-4。

表 8-4　　科目设置信息

科目类别	设置方式
基本科目	应收科目（本币）：1122 预收科目（本币）：2203 应交增值税科目：22210102 银行承兑科目：112101 商业承兑科目：112102
对方科目	存货名称：吸顶灯　销售收入科目：600101 存货名称：落地灯　销售收入科目：600102 存货名称：台灯　销售收入科目：600103 存货名称：吊灯　销售收入科目：600104 存货名称：壁灯　销售收入科目：600105 存货名称：筒灯　销售收入科目：600106
结算科目	结算方式：现金；币种：人民币；科目：1001 结算方式：转账支票；币种：人民币；科目：100201 结算方式：网银转账；币种：人民币；科目：100201

（五）期初余额录入

1.应收账款科目期初余额录入（见表 8-5）

表 8-5　　销售专用发票资料　　单位：元

开票日期	客户名称	摘要	方向	价税合计
2024-08-18	和平装饰	销售吸顶灯 100 只，不含税单价 380 元/只，税率 13%	借	42 940.00

2.应收票据科目期初余额录入（见表 8-6）

表 8-6　　应收票据期初数据　　单位：元

签发日期	开票单位	摘要	到期日	余额	票据类型
2024-08-25	万家灯饰	销售筒灯 100 套，不含税单价 220 元/套，收到万家灯饰签发的银行承兑汇票，票据编号 84562110	2024-11-25	24 860.00	银行承兑汇票（承兑银行为中国工商银行） 科目：112101
2024-07-29	华丽灯饰	销售 150 件吊灯，不含税单价 430 元/件，收到万家灯饰签发的银行承兑汇票。票据编号 9456221	2024-10-29	72 885.00	商业承兑汇票 科目：112102

3.预收账款科目期初余额录入（见表 8-7）

表 8 7　　预收账款期初数据　　单位：元

日期	客户	摘要	金额	结算方式
2024-08-25	华丽灯饰	收到预付的货款，票据号 3525152	5 000.00	转账支票，票号 ZZS807

注：期初余额录入完成后与总账进行对账。

三、任务要求

根据任务场景和任务资料，对晶辉照明公司的应收款管理系统进行初始化参数设置及基础信息设置。

1.账套主管王启：结合企业需求启用应收款管理系统，并授予往来会计岗位相应的数据权限。

2.往来会计丁楠：完成基础信息设置，包括本单位开户银行、发票格式、坏账处理方式、凭证、坏账准备、账龄区间、科目设置等。

3.往来会计丁楠：录入应收款项期初余额，并与总账进行对账，核对期初应收款项的准确性。

任务准备

根据单位的具体情况，建立一个符合企业财务工作要求的应收款管理账套的过程，即应收款管理系统初始化。系统初始化是手工记账和财务软件记账的交接过程。应收款管理系统在初次使用时，必须经过初始化，根据企业的核算要求和实际业务情况进行有关设置，才能用于应收款项的日常管理。应收款管理系统初始化流程如图8-2-1所示。

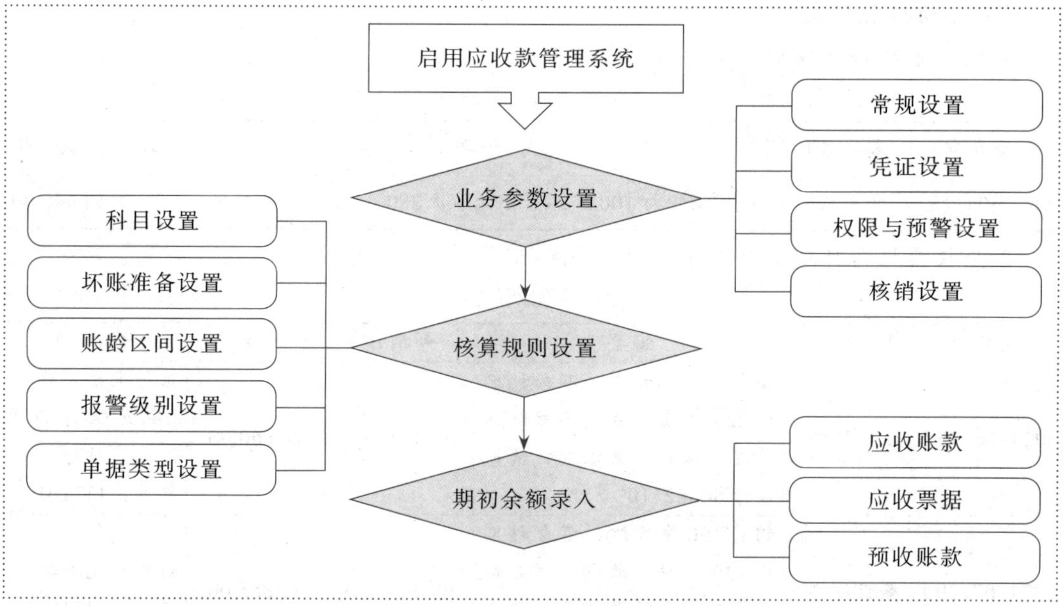

图8-2-1 应收款管理系统初始化流程图

一、账套参数设置

在信息化系统中对每个子系统进行使用之前，必须进行参数的设置，才能适用企业的具体环境。应收款管理系统业务参数设置包括常规设置、凭证设置、权限与预警设置和核销设置四个方面，如图8-2-2所示。

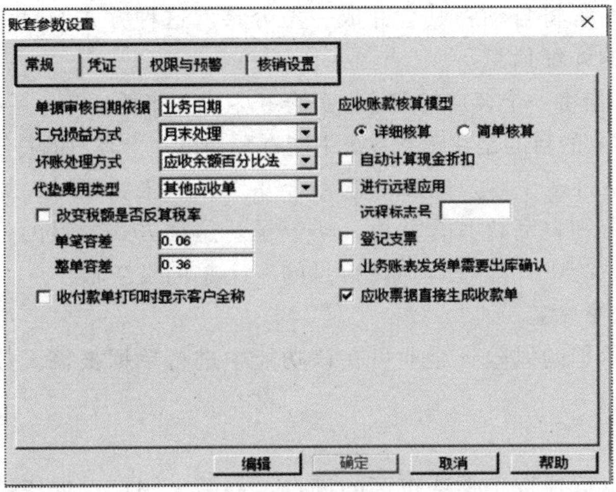

图 8-2-2　应收款管理系统业务参数设置

（一）常规设置

1.坏账处理方式

在选择坏账处理方式时，主要有备抵法和直接转销法两种坏账处理的方式。备抵法包括应收账款余额百分比法、销售余额百分比法和账龄分析法三种。由于直接转销法不符合会计的权责发生制及收入与费用相配比原则，容易造成会计信息的失真，因此一般不采用此方法。

2.应收账款核算模型

应收账款核算模型包括简单核算和详细核算两种，系统缺省时选择详细核算方式。当用户选择简单核算方式时，应收款管理系统只能完成将销售管理系统传递过来的发票生成凭证，再传递给总账管理系统。如果销售业务或者应收款业务不复杂，或者现销业务很多，则可以选择简单核算。当用户选择详细核算方式时，在应收款管理系统中可以对往来款项进行详细的核算、控制、查询和分析。如果企业的销售业务以及应收款核算与管理业务比较复杂，或者需要追踪每一笔业务的应收款和收款等情况，或者需要将应收款核算到产品一级，那么可以选择详细核算。

特别提示：

◆应收账款核算模型选项在系统启用时或还没有进行任何业务时（包括期初数据录入）允许从简单核算改为详细核算，一旦有数据，简单核算就不能改成详细核算；而从详细核算改为简单核算是可以随时进行的。

（二）凭证设置

制单规则包括受控科目制单方式和非受控科目制单方式，受控科目是指在应收款管理子系统中所有带有客户往来辅助核算的科目，如应收账款、预收账款等。

在选择制单方式时，有三种方式可供选择，分别是明细到客户、明细到单据和汇总方式。

1.明细到客户是指将一个客户的多笔业务合并生成一张凭证时，如果核算多笔业务的控制科目相同，系统将自动将其合并成一条分录。这种方式的目的是在账务系统中能查看到每一个客户的详细信息。

2.明细到单据是指将一个客户的多笔业务合并生成一张凭证时，系统会将每一笔业务形成一条分录，这种方式的目的是在账务系统中能查看到每一个客户的每笔业务的详细信息。

3.汇总方式是指将多个客户的多笔业务合并生成一张凭证时，如果核算多笔业务的控制科目相同，系统则自动将其合并成一条分录。这种方式的目的是精简账务子系统中的数据，但在账务系统中只能查看到该科目的一个总的发生额。

（三）权限与预警设置

为降低企业所承担的风险，企业可在该功能中进行单据报警天数、信用额度报警提前率等设置。

（四）核销设置

应收款核销可以选择按单据或按产品进行。如果采用按单据核销方式，系统将满足条件的未结算单据全部列出，由用户选择要结算的单据，根据所选择的单据进行核销；如果采用按存货核销方式，系统将满足条件的未结算单据按存货列出，由用户选择要结算的单据，根据所选择的存货进行核销。

特别提示：

◆在账套使用过程中可以随时修改账套参数，修改后需要重新登录才能生效。

二、初始设置

初始设置功能包括坏账准备设置、账龄区间设置、报警级别设置和单据类型设置等。

（一）坏账准备设置

在第一次使用系统时，应直接输入期初余额。在以后年度使用系统时，坏账准备的期初余额由系统自动生成且不能进行修改。

特别提示：

◆应收余额百分比法

期末坏账准备贷方总额=期末应收账款余额×坏账准备计提比例

（二）账龄区间设置

为了对应收账款进行账龄分析，评估客户信誉，并按一定的比例估计坏账损失，需设置账龄区间。设置账龄区间是要根据应收款欠款时间长短，对应收款分级进行分析，以此来掌握客户欠款的情况。账龄区间设置分为账期内账龄区间设置和逾期账龄区间设置两部分。

引导问题1：账龄区间设置对企业应收款管理有何影响？________________

____

（三）报警级别设置

通过对报警级别的设置，系统按照欠款余额与授信额度的比例将往来单位分为不同的类型，以便于掌握各个往来单位的信用情况。当企业要对应收账款的还款期限做出一定的规定，可使用超期报警功能。

（四）单据类型设置

通过单据类型设置，可将单据分为发票和应收单两大类型。发票的类型包括增值税专用发票、普通发票和销售零售日报等。应收单是记录销售业务之外的应收款情况的单据，可划分为不同的类型，以区分应收货款之外的其他应收款。应收单的对应科目可根据具体情况自由定义。

三、科目设置

凭证的科目设置包括基本科目、控制科目、对方科目和结算方式科目的设置。

（一）基本科目设置

基本科目是指在核算应收款项时经常用到的科目，可以作为常用科目设置，而且必须是末级科目。

特别提示：

◆ 只有在这里设置了基本科目，在生成凭证时才能直接生成凭证中的会计科目，否则凭证中将没有会计科目，只能手工录入。

（二）控制科目设置

如果应收科目、预收科目按不同的科目或客户分类分别设置，则可在此处设置。

（三）对方科目设置

如果针对不同的存货（存货分类）分别设置不同的销售收入科目、应交税费科目和销售退回科目，则可在此处设置。

（四）结算科目设置

为每种结算方式设置一个默认的科目，以便在收款时，系统直接按不同的结算方式生成该种结算方式所使用的会计科目。

特别提示：

◆ 如果在此不设置结算方式科目，则在收款时可以手工输入不同结算方式对应的会计科目。

四、期初余额录入

在第一次使用系统时，必须把手工方式下的期初数据准确输入后，才能正确地进行往来账的各种统计和分析。当进入第二年度时，系统会自动将上年度未全部结清的单据转为下一年度的期初余额。

在应收款管理系统中，往来款期初余额是按单据形式录入的。应收账款余额通过发票录入，预收账款余额通过收款单录入，其他应收款项通过应收单录入，录入完成后与账务系统中相应的客户往来账户余额核对，以检查录入的往来未达账与相应往来科目余额是否相等。

引导问题2：如果应收款管理系统期初余额与总账对账不一致，可能是哪些原因导致的呢？________________________________。

任务实施

一、系统启用

（一）启用系统

以账套主管“201王启”的身份登录企业应用平台，启用“应收款管理”系统，启用日期为2024年9月1日。

（二）设置权限

账套主管“201王启”执行“系统服务”/“权限”/“数据权限分配”命令，在左侧用户栏选中“203丁楠”，选择工具栏的“授权”功能，将其设置为“用户”主管，如图8-2-3、图8-2-4所示。

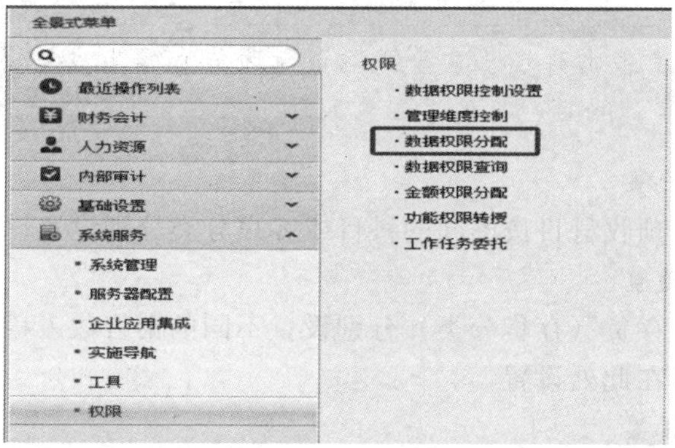

图8-2-3 数据权限分配

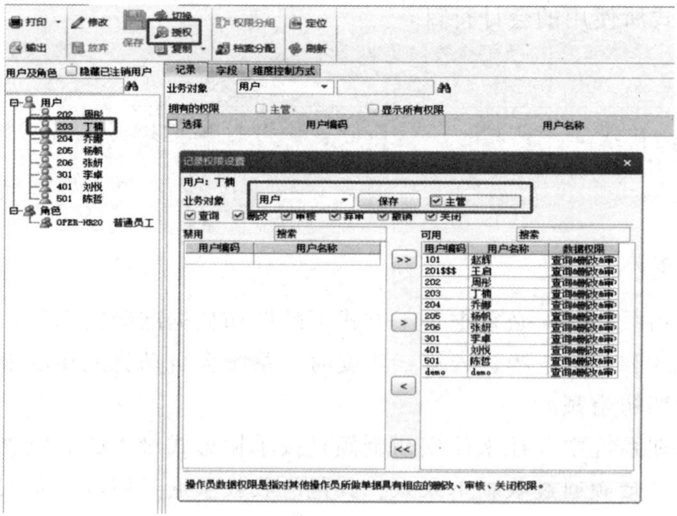

图8-2-4 授权丁楠“用户”主管权限

接下来以往来会计“203丁楠”的身份登录企业应用平台，进入“应收款管理”系统，进行初始化设置。

二、基础设置

（一）输入单位开户行信息

本单位开户银行设置操作流程如图8-2-5所示。

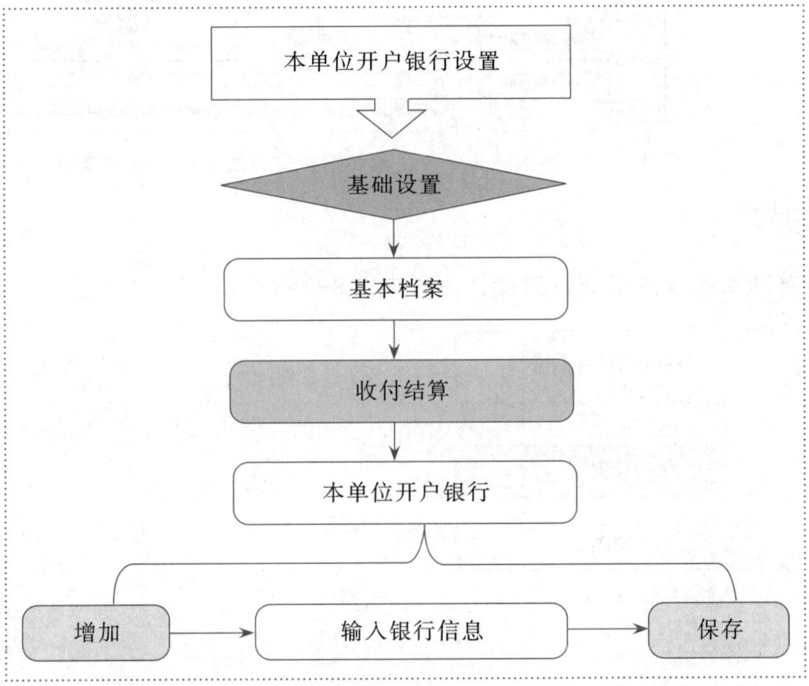

图8-2-5　本单位开户银行设置操作流程

根据以上操作流程，完成本单位开户银行设置，设置完成后如图8-2-6所示。

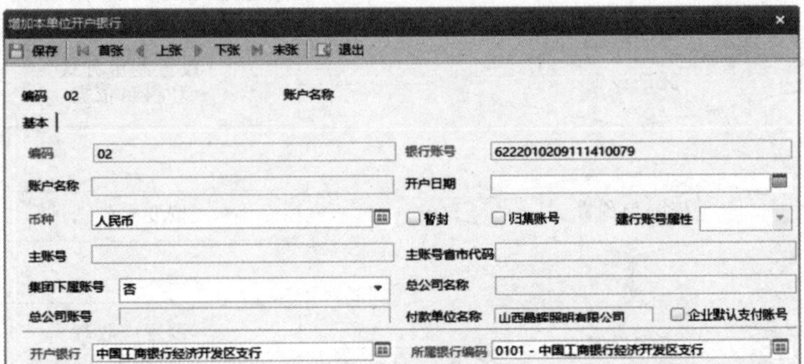

图8-2-6　增加本单位开户银行

（二）设置单据格式

进入“业务导航”界面，打开“单据设置”/“单据格式设置”进入单据格式设置界面，操作结果如图8-2-7所示。

8-3

技能实践：应收业务参数和核算规则设置

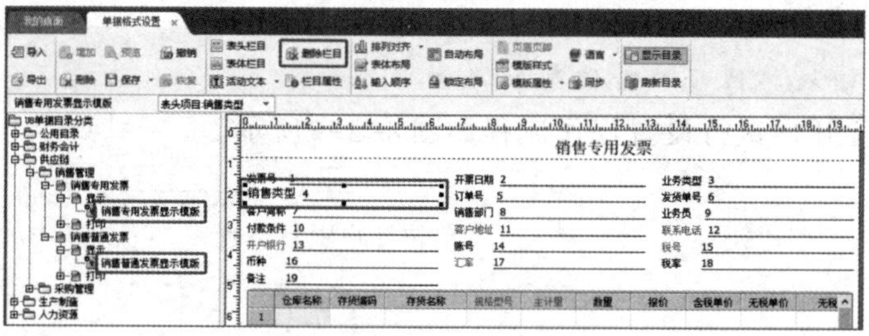

图8-2-7　删除销售专用发票和销售普通发票的“销售类型”栏目

三、选项设置

应收款管理系统业务参数设置操作流程如图8-2-8所示。

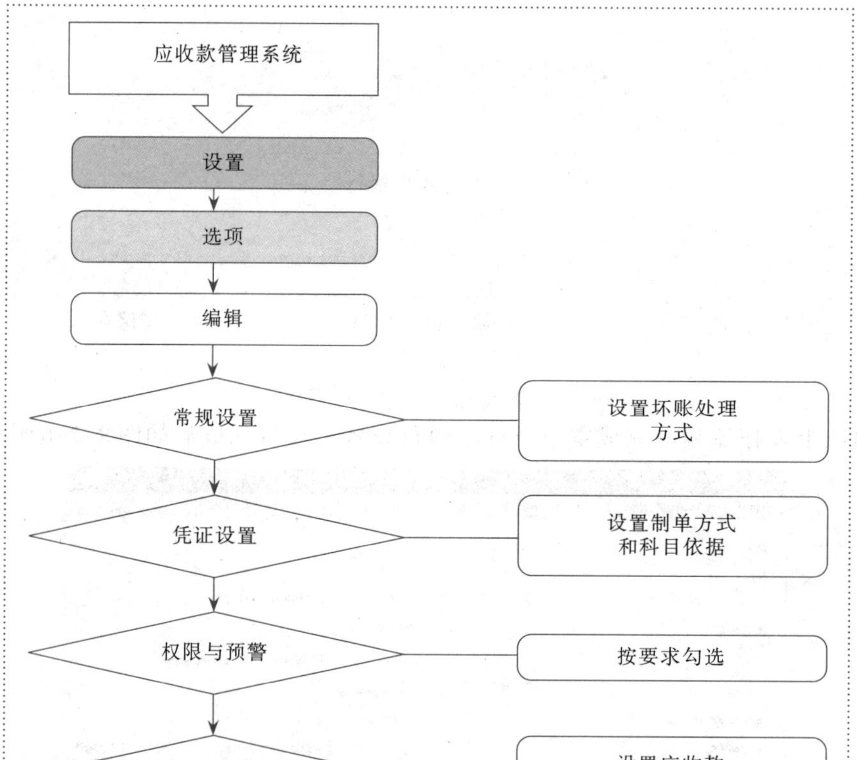

图8-2-8　应收款管理系统业务参数设置流程图

应收款管理系统业务参数设置结果如图8-2-9、图8-2-10所示。

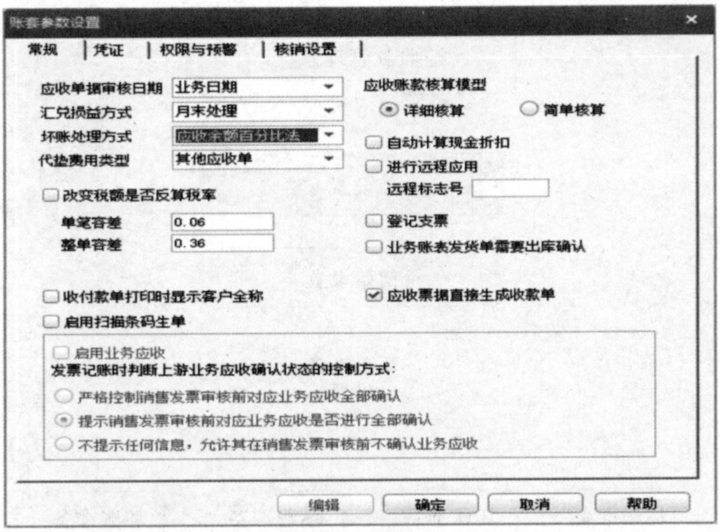

图 8-2-9　常规设置——坏账处理方式设置

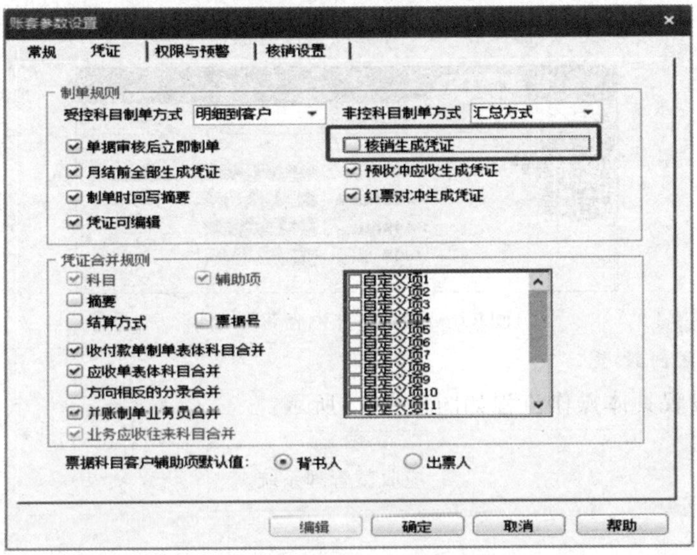

图 8-2-10　常规设置——核销不生成凭证

四、初始设置

（一）坏账准备设置

坏账准备设置操作流程如图 8-2-11 所示，设置结果如图 8-2-12 所示。

特别提示：

◆坏账准备设置的内容与业务参数设置中的坏账处理方式有关；第一年使用应收款管理系统，坏账准备期初余额可以直接录入，以后可由系统自动生成；如果本年度已计提了坏账准备，则在此不能修改，进入下一年度后方可修改。

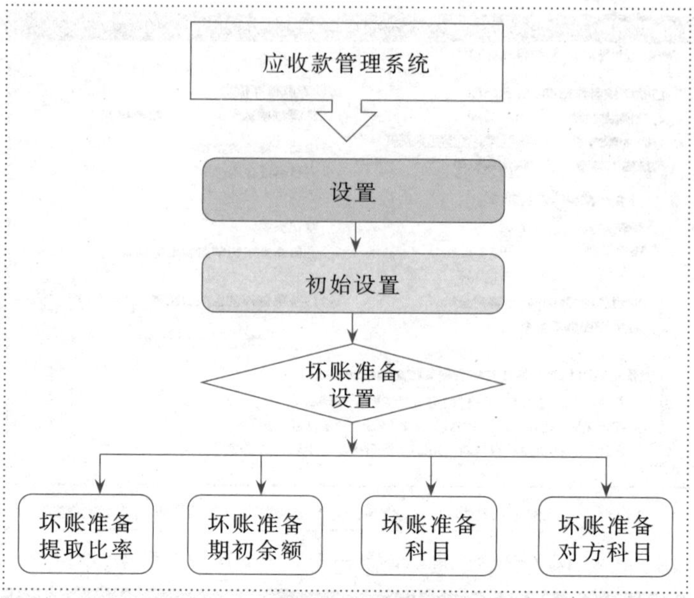

图 8-2-11　坏账准备设置操作流程

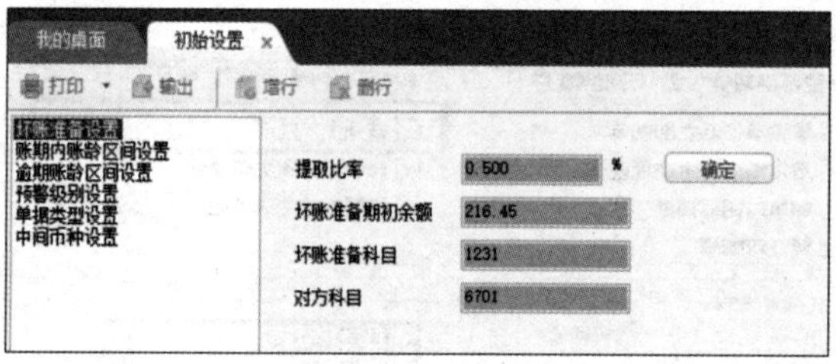

图 8-2-12　坏账准备设置结果

（二）账龄区间设置

账龄区间设置具体操作流程如图 8-2-13 所示。

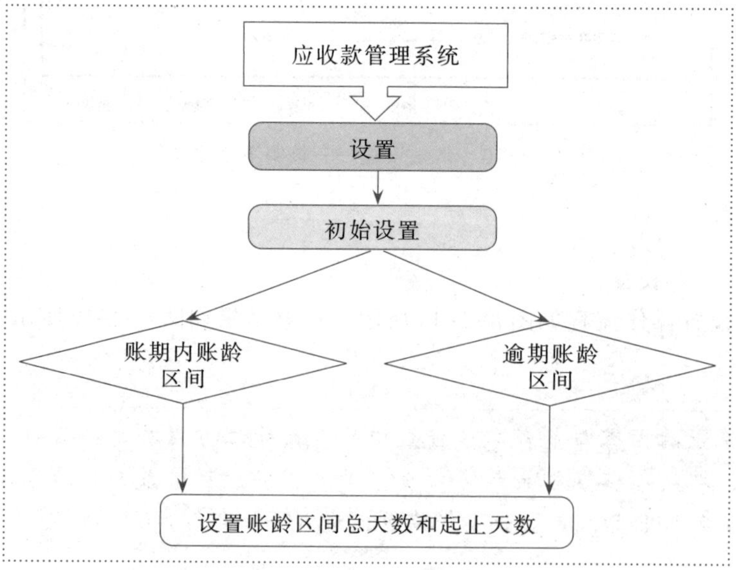

图 8-2-13　账龄区间设置操作流程

按照上述操作流程完成账龄区间设置。

特别提示：

◆序号由系统自动生成，不能修改和删除。

◆总天数直接输入截止到该区间的账龄总天数。

◆最后一个区间不能修改和删除。

五、科目设置

科目设置的操作流程如图 8-2-14 所示。

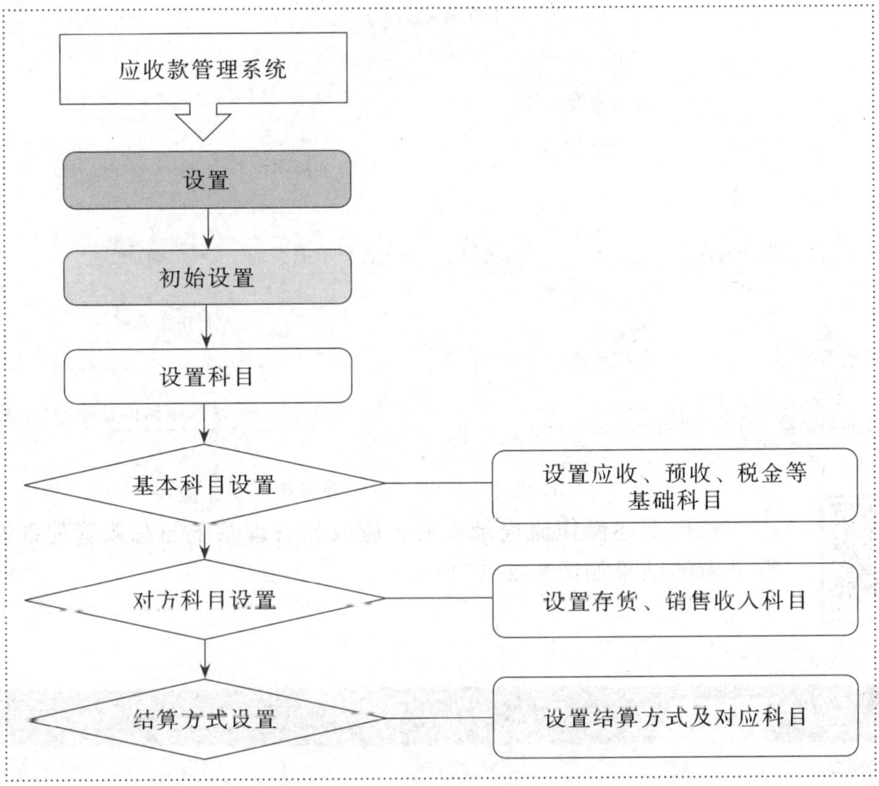

图 8-2-14　科目设置操作流程

科目设置结果部分如图 8-2-15 所示。

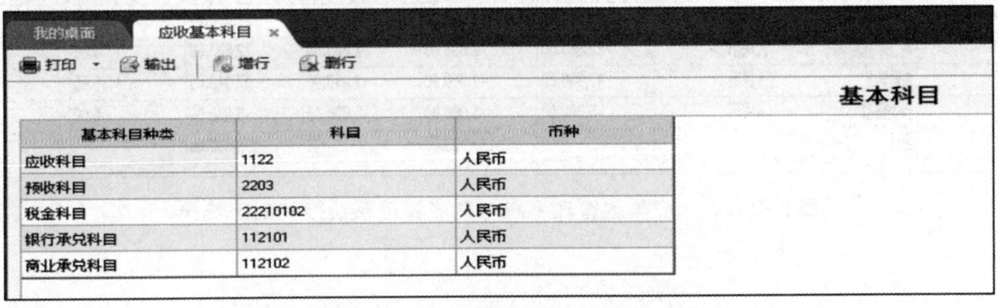

基本科目种类	科目	币种
应收科目	1122	人民币
预收科目	2203	人民币
税金科目	22210102	人民币
银行承兑科目	112101	人民币
商业承兑科目	112102	人民币

图 8-2-15　应收基本科目设置结果

六、期初余额录入

期初余额录入操作流程如图 8-2-16 所示。

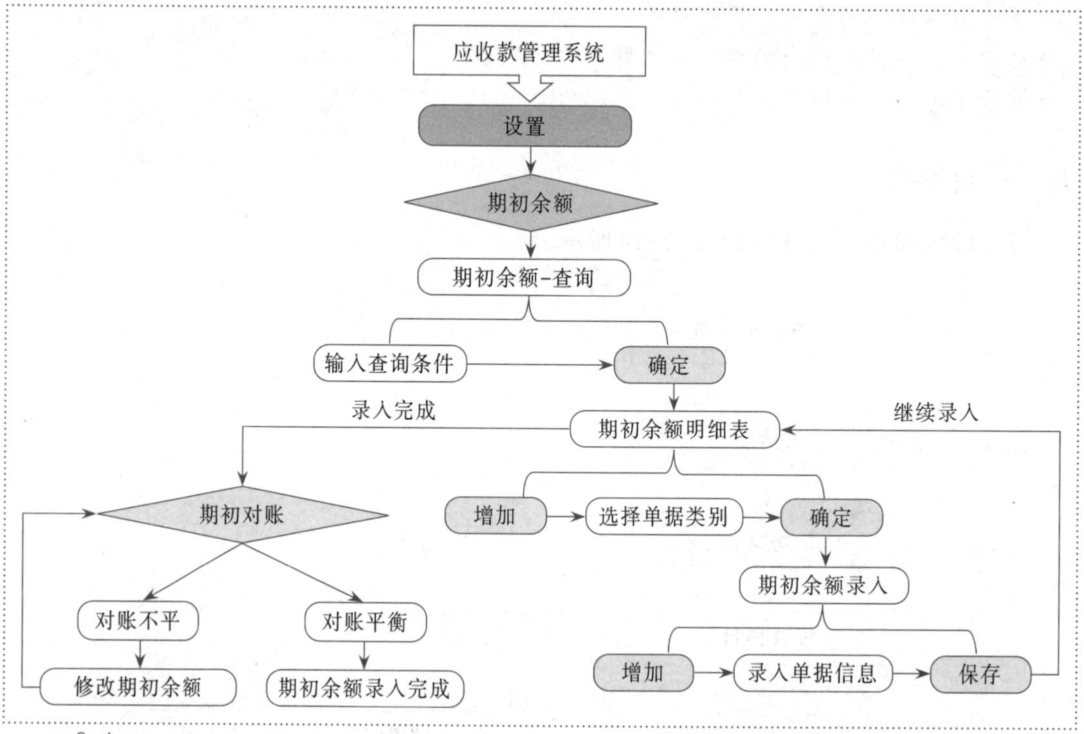

图 8-2-16 期初余额录入操作流程

8-4

技能实践：
应收期初余额录入

根据上述操作流程录入后，应收款管理系统与总账管理系统期初对账平衡的结果如图 8-2-17 所示。

我的桌面 期初余额 期初对账 ×

打印 · 输出

科目		币种	应收期初		总账期初		差额	
编号	名称		原币	本币	原币	本币	原币	本币
112101	银行承兑汇票	人民币	24,860.00	24,860.00	24,860.00	24,860.00	0.00	0.00
112102	商业承兑汇票	人民币	72,885.00	72,885.00	72,885.00	72,885.00	0.00	0.00
1122	应收账款	人民币	42,940.00	42,940.00	42,940.00	42,940.00	0.00	0.00
2203	预收账款	人民币	-5,000.00	-5,000.00	-5,000.00	-5,000.00	0.00	0.00
	合计			135,685.00		135,685.00		0.00

图 8-2-17 应收款管理系统与总账管理系统期初对账结果

特别提示：

◆发票中的开票日期可以更改，但必须是在应收款管理系统的启用日期之前。
◆第一个会计期间记账后，期初余额只能查看，不能修改。
◆输入期初销售发票时，要确定科目，以方便与总账管理系统的应收账款对账。
◆应收款管理系统与总账管理系统的期初余额的差额应为零，即两个系统的客户往来科目的期初余额应完全一致。

智慧财务·德润人心

探索创新，进取求知

用友U8应收款管理系统本身就是科技创新的产物，它通过先进的信息技术，为企业提供了高效的管理工具。同学们在未来的工作中应勇于探索新的管理方法和技术手段，不断提升企业的财务管理水平。同时，面对不断变化的市场环境和技术发展，要有进取之心，持续学习和更新知识，以适应时代的要求。

任务三　应收款管理系统日常业务处理

任务情境

一、任务场景

企业与客户之间往来的日常业务主要有赊销、付款、票据管理、转账和坏账处理等，往来会计丁楠利用财务软件完成企业日常的应收款入账、收款业务的录入、收款业务核销、转账冲抵及坏账处理，并编制记账凭证，及时记录应收业务、收款业务的发生，为查询和分析往来业务提供完整、准确的资料，加强对应收款项的监督管理，提高工作效率。

二、任务资料

（一）应收处理

1. 9月2日，销售部销售给和平装饰吸顶灯200只，含税单价520元/只，开出增值税普通发票，货已发出，款项未收。

2. 9月3日，销售部销售给华丽灯饰500件壁灯，无税单价180元/件，开出增值税专用发票，价税合计101 700元，货已发出，款项未收。同时代垫运费400元，以库存现金支付。

（二）收款处理

1. 9月7日，收到和平装饰交来转账支票一张，金额104 000元，支票号ZZS903，用于支付2日货款。（收款并进行手工核销处理）

2. 9月9日，通过网银转账方式收到日新灯饰转来的款项6 000元，作为订购落地灯的订金。

（三）票据管理

1. 9月13日，销售部向万家灯饰销售200套筒灯，无税单价240元/套，开出增值税专用发票，价税合计54 240元，并收到万家灯饰出具的银行承兑汇票一张，票号HPS901，到期日为2024年12月13日。

2. 9月14日，将期初万家灯饰开具的银行承兑汇票金额24 860元背书给华诺光能，冲抵期初的应付账款。

（四）转账处理

1. 9月15日，收到华丽灯饰交来转账支票一张，金额97 100元，支票号ZZS904，用以归还前欠货款及代垫运费，剩余款项以期初的预收账款冲抵。（收款并进行手工核销处理）

2. 9月18日，公司之间协商同意，将期初和平装饰应收账款中的42 000元转给华丽灯饰。

（五）坏账处理

1. 9月28日，确认期初应收和平装饰940元无法收回，作为坏账处理。

2. 9月30日，计提坏账准备。

三、任务要求

根据任务场景和任务资料，使用晶辉照明公司的应收款管理系统进行日常业务处理。

1. 往来会计丁楠：完成应收款项的日常业务处理，包括销售发票、支票、商业汇票等单据的录入、审核和制单，收到前欠货款的核销处理，票据的背书和贴现，往来款项的冲抵，坏账准备的计提和发生坏账的处理等。

2. 出纳张妍：对收付款凭证进行出纳签字。

3. 账套主管王启：对应收款管理系统生成的凭证进行审核和记账。

任务准备

一、应收处理

应收处理主要包括应收单的录入审核和销售发票的录入审核。单据录入完成后必须经过审核才能被系统正式认为该笔应收款有效。

特别提示：

◆ 对于已经审核或已生成凭证的单据不能修改或删除，若要修改或删除，必须取消相应的操作，单据删除后不能恢复。

◆ 在没有启用销售系统的情况下，销售发票和应收单均在应收款管理系统中录入。如果同时启用了销售系统，销售发票只能在销售系统录入，并自动传递到应收款管理系统进行制单。

二、收款处理

收款处理主要包括收款单据的录入和审核。

特别提示：

◆ 收款单据中款项类型包括应收款、预收款和其他费用，需要根据业务情况进行选择。

三、核销处理

核销处理是指将收回客户的款项与应收款核销，建立收款与应收款的核销记录，监督应收款及时核销，加强往来款项的管理。这就是说，将客户之前的应收账款与已经结算的应收账款进行核准注销，清除其债权债务关系。核销处理有手工核销和自动核销两种方式。

8-5

知识导学：
应收核销处理

四、票据管理

票据管理可以对银行承兑汇票和商业承兑汇票进行管理，包括记录票据详细信息、票据的结算、贴现及背书等。其实质上也是收款单据的管理。

如果要进行票据管理，必须将应收票据科目设置为带有客户往来辅助核算的科目。

8-6

知识导学：
应收票据管理

引导问题1：小明的公司收到一张商业承兑汇票，你觉得公司应该怎么做？（　　）。

A.高兴地等着到期收钱　　B.先考察一下承兑企业的信用

C.赶紧背书转让给别人

引导问题2：小李的公司急需资金，其手里有一张银行承兑汇票，应该选择（　　）。

A.持有至到期　　B.背书转让　　C.去银行贴现

五、转账处理

转账处理是指在日常业务中经常发生的应收冲应付、应收冲应收、预收冲应收及红票对冲的业务处理。

8-7

知识导学：
应收转账处理

应收冲应付是指用某客户的应收账款冲抵某供应商的应付款项。通过应收冲应付实现应收款业务在客户和供应商之间的转账，解决应收债权与应付债务的冲抵。

应收冲应收是指将某一客户的应收账款转到另一客户。通过应收冲应收完成应收账款在不同客户之间的转入、转出。

预收冲应收是指用某客户的预收账款冲抵该客户的应收款项。通过预收冲应收实现对同一客户预收和应收的转账核销。

红票对冲是指将某客户的红字应收单和蓝字应收单、收款单和红字收款单进行冲抵。红票对冲可分为系统自动冲销和手工冲销两种处理方式。自动冲销可同时对多个客户依据系统红票对冲规则进行对冲。手工冲销对一个客户进行，可自行选择红票对冲的单据。

8-8

知识导学：
应收坏账处理

六、坏账处理

坏账处理包括坏账准备的计提和坏账的发生与收回。坏账准备的计提方法已经在初始设置中定义，根据初始设置的计提方法系统会调用不同的计提依据自行计算。企业期末都要执行坏账准备的计提；当某一客户发生坏账时，执行坏账发生操作；当发生后的坏账又收回时，执行坏账收回。

七、凭证处理

对于已录入的单据，经过审核后，要进行制单处理，从而形成凭证，再传递到总账管理系统中。

单据要进行制单处理，可以在单据审核后由系统自动编制凭证，也可以集中处理。需要集中处理时就需要使用生成处理的功能。

制单类型有应收单据制单、收款单制单等多种。在制单时，操作员要根据实际情况选取需要制单的类型，否则会找不到需要制单的原始单据。

特别提示：

- ◆制单日期系统默认为当前业务日期，制单日期应大于或等于所选单据的最大日期，小于或等于当前业务日期；如同时使用了总账管理系统，则所输入的制单日期应满足总账管理系统制单日期要求，例如，制单序时控制，则须大于等于同月同类别凭证的日期。
- ◆如果原始单据有错误，需要修改，则需先将该单据删除。同时，只有未审核、未经出纳签字、未经主管签字的凭证才能删除，否则应先取消相应的操作后再删除。

任务实施

8-9

技能实践：应收处理

以往来会计“203丁楠”的身份注册登录企业应用平台，进入应收款管理系统，完成相关的日常业务处理。

一、应收处理

应收处理——发票处理具体操作流程如图8-3-1所示。

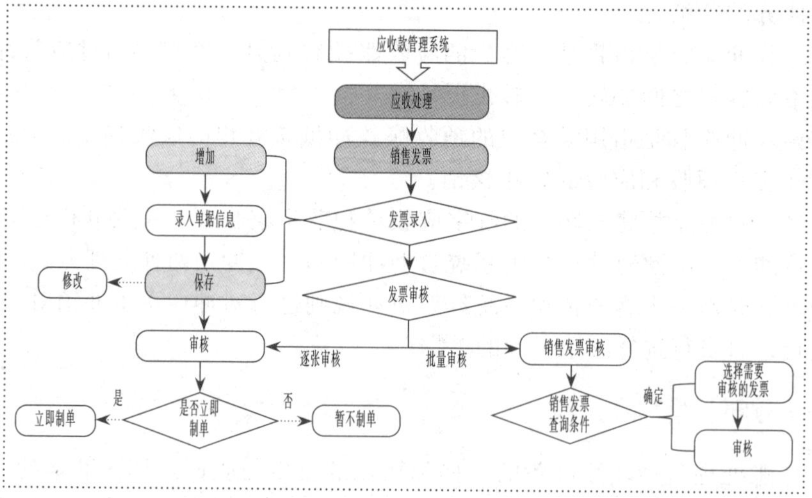

图8-3-1 应收处理——发票处理流程图

1. 9月2日开出普通发票业务具体操作如图8-3-2和图8-3-3所示。

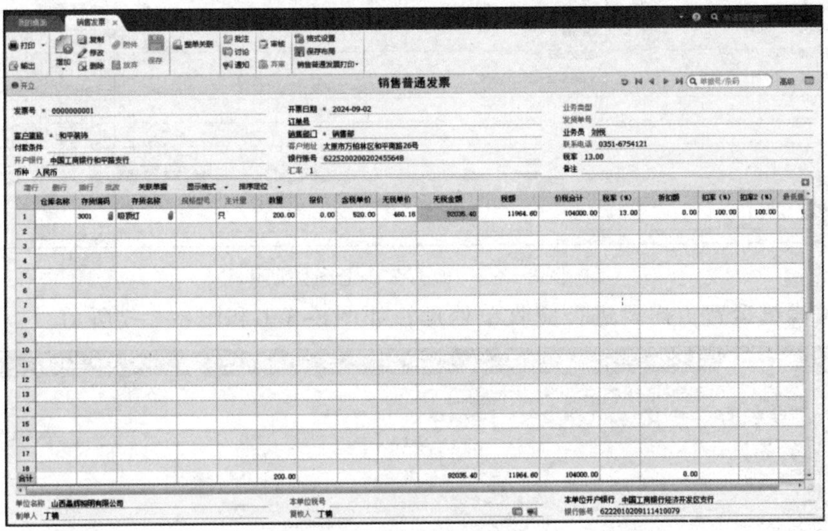

图8-3-2　销售普通发票处理

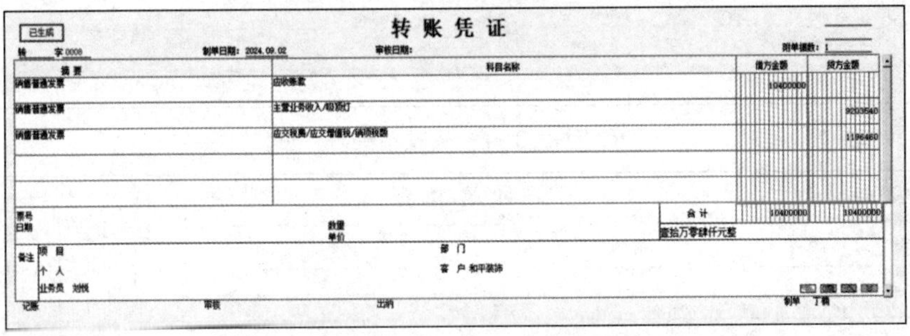

图8-3-3　9月2日记账凭证

2. 9月3日开出专用发票业务具体操作如图8-3-4和图8-3-5所示。

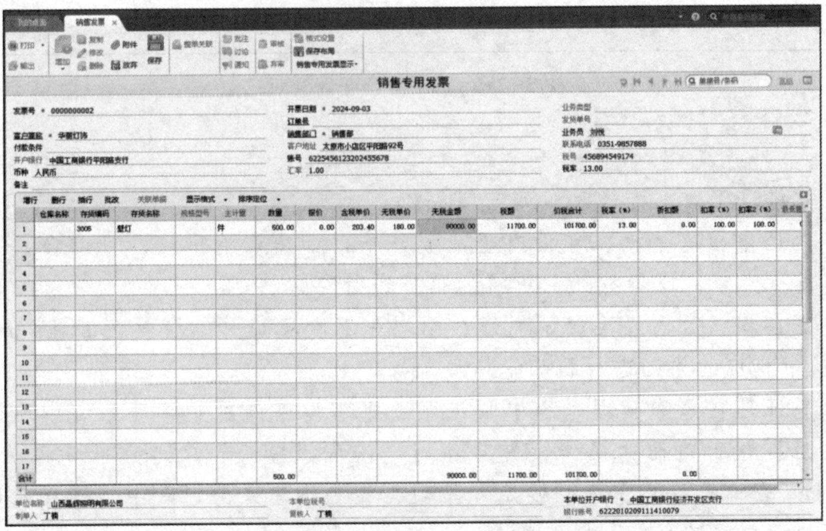

图8-3-4　销售专用发票处理

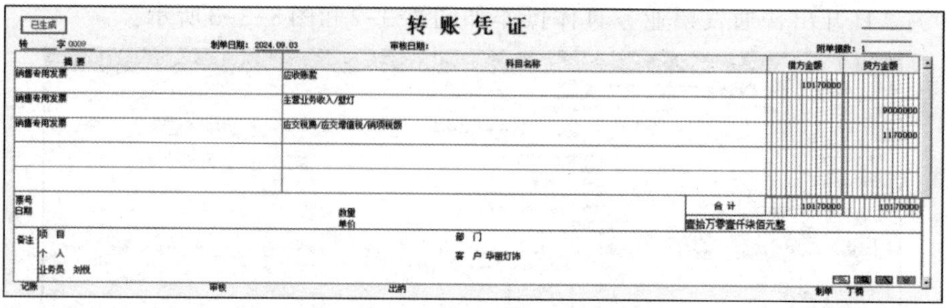

图 8-3-5　9 月 3 日记账凭证

3. 同时代垫运费，需要进行应收单处理，如图 8-3-6 和图 8-3-7 所示。

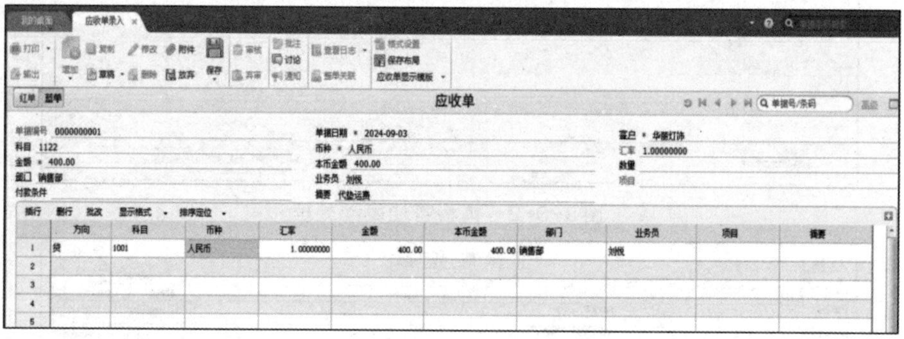

图 8-3-6　应收单处理

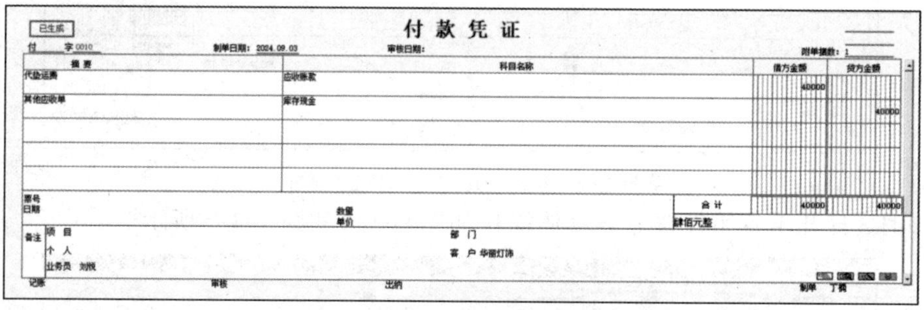

图 8-3-7　9 月 3 日记账凭证

操作提示：

发票录入错误无法直接修改，如何解决？

◆ 对于一些已审核的单据，在没有生成凭证前，如需取消审核，可以在单据明细表中直接进行弃审，或者打开已审核的单据进行弃审。

◆ 如果单据在审核后已经生成了凭证，则应先删除凭证（“应收款管理”/“凭证查询”，找出相应的凭证进行删除）。

◆ 如果该凭证已在总账管理系统中被记账，则需要回到总账管理系统中取消该凭证记账之后再执行前面的操作，然后执行“应收款管理”/“发票处理”/“发票审核”，录入查询条件，单击“确定”按钮，在查询出来的记录中，选择需取消审核的记录然后单击“弃审”按钮即可。

二、收款处理

收款单据处理具体操作流程如图 8-3-8 所示。

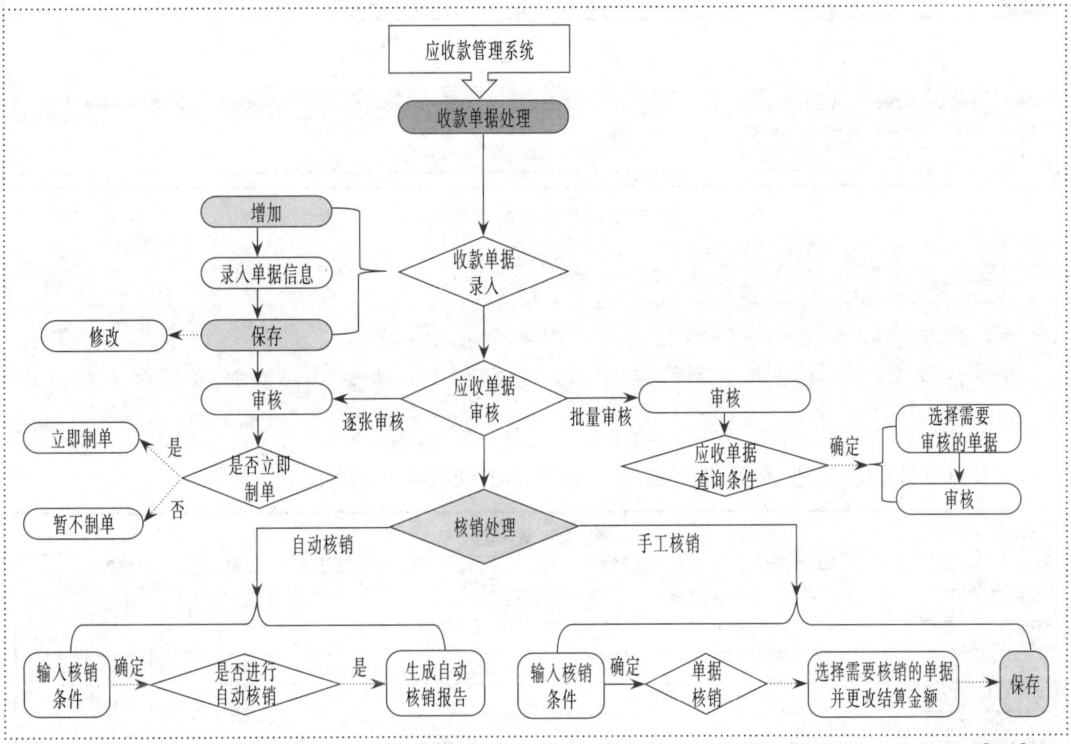

图 8-3-8　收款单据处理操作流程

8-10

技能实践：收款处理

1. 9 月 7 日的收款业务按照上述操作流程处理，生成的凭证及最后核销处理后的界面如图 8-3-9、图 8-3-10 所示。

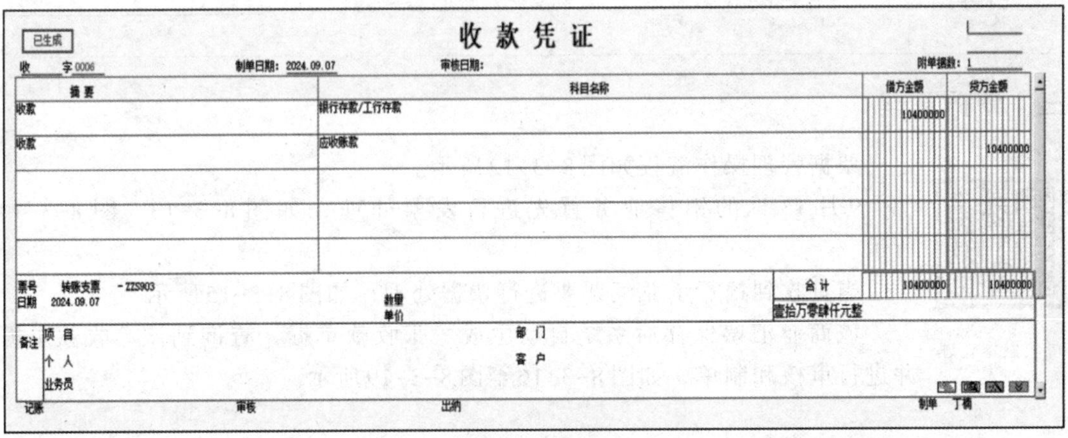

已生成

收款凭证

收　字 0006　　制单日期：2024.09.07　　审核日期：　　附单据数：1

摘要	科目名称	借方金额	贷方金额
收款	银行存款/工行存款	10400000	
收款	应收账款		10400000
票号 转账支票 - ZZS903 日期 2024.09.07	数量 单价	合计 10400000	10400000
		壹拾万零肆仟元整	

备注　项　目　　部　门

个　人　　客　户

业务员

记账　　审核　　出纳　　制单　丁楠

图 8-3-9　9 月 7 日记账凭证

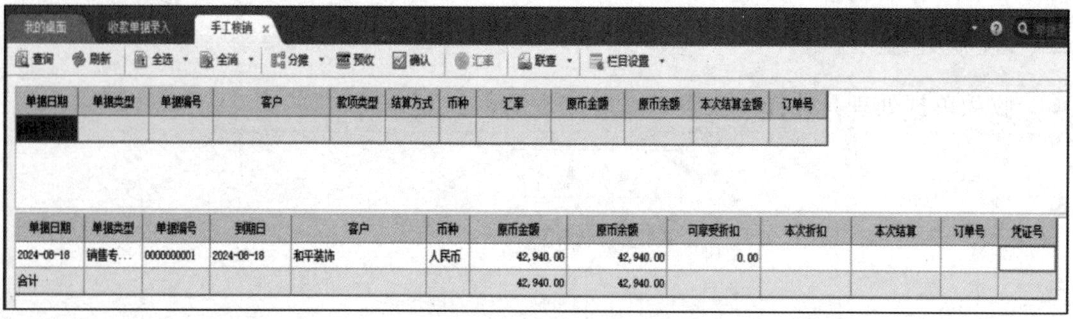

图 8-3-10 核销后的界面

特别提示：

◆ 手工核销时，一次只能核销一个客户的单据记录；一次只能对一种结算单据进行核销；如果“本次结算金额”与“本次结算”不一致，系统会提示金额不等，不能保存。

2. 9月9日的收款业务处理完成后，结果如图 8-3-11 所示。

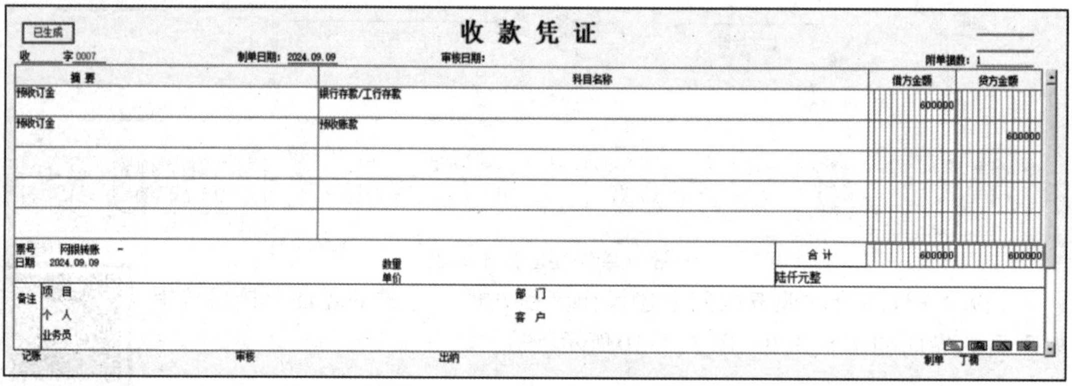

图 8-3-11 9月9日记账凭证

引导问题：9月9日的收款业务是否需要核销处理？为什么？____。

三、票据管理

8-11

技能实践：应收票据处理

票据管理操作流程如图 8-3-12 所示。

9月13日的销售业务首先进行发票处理，如图 8-3-13、图 8-3-14 所示。

当日收到银行承兑汇票要进行票据处理，如图 8-3-15 所示。

该商业汇票保存后系统自动生成一张收款单据，查询到该笔收款单据并进行审核和制单，如图 8-3-16 至图 8-3-19 所示。

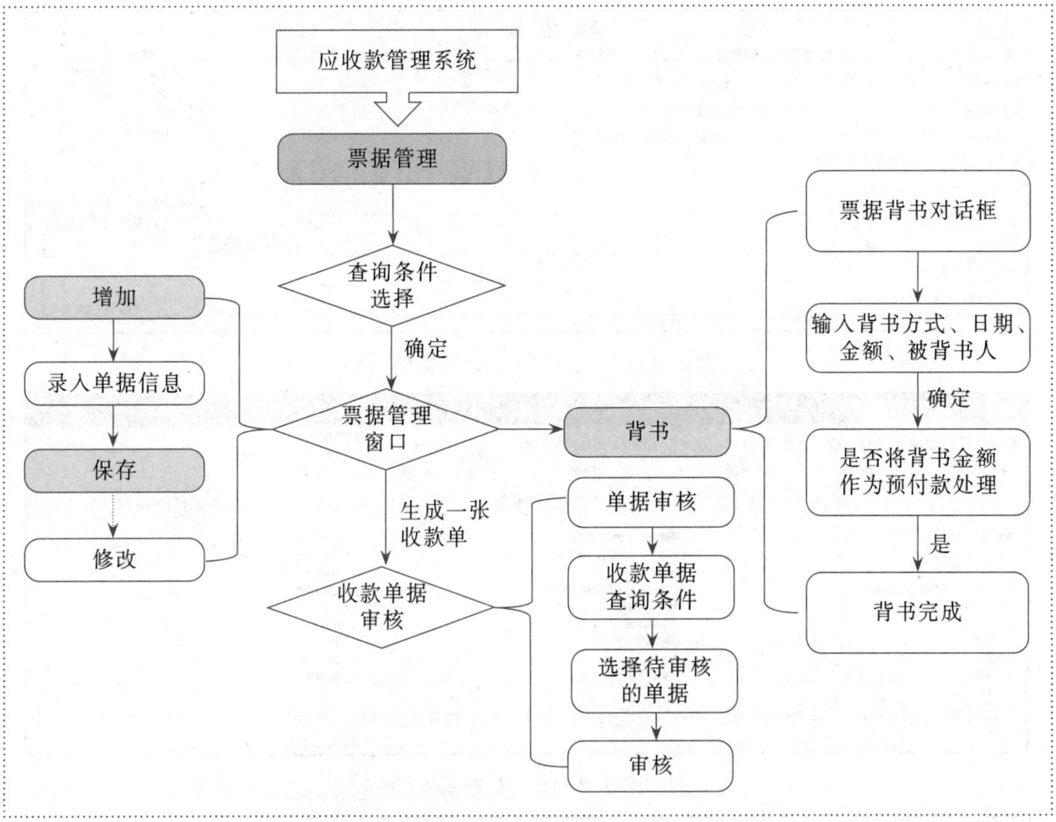

图 8-3-12　票据管理操作流程

图 8-3-13　销售专用发票录入和审核

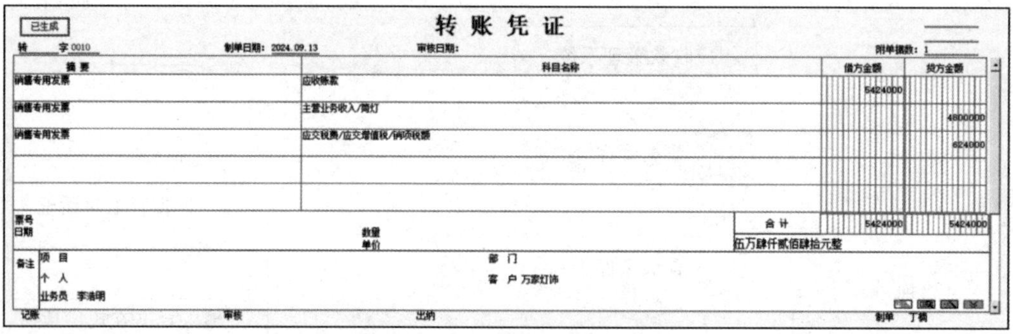

图 8-3-14　9 月 13 日记账凭证（1）

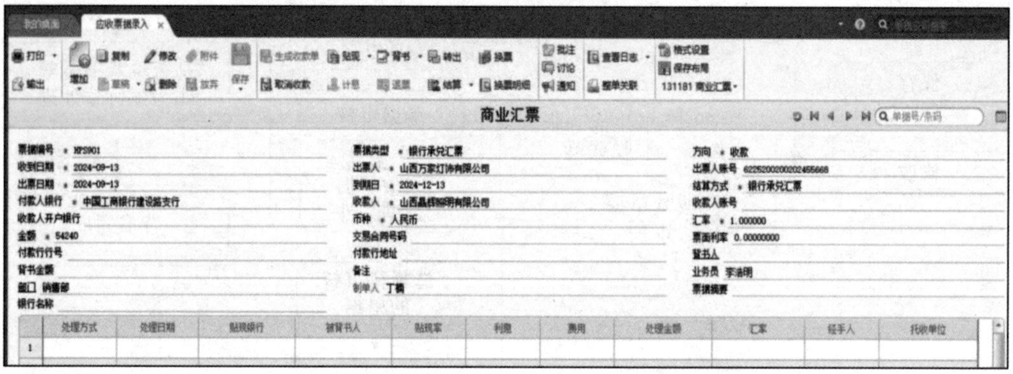

图 8-3-15　票据录入

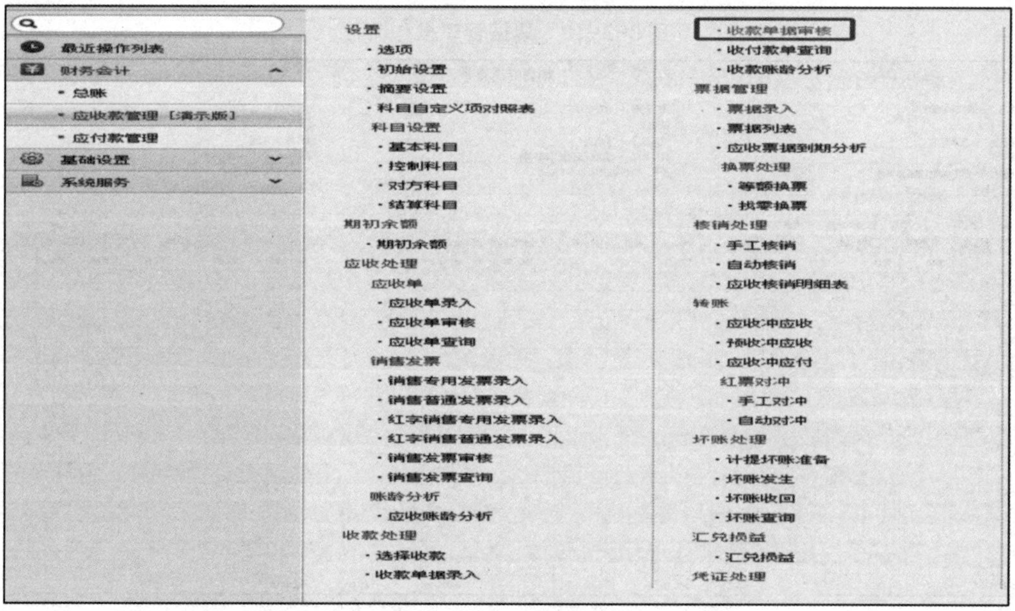

图 8-3-16　收款单据审核

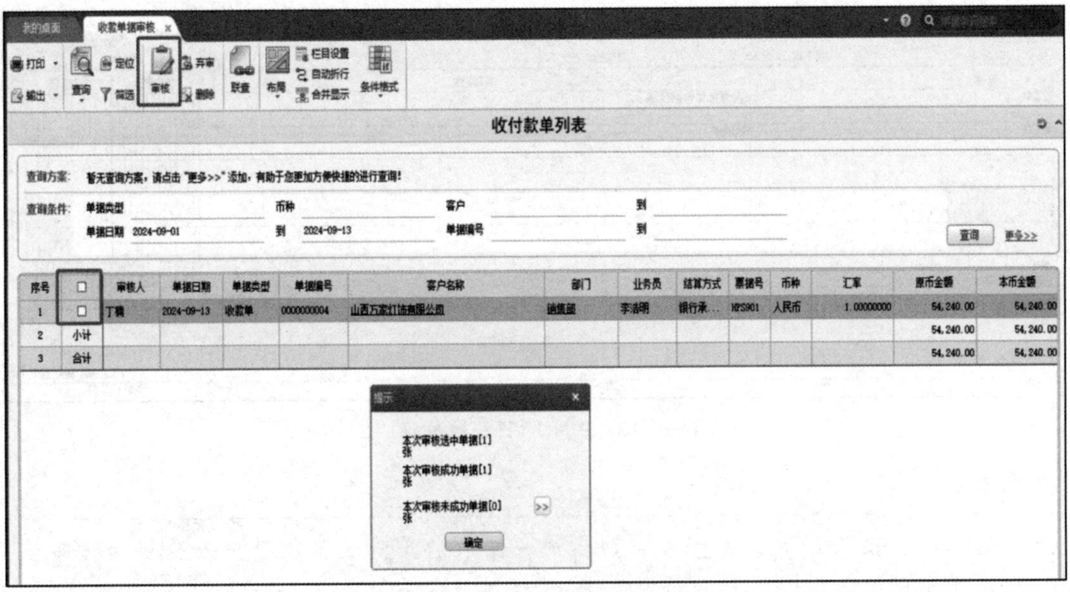

图 8-3-17　选择收款单据并审核

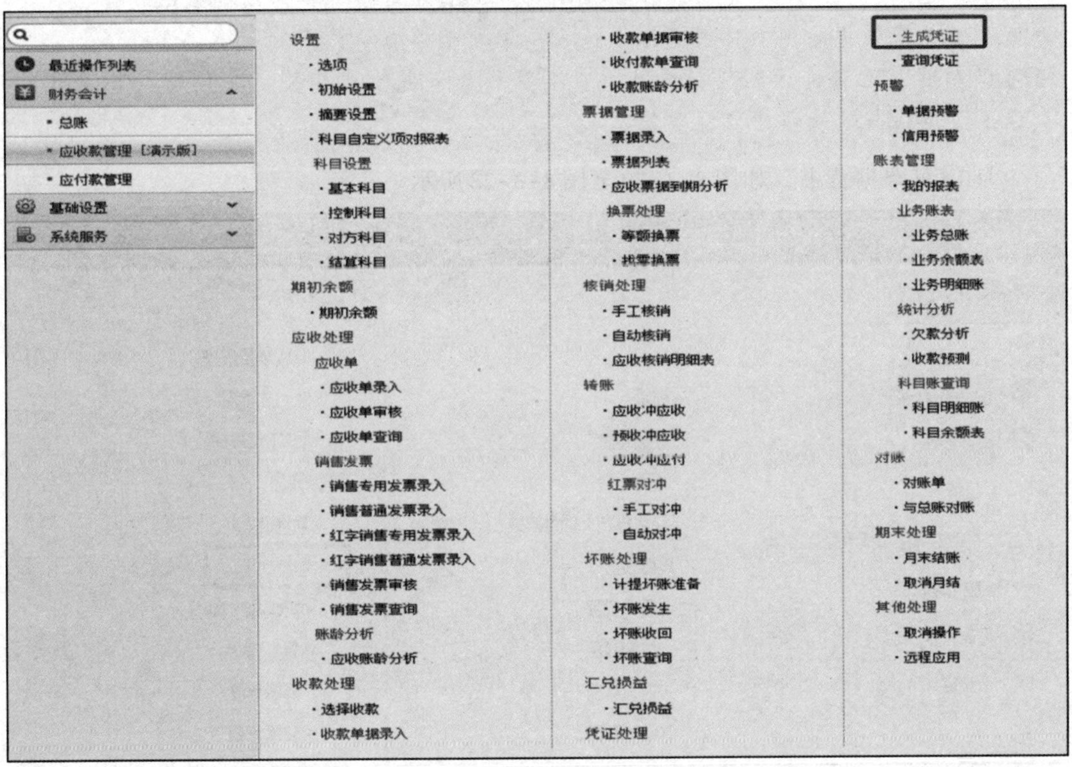

图 8-3-18　手动生成凭证

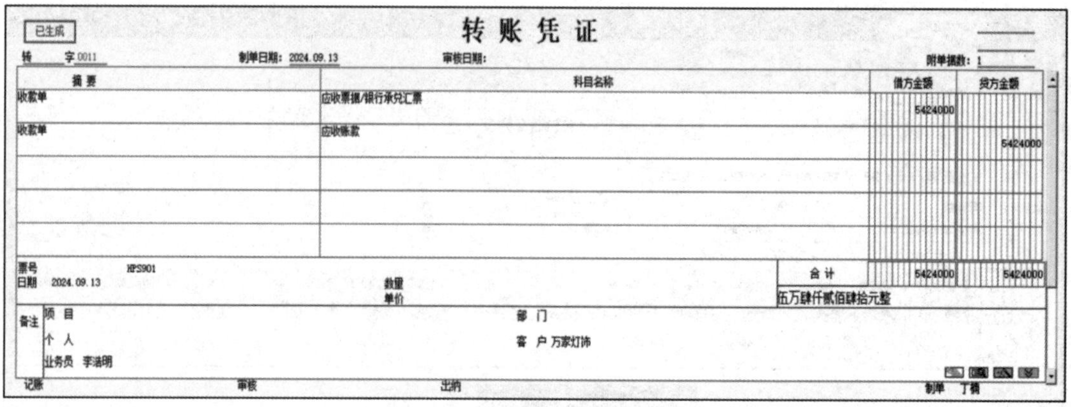

图 8-3-19　9 月 13 日记账凭证（2）

特别提示：

◆保存一张商业汇票后，系统会自动生成一张收款单。这张收款单还需要经过审核后才能生成记账凭证。

◆由票据生成的收款单不能修改和删除，只能对商业汇票进行修改和删除处理。

◆商业承兑汇票不能有承兑银行，银行承兑汇票必须有承兑银行。

◆可以对商业汇票进行贴现、结算、背书等操作，并生成相关记账凭证。若操作错误，可以在其他处理中取消操作。

9 月 14 日票据背书，如图 8-3-20 至图 8-3-23 所示。

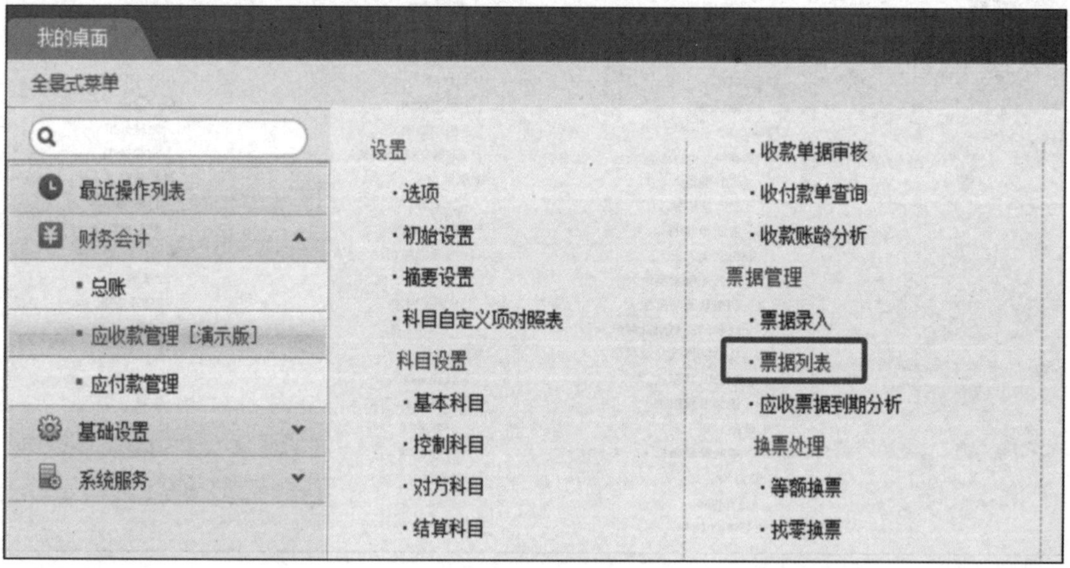

图 8-3-20　票据列表

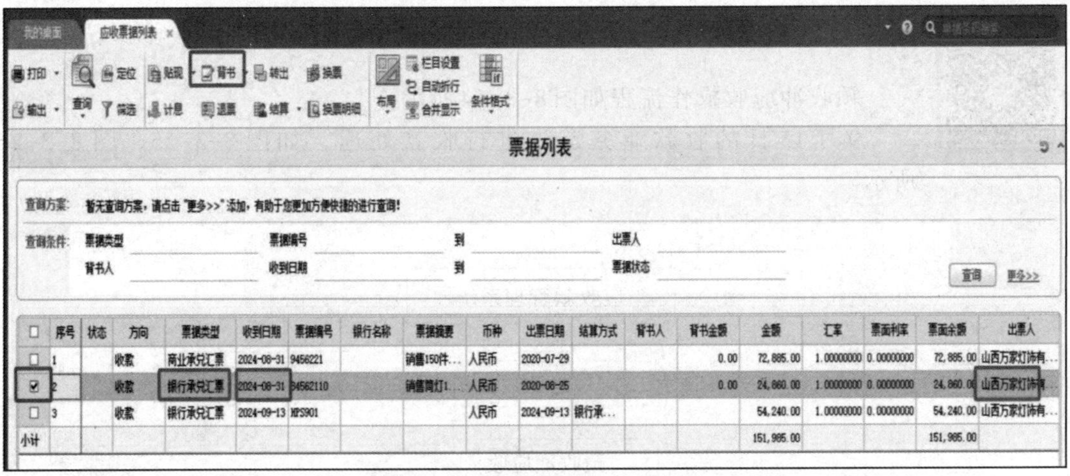

图 8-3-21　找到期初票据选择背书

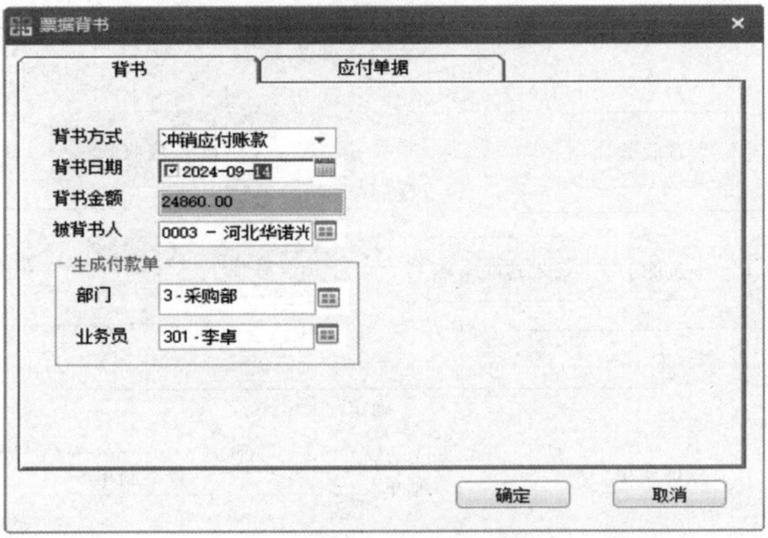

图 8-3-22　票据背书设置

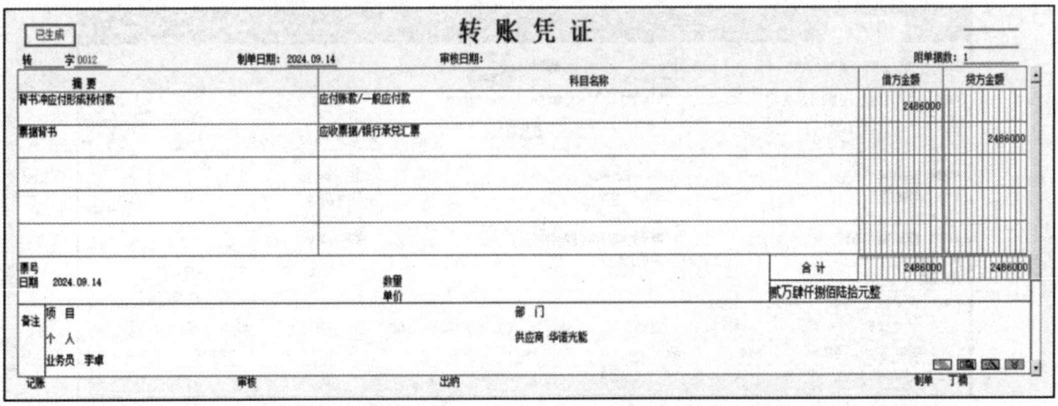

图 8-3-23　票据背书记账凭证

8-12

技能实践：应收转账处理

四、转账处理

预收冲应收操作流程如图 8-3-24 所示。

9 月 15 日的收款业务首先进行收款处理，如图 8-3-25、图 8-3-26 所示。

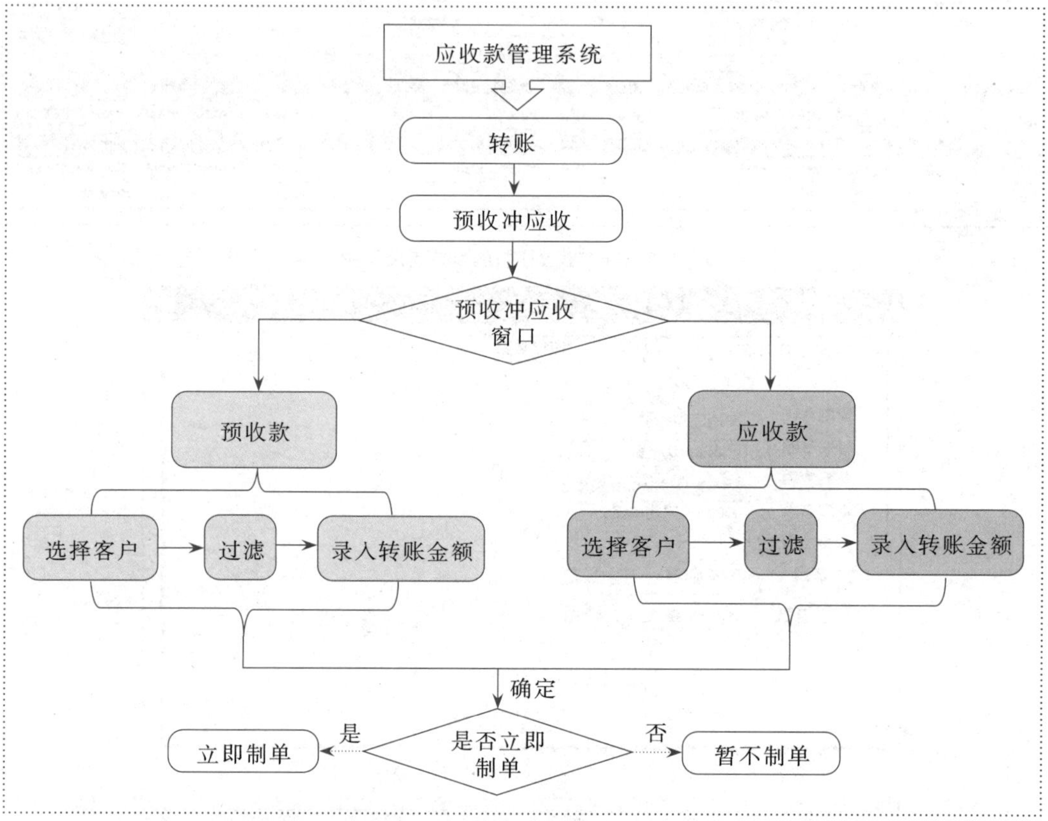

图 8-3-24　预收冲应收转账业务操作流程

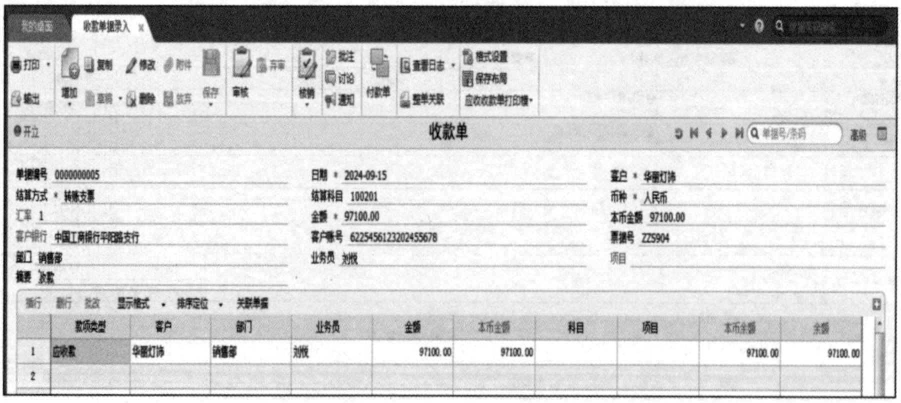

图 8-3-25　9 月 15 日收款单录入和审核

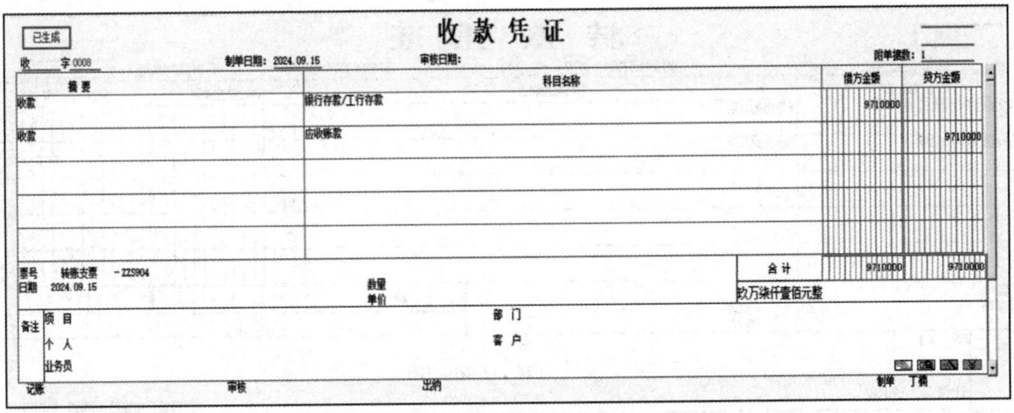

图 8-3-26　9 月 15 日记账凭证（1）

尚未收回的欠款进行预收冲应收处理，如图 8-3-27 至图 8-3-29 所示。

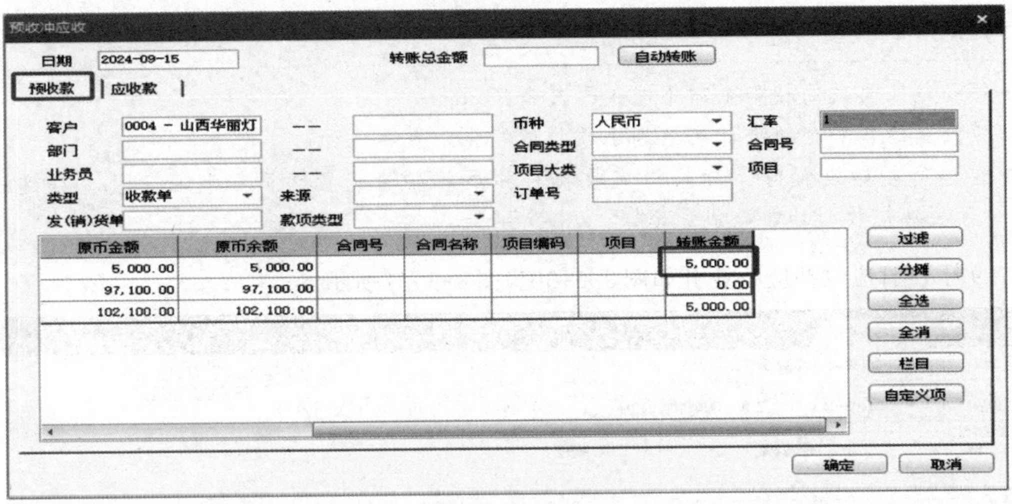

图 8-3-27　过滤预收款并录入转账金额

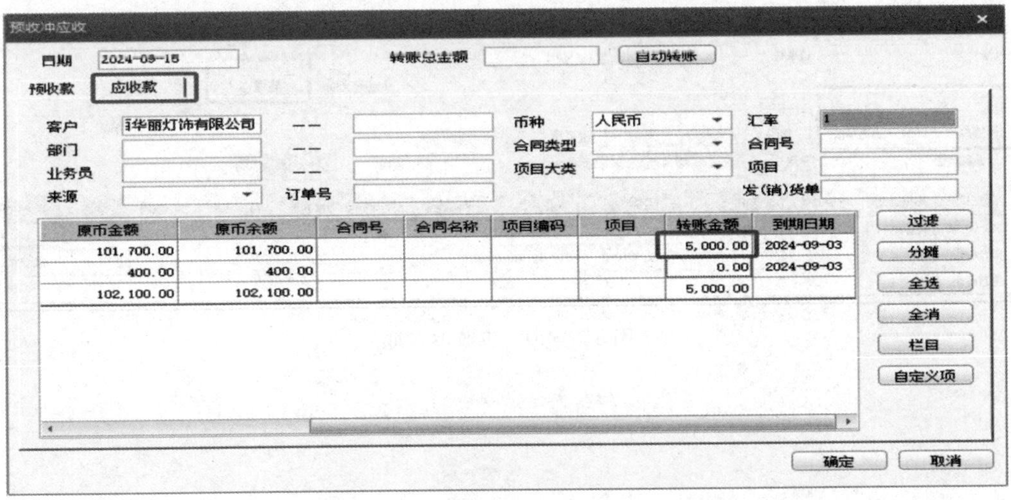

图 8-3-28　过滤应收款并录入转账金额

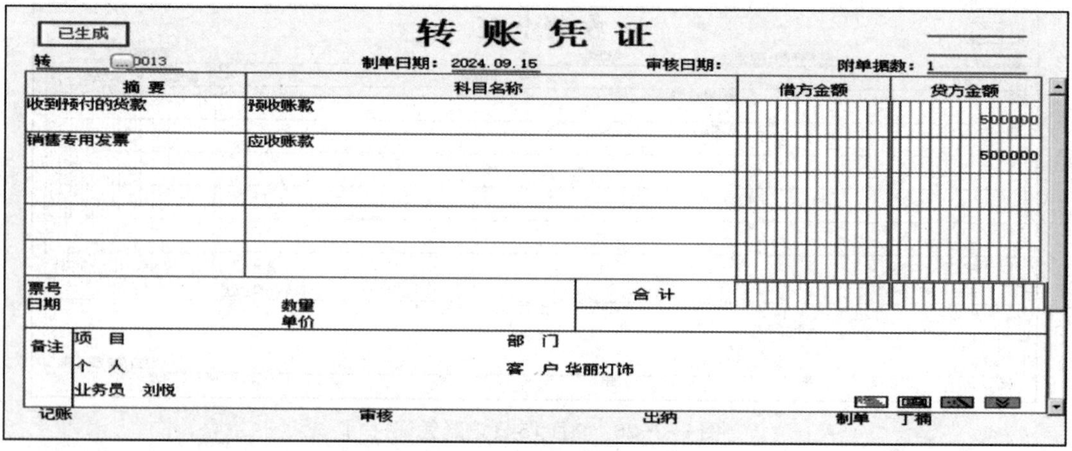

图8-3-29 9月15日记账凭证（2）

特别提示：

◆ 每一笔应收款的转账金额不能大于其余额。

◆ 应收款的转账金额合计应该等于预收款的转账金额合计。

◆ 在进行初始设置时，如果将应收科目和预收科目设置为同一科目，将无法通过“预收冲应收”功能生成凭证。

9月18日应收冲应收业务如图8-3-30、图8-3-31所示。

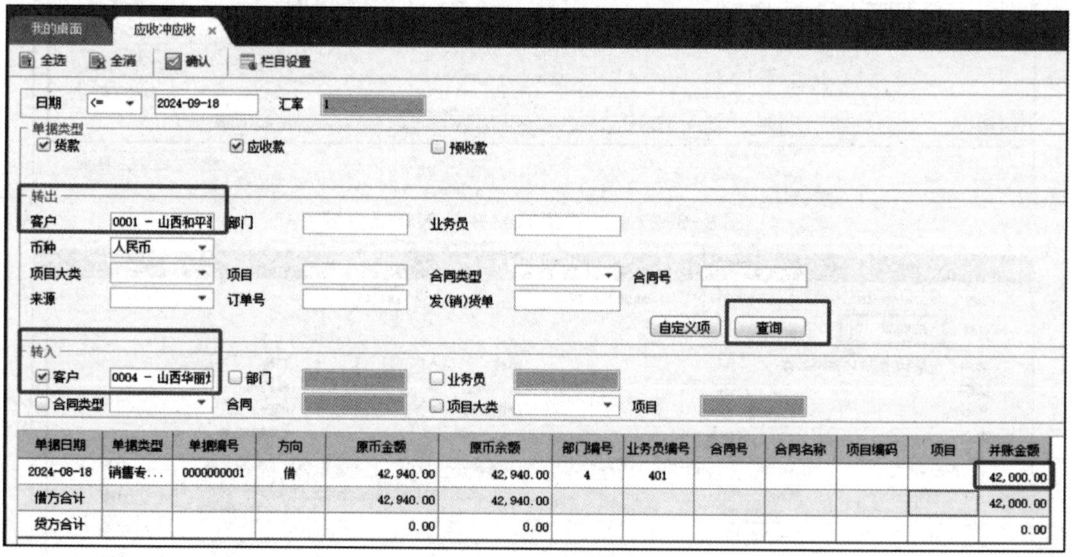

图8-3-30 应收冲应收

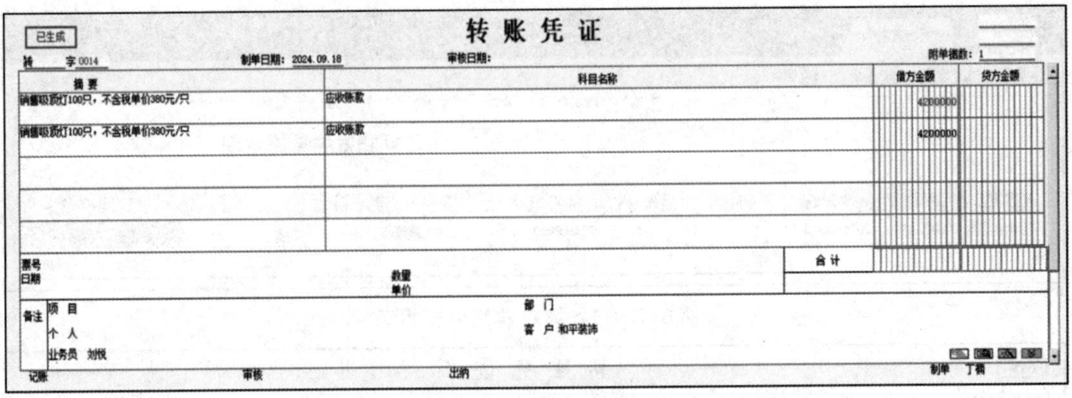

已生成

转 账 凭 证

转　字 0014　制单日期：2024.09.18　审核日期：　附单据数：1

摘要	科目名称	借方金额	贷方金额
销售吸顶灯100只，不含税单价380元/只	应收账款	4200000	
销售吸顶灯100只，不含税单价380元/只	应收账款	4200000	
票号 日期　数量 单价	合计		

备注　项　目　部　门
个　人　客　户 和平装饰
业务员 刘悦

记账　审核　出纳　制单　丁楠

图 8-3-31　9 月 18 日记账凭证

五、坏账处理

8-13

技能实践：应收坏账处理

坏账处理操作流程如图 8-3-32 所示。

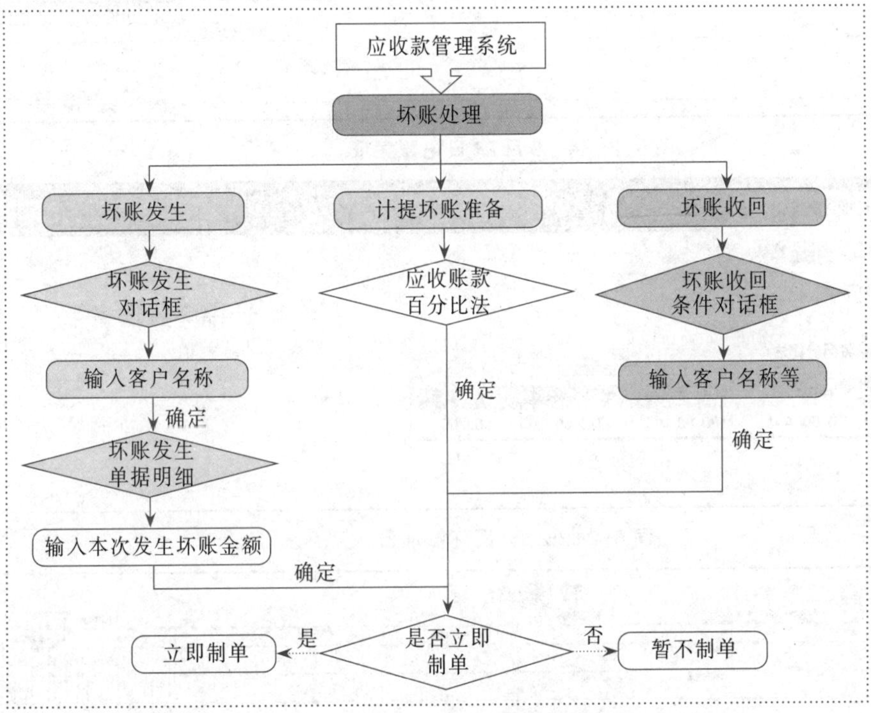

图 8-3-32　坏账处理操作流程

9 月 28 日发生坏账，如图 8-3-33、图 8-3-34 所示。

9 月 30 日计提坏账准备，在财务软件应收款管理系统中用应收账款百分比法自动计提的坏账金额及生成的凭证分别如图 8-2-35、图 8-2-36 所示。

我的桌面 坏账发生

查询 全选 全消 确认

坏账发生单据明细

单据类型	单据编号	单据日期	合同号	合同名称	到期日	余额	部门	业务员	本次发生坏账金额
销售专用发票	0000000001	2024-08-18			2024-08-18	940.00	销售部	刘悦	940
合计						940.00			940.00

图 8-2-33　坏账发生单据明细

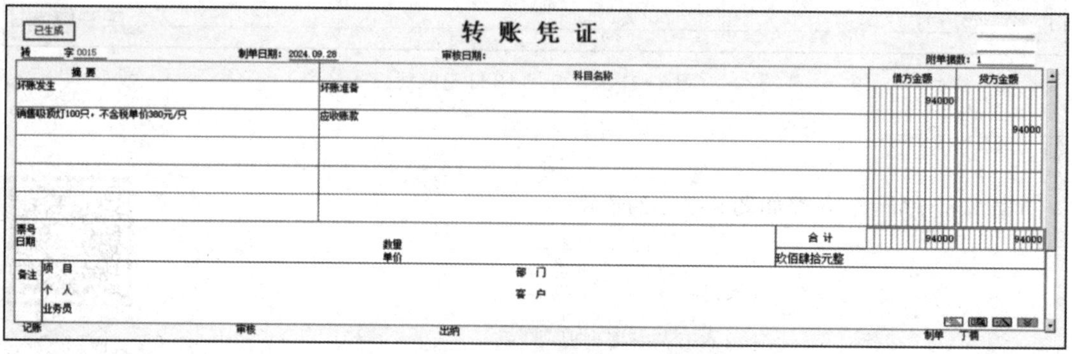

已生成

转账凭证

转 字 0015　制单日期：2024.09.28　审核日期：　附单据数：1

摘要	科目名称	借方金额	贷方金额
坏账发生	坏账准备	94000	
销售吸顶灯100只，不含税单价380元/只	应收账款		94000
合计 玖佰肆拾元整		94000	94000

票号 日期　数量 单价

备注　项目　部门　个人　客户　业务员

记账　审核　出纳　制单 丁楠

图 8-2-34　9 月 28 日记账凭证

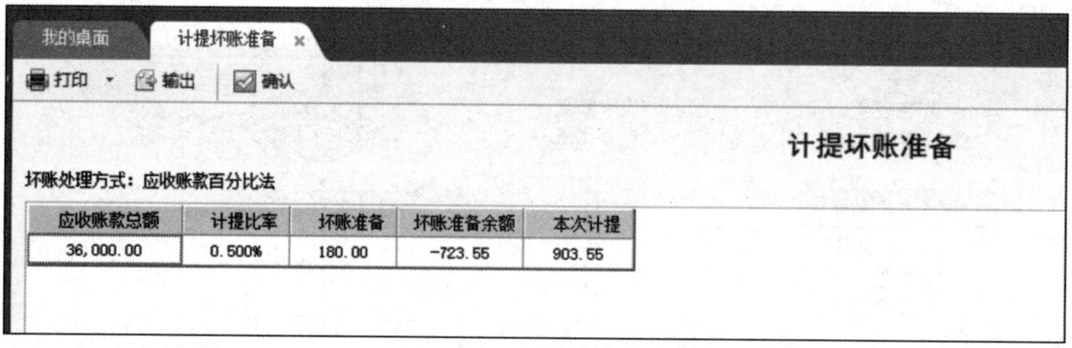

我的桌面 计提坏账准备

打印 输出 确认

计提坏账准备

坏账处理方式：应收账款百分比法

应收账款总额	计提比率	坏账准备	坏账准备余额	本次计提
36,000.00	0.500%	180.00	-723.55	903.55

图 8-2-35　计提坏账准备

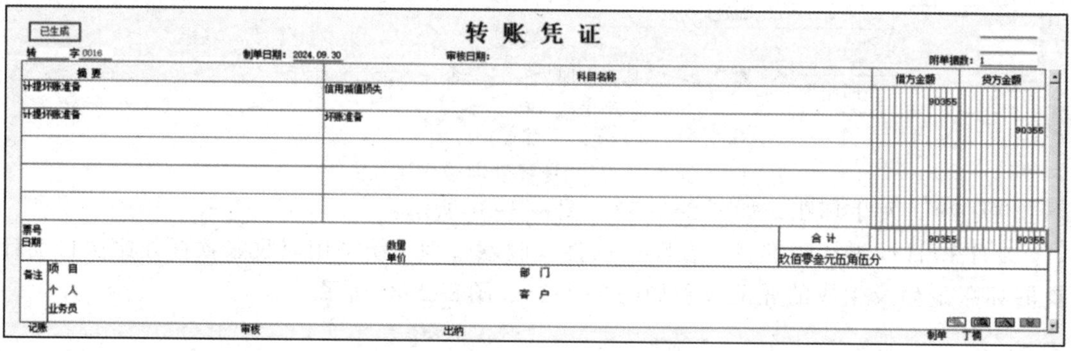

已生成

转账凭证

转 字 0016　制单日期：2024.09.30　审核日期：　附单据数：1

摘要	科目名称	借方金额	贷方金额
计提坏账准备	信用减值损失	90355	
计提坏账准备	坏账准备		90355
合计 玖佰零叁元伍角伍分		90355	90355

票号 日期　数量 单价

备注　项目　部门　个人　客户　业务员

记账　审核　出纳　制单 丁楠

图 8-3-36　计提坏账准备记账凭证

六、凭证处理

如前期业务没有立即制单生成凭证，则可以通过“生成凭证”功能手动生成凭证，具体操作流程如图8-3-37所示。

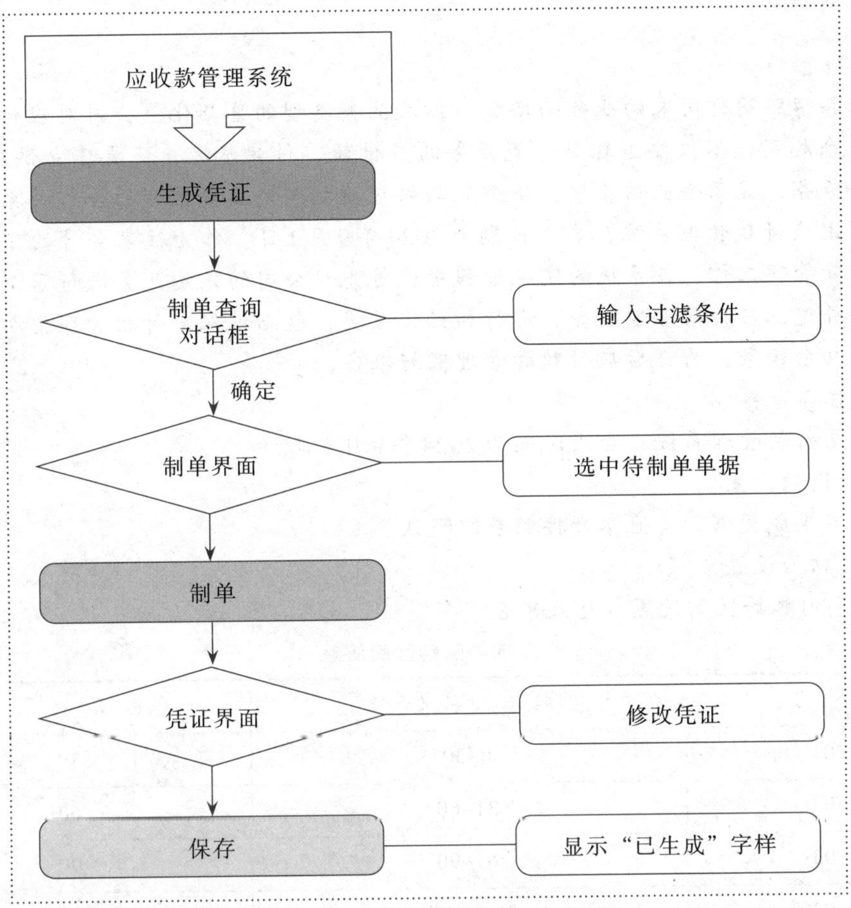

图8-3-37　手动生成凭证流程图

通过上述操作，丁楠完成了应收款项的日常业务处理，接下来还需要对生成的凭证进行出纳签字、审核和记账。

智慧财务·德润人心

精于数据，敬业至善

应收款管理系统的日常业务处理需要高度的严谨性，每一个数据的录入都要准确无误，任何错误都可能导致后续连锁反应，在企业实际中就可能造成严重的财务后果，所以同学们一定要养成认真细致、一丝不苟的工作习惯，发扬敬业精神。

任务四 应付款管理系统初始设置

任务情境

一、任务场景

随着晶辉照明公司采购业务的增加，以及业务类型的复杂化，公司对应付款项的管理要求越来越高，不仅要追踪每一笔业务的应付款、付款情况，还要建立供应商档案，及时偿还债务，提高企业信誉度，使企业与供应商之间建立更紧密的合作关系。为此公司决定启用应付款管理系统，启用日期为2024年9月1日。作为往来会计的丁楠负责公司的应付款管理工作，在系统的实施过程中，首先对公司的采购业务进行了全面的清查和梳理，并建立应付款管理账套，进行初始化设置，包括录入应付款管理中所需的会计科目、期初余额等，为日后应付款的管理做好准备。

二、任务资料

启用应付款管理系统，启用时间为2024年9月1日。

（一）选项设置

核销不生成凭证，其他参数按照系统默认。

（二）初始设置

1.账期内账龄区间设置（见表8-8）

表8-8 账期内账龄区间信息

序 号	起止天数（天）	总天数（天）
01	0~30	30
02	31~60	60
03	61~90	90
04	91及以上	

2.逾期账龄区间设置（见表8-9）

表8-9 逾期账龄区间信息

序 号	起止天数（天）	总天数（天）
01	0~30	30
02	31~60	60
03	61~90	90
04	91及以上	

（三）科目设置

科目设置信息见表8-10。

表 8-10　　科目设置信息

科目类别	设置方式
基本科目	应付科目：220201 预付科目：1123 采购科目：1402 采购税金科目：22210101 商业承兑汇票：2201 银行承兑汇票：2201
结算科目	结算方式：现金；币种：人民币；科目：1001 结算方式：转账支票；币种：人民币；科目：100201 结算方式：网银转账；币种：人民币；科目：100201

（四）期初余额录入

1.应付账款科目期初余额录入（见表 8-11）

表 8-11　　采购专用发票资料

日期	供应商名称	摘要	方向	金额
2024-08-20	华诺光能	购入壁灯 230 件，不含税单价 100 元/件	贷	25 990.00 元

2.应付票据科目期初余额录入（见表 8-12）

表 8-12　　应付票据期初数据

日期	供应商名称	摘要	方向	余额	票据类型
2024-07-19	华诺光能	购入华诺光能吊灯 100 件，不含税单价 290 元/件。到期日 2024-10-19，票号 5551646	贷	32 770.00 元	银行承兑汇票（承兑银行为中国工商银行）；科目：220101

3.预付账款科目期初余额录入（见表 8-13）

表 8-13　　预付账款期初数据

日期	供应商名称	摘要	方向	金额
2024-08-15	利泉光电	预付利泉光电吊灯货款，票据号 36254174	借	3 000.00 元

注：期初余额录入完成后与总账进行对账。

三、任务要求

根据任务场景和任务资料，对晶辉照明公司的应收款管理系统进行初始化参数设置及基础信息设置。

1.账套主管王启：结合企业需求启用应收款管理系统。

2.往来会计丁楠：完成基础信息设置，包括凭证设置、账龄区间设置和科目设置等。

3.往来会计丁楠：录入应付款项期初余额，并与总账进行对账，核对期初应付款项的准确性。

任务准备

根据单位的具体情况，建立一个符合企业财务工作要求的应付款管理账套的过程，即应付款管理初始化。应付款管理系统在初次使用时，必须经过初始化，才能用于应付款项的日常管理。应付款管理系统初始化操作流程如图 8-4-1 所示。

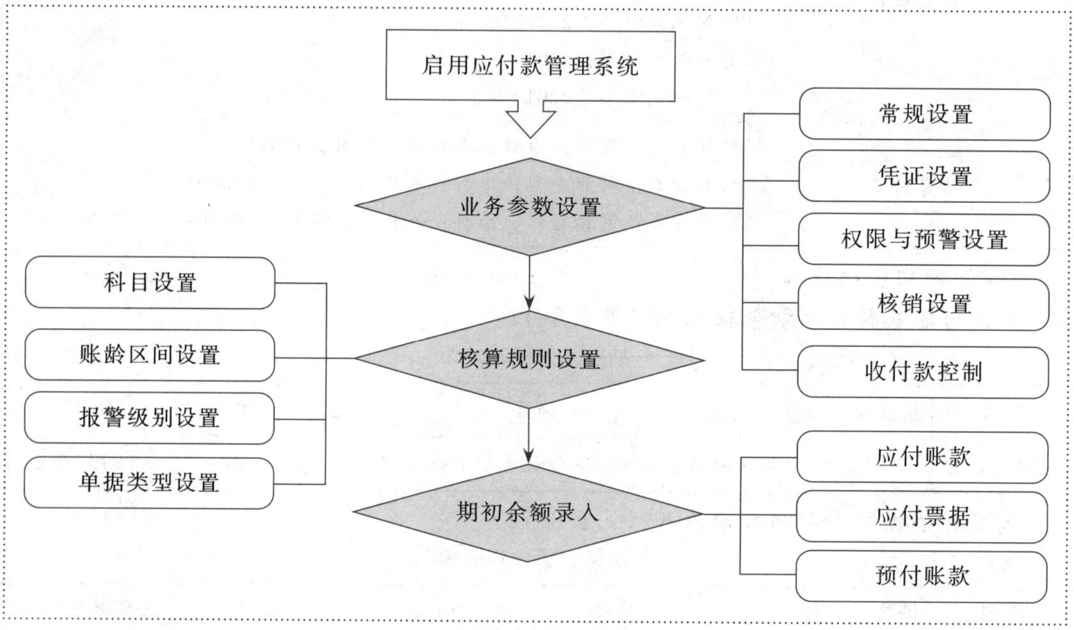

图 8-4-1 应付款管理系统初始化操作流程

一、账套参数设置

在信息化系统中，每个子系统在使用之前，只有进行参数的设置，才能适用于企业的具体环境。应付款管理系统业务参数设置与应收款管理系统很相似，包括常规、凭证、权限与预警、核销和收付款控制五个方面，如图 8-4-2 所示。

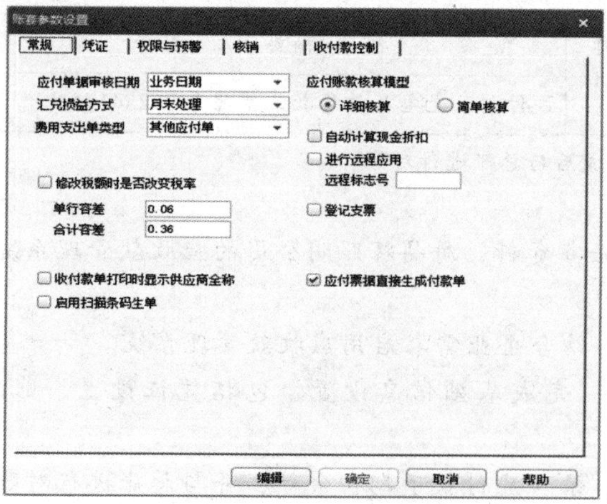

图 8-4-2 应付款管理系统业务参数设置

（一）常规设置

应付账款核算模型包括简单核算和详细核算两种，系统缺省时选择详细核算方式。当用户选择简单核算方式时，应付款管理系统只能完成将采购管理系统传递过来的发票生成凭证，再传递给总账管理系统。如果采购业务或者应付款业务不复杂，或者现购业务很多，则可以选择简单核算。当用户选择详细核算方式时，在应付款管理系统中可以对往来款项进行详细的核算、控制、查询和分析。如果企业的采购业务或者应付款核算与管理业务比较复杂，或者需要追踪每一笔业务的应付款和付款等情况，或者需要将应付款核算到产品一级，那么可以选择详细核算。

特别提示：

◆应付账款核算模型选项在系统启用时或还没有进行任何业务时（包括期初数据录入）允许从简单核算改为详细核算，一旦有数据，简单核算就不能改成详细核算；而从详细核算改为简单核算是可以随时进行的。

（二）凭证设置

制单方式包括受控科目制单方式和非受控科目制单方式，受控科目是指在应付款管理系统中所有带有供应商往来辅助核算的科目，如应付账款、预付账款等。

在选择制单方式时，有三种方式可供选择，分别是明细到供应商、明细到单据和汇总方式。

1.明细到供应商是指将一个供应商的多笔业务合并生成一张凭证时，如果核算多笔业务的控制科目相同，系统将自动将其合并成一条分录。这种方式的目的是在账务系统中能查看到每一个供应商的详细信息。

2.明细到单据是指将一个供应商的多笔业务合并生成一张凭证时，系统会将每一笔业务形成一条分录。这种方式的目的是在账务系统中能查看到每一个供应商的每笔业务的详细信息。

3.汇总方式是指将多个供应商的多笔业务合并生成一张凭证时，如果核算多笔业务的控制科目相同，系统则自动将其合并成一条分录。这种方式的目的是精简账务子系统中的数据，但在账务系统中只能查看到该科目的一个总的发生额。

（三）权限与预警设置

为降低企业所承担的风险，企业可在该功能中进行单据报警天数、信用额度报警提前率等设置。

（四）核销设置

应付款核销可以选择按单据或按产品进行。如果采用按单据核销方式，系统将满足条件的未结算单据全部列出，由用户选择要结算的单据，根据所选择的单据进行核销；如果采用按存货核销方式，系统将满足条件的未结算单据按存货列出，由用户选择要结算的单据，根据所选择的存货进行核销。

（五）收付款控制设置

收付款控制设置主要是对付款申请相关参数进行设定，在付款申请单来源方面，涵盖了应付管理、合同管理、采购管理等多个模块下的多种单据类型，企业可按需勾选，以精准匹配自身业务流程和管理需求。

二、初始设置

应付款管理系统的初始设置包括账龄区间设置、报警级别设置、单据类型设置等。

（一）账龄区间设置

根据应付款的欠款时间长短，对应付账款分级进行分析，以此来掌握供应商欠款的情况。

（二）报警级别设置

企业将应付账款按照欠款余额与账龄区间分为不同类型，并做出报警提醒，以便及时了解每个供应商的欠款情况。

（三）单据类型设置

通过单据类型设置，可将单据分为发票和应付单两大类型，如图8-4-3所示。发票的类型包括采购专用发票、采购普通发票和废旧物资收购凭证等。应付单是记录采购业务之外的应付款情况的单据，可划分为不同的类型，以区分应付货款之外的其他应付款。应付单的对应科目可根据具体情况自由定义。

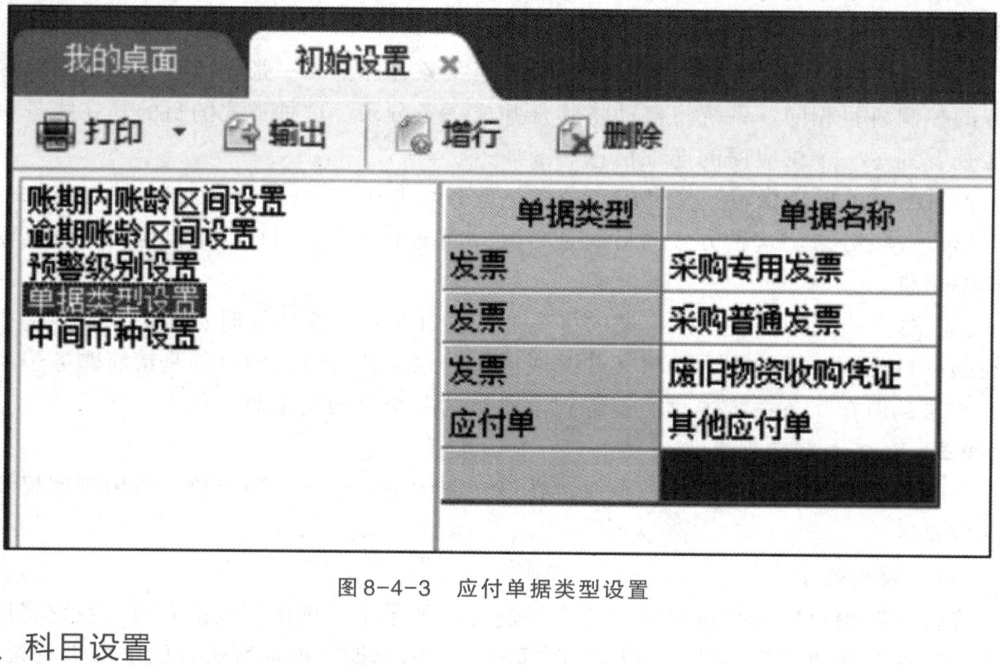

图8-4-3 应付单据类型设置

三、科目设置

凭证的科目设置包括基本科目、控制科目、对方科目和结算方式科目的设置。

（一）基本科目设置

基本科目是指在核算应付款项时经常用到的科目，可以作为常用科目设置，而且必须是末级科目。

特别提示：

◆ 只有在这里设置了基本科目，在生成凭证时才能直接生成凭证中的会计科目，否则凭证中将没有会计科目，只能手工录入。

（二）控制科目设置

如果应付科目、预付科目按不同的科目或客户分类分别设置，则可在此处设置。

（三）对方科目设置

如果针对不同的存货（存货分类）分别设置不同的采购科目、采购税金科目等，则可在此处设置。

（四）结算方式设置

为每种结算方式设置一个默认的科目，以便在付款时，系统直接按不同的结算方式生成该种结算方式所使用的会计科目。

特别提示：

◆ 如果在此不设置结算方式科目，则在付款时可以手工输入不同结算方式对应的会计科目。

四、期初余额录入

在使用应付款管理系统处理业务时，需要将以前尚未处理完的单据全部录入系统中，作为本系统的期初余额。录入完成后，应进行期初对账，检查应付款管理系统与总账管理系统的期初余额是否平衡。

任务实施

一、系统启用

以账套主管“201王启”的身份登录企业应用平台，启用“应付款管理”系统，启用日期为2024年9月1日。

二、选项设置

应付款管理系统业务参数设置操作流程如图8-4-4所示，业务参数设置情况如图8-4-5所示。

8-14

技能实践：应付业务参数和核算规则设置

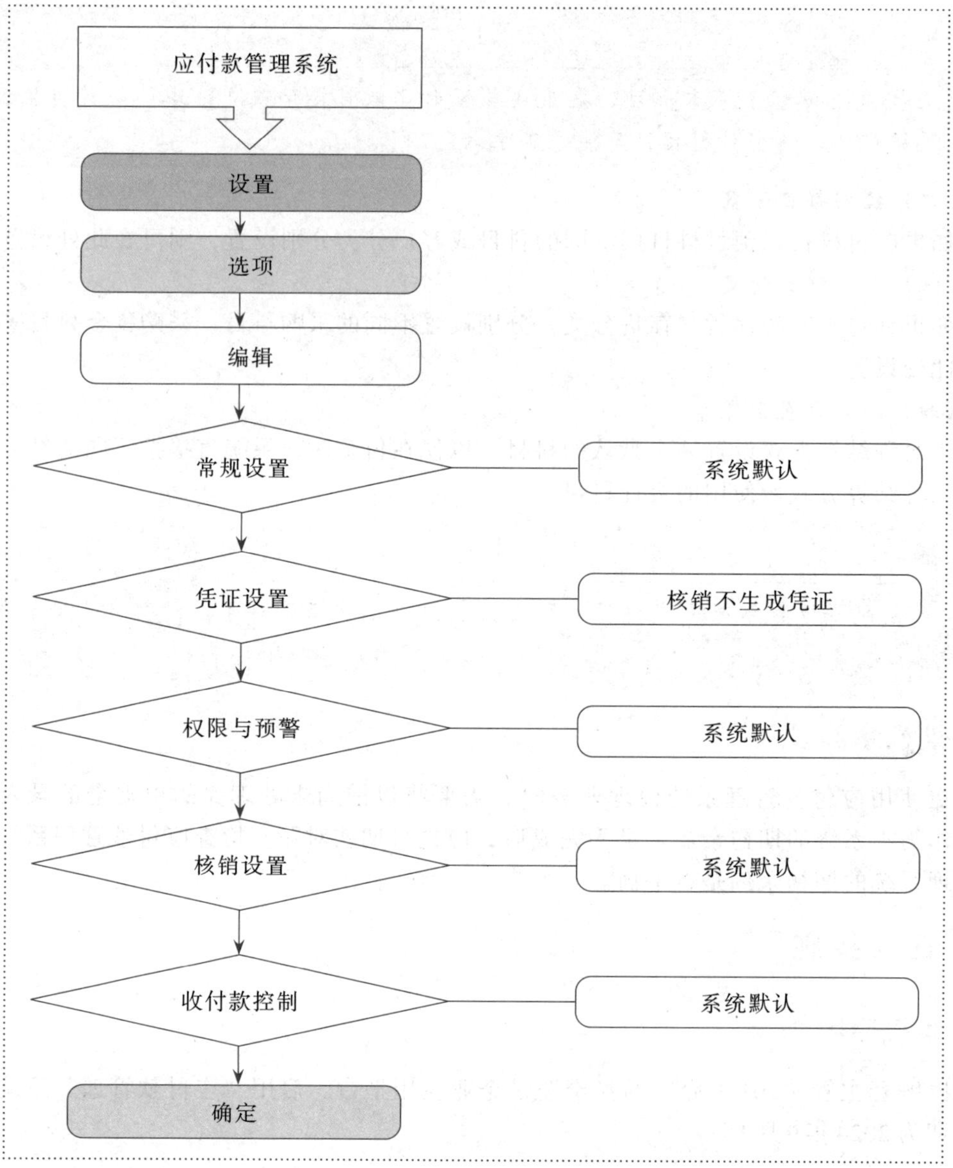

图8-4-4　应付款管理系统业务参数设置操作流程

三、初始设置

账龄区间设置操作流程如图8-4-6所示。

按照上述操作流程完成账龄区间的设置。

四、科目设置

科目设置操作流程如图8-4-7所示，应付基本科目设置完成后如图8-4-8所示。

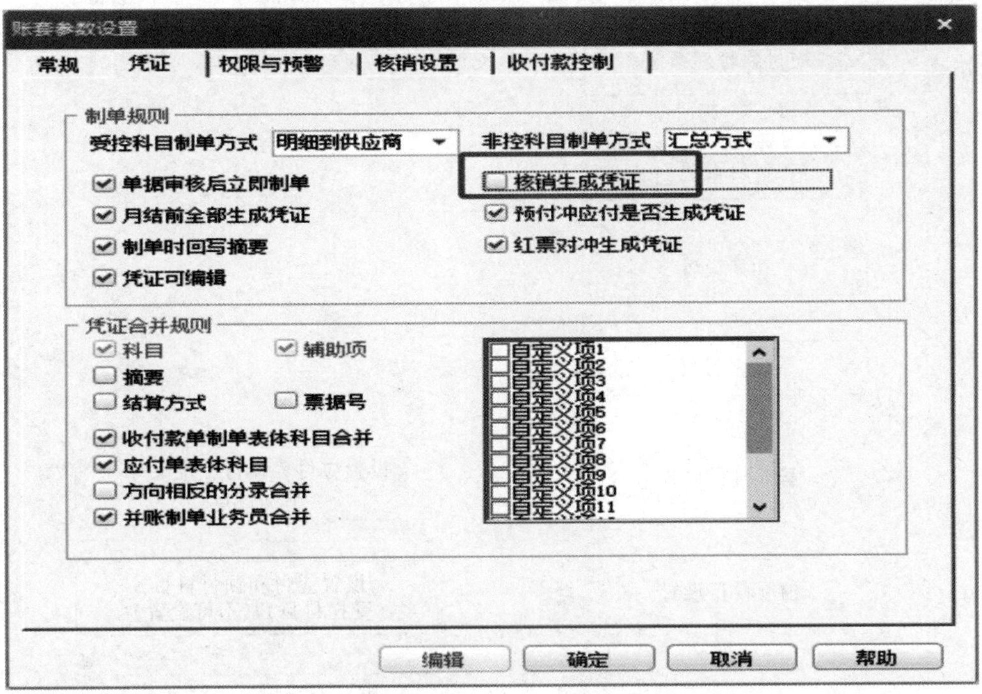

图 8-4-5　业务参数设置——核销不生成凭证

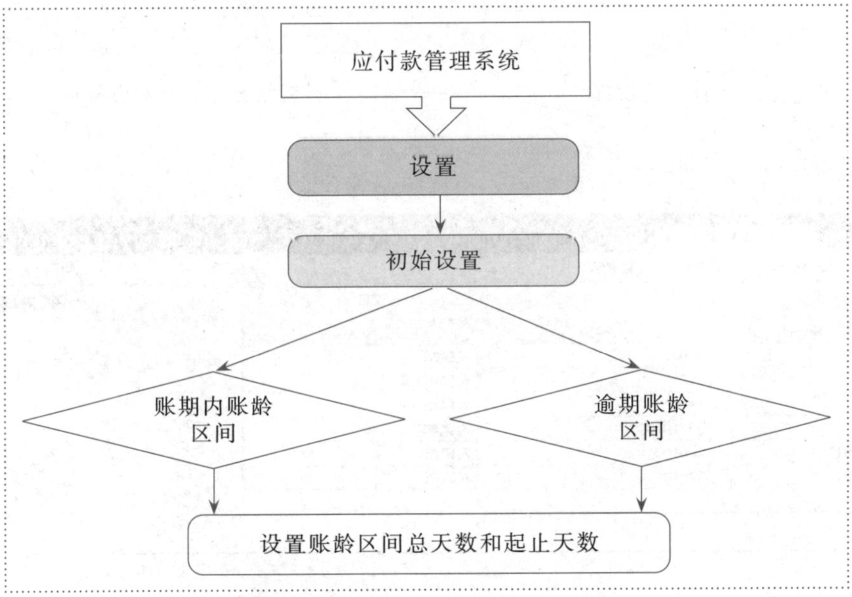

图 8-4-6　账龄区间设置操作流程

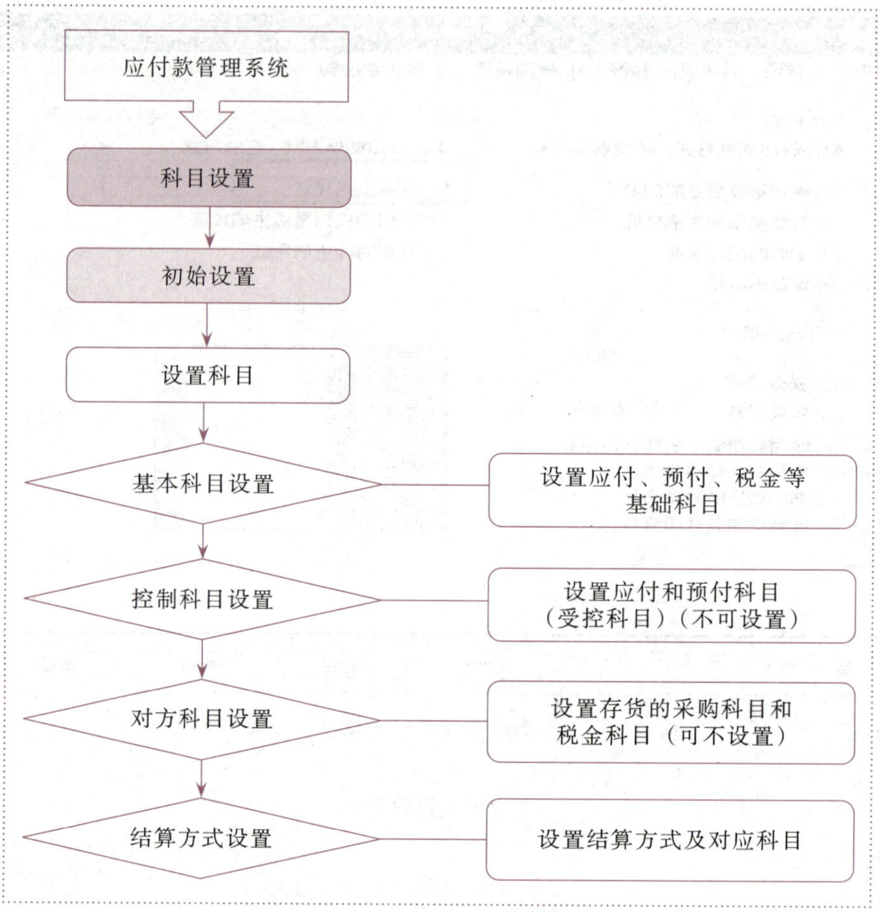

图 8-4-7　科目设置操作流程

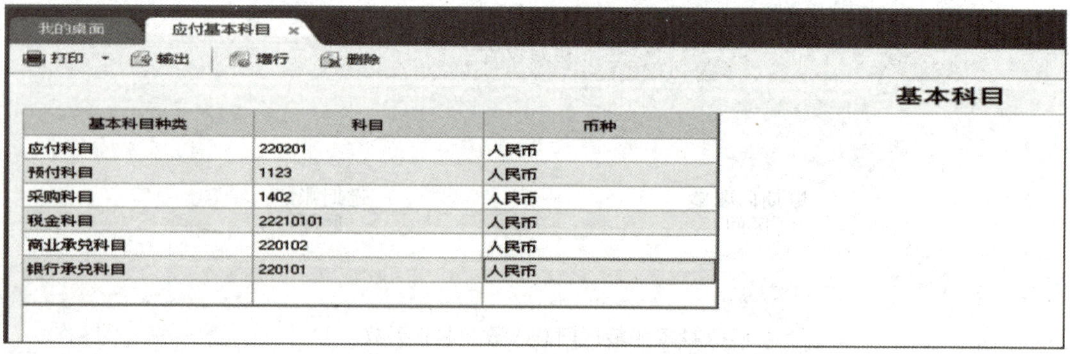

基本科目种类	科目	币种
应付科目	220201	人民币
预付科目	1123	人民币
采购科目	1402	人民币
税金科目	22210101	人民币
商业承兑科目	220102	人民币
银行承兑科目	220101	人民币

图 8-4-8　应付基本科目设置结果

8-15

技能实践：应付期初余额录入

五、期初余额录入

在启用应付款管理系统时，须将以前尚未处理完的单据全部录入本系统中，作为本系统的期初余额处理，操作流程如图 8-4-9 所示。

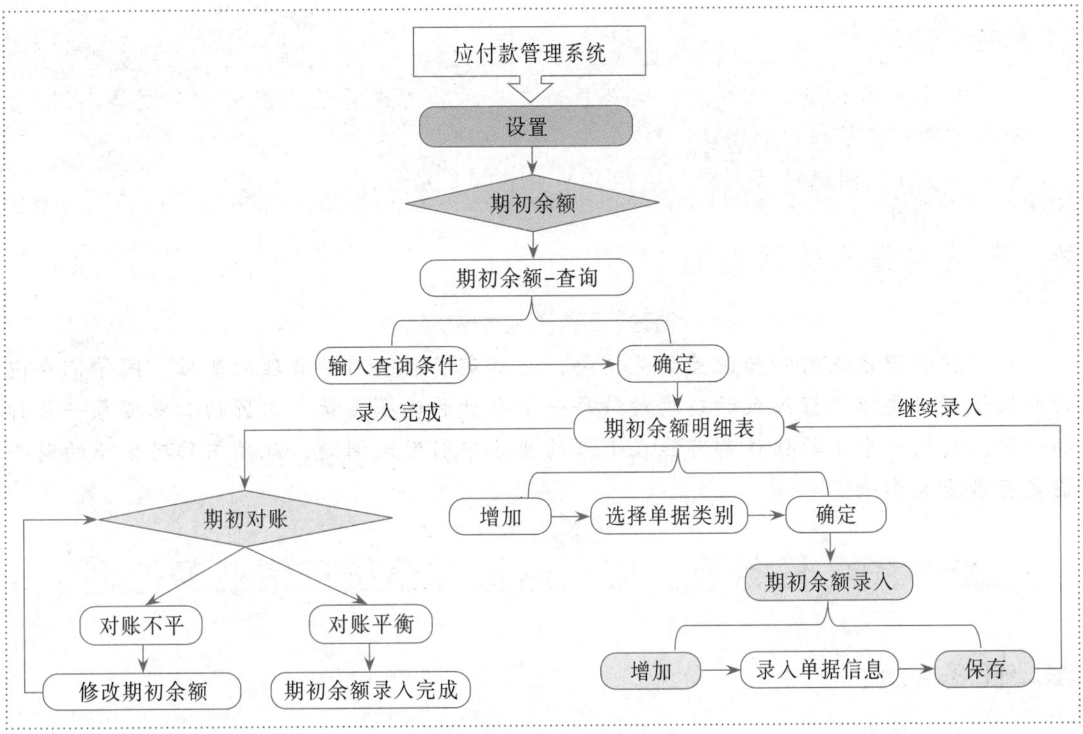

图 8-4-9　期初余额录入操作流程

应付款管理系统期初余额明细表如图 8-4-10 所示。

本币合计：贷 55,760.00

期初余额明细表

单据类型	单据编号	单据日期	供应商	部门	业务员	币种	科目	方向	原币金额	原币余额	本币金额	本币余额	备注
付款单	0000000002	2024-08-15	河南利泉光电科技有…	采购部	李卓	人民币	1123	借	3,000.00	3,000.00	3,000.00	3,000.00	预付利泉光电…
采购专用发票	0000000001	2024-08-20	河北华诺光能科技有…	采购部	李卓	人民币	220201	贷	25,990.00	25,990.00	25,990.00	25,990.00	购入壁灯230件…
银行承兑汇票	HP901	2024-07-19	河北华诺光能科技有…	采购部	李卓	人民币	220101	贷	32,770.00	32,770.00	32,770.00	32,770.00	购入华诺光能…

图 8-4-10　应付款管理系统期初余额明细表

应付款管理系统与总账管理系统期初对账平衡的结果如图 8-4-11 所示。

科目		币种	应付期初		总账期初		差额	
编号	名称		原币	本币	原币	本币	原币	本币
1123	预付账款	人民币	-3,000.00	-3,000.00	-3,000.00	-3,000.00	0.00	0.00
220101	银行承兑汇票	人民币	32,770.00	32,770.00	32,770.00	32,770.00	0.00	0.00
220201	一般应付款	人民币	25,990.00	25,990.00	25,990.00	25,990.00	0.00	0.00
	合计			55,760.00		55,760.00		0.00

图 8-4-11　应付款管理系统与总账管理系统期初对账结果

特别提示：

- 发票中的开票日期可以更改，但必须是在应付款管理系统的启用日期之前，因为只有这样才会是期初数据。
- 第一个会计期间记账后，期初余额只能查看，不能修改。

智慧财务·德润人心

慎始设参，稳护财基

应付款管理系统的初始设置至关重要，它奠定了后续财务管理的基础。同学们在进行初始设置时要以严谨细致的态度对待每一个参数和选项，就像工匠精心雕琢每一件作品一样，任何一个小的错误都可能在未来的业务中引发大问题，此项工作对企业的财务稳定有着重大影响。

任务五 应付款管理系统日常业务处理

任务情境

一、任务场景

企业与供应商之间往来的日常业务主要有赊购、付款、票据管理、转账等，往来会计丁楠利用财务软件完成企业日常的应付单据处理、付款单据处理、核销处理、票据管理、转账、制单处理、账表查询等业务，并编制记账凭证，及时记录应付业务、付款业务的发生，为查询和分析往来业务提供完整、准确的资料，加强对应付款项的监督管理，提高工作效率。

二、任务资料

（一）应付处理

1. 9月5日，采购部向科达铝业采购合金300千克，原币含税金额8 475元，采购开关200个，原币含税金额2 712元；收到增值税普通发票，价税合计11 187.00元。款项未付，当日收到货物。

2. 9月7日，采购部向华诺光能采购吊灯，收到增值税专用发票，数量200件，不含税单价300元/件，价税款合计67 800.00元。款项未付，当日收到货物。

（二）付款处理

1. 9月8日，以转账支票方式向科达铝业支付5日购货的款项11 187.00元，支票号ZZF903。

2. 9月10日，以网银转账方式向利泉光电预付10 000元作为订购筒灯的订金。

（三）转账处理

9月12日，经公司之间协商，将应付华诺光能的款项67 800.00元转给科达铝业。

（四）票据管理

9月19日，采购部向利泉光电采购筒灯，收到增值税专用发票，数量200套，单价160元/套，价税款合计36 160.00元。开出银行承兑汇票，汇票金额26 160.00元，当日未收到货物。汇票期限为3个月。票号HPF901。剩余款项以10日预付的10 000元定金冲抵。

三、任务要求

根据任务场景和任务资料，使用晶辉照明公司的应付款管理系统进行日常业务处理。

1.往来会计丁楠：完成应付款项的日常业务处理，包括销售发票、支票、商业汇票等单据的录入、审核和制单，支付前欠货款的核销处理，票据的背书和贴现，往来款项的冲抵等；

2.出纳张妍：对收付款凭证进行出纳签字；

3.账套主管王启：对应付款管理系统生成的凭证进行审核和记账。

任务准备

一、应付处理

应付处理主要包括应付单的录入审核和采购发票的录入审核。单据录入完成后必须经过审核才能被系统正式认为该笔应付款有效。

特别提示：

- 对于已经审核或已生成凭证的单据不能修改或删除，若要修改或删除，必须取消相应的操作，单据删除后不能恢复。
- 在没有启用采购系统的情况下，采购发票和应付单均在应付款管理系统中录入。如果同时启用了采购系统，采购发票只能在采购系统录入，并自动传递到应付款管理系统进行制单。

二、付款处理

付款处理主要包括付款单据的录入和审核。

特别提示：

- 付款单据中款项类型包括应付款、预付款和其他费用，需要根据业务情况进行选择。

三、核销处理

核销处理是将已付给供应商的款项与应付款进行核销，单据核销的作用是建立已付款与应付款的核销记录，监督企业应付款是否及时核销。核销方式分为手工核销和自动核销两种。其原理与应收款管理系统的核销处理相同。

四、票据管理

票据管理可以对银行承兑汇票和商业承兑汇票进行管理，包括记录票据详细信息、票据的结算、转出等。其实质上也是付款单据管理。其原理与应收款管理系统的票据管理相同。

如果要进行票据管理，必须将应付票据科目设置为带有供应商往来辅助核算的科目。

五、转账处理

8-16

知识导学：应付转账处理

应付款的转账是会计意义上的冲账业务，包括应付冲应付、预付冲应付、应付冲应收以及红票对冲。其原理与应收款管理系统的转账相同。

应付冲应付：将一家供应商的应付款转到另一家供应商名下。

预付冲应付：用企业对供应商的预付款项来冲抵对该供应商的应付款项。

应付冲应收：将企业对供应商的应付款与企业对客户的应收款进行对冲。

红票对冲：用红字发票（负数发票）与蓝字发票（正常发票）进行对冲。

六、凭证处理

对于已录入的单据，经过审核后，要进行制单处理，从而形成凭证，再传递到总账管理系统中。

单据要进行制单处理，可以在单据审核后由系统自动编制凭证，也可以集中处理。需要集中处理时就要使用凭证处理功能。

任务实施

8-17

技能实践：应付处理

以往来会计“203丁楠”的身份注册登录企业应用平台，进入应付款管理系统，完成相关的日常业务处理。

一、应付处理

应付处理具体操作流程如图8-5-1所示。

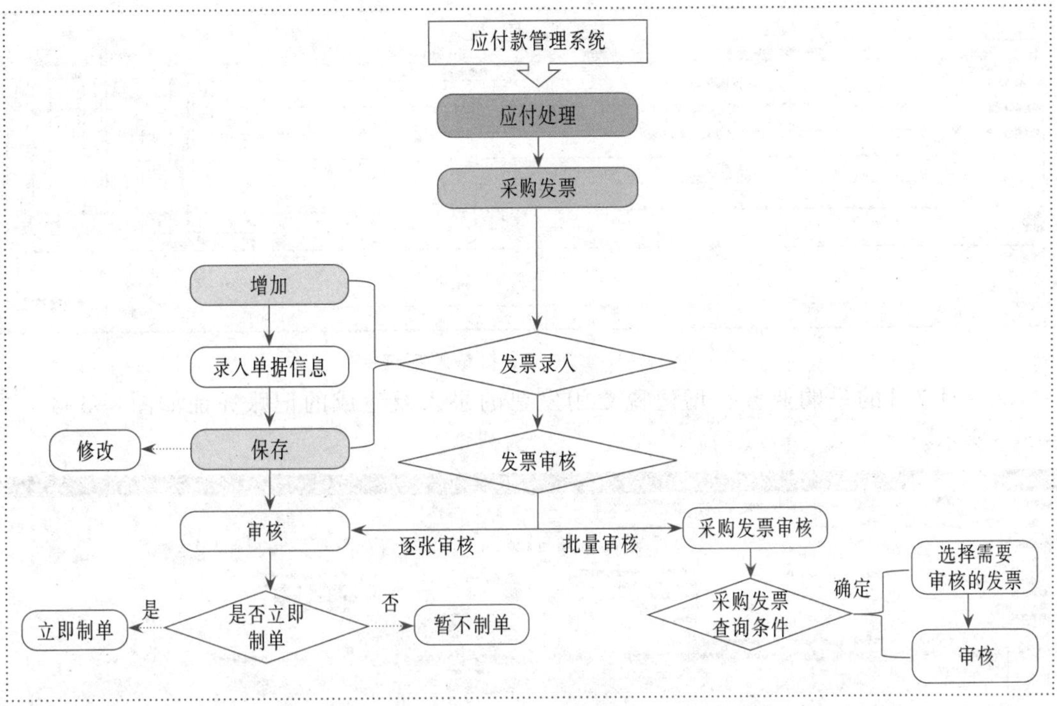

图 8-5-1　应付处理操作流程

1. 9月5日的采购业务，增值税普通发票的录入及生成的记账凭证如图8-5-2、图8-5-3所示。

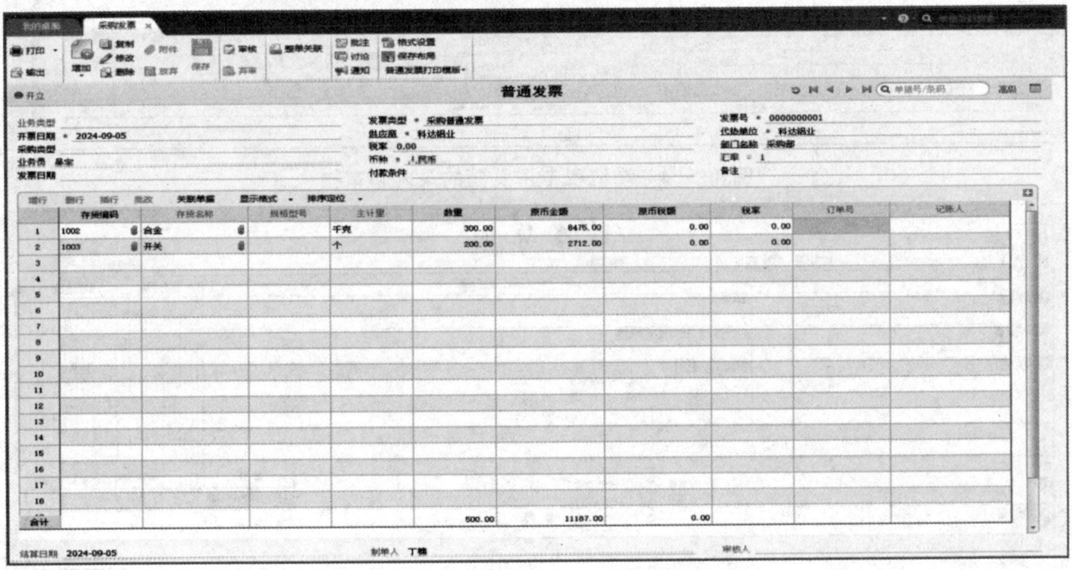

图 8-5-2　增值税普通发票的录入和审核

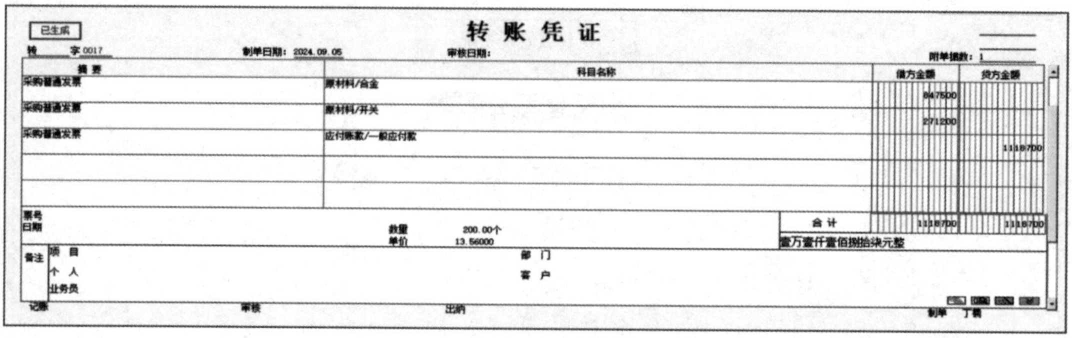

已生成

转账凭证

转 字 0017 制单日期：2024.09.05 审核日期： 附单据数：1

摘要	科目名称	借方金额	贷方金额
采购普通发票	原材料/合金	847500	
采购普通发票	原材料/开关	271200	
采购普通发票	应付账款/一般应付款		1118700
票号 日期	数量 200.00个 单价 13.56000 合计	1118700	1118700

壹万壹仟壹佰捌拾柒元整

备注 项目 部门 个人 客户 业务员

记账 审核 出纳 制单 丁璐

图8-5-3 9月5日记账凭证

2. 9月7日的采购业务，增值税专用发票的录入及生成的记账凭证如图8-5-4、图8-5-5所示。

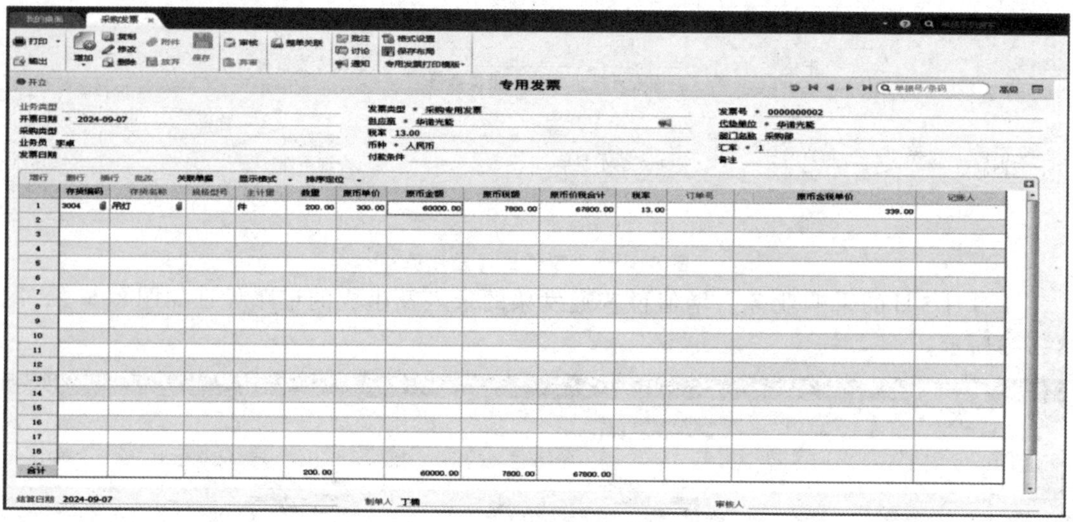

专用发票

业务类型

开票日期 2024-09-07

采购类型

业务员 李卓

发票日期

发票类型 采购专用发票

供应商 华谊光能

税率 13.00

币种 人民币

付款条件

发票号 0000000002

代垫单位 华谊光能

部门名称 采购部

汇率 1

备注

	存货编码	存货名称	规格型号	主计量	数量	原币单价	原币金额	原币税额	原币价税合计	税率	订单号	原币含税单价	记账人
1	3004	吊灯		件	200.00	300.00	60000.00	7800.00	67800.00	13.00		339.00	
合计					200.00		60000.00	7800.00	67800.00				

结算日期 2024-09-07 制单人 丁璐 审核人

图8-5-4 增值税专用发票的录入和审核

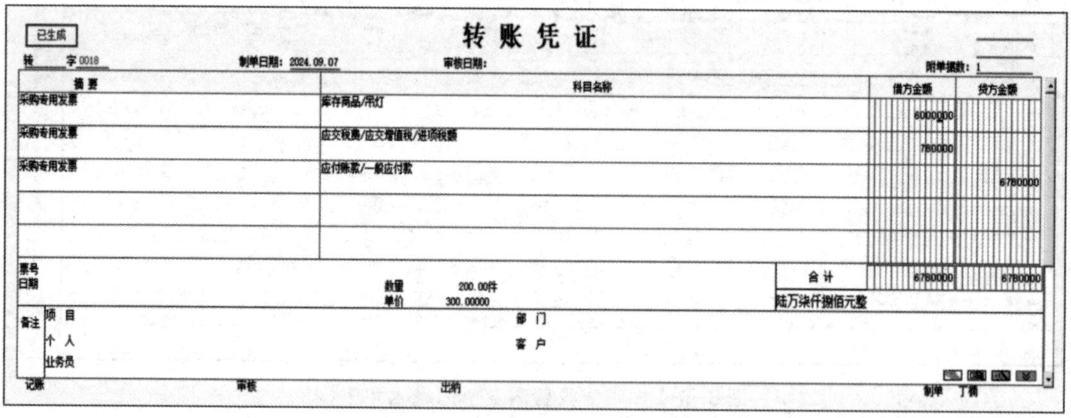

已生成

转账凭证

转 字 0018 制单日期：2024.09.07 审核日期： 附单据数：1

摘要	科目名称	借方金额	贷方金额
采购专用发票	库存商品/吊灯	6000000	
采购专用发票	应交税费/应交增值税/进项税额	780000	
采购专用发票	应付账款/一般应付款		6780000
票号 日期	数量 200.00件 单价 300.00000 合计	6780000	6780000

陆万柒仟捌佰元整

备注 项目 部门 个人 客户 业务员

记账 审核 出纳 制单 丁璐

图8-5-5 9月7日记账凭证

二、付款处理

付款处理具体操作流程如图 8-5-6 所示。

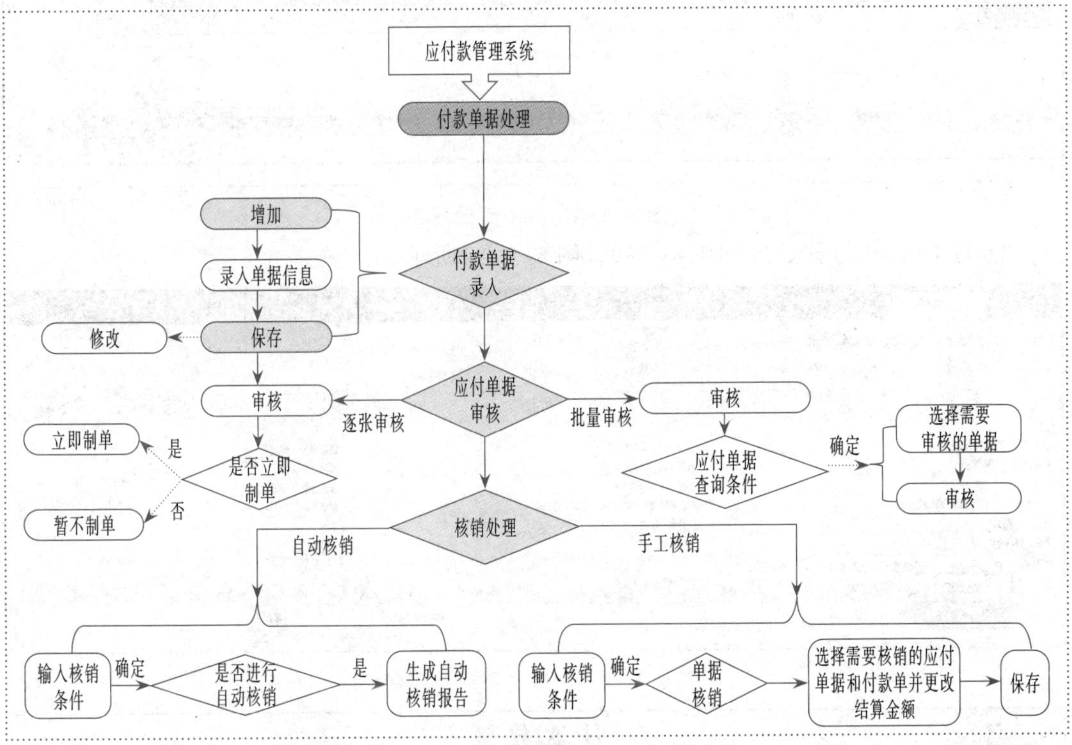

图 8-5-6　付款单据处理操作流程

8-18

技能实践：付款处理

1. 9月8日的付款业务根据以上操作流程处理后，生成的凭证及最后核销完成后的界面如图 8-5-7、图 8-5-8 所示。

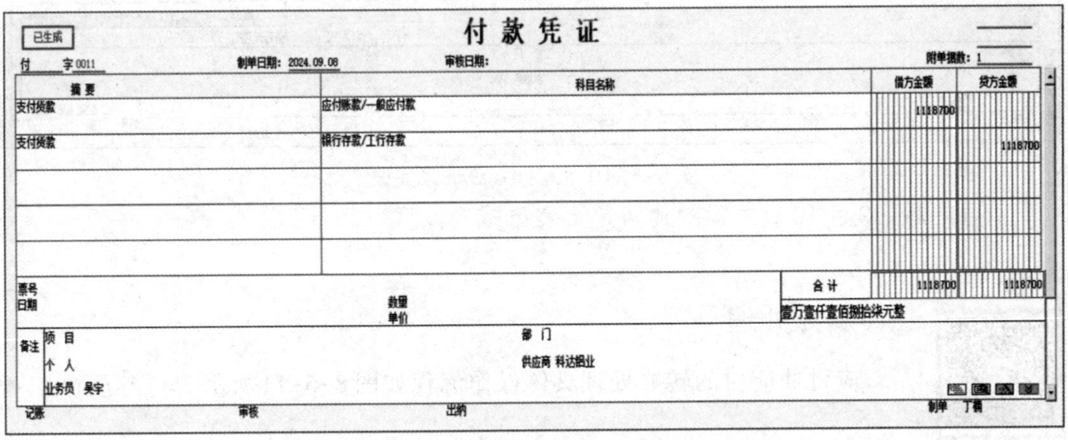

已生成

付 款 凭 证

付　字 0011　　制单日期：2024.09.08　　审核日期：　　附单据数：1

摘要	科目名称	借方金额	贷方金额
支付货款	应付账款/一般应付款	1118700	
支付货款	银行存款/工行存款		1118700
票号 日期　数量 单价	合计	1118700	1118700
	壹万壹仟壹佰捌拾柒元整		

备注　项　目　　部　门

个　人　　供应商 科达铝业

业务员　吴宇

记账　　审核　　出纳　　制单　丁楠

图 8-5-7　9月8日记账凭证

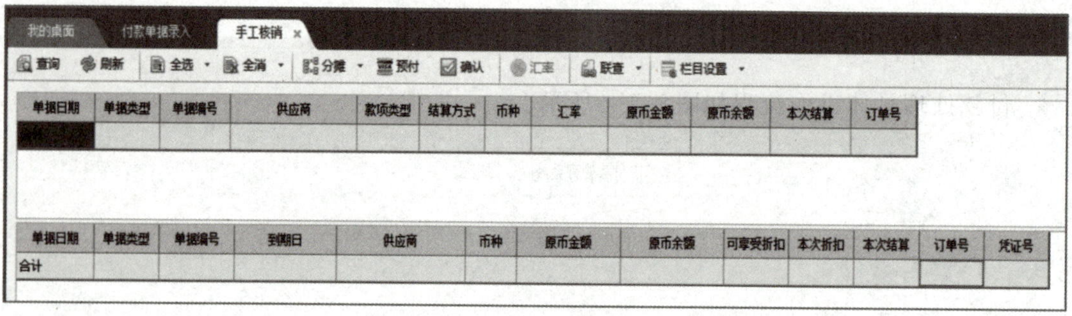

图 8-5-8　核销后的界面

2.9 月 10 日的付款处理如图 8-5-9、图 8-5-10 所示。

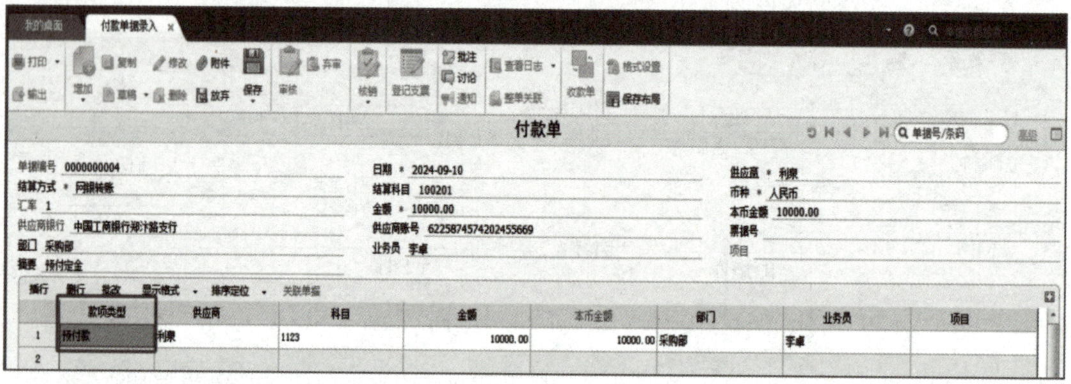

图 8-5-9　付款单录入和审核

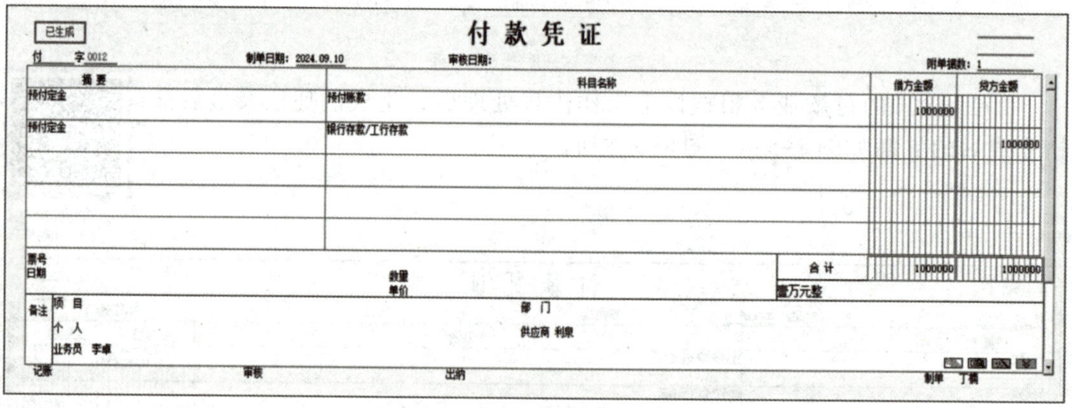

图 8-5-10　9 月 10 日记账凭证

引导问题：9 月 10 日的付款业务是否需要核销处理？为什么？____。

8-19

技能实践：应付转账处理

三、转账处理

应付冲应付的转账处理具体操作流程如图 8-5-11 所示。

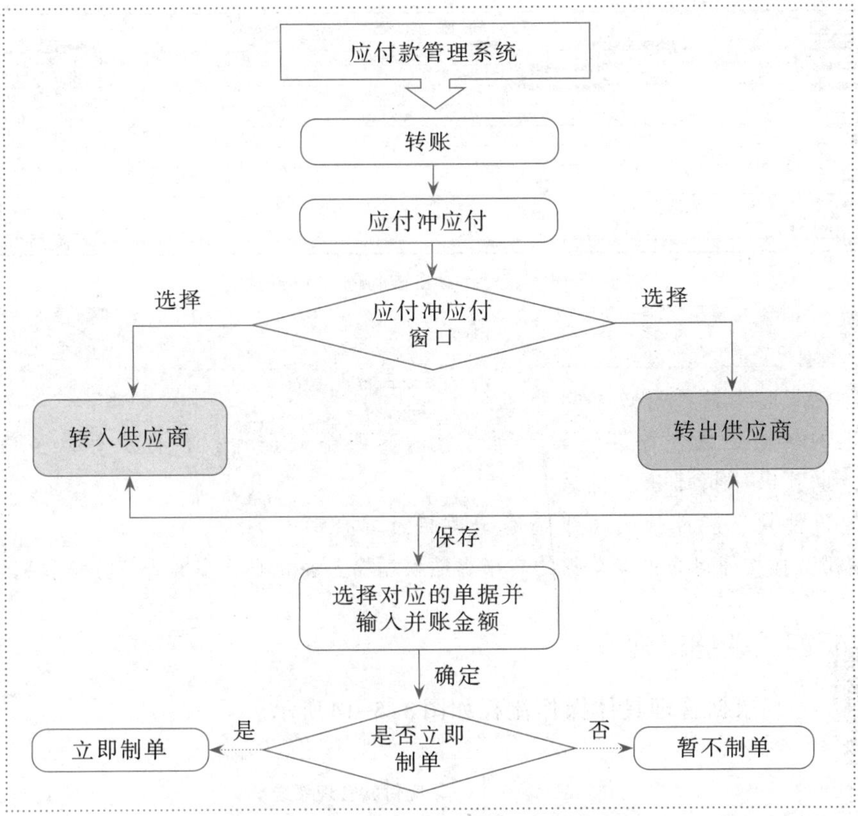

图 8-5-11　应付冲应付转账业务流程图

9月12日应付冲应付业务处理如图8-5-12、图8-5-13所示。

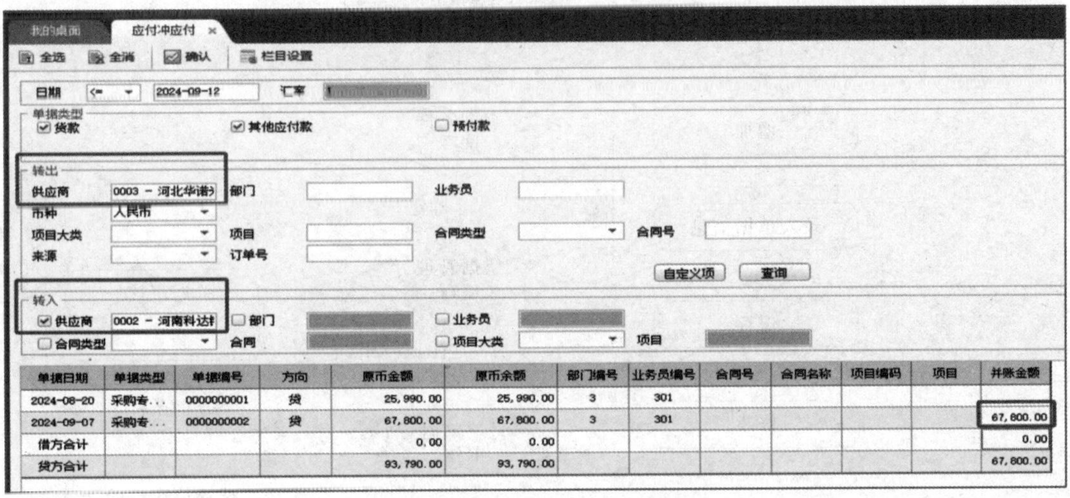

图 8-5-12　应付冲应付

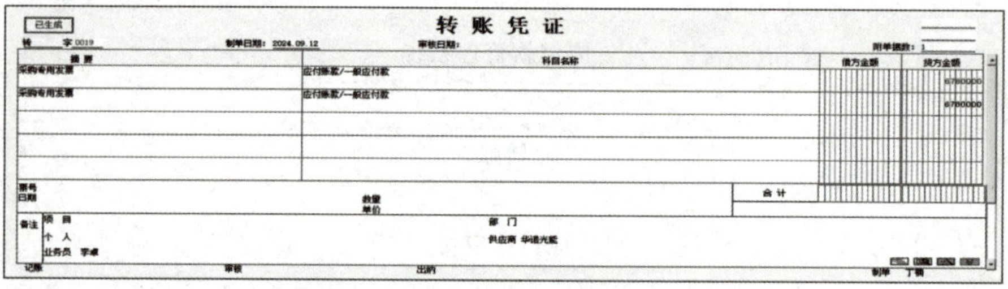

图 8-5-13 9 月 12 日应付转账记账凭证

操作提示：

应付款转账时金额不符该如何处理？

- 应付款的转账金额合计应该等于预付款的转账金额合计；预付款可以全额冲销应付款，也可以冲销部分应付款。
- 每一笔预付款、应付款的转账金额不得超过其余额。
- 可以使用分摊按钮对当前各单据的转账金额根据输入的转账总金额进行分摊和取消分摊。

8-20

技能实践：
应付票据处理

四、票据管理

票据管理具体操作流程如图 8-5-14 所示。

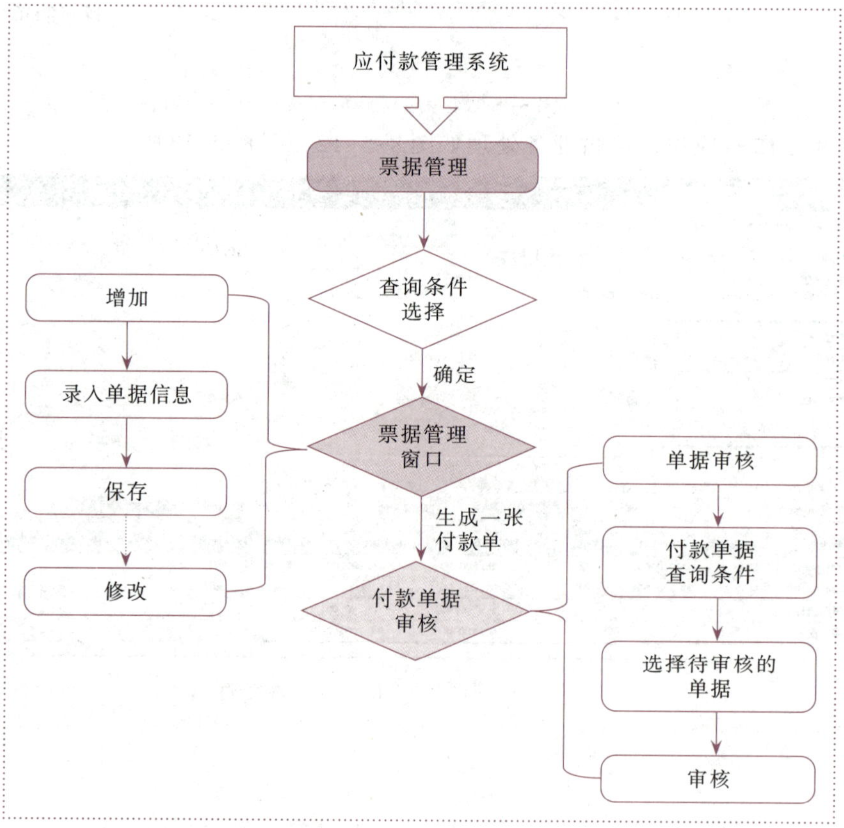

图 8-5-14 票据管理操作流程

1. 9月19日收到增值税专用发票处理如图8-5-15、图8-5-16所示。

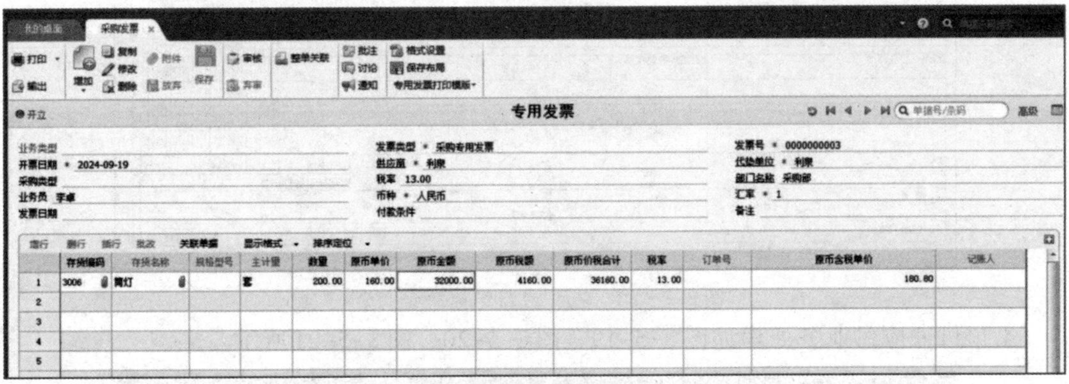

图8-5-15　增值税专用发票录入和审核

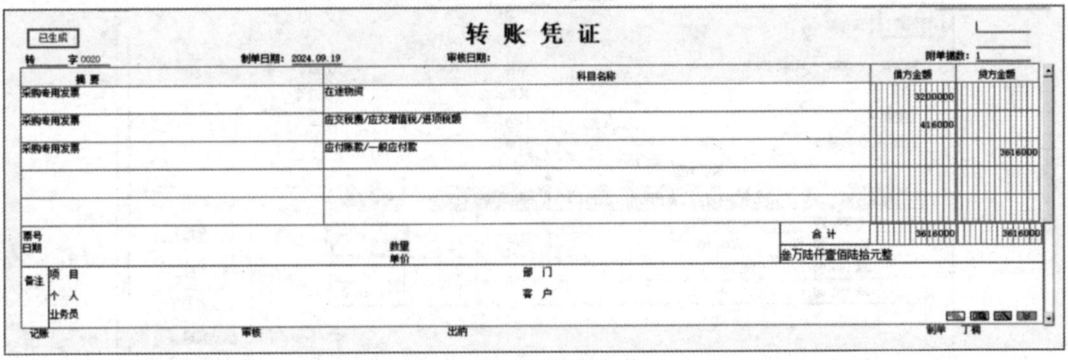

图8-5-16　9月19日记账凭证（1）

2. 开出银行承兑汇票，需要进行票据录入，如图8-5-17所示。

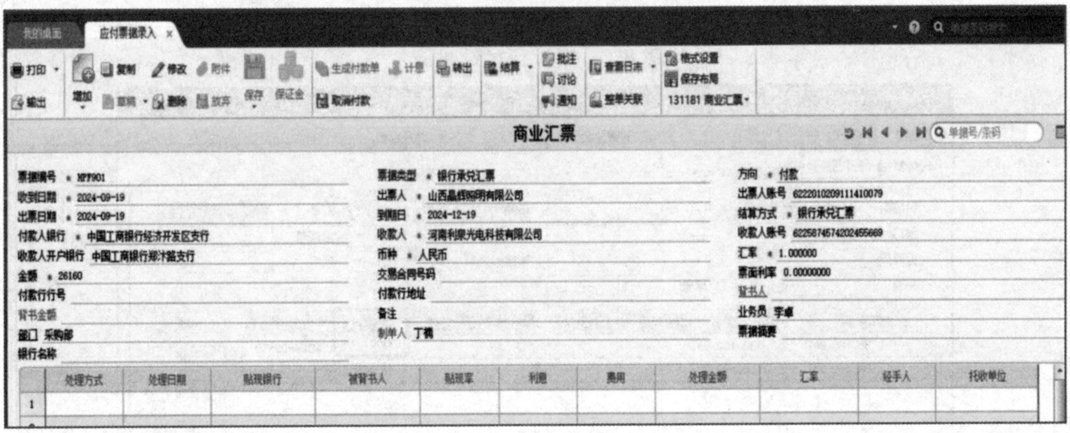

图8-5-17　银行承兑汇票录入

3. 商业汇票保存后系统会自动生成一张付款单，接下来需要对该付款单进行审核并制单，生成的凭证如图8-5-18所示。

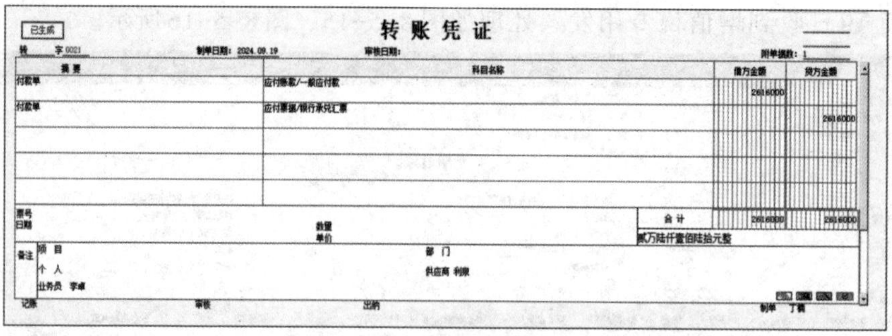

图 8-5-18　9 月 19 日记账凭证（2）

4.预付冲应付业务处理如图 8-5-19、图 8-5-20、图 8-5-21 所示。

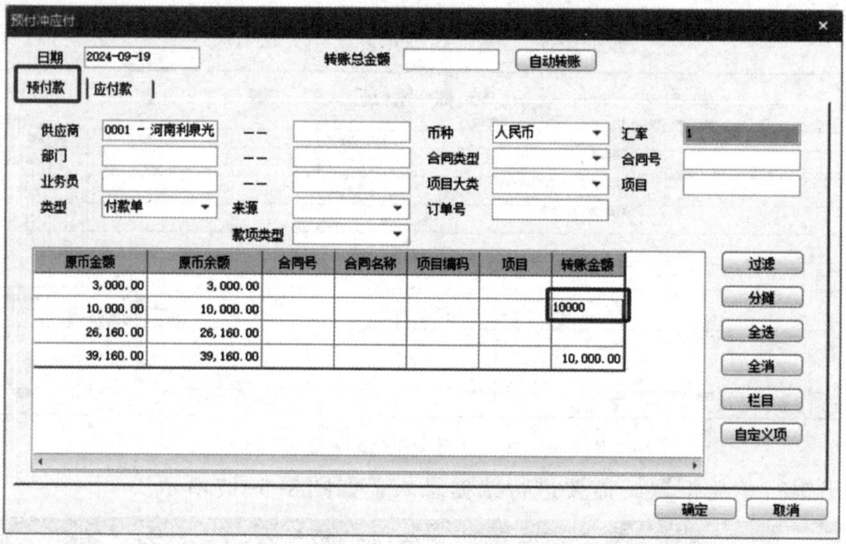

图 8-5-19　预付款过滤

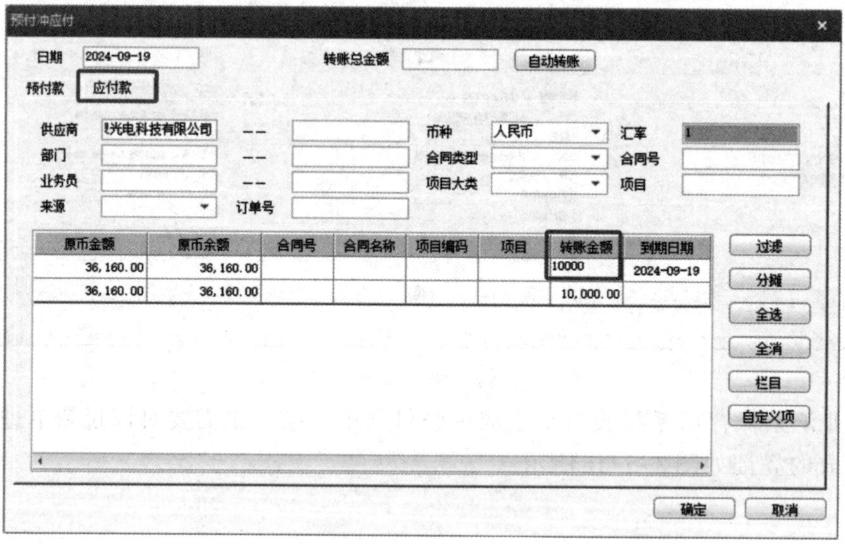

图 8-5-20　应付款过滤

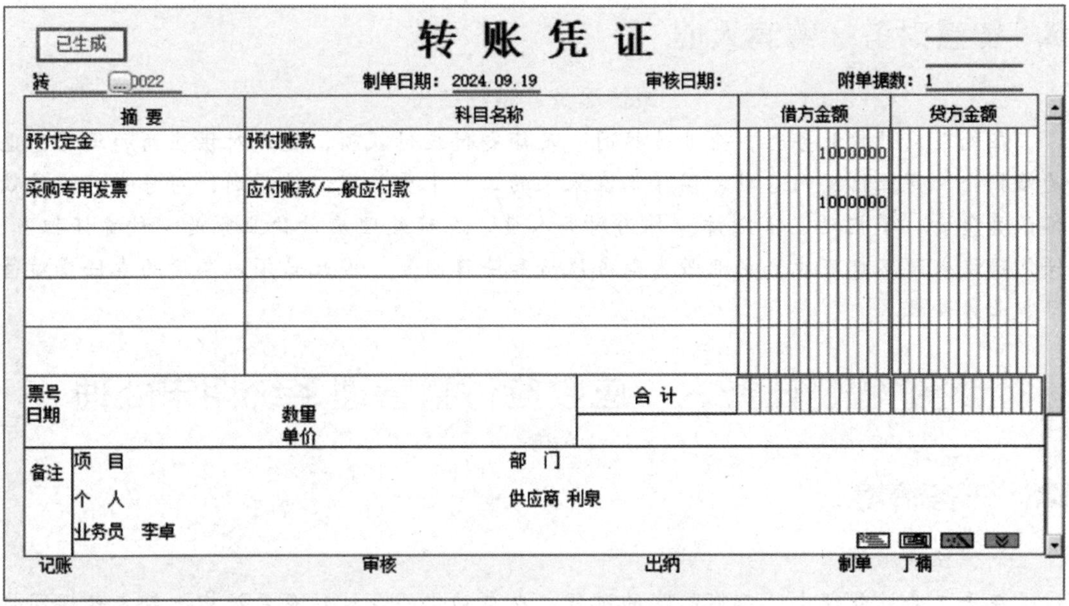

图 8-5-21　9月19日记账凭证（3）

五、凭证处理

如前期业务没有立即制单生成凭证，则可以通过“生成凭证”功能手动生成凭证，具体操作流程如图8-5-22所示。

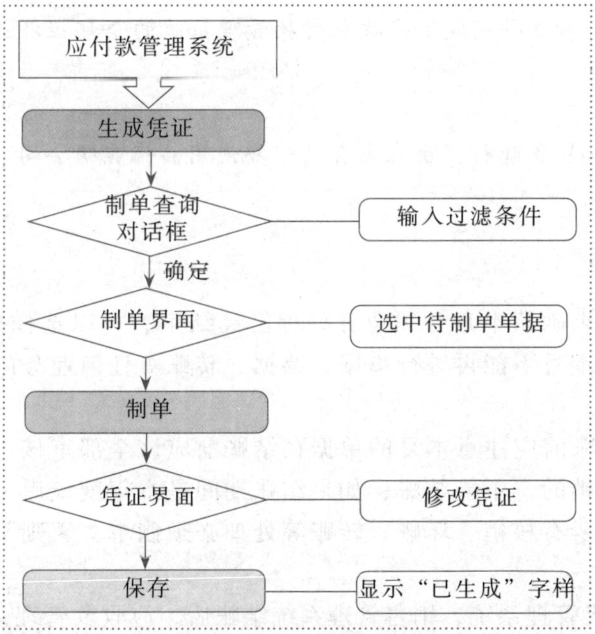

图 8-5-22　手动生成凭证流程图

通过上述操作，丁楠完成了应付款项的日常业务处理，接下来还需要对生成的凭证进行出纳签字、审核和记账，大家自己完成吧！

智慧财务·德润人心

诚信尽责，精细应付

在处理应付款业务时，企业应按时、足额支付应付款项，这是对供应商的承诺，也是维护企业商业信誉的基础。同学们在未来的工作中要坚守诚信原则，对每一笔应付款都认真负责，不拖延、不欺诈。作为财务人员，准确处理应付款业务是一种责任担当，任何错误或疏忽都可能给企业带来财务风险和法律问题，因此必须以高度的责任感对待日常业务处理。

任务六 应收应付款管理系统期末处理

任务情境

一、任务场景

在手工会计处理中，都有结账的过程，在自动化的会计信息系统中，期末处理同样重要。需要进行账目核对、往来账款调整以及确保所有凭证已经正确录入和处理。完成这些步骤后，方可进行期末结账。在此过程中，确保所有应收应付款项都已妥善处理，并对可能出现的任何差异进行分析和调整。只有这样，才能确保财务报表的准确性，为下一阶段的财务决策提供可靠依据。

二、任务资料

2024年9月末晶辉公司完成了应收应付款管理系统的全部经济业务，需要进行期末处理。

三、任务要求

根据任务场景和任务资料，由往来会计丁楠使用晶辉照明公司的应收应付款管理系统进行月末结账处理。

任务准备

8-21

知识导学：期末处理

如果确认本月各项业务处理已经结束，可以选择执行月末结账功能。结账后本月不能再进行单据、票据、转账等任何业务的增加、删除、修改等处理。

结账前应注意本月的单据在结账前应该全部审核；若本月的结算单还有未核销的，不能结账；如果结账期间是本年度最后一个期间，则本年度进行的所有核销、坏账、转账等处理必须制单，否则不能向下一年度进行结转。

如果启用了销售管理系统，销售管理系统结账后，应收款管理系统才能结账；如果启用了采购管理系统，采购管理系统结账后，应付款管理系统才能结账。

如果结账后发现结账有错误，可以取消月末结账。但取消结账操作只有在该月总账系统未结账时才能进行。如果当月总账系统已经结账，应先取消总账系统结账。

特别提示：

◆如果上月没有结账，则本月不能结账。
◆本月的单据（发票、应收单、应付单等）在结账前应全部审核。
◆若本月的结算单还有未核销的，则不能结账。

任务实施

一、月末结账

月末结账操作流程如图 8-6-1 所示。

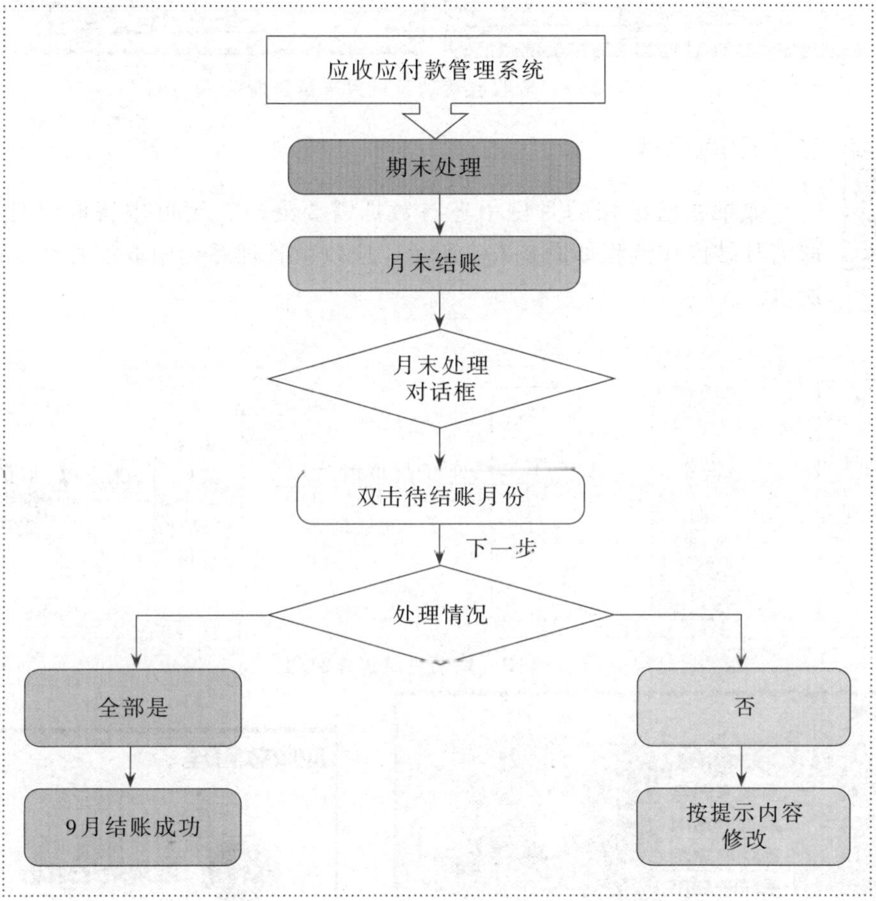

图 8-6-1 月末结账操作流程

应收款管理系统月末结账情况如图 8-6-2 所示。

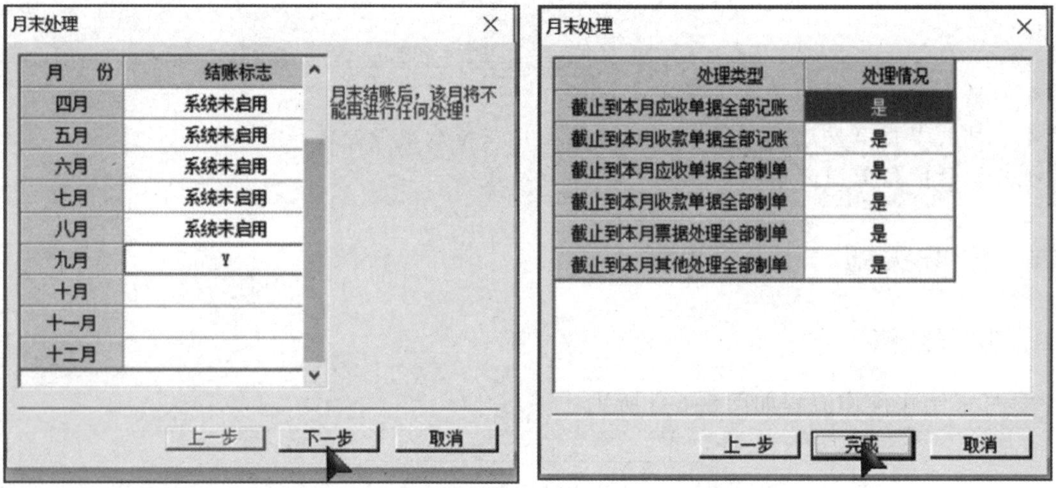

图 8-6-2 应收款管理系统月末结账情况

8-22

技能实践：期末处理

二、取消月结

如果在已结账的月份中还有数据需要处理，则可进行取消月结处理。取消月结操作流程如图 8-6-3 所示，应收款管理系统中取消月结如图 8-6-4 所示。

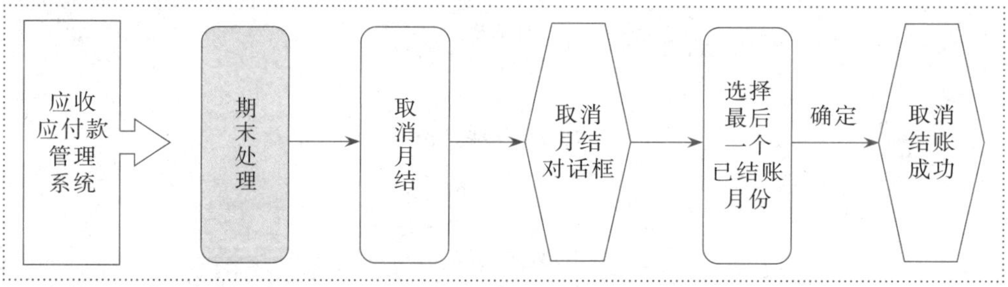

图 8-6-3 取消月结操作流程

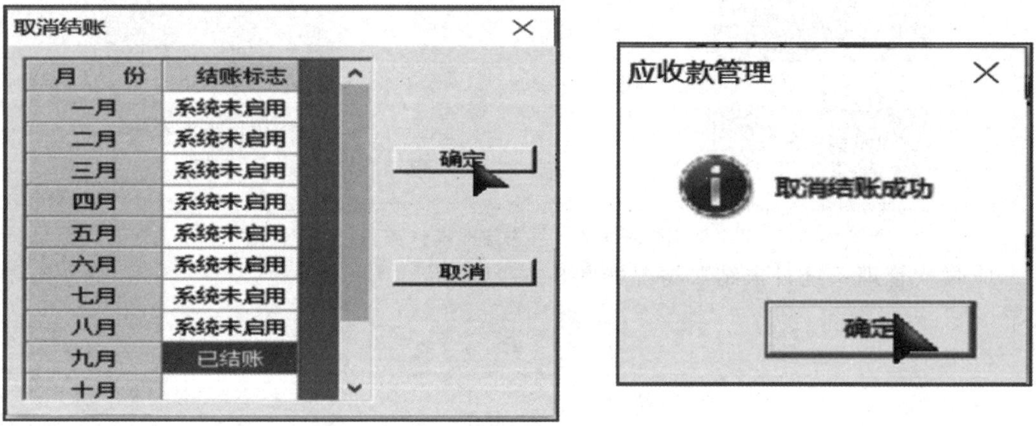

图 8-6-4 应收款管理系统中取消月结

操作提示：

取消月结功能有时不好用怎么办？

◆ 查看该月总账管理系统是否已经结账，需先取消总账管理系统的月结，然后再执行此处的“取消月结”功能。

◆ 在用友软件中总账管理系统是最后一个结账的系统，它在其他系统结账之后方可结账。取消结账时的顺序则恰好相反。

智慧财务·德润人心

强管往来，诚核账款

加强往来款项的管理，有利于提升公司的管理水平。应收账款既是企业财务“风险源”，也是企业发展“推动器”，对企业来说是一把“双刃剑”，只有企业加强内部管理，建立起科学规范的信用管理制度，完善坏账准备金指导，制定合理的收账政策，才能从根本上解决整个经济体系中的债务拖欠问题，实现经济社会稳定和谐。

期末处理涉及对整个会计期间应收款和应付款的总结和核对，企业必须如实反映财务状况，不能通过不正当手段调整账目。同学们要坚守诚信原则，对财务数据负责，准确核算应收应付款项，为企业决策提供可靠依据，同时也要对利益相关者负责，维护企业的信誉。

项目测试

项目考核评价

本项目学习成果反馈与评价表见表8-14。

表 8-14 **项目八学习成果反馈与评价表**

<table>
<tr><td colspan="2">项目八</td><td colspan="2">往来会计岗位</td><td colspan="4">任务一、二、三、四、五、六</td></tr>
<tr><td>班级</td><td></td><td>组号</td><td></td><td colspan="2">日期</td><td colspan="2"></td></tr>
<tr><td>姓名</td><td></td><td>学号</td><td></td><td colspan="2">教师</td><td colspan="2"></td></tr>
<tr><td>项目</td><td colspan="2">评价标准</td><td>分值（分）</td><td>个人自评30%</td><td>小组互评20%</td><td>教师评价50%</td><td>小计（分）</td></tr>
<tr><td rowspan="2">职业素养（20）</td><td colspan="2">遵守实训管理规定，保持实训环境干净整洁</td><td>10</td><td></td><td></td><td></td><td></td></tr>
<tr><td colspan="2">团结协作，态度端正，积极完成任务</td><td>10</td><td></td><td></td><td></td><td></td></tr>
<tr><td rowspan="3">专业知识（30）</td><td colspan="2">熟悉应收应付款管理系统的基本功能和操作流程</td><td>10</td><td></td><td></td><td></td><td></td></tr>
<tr><td colspan="2">掌握应收应付款管理系统的初始设置和日常业务处理</td><td>10</td><td></td><td></td><td></td><td></td></tr>
<tr><td colspan="2">掌握应收应付款管理系统的期末业务处理</td><td>10</td><td></td><td></td><td></td><td></td></tr>
<tr><td rowspan="3">职业能力（30）</td><td colspan="2">能理解应收应付款管理系统在财务管理中的重要性及其与其他系统的关系</td><td>10</td><td></td><td></td><td></td><td></td></tr>
<tr><td colspan="2">能独立完成应收应付款管理系统的初始化设置和日常业务处理</td><td>10</td><td></td><td></td><td></td><td></td></tr>
<tr><td colspan="2">能独立完成应收应付款管理系统的月末处理</td><td>10</td><td></td><td></td><td></td><td></td></tr>
<tr><td rowspan="2">成果展示（20）</td><td colspan="2">线上学习效果明显，及时完成测试</td><td>10</td><td></td><td></td><td></td><td></td></tr>
<tr><td colspan="2">线下及时完成实训任务并提交截图</td><td>10</td><td></td><td></td><td></td><td></td></tr>
<tr><td colspan="3">合计</td><td>100</td><td></td><td></td><td></td><td></td></tr>
<tr><td>教师评语</td><td colspan="7"></td></tr>
</table>

项目九　报表管理岗位

岗位认知

报表管理岗位主要负责企业各类财务报表的编制、审核、分析和报送等工作，为企业内部管理和外部监管提供准确、及时的财务和非财务信息。依据企业会计准则和内部财务制度，通过UFO报表系统准确编制各类报表，如资产负债表、利润表、现金流量表、成本费用分析报表、销售业绩报表等，确保数据的真实性和准确性。根据报表分析结果，为企业管理层提供决策建议，协助管理层制定战略规划、经营计划和投资决策。

项目目标

素质目标

坚持准则，认真细致，对数据有敏锐的洞察力，能够从数据中发现问题和趋势；严格遵守企业的保密制度，具备基本的财务规划能力，注重细节，对数据准确性和报表质量高度负责。

知识目标

了解UFO报表系统的基本功能；掌握报表格式设置方法，自行编制自定义报表；掌握报表模板的基本知识和操作方法，快速生成各类财务报表；理解报表数据背后的经济含义。

能力目标

能够熟练运用UFO报表系统，根据企业的实际情况和需求，准确、及时地编制财务报表、管理报表；能够运用数据分析工具和方法，对报表数据进行深入分析，挖掘数据背后的信息和价值。

项目导图

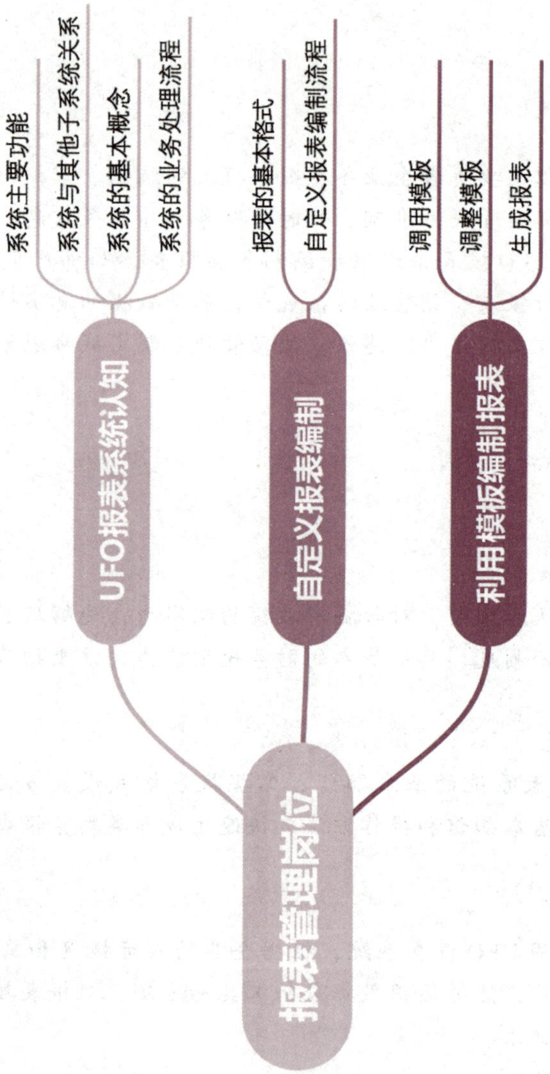
报表管理岗位
UFO报表系统认知
系统主要功能
系统与其他子系统关系
系统的基本概念
系统的业务处理流程
自定义报表编制
报表的基本格式
自定义报表编制流程
利用模板编制报表
调用模板
调整模板
生成报表

任务一　UFO报表系统认知

任务情境

一、任务场景

在当今复杂多变的商业环境中，企业对于数据的依赖程度日益加深，而报表作为数据可视化与信息传递的关键工具，其重要性不言而喻。财务报表，作为企业经济活动成果的集中体现，是连接企业内部管理与外部沟通的桥梁。它们以数字为语言，客观、公正地反映了企业的财务状况、经营成果和现金流量。UFO财务报表不仅是企业内部管理的重要工具，也是外部投资者、债权人等利益相关者了解企业状况的主要途径。

二、任务要求

1.坚守职业道德的底线，诚实守信，不弄虚作假，不隐瞒事实，以高度的责任感对待报表编制工作，确保每一项数据的准确无误。

2.了解UFO报表系统的主要功能；熟悉报表管理系统的基本概念；理解报表系统与其他子系统的关系；掌握报表系统的业务处理流程。

3.能结合企业实际认真对待每一项财务数据，真实、准确地反映企业的财务状况和经营成果，对企业负责、对社会负责。

任务准备

9-1

知识导学：UFO报表系统认知

UFO报表系统，全称为User Friendly Office（用友办公软件）报表系统，是用友软件股份有限公司开发的电子表格软件，可单独使用，用来处理日常办公事务，包括制作表格、数据运算、图形制作、打印等电子表的所有功能；也可以和其他模块结合使用，作为通用财务报表系统，广泛使用于财务、会计、人事、统计、税务等领域。

一、UFO报表系统的主要功能

UFO报表系统是报表事务处理的工具。它与用友管理软件等各系统有完善的接口，是真正的三维立体表，具有方便的自定义报表功能、数据处理功能，内置多个行业的常用会计报表。主要功能如下：

（一）报表格式设计

UFO报表系统提供了丰富的格式设计功能，允许用户定义报表的布局和样式，包括组合单元、画表格线、调整行高列宽、设置字体和颜色等，以满足各种报表需求。

（二）报表数据处理

UFO报表系统能够处理大量的报表数据，包括排序、审核、舍位平衡和汇总等功能。它支持绝对单元公式和相对单元公式，以及丰富的函数，可以从其他财务系统中提取数据生成财务报表。

（三）图表处理功能

该系统能够将数据表以图形形式表示，支持多种图表类型，如直方图、立体图、圆饼图等，方便用户进行数据分析。

（四）文件管理功能

UFO报表系统支持文件的创建、读取、保存和备份，支持多种文件格式转换，如文本文件、MDB文件、DBF文件、Excel文件等，实现了标准财务数据的导入和导出。

（五）二次开发功能

该系统提供了强大的二次开发功能，支持批命令和自定义菜单，允许用户根据自己的需求进行系统的定制和扩展。

此外，UFO报表系统还支持三维立体表的处理能力，提供了各行业报表模板。用户能够高效地编制各种内部和外部报表，进行报表的审核、汇总和分析，并以预定格式输出。

二、UFO报表系统与其他子系统的关系

UFO报表系统与其他子系统之间存在着紧密的数据交互、高度依赖、功能互补和协同工作的关系。系统可以从多个子系统中获取数据，包括但不限于总账、薪资管理、固定资产管理、应收、应付、采购、销售、财务分析系统等。这些子系统各自负责处理企业的不同业务数据，UFO报表系统则通过预设的取数函数和公式，从这些子系统中提取所需的数据。各子系统在完成数据处理后，会将相关数据传递给UFO报表系统。UFO报表系统利用这些数据，结合预设的报表模板和计算公式，自动生成各种会计报表。

这些关系共同构成了企业信息化管理体系的重要组成部分，为企业的发展提供了有力的数据支持和管理保障。如图9-1-1所示。

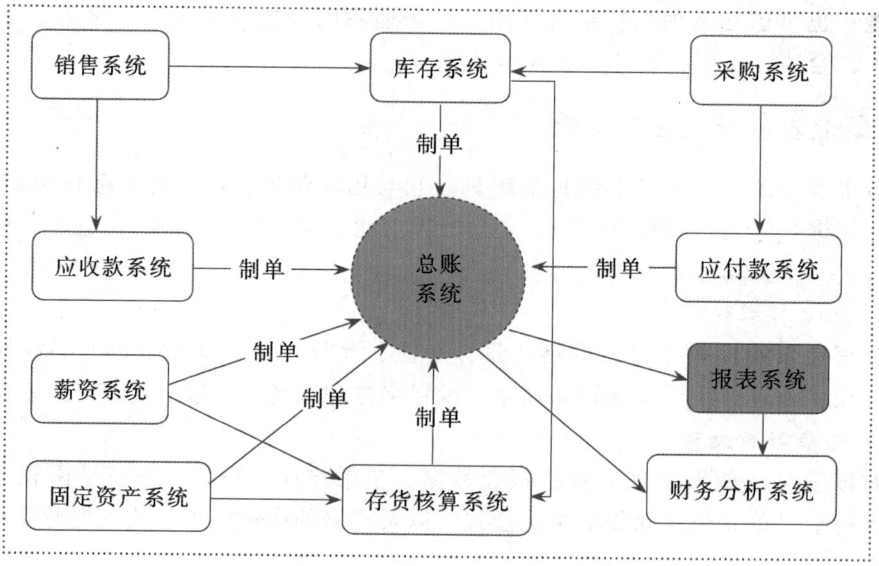

图9-1-1 UFO报表系统与其他子系统的关系

三、UFO报表系统的基本概念

（一）格式状态和数据状态

UFO报表系统将报表制作分为两部分来处理，即报表格式与公式设计工作和报表数据处理工作。这两部分工作是在不同的状态下进行的。报表工作区的左下角有一个【格式/数据】按钮。单击这个按钮可以在格式状态和数据状态之间切换。

1.格式状态

在报表格式设计状态下进行有关报表格式与公式设计的操作，如表尺寸、行高列宽、单元属性、单元风格、组合单元、关键字及定义报表的单元公式（计算公式）、审核公式及舍位平衡公式。在格式状态下时，所看到的是报表的格式，报表的数据全部隐藏。在格式状态下所做的操作对本报表所有的表页都发生作用。在格式状态下不能进行数据的录入、计算等操作。

2.数据状态

在报表的数据状态下可以管理报表的数据，如输入数据、增加或删除表页、审核、舍位平衡、制作图形、汇总、合并报表等。在数据状态下不能修改报表的格式，看到的是报表的全部内容，包括格式和数据。

（二）单元

单元是组成报表的最小单位，单元名称用所在行和列的坐标表示。行号用数字1~9 999表示，列标用字母A–IU表示，例如，C2表示报表中第2行第C列对应的单元。单元类型有以下3种。

1.数值单元

数值单元是报表的数据，在格式状态下设置，在数据状态下输入。数值单元的内容可以是1.7×（10E–308）~1.7×（10E+308）之间的任何数（15位有效数字），数字可以直接输入或由单元中存放的单元公式运算生成。建立一个新表时，所有单元的类型缺省为数值。

2.字符单元

字符单元是报表的数据，在格式状态下设置，在数据状态下输入。字符单元的内容可以是汉字、字母、数字及各种键盘可输入的符号组成的一串字符，一个单元中最多可输入63个字符或31个汉字。字符单元的内容也可由单元公式生成。

3.表样单元

表样单元是报表的格式，是定义一个没有数据的空表所需的所有文字、符号或数字。一旦单元被定义为表样，那么在其中输入的内容对所有表页都有效。表样在格式状态下输入和修改，在数据状态下不允许修改。一个单元中最多可输入63个字符或31个汉字。

（三）组合单元

组合单元是由同行（或同列）相邻的两个或两个以上的单元组成的区域。组合单元的名称可以用区域的名称或区域中的单元的名称来表示。例如：把C3到F6定义为一个组合单元，这个组合单元可以用“C3”、“F6”或“C3：F6”表示。

（四）关键字

在UFO报表中，关键字是游离于单元之外的特殊数据单元，通常是那些可以引起报表数据发生变化的项目，可以唯一标识一个表页，用于在大量表页中快速选择表页。关键字的显示位置在格式状态下设置，关键字的值在数据状态下录入。每张报表可以定义多个关键字。通常关键字可以有以下几种：单位名称、单位编号、年、季、月、日。比如，关键字输入2024年10月31日会迅速调出对应的2024年10月份的报表。

（五）区域

区域由一张表页上的一组单元组成，自起点单元至终点单元是一个完整的长方形矩阵。在UFO报表中，区域是二维的，最大的区域是整个表页，最小的区域是一个单元。例如：B2到E5的长方形区域表示为B2：E5，起点单元与终点用“:”连接。

（六）表页

一个UFO报表最多可容纳99 999张表页，每一张表页是由许多单元组成的。一个报表中的所有表页具有相同的格式，但其中的数据不同。报表中表页的序号在表页的下方以标签的形式出现，称为“页标”，用“第1页”至“第99 999页”表示。表页管理在数据状态下进行。例如：一年有12个月就会有12张报表，每个表页代表一个月份，表页排序可从小到大，也可从大到小。

（七）函数

报表系统中，取数是通过函数实现的。企业常用的会计报表数据一般来源于总账系统或报表系统本身。报表函数的种类有以下4种：

1.账务函数

账务函数是自总账取数的函数。UFO报表系统中提供了几十种账务函数，主要函数见表9-1。

表9-1　　主要账务函数

账务函数名称	金额式	数量式	外币式
期初余额函数	QC（）	SQC（）	WQC（）
期末余额函数	QM（）	SQM（）	WQM（）
发生额函数	FS（）	SFS（）	WFS（）
累计发生额函数	LFS（）	SLFS（）	WLFS（）
对方科目发生额函数	DFS（）	SDFS（）	WDFS（）
取对方计算结果函数	JG（）	SJG（）	WJG（）

2.自本表表页取数的函数

自本表表页取数的计算公式，是指数据存放位置和数据来源位置，都没有超出本表页范围的计算公式。

3.自本表其他表页取数的函数

取自本表其他表页的数据，可以直接以页标号或某个关键字作为表页定位的依据，指定取某张表页的数据。

4. 自其他报表取数的函数

取自其他报表的数据，用“报表［.rep］→单元”格式指定要取数的某张报表单元。

四、UFO报表管理系统的业务处理流程

UFO报表管理系统业务处理有两个流程。一个是初始化业务处理，即新建报表，可通过自定义和套用报表模板两种途径新建。一般内部报表需要根据本单位的实际情况自行设计制定，而外部报表都必须遵循国家统一的规定，套用报表模板生成。为保证会计信息的可比性，一般情况下报表设计完成后每月直接使用即可，如有项目、公式等发生变化再做调整。另一个是日常业务处理，即生成会计报表、审核会计报表和生成图表等日常业务。具体业务处理流程如图9-1-2所示。

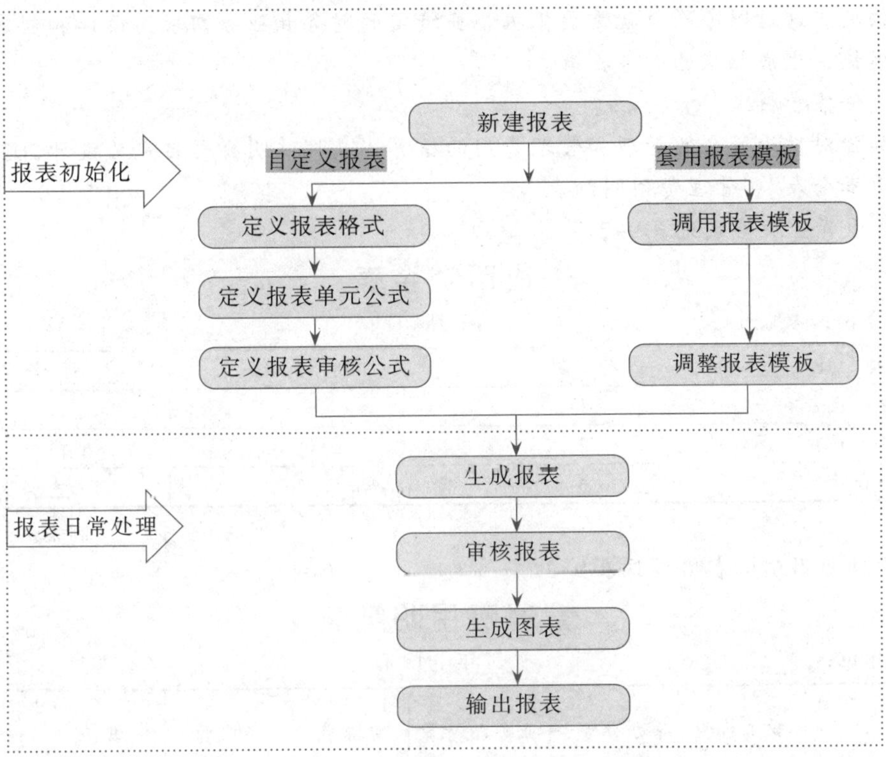

图9-1-2　UFO报表管理系统的业务处理流程

智慧财务·德润人心

诚信履职，筑牢财务信息质量防线

财务报表是企业对外披露信息的重要窗口，其真实性和准确性直接关系到企业的信誉和投资者的利益。UFO报表管理系统作为高效的数据处理和报表生成工具，需要随着企业业务的发展和技术的进步不断更新和优化，这要求我们财务人员必须保持持续学习的态度，紧跟时代步伐，坚守职业道德底线，诚实守信，以高度的责任感对待报表编制工作，确保每一项数据准确无误。

任务二　自定义报表编制

任务情境

一、任务场景

在复杂多变的商业环境中，企业的财务管理需求日益多样化。标准化的财务报表虽然能够满足一般性的报告需求，但往往难以全面、准确地反映企业的特定经营状况和财务特点。企业领导随时会要求财务人员提供一些关键的财务指标，如收入、成本、费用等详细情况，如晶辉照明公司总经理要求提供一份管理费用明细表，对比分析各部门费用开支状况。这时财务人员就需要根据企业特定的财务和业务需求，设计和创建个性化的报表模板，生成相应的财务报表。

二、任务资料

为加强对货币资金的管理和管理费用的核算，晶辉照明公司自定义设计2024年9月的“货币资金表”“管理费用明细表”。

1.货币资金表格式见表9-2。

表9-2

货币资金表

编制单位：　　　　　　　　年　月　日　　　　　　　　单位：元

项　目	行　次	期 初 数	期 末 数
库存现金	1		
银行存款	2		
合计	3		

制表人：

2.管理费用明细表格式见表9-3。

表9-3

管理费用明细表

编制单位：　　　　　　　　年　月　日　　　　　　　　单位：元

项目/部门	职工薪酬	办公费	业务招待费	差旅费	折旧费	其他	合计
综合办							
财务部							
采购部							
销售部							
仓储部							
生产部							
人力资源部							
合计							

制表人：

编表说明：

◆标题：设置为黑体、14号、居中。

◆表头：编制单位和年、月、日应设置为关键字，其他同表体。

◆表体：表体中文字设置为楷体、12号、居中。

◆表尾：“制表人：”设置为宋体、12号、右对齐。

三、任务要求

1.掌握一项实用技能，在实践中不断探索新技术、新方法的应用，提升个人综合素质，提高报表编制的效率和质量。

2.主管王启：根据上述特定业务场景，灵活运用自定义报表的设计技巧，编制货币资金表和管理费用明细表，以帮助企业管理层做出科学、合理的决策。

任务准备

9-2

知识导学：编制自定义报表

一、报表的基本格式

一份完整的报表应包括标题、表头、表体和表尾四个部分。

标题：标题为报表的实际名称，应与企业会计准则和会计制度的要求一致。

表头：表头主要用来描述报表的编制单位名称、编制日期、计量单位等内容，其中编制日期随时间改变，其他内容则每期固定不变。

表体：表体是一张报表的核心，它是报表数据的主要表现区域，是报表的主体。表体由报表栏目名称、报表项目名称和报表数据单元组成。其中，报表的栏目名称定义了报表的列。报表项目名称定义了报表的行。

表尾：表尾是表体以下进行辅助说明的部分，包括编制人、审核人等内容。

每一种内部财务报表在第一次使用之前，都有一个初始化过程，报表初始化设置包括新建报表、定义报表格式、设置报表参数、定义取数函数和计算公式、定义报表审核公式以及舍位平衡公式等项工作。

二、自定义报表编制流程

（一）启动UFO报表

使用UFO报表处理会计报表之前，应首先启动UFO报表系统，并建立一张空白报表，然后在这张报表的基础上设计报表格式。

（二）报表格式设计

1.设置表尺寸

设置表尺寸就是定义报表的行数和列数。报表的行数包括了标题、表头、表体和表尾等部分。

2.定义组合单元

一般情况下，设置报表标题和关键字位置时，需要把标题所在的行和关键字所在的行定义成组合单元。

3.设置关键字及其位置

设置关键字包括定义关键字和确定关键字在表页上的位置。一个关键字在一张UFO报表中只能定义一次，关键字的位置不合适可以用偏移量来调整。在调整时，可以通过输入正或负的数值来调整。负数值表示向左移，正数值表示向右移。

4.画表格线

报表的尺寸设置完成后，是没有任何表格线的，为了满足查询和打印的需要，要对表格中表体部分画表格线。

5.输入报表项目

报表项目包括标题、表头、表体和表尾（关键字值除外）。在格式状态下定义了单元内容的自动默认为表样型，定义为表样型的单元在数据状态下不允许修改和删除。

6.定义行高和列宽

输入报表项目文字可能会有一部分受行高或列宽的限制而不能显示。为了显示所有内容，可根据需要调整报表的行高和列宽。

7.设置单元属性

单元属性是指单元的字型、字体、字号、颜色、图案、对齐方式及单元存放数据的类型等。

（三）设置报表公式

报表公式是指报表或报表数据单元的计算规则，主要包括单元公式、审核公式和舍位平衡公式等。报表的计算公式在一般情况下必须设置，审核公式和舍位平衡公式是根据需要设置的。报表公式的定义属于报表格式设计阶段，在格式状态下进行。

1.单元公式

单元公式是指为报表数据单元进行赋值的公式。单元公式的作用是从账簿、凭证、本表或其他报表等处调用、运算所需要的数据，并填入相应的报表单元中。它既可以将数据单元赋值为数值，也可以赋值为字符。

通常报表系统会内置一套从各种数据文件中调取数据的函数。取数是通过函数实现的。利用函数可以实现从总账、表页、本表及其他报表取数。

2.审核公式

审核公式是判断报表编制是否正确的表达式，由验证关系公式和提示信息组成。定义报表审核公式，首先要分析报表中各单元之间的关系，以此来确定审核关系，然后根据确定的审核关系定义审核公式。例如，资产负债表中的“资产合计=负债合计+所有者权益合计”。

3.舍位平衡公式

舍位平衡公式是确保报表在舍位后有关项目之间的平衡关系能够得以维持的表达式。

在报表汇总时，各个报表的数据计量单位有可能不统一，这时，需要将报表数据进行位数转换，将报表的数据单元由个位数转换为百位、千位或万位，如将“元”单位转换为“千元”或“万元”单位，这种操作称为进位操作。进位操作后，原来的平衡关系可能会因为小数位的四舍五入而被破坏，因此需要对进位后的数据平衡关系重新调整，使得舍位后的数据符合指定的平衡公式。

定义舍位平衡公式需要指明要舍位的表名、舍位范围及舍位位数，并且必须输入平衡公式。

报表格式设置完成后要及时将报表格式保存下来，以便以后随时调用。

（四）报表数据处理

报表数据处理需要将报表状态切换到数据状态。在数据状态下，可以手工录入数据、审核公式、查看报表格式和数据。

1.进入报表数据状态

在报表数据状态下，既可以管理报表的数据输入和生成，也可以执行增加或删除表页、审核公式、舍位平衡公式等操作。在数据状态下，可以显示报表的全部内容，包括报表的格式和数据，但不能修改报表格式。

2.录入关键字

在数据状态下，可以录入定义的关键字的值。关键字是表页定位的特定标识，设置关键字以后，只有对关键字实际赋值，才能使其真正成为表页的鉴别标志，为表页间或表表间的取数提供依据。

3.生成报表

在数据状态下执行表页重算的命令，系统会自动在初始账套和会计年度内根据单元公式计算生成数据。如果在报表生成时系统提示公式有误，必须修改报表格式或公式，修改完毕后，只有重新进行报表计算，才能得到按新结构生成的会计报表。

（五）表页管理

1.插入和追加表页

在数据状态下，系统默认只有一张报表，而在报表的编制过程中往往需要多张表页，每张报表均会占用一个表页。如需要编制整个年度12个月的报表，则需要追加11张表页。向一个报表中增加表页有插入和追加两种方式。插入表页是指在当前表页前面增加新的表页；追加表页是指在最后一张表页后面增加新的表页。

2.删除和交换表页

删除表页是将指定的表页删除，报表的表页数相应减少；交换表页是指将指定表页中的数据进行交换。

3.表页排序和查找

UFO报表系统提供了表页排序的功能，可按照表页中关键字的值或报表中任何一个单元的值重新排列表页。表页查找可以某一关键字或任意单元为查找依据。

4.报表打印输出

报表的输出包括报表的屏幕输出和打印输出，输出时可以针对报表格式输出，也可以针对某一特定表页输出。输出报表格式必须在格式状态下操作，而输出的表页需在数据状态下操作，输出表页时，格式和报表数据一并输出。

9-3

技能实践：编制自定义报表

任务实施

一、自定义报表编制操作流程

自定义报表编制操作流程如图9-2-1所示。

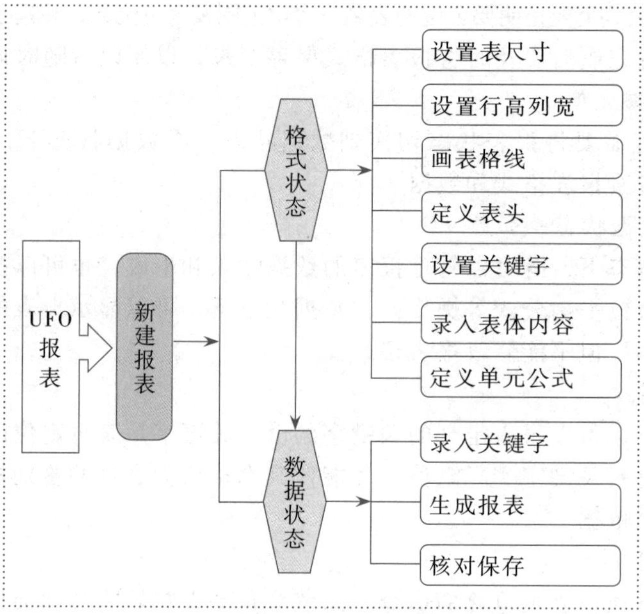

图 9-2-1　自定义报表编制操作流程

二、报表格式设计

1.打开UFO报表：以报表管理岗位“201王启”的身份，登录企业应用平台，在“业务工作”选项卡中，执行“财务会计”命令，打开“UFO报表”窗口，关闭“日积月累”窗口，如图9-2-2所示。

图 9-2-2　选择UFO报表

2.新建空白报表：在格式状态下，单击工具栏的“新建”按钮或按“Ctrl+N”组合键，建立一张空白报表，如图9-2-3所示。

3.设置表尺寸：执行“格式”下的“表尺寸”命令，设置行数、列数，如图9-2-4所示。

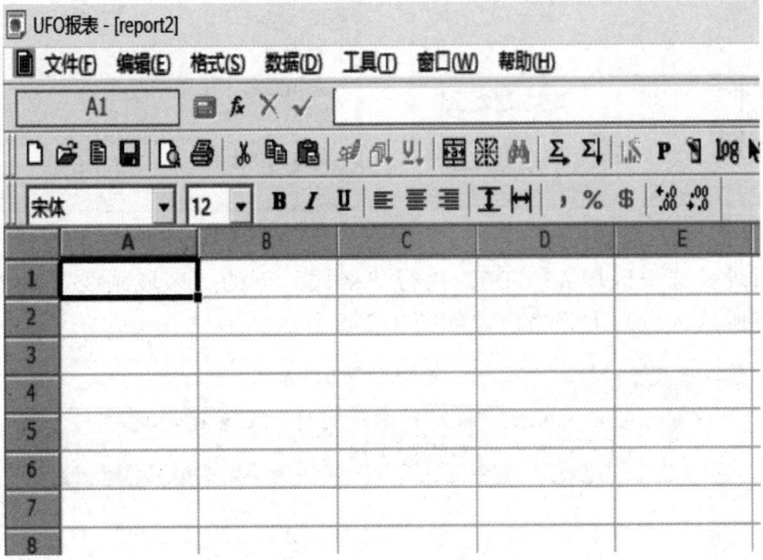

图9-2-3 新建空白报表

引导问题1：报表尺寸如有调整，可通过追加行和列来操作，该操作只能在格式状态下完成。 □是 □否

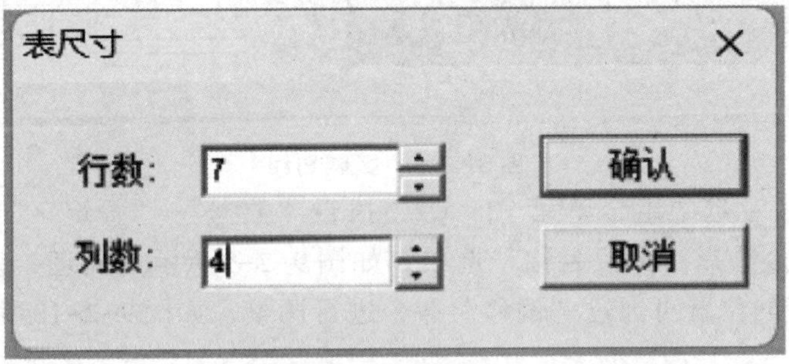

图9-2-4 设置表尺寸

4.组合单元：选择区域A1：D1，执行“格式”下的“组合单元”命令，选择按行组合，同理将A2：C2，A7：C7区域进行组合，如图9-2-5所示。

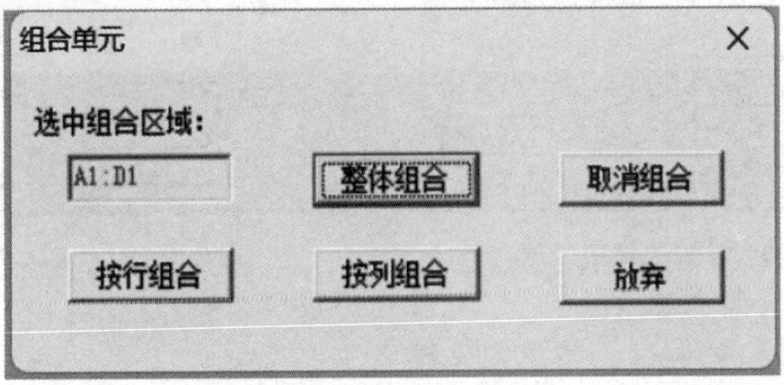

图9-2-5 组合单元

5.设置行高列宽：选中单元格或区域，执行“格式”下的“行高”命令，在行高输入框中输入数值，同理设置列宽，如图9-2-6、图9-2-7所示。

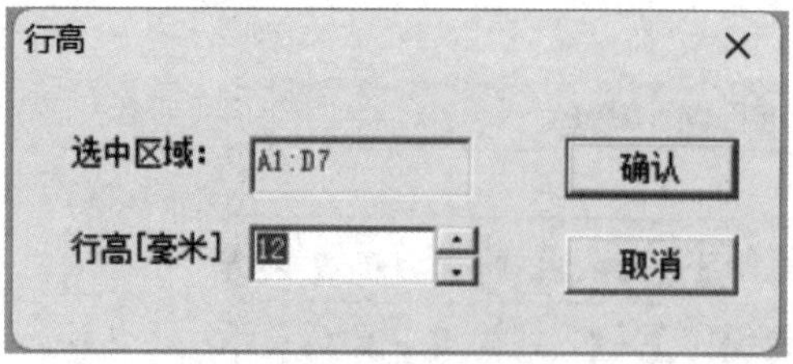

图9-2-6　设置行高

图9-2-7　设置列宽

6.区域画线：选中区域A3：D6，执行“格式”下的“区域画线”命令，选择“网线”选项，将所选区域画上表格线，如图9-2-8所示。

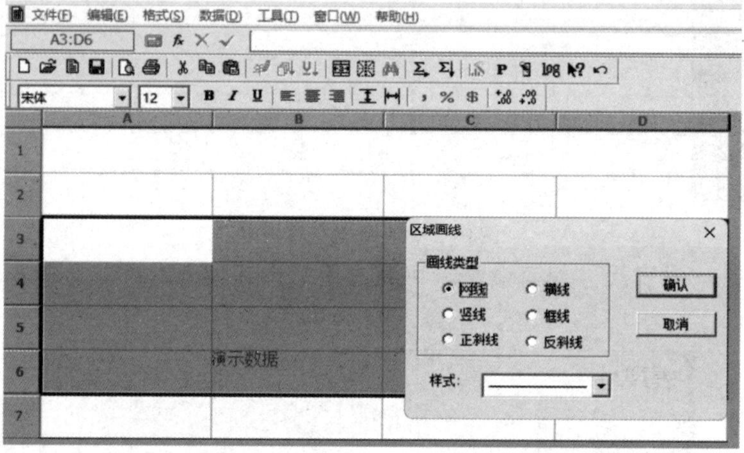

图9-2-8　区域划线

7.设置关键字：选中组合单元A2：C2，执行“数据”/“关键字”设置，打开“设置关键字”窗口，选择“单位名称”选项，如图9-2-9所示，同理，设置关键字“年、月、日”。关键字的位置可通过“偏移”命令进行调整，如图9-2-10所示。

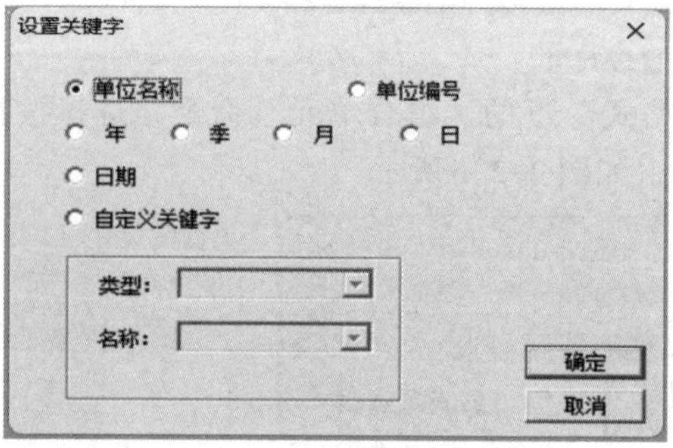

图9-2-9　设置关键字

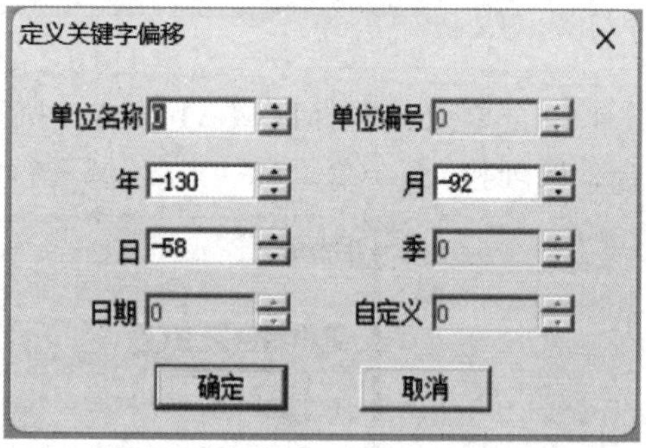

图9-2-10　定义关键字偏移

引导问题2：关键字在“________”状态下设置，在“________”状态下录入，每个报表可以定义多个关键字。常见的关键字主要有________、________、________、________等。

8.录入报表内容：根据任务资料录入报表标题、项目、行次、单位，设置单位公式等，字体、对齐方式可通过“格式”/“单元属性”进行设置，如图9-2-11所示。

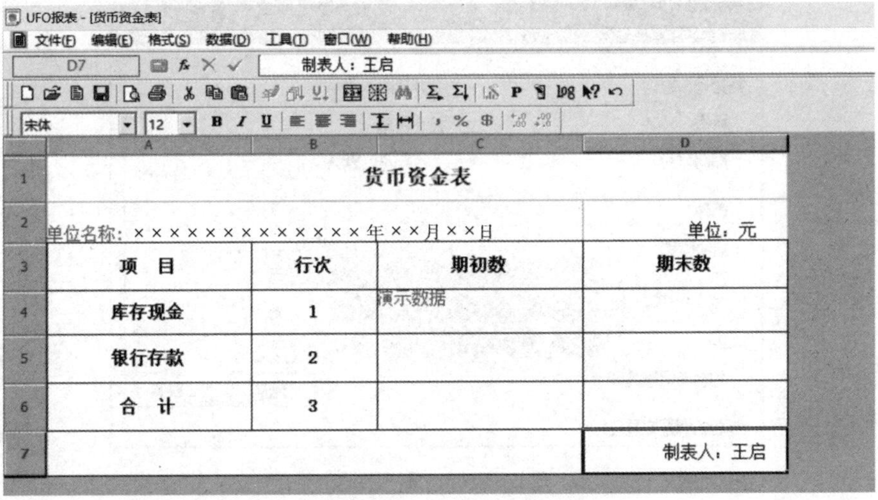

图9-2-11　录入项目的货币资金表

特别提示：

◆在格式状态下，如无法在单元中输入字符，首先检查单元属性，由于在格式状态下输入内容的单元均默认为表样单元，未输入数据的单元均默认为数值单元，在数据状态下可输入数值。如想在数据状态下输入字符，则需要将其定义为字符单元。

9.定义公式：在格式状态下，选中库存现金期初数C4单元，执行“数据”/“编辑公式”/“单元公式”命令，打开“定义公式”窗口。单击“函数向导”，打开“函数向导”窗口，单击左侧“用友账务函数”选项，选择右侧函数“期初（QC）”，如图9-2-12所示；单击下一步，打开“用友账务函数”窗口，单击“参照”按钮打开“账务函数”窗口，在“科目”框输入“1001”，如图9-2-13所示。同理，设置其余公式。

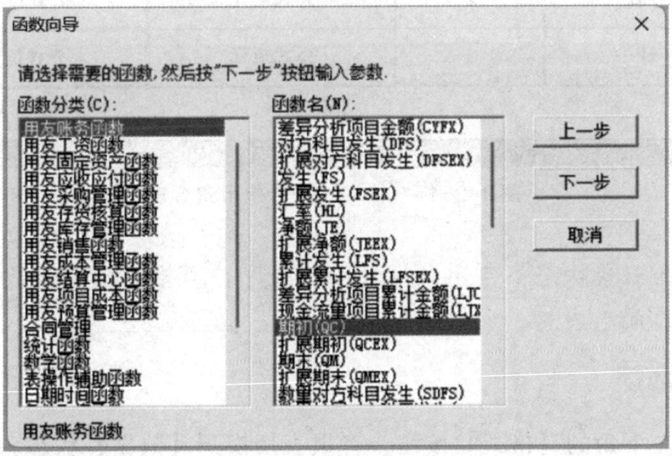

图9-2-12　函数向导

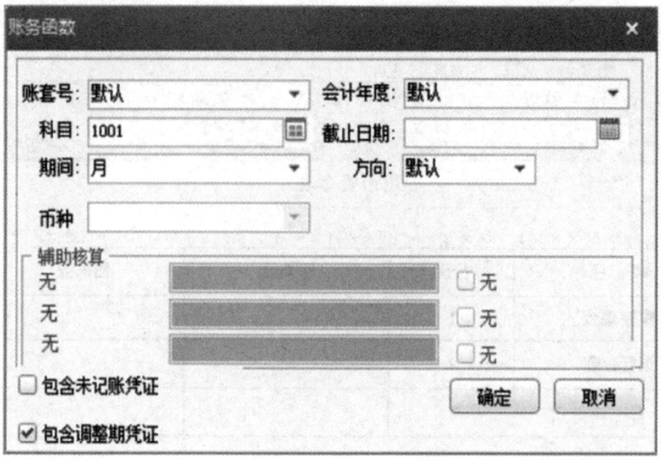

图 9-2-13　账务函数

10.保存报表格式设计：完成报表格式设计，如图 9-2-14 所示，执行文件另存为命令，将文件名改为“货币资金表”，保存到目标文件夹中。

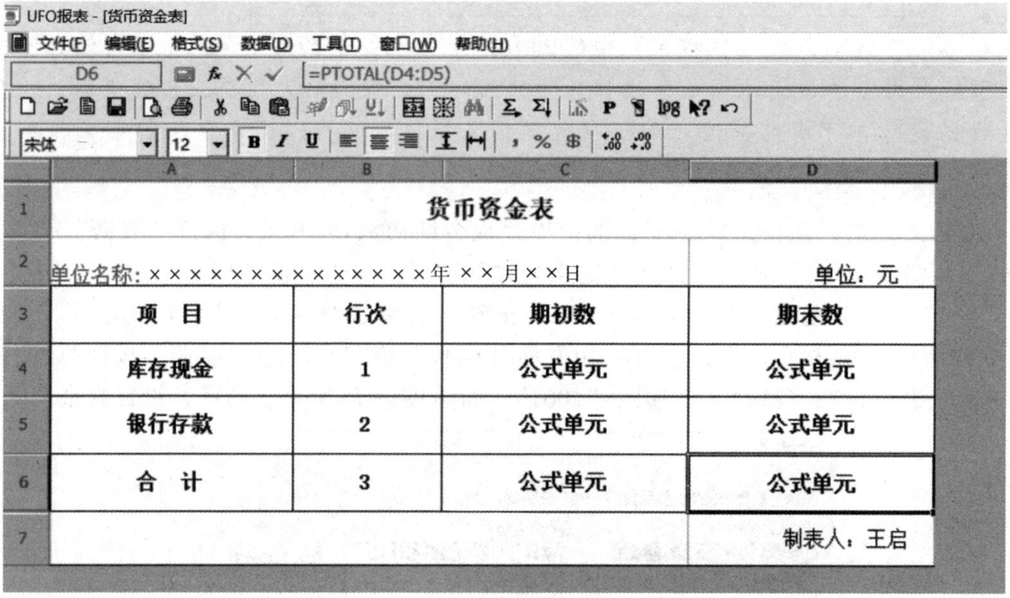

图 9-2-14　格式状态下货币资金表

引导问题 3：格式状态下自定义报表设计顺序，可根据自身设计习惯调整先后顺序。你的设计顺序是______、______、______、______、______、______、______。

三、生成报表数据

1.单击报表左下角的【格式】按钮，将报表切换到【数据】状态。

2.执行“数据”/“关键字”/“录入”命令，打开“录入关键字”窗口，分别录入关键字：单位名称、年、月、日，如图 9-2-15 所示。

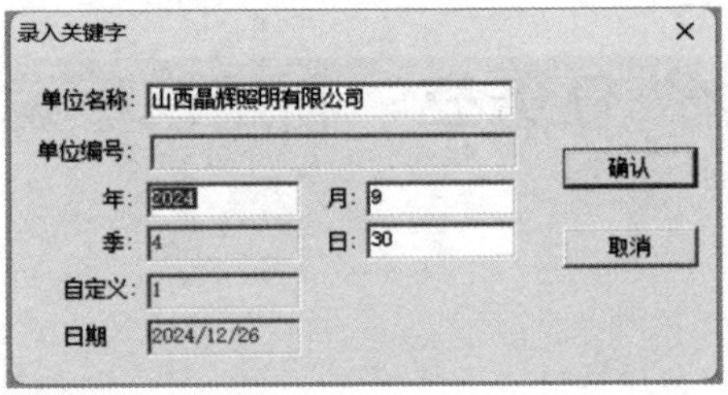

图 9-2-15　录入关键字

3. 系统计算完成，生成晶辉照明公司 2024 年 9 月 30 日的货币资金表，如图 9-2-16 所示。

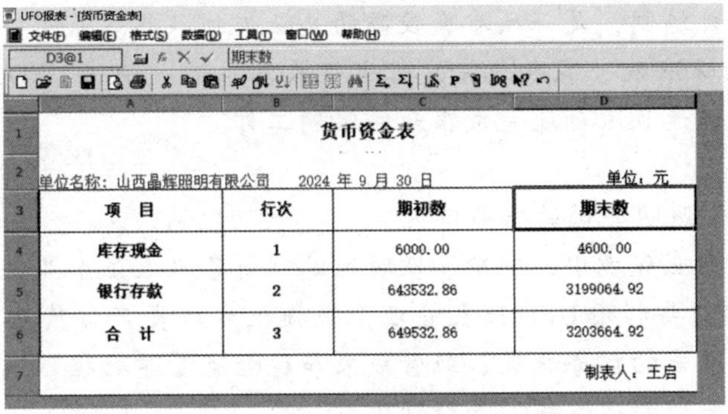

货币资金表

单位名称：山西晶辉照明有限公司　　2024 年 9 月 30 日　　　　单位：元

项　目	行次	期初数	期末数
库存现金	1	6000.00	4600.00
银行存款	2	643532.86	3199064.92
合　计	3	649532.86	3203664.92

制表人：王启

图 9-2-16　生成货币资金表

引导问题 4：请根据完成的货币资金表数据通过【工具】菜单下的【插入图表对象】功能生成货币资金分析图。

特别提示：

◆ 保存报表时，存储路径、文件名、文件类型这三个信息均无误，才表明报表保存正确。

◆ 在 UFO 报表系统中，大量的数据是以表页的形式分布的，正常情况下每次只能看到一张表页。要想对各个表页的数据进行比较，可以利用数据透视功能，把多张表页多个区域的数据显示在一个平面上。

◆ 建立报表，如果没有保存就退出，系统会出现“是否保存报表?”的提示，以防止误操作。.rep 为用友报表文件专用扩展名，也可以保存为其他格式，如文本文件、Access 文件、Excel 文件等。

智慧财务·德润人心

勇于创新，提高质量

自定义报表编制的重要性在于为企业提供更为精确、个性化且具有高价值的数据信息支持，进而促进企业的持续改进与创新发展。随着时代的进步和技术的革新，财务报表的编制方法也在持续演进。我们必须勇于创新，敢于尝试新的技术和方法，以不断提升报表编制的效率和质量。

任务三　利用模板编制报表

任务情境

一、任务场景

财务报表，作为企业经济活动成果的集中体现，是连接企业内部管理与外部沟通的桥梁。它们以数字为语言，客观、公正地反映了企业的财务状况、经营成果和现金流量。企业对外公布的资产负债表、利润表、现金流量表，数据繁多，项目复杂，公式众多，若采用手工会计编制，是一项难度较高的复杂工作。晶辉照明公司的报表管理负责人王启每月都要确保准确、高效地完成三大报表的编制。通过UFO报表管理系统内置的报表模板，可以迅速且准确地完成报表的编制工作。

二、任务资料

2024年9月晶辉照明公司的财务情况。

在快速变化的商业环境中，准确、及时地编制财务报表是企业决策的重要依据。晶辉照明公司每月都需要利用UFO报表管理系统模板生成资产负债表、利润表和现金流量表，以及时了解公司的财务状况、经营成果和现金流量等数据信息，评估企业的优势和劣势，从而制定合理的战略规划和经营决策。

三、任务要求

1.遵循企业会计准则和财务法规，掌握财务报表编制的基本技能，培养财务分析能力和合规性意识，为将来从事财务管理、财务分析等相关工作打下坚实的基础。

2.以报表主管王启的身份利用模板生成资产负债表、利润表及现金流量表并加以保存。

3.利用报表的勾稽关系核对资产负债表、利润表、现金流量表的相关数据，验证报表的准确性。

任务准备

9-4

知识导学：利用模板生成报表

报表子系统为了简化用户的报表格式设计工作，一般会预先设置一系列的报表模板以供用户选择。用户可以套用系统提供的标准报表格式，并在标准格式基础上根据本单位具体情况加以局部修改，免去从头至尾建立报表、定义格式公式的烦琐工作。这样就可以利用报表模板迅速建立一张符合本企业需要的财务报表。

如果报表模板与本企业的实际需要存在差异，用户也可以充分利用报表格式和公式设置的功能，对原来的报表模板进行修改，生成新的报表模板。

此外，对于一些本企业常用报表模板中没有提供的报表，在设置了报表的格式和公式以后，可以将其定义为报表模板，以便今后直接调用。

利用报表模板编制报表的工作流程基本相同，分为三个步骤：调用模板→调整模板→生成报表。

一、调用模板

调用模板即打开已经定义好表样格式及公式的报表文件。一个报表文件可能包含多个表页，每个表页用来存放不同会计期间的数据。如果没有存放当期数据的表页，则需要插入或追加表页。

二、调整模板

打开模板后，如果发现模板与本单位的实际情况有所不同，可以调整报表格式，修改报表公式。

不同会计期间企业经营的数据有所不同，判定本表页数据取自哪个单位、哪个会计期间，是通过在系统中设置关键字来识别的，因此调整完模板后，需要录入关键字的值。

三、生成报表

在完成基本数据输入和关键字录入后，系统将自动根据计算公式从账务子系统中采集数据，进行计算，生成报表。在生成报表的过程中，系统将对公式的格式进行检查，如有语法或句法错误，系统将给予提示。

任务实施

一、利用报表模板编制报表操作流程

利用报表模板编制报表的操作流程如图9-3-1所示。

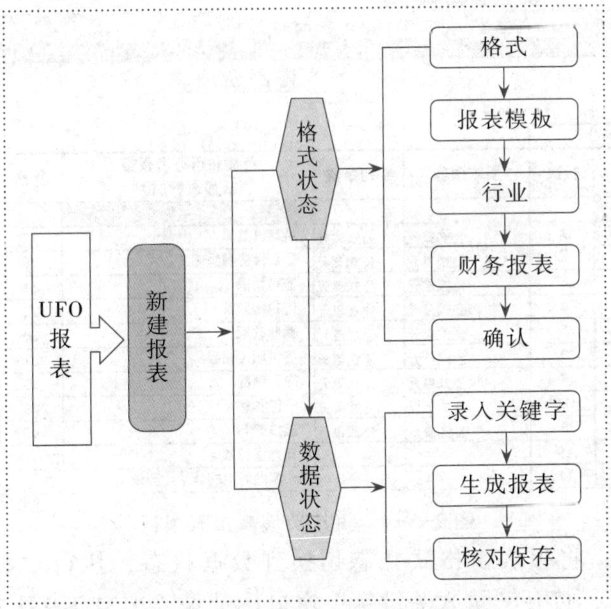

图9-3-1　报表模板编制报表操作流程

二、编制资产负债表

9-5

技能实践：编制资产负债表

1.打开UFO报表：以报表管理员岗位“201王启”的身份，登录企业应用平台，在“业务工作”选项卡中，执行“财务会计”命令，打开“UFO报表”窗口，关闭“日积月累”窗口。

2.新建空白报表：在格式状态下单击工具栏“新建”按钮，建立一张空白报表，如图9-3-2所示。

3.调用报表模板：执行“格式”下的“报表模板”命令，打开“报表模板”窗口，所在行业选择“2007年新会计制度科目”，财务报表选择“资产负债表”，如图9-3-3所示，报表模板打开后，录入编制单位“山西晶辉照明有限公司”，如图9-3-4所示。

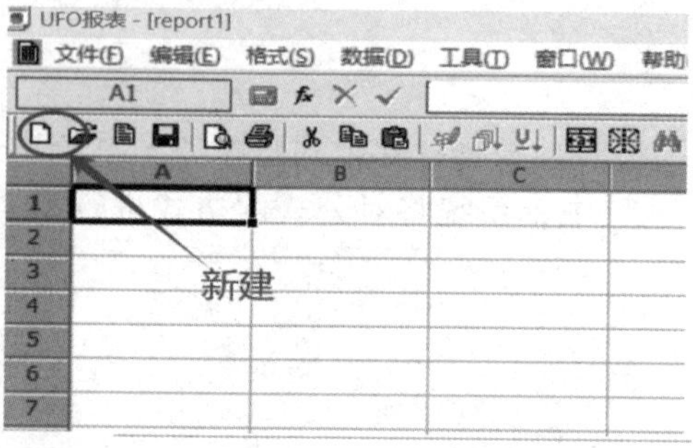

图9-3-2 新建空白报表

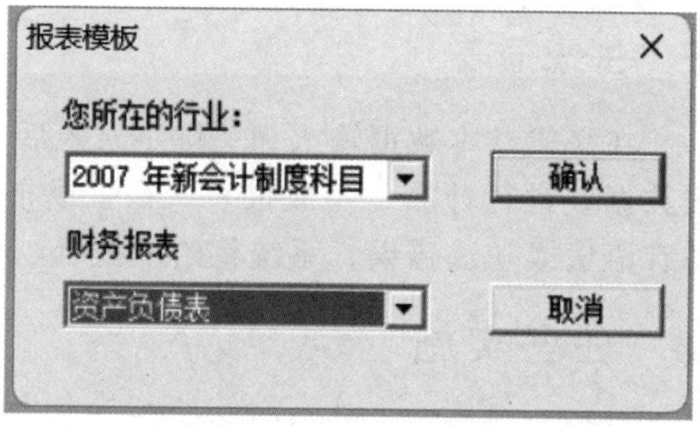

图9-3-3 报表模板

资　产	行次	期末余额	年初余额	负债和所有者权益（或股东权益）	行次	期末余额	年初余额
流动资产：				流动负债：			
货币资金	1	公式单元	公式单元	短期借款	32	公式单元	公式单元
交易性金融资产	2	演示数据公式单元	公式单元	交易性金融负债	33	公式单元	公式单元
应收票据	3	公式单元	公式单元	应付票据	34	公式单元	公式单元
应收账款	4	公式单元	公式单元	应付账款	35	公式单元	公式单元
预付款项	5	公式单元	公式单元	预收款项	36	公式单元	公式单元
应收利息	6	公式单元	公式单元	应付职工薪酬	37	公式单元	公式单元
应收股利	7	公式单元	公式单元	应交税费	38	公式单元	公式单元
其他应收款	8	公式单元	公式单元	应付利息	39	公式单元	公式单元
存货	9	公式单元	公式单元	应付股利	40	公式单元	公式单元
一年内到期的非流动资产	10			其他应付款	41	公式单元	公式单元
其他流动资产	11			一年内到期的非流动负债	42		

图9-3-4 资产负债表报表模板

4.录入关键字：将报表由格式状态切换到数据状态，执行“数据”/“关键字”/“录入关键字”命令，打开“录入关键字”窗口，录入“2024年9月30日”。

5.生成报表：系统提示“是否重算第1页”，选择“是”，系统自动计算资产负债表各项目数据，计算结果如图9-3-5、图9-3-6所示。

UFO报表 - [9月资产负债表]

文件(F)　编辑(E)　格式(S)　数据(D)　工具(T)　窗口(W)　帮助(H)

A28@1　固定资产清理

	A	B	C	D	E	F	G	H
2								会企01表
3	编制单位:山西晶辉照明有限公司				2024 年 9 月 30 日			单位:元
4–5	资　产	行次	期末余额	年初余额	负债和所有者权益（或股东权益）	行次	期末余额	年初余额
6	流动资产：				流动负债：			
7	货币资金	1	3,203,664.92	649,532.86	短期借款	32	100,000.00	100,000.00
8	交易性金融资产	2			交易性金融负债	33		
9	应收票据	3	127,125.00	97,745.00	应付票据	34	58,930.00	32,770.00
10	应收账款	4	41,820.00	42,723.55	应付账款	35	103,930.00	25,990.00
11	预付款项	5	3,000.00	3,000.00	预收款项	36	6,000.00	5,000.00
12	应收利息	6			应付职工薪酬	37	174,202.14	145,411.22
13	应收股利	7			应交税费	38	48,785.69	111,755.00
14	其他应收款	8			应付利息	39	500.00	
15	存货	9	258,347.00	309,040.00	应付股利	40		
16	一年内到期的非流动资产	10			其他应付款	41		
17	其他流动资产	11			一年内到期的非流动负债	42		
18	流动资产合计	12	3,633,956.92	1,102,041.41	其他流动负债	43		
19	非流动资产：				流动负债合计	44	492,347.83	420,926.22

图 9-3-5　资产负债表（1/2）

20	可供出售金融资产	13			非流动负债：			
21	持有至到期投资	14			长期借款	45	1000000.00	
22	长期应收款	15			应付债券	46		
23	长期股权投资	16			长期应付款	47		
24	投资性房地产	17			专项应付款	48		
25	固定资产	18	1,172,679.44	1,177,824.81	预计负债	49		
26	在建工程	19			递延所得税负债	50		
27	工程物资	20			其他非流动负债	51		
28	固定资产清理	21			非流动负债合计	52	1000000.00	
29	生产性生物资产	22			负债合计	53	1492347.83	420926.22
30	油气资产	23			所有者权益（或股东权益）：			
31	无形资产	24			实收资本（或股本）	54	2,420,000.00	1,000,000.00
32	开发支出	25			资本公积	55	220,000.00	220,000.00
33	商誉	26			减：库存股	56		
34	长期待摊费用	27			盈余公积	57	236,775.18	236,775.18
35	递延所得税资产	28			未分配利润	58	437,513.35	402,164.82
36	其他非流动资产	29			所有者权益（或股东权益）合计	59	3,314,288.53	1,858,940.00
37	非流动资产合计	30	1172679.44	1177824.81				
38	资产总计	31	4806636.36	2279866.22	负债和所有者权益（或股东权益）总计	60	4,806,636.36	2,279,866.22

图 9-3-6　资产负债表（2/2）

6.保存报表：执行“文件”/“另存为”命令，以“9月资产负债表”命名，保存到目标文件夹。

引导问题1：你编制的资产负债表是否平衡?　　□是 □否

引导问题2：你编制的资产负债表中的资产是________元、负债是________元，所有者权益是________元。

特别提示：

◆ 如果单元格显示“############”字样，表明该单元格所在列的列宽不够，调整列宽后可正常显示。

◆ 生成资产负债表时，行业性质的选择需要与建账时所选的行业性质相一致，否则生成的数据有可能是不正确的。

◆ 由于企业的实际情况不同以及UFO报表模板有局限性，资产负债表取数完毕后，应根据会计等式“资产=负债+所有者权益”，检查报表是否平衡。若不平衡，应及时查找原因并进行调整修改。

三、编制利润表

9-6

技能实践：编制利润表

1.新建空白报表，调用利润表模板，操作方法同资产负债表。

2.调整报表模板。

（1）增加“信用减值损失”项目。在格式状态下单击A12单元格，执行“编辑”/“插入”/“行”命令，插入1行，录入项目名称“信用减值损失”，并定义单元公式。

（2）增加“资产处置损益（损失以‘-’号填列）”项目。在格式状态下单击A14单元格，执行“编辑”/“插入”/“行”命令，插入1行，录入项目名称“资产处置损益（损失以‘-’号填列）”，并定义单元公式。

（3）单击单元格C17，单击“*fx*”定义公式，在原公式基础上输入“-C12+C14”，如图9-3-7所示。

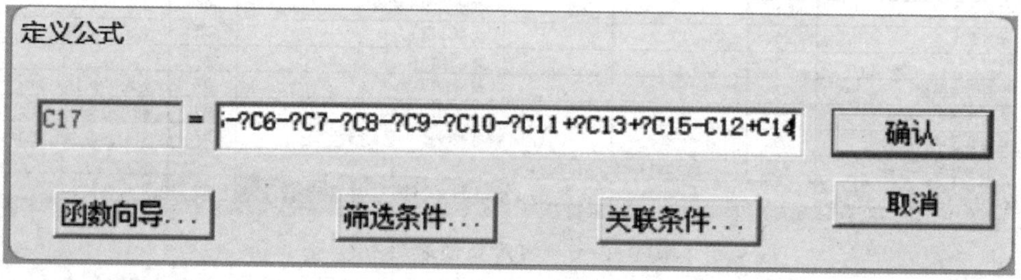

图9-3-7 定义单元公式

9-7

技能实践：编制现金流量表

（4）调整行数数值，录入编制单位名称“山西晶辉照明有限公司”。

3.生成报表：将报表切换到“数据”状态，执行“数据”/“关键字”/“录入关键字”命令，录入“2024年9月”，系统自动计算利润表各项目数据，计算结果如图9-3-8所示。

利润表			
			会企02表
编制单位:山西晶辉照明有限公司	2024 年 9 月		单位:元
项　　目	行数	本期金额	上期金额
一、营业收入	1	451,535.40	
减：营业成本	2	260,000.00	
营业税金及附加	3	4,937.95	
销售费用	4	24,436.00	
管理费用	5	112,784.20	
财务费用	6	500.00	
资产减值损失	7	12,000.00	
信用减值损失	8	903.55	
加：公允价值变动收益（损失以"-"号填列）	9		
资产处置损益（损失以"-"号填列）	10	-625.17	
投资收益（损失以"-"号填列）	11		
其中:对联营企业和合营企业的投资收益	12		
二、营业利润（亏损以"-"号填列）	13	35348.53	
加：营业外收入	14		
减：营业外支出	15		
其中：非流动资产处置损失	16		
三、利润总额（亏损总额以"-"号填列）	17	35348.53	
减：所得税费用	18		
四、净利润（净亏损以"-"号填列）	19	35348.53	
五、每股收益：	20		
（一）基本每股收益	21		
（二）稀释每股收益	22		

图 9-3-8　利润表

4.保存报表：执行"文件"/"另存为"命令，以"9月利润表"命名，保存到目标文件夹。

引导问题3：请写出你编制的利润表中的净利润为________元。

特别提示：

◆利润表的单元公式，所有收入类科目从贷方取数，所有支出类科目从借方取数，因此，在定义公式时要特别注意科目的方向是否正确，否则报表无法取数。

四、编制现金流量表

1.新建空白报表，调用现金流量表模板，如图 9-3-9 所示。

图9-3-9 现金流量表模板

2.设置报表公式。模板中金额小计等单元公式已经定义。需要将未定义的单元格补充定义。

（1）单击C6单元格，按“=”键打开“定义公式”窗口，单击“函数向导”并打开，点击左侧“用友账务函数”，在右侧选项中选择最后一项“现金流量项目金额（XJLL）”并双击打开“账务函数”窗口，方向选择“流入”，“现金流量项目编码”选择“01销售商品、提供劳务收到的现金”，公式设置完成，如图9-3-10、图9-3-11、图9-3-12所示。同理设置其他类似单元。

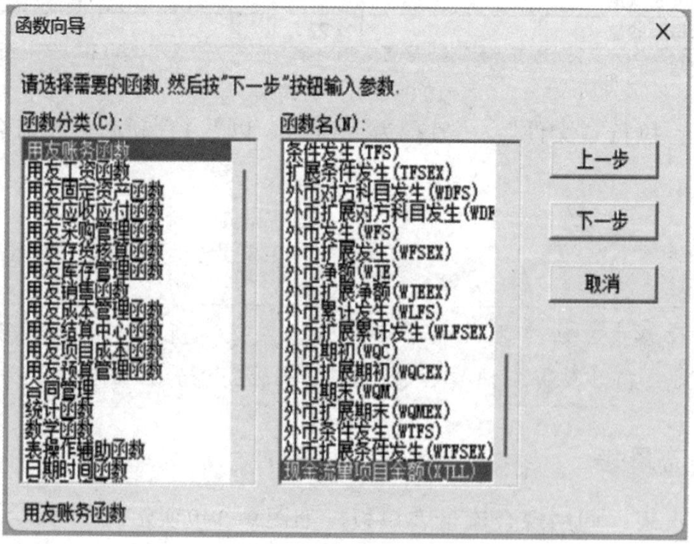

图9-3-10 函数向导

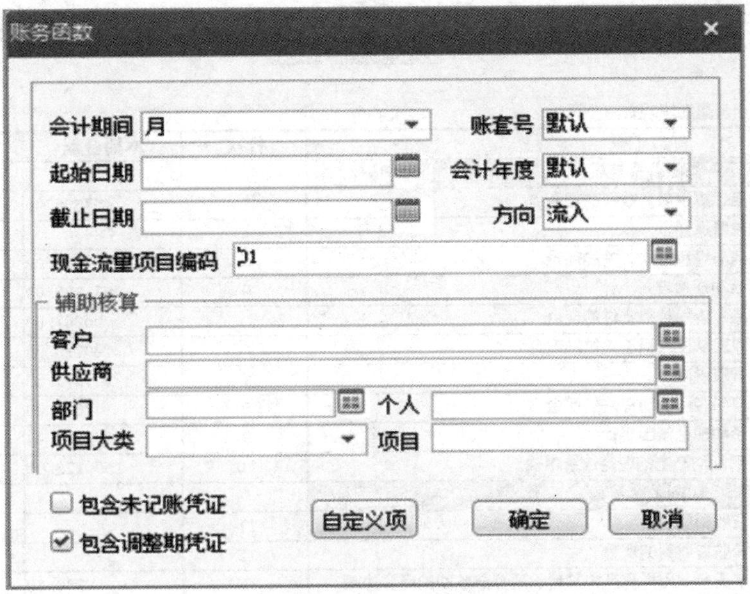

图 9-3-11　账务函数

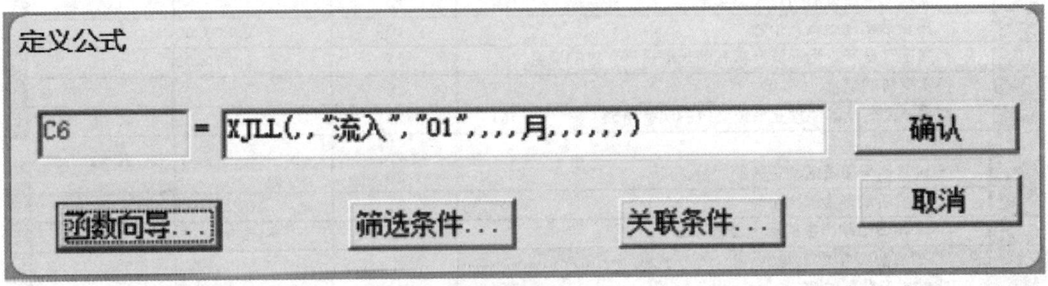

图 9-3-12　C6 单元公式

（2）设置 C41 单元"期初现金及现金等价物金额"公式，执行"用友账务函数"/"期初（QC）"命令，将 1001 库存现金、1002 银行存款、1012 其他货币资金的期初余额相加，如图 9-3-13 所示。

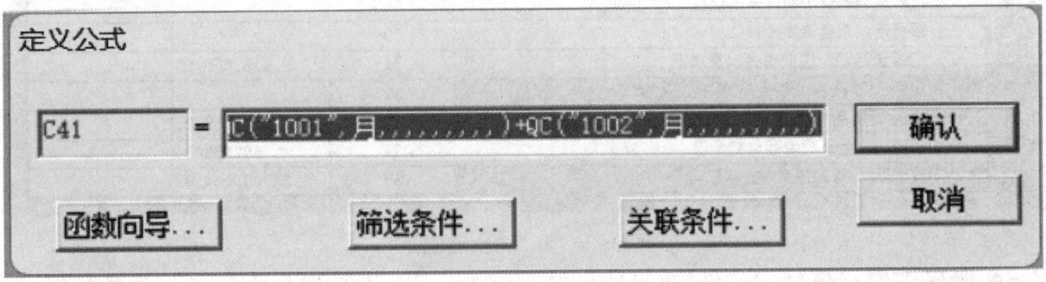

图 9-3-13　"期初现金及现金等价物金额"公式

3. 生成报表：将报表切换到"数据"状态，执行"数据"/"关键字"/"录入关键字"命令，录入"2024 年 9 月"，系统自动计算现金流量表各项目数据，计算结果如图 9-3-14 所示。

现金流量表

会企03表

编制单位：山西晶辉照明有限公司　　2024 年 9 月　　单位：元

项　　目	行次	本期金额	上期金额
一、经营活动产生的现金流量：			
销售商品、提供劳务收到的现金	1	457395.00	
收到的税费返还	2		
收到其他与经营活动有关的现金	3	500.00	
经营活动现金流入小计	4	457,895.00	
购买商品、接受劳务支付的现金	5	55087.00	
支付给职工以及为职工支付的现金	6	140710.06	
支付的各项税费	7	109375.88	
支付其他与经营活动有关的现金	8	2600.00	
经营活动现金流出小计	9	307,772.94	
经营活动产生的现金流量净额	10	150,122.06	
二、投资活动产生的现金流量：			
收回投资收到的现金	11		
取得投资收益收到的现金	12		
处置固定资产、无形资产和其他长期资产收回的现金净额	13	2260.00	
处置子公司及其他营业单位收到的现金净额	14		
收到其他与投资活动有关的现金	15		
投资活动现金流入小计	16	2,260.00	
购建固定资产、无形资产和其他长期资产支付的现金	17	18250.00	
投资支付的现金	18		
取得子公司及其他营业单位支付的现金净额	19		
支付其他与投资活动有关的现金	20		
投资活动现金流出小计	21	18,250.00	
投资活动产生的现金流量净额	22	-15,990.00	
三、筹资活动产生的现金流量：			
吸收投资收到的现金	23	1420000.00	
取得借款收到的现金	24	1000000.00	
收到其他与筹资活动有关的现金	25		
筹资活动现金流入小计	26	2,420,000.00	
偿还债务支付的现金	27		
分配股利、利润或偿付利息支付的现金	28		
支付其他与筹资活动有关的现金	29		
筹资活动现金流出小计	30		
筹资活动产生的现金流量净额	31	2,420,000.00	
四、汇率变动对现金及现金等价物的影响	32		
五、现金及现金等价物净增加额	33	2,554,132.06	
加：期初现金及现金等价物余额	34	649532.86	
六、期末现金及现金等价物余额	35	3,203,664.92	

图9-3-14　现金流量表

4.保存报表：执行“文件”/“另存为”命令，以“9月现金流量表”命名，保存到目标文件夹。

引导问题4：请写出资产负债表“货币资金”项目的期末数：________元，写出现金流量表项目“期末现金及现金等价物余额”：________元。二者如不同，则报表编制有误，请认真核对。

智慧财务·德润人心

财务智慧，洞察未来

财务报表是企业对外披露信息的重要窗口，其真实性和准确性直接关系到企业的信誉和投资者的利益。随着信息技术的不断发展和企业管理的日益精细化，技术只是手段，其背后的财务智慧才是我们真正需要掌握的。在编制报表过程中，我们需要深入理解每一个报表项目的含义与作用，准确把握企业的财务状况和经营成果。紧跟时代步伐，坚守职业道德底线，始终保持对财务数据的敏感性和洞察力，正是我们作为未来财务工作者的核心竞争力。

项目测试

项目考核评价

本项目学习成果反馈与评价表见表9-4。

表9-4　　项目九学习成果反馈与评价表

<table>
<tr><td colspan="2">项目九</td><td colspan="2">报表管理岗位</td><td colspan="4">任务一、二、三</td></tr>
<tr><td>班级</td><td></td><td>组号</td><td></td><td colspan="2">日期</td><td colspan="2"></td></tr>
<tr><td>姓名</td><td></td><td>学号</td><td></td><td colspan="2">教师</td><td colspan="2"></td></tr>
<tr><td>项目</td><td colspan="2">评价标准</td><td>分值（分）</td><td>个人自评30%</td><td>小组互评20%</td><td>教师评价50%</td><td>小计（分）</td></tr>
<tr><td rowspan="2">职业素养（20）</td><td colspan="2">具有良好的会计职业道德和社会责任感，始终坚守道德底线</td><td>10</td><td></td><td></td><td></td><td></td></tr>
<tr><td colspan="2">具有较强的系统思维和信息素养，有战略思维和大局意识</td><td>10</td><td></td><td></td><td></td><td></td></tr>
<tr><td rowspan="3">专业知识（30）</td><td colspan="2">了解UFO报表管理系统的基本内容</td><td>10</td><td></td><td></td><td></td><td></td></tr>
<tr><td colspan="2">掌握自定义报表的编制流程及操作技巧，自行设计各种内部报表</td><td>10</td><td></td><td></td><td></td><td></td></tr>
<tr><td colspan="2">掌握利用报表模板编制报表的基本流程及操作技巧，快速生成财务报表</td><td>10</td><td></td><td></td><td></td><td></td></tr>
</table>

续表

项目	评价标准	分值（分）	个人自评30%	小组互评20%	教师评价50%	小计（分）
职业能力（30）	能根据任务要求快速准确地设置并生成自定义报表	10				
	能结合企业实际对系统模板进行修改和更新	10				
	能自主完成资产负债表、利润表、现金流量表的编制	10				
成果展示（20）	线上学习效果明显，及时完成测试	10				
	线下及时完成实训任务并提交截图	10				
合计		100				
教师评语						

项目十 购销存业务岗位

岗位认知

购销存业务岗位包含采购、销售和库存管理岗位，各岗位协同推动企业核心业务开展。采购管理员负责采购部工作，制订采购计划，与供应商议价、洽谈订货并跟进合同，确保货物按时、按质、按量入库。销售管理员依据销售目标制订计划与策略，处理报价、合同事宜，以客户订单为核心协调各方，保障产品发货。库存管理员负责仓库日常维护，做好物料出入库的验收、记账与发放，定期盘点，保证账实相符。

在本项目中，各岗位依托供应链管理系统高效开展工作。采购管理员主要负责维护采购管理系统的基础信息，处理询价单、采购订单、到货单、采购发票的填制、审核及采购结算等事宜。销售管理员主要处理销售管理系统的基础信息维护，负责销售报价单、销售订单、发货单、销售发票的填制与审核等工作。库存管理员主要负责库存管理系统中各类出入库单的填制和审核，以及调拨业务和盘点业务的处理。三方通过系统实现数据共享，打破信息壁垒，协同推动购销存业务的高效运转，显著提升企业运营效率。

项目目标

素质目标

树立全局观念，提升团队协作能力，保障供应链顺畅运行；提升法治观念和法律素养，确保合法合规工作；培养系统思维和全局意识，推动供应链管理系统持续优化。

知识目标

熟悉购销存业务岗位在供应链管理系统中的基本操作流程；掌握普通采购、销售、库存管理等业务的相关处理流程；准确理解每个操作步骤对数据和业务流程完整性的影响。

能力目标

根据实际业务场景熟练完成采购、销售、库存及存货核算管理系统日常业务的各项操作；熟练运用系统解决业务中的各种问题，确保供应链数据的准确性和完整性。

项目导图

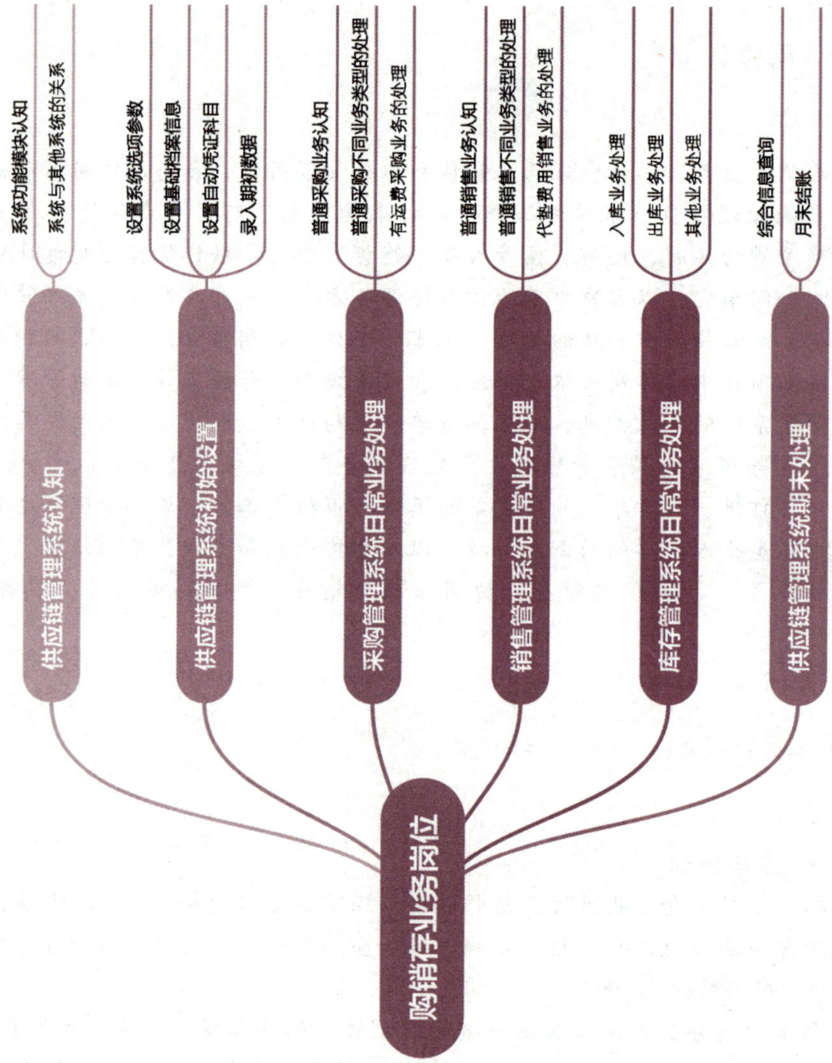
购销存业务岗位
供应链管理系统认知
系统功能模块认知
系统与其他系统的关系
供应链管理系统初始设置
设置系统选项参数
设置基础档案信息
设置自动凭证科目
录入期初数据
采购管理系统日常业务处理
普通采购业务认知
普通采购不同业务类型的处理
有运费采购业务的处理
销售管理系统日常业务处理
普通销售业务认知
普通销售不同业务类型的处理
代垫费用销售业务的处理
库存管理系统日常业务处理
入库业务处理
出库业务处理
其他业务处理
供应链管理系统期末处理
综合信息查询
月末结账

任务一　供应链管理系统认知

任务情境

一、任务场景

供应链管理系统是现代企业提升竞争力的重要工具，通过整合采购、销售、库存等环节，实现数据共享和流程优化，确保供应链高效运转。晶辉照明公司未来业务拓展需求迫切，引入先进的供应链管理系统势在必行。该公司经营管理层决定全面使用该系统，以提高运营效率和降低成本，推动企业可持续发展。系统上线初期，需要全员参与培训，掌握核心功能，确保各环节无缝对接，逐步实现信息化管理全覆盖。

二、任务要求

1.理解供应链管理系统对企业的重要性，通过沟通协调各方资源，解决问题，实现供应链的顺畅运作。

2.熟悉供应链管理系统的基本功能，理解该系统与其他子系统的关系。

3.能够清晰阐述供应链管理系统的整体架构，并绘制出功能模块之间的关系。

任务准备

供应链管理是指围绕核心企业，通过对信息流、物流、资金流的控制，从采购原材料开始，到制成中间产品以及最终产品，最后由销售网络把产品送到消费者手中，将供应商、制造商、分销商、零售商直到最终用户连成一个整体的功能网络结构。成功的供应链管理能够协调并整合供应链中所有的活动，最终成为无缝连接的一体化过程。

本书中所指的供应链管理范围比较小，仅涉及对企业内部信息流、物流及资金流的控制，主要是由企业内部产品生产和流通过程中涉及的采购部门、生产部门、仓储部门及销售部门等组成的功能网络结构。

供应链管理系统是用友ERP-U8信息化系统中重要的组成部分，突破了会计核算软件单一的财务管理局限，实现了从单纯财务核算到财务业务一体化的全面管理，即实现了物流、资金流和信息流的统一。

10-1

知识导学：供应链管理系统认知

一、供应链管理系统功能模块认知

用友ERP-U8供应链管理系统是以企业购销存业务环节中的各项活动为对象，记录各项业务的发生，有效跟踪其发展过程，为财务核算、业务分析、管理决策提供依据。因此，为了实现以上的功能，供应链管理系统提供了合同管理、采购管理、销售管理、库存管理、存货核算管理及质量管理等多个主要功能模块。

本项目从实际应用角度考虑，主要介绍供应链管理系统的采购管理、销售管理、库存管理和存货核算管理4个模块。

（一）采购管理系统

采购管理系统是企业采购部门对采购相关工作进行管理的模块，包括请购、订货、到货、验收入库、开票、采购结算等完整的采购流程，支持普通采购、受托代销及直运业务等多种类型采购业务的处理。

采购管理系统可以提供各种采购明细表、各统计表及采购账簿供用户查询，同时提供采购成本分析、供应商价格对比分析、采购类型结构分析、采购费用分析等各种分析功能。

（二）销售管理系统

销售管理系统可以帮助企业销售部门对销售业务的全部流程进行管理，提供报价、订货、发货、开票等完整的销售流程管理，支持普通销售、委托代销、分期收款、直运、零售日报等多种类型销售业务的处理。

销售管理系统不仅可以提供各种销售明细账、销售明细表及统计表，还提供销售增长分析、销售毛利分析等各种销售分析和综合查询统计分析。

（三）库存管理系统

库存管理系统是从数量角度管理存货的出入库业务，满足企业存货管理需要，使企业能够及时、动态地掌握各种库存信息。库存管理系统的主要功能是对采购业务、销售业务产生的各种出入库单进行审核，并对存货的出入库数量进行管理。除管理采购和销售形成的出入库业务外，库存管理系统还可以生成其他出库单、处理仓库间的调拨业务、盘点业务等。

库存管理系统可以提供采购入库单、产成品入库单、销售出库单、盘点单等单据列表，以供用户进行相应数据的查询；提供库存账、批次账、统计表等报表的查询，以便用户实现对库存业务的实时管理；通过储备分析提供存货的超储、短缺、积压等管理信息。用户灵活运用库存管理系统提供的各种查询功能，可以有效提高信息利用效率和库存管理水平。

（四）存货核算管理系统

存货核算是从资金角度管理存货的出入库业务，掌握存货库存及耗用情况，及时、准确地将存货成本归集到各成本项目和成本对象上。存货核算主要用于核算企业的入库成本、出库成本、结余成本，为企业的成本核算提供基础数据，及时掌控存货对资金的占用情况，提高资金的使用效率。

存货核算的功能主要有两个：一是对各种出入库单据进行记账、制单、生成有关存货出入库的会计凭证；二是对已复核的客户、供应商单据进行制单，生成有关往来业务凭证。从而及时对出入库信息进行记账，动态反映存货资金的增减变动。

存货核算系统不仅提供各种出入库单据、调整单据的查询功能，还提供存货总账、存货明细账等存货账簿、存货汇总表及各种分析表的查询功能。

二、供应链管理系统与其他系统的关系

供应链管理系统模块较多，每个模块既可以单独使用，又可以与相关模块联合使用，联合使用能发挥整个信息系统更大的价值。

供应链管理系统与其他系统的关系如图10-1-1所示。

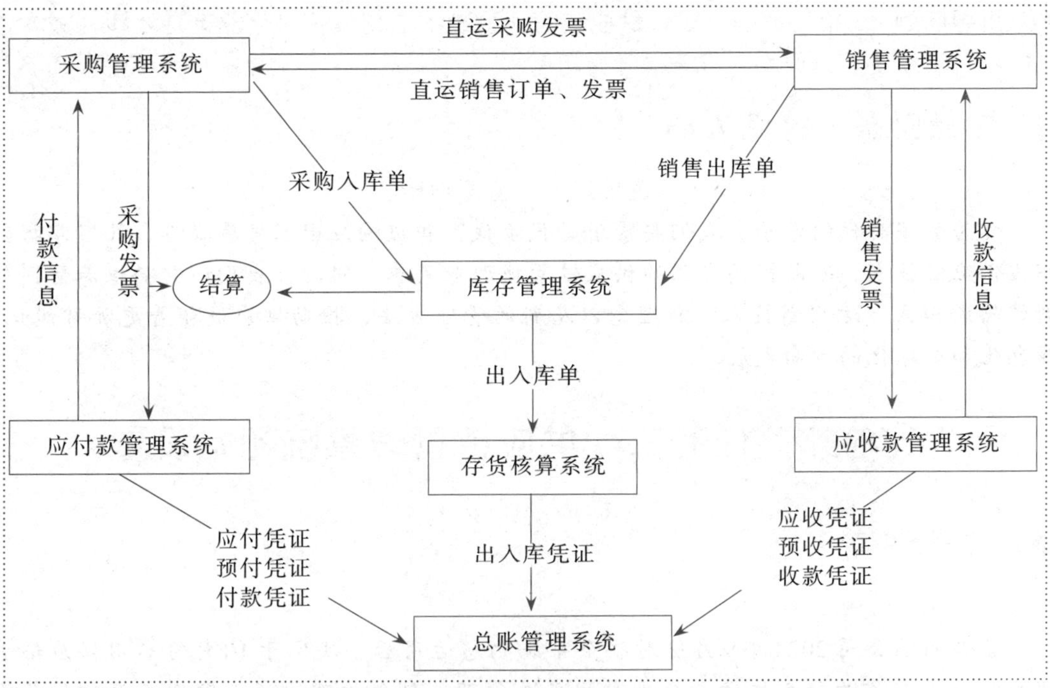

图10-1-1 供应链管理系统与其他系统的关系

当发生采购业务时，库存管理系统可以根据采购或采购订单自动生成采购入库单，完成入库业务；采购入库单又可以回传给采购管理，以供查询、采购结算等操作。采购发票在采购管理系统中生成，然后传递到应付款管理系统进行审核、登记应付款明细账、制单并传递到总账系统；在应付款管理系统中进行付款并核销相应应付单据后，将向采购管理系统提供付款核销信息。

当发生销售业务时，库存管理系统根据销售采购订单或销售发货单自动生成销售出库单，完成出库业务，销售出库单又可以回传给销售管理，以供查询等操作。销售发票在销售系统中生成，然后传递到应收款管理系统进行审核、登记应收款明细账、制单并传递到总账系统；在应收款管理系统中进行收款并核销相应应收单据后，将向销售管理系统提供收款核销信息。

直运业务是指产品无须入库即可完成购销业务。这样的业务将采购管理系统和销售管理系统联系起来。在采购管理系统中，可以直接根据销售管理系统中的销售订单生成采购订单。

存货核算系统可为采购管理系统提供相关的采购成本信息，为销售管理系统提供销售成本信息，并生成相应的入库及出库凭证，最终传递到总账管理系统。

供应链管理系统将企业的销售部门、库存管理部门、采购部门、客户、财务部、供应商有机地统一在一起，信息流、物流、资金流三流同步，协同运作，快速反应。

引导问题1：请通过各种方式调查制造企业、零售、物流、服务等不同类型企业的购销存业务关键岗位的实际运作流程及协同机制，并对每个企业的供应链管理系统进行分析，评估供应链管理系统在不同场景下的应用效果：________________________

____。

引导问题2：根据你的调查，供应链管理系统的应用是否对企业运营效率、成本控制、客户满意度等方面均有显著提升作用？ □是 □不是

智慧财务·德润人心

链通天下，协同创新

作为数字时代的学子，我们要紧跟时代步伐，积极响应国家发展战略，扎实掌握数字化供应链技术，不断提高自己的供应链管理职业素养。同时，我们还需要培养协同创新的思维模式，运用新技术、新理念以及新的管理方法，推动供应链朝着更加智能化、绿色化和全球化的方向发展。

任务二　供应链管理系统初始设置

任务情境

一、任务场景

晶辉照明公司2024年9月份对整个系统熟悉运用后，决定于10月份启用供应链管理系统。王启作为账套主管，分别启用采购管理、销售管理、库存管理及存货核算系统，启用日期为2024年10月1日。在使用供应链管理系统之前，需要结合企业实际情况对其进行初始设置。

二、任务资料

晶辉照明公司2024年10月初供应链管理系统初始设置资料如下：

启用采购管理系统、销售管理系统、库存管理系统、存货核算系统，启用日期为2024年10月1日。

（一）供应链管理系统选项设置

1.采购管理系统

普通业务必有订单；允许超订单到货及入库；订单/到货单/发票单价录入方式：手工录入；专用发票默认税率：13%；其他设置由系统默认。

2.销售管理系统

销售生成出库单；普通销售必有订单；普通销售开票依据为发货单；其他设置由系统默认。

3.库存管理系统

采购入库审核时改现存量；销售出库审核时改现存量；其他出入库审核时改现存量；自动带出单价的单据包括全部销售出库单、材料出库单和其他出库单；不允许超预计可用量出库；出入库检查预计可用量；其他设置由系统默认。

4.存货核算系统

核算方式：按仓库核算；暂估方式：单到回冲；销售成本核算方式：按销售出库单；结算单价与暂估单价不一致需要调整出库成本；其他设置由系统默认。

（二）供应链管理系统基础档案设置

1.仓库档案（见表10-1）

表10-1 仓库档案

仓库编码	仓库名称	计价方式
01	原料库	先进先出法
02	周转材料库	先进先出法
03	产品库	先进先出法

2.收发类别（见表10-2）

表10-2 收发类别

收发类别编码	收发类别名称	收发标志	收发类别编码	收发类别名称	收发标志
1	入库	收	2	出库	发
11	采购入库	收	21	销售出库	发
12	盘盈入库	收	22	盘亏出库	发
13	产成品入库	收	23	领料出库	发
14	其他入库	收	24	其他出库	发

3.采购类型和销售类型（见表10-3）

表10-3 采购类型和销售类型

采购类型	名称	入库类型	销售类型	名称	出库类别
	01普通采购	采购入库		01普通销售	销售出库

注：其他均为默认值。

4.费用项目（见表10-4）

表10-4　费用项目

费用项目分类编码	费用项目分类名称	费用项目编码	费用项目名称
0	无分类	01	运输费
0	无分类	02	装卸费

（三）自动凭证科目设置

1.存货科目（见表10-5）

表10-5 存货科目

仓库编码	仓库名称	存货编码及名称	存货科目编码及名称
01	原料库	（1001）塑料	（140301）塑料
		（1002）合金	（140302）合金
		（1003）开关	（140303）开关
		（1004）电线	（140304）电线

续表

仓库编码	仓库名称	存货编码及名称	存货科目编码及名称
02	周转材料库	（2001）包装箱	（141101）包装箱
		（2002）润滑油	（141102）润滑油
03	产品库	（3001）吸顶灯	（140501）吸顶灯
		（3002）落地灯	（140502）落地灯
		（3003）台灯	（140503）台灯
		（3004）吊灯	（140504）吊灯
		（3005）壁灯	（140505）壁灯
		（3006）筒灯	（140506）筒灯

2. 存货对方科目（见表10-6）

表10-6

存货对方科目

收发类别	存货编码	存货对方科目	暂估科目
11采购入库		在途物资（1401）	应付账款——暂估应付款
13产成品入库		直接材料（500101）	
21销售出库	（3001）吸顶灯	吸顶灯（640101）	
	（3002）落地灯	落地灯（640102）	
	（3003）台灯	台灯（640103）	
	（3004）吊灯	吊灯（640104）	
	（3005）壁灯	壁灯（640105）	
	（3006）筒灯	筒灯（640106）	
23领料出库		直接材料（500101）	

（四）期初数据

1. 采购管理系统期初

2024年8月28日，采购部向科达铝业采购台灯351台，不含税单价40元，税率13%，取得增值税专用发票，款项已经以网银方式支付，但是截至9月底仍未收到货物。

2024年9月29日，采购部向科达铝业采购塑料1 000千克，单价30元；采购开关500个，单价10元，材料已验收入库，截至月底尚未收到发票。

2. 销售管理系统期初

无已发货尚未开票的数据。

3. 库存管理系统和存货核算系统期初数据（见表10-7）

表10-7　存货期初数据

仓库编码	仓库名称	存货编码及名称	数量	单价（元）	金额（元）
01	原料库	（1001）塑料	1 000	30	30 000
		（1002）合金	300	25	7 500
		（1003）开关	200	12	2 400
		（1003）开关	500	10	5 000
小计					44 900
03	产品库	（3002）落地灯	800	60	48 000
		（3003）台灯	300	40	12 000
		（3004）吊灯	200	300	60 000
		（3005）壁灯	50	100	5 000
		（3006）筒灯	200	160	32 000
小计					157 000

三、任务要求

1. 账套主管王启：启用采购管理、销售管理、库存管理及存货核算系统。

2. 账套主管王启：按照供应链管理系统设置流程，完成购销存各系统的初始设置，包括选项设置、基础档案设置、自动科目设置及期初余额的录入。

任务准备

10-2

知识导学：供应链管理系统初始化

用友ERP-U8信息化系统属于通用管理软件，其中包括面向不同企业对象的解决方案。而不同企业所属行业不同，管理模式不同，业务处理就会有一定的差异，于是，就需要通过对系统初始化使系统能够更好地满足企业的实际需要，将通用系统与企业特色相结合，构造适合企业管理特点的供应链管理系统。

系统初始化一旦设置完成，如果企业在一段时间内的环境及相关信息未发生变化，那么就不需要重新设置，系统可以一直为企业服务下去。在使用过程中，企业所面临的环境发生变化后，可以通过修改一些参数来满足企业目前的需求，继续使用。但是，不是所有的设置都可以修改，有些内容一旦设置完成，系统开始使用后就无法再修改了。

供应链管理系统初始化主要是对采购管理、销售管理、库存管理和存货核算管理系统进行初始化设置。由于采购管理系统与应付款管理系统、销售管理系统与应收款管理系统是集成使用的，所以还会涉及应收管理系统和应付款管理系统的初始设置。在前面已经学习了应收管理系统、应付管理系统的初始设置，因此此处不再赘述。根据企业需求，当采购管理系统和销售管理系统对应付款管理系统、应收款管理系统有特殊要求时，可以对其相关初始设置进行修改。

供应链管理系统初始化主要包括设置供应链管理各系统选项参数、基础档案设置、自动凭证科目设置及期初数据录入4项工作。

一、设置系统选项参数

由于供应链管理系统业务较多、内容较复杂，因此ERP-U8系统为其提供了比较多的参数设置。参数设置将决定使用供应链管理系统的业务流程和业务控制。为了能够更清晰地了解各选项与业务之间的关系，以下仅对常用的选项参数设置进行介绍。

（一）采购管理系统选项设置

采购管理系统选项设置如图10-2-1所示。

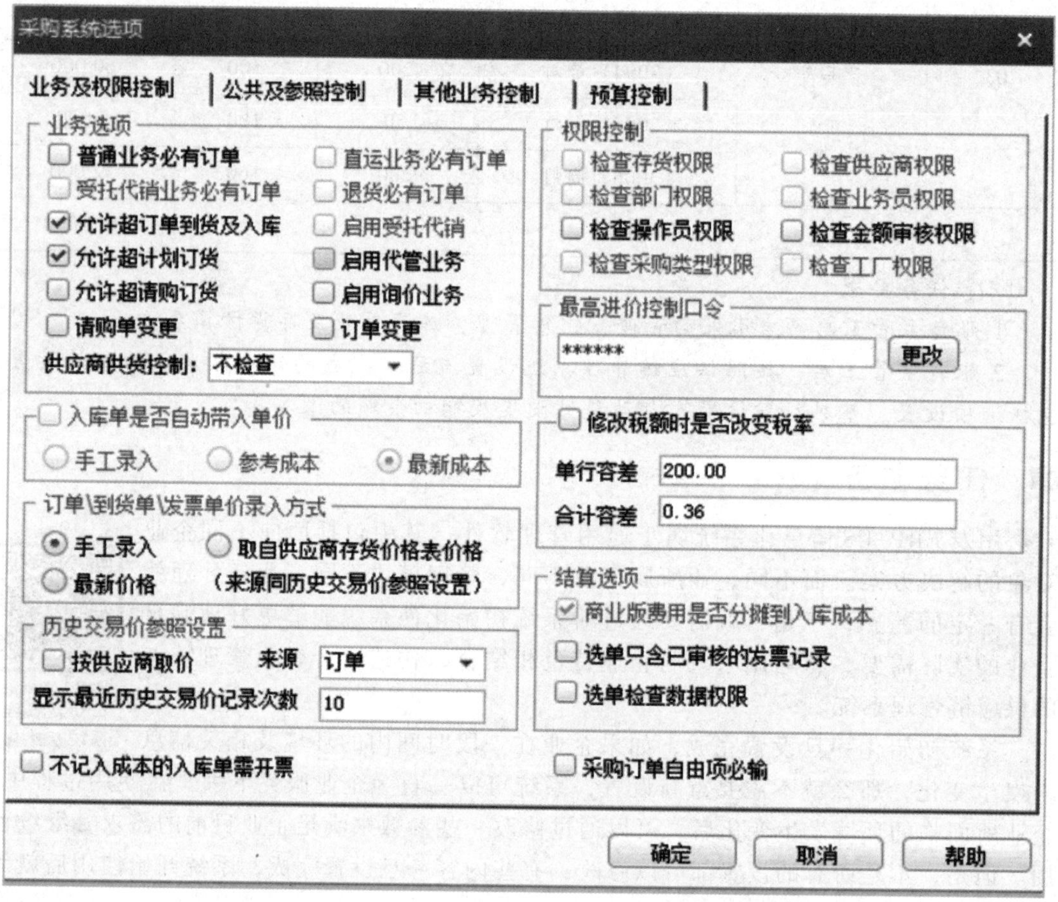

图10-2-1　采购管理系统选项设置

1.普通业务必有订单

随时修改，如果选择此项，则在处理业务时，必须先填制订单。

2.启用受托代销

只有在建立账套时选择企业类型为“商业”或“医药流通”的账套，该选项才可选。可以在采购管理系统设置，也可以在库存管理系统设置，在其中一个系统的设置会改变在另一个系统的选项。

3.退货必有订单

只有在启用“普通业务必有订单”时才可用。如果启用此项，则在填制采购退货单时，只能参照来源单据生成。

4.允许超订单到货及入库

可随时修改。如选择此项，则在参照订单生成到货单时，可超过订单数量，但不能超过订单数量上限即订单数量×（1+入库超额上限），入库超额上限在存货档案中设置。

5.入库单是否自动带入单价

可随时进行修改。只有在采购管理系统和库存管理系统不集成时使用，即采购入库单在采购管理系统中填制时可设置。

6.订单\到货单\发票单价录入方式

可随时修改。如果选择手工录入，则用户在填制订单时直接录入单价。如果选择其他选项，系统则根据所选的内容自动带出单价。

（二）销售管理系统选项设置

销售管理系统选项设置如图10-2-2所示。

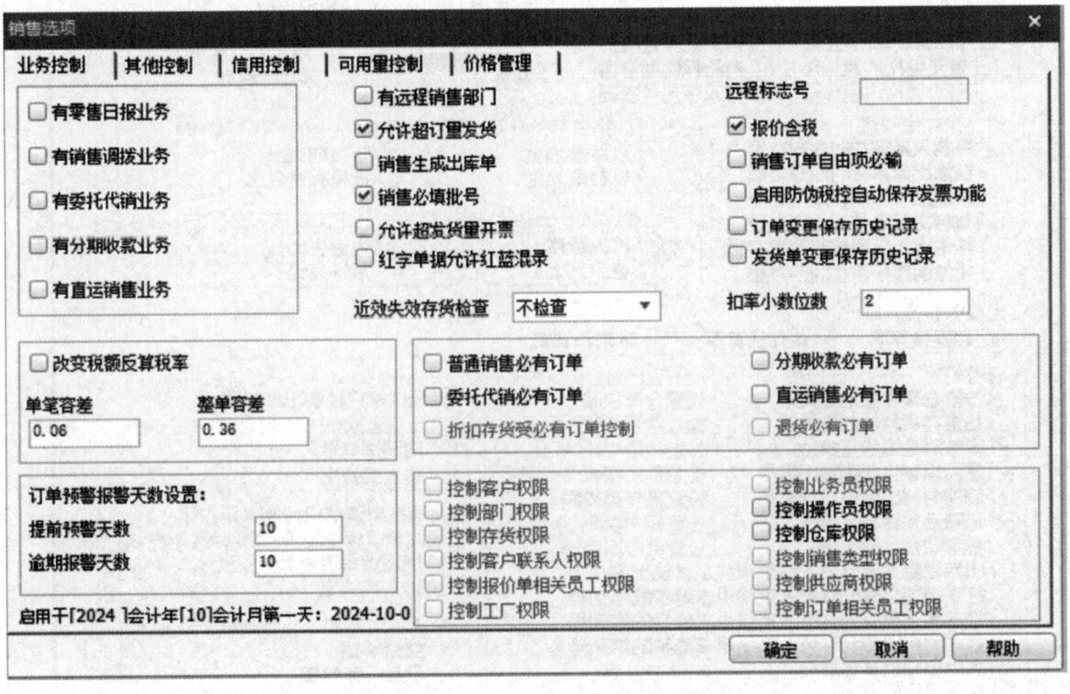

图10-2-2　销售管理系统选项设置

1.有零售日报业务

若选择，则系统增加零售日报菜单项，相关报表如销售收入明细含零售日报的数据，否则系统不能处理零售日报业务。

2.有销售调拨业务

若选择，则系统增加销售调拨菜单项，相关报表如销售收入明细包含销售调拨单的数据，否则系统不能处理内部销售调拨业务。

3.允许超定量发货

可以设置在参照订单开发货单、开销售发票时是否可超过订单的数量，通过该参数可根据销售订单控制销售发货数量，限制业务人员的权限，降低出货回款的风险。

4.销售生成出库单

若选中，则由销售管理系统生成出库单。销售管理系统的发货单、销售发票在审核时，自动生成销售出库单，并传到库存管理系统和存货核算系统，库存管理系统不可修改出库数量，即一次发货一次全部出库。不选中，销售出库单由库存管理系统参照销售发货单生成，在参照时，可以修改本次出库数量，即一次发货多次出库。

（三）库存管理系统选项设置

库存管理系统选项设置如图10-2-3所示。

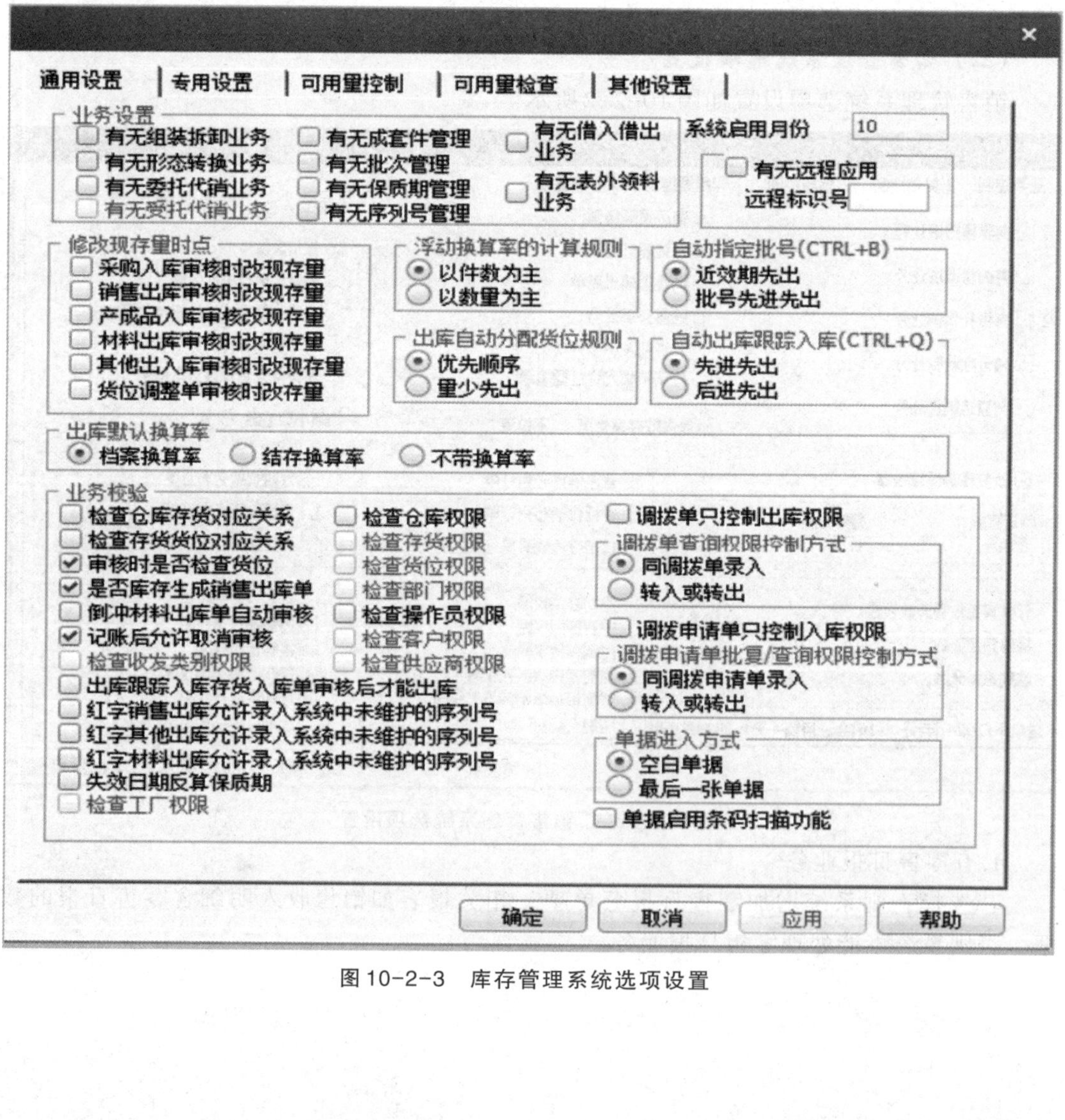

图10-2-3 库存管理系统选项设置

1.有无委托代销业务

有委托代销业务时，销售出库单的业务类型增加“委托代销”。可以在库存管理系统设置，也可以在销售管理系统设置。

2.有无受托代销业务

只有商业企业才能选择有受托代销业务，工业企业则不能选择有受托代销业务。

3.修改现存量时点

企业根据实际业务的需要，有些单据在单据保存时进行实物出入库，而有些单据在单据审核时才进行实物出入库。该选项可以解决单据和实物出入库的时间差问题，根据不同的单据制定不同的现存量更新时点。该选项会影响现存量、可用量、预计入库量及预计出库量。默认为否，可随时修改。

4.检查仓库存货对应关系

默认为否，可随时修改。不选择，则不对仓库存货对应关系检查。

5.库存生成销售出库单

默认为否，可随时修改。该选项主要影响库存管理与销售管理集成使用的情况。

6.超单据出入库设置

如允许超单据出入库，则可以超过单据数量出库，但不能超过单据数量的超额上限出库。

7.允许超采购订单入库

默认为否，在库存管理系统中只能查询，不能修改，与采购管理系统用同一个选项，在采购管理系统中修改。

8.按仓库控制盘点参数

选择此项，则每个仓库可以设置不同的盘点参数，系统从仓库存货对照表中取盘点参数；否则，盘点参数适用于所有仓库，系统从存货档案中取盘点参数。

9.自动带出单价的单据

可以设置自动带出单价的单据，并设置入库单成本、出库单成本的来源。默认为否，可随时修改。

10.入库单成本

必填，默认值为最新成本，可随时修改。填制入库单据时，按照当前设置带入单价，可修改。

11.是否允许超可用量出库

选择否，则不能超可用量出库。

可用量=现存量-冻结量+预计入库量-预计出库量

（四）存货核算系统选项设置

存货核算系统选项设置如图10-2-4所示。

1.核算方式

初建账套时，可以选择按仓库核算、按部门核算、按存货核算。如选择按仓库核算，则按每个仓库在对应的仓库档案中设置计价方式，并且每个仓库单独核算出库成本；如果是按部门核算，则需要在仓库档案中选择按部门设置计价方式，并且按部门统一核算所属各仓库的出库成本；如果按存货核算，则按存货档案中设置的计价方式进行核算。

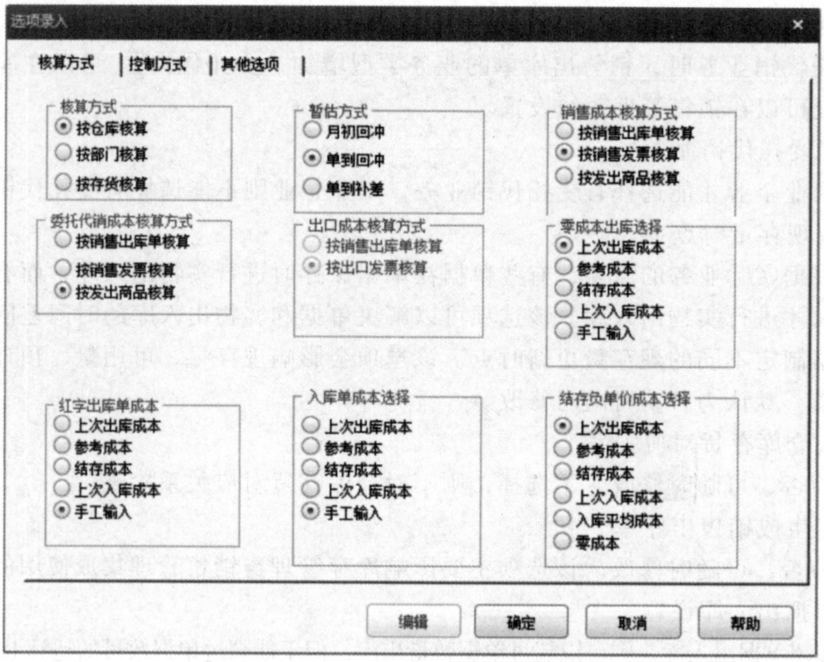

图10-2-4　存货核算系统选项设置

2.暂估方式

如果与采购管理系统集成使用，可以进行暂估业务，需要在此选择暂估入库存货成本的回冲方式，包括月初回冲、单到回冲、单到补差3种。月初回冲是指月初时系统自动生成红字回冲单，报销处理时，系统自动根据报销金额生成采购报销入库单。单到回冲是指报销处理时，系统自动生成红字回冲单，并生成采购报销入库单。单到补差是指报销处理时，系统自动生成一笔调整单，调整金额为实际金额与暂估金额的差额。如果明细账中有暂估业务未报销或本期未进行期末处理，此时，暂估方式将不允许修改。

3.销售成本核算方式

用户可选择用销售发票或销售出库单记账，默认为销售出库单。销售成本核算方式选项修改的约束条件是在本月没有对销售单据记账前，并且在销售单据（发货单、发票）全部处理完毕后（即发货单已全部生成出库单和发票，发票全部生成出库单和发货单）方可修改。

4.委托代销成本核算方式

可以选择是按发出商品业务类型核算，还是按照普通销售方式核算。如果选择按发出商品业务类型核算，则按“发货单+发票”记账。若按普通销售方式核算，则按系统选项中的销售成本核算方式中选择的销售发票或销售出库单进行记账。

5.入库单成本选择

入库单成本选择是指对入库单据记账时，如果没有填写入库成本即入库成本为空时，入库成本的取值方式。上次出库成本是指取明细账中此存货的上一次出库单价，作为本次出库单据的出库单价来计算出库成本；参考成本是指取存货目录中此存货的参考成本即参考单价；结存成本是指取明细账中此存货的结存单价；上次入库成本是指取明细账中此存货的上一次入库单价；手工输入是指以手工输入单价作为本次出库单据的出库单价。

6.单据审核后才能记账

如果选择此项，则正常单据记账的过滤条件中“包含未审核单据”选项就只能选择不包含，在显示要记账的单据列表时，未审核的单据不显示。同时，系统自动将库存的选项“记账后允许取消审核”，改为不选择。库存管理系统未启用时，此选项为灰色，不可选择。此选项可随时修改。

7.账面为负，结存时入库单记账自动生成出库调整

如选择此选项，则入库单记账时，账面为负结存的话，按入库的数量所占比例调整结存成本，并自动生成出库调整单。移动平均法、全月平均法、先进先出法、个别计价法可使用此选项，计划价/售价不支持此选项。

8.全月平均/移动平均单价最高最低控制

设置了本选项，如果计算出的全月平均单价或移动平均单价不在最高最低单价的范围内，则系统自动取最高或最低单价进行成本计算。最高最低单价由系统根据入库单的单价进行维护，也可手工输入最高最低单价。

二、设置基础档案信息

在本项目之前的任务资料中，就有基础信息的设置，但基本限于与财务相关的信息。除此之外，供应链管理系统还需要增设与业务处理、查询统计、财务链接相关的基础信息。主要包括存货分类、计量单位、存货档案、仓库档案、收发类别、采购类型、销售类型及费用项目。而存货分类、计量单位、存货档案在使用应收应付款管理系统时已经录入，在本项目中就不再进行设置及说明。

（一）仓库档案

存货一般存放在仓库保管，对存货进行核算管理，就必须建立仓库档案。例如，可以按照存货分类来设置仓库的类别。

仓库编码、仓库名称必须输入。仓库编码必须唯一，最大长度为10个字符。每个仓库必须选择一种计价方式。系统提供5种计价方式，工业企业为计划价法、全月平均法、移动平均法、先进先出法和个别计价法；商业企业为售价法、全月平均法、移动平均法、先进先出法和个别计价法。

（二）收发类别

收发类别用来表示存货的出入库类型，便于对存货的出入库情况进行分类核算管理和汇总统计。

（三）采购类型和销售类型

定义采购类型和销售类型，能够按照采购、销售类型对采购、销售业务数据进行核算、统计和分析。采购类型和销售类型均不分级次，系统根据不同类型会传递不同单据，企业需要根据实际需要设立。

采购类型编码和采购类型名称、销售类型编码和销售类型名称必须输入。是否默认值是指设定某个采购类型或销售类型作为填制单据时默认的采购类型或销售类型，只能

设定一种类型作为默认值。

（四）费用项目

销售过程中有很多不同的费用发生，如代垫费用、销售支出等，在系统中将设为费用项目，以方便核算、记录和统计。

三、设置自动凭证科目

在财务业务一体化集成应用模式下，购销存业务在采购管理、销售管理、库存管理系统处理后，产生原始单据，最终通过存货核算系统、应收款管理系统和应付款管理系统生成凭证，于是，在使用系统之前，要使这三个系统能够自动生成完整内容的凭证就需要在这三个系统中预先设置好凭证模板。在应收款管理系统和应付款管理系统中预先设置凭证模板在前面已做介绍，本任务中只介绍存货核算系统的凭证模板设置。

存货核算系统是联系供应链管理系统与财务系统的桥梁，各种存货的采购入库、销售出库及其他出入库业务均在存货核算系统中生成凭证。存货核算系统的自动凭证科目设置主要包括存货科目和对方科目的设置。

（一）存货科目

存货科目是设置生成凭证所需要的各种存货科目和差异科目。存货科目既可以按仓库也可以按存货分类分别进行设置。例如，仓库名称为产成品库的存货对应的科目是“库存商品”，仓库名称为材料库的存货对应的科目是“原材料”。

（二）对方科目

对方科目是设置生成凭证所需要的存货对方科目，可以按收发类别设置。例如：收发类别为销售出库时，存货的对应科目为“主营业务成本”；收发类别为采购入库时，存货的对应科目可能为“在途物资”或者“材料采购”，根据企业发生的实际业务进行设置。

四、录入期初数据

参数设置完成后，要使用供应链管理系统还需要录入期初数据。期初数据是指由截至系统启用日期正在办理过程中而未完成的业务所形成的数据。

（一）期初数据的录入内容

供应链管理系统中的每个子系统都有各自的期初数据。为了保持业务的连续性，在启用各子系统时需要对这些期初数据进行整理并输入系统中，以便日后能对这些尚未完成的单据进行进一步的业务处理。

1.采购管理系统期初数据

采购管理系统的期初数据内容主要包括3项内容：一是期初货到票未到的采购数据，即我们在财务会计中所学的暂估入库的数据，是指启用采购管理系统之前，尚未取得采购发票，不能进行采购结算的暂估入库单。应该将这些期初暂估入库货物的单据在采购期初记账之前以采购入库单的形式输入系统中，以便后期取得采购发票后进行采购结算处理。这些入库单据的日期肯定是在采购管理系统启用日期之前。二是期初票到货未到的采购数据，即在途存货，是指启用采购管理系统之前已取得采购发票但尚未入库的货物。应该将这些采购发票信息在采购期初记账之前以采购发票的形式输入系统中，以便后期货物入库后进行采购结算处理。这些采购发票录入的日期肯定是在采购管理系统启用日期之前。三是期初受托代销商品。期初受托代销商品一般是针对商品流通企业的，是指在启用采购管理系统之前尚未与供应商结算完毕的受托代销商品的数据，本书中未涉及。

2.销售管理系统期初数据

销售管理系统的期初数据主要就是期初发货单。期初发货单是指在启用系统之前，已经发货、出库但尚未开发票的业务。应该将期初发货信息以期初发货单形式录入系统，以便后期开票结算。期初发货单的发货日期应在销售管理系统启用之前。而由于销售业务类型不同录入的期初销售发货单也会不同，如果企业涉及委托代销业务、分期收款业务时，那么还可能会涉及期初委托代销发货单和期初分期收款发货单。

3.库存管理系统和存货核算系统期初数据

库存管理系统和存货核算系统的期初数据是指在系统启用时存放在仓库中的结存数据。这两个系统共用期初数据。不进行批次管理、保质期管理的企业，只需要录入各存货期初结存的数量；进行批次管理、保质期管理、出库跟踪入库管理的企业，需要录入各存货期初结存的详细信息，如批号、生产日期、失效日期、入库单号等；进行货位管理的企业，还需要录入货位。

存货的期初数据中，除了期初余额（期初结存）以外，还包含期初差异、期初分期收款发出商品余额和期初委托代销商品余额。

（二）期初数据的录入步骤

期初数据的录入是一个非常关键的环节，如果录入错误则会直接影响后期的业务处理。录入期初数据也是有一定先后顺序的。具体期初数据录入的顺序如图10-2-5所示。

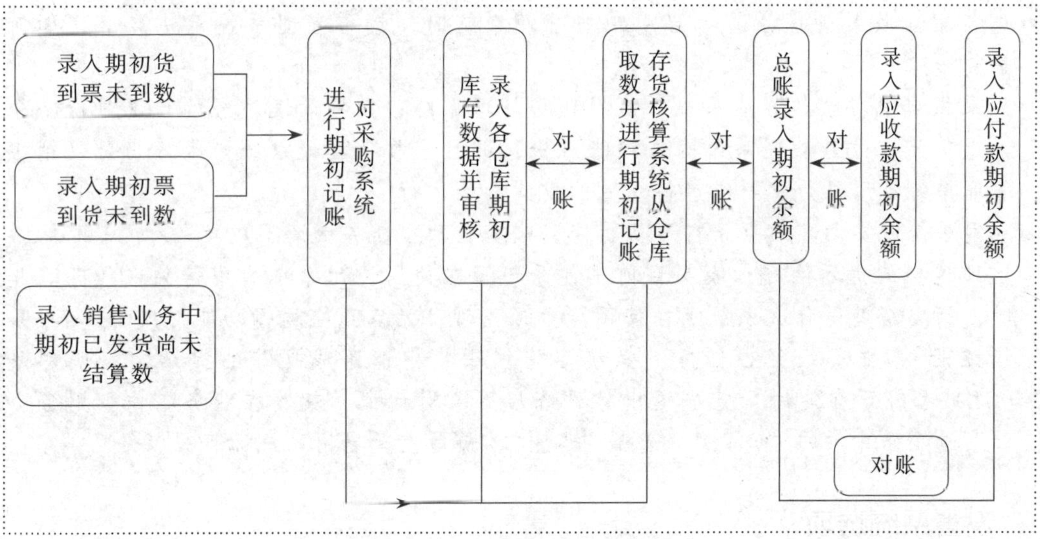

图10-2-5 期初数据录入的顺序

采购管理系统和销售管理系统的期初数据录入是没有先后顺序的，可以先录入采购管理系统的期初数据，后录入销售管理系统的期初数据，或者相反。但是，库存管理系统和采购管理系统的期初数据，必须是先在采购管理系统录入完成记账后才能继续录入，否则存货核算管理系统是无法记账的。

库存管理系统和存货核算系统的期初数据录入也是没有先后顺序的，可以先在库存管理系统中录入各仓库期初库存数据，然后进入存货核算系统中使用“取数”功能录入期初数据并进行对账，或者相反。但是无论采用何种方式，两个系统录入完成后都必须进入存货核算系统中进行记账，只有记账完成，供应链管理系统的期初数据才真正完成录入。否则，后期是无法使用这些数据的。

特别提示：

◆采购管理系统中，即使没有期初数据也应该进行期初记账，否则不能开启日常业务处理。期初记账后，期初数据便不能增加、修改和删除。

◆存货核算系统中，在对期初数据记账前，用户可修改期初数据、存货计价方式和核算方式，但期初记账后就不能修改了。如果没有期初数据，可以不录入期初数据，但必须执行期初记账操作。

10-3

技能实践：供应链管理系统选项设置

任务实施

系统管理员登录系统管理引入项目四的期末业务处理完成后的实验账套。

账套主管“201王启”登录企业应用平台，在“基础设置”选项卡中，执行“基本信息/系统启用”命令进入“系统启用”界面，首先启用采购管理系统、销售管理系统、库存管理系统及存货核算系统。

操作提示：

◆先启用应收款管理系统后启用销售管理系统时，销售管理系统无法启用，如何解决？

如果先启用应收款管理系统后启用销售管理系统，销售管理系统的启用月份必须大于等于应收款管理系统的未结账月份，并且应收款管理系统未录入当月（销售管理系统启用月）发票或者将录入的发票删除才行。

◆启用系统时提示“站点正在运行功能，账套级独占任务申请不成功”，如何解决？

出现这样的提示问题，表明目前其他系统正在使用，而系统启用是独占任务。此时，需要清楚是什么系统正在使用。如果出现“站点正在运行功能［（GL）reg系统注册］，账套级独占任务［系统启用编辑］申请不成功”的提示，表明总账（GL）系统正在使用，首先退出“系统启用”对话框，其次在业务工作“财务会计”选项卡中右击“总账”，选择“退出”，最后重新启用系统即可。

一、设置系统选项

账套主管“201王启”登录企业应用平台，在“业务导航”界面中，执行“供应链”命令，打开“供应链”菜单栏，完成各系统选项设置。各系统选项设置具体操作流程如图10-2-6所示。

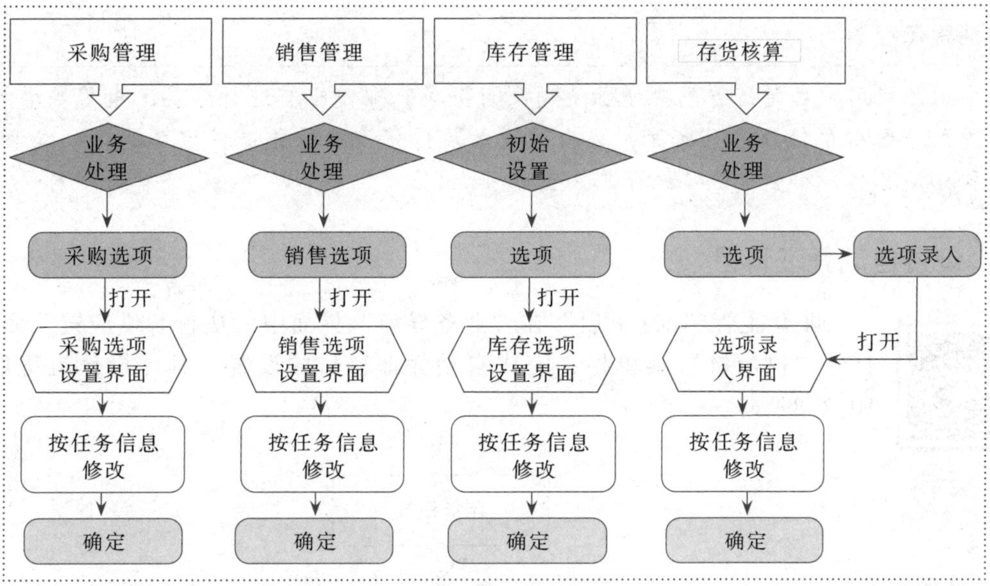

图 10-2-6　供应链系统选项设置操作流程

二、设置基础档案

10-4

技能实践：供应链管理系统基础档案设置

账套主管“201 王启”在“业务导航”界面的“基础设置”选项卡中，完成业务基础档案的设置，具体操作流程如图 10-2-7 所示。

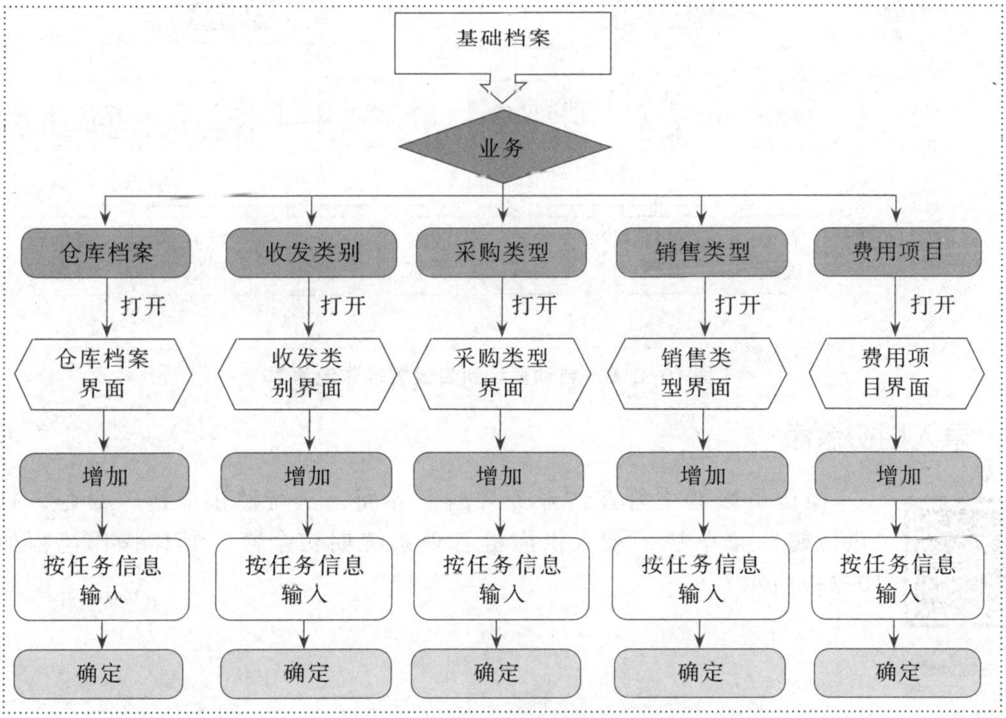

图 10-2-7　基础档案设置操作流程

特别提示：

◆在增加费用项目时，首先要增加费用项目分类，即使没有进行分类，也需要增加。进入“费用项目分类”界面，单击“增加”按钮，按任务资料信息输入分类编码和分类名称，然后单击“保存”按钮即可。

三、设置自动凭证科目

10-5

技能实践：供应链管理系统自动科目设置

账套主管“201王启”在“业务导航”界面中，执行“供应链”命令，打开“供应链”菜单栏，完成自动凭证科目的设置。具体操作流程如图10-2-8所示。

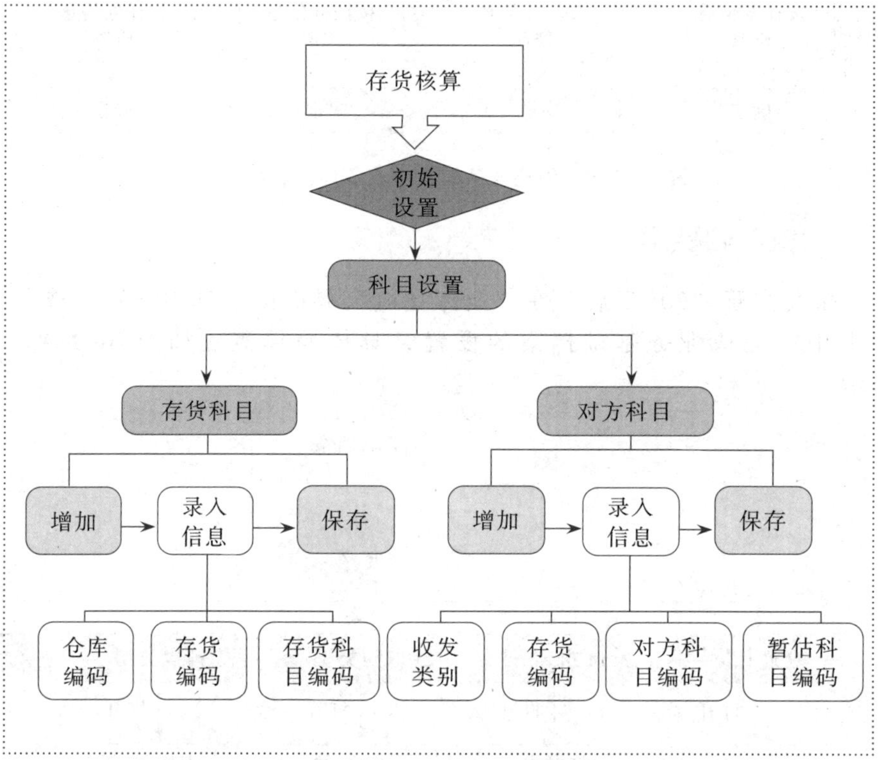

图10-2-8 自动凭证科目设置操作流程

四、录入期初余额

10-6

技能实践：供应链管理系统期初余额录入

操作员账套主管在“业务导航”界面，执行“供应链”命令，打开“供应链”菜单栏，录入供应链管理系统期初余额，具体操作流程如图10-2-9所示。

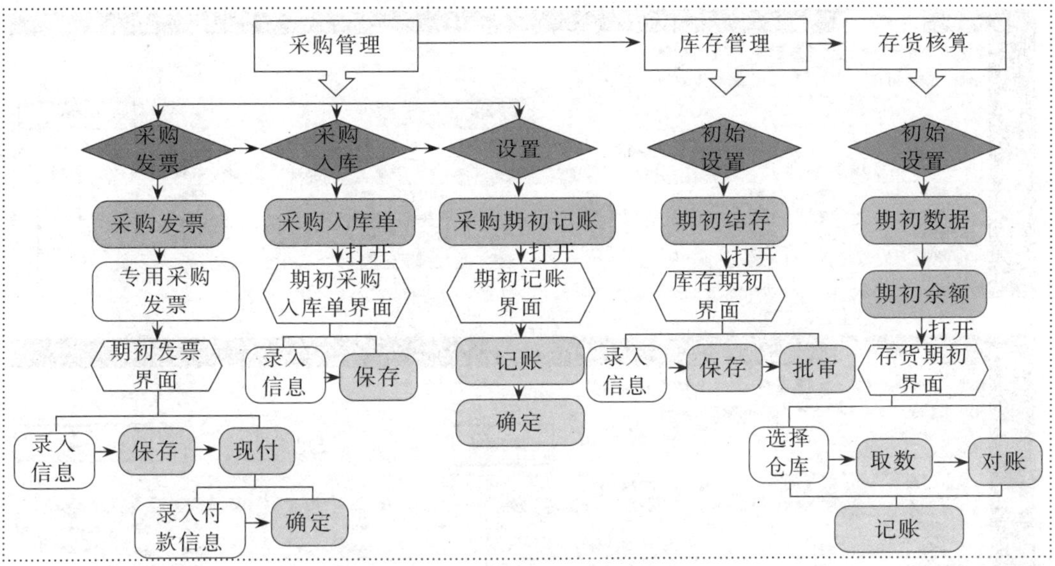

图 10-2-9　期初余额录入操作流程

按照上述操作流程分别录入采购管理系统、库存管理系统和存货核算系统的期初数据。采购管理系统中单到货未到期初数据录入完成如图 10-2-10 所示；货到单未到期初数据录入完成如图 10-2-11 所示；库存管理系统期初数据录入完成如图 10-2-12 所示；存货核算系统期初数据录入完成如图 10-2-13 所示。

图 10-2-10　单到货未到期初数据

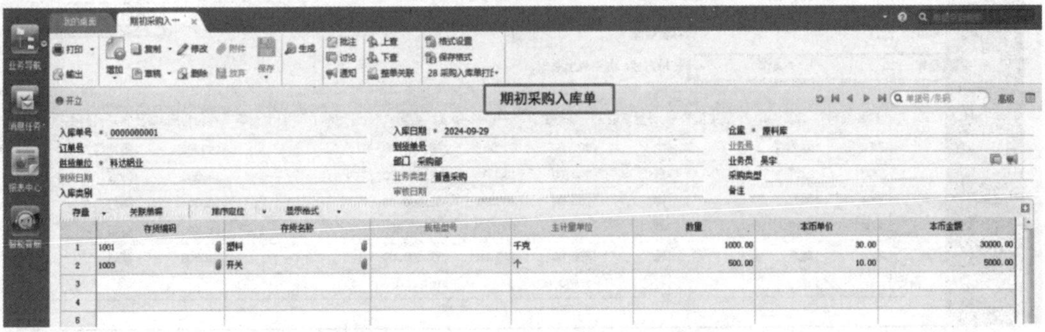

图 10-2-11　货到单未到期初数据

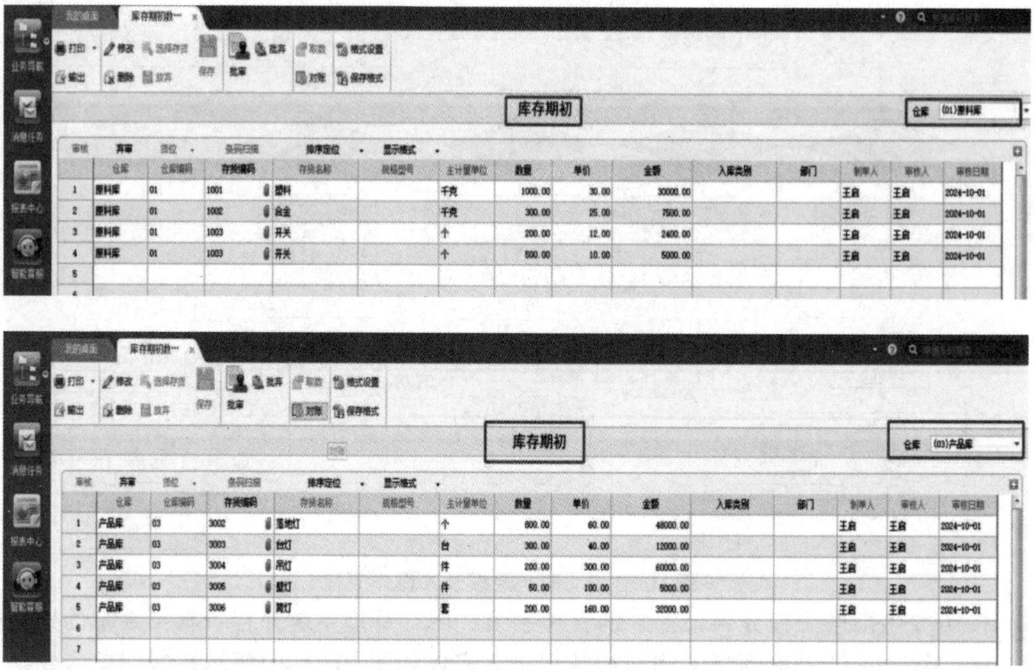

	仓库	仓库编码	存货编码	存货名称	规格型号	主计量单位	数量	单价	金额	入库类别	部门	制单人	审核人	审核日期
1	原料库	01	1001	塑料		千克	1000.00	30.00	30000.00			王启	王启	2024-10-01
2	原料库	01	1002	合金		千克	300.00	25.00	7500.00			王启	王启	2024-10-01
3	原料库	01	1003	开关		个	200.00	12.00	2400.00			王启	王启	2024-10-01
4	原料库	01	1003	开关		个	500.00	10.00	5000.00			王启	王启	2024-10-01

	仓库	仓库编码	存货编码	存货名称	规格型号	主计量单位	数量	单价	金额	入库类别	部门	制单人	审核人	审核日期
1	产品库	03	3002	落地灯		个	800.00	60.00	48000.00			王启	王启	2024-10-01
2	产品库	03	3003	台灯		台	300.00	40.00	12000.00			王启	王启	2024-10-01
3	产品库	03	3004	吊灯		件	200.00	300.00	60000.00			王启	王启	2024-10-01
4	产品库	03	3005	壁灯		件	50.00	100.00	5000.00			王启	王启	2024-10-01
5	产品库	03	3006	筒灯		套	200.00	160.00	32000.00			王启	王启	2024-10-01

图 10-2-12　库存管理系统期初数据

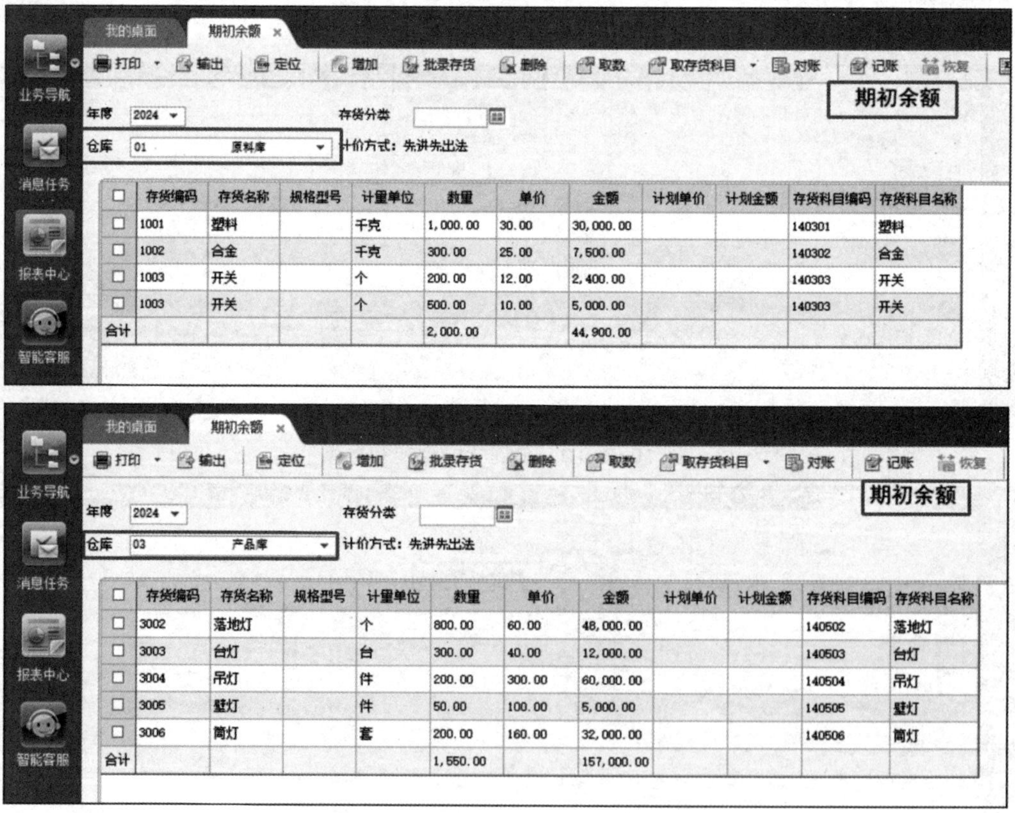

存货编码	存货名称	规格型号	计量单位	数量	单价	金额	计划单价	计划金额	存货科目编码	存货科目名称
1001	塑料		千克	1,000.00	30.00	30,000.00			140301	塑料
1002	合金		千克	300.00	25.00	7,500.00			140302	合金
1003	开关		个	200.00	12.00	2,400.00			140303	开关
1003	开关		个	500.00	10.00	5,000.00			140303	开关
合计				2,000.00		44,900.00				

存货编码	存货名称	规格型号	计量单位	数量	单价	金额	计划单价	计划金额	存货科目编码	存货科目名称
3002	落地灯		个	800.00	60.00	48,000.00			140502	落地灯
3003	台灯		台	300.00	40.00	12,000.00			140503	台灯
3004	吊灯		件	200.00	300.00	60,000.00			140504	吊灯
3005	壁灯		件	50.00	100.00	5,000.00			140505	壁灯
3006	筒灯		套	200.00	160.00	32,000.00			140506	筒灯
合计				1,550.00		157,000.00				

图 10-2-13　存货核算系统期初数据

引导问题1：在实际应用过程中，库存管理系统已经录入余额，但在存货核算系统却无法取数，原因可能是：____。

引导问题2：遇到上面的问题，如何解决呢？____。

操作提示：

◆ 存货核算系统期初无法记账，如何解决？

存货核算系统期初数据录入完成后，记账时系统弹出“采购系统期初尚未记账，不能确定期初暂估余额，无法记账”提示信息，原因是采购管理系统未进行期初记账。供应链管理系统的各个子系统集成使用，采购管理系统先记账，库存管理系统所有仓库的所有存货必须“审核”确认，最后存货核算系统记账。采购管理系统、存货核算系统内即使没有期初数据，也必须执行记账操作。执行记账操作后，才能进行日常业务处理。

智慧财务·德润人心

维新，德能共进

在当下多变的市场环境中，供应链管理要从起点开始便不断追求创新变革，持续优化，以提高供应链的效率和竞争力。身为新时代的学子，应有创新意识和进取精神，勇于尝试、敢于突破，在职业生涯中能够不断适应新的挑战，为企业和个人创造价值，实现共同成长。

任务三　采购管理系统日常业务处理

任务情境

一、任务场景

2024年10月，晶辉照明公司发生了一些采购业务，有货到票到业务、票到货未到业务、货到票未到业务以及有运费的采购业务等。该公司的采购管理员李卓需要根据不同业务类型，逐一在系统中处理采购相关事项，确保数据准确无误。库存管理员陈哲负责处理库存管理相关事宜，确保账实相符。往来会计丁楠负责对往来款项进行核算，确保财务数据与业务数据一致。成本会计杨帆负责核算各项成本，确保成本数据准确无误。各部门紧密协作，确保采购业务高效运转，数据精准，为公司决策提供有力支持。

二、任务资料

晶辉照明公司10月份发生的采购相关业务资料如下：

（一）普通采购不同业务类型

1.货到票到业务

10月8日，采购人员向上级主管提出请购要求，申请采购壁灯500件，需求日期为10月10日，建议订货日期为10月9日。

10月9日，采购人员与利泉光电签订采购合同，订购壁灯500件，无税单价180元，要求本月9日到货。

10月10日，收到该批货物，并验收入库，同时收到增值税专用发票，税率13%。双方约定当日以网银支付全部货款。

2.票到货未到业务

10月11日，采购人员与华诺光能签订采购合同，订购电线100平方，无税单价256元，计划到货日期10月19日，当日收到增值税专用发票，税率13%，款项尚未支付。

3.货到票未到业务

10月12日，采购人员与科达铝业签订采购合同，订购吊灯600件，无税单价300元，当日收到全部货物，款项未付。当日尚未收到增值税专用发票。

4.暂估入库报销处理

10月16日，收到9月29日向科达铝业采购货物的增值税专用发票，塑料1 000千克，无税单价30元。采购开关500个，无税单价10元，并且以转账支票方式支付全部货款，支票号为ZZF1001。

5.收到货物业务（票已到）

10月19日，收到10月11日已经取得发票的货物，该批货物是向华诺光能订购的100平方电线，无税单价256元，当日验收入库。

（二）有运费的采购业务

10月20日，采购人员与利泉光电签订采购合同，订购筒灯300套，无税单价150元，当日收到货物并验收入库。同时收到增值税专用发票，税率13%。为了运输货物，发生运费并收到增值税专用发票，不含税金额500元，税率9%（运费按金额分摊）。

（三）月末暂估

10月31日，仍未收到10月12日到货商品的增值税专用发票。

三、任务要求

根据任务场景及任务资料，对晶辉照明公司的采购管理系统相关业务进行处理。

1.采购管理员李卓：秉承契约精神，严谨完成采购业务在采购管理系统中的操作流程，确保每笔业务精准录入系统，并生成相应的单据。

2.库存管理员陈哲：勇于承担责任，高效完成库存管理系统中的采购入库等业务处理。

3.往来会计丁楠：始终以道德为行为准则，严谨细致地完成应付款管理系统中的各项业务处理。

4.成本会计杨帆：以扎实的专业素养，在存货核算系统中高效完成采购成本核算。

任务准备

采购管理系统的日常业务主要是通过对采购业务的全部流程进行管理，包括请购、订货、到货、入库、开票、采购结算等，帮助企业更加合理化地完成采购业务，降低采购成本，提升竞争力。采购管理系统与应付款管理系统、库存管理系统及存货核算系统有密不可分的关系，因此，在学习采购管理系统时应一并学习应付款管理系统、库存管理系统及存货核算系统的相关知识。

10-7

知识导学：
普通采购业务处理认知

一、普通采购业务认知

普通采购业务是指适合大多数企业的日常采购业务，与其他子系统协同提供对采购请购、采购订货、采购入库、采购发票、采购结算、采购付款等环节的全程管理。普通采购业务的全流程管理如图10-3-1所示。

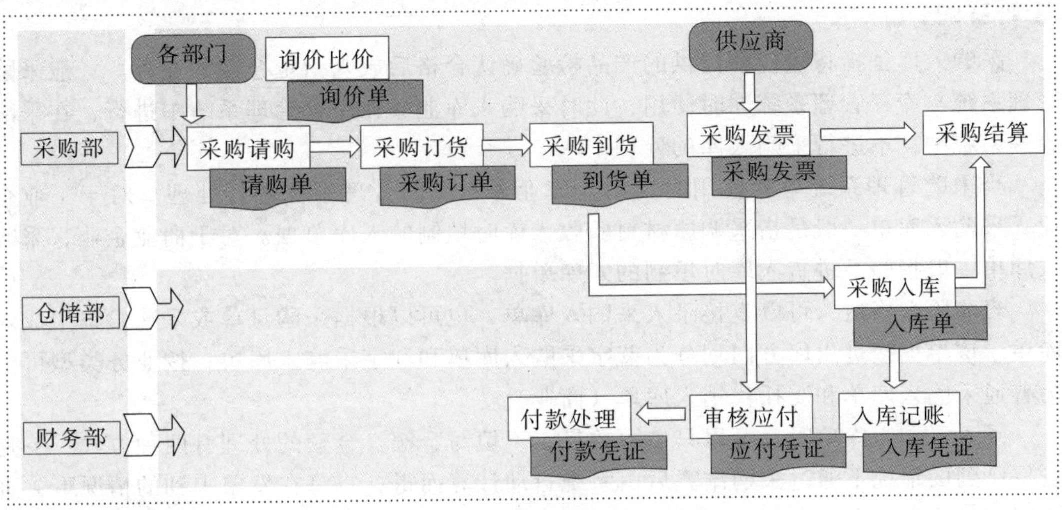

图10-3-1　普通采购业务全流程管理

请购部门填制请购单，采购部门根据采购请购单进行询价比价生成询价单，然后根据询价单填制采购订单，将采购订单发送给供应商，供应商进行送货，货物到达后，对收到的货物进行清点，参照采购订单填制采购到货单，经过仓储部门的质检和验收，参照采购订单或采购到货单填制采购入库单；取得供应商发票后，采购部门填制采购发票，然后将采购入库单和采购发票进行采购结算；将采购入库单报财务部门的成本会计进行存货核算，将采购发票报财务部门的往来会计进行应付款核算。

（一）采购请购

采购请购是指企业内部各部门向采购部门提出采购申请，或采购部门汇总企业内部采购需求列出采购清单。请购是采购业务的起点，可以依据审核后的采购请购单生成采购订单。

在系统中进行采购业务处理，请购环节可以省略。

（二）采购订货

采购订货是指企业与供应商签订采购合同或采购协议，确认要货要求。供应商根据采购订单组织货源，企业依据采购订单进行验收。

在采购业务处理中，订货环节也是可选的，是否必须有采购订单可在系统参数中设置。当签订采购合同时，就需要在系统中录入采购订单，采购订单也可参照审核后的请购单、销售订单或其他采购订单生成。

采购订单审核后才能执行，执行完毕即货物已全部入库、开票、付款后可以自动关闭，对于尚未执行完毕的订单如果确实需要的话可以手工关闭。

（三）采购到货

采购到货是采购订货和采购入库的中间环节，一般由采购业务员根据供货方通知或送货单填写，确认对方所送货物、数量、价格等信息，以到货单的形式传递到仓库，并作为保管员收货的依据。

在采购业务处理中，到货处理可选也可不选。当收到货物时，可以手工录入到货单，也可以参照采购订单生成。

（四）采购入库

采购入库是指将供应商提供的产品检验确认合格后放入指定仓库的业务。一般采购管理系统与库存管理系统同时使用，此时采购入库业务在库存管理系统中进行，在采购管理系统中，不进行采购入库的处理。

当采购管理系统单独使用时，则入库业务在采购管理系统进行处理。对于工业企业，采购入库单一般是指采购原材料验收入库时填制的入库单据。对于商业企业，采购入库单一般指商品进货入库时填制的入库单据。

当验收合格后，可以直接录入采购入库单，也可以根据采购订单或采购发票生成入库单。该单据按进出库方向划分为蓝字采购入库单和红字采购入库单；按业务类型可分为普通采购入库单和委托代销入库单（商业）。

录入采购入库单时，可以只填写数量，不填写金额。金额的处理有两种方式：一是发票已到的情况下通过采购结算后由系统自动计算而得；二是在发票未到的情况下，进行暂估入库。但是，无论如何，在存货核算系统中，采购入库单必须有金额才能记账、制单。

（五）采购发票

采购发票是供应商开出的销售货物的凭证，系统根据采购发票确认采购成本，并据此登记应付账款，进行记账和付款核销。

在采购业务处理中，当收到供应商开出的发票时，可以直接在采购管理系统中填制采购发票，也可以根据采购订单、采购入库单或其他发票复制生成。采购发票按业务性质可分为蓝字发票和红字发票；按发票类型可分为增值税专用发票、增值税普通发票和运费发票。

采购发票可以手工输入，也可以根据审核后的采购订单、采购入库单或者其他审核/未审核采购发票参照生成。在采购发票中可以进行现付款结算。

在必有采购订单的采购业务中，采购发票必须根据审核后的采购订单生成。当采购管理系统与应付款管理系统集成使用时，采购发票在采购管理系统中进行处理；当应付款管理系统单独使用时，采购发票在应付款管理系统中进行处理。

（六）采购结算

采购结算也称采购报账，是指采购核算人员根据采购入库单、采购发票确认其采购成本。采购结算的结果是生成采购结算单，是记载采购入库单和采购发票对应关系的结算对照表。

在采购业务处理中，可进行采购结算的对应单据有：采购入库单与采购发票结算；蓝字入库单与红字入库单结算；蓝字发票与红字发票结算；运费发票与入库单结算。在采购业务流程中，采购结算环节是必需的。

采购结算分为手工结算和自动结算。自动结算是由计算机系统自动将相同供货单位、相同存货且数量相等的采购入库单和采购发票进行结算。自动结算又有支持严格按供应商、存货、入库单和采购发票数量相同时可自动结算和只按入库单和采购发票数量相等就可结算两种模式。手工结算是指对业务类型相同、供应商相同、部门相同、存货相同的采购业务，手工选择欲进行结算的入库单和采购发票、费用发票而进行结算。结算时可拆单拆记录，也就是说，在手工结算时，可以先结算部分货物，未结算的货物可以在今后取得对应单据时再结算；也可以同时对多张入库单和发票进行结算。

如果企业发生一些运输费、装卸费等费用需要计入采购成本时，可利用手工结算将有关费用分摊计入采购成本，可以选择按金额分摊，也可以选择按数量分摊。如果存货入库数量与发票存货数量相当，说明不存在损耗，此时存货采购总成本就等于发票金额加上应分摊的费用金额；如果存货入库数量与发票数量不相当时，说明存货存在短缺或溢余，除非录入合适的数量使入库数量与发票数量相当，否则是不能完成结算业务的。

采购结算处理需要区分合理损耗和非合理损耗。在进行采购结算时，如果存货入库数量与发票数量相当，说明不存在损耗，此时存货的采购总成本等于发票金额加上应分摊的费用金额，单位采购成本等于采购总成本除以存货入库数量。如果入库存货数量大于发票存货数量，这种情况属于溢余，可以把多余的数量当作赠品处理，即采购总成本固定，采购入库数量增加，存货入库单价降低。如果入库存货数量小于发票存货数量，这种情况说明存在短缺，这种短缺可能是合理损耗，也可能是非合理损耗。按照企业会计准则规定，非合理损耗是不允许计入采购成本的，所以入库需要录入合理损耗数量和非合理损耗数量，使得入库存货数量、合理损耗数量、非合理损耗数量之和等于发票数量。此时，总成本等于发票金额加上应分摊的费用额减去非合理损耗金额，单位成本等于总成本除以实际入库数量。存在非合理损耗时，还应该选择非合理损耗类型，以便存货核算系统根据结算单记录的非合理损耗类型自动生成凭证。

若存在一次入库、分次开票的情况，可以采用两种方式处理：一种方式是等待发票开启后再进行计算处理；另一种方式是填写入库单时根据约定好的开票数将存货分成若干行，将来每一行可以与对应的发票单独进行结算。

（七）采购付款

采购付款是采购业务处理的最后环节，需要在应付款管理系统中处理，具体的内容见项目八。

10-8

知识导学：普通采购不同类型业务处理

二、普通采购不同业务类型的处理

会计信息系统中的普通采购业务与手工会计核算模式一样，由于发票与货物的到达时间不同，可将采购业务分为货到票到业务、票到货未到业务及货到票未到业务3种。

（一）货到票到业务（单货同行业务）

货到票到业务是指在收到货物的同时收到供应商开具发票的采购业务。发票和入库单都有的情况下，就可以进行采购结算，确认采购成本。具体的业务处理流程如图10-3-2所示。

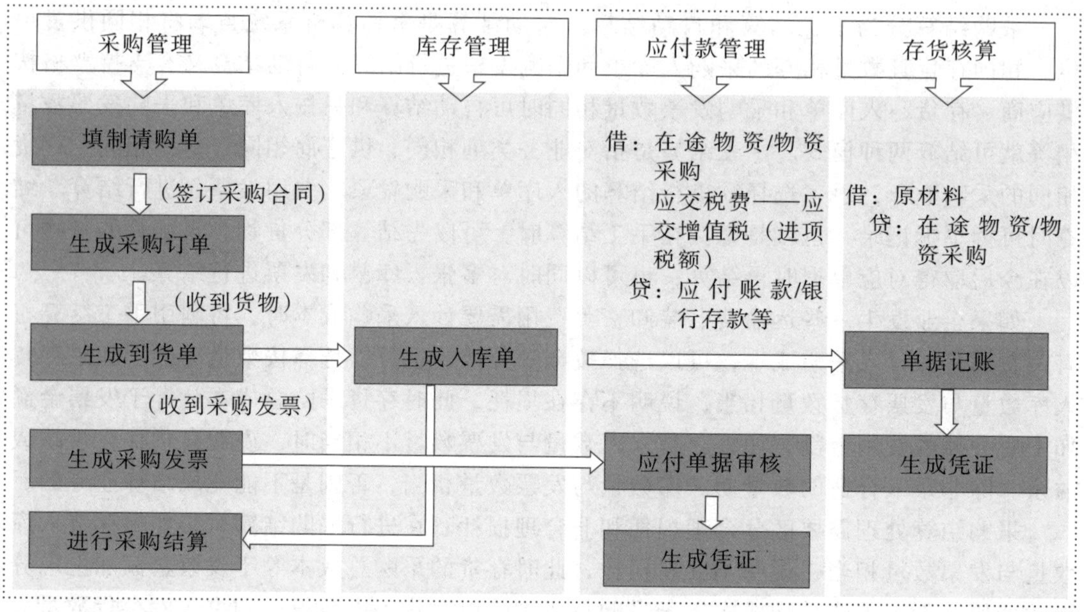

图10-3-2 货到票到业务处理流程

采购管理系统中填制并审核请购单；签订采购合同后，填制或根据审核后的采购请购单生成采购订单；收到货物后填制或根据审核后的采购订单生成到货单。当验收合格后，在库存管理系统中填制或根据审核后的采购订单或采购到货单生成采购入库单并审核。当收到供应商开具的采购发票时，在采购管理系统中根据审核后的采购订单或采购入库单生成采购发票。在采购管理系统中对采购发票和采购入库单进行采购结算。

在存货核算管理系统中对采购入库单记账并生成凭证。采购入库单要记账，必须有金额，金额可以通过两种方式获取：一种是在票到货到情况下，经过采购结算由系统自动计算入库单价和金额；另一种是在货到票未到情况下，在存货核算系统中直接填写暂估价格。在存货核算系统中生成的凭证会自动传递到总账系统中，在总账系统可以对该凭证进行审核、记账。

在采购管理系统中生成采购发票后，通过采购发票这一桥梁就将应付信息传递到应付款管理系统，在应付款管理系统中对采购发票进行审核，并制单处理，生成相应的凭证。生成的凭证会自动传递到总账系统中，在总账系统可以对该凭证进行审核、记账。

（二）票到货未到业务

票到货未到业务是指已收到采购发票但货物尚未验收入库的采购业务。对于该业务、在信息化系统下，有两种处理方式：一种方式是压单处理，即收到发票时暂不录入系统，等货物收到入库后再录入系统，这种处理方式实际上就是按票到货到业务处理；另一种方式是收到发票后便录入系统，在采购管理系统和应付款管理系统进行处理，当货物验收入库时，再生成采购入库单并与采购发票进行采购结算。

（三）货到票未到业务

货到票未到业务即暂估入库业务，是指货物已经验收入库，但尚未收到对方开具发票的业务。在这种情况下，存货的入库成本是不能确定的，因此为了核算存货的库存成本，需要对这些存货进行暂估入账，然后再进行回冲。

在信息化处理方式下，暂估可以月末进行，也可以在录入入库单后马上暂估。与手工方式相结合，一般应在月末进行暂估，具体处理如图 10-3-3 所示。

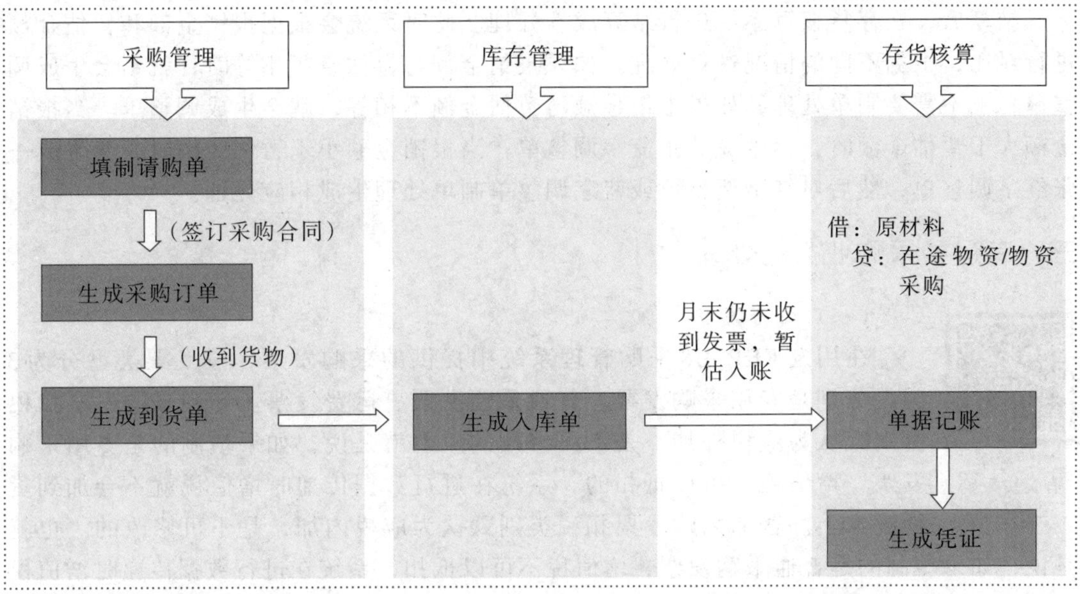

图 10-3-3　货到票未到业务处理流程

当收到货物时，在采购管理系统中生成到货单，进入库存管理系统生成入库单并审核，然后进入存货核算系统进行单据记账，由于未进行采购结算，因此存货记账的金额为系统暂估价格。

暂估后需要进行回冲，系统提供三种处理方式，分别是月初回冲、单到回冲和单到补差。

1.月初回冲

月初回冲是指进入下月后，存货核算系统自动生成与暂估入库单完全相同的红字回冲单，同时登记相应的存货明细账，冲回存货明细账中上月的暂估入库。具体操作是：在存货核算系统中对红字回冲单制单，生成红字凭证，冲回上月的暂估凭证，做完以后相当于并未发生该业务。

等收到采购发票后，在采购管理系统中生成采购发票，将采购发票与入库单进行采购结算，然后进入存货核算系统中进行结算成本处理，生成蓝字回冲单，最后生成相应凭证。

2.单到回冲

单到回冲是指下月初不做处理，采购发票收到后，在采购管理系统中生成采购发票，将采购发票与上月的入库单进行采购结算，然后在存货核算系统进行结算成本处理，生成红字回冲单和蓝字回冲单。

对红字回冲单制单处理，冲回原暂估金额的凭证。同时对蓝字回冲单进行制单，生成已报销金额的蓝字凭证。

3.单到补差

单到补差是指下月初也不做处理，等收到采购发票后，在采购管理系统生成采购发票，将采购发票与上月的入库单进行采购结算。

结算后，在存货核算系统进行结算成本处理。此时系统会根据报销金额和暂估金额进行对比，根据不同的情况进行处理。如果报销金额与暂估金额相等时，就不会生成调整单，也不需要制单处理。如果报销金额与暂估金额不相等，就会生成调整单。当报销金额大于暂估金额时，会生成一张蓝字调整单；当报销金额小于暂估金额时，会生成一张红字调整单，然后对红字调整单或蓝字调整单制单处理生成相应凭证。

三、有运费采购业务的处理

10-9

知识导学：有运费采购业务处理

（一）运费发票处理

在用友ERP-U8采购管理系统中提供的采购发票，按发票类型分为3类，分别是专用采购发票、普通采购发票、运费发票。专用采购发票扣税类别默认为应税外加，是不可修改的。也就是说，如果填制的是专用采购发票，增值税是可以抵扣的，系统在进行数据传递时增值税就不会加到货物成本上。普通采购发票扣税类别默认为应税内加，是不可修改的。也就是说，如果填制的是普通采购发票，增值税不可以抵扣，系统在进行数据传递时增值税就直接加到货物成本上。运费发票所反映的运费是指向供货单位或提供劳务单位支付的代垫款项，包括装卸费、包装费、手续费等，运费发票的单价、金额都是含税的。默认税率为7%，税率可修改。这部分税费是可以抵扣的，但是税费是包含在运费金额中的。例如，运费总金额为107元，其中100元计入存货成本，7元是可抵扣的增值税。这一点与目前的税费政策是不相符的。目前，交通运输公司适用一般纳税人时，税率为9%，如果购买方取得专用采购发票时增值税是可以抵扣的，税费是不包括在运费金额中的。发票适用小规模纳税人时，税率为3%，是不可以抵扣的，直接将全部金额计入购买方的存货成本中。因此，无论购买方是小规模纳税人还是增值税一般纳税人，取得发票后都不能使用系统中的运费发票处理。

购买方为增值税一般纳税人，如果取得的是运费增值税专用发票，则在采购管理系统中录入专用采购发票，将存货名称选择成运费就可以。如果取得的是运费增值税普通发票，则在采购管理系统中录入普通采购发票即可。

（二）有运费采购业务处理流程

有运费采购业务处理流程与普通采购业务中的货到票到业务的处理流程基本上是一致的，唯一的区别就是采购结算。有运费的采购业务是在采购商品时发生了运输费、装卸费等，因此比普通采购业务多了运费发票。普通采购业务中是将货物发票与入库单进行结算，且可以使用手工结算也可以使用自动结算；而有运费采购业务中是将货物发票、运费发票及入库单进行结算，且只能使用手工结算方式。

当取得运费发票后，根据企业会计准则规定，应将运费发票金额扣除可抵扣增值税的金额后计入存货成本中。因此，在系统中，在采购结算时，要将运费这部分金额分摊计入存货成本中，而在系统中进行采购结算时，可以合并结算，也可以单独结算。合并结算就是指将货物发票、运费发票及入库单一起进行结算。单独结算就是当入库单与货物发票已经完成采购结算后，才收到运费发票，此时可以直接将运费发票与入库单进行结算，采用费用折扣结算的功能将运费分摊到存货成本中。无论是合并结算还是单独结算，都需要进行分摊设置，可以选择按金额分摊，也可以选择按数量分摊。选择分摊后，系统自动计算并将运费分摊计入存货成本。

任务实施

10-10

技能实践：货到票到业务处理

一、普通采购不同业务类型的处理

（一）货到票到业务的处理

以采购管理员“301李卓”的身份登录企业应用平台，在“业务导航”界面，执行“供应链”命令，打开“供应链”菜单栏，在采购管理系统中填制请购单、采购订单及到货单。具体操作流程如图10-3-4所示。

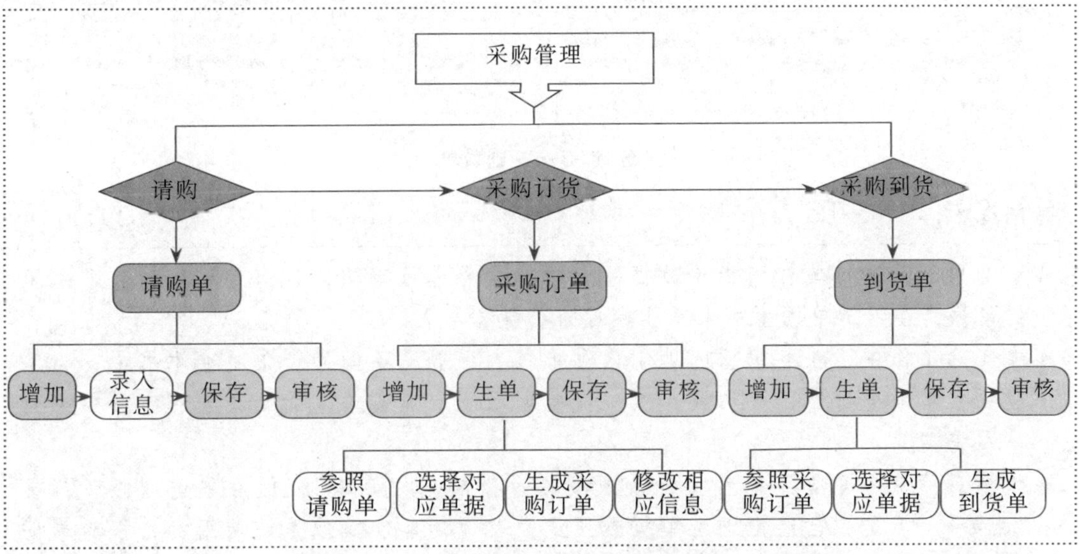

图10-3-4　请购单、采购订单及到货单操作流程

按上述操作流程填制请购单、采购订单及到货单，最后生成的到货单如图10-3-5所示。

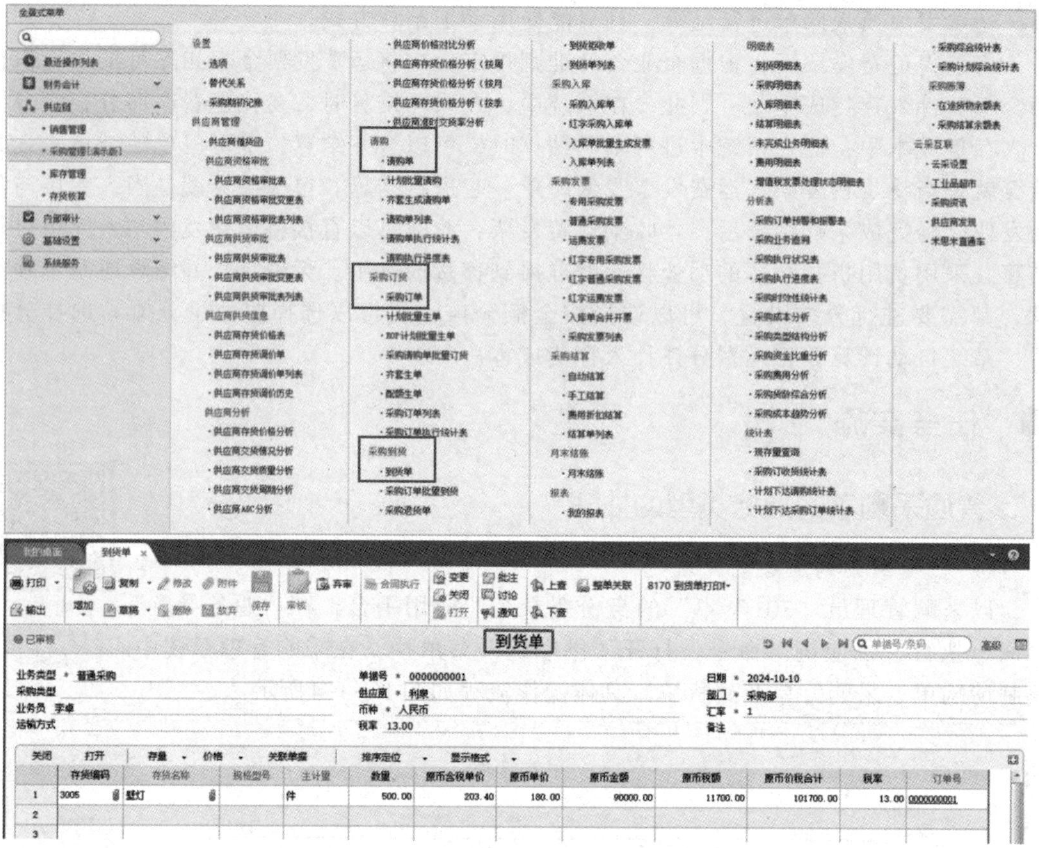

图 10-3-5　到货单

特别提示：

◆ 请购单、采购订单、到货单数据录入后，需要进行审核，只有经过审核且未关闭的单据，在下游单据生成中才能参照进行数据导入。

◆ 在实际工作中，业务单据的填制人和审核人一般是不同的。但是在本书中，为了避免频繁地进行操作员切换，供应链管理系统中业务单据的制单人和审核人由同一人完成。

◆ 审核后的业务单据不能直接修改或删除，需要先“弃审”，然后单击“修改”或“删除”。但是，已经由下游单据参照或被其他功能、其他系统使用的，视为单据已经执行，已执行的单据不可弃审。

◆ 在请购单列表、采购订单列表、到货单列表中，可以随时对这些单据进行“批开”“批关”“批审”“批弃”等操作。

◆ 如果在操作中删除了单据，就会出现断号，单据的编号会自动向后编。本项目中单据的编号是系统自动编制的，无法修改。如果要修改单据编号，需要先执行“基础设置”/“单据设置”/“单据编号设置”命令，进行编号设置。

◆ 如果到货信息与采购订单信息有差别，可以直接根据到货信息填制或修改到货单。

收到货物后，以“501 陈哲”的身份登录企业应用平台，在“业务导航”界面，执行“供应链”命令，打开“供应链”菜单栏，在库存管理系统中根据到货单生成采购入库单。具体操作过程如图 10-3-6 所示。

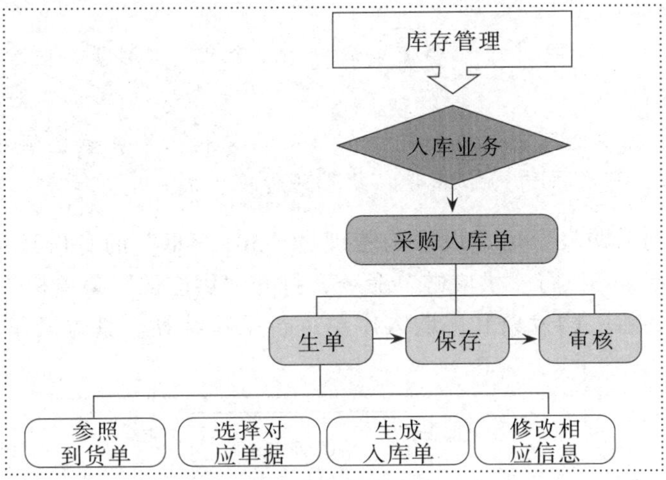

图 10-3-6 生成采购入库单操作流程

按照上述操作流程生成采购入库单，如图 10-3-7 所示。

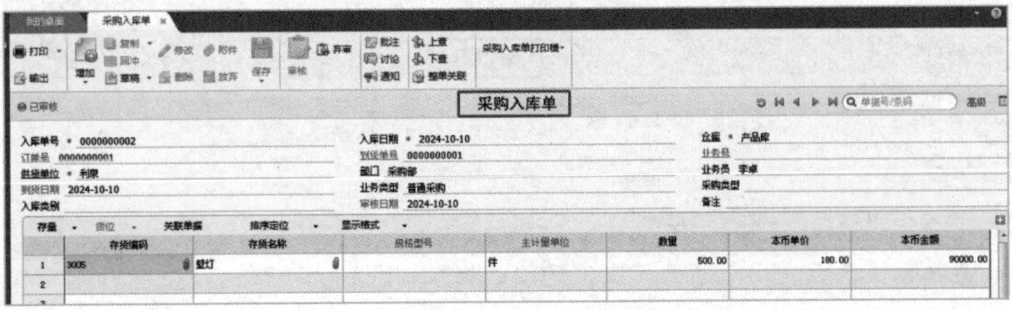

图 10-3-7 采购入库单

特别提示：

◆采购管理中也有采购入库单，但只是提供查询使用，不能输入。在期初时，可以输入期初采购入库单。

◆如果"采购选项"中选择了"普通业务必有订单"，则采购入库单不能手工录入，只能参照生成。

◆采购入库单可以参照采购订单生成，如果采购货物已到并且已经在采购管理系统中生成到货单，那么采购入库单可以参照到货单生成。

从供应商收到采购发票后，以采购管理员"301李卓"的身份登录企业应用平台，在"业务导航"界面，执行"供应链"命令，打开"供应链"菜单栏，在采购管理系统中填制采购发票并将采购发票和采购入库单进行采购结算。具体操作流程如图10-3-8所示。

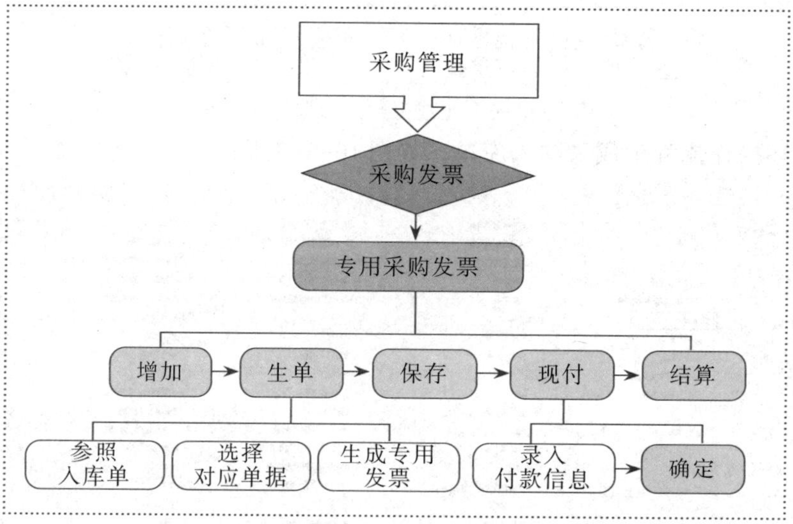

图10-3-8 填制采购发票及采购结算操作流程

按上述操作流程填制采购发票及进行采购结算，结算后的采购发票如图10-3-9所示。

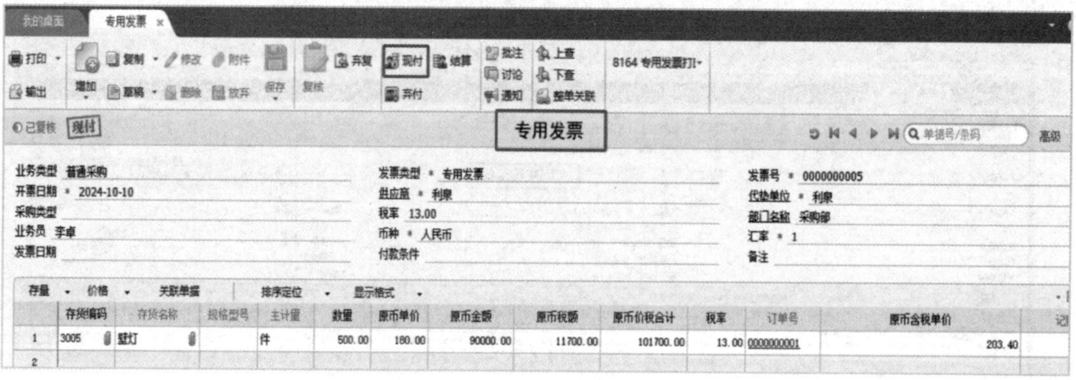

图10-3-9 采购结算后的采购发票

特别提示：

- 发票保存后，可以修改、删除、现付等，但是已审核、已采购结算的发票不能修改、删除，除非取消结算。要取消采购结算，在“业务导航”界面，执行“供应链”/“采购管理”/“采购结算”/“结算单列表”，在结算单列表中选择“删除”对应的结算单即可取消结算。但是，对应的入库单如果已经记账且生成了凭证是不能取消结算的，除非在存货核算系统中将生成的凭证删除并取消记账。
- 凡是按必有订单模式进行的采购业务，填制的发票必须注明订单号，否则系统无法正确统计订单的执行情况。
- 采购专用发票的表头税率是根据系统专用发票默认税率带入的，可以修改。
- 在本任务中的采购结算可以不在采购发票界面中使用“结算”功能完成，可以通过在采购管理系统中执行“采购结算”/“自动结算”命令完成，也可以通过执行“采购结算”/“手工结算”命令完成。

采购发票生成后，以往来会计“203 丁楠”的身份登录企业应用平台，在“业务导航”界面，执行“财务会计”命令，打开“财务会计”菜单栏，在应付款管理系统中进行发票的审核及制单处理。具体操作过程如图 10-3-10 所示。

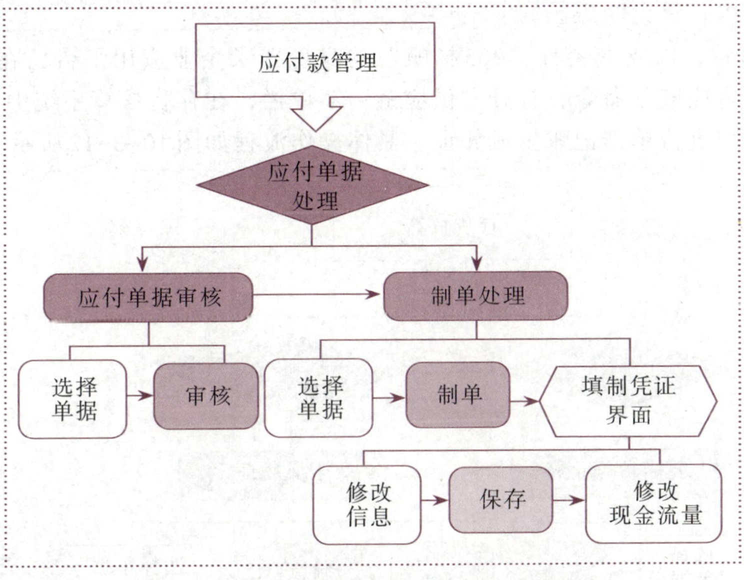

图 10-3-10　应付单据审核及制单操作流程

按上述操作流程生成凭证，如图 10-3-11 所示。

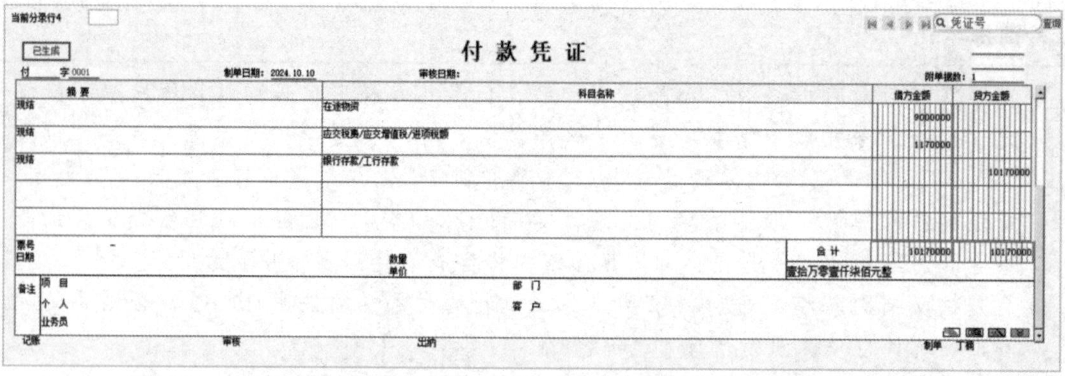

图10-3-11 现付采购商品凭证

引导问题1：在采购管理系统中，已录入采购发票，但是在应付款管理系统对采购发票进行审核时，却找不到该张发票，原因可能是：____。

引导问题2：采购发票已经进行采购结算，是否可以进行修改、删除？

□可以 □不可以

如果可以，如何进行操作？____。

如果不可以，请说明原因。____。

采购结算后，以成本会计“205杨帆”的身份登录企业应用平台，在“业务导航”界面，执行“供应链”命令，打开“供应链”菜单栏，在存货核算系统中对审核后且已经结算的入库单进行单据记账生成凭证。具体操作流程如图10-3-12所示。

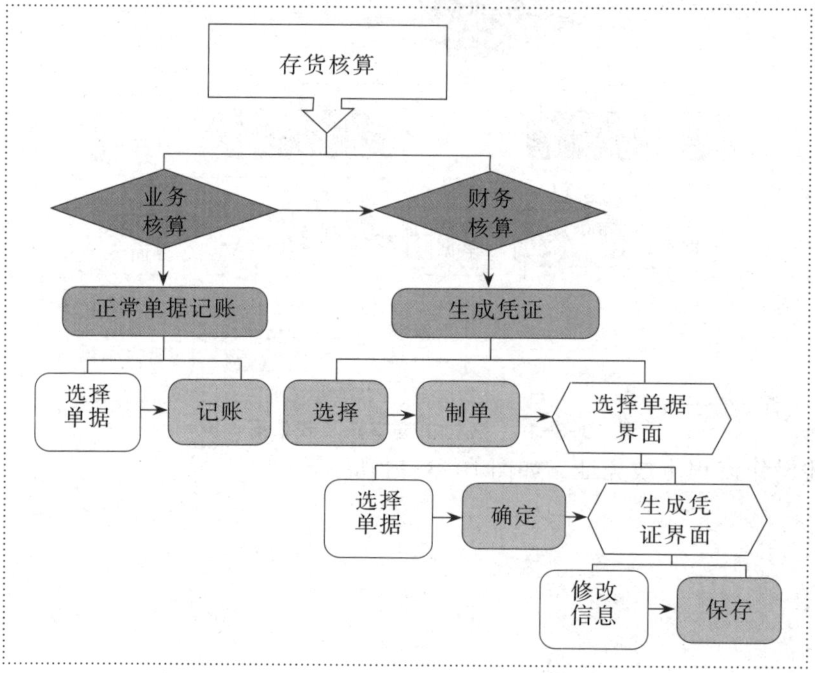

图10-3-12 单据记账及生成凭证操作流程

特别提示：

◆不管采购入库单上是否有单价，采购结算后，其单价都被自动修改为发票上的存货单价，凭证即按发票上的单价生成的。

◆正常单据记账前，会先检查所有入库单是否有单价，如果没有单价是无法记账的。

◆正常单据记账有记账日期控制，即记账日期只能在前面已经记账的日期之后。可以重新登录系统满足记账的日期控制要求，记账后再登录改为业务日期。也就是说，如果在10月30日登录系统对所处理的业务进行记账后，就无法再以10月30日之前日期登录记账了，只能以10月30日登录进行正常单据记账。

按上述操作流程生成凭证，如图10-3-13所示。

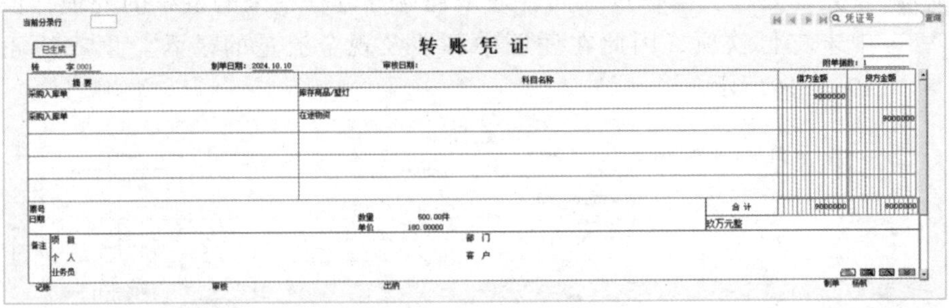

图10-3-13　商品入库凭证

10-11

技能实践：
票到货未到业务处理

（二）票到货未到业务的处理

以采购管理员“301李卓”的身份登录企业应用平台，在“业务导航”界面，执行“供应链”命令，打开“供应链”菜单栏，在采购管理系统中填制采购订单及生成采购发票。具体操作流程如图10-3-14所示。

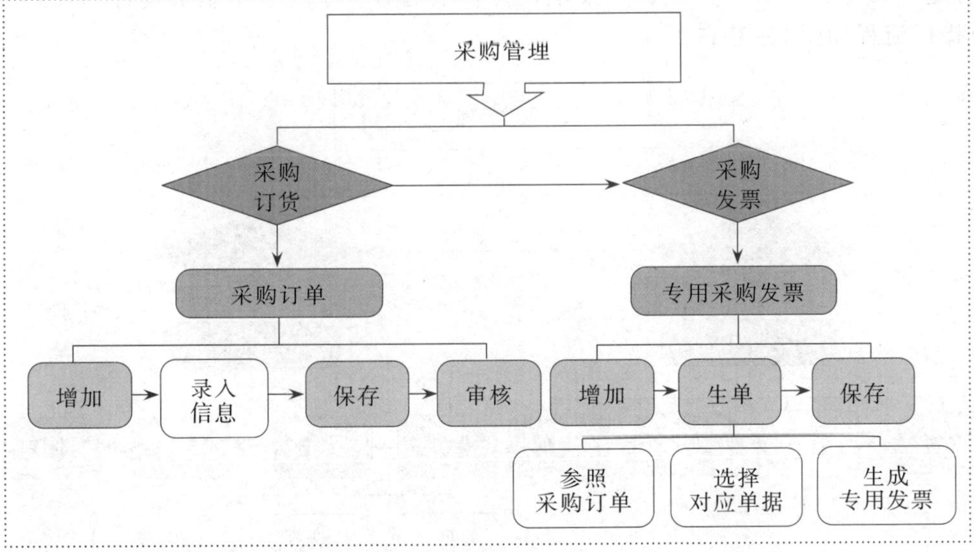

图10-3-14　填制采购订单及采购发票操作流程

按上述操作流程生成采购发票，如图10-3-15所示。

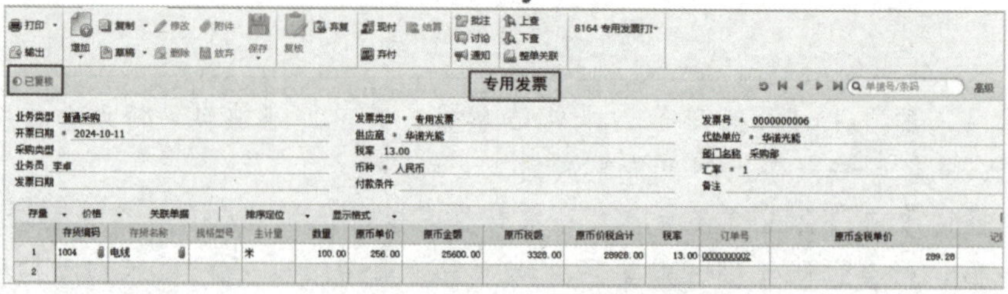

图 10-3-15 采购发票

10-12

技能实践：货到票未到业务处理

专用发票生成后，相应信息传递到应付款管理系统，以往来会计“203 丁楠”的身份登录企业应用平台，在“业务导航”界面，执行“财务会计”命令，打开“财务会计”菜单栏，在应付款管理系统中进行采购发票审核及凭证处理。操作过程同普通采购业务流程中采购发票的处理，但是本例中未支付款项，因此在凭证中不涉及现金流量的录入。生成的凭证如图 10-3-16 所示。

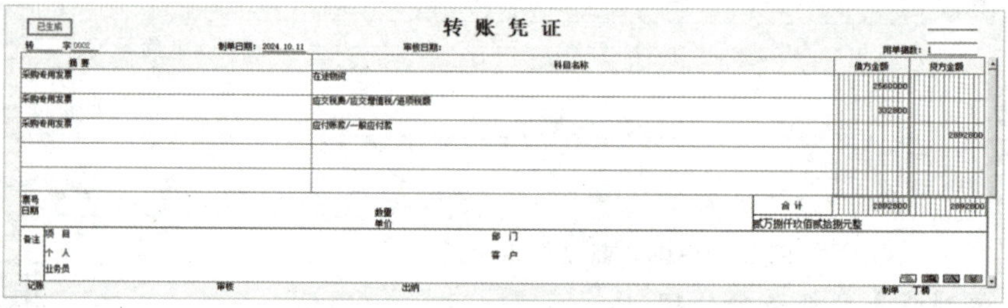

图 10-3-16 赊购商品凭证

（三）货到票未到业务的处理

以采购管理员“301 李卓”的身份登录企业应用平台，在“业务导航”界面，执行“供应链”命令，打开“供应链”菜单栏，在采购管理系统中填制采购订单及到货单。具体操作流程如图 10-3-17 所示。

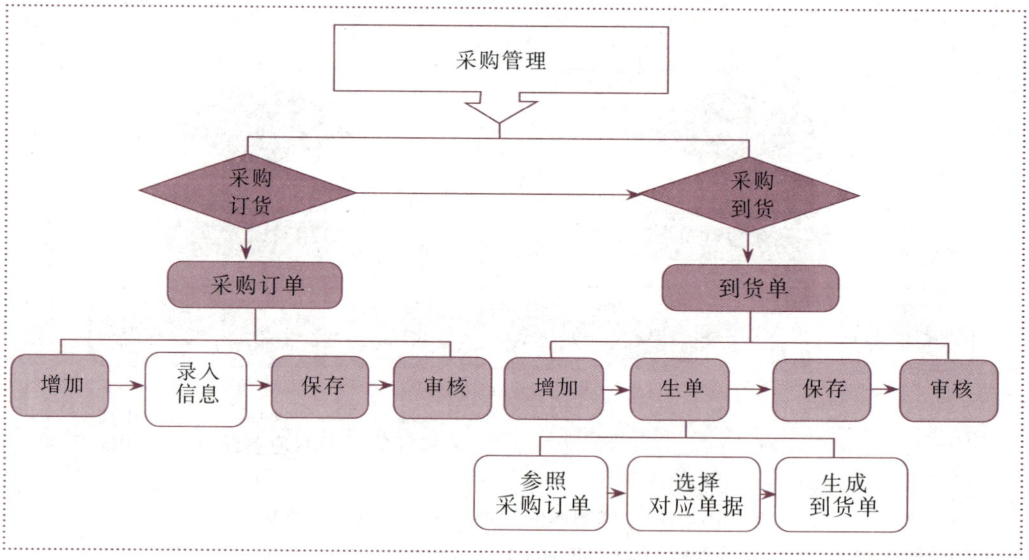

图 10-3-17 填制采购订单及到货单操作流程

商品到货后，以库存管理员“501陈哲”的身份登录企业应用平台，在“业务导航”界面，执行“供应链”命令，打开“供应链”菜单栏，在库存管理系统中根据到货单生成采购入库单。采购入库的具体操作过程与普通采购业务的入库一致。生成的入库单如图10-3-18所示。

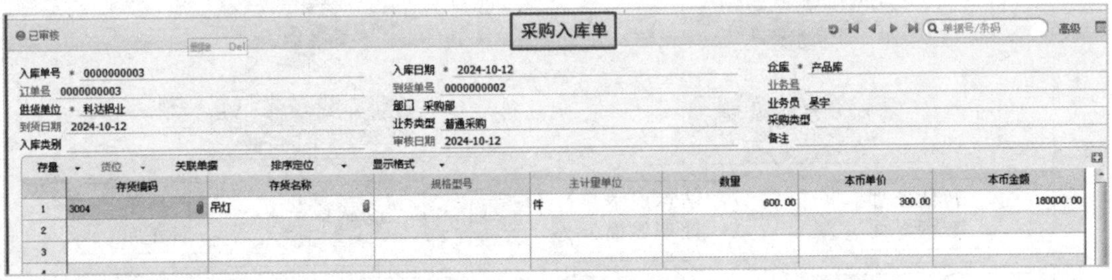

图10-3-18　采购入库单

本例中，尚未收到发票，无法进行采购结算，因此无法确定存货的入账价格。等到月末仍未收到发票时再进行暂估。

（四）暂估入库报销业务的处理

以采购管理员“301李卓”的身份登录企业应用平台，在“业务导航”界面，执行“供应链”命令，打开“供应链”菜单栏，在采购管理系统中生成采购发票并进行采购结算。按照普通采购业务中生成采购发票和采购结算的操作流程进行处理。

10-13

技能实践：暂估入库业务处理

专用发票生成后，相应信息传递到应付款管理系统，以往来会计“203丁楠”的身份登录企业应用平台，在“业务导航”界面，打开“财务会计”菜单栏，在应付款管理系统中进行发票的审核及凭证处理。生成的凭证如图10-3-19所示。

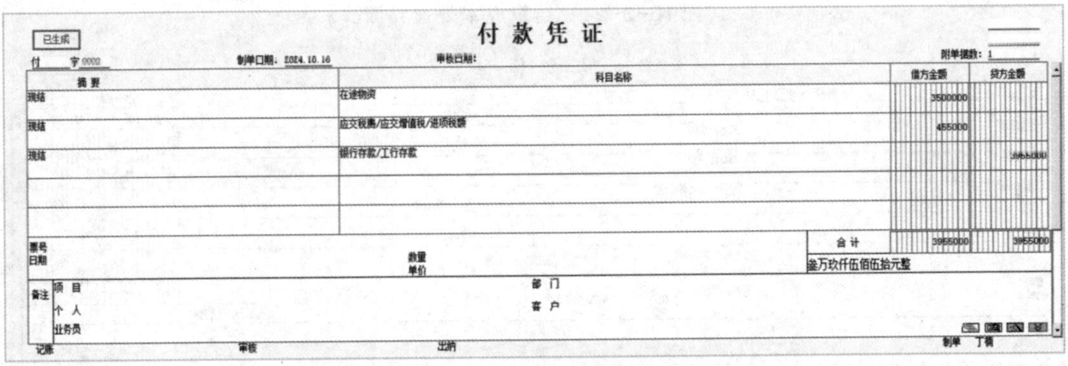

图10-3-19　现付采购商品凭证

采购结算后，以成本会计“205杨帆”的身份登录企业应用平台，在“业务导航”界面，执行“供应链”命令，打开“供应链”菜单栏，在存货核算系统中对审核后且已经结算的入库单进行结算成本处理并生成凭证。具体操作过程如图10-3-20所示。

按上述操作流程进行结算成本处理及生成凭证，结算成本处理界面如图10-3-21所示，生成红字冲销凭证和蓝字报销凭证如图10-3-22、图10-3-23所示。

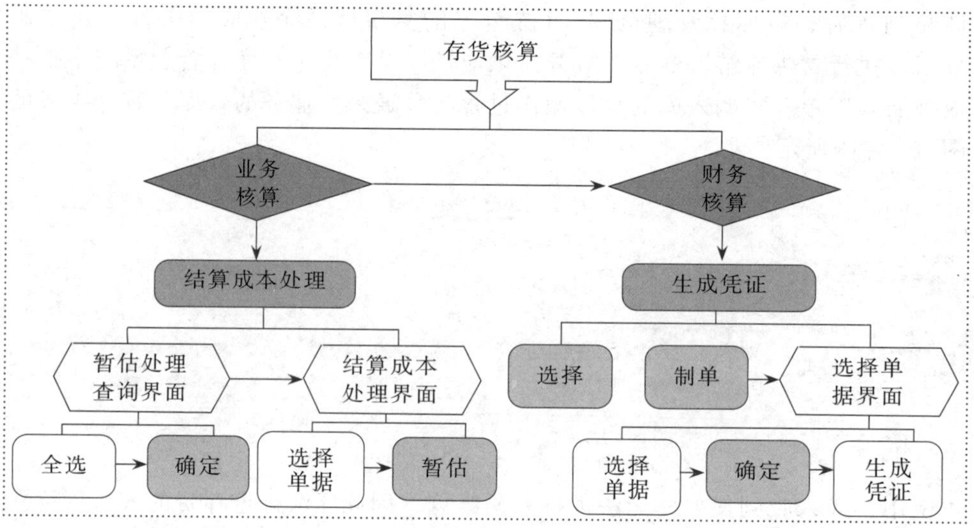

图 10-3-20　结算成本处理及生成凭证操作流程

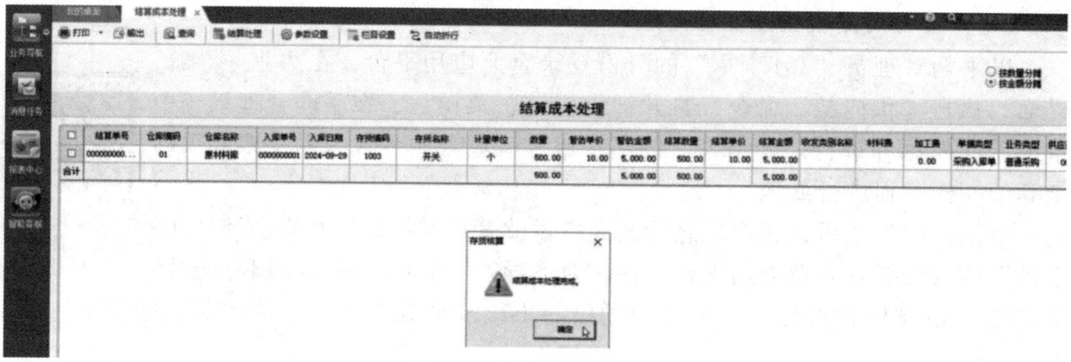

图 10-3-21　结算成本处理界面

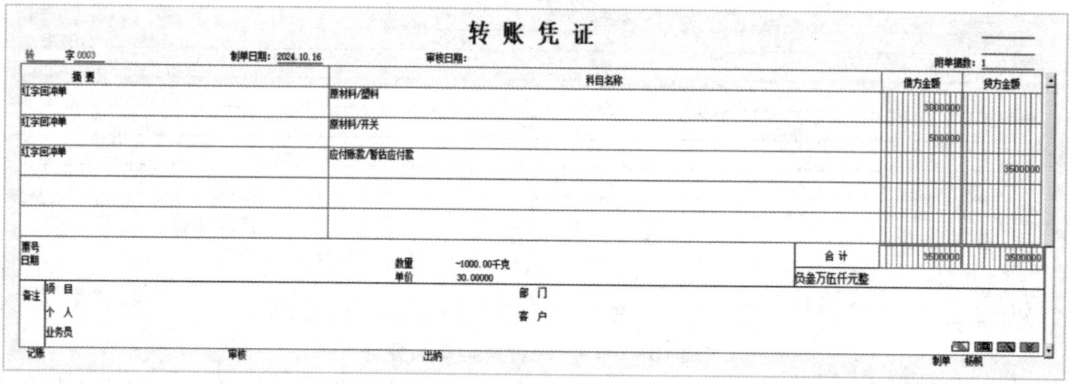

图 10-3-22　红字冲销凭证

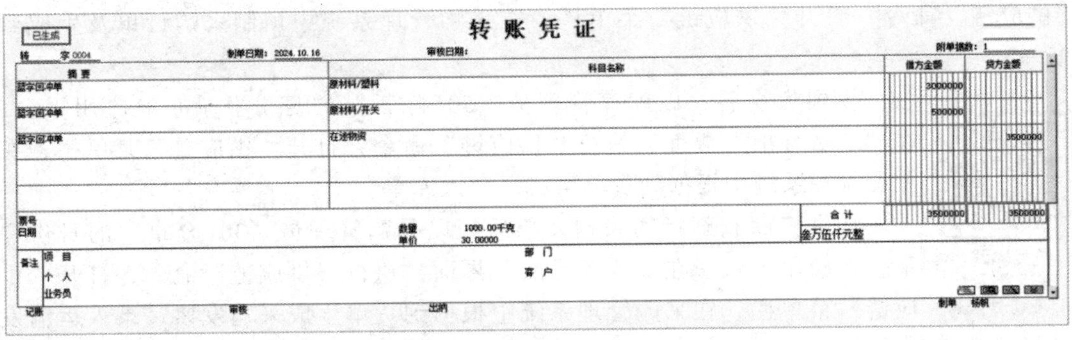

图 10-3-23　蓝字报销凭证

（五）收到货物业务的处理

10-14

技能实践：收到货物业务处理

收到货物后，以采购管理员“301 李卓”的身份登录企业应用平台，在“业务导航”界面，执行“供应链”命令，打开“供应链”菜单栏，在采购管理系统中生成到货单并进行审核。

以库存管理员“501 陈哲”的身份登录企业应用平台，在“业务导航”界面，执行“供应链”命令，打开“供应链”菜单栏，在库存管理系统中根据到货单生成采购入库单并进行审核。

以采购管理员“301 李卓”的身份登录企业应用平台，在“业务导航”界面，执行“供应链”命令，打开“供应链”菜单栏，在采购管理系统中使用自动结算功能将入库单与原已有发票进行采购结算。

采购结算后，以成本会计“205 杨帆”的身份登录企业应用平台，在“业务导航”界面，执行“供应链”命令，打开“供应链”菜单栏，在存货核算系统中对审核后且已经结算的入库单进行正常单据记账并生成凭证。生成的凭证如图 10-3-24 所示。

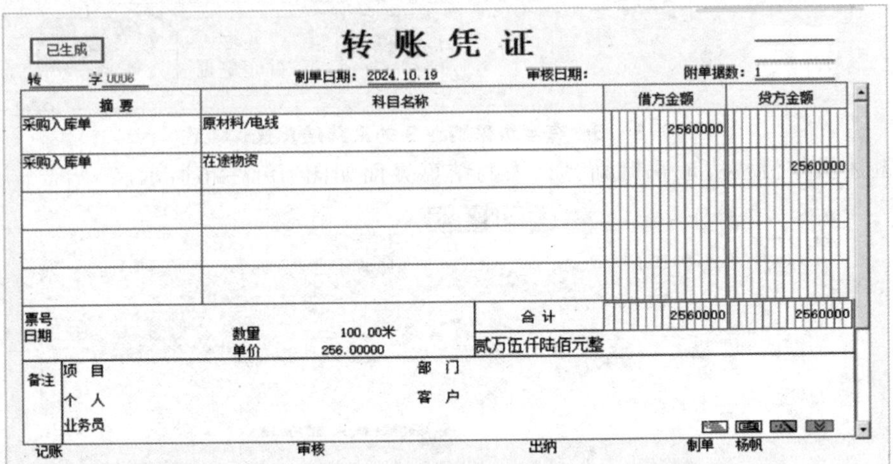

图 10-3-24　材料入库凭证

二、有运费采购业务的处理

以采购管理员“301 李卓”的身份登录企业应用平台，在“业务导航”界面，执行

“供应链”命令，打开“供应链”菜单栏，在采购管理系统中填制采购订单及生成到货单。

10-15

技能实践：有运费采购业务处理

收到货物后，以库存管理员“501 陈哲”的身份登录企业应用平台，在“业务导航”界面，执行“供应链”命令，打开“供应链”菜单栏，在库存管理系统中根据到货单生成采购入库单。

从供应商收到货物采购发票后，以采购管理员“301 李卓”的身份登录企业应用平台，在“业务导航”界面，执行“供应链”命令，打开“供应链”菜单栏，在采购管理系统中根据到货单生成采购发票、录入运输发票并进行采购结算。具体的操作流程如图 10-3-25 所示。

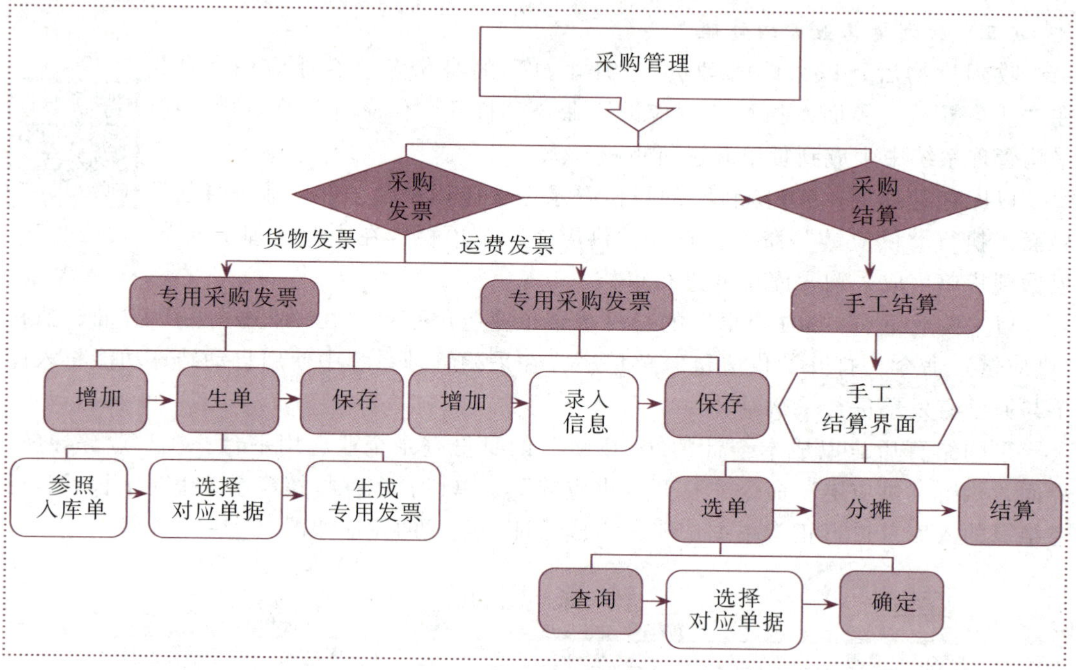

图 10-3-25 有运费采购业务的采购结算操作流程

按上述操作流程完成采购结算，采购结算界面如图 10-3-26 所示。

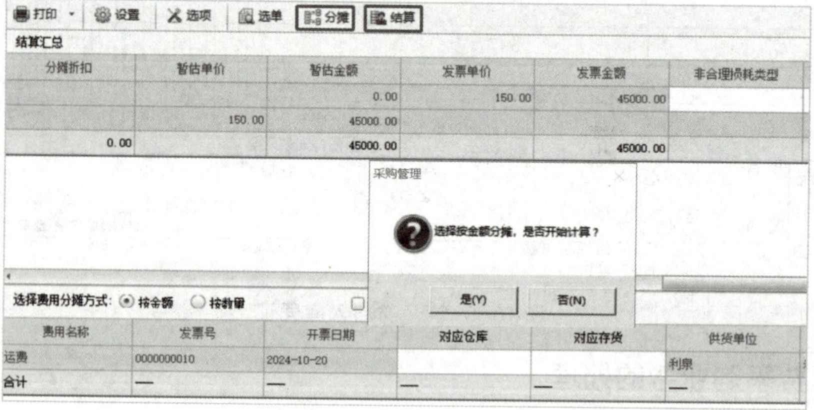

图 10-3-26 采购结算界面

> **特别提示：**
>
> ◆采用手工结算方式完成结算后，在手工结算窗口将看不到已经结算的入库单和发票。
>
> ◆有运费采购业务的采购结算，除使用手工结算外，还可以使用“费用折扣结算”功能完成。先把货物发票与采购入库单通过“自动结算”或“手工结算”方式进行采购结算，然后执行“采购结算”/“费用折扣结算”命令，打开费用折扣结算界面，选择需要结算的运费发票，单击“入库”按钮，选择对应的采购入库单，单击“结算”按钮，即可完成运费发票的采购结算。

采购发票生成后，以往来会计“203丁楠”的身份登录企业应用平台，在“业务导航”界面，执行“财务会计”命令，打开“财务会计”菜单栏，在应付款管理系统中对货物发票和运费发票进行审核及凭证处理。在制单时，将运费发票和货物发票进行合并制单。生成的凭证如图10-3-27所示。

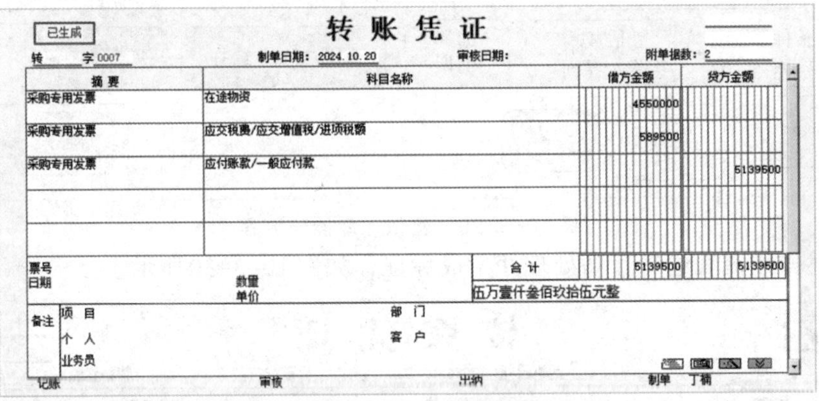

已生成

转账凭证

转　字 0007　　制单日期：2024.10.20　　审核日期：　　附单据数：2

摘要	科目名称	借方金额	贷方金额
采购专用发票	在途物资	4550000	
采购专用发票	应交税费/应交增值税/进项税额	589500	
采购专用发票	应付账款/一般应付款		5139500
票号 日期　数量 单价	合计	5139500	5139500
	伍万壹仟叁佰玖拾伍元整		

备注　项目　部门　个人　客户　业务员

记账　审核　出纳　制单　丁楠

图10-3-27　有运费采购商品凭证

采购结算后，以成本会计“205杨帆”的身份登录企业应用平台，在“业务导航”界面，执行“供应链”命令，打开“供应链”菜单栏，在存货核算系统中对审核后且已经结算的入库单进行正常单据记账并生成凭证。生成的凭证如图10-3-28所示。

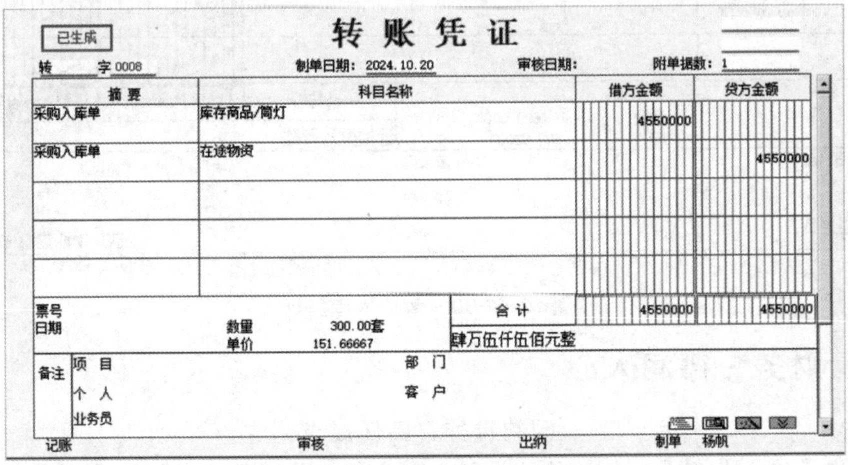

已生成

转账凭证

转　字 0008　　制单日期：2024.10.20　　审核日期：　　附单据数：1

摘要	科目名称	借方金额	贷方金额
采购入库单	库存商品/筒灯	4550000	
采购入库单	在途物资		4550000
票号 日期　数量 300.00套 单价 151.66667	合计	4550000	4550000
	肆万伍仟伍佰元整		

备注　项目　部门　个人　客户　业务员

记账　审核　出纳　制单　杨帆

图10-3-28　商品入库凭证

三、月末暂估的处理

在供应链管理系统所有日常业务结束后，10月31日，以成本会计“205杨帆”的身份登录企业应用平台，在“业务导航”界面，打开“供应链”菜单栏，在存货核算系统中对已经收到货物但月末仍未收到发票的业务进行暂估处理。具体操作流程如图10-3-29所示。

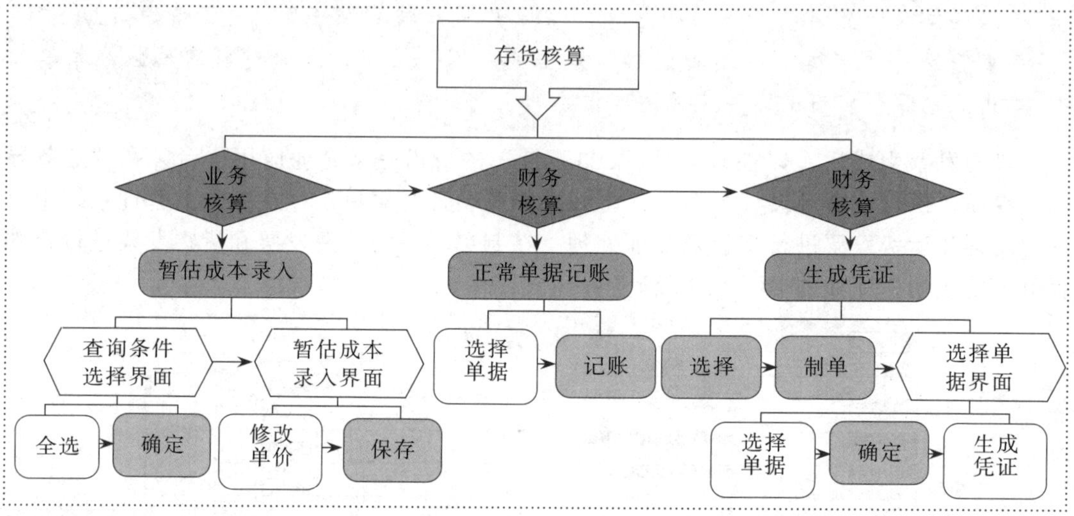

图10-3-29　暂估入库操作流程

按上述操作流程进行暂估处理并生成凭证，如图10-3-30所示。

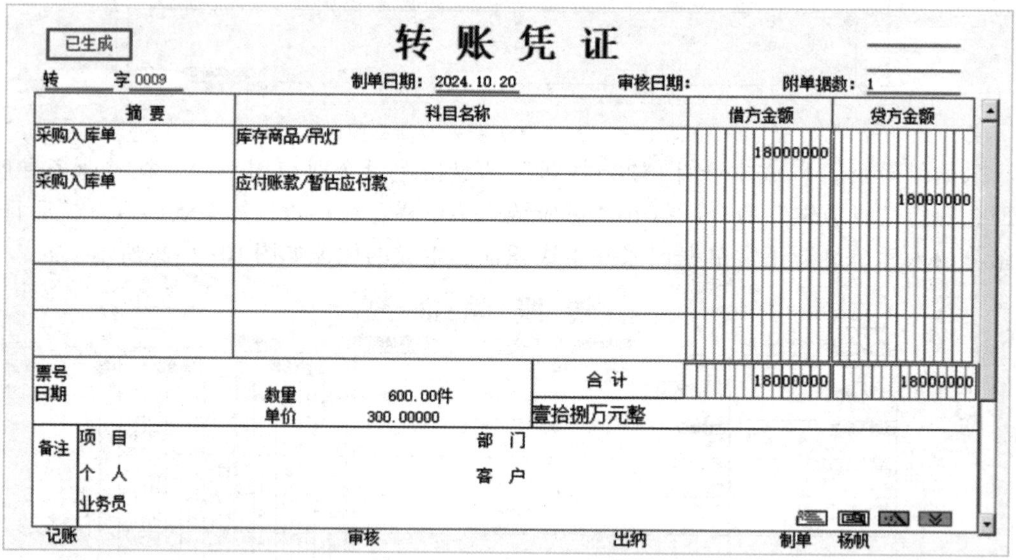

已生成

转账凭证

转 字 0009　　制单日期：2024.10.20　　审核日期：　　附单据数：1

摘要	科目名称	借方金额	贷方金额
采购入库单	库存商品/吊灯	18000000	
采购入库单	应付账款/暂估应付款		18000000

票号
日期　　数量 600.00件　单价 300.00000　　合计 18000000 18000000

壹拾捌万元整

备注　项目　　部门
个人　　客户
业务员

记账　　审核　　出纳　　制单 杨帆

图10-3-30　暂估入库凭证

智慧财务·德润人心

契约精神，责任担当

每一次采购交易都是一份契约的履行，双方都需要遵循约定。认真处理每一个业务细节，不仅是对工作负责，更是对契约精神的尊重。一旦因工作疏忽导致信息错误，可能引发与供应商的纠纷，影响企业信誉。在未来的职业生涯中，无论面对何种交易场景，都应将契约精神深植于心，敢于担当责任。

任务四 销售管理系统日常业务处理

任务情境

一、任务场景

2024年10月，晶辉照明公司发生了一些与销售相关的业务，有先发货后开票业务、开票直接发货业务及代垫费用销售业务等。该公司的销售管理员刘悦需要根据不同业务类型，采取不同的操作流程，在系统中准确处理发货等信息；库存管理员陈哲负责处理库存管理系统中销售出库相关事项；往来会计丁楠负责对发生销售业务后的往来款项进行核算，确保付款与开票的一致性。成本会计杨帆负责核算销售相关成本，并生成相应的销售凭证。

二、任务资料

晶辉照明公司10月份发生的销售相关业务资料如下：

（一）普通销售不同业务类型

1.先发货后开票业务

10月21日，万家灯饰欲购买300台台灯，向销售部了解价格，销售部报价为100元/台。该客户了解情况后，要求订购300台，并签订销售合同，要求发货日期为10月22日。

10月22日，销售部从产品库向万家灯饰发出其所订货物。

10月24日，销售部根据发货单信息开出增值税专用销售发票。当日收到万家灯饰转账支票一张，金额为33 900元，支票号为ZZS1001。

2.开票直接发货业务

10月25日，销售部与和平装饰签订销售合同，销售吊灯750件，无税单价450元，壁灯500件，无税单价200元，当日开出增值税专用发票，税率13%，同时发出货物。款项尚未收到。

（二）代垫费用销售业务

10月26日，销售部与日新灯饰签订销售合同，销售筒灯500套，无税单价260元，当日开出增值税专用发票，税率13%，同时发出货物。款项尚未收到。为了运输货物，公司使用现金支付代垫运费500元，该运费由买方承担。

三、任务要求

根据任务场景及任务资料，对晶辉照明公司的销售管理系统相关业务进行处理。

1.销售管理员刘悦：树立全局观念，严谨执行销售业务在销售管理系统中的操作流程，确保每笔销售业务准确录入系统，并生成相应的单据。

2.库存管理员陈哲：勇于承担责任，高效完成库存管理系统中的销售出库等相关业务。

3.往来会计丁楠：始终以道德为行为准则，严谨细致地完成应收款管理系统中的各项业务处理。

4.成本会计杨帆：以扎实的专业素养，在存货核算系统中高效完成销售成本核算。

任务准备

销售管理系统日常业务主要是通过对销售业务的全部流程进行管理，包括销售报价、销售订货、销售发货、销售开票、销售出库、销售收款等环节，支持普通销售、委托代销、分期收款、直运、零售、销售调拨等多种类型的销售业务，并对销售价格和信用进行实时监控。该销售管理系统能够有效进行客户管理、销售预测及销售计划管理、销售订单管理等。销售管理系统与应收款管理系统、库存管理系统及存货核算系统有密不可分的关系，因此，在学习销售管理系统时应一并学习应收款管理系统、库存管理系统及存货核算系统的相关知识。

一、普通销售业务认知

普通销售业务是指适合大多数企业的日常销售业务，与其他子系统协同提供对销售报价、销售订货、销售发货、销售开票、销售出库、结转销售成本、销售收款等环节的全程管理。普通销售业务的全流程管理如图10-4-1所示。

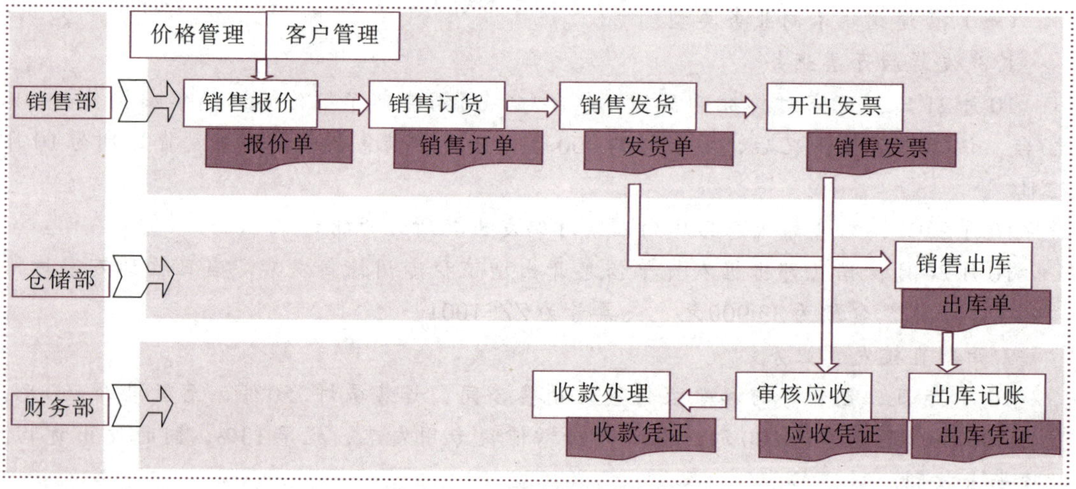

图10-4-1 普通销售业务全流程管理

10-16

知识导学：普通销售业务处理认知

销售部根据企业提供的价格管理和客户管理信息进行分析，做出销售报价单，然后与客户签订销售合同，即产生了销售订单。销售部根据销售订单开出销售发票及销售发货单准备发货，并将销售发货单传递到仓储部。仓储部根据销售发货单进行发货，填制出库单。开出销售发票和填制出库单后，单据就传递到财务部，财务部对出库商品进行记账。同时，开出销售发票后就可以到财务部办理应收单据的入账及收款业务的处理。

（一）销售报价

销售报价是企业向客户提供货品、规格、价格、结算方式等信息，双方达成协议后，可以转换为有效力的销售合同或销售订单。在销售管理系统中，可根据审核后的销售报价单生成销售订单，但此环节是可选的，可以根据实际情况决定是否采用。

（二）销售订货

销售订货是指企业与客户签订销售合同，在系统中体现为填制销售订单。当双方签订合同后，在系统中既可以手工录入销售订单，也可以根据其他销售订单或审核后的报价单生成。

在会计信息系统中，是否有销售订单也是可选的，可在系统参数中设置。在有订单的销售业务中，订单是整个销售业务的核心，整个业务流程的执行都会将信息回写到销售订单中，从而可以利用销售订单跟踪销售业务的执行情况。

（三）销售发货

销售发货是企业执行与客户签订的销售合同或销售订单，将货物发往客户的行为，是销售业务的执行阶段。销售发货是处理销售业务必要的环节。

在销售管理系统中，除了根据销售订单发货外，也有直接发货的功能，主要取决于销售管理系统的参数设置。

在必有订单销售模式下，发货单必须根据审核后的销售订单生成，可以一张订单多次发货也可以多张订单一次发货，但是否可以超订单量发货仍取决于系统参数的设置。

在非必有销售订单情况下，如果是先发货后开票的销售模式，先由销售部门根据销售订单、其他发货单生成或直接手工填写发货单，然后根据审核后的发货单生成销售发票；如果是开票直接发货的销售模式，销售部门根据销售订单、其他发票生成或直接填写销售发票并审核后，系统将自动生成销售发货单，这样生成的发货单只能查询，不能进行编辑操作。

（四）销售出库

销售出库是销售处理的必要环节。由于销售管理系统与库存管理系统、存货核算系统集成使用，因此销售出库单的处理主要是在库存管理系统和存货核算系统进行。库存管理系统用于核算出库的数量，存货核算系统用于核算存货出库成本。

销售出库单一般是指商品销售出库时所填制的单据。销售出库单按照进出仓库的方向分为蓝字销售出库单和红字销售出库单；按业务类型分为普通销售出库单、委托代销出库单和分期收款出库单。

库存管理系统与销售管理集成使用时，销售出库单不能手工填写，只能根据相关单据生成。但是，对于销售出库单是在销售管理系统还是库存管理系统生成，主要取决于系统参数的设置。如果设置为自动生成销售出库单，则在审核发货单、销售发票后在销售管理系统中自动生成销售出库单，并传递到库存管理系统，并且在库存管理系统中不能修改出库数量，即一次发货一次出库；如果不选择自动生成销售出库单的话，销售出库单是在库存管理系统中根据销售发货单、销售发票等单据生成，并且可以修改出库数量，即一次发货多次出库。库存管理系统也可以单独使用，销售出库单直接在库存管理系统中手工录入。生成或录入的销售出库单应进行审核。

（五）销售开票

销售开票是在销售过程中，企业给客户开具销售发票及其所附清单的过程，它是销售收入、应收账款、税费和计算结转销售成本的依据，也是销售业务流程中的必要环节。

在必有订单销售模式下，销售发票必须根据审核后的销售订单生成，可以一张订单多次开票，也可以多张订单一次开票。

在非必有销售订单的情况下，如果是先发货后开票销售模式，销售发票根据审核后的发货单生成；如果是开票直接发货销售模式，销售发票可由销售部门根据销售订单、其他发票生成或直接填写。

（六）结转销售成本

销售出库（开票）后，要进行出库成本确认。对于采用移动平均法、个别计价法、先进先出法计价的存货，在存货核算系统进行单据记账时进行出库成本核算；而采用全月平均法、计划价法和售价法计价的存货，在期末处理时进行出库成本核算。

（七）销售收款

销售收款是销售业务处理的最后环节，需要在应收款管理系统中处理，具体的内容见项目八。

二、普通销售不同业务类型的处理

10-17

知识导学：普通销售不同业务类型的处理

普通销售业务按发货和开票的先后顺序，可分为先发货后开票和开票直接发货两种业务类型。

（一）先发货后开票业务的处理

先发货后开票业务具体的处理流程如图10-4-2所示。

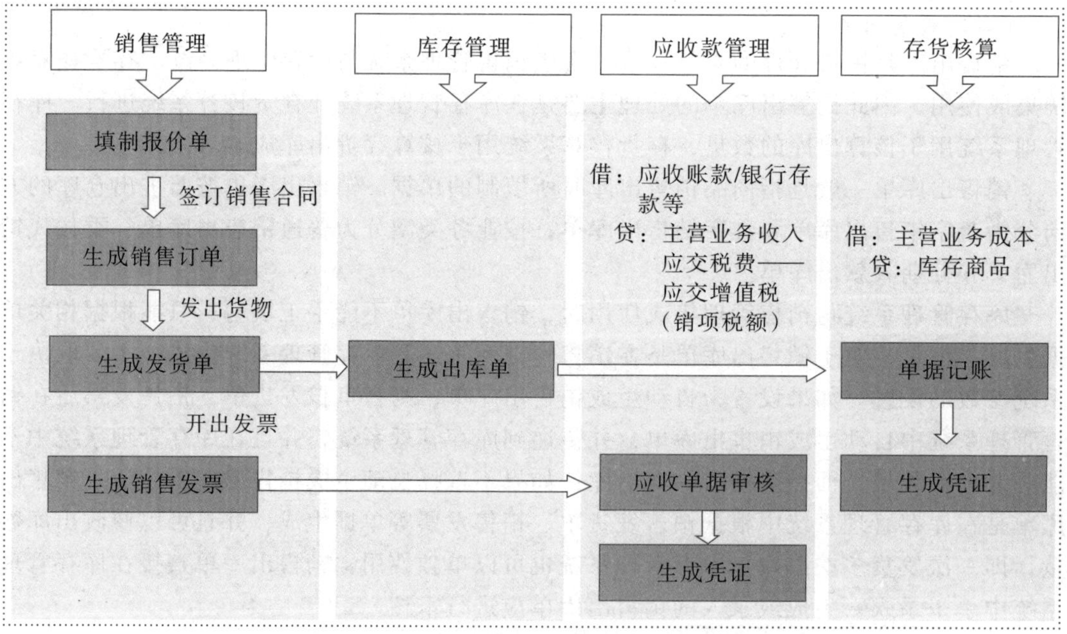

图10-4-2　先发货后开票业务处理流程

在销售管理系统中填制并审核报价单；签订销售合同后，填制或根据审核后的报价单生成销售订单；发出货物后填制或根据审核后的销售订单生成发货单。

如果在系统参数中设置为自动生成销售出库单，则在库存管理系统中自动生成销售出库单；如果不选择自动生成销售出库单，则在库存管理系统中填制或根据审核后的发货单生成销售出库单并审核。

在存货核算系统中对销售出库单记账并生成凭证。生成的凭证自动传递到总账系统中，在总账系统对该凭证进行审核、记账。

当开出销售发票时，在销售管理系统中根据审核后的发货单生成销售发票，如果收到款项需要进行现结，一并对销售发票进行复核。

复核后的销售发票将应收信息传递到应收款管理系统，在应收款管理系统中对销售发票进行审核并制单处理，生成相应的凭证。生成的凭证自动传递到总账系统中，在总账系统对该凭证进行审核、记账。

（二）开票直接发货业务的处理

开票直接发货模式的处理流程与先发货后开票业务的处理流程大多数是相同的，主要区别是销售发票的生成和销售发货单的生成。

在开票直接发货模式下，企业在开出发票时，在销售管理系统中参照销售订单生成销售发票，在没有销售订单的情况下可直接填制销售发票。销售发票生成后，系统自动生成销售发货单。销售发货单只做浏览，不能进行修改、删除、弃审等操作，但可以关闭和打开。

三、代垫费用销售业务的处理

10-18

知识导学：代垫费用销售业务处理

（一）代垫费用及录入方式

代垫费用是指在销售业务中，随货物销售所发生的如运杂费和保险费等暂时代垫、将来需向对方单位收取的费用项目。代垫费用实际上形成了用户对客户的应收款，代垫费用的收款核销由应收款管理系统来处理，销售管理系统仅对代垫费用的发生情况进行登记。

在销售管理系统中，可以采用两种方式录入代垫运费。第一种方式是在销售发票中通过“代垫”功能录入。在销售发票填制界面，单击“代垫”按钮就可以进入代垫费用单录入界面录入代垫费用信息。第二种方式是直接在销售管理系统中选择“代垫费用”，然后进入代垫费用单录入界面录入代垫费用信息。

（二）代垫费用销售业务处理流程

代垫费用销售业务处理流程与普通销售业务处理流程基本是一致的，唯一的区别就是需要录入代垫费用单。

在销售商品中代垫费用时，需要在销售系统中录入代垫费用单并审核，审核后的代垫费用单传递到应收款管理系统，自动生成其他应收单，然后对其他应收单进行审核并制单，可以与发票合并制单，生成确认收入及应收账款的凭证。

任务实施

10-19

技能实践：先发货后开票销售业务处理

一、普通销售不同业务类型的处理

（一）先发货后开票业务的处理

以销售管理员“401刘悦”的身份登录企业应用平台，在“业务导航”界面，执行“供应链”命令，打开“供应链”菜单栏，在销售管理系统中填制销售报价单、销售订单及发货单。填制销售报价单、销售订单及发货单的具体操作流程如图10-4-3所示。

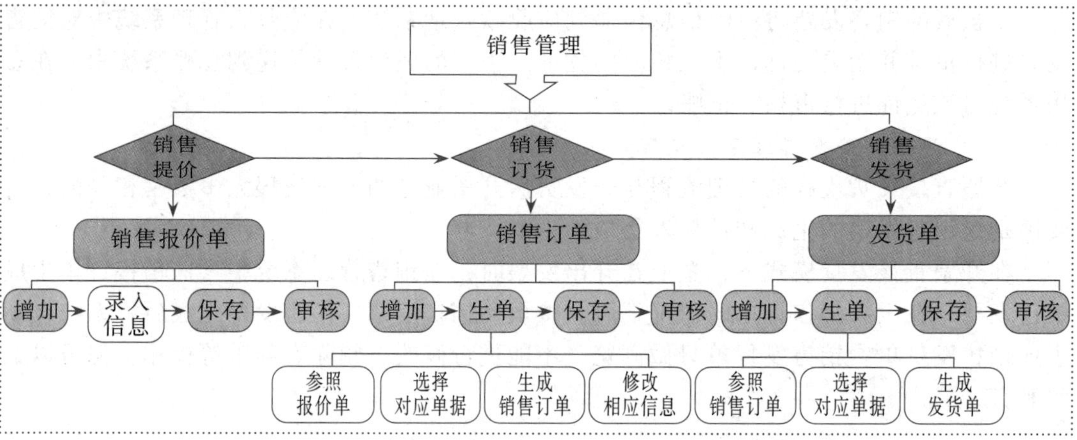

图10-4-3 销售报价单、销售订单及发货单操作流程

引导问题1：填制销售报价单是否是必需环节？ □是 □不是

引导问题2：销售订单是否必须参照销售报价单生成？ □是 □不是

引导问题3：报价单、销售订单、发货单审核后需要修改、删除时应如何处理呢？

____。

按照上述操作流程填制销售报价单、生成销售订单及销售发货单，生成的发货单如图10-4-4所示。

图10-4-4 发货单

操作提示：

◆ 在填制发货单时，系统提示存货可用量不足，无法生成发货单，如何解决？
出现这种情况实际上就是库存中该存货的数量没有达到发货单销售的数量。在本任务中出现这种情况主要原因就是库存中没有存货期初数据。也就是期初库存管理系统中没有录入该存货数量或者是没有对录入的存货数量进行审核。如果供应链管理系统尚未处理任何业务，可以进入存货核算系统恢复期初记账，再在库存管理系统中录入期初数据并审核。如果供应链管理系统已经处理了业务，则无法取消期初记账，需要引入系统期初余额录入时的备份账套重新录入期初余额。

发货单生成后，以库存管理员“501陈哲”的身份登录企业应用平台，在“业务导航”界面，执行“供应链”命令，打开“供应链”菜单栏，在库存管理系统中对自动生成的销售出库单进行审核。销售出库单审核的具体操作过程如图10-4-5所示。

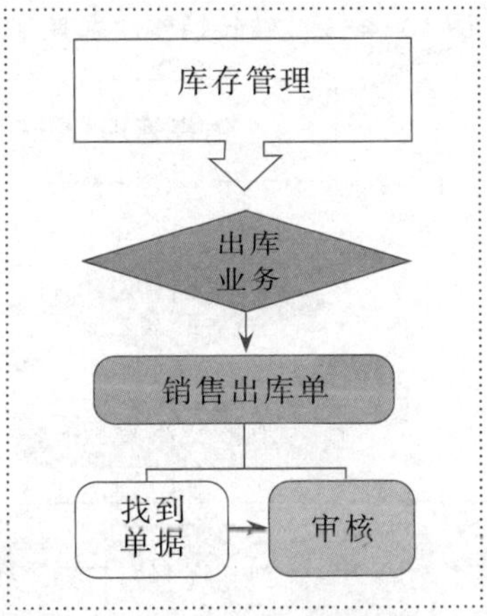

图10-4-5　审核销售出库单操作流程

操作提示：

◆ 本任务中，在销售管理系统参数设置时勾选了“销售生成出库单”，因此发货单审核后会自动生成销售出库单，在库存管理系统中只能对销售出库单审核，不能对销售出库单修改。

以成本会计“205杨帆”的身份登录企业应用平台，在“业务导航”界面，执行“供应链”命令，打开“供应链”菜单栏，在存货核算系统中对审核后的出库单进行正常单据记账并生成凭证。生成的凭证如图10-4-6所示。

开出发票后，以销售管理员“401刘悦”的身份登录企业应用平台，在“业务导航”界面，执行“供应链”命令，打开“供应链”菜单栏，在销售管理系统中填制销售发票并复核。填制销售发票的具体操作过程如图10-4-7所示。

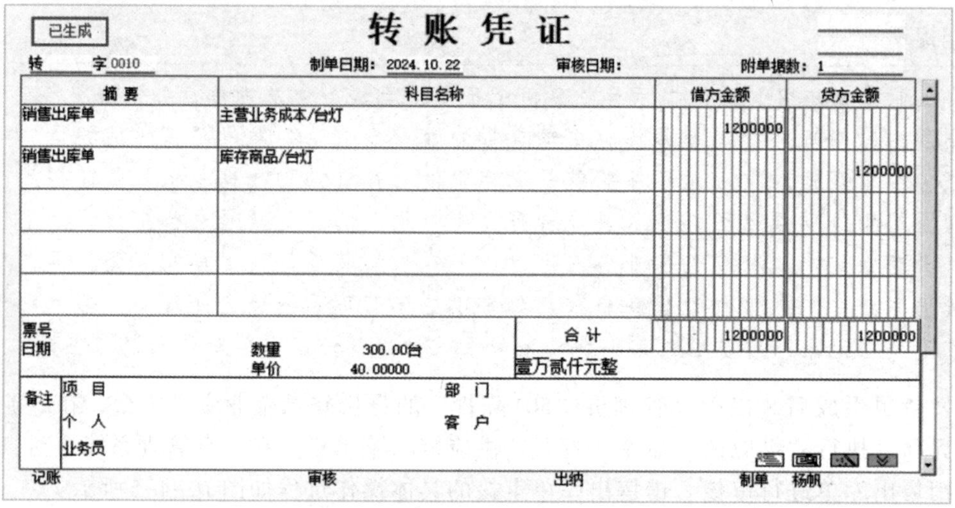

图 10-4-6 结转销售成本凭证

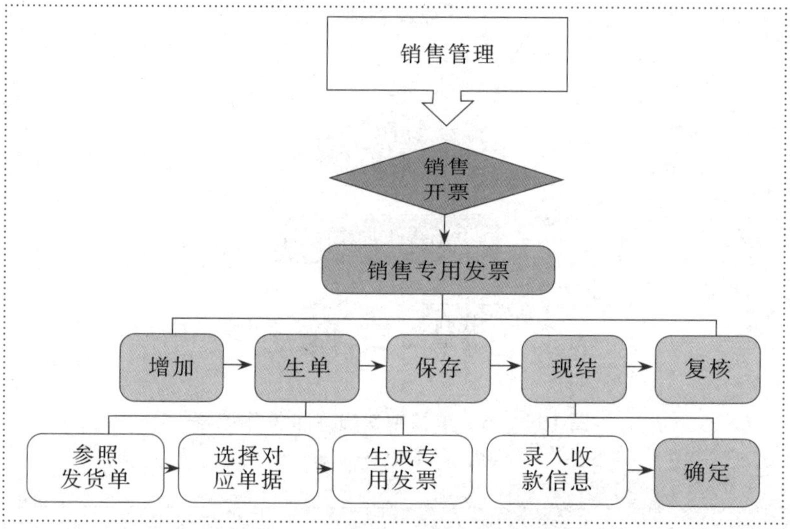

图 10-4-7 填制及审核销售发票操作流程

按照上述操作流程生成销售专用发票，如图 10-4-8 所示。

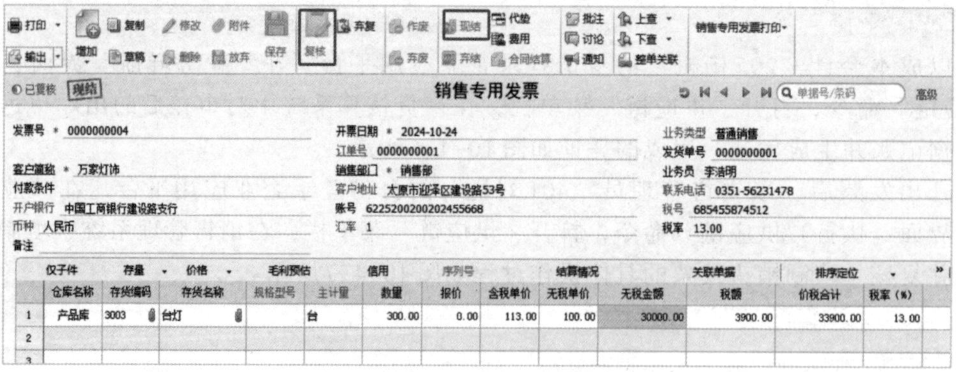

图 10-4-8 复核后的销售发票

销售发票复核后，以往来会计“203丁楠”的身份登录企业应用平台，在“业务导航”界面，执行“财务会计”命令，打开“财务会计”菜单栏，在应收款管理系统中进行销售发票的审核及制单处理。具体操作流程如图10-4-9所示。

10-20

技能实践：
开票直接发货
销售业务处理

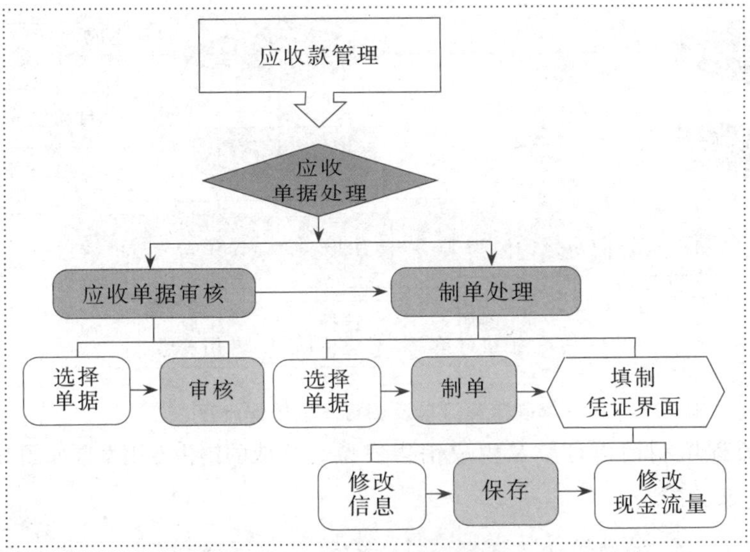

图10-4-9　应收单据审核及制单操作流程

按照上述操作流程生成相应凭证，如图10-4-10所示。

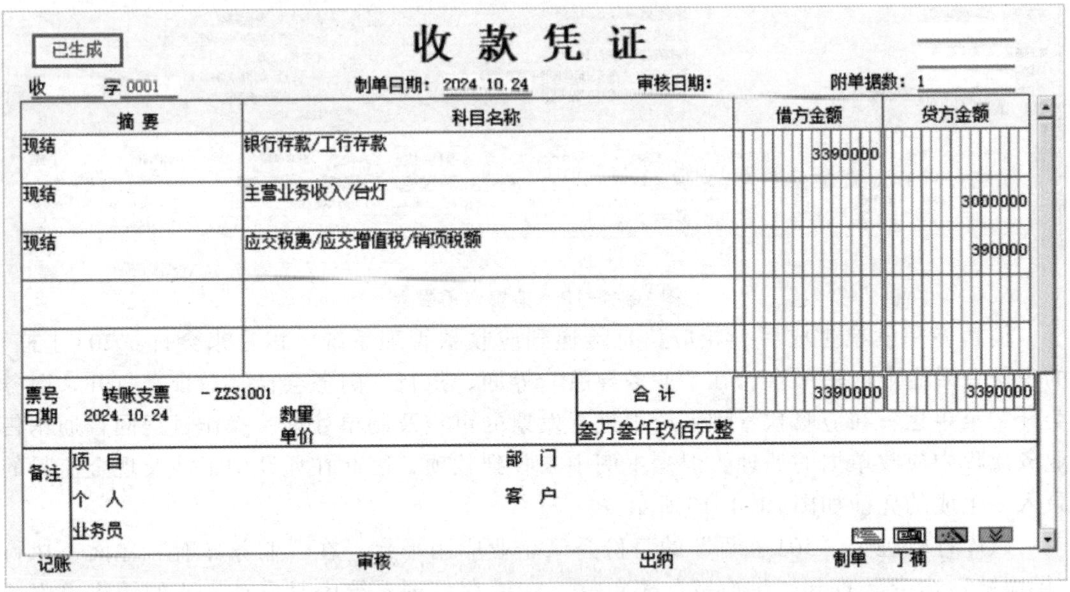
已生成

收 款 凭 证

收　字 0001　　制单日期：2024.10.24　　审核日期：　　附单据数：1

摘要	科目名称	借方金额	贷方金额
现结	银行存款/工行存款	3390000	
现结	主营业务收入/台灯		3000000
现结	应交税费/应交增值税/销项税额		390000
票号 转账支票 - ZZS1001 日期 2024.10.24　数量 单价	合 计	3390000	3390000
	叁万叁仟玖佰元整		

备注　项 目　　部 门
　　　个 人　　客 户
　　　业务员

记账　　审核　　出纳　　制单 丁楠

图10-4-10　销售商品确认收入凭证

（二）开票直接发货业务的处理

以销售管理员“401刘悦”的身份登录企业应用平台，在“业务导航”界面，执行“供应链”命令，打开“供应链”菜单栏，在销售管理系统中填制销售订单及销售发票。具体操作流程如图 10-4-11 所示。

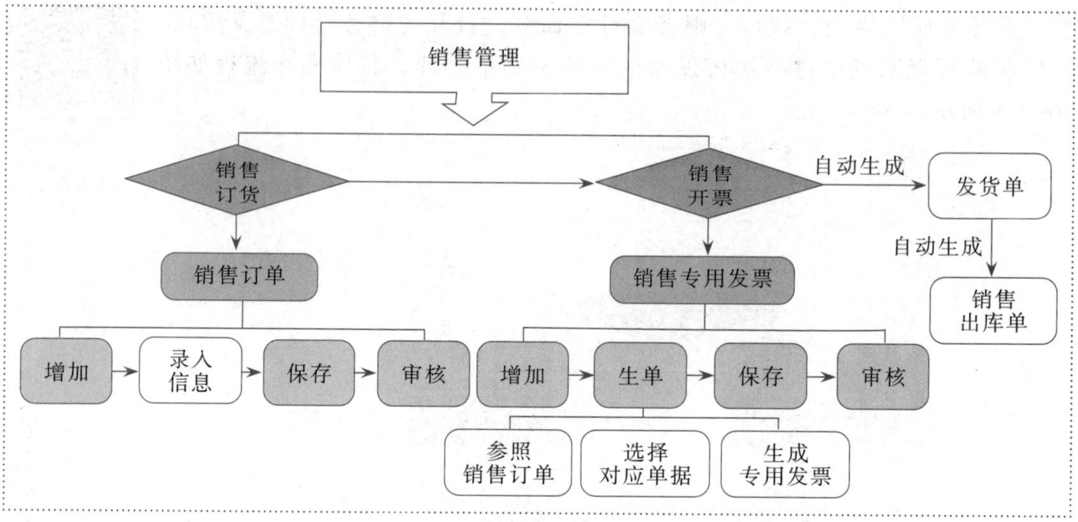

图 10-4-11　填制销售订单及销售发票操作流程

按照上述操作流程填制销售订单及生成销售发票，生成的销售专用发票如图 10-4-12 所示。

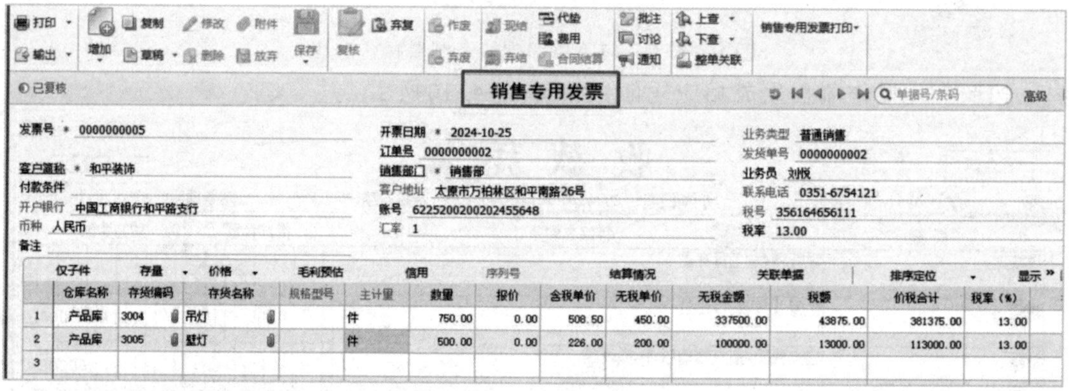

图 10-4-12　销售专用发票

销售专用发票生成后，相应信息传递到应收款管理系统，以往来会计“203 丁楠”的身份登录企业应用平台，在“业务导航”界面，执行“财务会计”命令，打开“财务会计”菜单栏，在应收款管理系统中进行发票的审核及制单处理。操作过程同普通销售业务流程中应收单据的处理，但是本例中未收到款项，因此在凭证中不涉及现金流量的录入。生成的凭证如图 10-4-13 所示。

以库存管理员“501 陈哲”的身份登录企业应用平台，在“业务导航”界面，执行“供应链”命令，打开“供应链”菜单栏，在库存管理系统中对自动生成的销售出库单进行审核。

以成本会计“205 杨帆”的身份登录企业应用平台，在“业务导航”界面，执行“供应链”命令，打开“供应链”菜单栏，在存货核算系统中对审核后的出库单进行正常单据记账并生成凭证。生成的凭证如图 10-4-14 所示。

已生成

转账凭证

转　字 0011　　制单日期：2024.10.25　　审核日期：　　附单据数：1

摘要	科目名称	借方金额	贷方金额
销售专用发票	应收账款	49437500	
销售专用发票	主营业务收入/吊灯		33750000
销售专用发票	主营业务收入/壁灯		10000000
销售专用发票	应交税费/应交增值税/销项税额		5687500
票号 日期　数量 750.00件 单价 450.00000	合计 肆拾玖万肆仟叁佰柒拾伍元整	49437500	49437500

备注　项目　　部门
　　　个人　　客户
　　　业务员

记账　　审核　　出纳　　制单　丁楠

图 10-4-13　赊销商品确认收入凭证

已生成

转账凭证

转　字 0012　　制单日期：2024.10.25　　审核日期：　　附单据数：1

摘要	科目名称	借方金额	贷方金额
销售出库单	主营业务成本/吊灯	22500000	
销售出库单	主营业务成本/壁灯	8636500	
销售出库单	库存商品/吊灯		22500000
销售出库单	库存商品/壁灯		8636500
票号 日期　数量 750.00件 单价 300.00000	合计 叁拾壹万壹仟叁佰陆拾伍元整	31136500	31136500

备注　项目　　部门
　　　个人　　客户
　　　业务员

记账　　审核　　出纳　　制单　杨帆

图 10-4-14　结转销售成本凭证

引导问题 1：在会计信息系统中，处理先发货后开票业务与开票直接发货业务时，关键操作在于：____。

引导问题 2：在________________情况下，销售发票只能参照生成，不能手工录入。

二、代垫费用销售业务的处理

10-21

技能实践：代垫费用销售业务处理

以销售管理员“401刘悦”的身份登录企业应用平台，在“业务导航”界面，执行“供应链”命令，打开“供应链”菜单栏，在销售管理系统中填制销售订单及生成销售增值税专用发票并审核。审核后，在填制销售增值税专用发票界面，如图10-4-15所示，单击“代垫”按钮，打开“代垫费用单”录入界面，输入代垫费用信息，如图10-4-16所示。也可以执行“销售管理”/“代垫费用”/“代垫费用单”命令录入代垫费用信息。

图10-4-15 销售专用发票

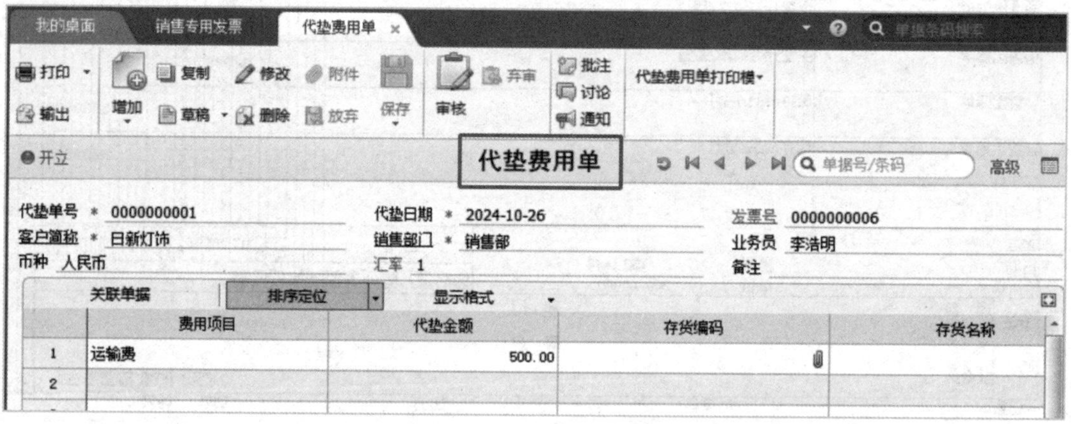

图10-4-16 代垫费用单

销售增值税专用发票审核后，系统自动生成发货单及销售出库单。

以库存管理员“501陈哲”的身份登录企业应用平台，在“业务导航”界面，执行“供应链”命令，打开“供应链”菜单栏，在库存管理系统中对销售出库单进行审核。

销售专用发票生成后，相应信息传递到应收款管理系统，以往来会计“203丁楠”的身份登录企业应用平台，在“业务导航”界面，执行“财务会计”命令，打开“财务会计”菜单栏，在应收款管理系统中对销售发票及应收单据进行审核及凭证处理。在制单时，进行合并制单，如图10-4-17所示，生成的凭证如图10-4-18所示。

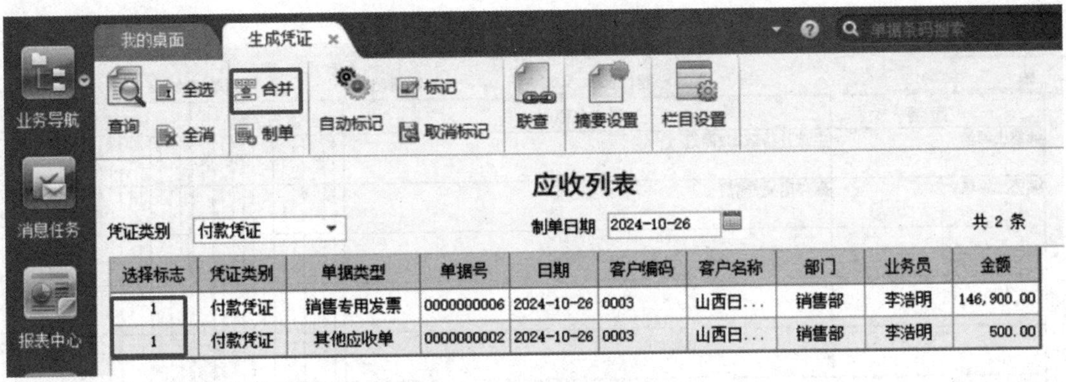

选择标志	凭证类别	单据类型	单据号	日期	客户编码	客户名称	部门	业务员	金额
1	付款凭证	销售专用发票	0000000006	2024-10-26	0003	山西日...	销售部	李浩明	146,900.00
1	付款凭证	其他应收单	0000000002	2024-10-26	0003	山西日...	销售部	李浩明	500.00

图 10-4-17　合并制单

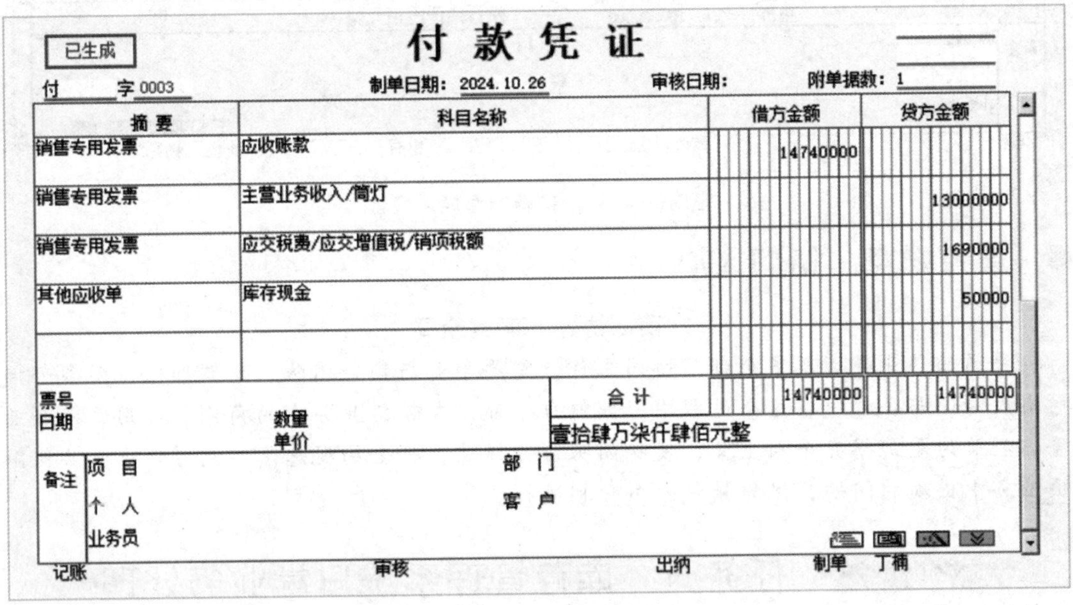

摘要	科目名称	借方金额	贷方金额
销售专用发票	应收账款	14740000	
销售专用发票	主营业务收入/筒灯		13000000
销售专用发票	应交税费/应交增值税/销项税额		1690000
其他应收单	库存现金		50000
票号 日期	数量 单价 合计	14740000	14740000
	壹拾肆万柒仟肆佰元整		

图 10-4-18　代垫运费销售确认收入凭证

操作提示：

◆代垫费用单生成凭证时，凭证中没有自动出现“库存现金”科目，如何解决？

生成凭证没有自动带出科目是因为在应收款管理系统中的初始相关科目设置中未设置代垫费用单的对应科目。如果想实现系统能自动填制凭证，就需要将业务规则和相关科目预先设置在系统中。此时需要在应收款管理系统中，执行“设置”/“初始设置”/“基本科目设置”命令，增加基本科目类型为“代垫费用科目”，对应科目为“1001”即可。

以成本会计“205 杨帆”的身份登录企业应用平台，在“业务导航”界面，执行“供应链”命令，打开“供应链”菜单栏，在存货核算系统中对审核的销售出库单进行正常单据记账并生成凭证。生成的凭证如图 10-4-19 所示。

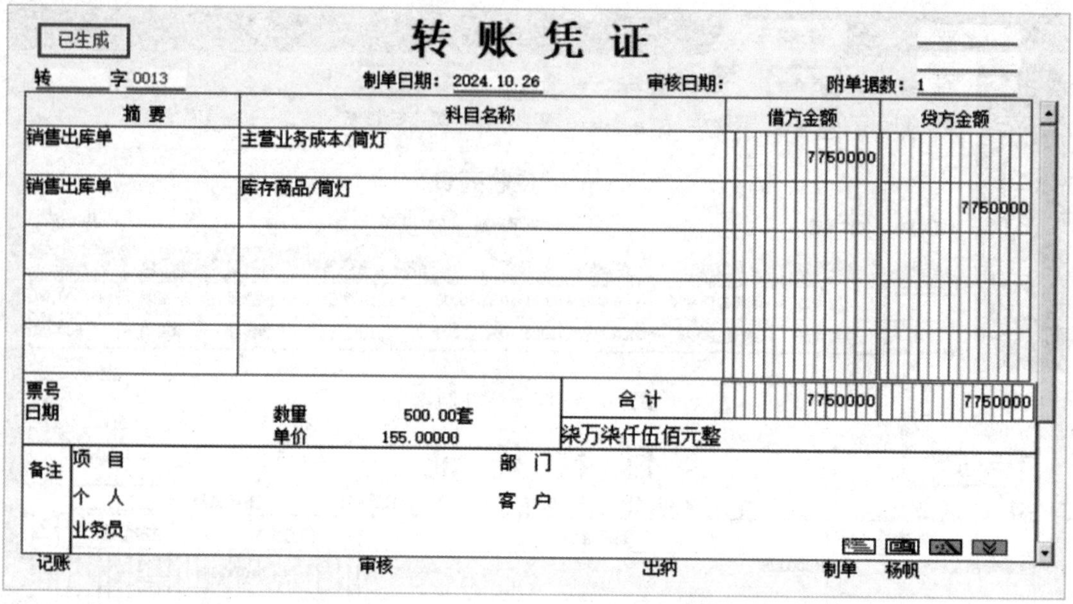

图10-4-19 结转销售成本凭证

智慧财务·德润人心

团队协作，洞察全局

普通销售业务涉及多个部门协同工作，需要学会与销售团队、仓储部门、财务部门等有效沟通与合作。在这个过程中，理解每个部门在销售业务中的角色和作用，以企业整体利益为重，摒弃个人主义，发扬团队协作精神，将全局观念落实到行动中，共同解决业务中出现的问题，保障销售业务顺利进行。

任务五　库存管理系统日常业务处理

任务情境

一、任务场景

晶辉照明公司2024年10月，发生了除采购入库和销售出库业务以外的出入库业务，包括领料出库、产成品入库、调拨、盘点等。该公司的库存管理员陈哲负责处理库存管理系统的日常业务，逐一录入领料出库、产成品入库等业务数据，确保信息准确无误。杨帆同步进行成本核算，生成相应凭证，两人紧密配合，确保库存管理与成本核算高效协同，保障公司业务顺畅运行。

二、任务资料

晶辉照明公司10月份发生的库存相关业务资料如下：

（一）领用材料出库业务

10月26日，生产一部向原料库领用塑料300千克、合金120千克、电线30平方、开关100个，用于生产吸顶灯。

10月26日，生产二部向原料库领用塑料100千克、合金80千克、电线10平方、开关300个，用于生产落地灯。

（二）产成品入库业务

10月30日，产品库收到当月生产一部加工的100只吸顶灯入库，收到生产二部加工的300个落地灯入库。随后收到财务部门提供的完工产品成本，其中吸顶灯总成本27 800元（直接材料20 737元，直接人工5 000元，制造费用2 063元），落地灯总成本18 200元（直接材料10 731元，直接人工5 300元，制造费用2 169元）。

（三）其他业务

1. 调拨业务

10月30日，将原料库中的50个开关调拨到产品库。

2. 盘点业务

10月31日，对各仓库进行盘点，原料库的合金盘点数与账面数不一致，合金盘点数为105千克。经确认，该合金的成本为50元/千克。产品库的吊灯盘点数为48件，经确认，该吊灯的成本为300元/件。

后查明原因，该吊灯的盘亏是由于库管人员管理不善造成的，公司责成其进行赔偿，尚未收到赔偿款。合金盘盈数未查明原因，经领导批准，进行转销。

三、任务要求

根据任务场景及任务资料，对晶辉照明公司的库存管理系统相关业务进行处理。

1. 库存管理员陈哲：诚信为本，精确无误地处理库存管理系统中所有出入库业务。

2. 成本会计杨帆：凭借深厚的专业素养，高效地在存货核算系统中完成出入库业务成本的精确核算。

任务准备

库存管理系统是在物流过程中对商品数量进行管理。该系统能够满足采购入库、销售出库、产成品入库、材料出库、其他出入库等业务的需要，提供仓库货位管理、批次管理、出库跟踪入库管理等全面的业务应用。一般来说，库存管理系统可以单独使用，但主要是与采购管理系统、销售管理系统、存货核算系统集成使用，从而发挥其更强大的应用功能。

库存管理系统提供的日常业务处理包括入库业务、出库业务、调拨业务、盘点业务、组装与拆卸业务、形态转换业务、限额领料业务等，主要提供这些单据的填制和审核功能。

10-22

知识导学：
库存管理系统
日常业务处理

一、入库业务

系统提供了3种入库方式，即采购入库、产成品入库和其他入库，从而形成了日常业务的采购入库单、产成品入库单和其他入库单。

（一）采购入库单

采购入库单是根据采购到货签收的实收数量填制的单据。该单据在采购管理系统中的采购入库已经介绍，此处不再赘述。

（二）产成品入库单

产成品入库单是企业对原材料及半成品进行一系列的加工后，形成可销售的商品，然后验收入库时所填制的入库单据。该单据只有工业企业才有，而且是工业企业入库单据的主要组成部分。

当企业的产品生产完工入库时，首先，在库存管理系统中根据产品入库的信息填制产成品入库单，但是需要注意的是，在入库时一般是无法确定产成品的总成本和单位成本的，因此在录入时一般只录入数量而不需要录入单价和金额。填制完产成品入库单后需要对该单据进行审核，只有审核后，相关信息才能传递到存货核算系统。其次，进入存货核算系统，对产成品成本进行分配，生成产品单价，最后，对该单据进行记账并生成凭证。

（三）其他入库单

其他入库单是指除采购入库、产成品入库之外的其他入库业务形成的单据，如调拨业务、盘点业务、组装拆卸入库、形态转换入库等形成的入库单。

其他入库业务在系统中的处理是比较简单的。根据企业入库业务信息填制其他入库单，但一般情况下是不需要填制的，系统会根据其他业务的处理结果自动生成。例如，调拨入库、盘盈入库在填制完这些业务单据后，系统会自动生成其他入库单。其他入库单生成后需要进行审核，审核后的其他入库单会传递到存货核算系统，在存货核算系统对其他入库单进行单据记账并生成相应凭证。

二、出库业务

库存管理系统的出库业务一般包括销售出库、材料出库和其他出库。出库业务的单据包括日常业务的销售出库单、材料出库单和其他出库单。

（一）销售出库单

销售出库业务的主要凭据是产品出库时所填制的出库单。该单据在销售管理系统中的销售出库已经介绍，此处不再赘述。

（二）材料出库单

对于工业企业，生产过程需要领用材料，需要办理材料领用出库手续。因此当从仓库中领用材料用于生产时，就需要填制材料出库单。只有工业企业才有材料出库单，商业企业没有此单据。材料出库单可以手工增加，也可以配比出库或根据限额领料单生成。

当企业生产产品需要领用材料时，在库存管理系统中根据产品领用材料的信息填制材料出库单，填制完成后需要对该单据进行审核。只有审核后，相关信息才能传递到存货核算系统。在存货核算系统，对材料出库单进行记账并生成相应凭证即领料凭证。

（三）其他出库单

其他出库业务是指除了销售出库、材料出库之外的其他出库业务，如调拨出库、盘亏出库等业务，将商品捐赠出去也属于其他出库。

其他出库业务在系统中的处理也是比较简单的。根据企业出库业务信息填制其他出库单，但有时候是不需要填制的，系统会根据其他业务的处理结果自动生成。例如，调拨出库、盘亏出库在填制完业务单据后，系统会自动生成其他出库单。其他出库单生成后需要进行审核，审核后的其他出库单会传递到存货核算系统，在存货核算系统对其他出库单进行单据记账并生成相应凭证。

三、其他业务

其他出库业务是指除入库业务、出库业务以外的其他库存管理业务，包括调拨业务、盘点业务、组装与拆卸业务、形态转换业务等。在此仅介绍调拨业务和盘点业务。

（一）调拨业务

调拨业务是指用于仓库之间存货的转库业务或部门之间的存货调拨业务。在调拨业务中，可以手工填制调拨单，也可以参照生产订单填制。在同一张调拨单上，如果转出部门和转入部门不同，则表示是部门之间的调拨；如果部门相同，但转出仓库和转入仓库不同，则表示是仓库之间的调拨。

当调拨业务发生后，首先根据调拨信息在库存管理系统中填制库存调拨单，然后对其进行审核，审核后的调拨单自动生成其他出库单和其他入库单，自动生成的其他出入库单是不得修改和删除的，但需要对其进行审核。审核后的单据会传递到存货核算系统，在存货核算系统进行特殊单据记账。需要注意的是，存货一般不按仓库或部门设置明细，调拨业务就是从一个部门或仓库调拨到另一个部门或仓库，并没有涉及实质的业务发生，库存调拨业务不会涉及账务处理，因此暂不需要生成凭证。

（二）盘点业务

盘点业务是系统提供的对存货进行定期和不定期的清查，查明存货盘盈、盘亏及毁损的数量，并据以编制存货盘点报告的业务。经有关部门批准后，盘点业务应进行相应的账务处理，调整存货的实存数，使存货的账面记录与库存实物相符。盘点时，系统提供了多种盘点方式，如按仓库盘点、按批次盘点、按类别盘点等。同时，还可以选择对仓库存货批次中的全部存货还是部分存货进行盘点。

对存货进行实地盘点后，需要根据实地盘点的结果在库存管理系统中填制盘点单，填制完成后对盘点单进行审核，之后系统会自动生成其他出库单或其他入库单。所有盘盈的存货或盘亏的存货生成一张其他出库单或其他入库单。如果该存货盘盈了，即盘点数大于系统中提供的账面数，系统会自动生成其他入库单，进行账面调整；如果存货盘亏了，即盘点数小于系统中提供的账面数，系统会自动生成其他出库单，进行账面调整。其他出入库单生成后需要进行审核，审核后的信息会传递到存货核算系统，在存货核算系统对该单据记账，生成盘盈或盘亏的凭证。

任务实施

10-23

技能实践：领用材料业务处理

一、领用材料出库业务的处理

以库存管理员“501 陈哲”的身份登录企业应用平台，在“业务导航”界面，执行“供应链”命令，打开“供应链”菜单栏，在库存管理系统中填制并审核材料出库单。具体操作流程如图10–5–1所示。

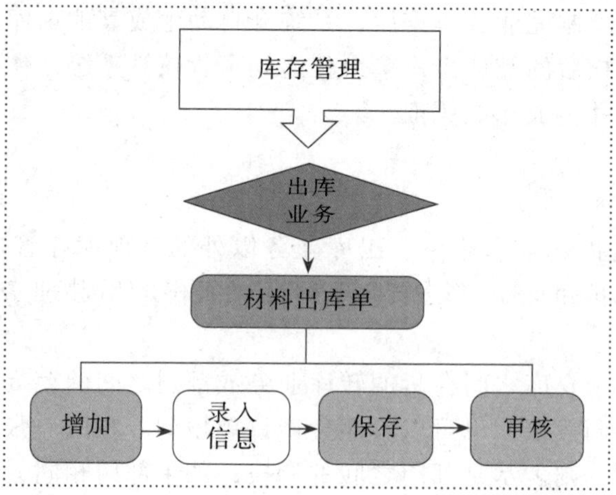

图10–5–1 填制并审核材料出库单操作流程

根据上述操作流程完成生产一部和生产二部领用材料出库单的填制，填制的生产一部材料出库单如图10–5–2所示。

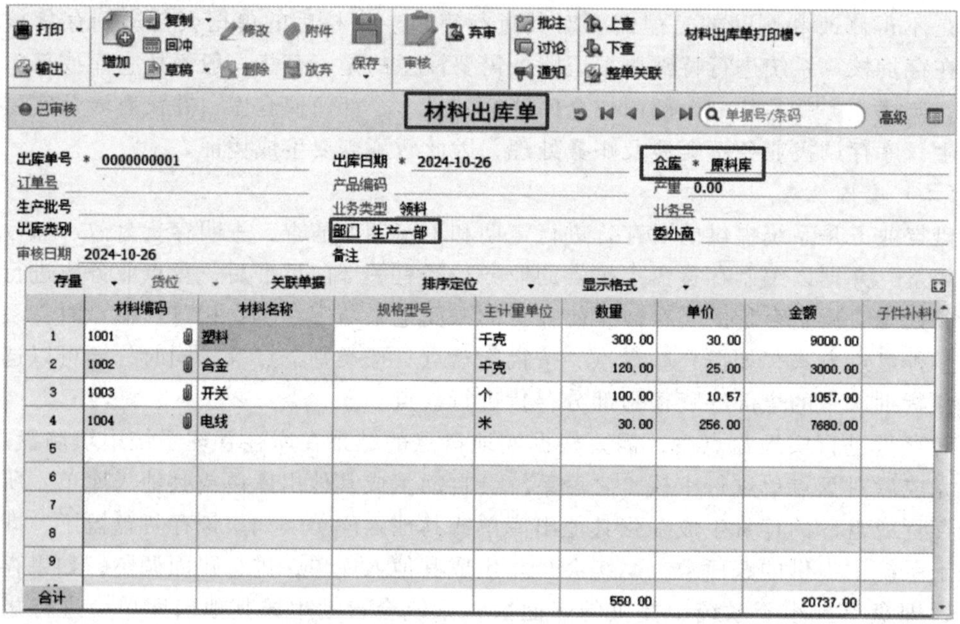

	材料编码	材料名称	规格型号	主计量单位	数量	单价	金额	子件补料
1	1001	塑料		千克	300.00	30.00	9000.00	
2	1002	合金		千克	120.00	25.00	3000.00	
3	1003	开关		个	100.00	10.57	1057.00	
4	1004	电线		米	30.00	256.00	7680.00	
5								
6								
7								
8								
9								
合计					550.00		20737.00	

图10–5–2 生产一部材料出库单

材料出库单审核后，以成本会计“205杨帆”的身份登录企业应用平台，在“业务导航”界面，执行“供应链”命令，打开“供应链”菜单栏，在存货核算系统中对材料出库单进行正常单据记账，生产一部领料出库单审核后正常单据记账界面如图10–5–3所示。在生成相应凭证时，可以选择合成，使所选单据生成一张凭证，凭证生成界面如图10–5–4所示。生成的凭证如图10–5–5、图10–5–6所示。

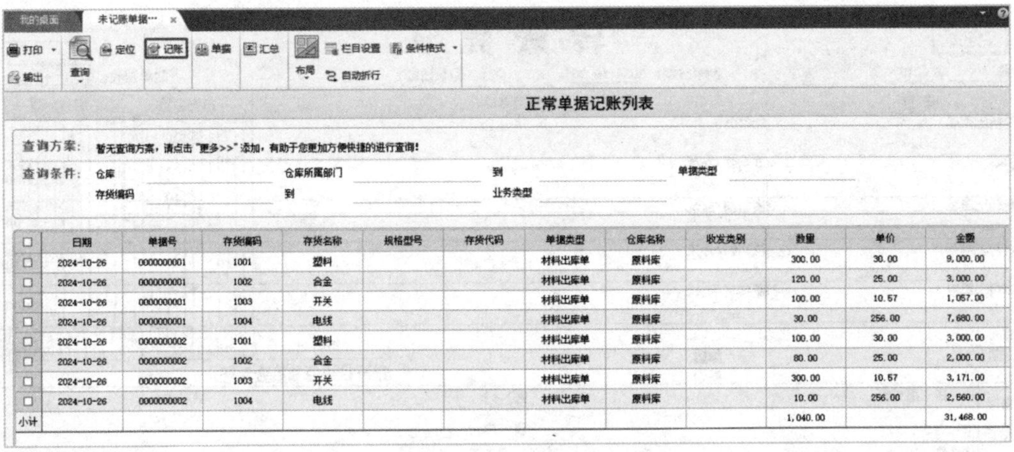

日期	单据号	存货编码	存货名称	规格型号	存货代码	单据类型	仓库名称	收发类别	数量	单价	金额
2024-10-26	0000000001	1001	塑料			材料出库单	原料库		300.00	30.00	9,000.00
2024-10-26	0000000001	1002	合金			材料出库单	原料库		120.00	25.00	3,000.00
2024-10-26	0000000001	1003	开关			材料出库单	原料库		100.00	10.57	1,057.00
2024-10-26	0000000001	1004	电线			材料出库单	原料库		30.00	256.00	7,680.00
2024-10-26	0000000002	1001	塑料			材料出库单	原料库		100.00	30.00	3,000.00
2024-10-26	0000000002	1002	合金			材料出库单	原料库		80.00	25.00	2,000.00
2024-10-26	0000000002	1003	开关			材料出库单	原料库		300.00	10.57	3,171.00
2024-10-26	0000000002	1004	电线			材料出库单	原料库		10.00	256.00	2,560.00
小计									1,040.00		31,468.00

图 10-5-3　正常单据记账界面

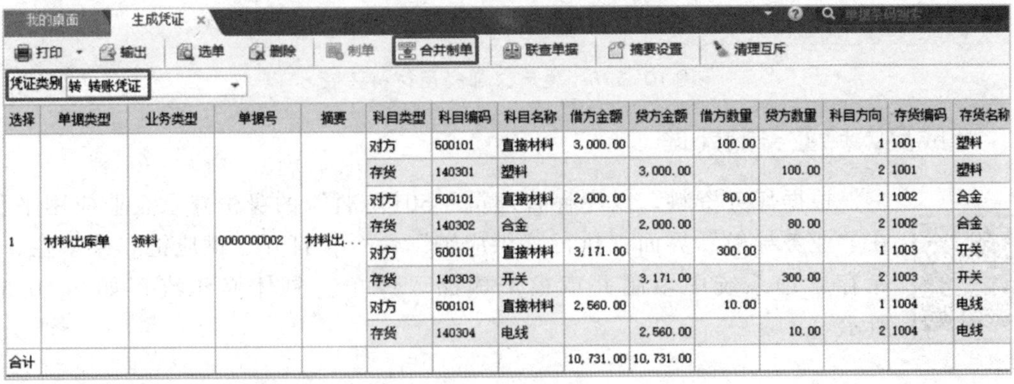

选择	单据类型	业务类型	单据号	摘要	科目类型	科目编码	科目名称	借方金额	贷方金额	借方数量	贷方数量	科目方向	存货编码	存货名称
1	材料出库单	领料	0000000002	材料出…	对方	500101	直接材料	3,000.00		100.00		1	1001	塑料
					存货	140301	塑料		3,000.00		100.00	2	1001	塑料
					对方	500101	直接材料	2,000.00		80.00		1	1002	合金
					存货	140302	合金		2,000.00		80.00	2	1002	合金
					对方	500101	直接材料	3,171.00		300.00		1	1003	开关
					存货	140303	开关		3,171.00		300.00	2	1003	开关
					对方	500101	直接材料	2,560.00		10.00		1	1004	电线
					存货	140304	电线		2,560.00		10.00	2	1004	电线
合计								10,731.00	10,731.00					

图 10-5-4　生产二部生成凭证界面

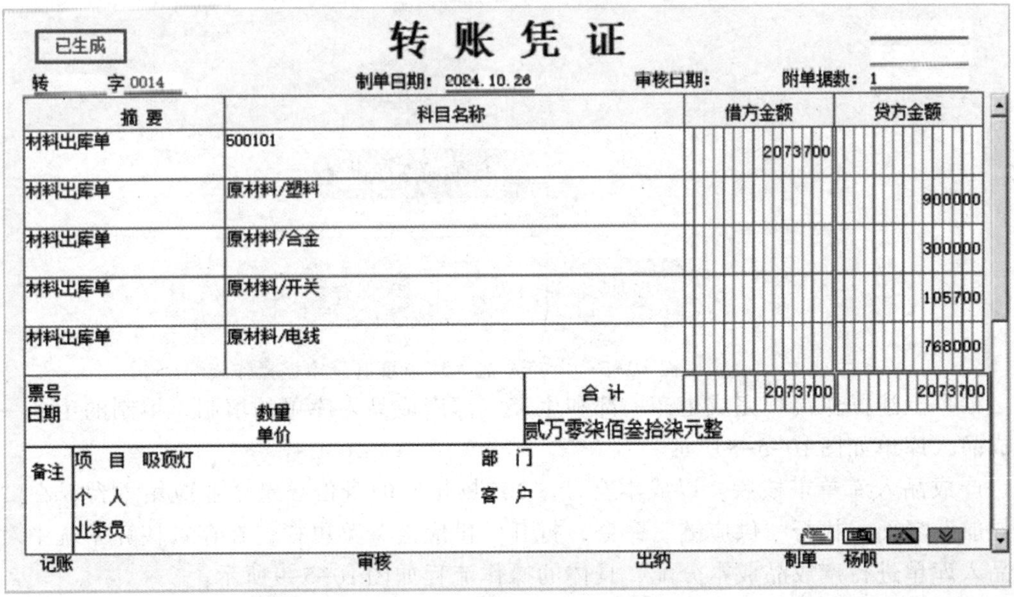
已生成

转账凭证

转　字 0014　　制单日期：2024.10.26　　审核日期：　　附单据数：1

摘要	科目名称	借方金额	贷方金额
材料出库单	500101	2073700	
材料出库单	原材料/塑料		900000
材料出库单	原材料/合金		300000
材料出库单	原材料/开关		105700
材料出库单	原材料/电线		768000
票号 日期　数量 单价	合计	2073700	2073700
	贰万零柒佰叁拾柒元整		

备注　项　目 吸顶灯　　部　门
个　人　　客　户
业务员

记账　　审核　　出纳　　制单 杨帆

图 10-5-5　生产一部领用材料凭证

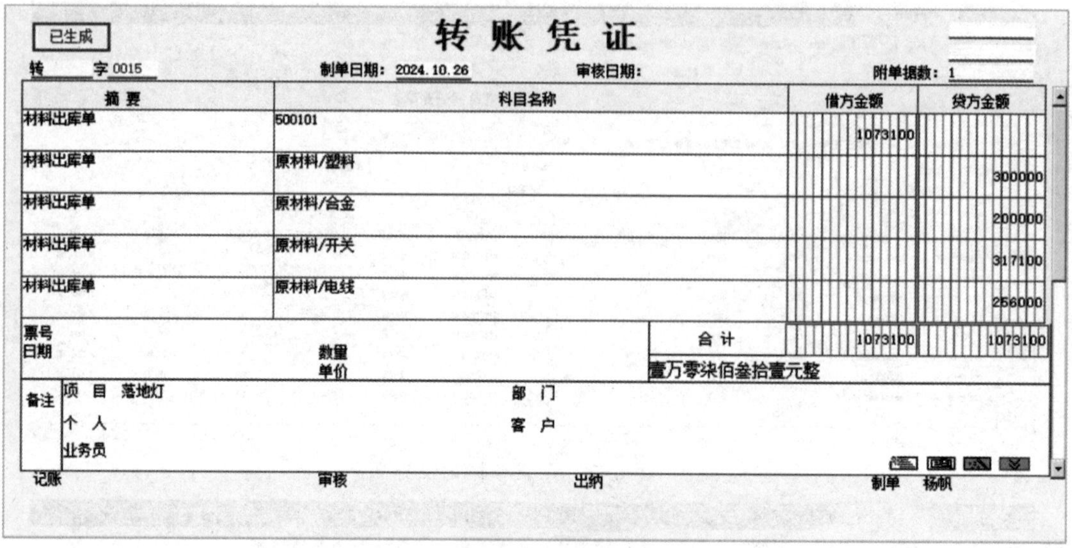

已生成

转 账 凭 证

转 字 0015　　制单日期：2024.10.26　　审核日期：　　附单据数：1

摘要	科目名称	借方金额	贷方金额
材料出库单	500101	1073100	
材料出库单	原材料/塑料		300000
材料出库单	原材料/合金		200000
材料出库单	原材料/开关		317100
材料出库单	原材料/电线		256000
票号 日期	数量 单价	合计 1073100	1073100
		壹万零柒佰叁拾壹元整	

备注　项 目　落地灯　　部 门
　　　个 人　　　　　客 户
　　　业务员

记账　　审核　　出纳　　制单 杨帆

图 10-5-6　生产二部领用材料凭证

二、产成品入库业务的处理

10-24

技能实践：产成品入库业务处理

根据任务资料，以库存管理员“501 陈哲”的身份登录企业应用平台，在“业务导航”界面，执行“供应链”命令，打开“供应链”菜单栏，在库存管理系统中填制并审核产成品入库单。具体操作流程如图 10-5-7 所示。

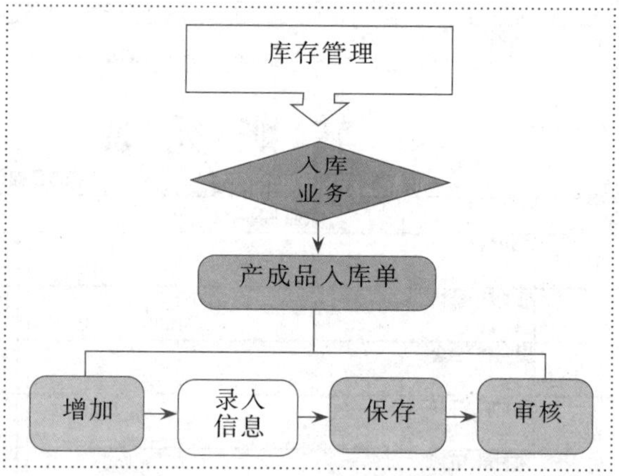

图 10-5-7　产成品入库单填制及审核操作流程

根据上述操作流程完成生产一部和生产二部产成品入库单的填制，填制的生产一部产成品入库单如图 10-5-8 所示。

产成品入库单审核后，以成本会计“205 杨帆”的身份登录企业应用平台，在“业务导航”界面，执行“供应链”命令，打开“供应链”菜单栏，在存货核算系统中对产成品入库单进行产成品成本分配，具体的操作流程如图 10-5-9 所示。

图 10-5-8　生产一部产成品入库单

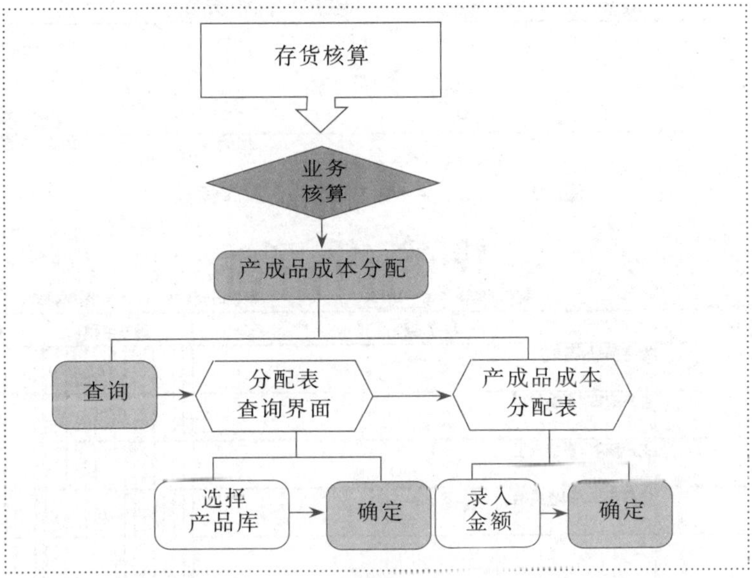

图 10-5-9　产成品成本分配操作流程

按上述操作流程完成产成品成本分配任务，产成品成本分配界面如图 10-5-10 所示，对产成品成本分配后，产品入库单就会计算出金额，然后进行正常单据记账并生成相应凭证。在生成凭证时，需要对存货的对方科目进行修改，增加生产成本明细科目，最后生成的凭证如图 10-5-11、图 10-5-12 所示。

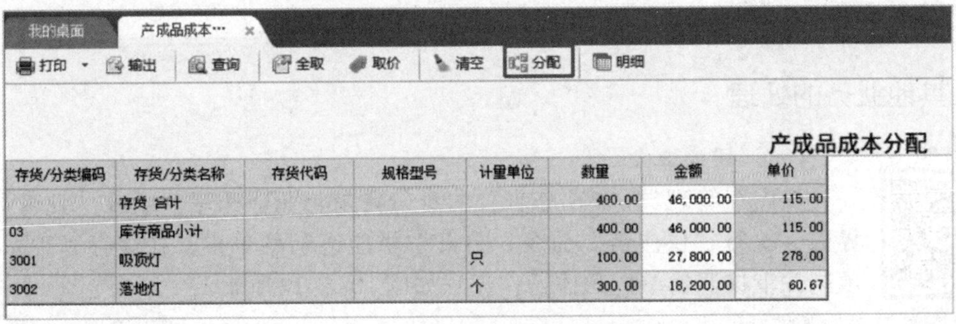

图 10-5-10　产成品成本分配界面

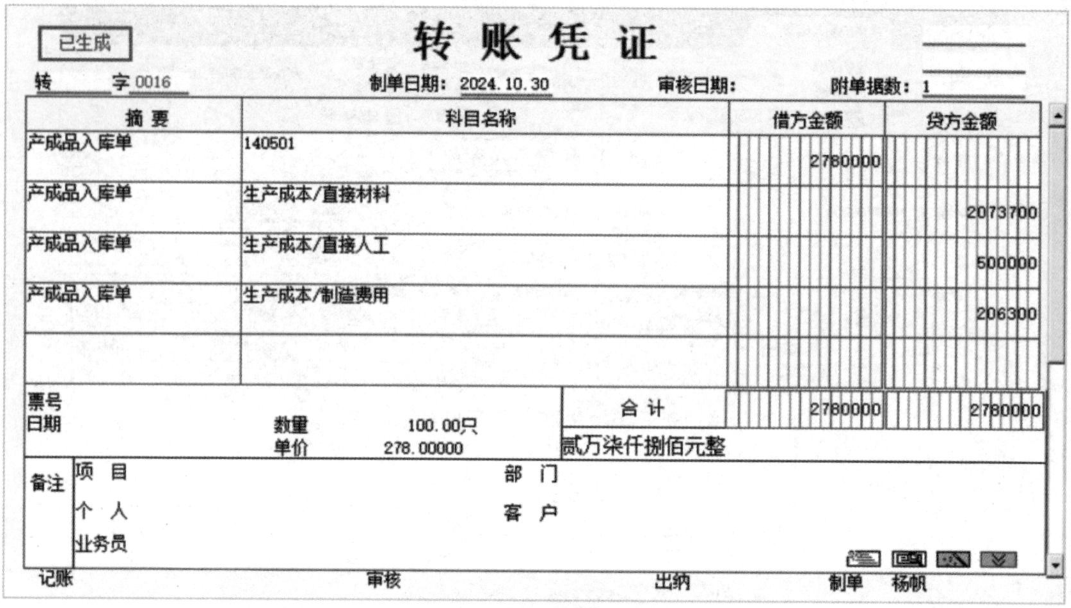

已生成

转账凭证

转 字 0016 制单日期：2024.10.30 审核日期： 附单据数：1

摘要	科目名称	借方金额	贷方金额
产成品入库单	140501	2780000	
产成品入库单	生产成本/直接材料		2073700
产成品入库单	生产成本/直接人工		500000
产成品入库单	生产成本/制造费用		206300
票号 日期 数量 100.00只 单价 278.00000	合计 贰万柒仟捌佰元整	2780000	2780000

备注 项目 部门 个人 客户 业务员

记账 审核 出纳 制单 杨帆

图10-5-11 生产一部产成品入库凭证

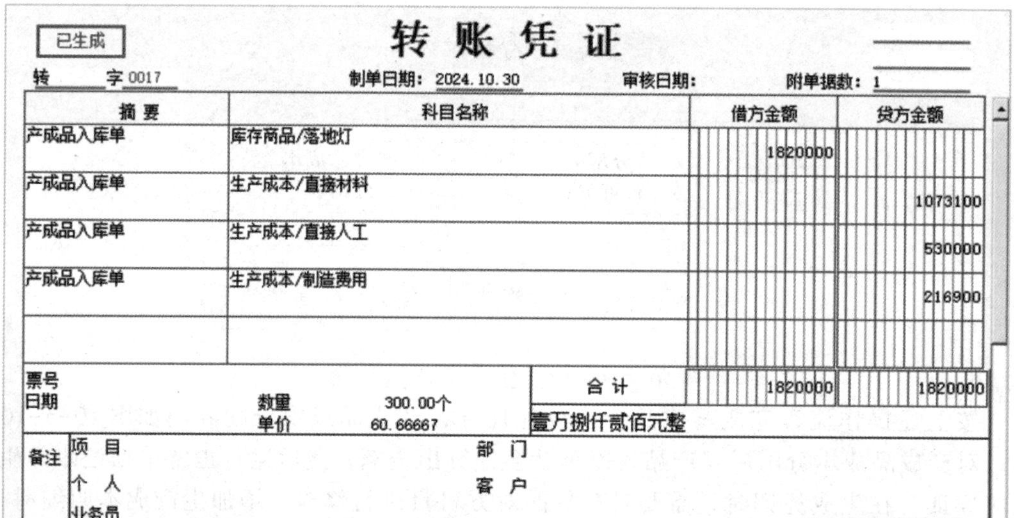

已生成

转账凭证

转 字 0017 制单日期：2024.10.30 审核日期： 附单据数：1

摘要	科目名称	借方金额	贷方金额
产成品入库单	库存商品/落地灯	1820000	
产成品入库单	生产成本/直接材料		1073100
产成品入库单	生产成本/直接人工		530000
产成品入库单	生产成本/制造费用		216900
票号 日期 数量 300.00个 单价 60.66667	合计 壹万捌仟贰佰元整	1820000	1820000

备注 项目 部门 个人 客户 业务员

记账 审核 出纳 制单 杨帆

图10-5-12 生产二部产成品入库凭证

三、其他业务的处理

10-25

技能实践：调拨业务处理

（一）调拨业务

以库存管理员“501陈哲”的身份登录企业应用平台，在“业务导航”界面，执行“供应链”命令，打开“供应链”菜单栏，在库存管理系统中填制并审核调拨单。具体操作流程如图10-5-13所示。

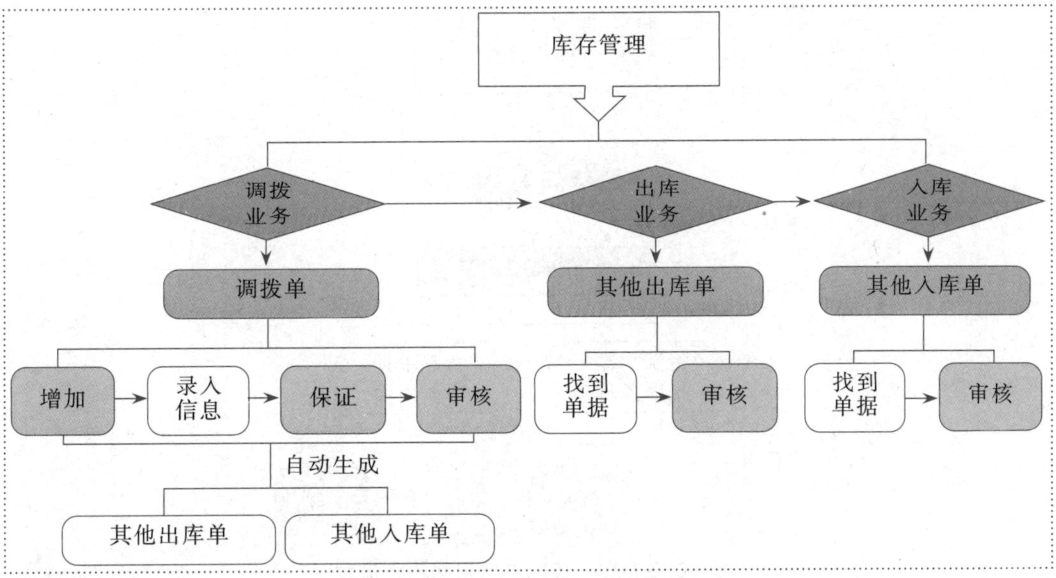

图 10-5-13　调拨业务操作流程

根据上述操作流程完成调拨业务，填制的调拨单如图 10-5-14 所示。

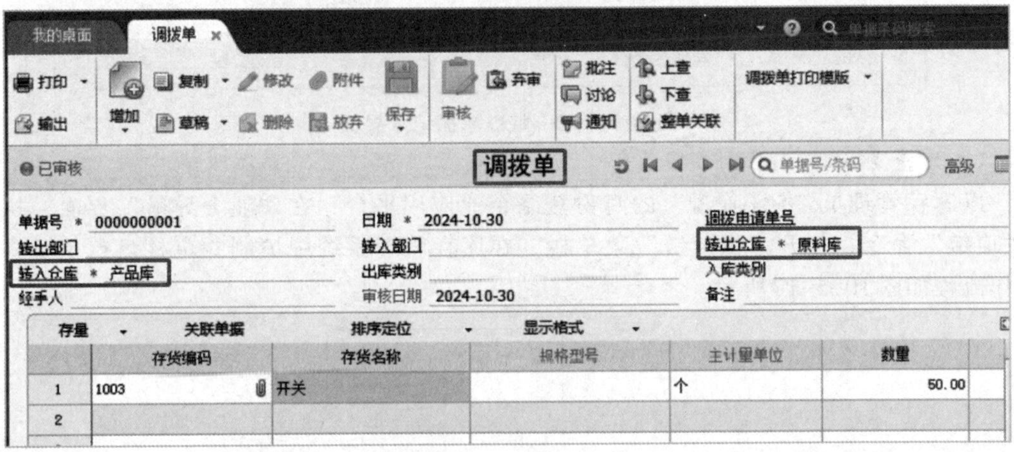

图 10-5-14　调拨单

引导问题 1：调拨单审核后，系统自动生成的其他出库单和其他入库单是否可以修改或者删除？　□可以　□不可以

引导问题 2：在填制调拨单时，调拨单的单价在什么情况下可以为空？＿＿＿＿＿＿＿＿＿＿＿＿＿＿＿＿＿＿＿＿。

其他出入库单审核后，以成本会计“205 杨帆”的身份登录企业应用平台，在“业务导航”界面，执行“供应链”命令，打开“供应链”菜单栏，在存货核算系统中对其他出入库单进行特殊单据记账，特殊单据记账操作流程如图 10-5-15 所示。

10-26

技能实践：
盘点业务处理

按照上述操作流程完成特殊单据记账任务。特殊单据记账界面如图 10-5-16 所示。

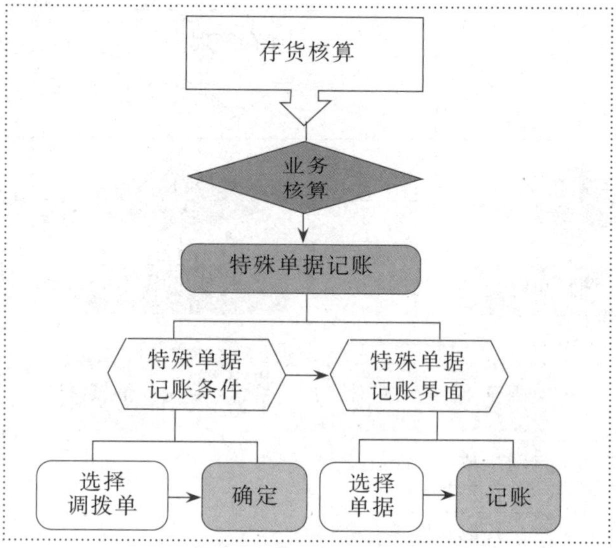

图 10-5-15　特殊单据记账操作流程

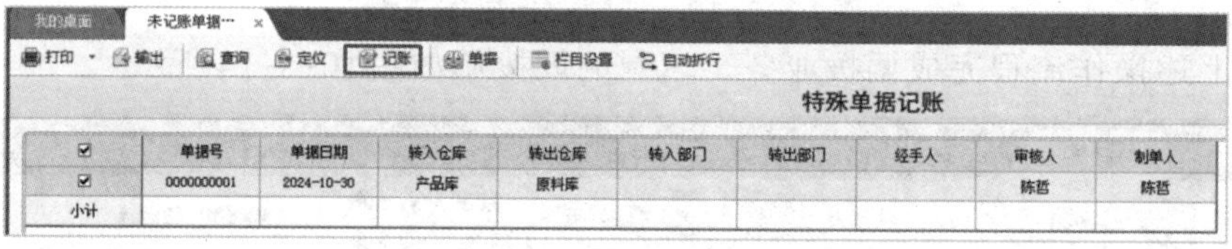

图 10-5-16　特殊单据记账界面

（二）盘点业务

以库存管理员“501 陈哲”的身份登录企业应用平台，在“业务导航”界面，执行“供应链”命令，打开“供应链”菜单栏，在库存管理系统中填制并审核盘点单。具体操作流程如图 10-5-17 所示。

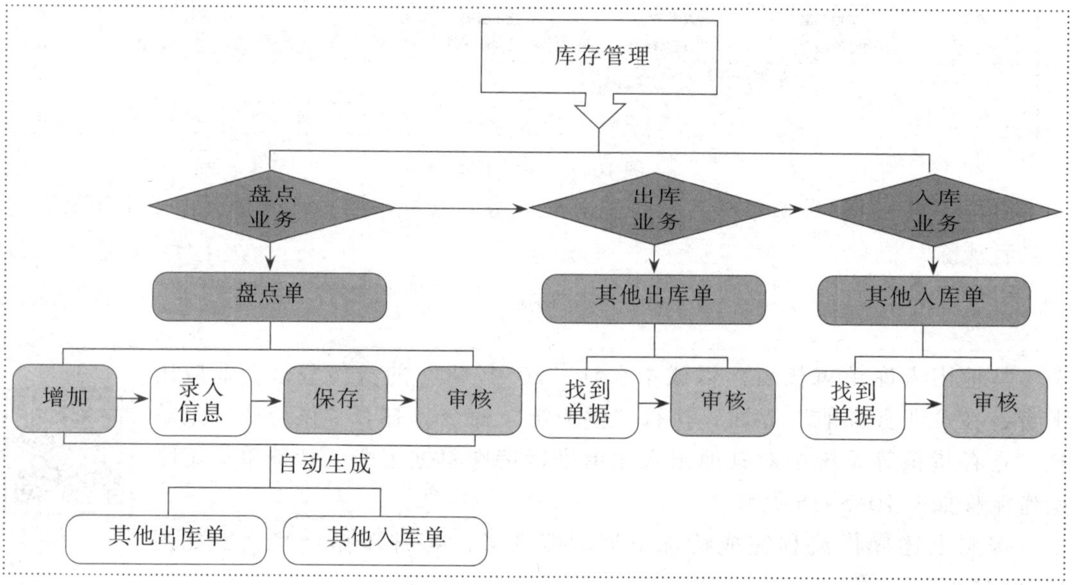

图 10-5-17　盘点业务操作流程

按照上述操作流程完成盘点任务。以盘点合金为例，填制的盘点单如图10-5-18所示。

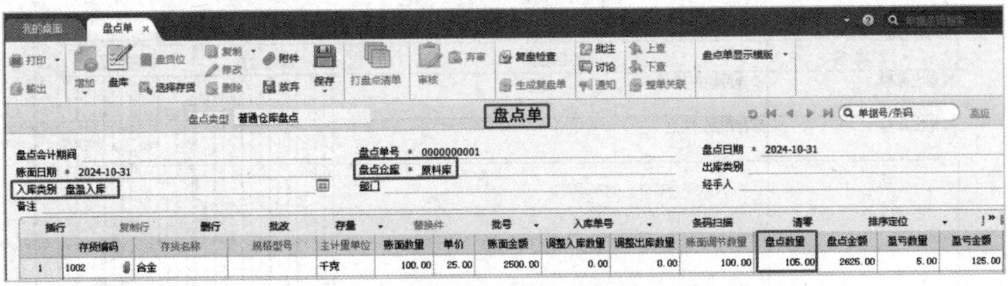

盘点单

盘点类型 普通仓库盘点

盘点会计期间

账面日期 * 2024-10-31

入库类别 盘盈入库

备注

盘点单号 * 0000000001

盘点仓库 * 原料库

部门

盘点日期 * 2024-10-31

出库类别

经手人

	存货编码	存货名称	规格型号	主计量单位	账面数量	单价	账面金额	调整入库数量	调整出库数量	账面调节数量	盘点数量	盘点金额	盈亏数量	盈亏金额
1	1002	合金		千克	100.00	25.00	2500.00	0.00	0.00	100.00	105.00	2625.00	5.00	125.00

图 10-5-18　盘点单

特别提示：

- ◆在填制盘点单时，可以在表体内容中直接选择存货名称，也可以单击“选择”按钮按存货分类批量选择存货，还可以单击“盘库”按钮对仓库中所有存货进行盘点。
- ◆未审核的盘点单修改、删除。审核后的盘点单需要“弃审”后才能修改、删除。如果生成的其他出入库单已经审核，盘点单是无法弃审的，需要先“弃审”其他出入库单。
- ◆盘点单审核后，系统自动生成的其他出库单或其他入库单不得修改和删除。
- ◆盘点表中的账面数为填制盘点表时该仓库该存货的现有量，由系统自动显示。
- ◆计价方式是移动平均法、先进先出法的情况下，盘亏存货可以不输入单价，系统记账时会自动计算填入；但是，盘盈存货无论什么情况都需要输入单价。

其他出入库单审核后，以成本会计“205杨帆”的身份登录企业应用平台，在“业务导航”界面，执行“供应链”命令，打开“供应链”菜单栏，在存货核算系统中对其他出库单、其他入库单进行正常单据记账并生成相应凭证。生成的凭证如图10-5-19、图10-5-20所示。

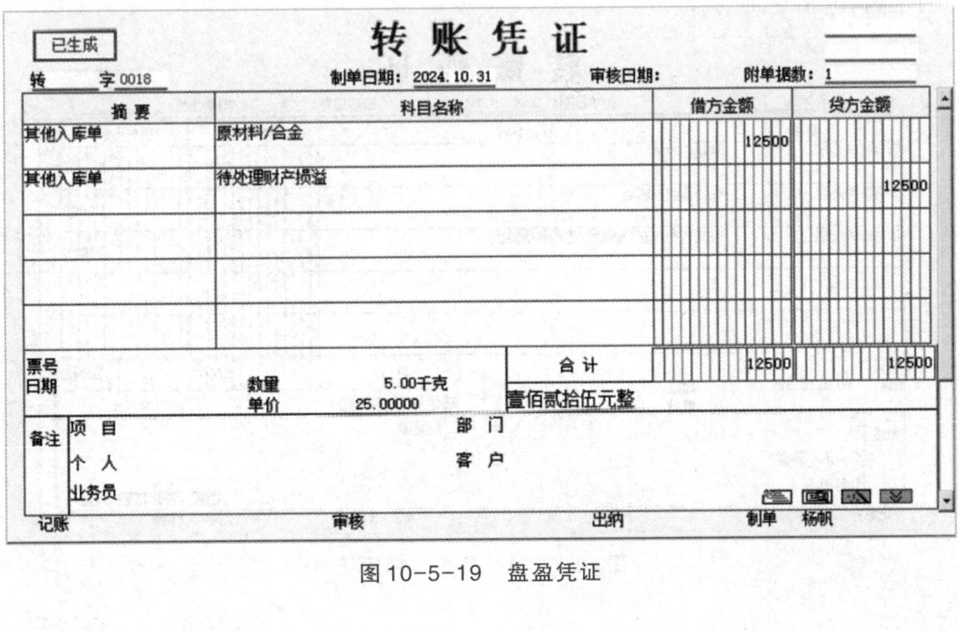

已生成

转账凭证

转 字 0018　　制单日期：2024.10.31　　审核日期：　　附单据数：1

摘要	科目名称	借方金额	贷方金额
其他入库单	原材料/合金	12500	
其他入库单	待处理财产损溢		12500
票号 日期　数量 5.00千克　单价 25.00000	合计	12500	12500
	壹佰贰拾伍元整		

备注　项目　　部门

个人　　客户

业务员

记账　　审核　　出纳　　制单 杨帆

图 10-5-19　盘盈凭证

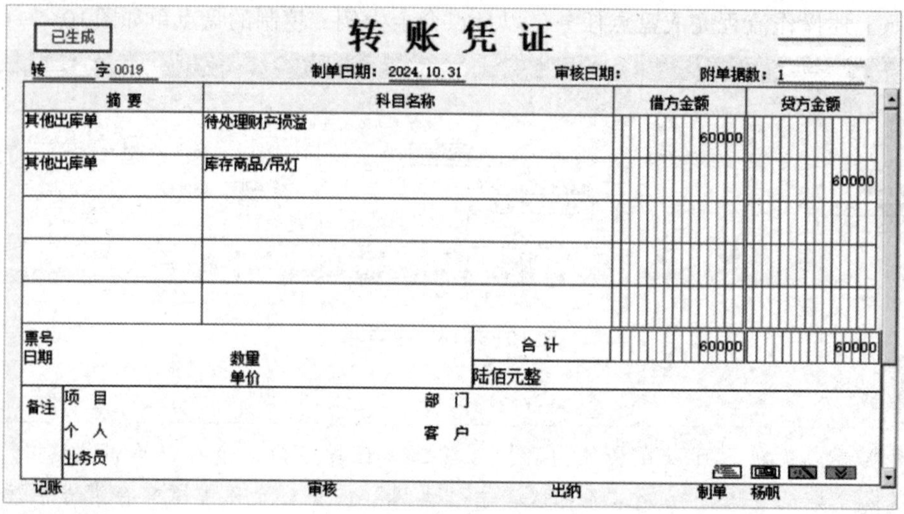

已生成

转账凭证

转 字 0019　　制单日期：2024.10.31　　审核日期：　　附单据数：1

摘要	科目名称	借方金额	贷方金额
其他出库单	待处理财产损溢	60000	
其他出库单	库存商品/吊灯		60000

票号　日期　数量　单价　合计 60000 60000

陆佰元整

备注　项目　部门　个人　客户　业务员

记账　审核　出纳　制单 杨帆

图 10-5-20　盘亏凭证

操作提示：

◆盘点业务生成凭证后发现存货核算的金额是错误的，如何解决？

凭证中存货核算金额错误，主要原因是盘点单中单价或实际盘点数填制错误。此时，无法在存货核算系统直接修改。首先，需要在存货核算系统执行“财务核算”/“凭证列表”命令找到该凭证，删除该凭证，同时执行“业务核算”/“恢复记账”命令选择该单据恢复记账。其次，进入库存管理系统中对其他出入库单进行弃审，最后，对盘点单进行弃审，修改盘点单中的单价或实际盘点数。

经领导批准需要进行转销，由总账会计登录企业应用平台，执行“财务会计”/“总账”/“凭证”/“填制凭证”命令，增加盘亏和盘盈转销凭证。填制的凭证如图10-5-21、图10-5-22所示。

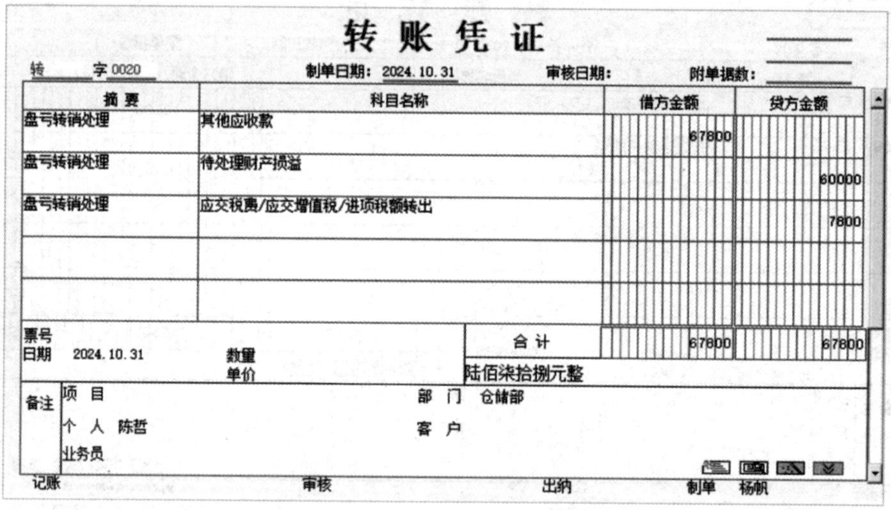

转账凭证

转 字 0020　　制单日期：2024.10.31　　审核日期：　　附单据数：

摘要	科目名称	借方金额	贷方金额
盘亏转销处理	其他应收款	67800	
盘亏转销处理	待处理财产损溢		60000
盘亏转销处理	应交税费/应交增值税/进项税额转出		7800

票号　日期 2024.10.31　数量　单价　合计 67800 67800

陆佰柒拾捌元整

备注　项目　部门 仓储部　个人 陈哲　客户　业务员

记账　审核　出纳　制单 杨帆

图 10-5-21　盘亏转销凭证

转 账 凭 证

转　字 0021　　制单日期：2024.10.31　　审核日期：　　附单据数：

摘要	科目名称	借方金额	贷方金额
盘盈转销处理	待处理财产损溢		12500
盘盈转销处理	管理费用/其他	12500	
票号 日期	数量 单价	合计 12500	12500
		负壹佰贰拾伍元整	

备注　项　目　　部　门
　　　个　人　　客　户
　　　业务员

记账　　审核　　出纳　　制单　杨帆

图 10-5-22　盘盈转销凭证

智慧财务·德润人心

诚信立基，法治为纲

在库存管理系统日常业务处理中，准确记录出入库商品的数量、质量、规格等信息是诚信的基石。工作人员应如实录入数据，杜绝为谋取私利而虚增入库数量或隐瞒商品瑕疵等行为。同时应了解并遵守国家相关的法律法规和企业的规章制度，确保出入库的合法性和合规性。

任务六　供应链管理系统期末处理

任务情境

一、任务场景

晶辉照明公司2024年10月发生的所有购销存业务全部结束，根据公司财务流程，需要进行期末结账。首先，进行账目核对，包括但不限于存货、应收账款、应付账款等，确保所有数据准确无误。随后，编制本月购销存方面的财务报表，对公司购销业务的财务状况进行全面分析，为管理层提供决策依据。在整个过程中，严格遵守财务准则和内部控制要求，确保期末处理的透明性和公正性。

二、任务资料

晶辉照明公司2024年10月份与供应链有关的期末业务资料如下：

（一）综合信息查询

1.10月份采购明细表。

2.10月份销售明细表。

3.10月份库存现存量。

4.10月份存货明细账。

（二）月末结账

完成10月份供应链管理系统的结账工作。

三、任务要求

根据任务场景及任务资料，对晶辉照明公司的供应链管理系统进行期末业务处理。

1.账套主管王启：从全局视角，把握供应链管理系统的期末业务处理，确保各环节紧密协作，认真完成各系统的期末结账工作。

2.账套主管王启：运用创新性思维，对购销存数据进行深度分析，寻找潜在风险和成本节约点。通过与历史数据对比，发现异常波动，及时调整经营策略。

任务准备

10-27

知识导学：供应链管理系统期末业务处理

供应链管理系统的期末处理工作主要包括各子系统未完成单据的处理、期末数据处理及期末结账工作等。通过期末处理，系统将各子系统的单据封存，各种数据计入有关的账表中，从而完成当月会计工作。在对各子系统结账之前，可以对各子系统进行相关信息的查询。

一、综合信息查询

供应链管理系统提供了各种有用信息的查询，以便加强控制，提高管理水平，辅助管理者进行决策。

（一）采购管理系统

采购管理系统提供各种查询功能，主要包括单据查询和报表查询。

在采购管理系统中，可以对各种原始单据进行查询，通过入库单明细列表、发票明细列表、结算单结算列表等可以分别对入库单、发票、结算单等原始单据进行查询。

报表主要提供统计表、采购账簿及采购分析内容。统计表查询包括到货明细表、采购明细表、入库明细表、采购综合统计表等相关内容的查询；采购账簿查询包括在途货物余额表和采购结算余额表的查询；采购分析查询可提供采购成本分析、采购类型结构分析、采购资金比重分析等各种采购分析信息的查询。

（二）销售管理系统

销售管理系统提供单据查询和报表查询功能。

在销售管理系统中，可以对各种销售原始单据进行查询，通过销售订单列表、发货单列表、发票列表等可以分别对销售订单、发货单、发票等原始单据进行查询。

报表主要提供统计表、明细表、销售分析、客户分析、费用分析及综合分析。统计表查询包括销售统计表、发货统计表、销售综合统计表等销售综合信息的查询。明细表查询包括销售收入明细账、销售成本明细账、发货明细表等销售相关明细信息的查询。销售分析查询提供销售增长分析、销售情况分析、销售毛利分析及货龄分析等销售综合分析信息的查询。客户分析查询提供客户分布分析、客户新增分析、客户流失分析等客户相关分析信息的查询。费用分析主要提供客户费用统计、部门费用统计、业务员费用统计等各种类型的费用信息的查询。综合分析查询包括动销分析、商品周转率分析及滞销分析等与销售相关的综合分析信息的查询。

（三）库存管理系统

库存管理系统提供单据查询和报表查询功能。

在库存管理系统中，通过单据列表可以对相关原始单据进行查询。例如，通过采购入库单列表、产成品入库单列表、销售出库单列表等可以查询采购入库单、产成品入库单及销售出库单。

报表提供库存账、批次账、货位账、统计表、储备分析等信息。查询库存账、批次账、统计表，可以实现对库存业务的实时管理，了解目前存货数量的实际情况；储备分析提供的是存货的超储、短缺、呆滞积压及货物的库龄等管理信息。

（四）存货核算系统

存货核算系统提供单据及凭证查询和账表查询功能。

在存货核算系统中，通过单据列表可以对各种出入库单、调整单、回冲单等原始单据进行查询。通过凭证列表可以对在存货核算系统中生成的凭证进行查询。

账表查询提供账簿、汇总表和分析表等信息的查询。账簿包括存货总账、存货明细账、出入库流水账等存货信息。汇总表包括入库汇总表、出库汇总表、差异分摊表、收发存汇总表等存货汇总信息。分析表包括存货周转率分析、ABC成本分析、库存资金占用分析等存货分析信息，可以实时了解存货的资金占用情况以及资金利用情况。

二、月末结账

供应链管理系统月末结账是有一定的顺序的，否则无法顺利结账。供应链管理系统月末结账顺序如图10-6-1所示。

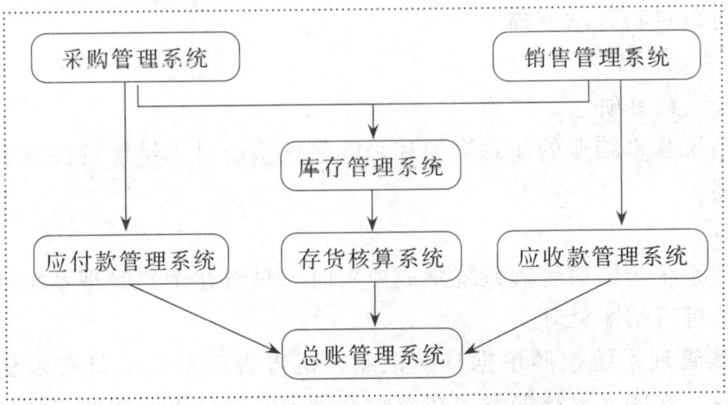

图10-6-1　供应链管理系统月末结账顺序图

供应链管理系统进行月末结账，首先要对产生原始数据的系统进行结账，就是采购管理系统和销售管理系统，在对这两个系统结账后才能对库存管理系统进行结账，库存管理系统结账后再对存货核算系统进行结账。应收款管理系统和销售管理系统、应付款管理系统和采购管理系统集成使用时，也是需要按照一定顺序结账，采购管理系统结账后应付款管理系统才能结账，销售管理系统结账后应收款管理系统才能结账。所有系统结账完成后总账管理系统才能结账。

如果采购管理系统、销售管理系统要取消月末结账，必须先取消库存管理系统、存货核算系统、应付款管理系统、应收款管理系统的月末结账。

（一）采购管理系统

1.月末结账注意事项

结账前应检查本月会计工作是否已经全部完成，只有当月所有工作全部完成，才能进行月末结账，否则会遗漏某些业务。月末结账前一定要进行数据备份，否则数据一旦发生错误，将造成无法挽回的损失。

期初没有记账，将不允许月末结账。也不允许跳月结账，只能从未结账的第一个月逐月结账。如果要取消结账，也是只能从最后一个月逐月取消。上月未结账，本月单据可以正常操作，不影响日常业务的处理，但本月不能结账。月末结账后，已结账月份的采购入库单、采购发票等不可修改、删除。

如果当月业务已全部处理完毕，就需要执行月末结账功能，只有月末结账后，才可以开始下月工作。执行了月末结账功能后，该月将不能再进行任何操作。

2.结账规则

应付款管理系统与采购管理系统集成使用时，在采购管理系统结账后，才能对应付款管理系统进行结账处理。

当应付款管理系统选项设置中设置了审核日为单据日期时，本月的单据（发票和应付单）在结账前应全部审核。当设置审核日期为业务日期时，截止到本月末即使还有未审核单据，仍然可以进行月末结账处理。

当应付款管理系统选项设置中设置了月结时，必须将当月单据以及业务全部制单。在月末结账时，如果有未制单的单据，是无法结账的。若未设置，则无论当月有无未制单的记录，均可以进行月结处理。

（二）销售管理系统

1.月末结账注意事项

销售管理系统月末结账的注意事项和采购管理系统月末结账的注意事项大体上是一致的，不再赘述。

2.结账规则

应收款管理系统与销售管理系统集成使用时，只有在销售管理系统结账后，才能对应收款管理系统进行结账处理。

如果应收款管理系统按照单据日期记账，销售管理系统本月有未复核的发票，那么，月末结账后，这些未复核的发票在应收款管理系统就不能按照单据日期记账了，除非把应收款管理系统改为按业务日期记账。

（三）库存管理系统

1.月末结账注意事项

如果库存管理系统结账前认为目前的现存量与单据不一致，可通过“整理现存量”功能将现存量调整为与单据一致。

结账功能与系统中所有功能的操作互斥，在结账前，应确定其他功能均已退出。

月末结账后，当月便不能再增加、修改、删除库存单据。

2.结账规则

库存管理系统、存货核算系统、采购管理系统、销售管理系统集成使用时，只有在采购管理系统、销售管理系统结账后，库存管理系统才能进行结账。

（四）存货核算系统

1.月末结账注意事项

由于存货核算系统可以处理压单不记账的情况，因此，在进行期末处理之前应仔细检查是否本月业务还有未记账的单据，应在完成本月的全部日常业务后，再做期末处理工作。

系统提供恢复期末处理功能，但是在总账结账后将不可恢复。

2.结账规则

存货核算系统进行月末结账前，首先需要进行期末处理。期末处理是对已完成日常业务的仓库、部门、存货做处理标志。

库存管理系统结账后，存货核算系统才能进行结账。

任务实施

一、综合信息查询

（一）查询本月采购明细表

以采购管理员“301李卓”的身份或账套主管“201王启”的身份登录企业应用平台，在“业务导航”界面，执行“供应链”/“采购管理”/“明细表”/“采购明细表”命令，在打开的界面中，日期选择“2024-10-01”到“2024-10-31”即可查询本月采购明细。采购明细表如图10-6-2所示。

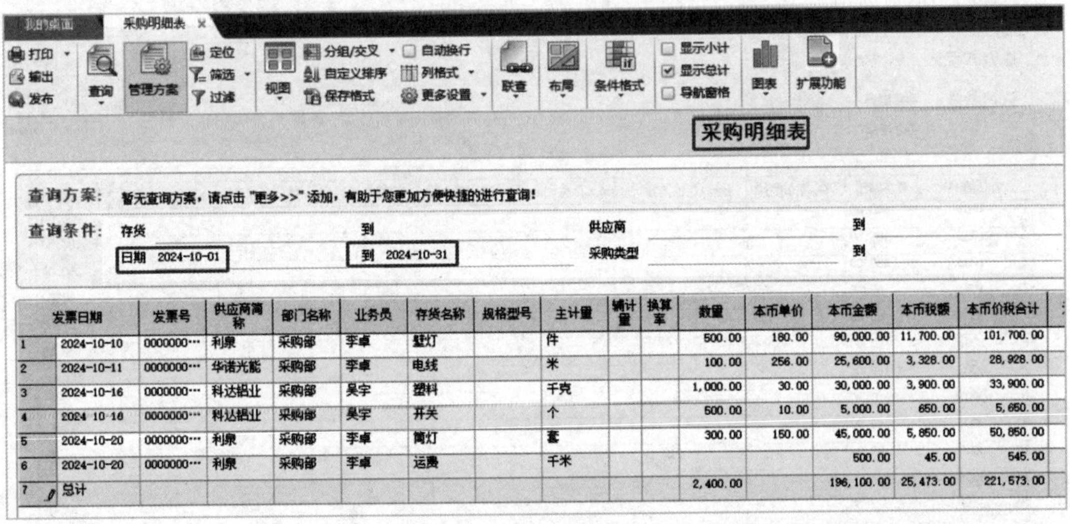

	发票日期	发票号	供应商简称	部门名称	业务员	存货名称	规格型号	主计量	辅计量	换算率	数量	本币单价	本币金额	本币税额	本币价税合计
1	2024-10-10	0000000···	利泉	采购部	李卓	壁灯		件			500.00	180.00	90,000.00	11,700.00	101,700.00
2	2024-10-11	0000000···	华诺光能	采购部	李卓	电线		米			100.00	256.00	25,600.00	3,328.00	28,928.00
3	2024-10-16	0000000···	科达铝业	采购部	吴宇	塑料		千克			1,000.00	30.00	30,000.00	3,900.00	33,900.00
4	2024 10 16	0000000···	料达铝业	采购部	吴宇	开关		个			500.00	10.00	5,000.00	650.00	5,650.00
5	2024-10-20	0000000···	利泉	采购部	李卓	筒灯		套			300.00	150.00	45,000.00	5,850.00	50,850.00
6	2024-10-20	0000000···	利泉	采购部	李卓	运费		千米					500.00	45.00	545.00
7	总计										2,400.00		196,100.00	25,473.00	221,573.00

图10-6-2　采购明细表

（二）查询本月销售明细表

以销售管理员“401刘悦”的身份或账套主管“201王启”的身份登录企业应用平台，在“业务导航”界面，执行“供应链”/“销售管理”/“明细表”/“销售明细表”命令，在打开的界面中，日期选择“2024-10-01”到“2024-10-31”即可查询本月销售明细。销售明细表如图10-6-3所示。

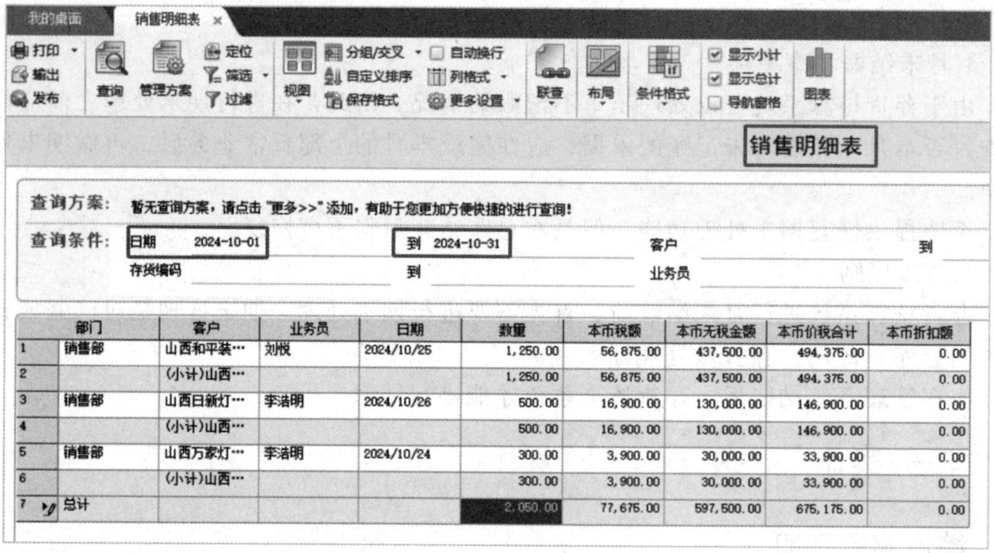

	部门	客户	业务员	日期	数量	本币税额	本币无税金额	本币价税合计	本币折扣额
1	销售部	山西和平装…	刘悦	2024/10/25	1,250.00	56,875.00	437,500.00	494,375.00	0.00
2		(小计)山西…			1,250.00	56,875.00	437,500.00	494,375.00	0.00
3	销售部	山西日新灯…	李浩明	2024/10/26	500.00	16,900.00	130,000.00	146,900.00	0.00
4		(小计)山西…			500.00	16,900.00	130,000.00	146,900.00	0.00
5	销售部	山西万家灯…	李浩明	2024/10/24	300.00	3,900.00	30,000.00	33,900.00	0.00
6		(小计)山西…			300.00	3,900.00	30,000.00	33,900.00	0.00
7	总计				2,050.00	77,675.00	597,500.00	675,175.00	0.00

图10-6-3　销售明细表

（三）查询月末库存现存量

以库存管理员“501陈哲”的身份或账套主管“201王启”的身份登录企业应用平台，在“业务导航”界面，执行“供应链”/“库存管理”/“库存账”/“现存量查询”命令，即可查询月末库存现存量。库存现存量查询如图10-6-4所示。

	存货编码	现存数量	其中冻结数量	到货/在检数量	预计入库数量合计	待发货数量	调拨待发数量	预计出库数量	不合格品数量	可用数量
1	1001	600.00								600.00
2	1002	105.00								105.00
3	1003	250.00								250.00
4	1004	60.00								60.00
5	1003	50.00								50.00
6	3001	100.00								100.00
7	3002	1,100.00								1,100.00
8	3003									
9	3004	48.00								48.00
10	3005	50.00								50.00
11	3006									
12	总计	2,363.00								2,363.00

图10-6-4　库存现存量查询

（四）查询本月存货明细账

以成本会计“205杨帆”的身份或账套主管“201王启”的身份登录企业应用平台，在“业务导航”界面，执行“供应链”/“存货核算”/“账簿”/“明细账”命令，选择“仓库”即可查询本月存货明细账。本月原材料库塑料的明细账如图10-6-5所示。

打印　输出　查询　联查　明细　汇总　综合　差异　显示　隐藏　格式设置　首页　末页　前一页　后一页

明细账

仓库：(01)原料库
存货：(1001)塑料　　规格型号：
计量单位：千克　　存货代码：
最高存量：　最低存量：　安全库存量：
批号：

记账日期:	2024年 月	日	凭证号	摘要 凭证摘要	收发类别	收入 数量	单价	金额	发出 数量	单价	金额	结存 数量	单价	金额
	[redacted]			期初结存								1,000.00	30.00	30,000.00
2024-10-16	10	16	转 3	红字回冲单		-1,000.00	30.00	-30,000.00				0.00		0.00
2024-10-16	10	16	转 4	蓝字回冲单		1,000.00	30.00	30,000.00				1,000.00	30.00	30,000.00
2024-10-26	10	26	转 14	材料出库单					300.00	30.00	9,000.00	700.00	30.00	21,000.00
2024-10-26	10	26	转 15	材料出库单					100.00	30.00	3,000.00	600.00	30.00	18,000.00
				10月合计		0.00		0.00	400.00		12,000.00	600.00	30.00	18,000.00
				本年累计		0.00		0.00	400.00		12,000.00			

图10-6-5　塑料明细账

二、月末结账

10-28

技能实践：供应链管理系统月末结账处理

以账套主管“201王启”的身份登录企业应用平台，在“业务导航”界面，执行“供应链”命令，打开“供应链”菜单栏，完成采购管理、销售管理、库存管理、存货核算系统的月末结账任务。具体操作流程如图10-6-6所示。

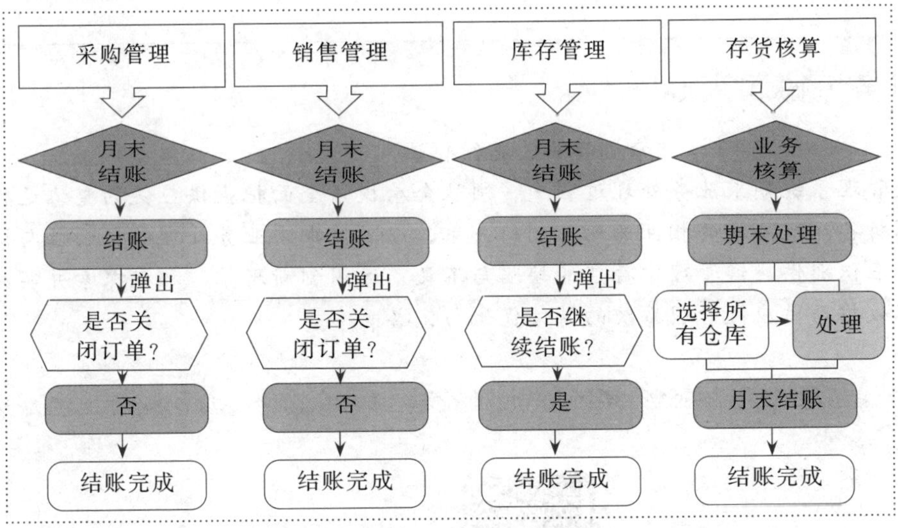

图10-6-6　供应链管理系统期末处理操作流程

按上述流程完成供应链管理系统的期末处理。存货核算系统结账界面如图10-6-7所示。

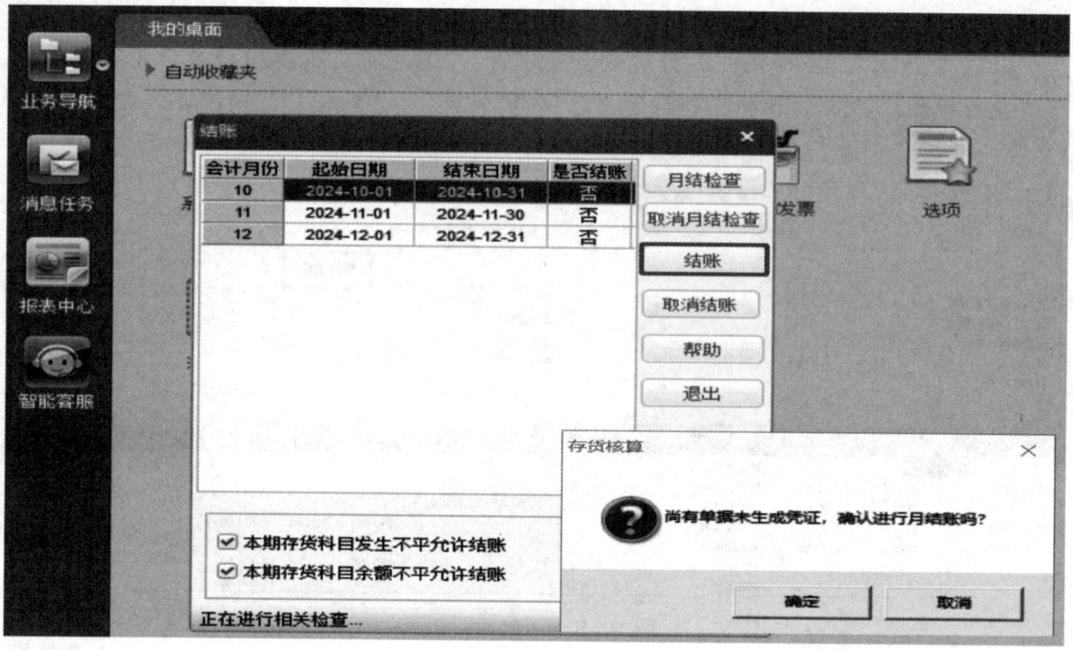

图 10-6-7　存货结账界面

引导问题 1：当对供应链管理系统中的所有子系统完成结账处理后，发现某个子系统的数据有问题，如何取消结账呢？____。

引导问题 2：存货核算系统结账完成后想取消结账，但是无法打开月末结账界面，如何解决呢？____。

智慧财务·德润人心

全局视野，持续精进

在供应链管理系统期末业务处理过程中，须从全局视角全面把握供应链的整体运行状况，深入剖析各环节之间的相互影响及制约关系，以确保期末业务处理的全面性与协调性。通过精准识别供应链管理中存在的缺陷与不足，运用创新思维，积极探索并实施改进策略，有效推动供应链管理系统的持续优化与完善。

项目测试

项目考核评价

本项目学习成果反馈与评价表见表10-8。

表10-8　　项目十学习成果反馈与评价表

<table>
<tr><td colspan="2">项目十</td><td colspan="2">购销存业务岗位</td><td colspan="3">任务一、二、三、四、五、六</td></tr>
<tr><td>班级</td><td></td><td>组号</td><td></td><td colspan="2">日期</td><td></td></tr>
<tr><td>姓名</td><td></td><td>学号</td><td></td><td colspan="2">教师</td><td></td></tr>
<tr><td>项目</td><td>评价标准</td><td>分值（分）</td><td>个人自评30%</td><td>小组互评20%</td><td>教师评价50%</td><td>小计（分）</td></tr>
<tr><td rowspan="2">职业素养（20）</td><td>良好的职业道德、严谨的职业态度，较强的敬业精神及执行能力</td><td>10</td><td></td><td></td><td></td><td></td></tr>
<tr><td>正确的学习态度、良好的自主学习能力和创新能力</td><td>10</td><td></td><td></td><td></td><td></td></tr>
<tr><td rowspan="4">专业知识（30）</td><td>了解供应链管理系统与其他系统的关系</td><td>5</td><td></td><td></td><td></td><td></td></tr>
<tr><td>掌握供应链管理系统初始化流程</td><td>5</td><td></td><td></td><td></td><td></td></tr>
<tr><td>掌握采购、销售、库存、存货核算系统的操作流程及方法</td><td>15</td><td></td><td></td><td></td><td></td></tr>
<tr><td>供应链管理系统月末结账处理内容及流程</td><td>5</td><td></td><td></td><td></td><td></td></tr>
<tr><td rowspan="3">职业能力（30）</td><td>能自主完成供应链管理系统初始化设置</td><td>10</td><td></td><td></td><td></td><td></td></tr>
<tr><td>能自主完成供应链管理系统日常业务处理</td><td>10</td><td></td><td></td><td></td><td></td></tr>
<tr><td>能自主完成供应链管理系统期末业务处理</td><td>10</td><td></td><td></td><td></td><td></td></tr>
<tr><td rowspan="2">成果展示（20）</td><td>线上学习效果明显，及时完成测试</td><td>10</td><td></td><td></td><td></td><td></td></tr>
<tr><td>线下及时完成实训任务并提交截图</td><td>10</td><td></td><td></td><td></td><td></td></tr>
<tr><td colspan="2">合计</td><td>100</td><td></td><td></td><td></td><td></td></tr>
<tr><td>教师评语</td><td colspan="6"></td></tr>
</table>